★★ *Lo que no hay que perderse*

Las dos estrellas de ATC

Las estrellas de Anaya T... ...sde hace años destacan y califi... ...obras de arte, son un... ...ro de absolu...

Esta págin... ...y sus alrededore... ...las otras obras de gran interés ...na. Son los tesoros de nuestro plane... ...naya Touring Club para reivindicar tanto su inter... ...y cultural como la necesidad de su cuidado y tutela.

Los tesoros de San Petersburgo

1 La fortaleza de San Pedro y San Pablo★★ (pág. 168)	**11** Calle Rossi★ (pág. 193)
2 Catedral de los Santos Pedro y Pablo★★ (pág. 170)	**12** El monasterio de Aleksandr Nevski (pág. 195)
3 Plaza del Palacio★★ (pág. 175)	**13** Plaza de las Artes★ (pág. 203)
4 Palacio de Invierno★★ (pág. 176)	**14** Smol'nyj★★ (pág. 213)
5 El Caballero de bronce★★ (pág. 179)	**15** La plaza de la Bolsa★★ (pág. 216)
6 Catedral de San Isaac★★ (pág. 182)	**16** Crucero Aurora★ (pág. 225)
7 Palacio de Mármol★★ (pág. 184)	**17** Isla Elagin★★ (pág. 227)
8 Jardín de Verano★★ (pág. 184)	**18** El Ermitage★★ (pág. 236)
9 Palacio de Verano★★ (pág. 185)	**19** El Museo Ruso del Estado★★ (pág. 261)
10 La avenida Nevski★ (pág. 186)	

San Petersburgo y alrededores

Fuente del Tritón en el complejo de Petrodvorec.

Alrededores de S. Petersburgo

20	Petrodvorec★★ (pág. 266)
21	Puškin★★ (pág. 275)
22	Pavlovsk★★ (pág. 282)
23	Lomonosov (pág. 286)
	El palacio de Pedro III★★
	El pabellón de la Montaña Rusa★★
24	Gatčina★ (pág. 288)
	El parque★★
25	Novgorod★★ (pág. 289)

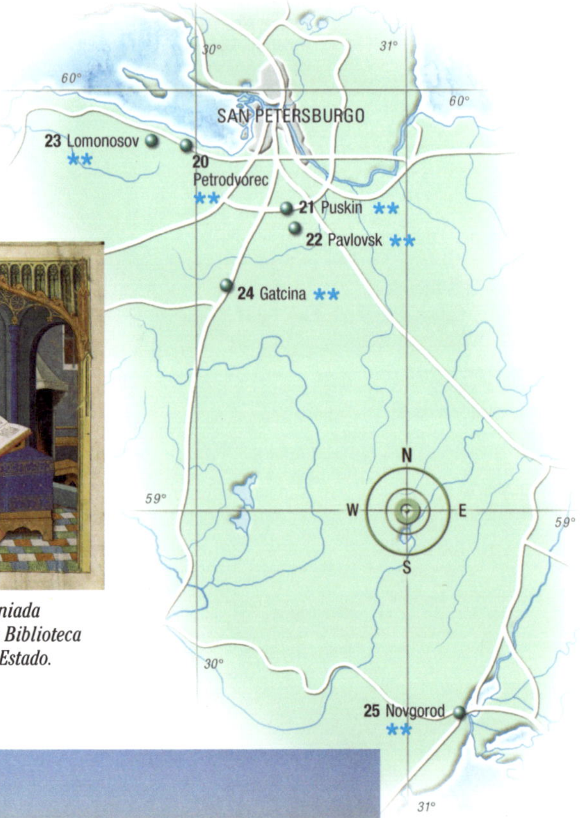

Página miniada (siglo XV), en la Biblioteca Pública del Estado.

Una vista de la ciudad con el Neva helado.

MOSCÚ
SAN PETERSBURGO

GUÍA TOTAL
MOSCÚ y SAN PETERSBURGO

Editores de proyecto: **Ana María López y Luis Bartolomé**. Traducción: **José María Azáceta**. Traducción de la actualización: **Felipe Trespalacios**. Revisión y actualización: **Juan José Herrera**. Coordinación técnica: **Mercedes San Ildefonso** y **Pila Iglesias**. Equipo técnico: **Karmelo Pardo** y **Nuria Ruiz de Viñaspre**. Cartografía: **Servizio Cartografico del TCI y Anaya Touring Club**. Diseño de cubierta: **María Victoria López**.

Fotografías: **Archivo Anaya:** 6, 111, 317. **Agromayor, L./Anaya:** 4 inf., 11, 26, 33. **Lezama, Diego/Anaya:** 25, 57 inf., 58. **L.A.R.A./Anaya:** 251. **Martín, Joseph/Anaya:** 27, 192 inf., 237, 250, 252, 254. **Rossi, J./Anaya:** 31, 145. **Blanca Berlín:** 4 sup., 12, 13, 15, 17, 19, 21 sup., 23, 28, 29, 30, 41, 43, 44, 47, 66, 68, 69, 71, 76, 80, 95, 101, 146, 147 sup., 149 sup. e inf., 151, 153, 154, 156, 160, 161, 168, 175, 179 sup., 180 sup., 182, 187, 190, 192 sup., 197, 203 sup., 231, 296, 302, 309, 314, 315, 316, 318, 320, 321 sup. e inf., 322, 329, 332. **Juan José Herrera:** 5 sup., 7, 9, 20, 24, 50, 70, 144, 157, 167, 177, 178 sup. e inf., 179 inf., 180 inf., 185, 191, 194, 196, 199, 202, 203 inf., 205, 206, 210, 212, 215, 219, 221, 224, 226 sup. e inf., 227, 228, 233, 234, 295, 312, 313, 327, 335. **Diego Lezama:** 5 inf., 53 sup., 56, 57 sup., 143, 147 inf., 173, 183, 189, 201, 217, 235, 264, 267, 280, 281, 303, 306, 311. **CORBIS/COVER:** Archivo Iconográfico, S.A: 91, 243. **Alexander Burkatowski:** 253, 259. **Bojan Brecelj:** 209. **Diego Lezama Orezzoli:** 138. **David Turnley:** 78. **Enzo and Paolo Ragazzini:** 137. **Gregor Schmid:** 129, 134, 170, 171, 214, 287. **Marc Garanger:** 87, 88, 94, 99. **Michael Nicholson:** 73. **Morton Beebe:** 74, 122. **Museo Hermitage:** 249. **Roger Ressmeyer:** 97. **Steve Bein:** 211. **Tiziana and Gianni Baldizzone:** 133. **Wolfgang Kaehler:** 93. **FOTOTECA 9x12/Gräfenhain Günter:** 117, 166.

Impresión: Varoprinter, S.A.

Reservados todos los derechos. El contenido de esta obra está protegido por la Ley, que establece penas de prisión y/o multas, además de las correspondientes indemnizaciones por daños y perjuicios, para quienes reprodujeren, plagiaren, distribuyeren o comunicaren públicamente, en todo o en parte, una obra literaria, artística o científica, o su transformación, interpretación o ejecución artística fijada en cualquier tipo de soporte o comunicada a través de cualquier medio, sin la preceptiva autorización.

www.anayatouring.com

Enero, 2006

© Grupo Anaya, S. A., 2006
 Juan I. Luca de Tena, 15. 28027 Madrid
© Touring Editore, S.r.l., Milán

Depósito legal: M-5411-2006
I.S.B.N.: 84-9776-388-2
Impreso en España - Printed in Spain

PRESENTACIÓN

En esta *Guía Total* de **Moscú y San Petersburgo** el lector encontrará una exhaustiva descripción de las riquezas monumentales y artísticas de estas dos ciudades y de los lugares más interesantes de sus alrededores, así como una guía práctica con abundante información gastronómica y hotelera y sobre aspectos tan diversos como los transportes públicos, requisitos de entrada en el país, representaciones diplomáticas españolas, oficinas de turismo, espectáculos, idioma, etc.

La información de este volumen se distribuye en dos grandes secciones dedicadas a cada ciudad. Cada una de ellas consta de una *introducción* específica, donde se exponen sus peculiaridades; una serie de *itinerarios de visita* que describen con detalle cada ciudad, proporcionando un buen número de alternativas a la hora de visitar los lugares que reúnen mayores atractivos; y una selección de las localidades de mayor interés de los **alrededores.**

A continuación, en el capítulo titulado ***A vista de pájaro*** se proporciona al lector las coordenadas geográficas, económicas, históricas y artísticas de una parte del territorio de la antigua Unión Soviética y las claves de su transformación.

Finalmente, la sección de ***Informaciones prácticas*** ofrece abundante información sobre temas como documentación necesaria, medios de transporte para desplazarse hasta estas ciudades, transportes públicos, moneda, principales acontecimientos culturales y festivos, etc., así como una serie de direcciones útiles y una selección de **restaurantes** y **hoteles recomendados.**

El carácter práctico de esta guía se ve reforzado por la abundante ***información cartográfica*** en ella contenida: un mapa general de la Rusia europea, cuatro planos de Moscú con catorce itinerarios, tres de San Petersburgo con trece itinerarios y algunas ciudades de sus alrededores, así como una docena de plantas de museos y edificios sobresalientes y los planos del Metro de Moscú y San Petersburgo.

La amenidad de los textos y la calidad de las fotografías aquí incluidas hacen que esta guía, una vez cumplida su función de acompañante y asesor del viajero, se convierta en un valioso libro en la biblioteca de casa.

Los editores de ANAYA Touring Club

ÍNDICE GENERAL

Moscú, cuadro de unión de los itinerarios de visita, *6-7*
San Petersburgo, cuadro de unión de los itinerarios de visita, *8-9*
Cómo usar esta guía, *10*

Mapa del territorio de Rusia entre Moscú y San Petersburgo, *en la guarda trasera*
Planos del metro de Moscú y San Petersburgo, *en la guarda trasera*

MOSCÚ

Introducción
¿Moscú o San Petersburgo?, *12*
Historia. Desarrollo urbanístico y artístico, *21*
Signos convencionales en los mapas y planos, *40*

Itinerarios por la ciudad
La Plaza Roja, *42*
El Kremlin, *48*
Kitai-Gorod, *62*
Las avenidas de los alrededores del Kremlin, *66*
Beli-Gorod, la "Ciudad Blanca", *72*
De Precistenskie Vorota a Arbatskie Vorota, *72*
De la Kudrinskaja ploscad' a la Puskinskaja ploscad', *76*
De la Puskinskaja ploscad' a la Lubjanskaja ploscad', *79*
La avenida Marosejka y sus alrededores, *82*
Al otro lado del puente Bol'soj Moskvoreckij, *84*
Los monasterios, *87*
Las estaciones del Metro, *93*
Los parques, *95*
Los grandes museos, *101*

Alrededores
Kolomenskoe, *110*
Peredelkino, *111*
Arhangel'skoe, *112*

El Anillo de Oro
Sergiev Posad (Zagorsk), *117*
Pereslavl'-Zalesskij, *123*
Rostov, *127*
Yaroslavl', *130*
Kostroma, *132*
Suzdal', *135*
Vladimir, *139*

4

SAN PETERSBURGO

Introducción
El mito de San Petersburgo, *144*
Historia. Desarrollo urbanístico y artístico, *152*

Itinerarios por la ciudad
La fortaleza de San Pedro y San Pablo, *168*
El centro monumental, *175*
La avenida Nevski, *186*
El canal Mojka, *197*
El canal Griboedov, *201*
El canal Fontanka, *206*
El palacio de Táuride y Smol'nyj, *212*
La isla Vasil'evskij, *215*
Petrogrado, *222*
Barrios meridionales y suroccidentales, *229*
Las casas-museo, *232*
Las estaciones de ferrocarril, *235*
Los grandes museos, *236*

Alrededores
Petrodvorec, *266*
Pushkin, *275*
Pavlovsk, *282*
Lomonosov, *286*
Gatcina, *288*
Novgorod, *289*

A VISTA DE PÁJARO
Evolución histórica, *297*
Glosario, *311*

INFORMACIONES PRÁCTICAS
Datos generales de interés para el viajero, *315*
Hoteles, restaurantes y otros servicios turísticos, *327*

ÍNDICES
Índices de lugares, *336*
Índice de mapas, planos y plantas de monumentos, *342*

CUADRO DE UNIÓN DE LOS ITINERARIOS DE VISITA A MOSCÚ

Este cuadro de unión indica, de forma esquemática, la zona por donde discurren los distintos itinerarios en que se ha dividido la visita de la ciudad de Moscú. Cada itinerario cuenta, a su vez, con planos detalle en donde se detalla la ruta propuesta. El orden de los planos de itinerarios es el siguiente:

- **1** Kitai-Gorod, *pág. 62*
- **2** Las avenidas de los alrededores del Kremlin, *pág. 66*
- **3** De Precistenskie Vorota a Arbatskie Vorota, *pág. 72*
- **4** De la Kudrinskaja ploscad' a la Puskinskaja ploscad', *pág. 76*
- **5** De la Puskinskaja ploscad' a la Lubjanskaja ploscad', *pág. 79*
- **6** La avenida Marosejka y sus alrededores, *pág. 82*
- **7** Al otro lado del puente Bol'soj Moskvoreckij, *pág. 84*

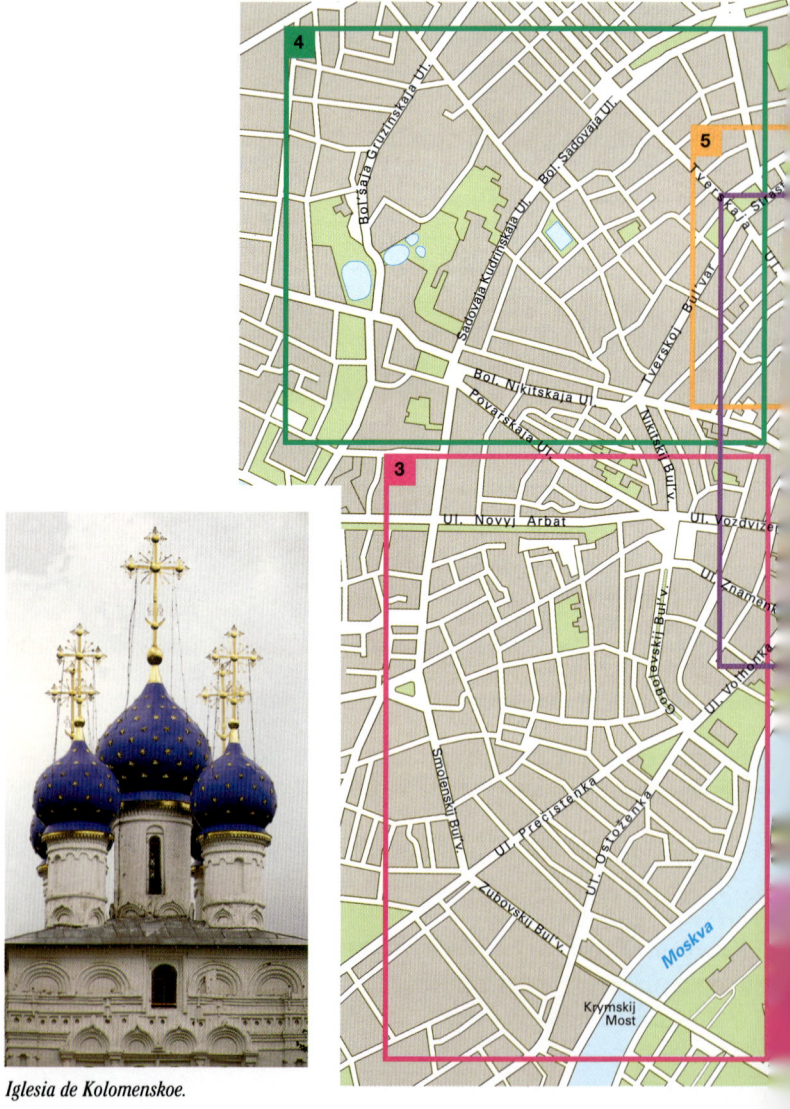

Iglesia de Kolomenskoe.

Murallas del Kremlin.

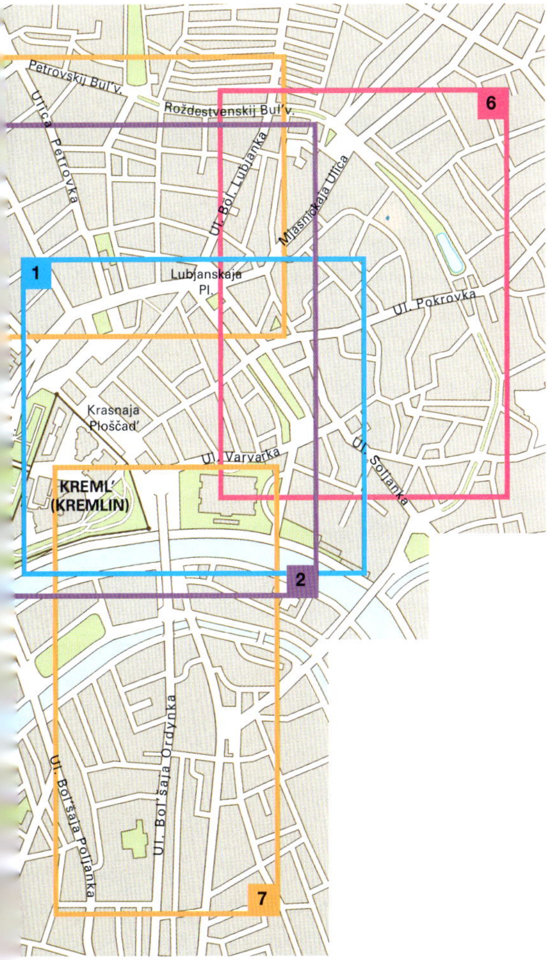

CUADRO DE UNIÓN DE LOS ITINERARIOS DE VISITA A SAN PETERSBURGO

Este cuadro de unión indica, de forma esquemática, la zona por donde discurren los distintos itinerarios en que se ha dividido la visita de la ciudad de San Petersburgo. Cada itinerario cuenta, a su vez, con planos detalle en donde se detalla la ruta propuesta. El orden de los planos de itinerarios es el siguiente:

1. El centro monumental, *pág. 175*
2. La avenida Nevskij, *pág. 186*
3. El canal Mojka, *pág. 197*
4. El canal Griboedov, *pág. 201*
5. El canal Fontanka, *pág. 206*
6. El palacio de Táuride y Smol'nyj, *pág. 212*
7. La isla Vasil'evskij, *pág. 215*
8. Petrogrado y las islas menores, *pág. 222*
9. Los barrios meridionales y suroccidentales, *pág. 229*

Detalle de las cúpulas del Salvador.

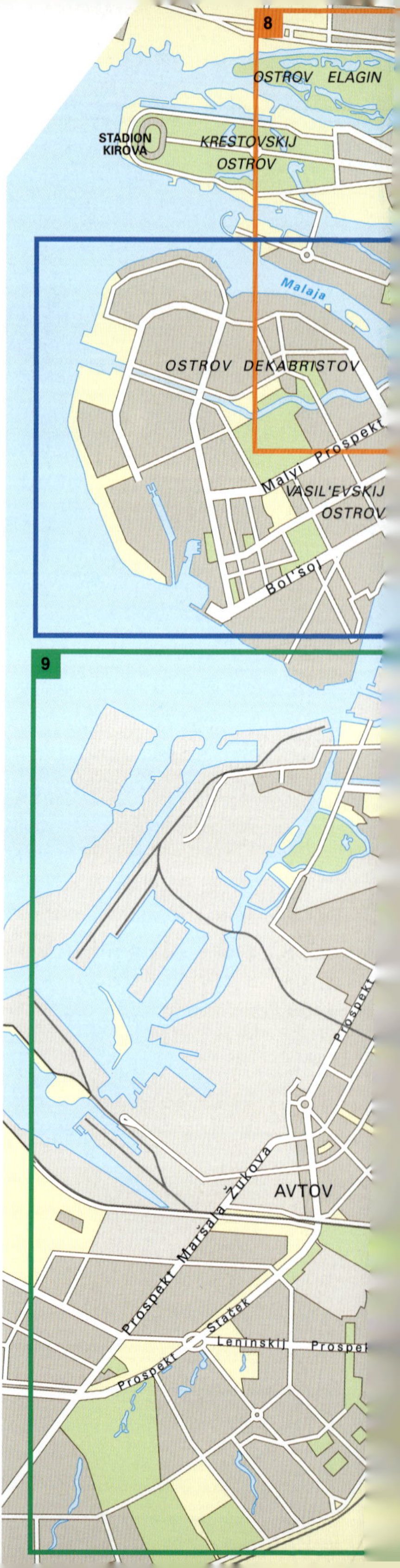

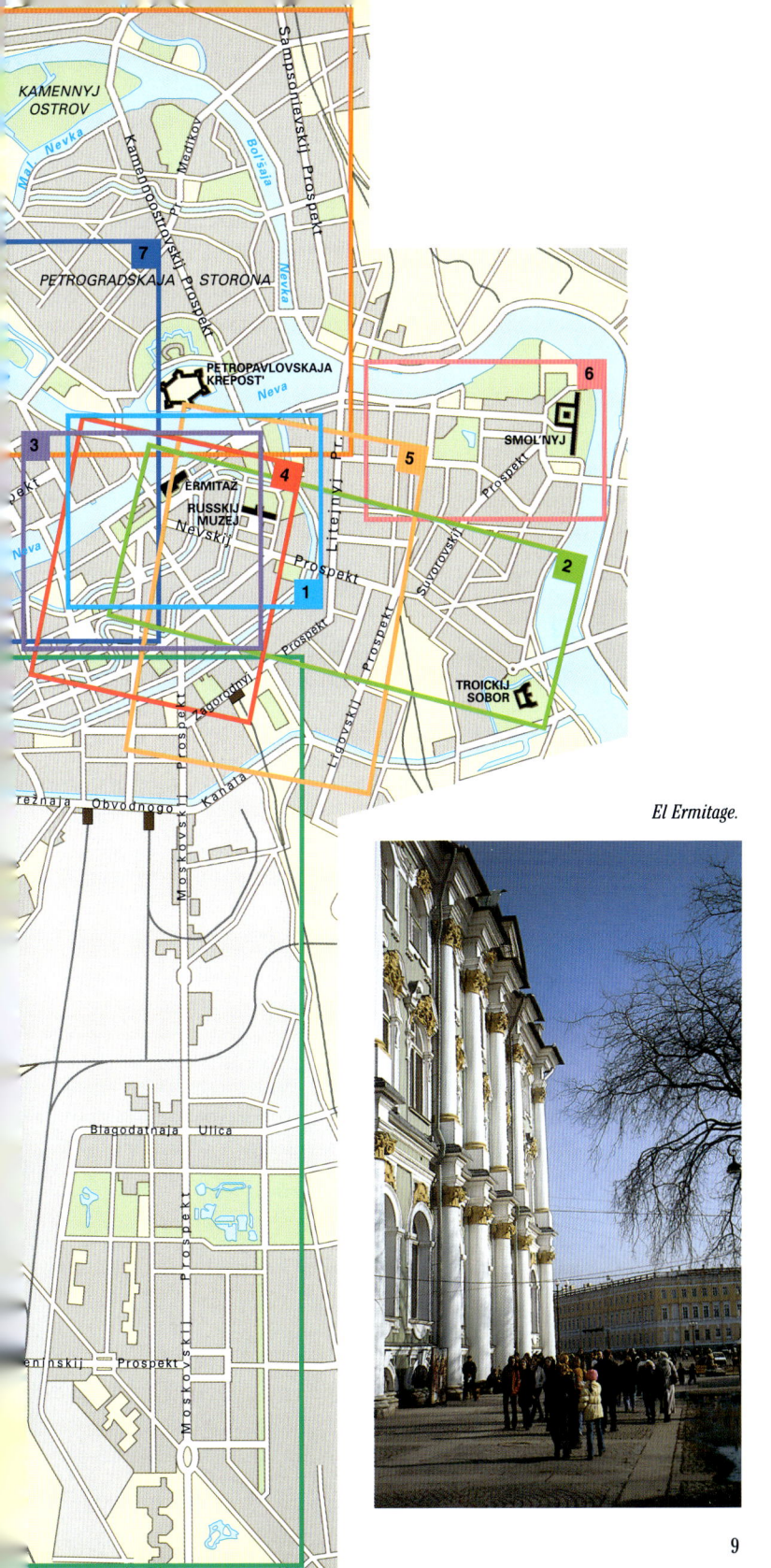

El Ermitage.

CÓMO USAR ESTA GUÍA

ANTES DE INICIAR EL VIAJE

Se recomienda la lectura de capítulo *A vista de pájaro* (desde la pág. 295 a la 314) como un buen modo de aproximarse a la geografía, la economía, la historia, el arte y a otros aspectos de carácter general.

Igualmente, se recomienda leer la *introducción* de cada una de las ciudades para conocer las peculiaridades de su historia y su desarrollo urbanístico antes de visitar sus lugares más interesantes.

DURANTE LA ESTANCIA EN LA CIUDAD

Cómo localizar los lugares más interesantes

Para facilitar su visita, se ha dividido cada una de las dos ciudades en una serie de itinerarios. Cada uno de estos recorridos está descrito en las secciones denominadas **Itinerarios por la ciudad** y van acompañados, en su mayoría, de **planos detalle.** Para facilitar su localización se ofrecen sendos índices de itinerarios en las páginas 41 (Moscú) y 167 (San Petersburgo).

Las estrellas (★ y ★★) que acompañan al nombre de un lugar, un monumento o una obra de arte, hacen referencia a su importancia. De este modo, una estrella indica que se trata de algo que vale la pena visitar, y dos estrellas, que su visita es imprescindible. La indicación [pág. xxx] remite a la página donde se amplía una determinada información.

Asimismo, los nombres de lugares y monumentos suelen aparecer acompañados por una referencia entre paréntesis que indica su **localización** en el plano correspondiente. Así, por ejemplo, **Plaza Roja** (I, C-D3) significa que la Plaza Roja se encuentra en el cuadrante formado por las filas C-D y la columna 3 del plano Moscú/I.

Si lo que se pretende es localizar un monumento concreto o una localidad de los alrededores, resultará sumamente útil la consulta del *Índice de lugares,* al final de la guía.

Cómo conseguir información sobre los servicios turísticos

Consúltese la sección **Informaciones prácticas** (pág. 315 a la 335) donde se ofrecen direcciones e informaciones de carácter general de interés para el viajero y una selección de **hoteles y restaurantes,** tanto de Moscú y de San Petersburgo como de las ciudades de sus respectivos alrededores.

Cómo interpretar los caracteres cirílicos y su transcripción

La inclusión del nombre de casi todos los lugares de interés turístico en caracteres cirílicos tiene como finalidad servir de ayuda para superar las dificultades de idioma que la mayoría de los viajeros encontrará al preguntar por la ubicación de un monumento, museo, etc. El alfabeto completo y la transcripción utilizada se explican en la pág. 319.

MOSCÚ

¿Moscú o San Petersburgo?, *12*
Historia. Desarrollo urbanístico y artístico, *21*
Itinerarios por la ciudad, *41*

¿MOSCÚ O SAN PETERSBURGO?

Fue necesario el asentamiento del metropolita ruso en el año 1326 y el fin de los saqueos mongoles para que la capital del principado de Moscú asumiese el papel de capital de Rusia, hasta que Pedro el Grande y su "Venecia del Norte" le arrebata la capitalidad.

Moscú★★ (8.538.000 hab.) se ha disputado históricamente la capitalidad del país con San Petersburgo, hasta que con la Revolución adquiere el título de capital oficial y epicentro de la política. Una disputa que se extendía al arte, la literatura y la cultura en general. Las historias de San Petersburgo y Moscú han estado íntimamente relacionadas, ya que la una siempre alude a la otra. Un periodo de esplendor de una de ellas ensombrece inevitablemente a la otra, consecuencia ineludible del choque de unas tradiciones y modos de vida completamente diferentes. Si San Petersburgo es la ventana de Europa, Moscú es el corazón de Rusia y de las rutas comerciales, la sede del patriarca de la iglesia ortodoxa, la verdadera ciudad rusa, a lo largo de su historia menos permeable a la influencia extranjera. Puede que otra cosa que diferencie a Moscú de San Petersburgo, además de su apego al exceso, es su proximidad a Asia frente al europeísmo de San Petersburgo. "Tú, Russia... Rus'...sia mía... Asiática naturaleza" escribe en 1922 Serguéi Esenin, como advirtiendo que distinguirse de Occidente era uno de los problemas constantes de los artistas y de los escritores rusos, en particular de los moscovitas. Hay una intención de no occidentalidad en la "eslavofilia" moscovita y más tarde en el neoprimitivismo de un pintor como Mijail Larionov, en los encantamientos verbales de la "zaum'" (lengua transmental) de Velimir Hlebnikov. Las raíces orientales de Rusia y sus lejanas fronteras se perfilan también claramente en el misticismo que subyace en el tratado *Sobre lo espiritual en el arte* de Kandinski y en el suprematismo de Malevich.

Fuego y agua: Moscú en el siglo XIX

Si el paisaje y la literatura de San Petersburgo nos hablan de una ciudad de agua, Moscú en cambio es una ciudad sólida y apegada a la tierra. El Moscova, que apenas toca la ciudad, no invita a pasear por sus orillas como ocurre con el Neva en San Petersburgo. Es mejor subir al punto más elevado, en las colinas, y desde allí admirar las cúpulas doradas. Desde arriba se tiene la sensación de que también Moscú oculta un mito cuyas huellas están aún por descubrir. Nikolái Karamzín en los últimos años del siglo XVIII hace una descripción de la ciudad vista desde lo alto: el amasijo de casas y cúpulas de las iglesias provoca en el escritor un sentimiento de confusión. Y si San Petersburgo se compara con frecuencia con Venecia, Moscú se compara con Roma, como hace Mijaíll Lérmontov en *Panorama de Moscú*. Durante los siglos XVIII y XIX se vive la exaltación de la dimensión transcendental de Moscú frente a la laicidad de San Petersburgo. La efímera y artificial San Petersburgo es juzgada frente a una Moscú que impone su categoría de ciudad eterna y remota. Pushkin en su obra *Evgenij Onegin* habla del enfrentamiento entre "dos almas rusas", y si bien la rivalidad entre las dos ciudades llega a su máxima expresión en la segunda mitad del siglo XIX, las diferencias ya están presentes entonces. Pushkin, sin embargo, habla de Moscú de modo más bien negativo: la ciudad es grande y bella, si bien ha perdido su esplendor aristocrático de antaño; la nueva Moscú es para él una ciudad industrial y comercial donde los mercaderes han sustituido a la nobleza e invaden las tranquilas zonas al otro lado del Moscova. Tólstoi, en cambio, algunas décadas más tarde

Monumento a Pushkin.

interpretará Moscú con una clave más doméstica: la casa rusa y todos sus valores ancestrales son el símbolo de la vida moscovita, como contrapunto a la corte y los elegantes salones de San Petersburgo, para el escritor sinónimo de hipocresía y falsedad. También en la lucha contra los elementos Moscú parece querer distinguirse de su rival. Si las inundaciones amenazan a la recién estrenada San Petersburgo, a Moscú la consume el fuego para renacer luego con orgullo, como escribiera Pushkin: "En vano esperaba Napoleón (...)/ a Moscú de rodillas/ con las llaves del antiguo Kremlin: /no, no fue ante él/ mi Moscú agachada...".

Escena callejera en el Moscú actual.

Los salones filosóficos

La integración más o menos pacífica caracteriza en parte toda la historia de Moscú, desde el siglo XIX hasta nuestros días. En el siglo XIX el salón es el motor cultural y núcleo del fermento ideológico de Rusia.

En los años treinta y cuarenta del siglo XIX, abren famosos salones familias aristocráticas como los Homiakov, Aksakov, Jazikov o Elaguin, sobre todo al oeste del Kremlin, en barrios como Arbat o Smolenskaya. En las novelas de Turguéniev, ambientadas en Moscú en las residencias aristocráticas de las afueras (*Rudin,* 1856; *Nido de aristócratas,* 1859; *Padres e hijos,* 1862), se describe con toda expresividad la costumbre social de reunirse en los salones.

El enfrentamiento con San Petersburgo naturalmente encuentra su eco también en este uso social, de modo que entre 1830 y 1840 la oposición del alma "idealista y filosófica" de Moscú frente a la "cínica y epicúrea" de la capital es clamorosa. Quienes frecuentaban los salones se interesaban por la evolución y el destino de la misión histórica del pueblo ruso. La Revolución Francesa y la época de Napoleón marcaron un duro distanciamiento de Occidente, cuyo modelo dejó de ser la única referencia para los rusos. Rusia busca una identidad propia que pueda oponerse a la europea y la encuentra en la figura de los zares Pedro y Catalina.

A partir de 1840 los salones moscovitas son el caldo de cultivo de dos facciones enfrentadas: eslavófilos frente a occidentalistas. En la explosiva *Carta filosófica* dirigida por Čaadaev en 1836 a sus adversarios acusa a Rusia de carecer de ideas nacionales y de capacidad para contribuir al progreso de la humanidad. Frente a lo cual, los eslavófilos se oponen con un cristianismo autóctono, no corrompido por el Occidente de Roma; Rusia tiene una misión histórica en tanto depositaria de una fe y fraternidad verdaderas. Así la antigua capital se convierte en el polo ideológico del imperio, escenario de disidencias y contradicciones, donde conviven grandeza e intimidad, armonía y enfrentamientos.

Modernismo en Moscú

Las dos primeras décadas del siglo XX en Rusia fueron una época de gran efervescencia intelectual. El hecho de poner en tela de juicio los valores tradicionales se va a traducir en una extraordinaria riqueza en la creación artística y literaria, además de que el substrato ideológico realista y social que había caracterizado al siglo precedente será terreno abonado para innovadoras propuestas.

El teatro es quizá el aspecto en que mejor se expresa esta aparente contradicción, sobre todo porque acoge la llamada síntesis de las artes, propugnada por Wagner y asumida por Rusia con su particular acento. En 1898 abre sus puertas el Teatro del Arte (MXAT) de Moscú, cuyo fundador, el director de teatro Konstantin Stanislavski, impone un método de interpretación basado en el realismo psicológico y la identificación del actor con el personaje, haciendo especial énfasis en los detalles históricos. En el propio seno del MXAT nace una corriente de oposición a este método. Inspirado en las nuevas tendencias literarias, Meyerhold, que no comparte las teorías de Stanislavski, se independiza y crea un teatro donde todos los recursos técnicos están al servicio de la creación de un universo escénico apartado en lo posible del mundo real.

En el ámbito estrictamente literario, la prosa encuentra su figura de mayor relieve en Máximo Gorki, cuya escritura realista –y junto al grupo de escritores reunidos en torno a la editorial Znanie– evolucionará hacia el realismo socialista. En poesía se imponen los aires nuevos del "modernismo", en claro contraste con la tradición del realismo y del arte dirigido a fines sociales. La editorial Skorpion, cuya actividad tiene lugar entre 1899 y 1916, desarrolla una intensa labor de traducción de obras extranjeras y de divulgación de textos simbolistas. La revista *El vellocino de oro* (1906-1909), claramente occidentalista, saca seis números en ruso y en francés en los que se hace una labor de promoción de exposiciones fundamental para la actualización y evolución de la cultura rusa. A este fin responde el fenómeno de las grandes colecciones de arte moderno, abiertas al público a pesar de ser privadas, como la expuesta en la residencia del comerciante moscovita Serguéi Ščukin, inaugurada en 1897. Ščukin era muy amigo de Matisse, quien gracias a él en los primeros decenios del siglo XX adquirió una gran popularidad en Moscú. Otro coleccionista, Morozov, sentía una especial predilección por los pintores "nabí", como Vuillard, Bonnard y Denis. Tras múltiples vicisitudes, ambas colecciones se repartieron entre el Museo Pushkin de Moscú y el Museo Ermitage de San Petersburgo

Futurismo y corrientes afines

Si bien es cierto que algunos movimientos artísticos y literarios de Rusia están estrechamente ligados a la ciudad en la que nacen (el "imaginismo" fue sustancialmente moscovita, mientras que el "acmeísmo" floreció en San Petersburgo), el "futurismo" se afirmó en ambas ciudades, aunque en cada caso con ciertas peculiaridades. Los artistas más relevantes de la primera década del siglo XX en Moscú fueron los hermanos Burliuk, uno de los cuales, David, además de pintor y poeta era un brillante organizador de eventos culturales y gran animador. En 1911 conoció a Maiakovski, cuyo talento en seguida intuyó. La multiplicidad de facetas artísticas era una constante de los futuristas, de aquí que, como Maiakovski, fueran pintores además de poetas, lo que explica que en el "libro futurista" figuraran ilustración y palabra, señal de una complementariedad entre las artes figurativas y la literatura que encuentra su correspondencia en la indivisibilidad entre vida artística y literaria.

Moscú revolucionario

La Revolución de Octubre también dejó su impronta política en el arte y la crítica. Para gran parte de la "intelligencija" rusa la Revolución encarnó la realización de unos sueños y esperanzas propios, lo que representaba la ruptura definitiva con el pasado. En aquellos acontecimientos los artistas veían la continuidad, cuando no el cumplimiento, de la obra iniciada antes de 1917. Así que proclamaron su apoyo a la Revolución y adoptaron en sus declaraciones el lenguaje político de los bolcheviques. En 1919 el futurismo toma nuevo empuje bajo la sigla Komfut (Futurismo comunista). Los pintores y poetas nacidos en el seno del futurismo eran tan numerosos en el Frente Izquierdo de las Artes (LEF) que se agruparon en una organización propia, la MAF (Asociación de futuristas de Moscú). En general, los primeros años de la Revolución garantizaron a los artistas posiciones clave en la administración de la cultura del nuevo sistema. A la cabeza del Comisariado del Pueblo para la Instrucción Pública (Narkompros) estaba A. Lunacharski y, tras la reforma de la enseñanza artística, la educación en esta área quedó en manos de la vanguardia. En la situación extremadamente difícil en que se encontraba la joven república socialista entre 1917 y 1922 (guerra civil, intervención extranjera, economía de guerra) la alianza entre todos los artistas de vanguardia, partidarios incondicionales de la Revolución, se dio como un hecho natural; todos deseaban la transformación radical del país. Los futuristas colaboraban activamente en la realización de los grandes proyectos de propaganda revolucionaria (Agitprop). Fiestas, aniversarios de la Revolución y congresos tenían lugar en escenografías monumentales. Para el primer aniversario de la Revolución, N. Al'tman, N. Puni, K. Malievich y Tatlin prepararon un grandioso espectáculo para el que llenaron Moscú y San Petersburgo de grandes murales abstractos, paneles, banderas e inscripciones. Esta atmósfera colorista y vivaz era muy del gusto de los futuristas, para quienes la revolución era un proceso dinámico en sí mismo. La vanguardia artística gozó hasta 1922 de una posición privilegiada en las escuelas, lo que supuso una oportunidad única para liderar la revolución cultural.

Pero en seguida se manifestaron tendencias restauradoras. La instauración en 1921 de la Nueva Política Económica (NEP) dio lugar a la reorganización de todos los sectores de la vida social. Una de las nuevas tareas era redefinir las funciones del arte en la sociedad y el papel del artista en la formación de la nueva cultura. En 1922 los "artistas itinerantes" se integraron en la Unión de Artistas Rusos y crearon la Asociación de Pintores de la Rusia Revolucionaria (AHRR). Las intenciones de la AHRR eran claras: dejar constancia por escrito de los principales acontecimientos revolucionarios para darles validez histórica (vida cotidiana, Ejército Rojo de obreros y campesinos, héroes de la Revolución y del trabajo). El llamado "realismo heroico" del AHRR se sustentaba sobre la tradición pictórica del siglo XIX, es decir, era esencialmente académico e ilustrativo. Y al gozar desde 1924 del apoyo institucional, la AHRR llegó a ser la asociación artística más importante. En 1930 derivó en Unión Federal de Artistas Soviéticos y más tarde en Unión de Pintores, Escultores y Artistas Gráficos. Los escritores proletarios se agruparon por su parte en torno a la RAPP (Asociación Rusa de Escritores Proletarios), asociación que impuso a la actividad literaria un criterio ante todo social, además de político e ideológico.

El grupo "Cultura proletaria", nacido en 1906 y revitalizado con los acontecimientos de Octubre, fue la única institución cultural no sometida al control del Comisariado de Instrucción Pública. Las tesis del sistema fueron desarrolladas por Aleksander Bogdanov, teórico del movimiento anterior a octubre de 1917: para organizar sus fuerzas frente a la burguesía, el proletariado necesita un nuevo "arte de clase" cuyo espíritu será la consecuencia natural de las nuevas condiciones socioeconómicas.

Los años veinte: bohemia y cabaret

La vida literaria de Moscú en los años veinte ofrece un panorama variado y dinámico. Junto a la popular "Cultura Proletaria" aparecen grupos de orientación diversa, entre los que destaca el imaginismo, capitaneado por S. Esenin. Moscú recupera la capitalidad en marzo de 1918 y se convierte en la tierra mítica de artistas procedentes de toda la provincia. El cambio geográfico y político del país se refleja asimismo en la importancia de sus centros culturales. Petrogrado, que con el nombre de San Petersburgo había sido el núcleo impulsor de las tendencias modernistas, queda relegada al rango de capital de provincia.

Muchos representantes de la antigua élite intelectual y literaria, sobre todo de San Petersburgo, rechazan la Revolución y emprenden el camino del exilio. A diferencia de Petrogrado-Leningrado, el Moscú de los primeros

Panorámica desde las colinas de Lenin, donde destacan los espigados perfiles de los edificios de la época estalinista entre chimeneas de centrales térmicas para la calefacción de la ciudad.

años postrevolucionarios mantiene su impronta "rusa", asiática, en el empeño sin miramientos de destruir lo viejo para construir lo nuevo, y generando en aquel caos ideológico y desorden económico una situación paradójicamente creativa. "La somnolienta Asia dorada / sobre las cúpulas se adormece", escribe Esenin en *Las tabernas de Moscú* (1924), obra que causó un escándalo en aquellos años. La atmósfera moscovita aúna en torno a sí a jóvenes poetas, escritores y pintores en busca de afirmación, con lo que Moscú se convierte en el núcleo por excelencia de artistas rebeldes y anticonformistas y ciudad de adopción de la llamada "baguímia" (bohemia), que se reúne en los cafés literarios.

Ya en la primera década del siglo XX una pléyade de nuevos artistas había hecho de los cafés el lugar preferido de sus encuentros, alternativo a los círculos de la cultura oficial. En estos cafés, curiosamente situados en locales pequeños, subterráneos y apartados, se van a fraguar los experimentos artísticos más revolucionarios e innovadores. El Moscú literario de aquellos tiempos se movía incesantemente por el Kuzneckij most, donde cualquier transeúnte podía verse sorprendido por la presencia de Maiakovski vestido con casaca amarillo chillón.

En los primeros tres años después de la Revolución, Moscú sufrió una auténtica conmoción en las formas tradicionales de gestión y difusión de la cultura literaria y artística. A pesar de la escasez, la falta de calefacción y de electricidad, las inauguraciones y los estrenos teatrales estaban a la orden del día; surgían grupos nuevos de artistas, se construían teatros y nuevos lugares para el ocio.

V. Kamensky en su obra *Senda de un entusiasta* escribe: "Era terrible, nuevo y alegre, respirábamos la anunciada novedad del futuro, ardíamos en la energía de la juventud. Trabajábamos con los motores a pleno gas". En aquel periodo el café adquirió una importancia como nunca antes había tenido en la vida literaria. Se habla entonces de un "kafejnyj period" (periodo del café) literario, mientras la bohemia se hace con la vida literaria. El café-teatro cobró auge debido a circunstancias tan contingentes como la escasez de papel y la reducida actividad de la imprenta; la impresión de un libro, sobre todo entre 1919 y 1920, era un acontecimiento ocasional, de modo que la actividad literaria

---

La clase media entre comunismo y autarquía

El nacimiento y consolidación de la clase media es uno de los fenómenos más importantes que ha vivido el país en el último decenio. Este nuevo protagonista del panorama ruso, ajeno a la tradición soviética y presoviética, es principalmente visible en la capital, ciudad siempre dispuesta a seguir los rápidos cambios de actitudes y costumbres.

A mitad de los años noventa, los burgueses y burguesas rusos sólo conocían símbolos de estatus de proveniencia extranjera: electrodomésticos, ropa y zapatos italianos, electrónica japonesa, muebles finlandeses, automóviles alemanes. Sus lugares preferidos eran los nuevos locales un tanto "kitsch" que aún hoy día invaden el centro de Moscú, y que responden por completo al gusto, todavía incierto, del público. En aquellos años parecía como si no sólo los "nuevos ricos", sino todo el pueblo ruso, demasiado ocupado haciendo negocios y consumiendo, se hubiera olvidado de producir. Sin embargo, la euforia duró poco: la gravísima crisis monetaria de 1998 colocó de nuevo al país con los pies en la tierra. Bajo la dirección del primer ministro Primakov, fue justo durante ese año tan difícil cuando muchos rusos recuperaron el sentido de la proporción. Aún en nuestros días, persisten las locuras de antaño (supermercados que venden sólo productos extranjeros, simples piezas de recambio importadas a precios exorbitantes) pero poco a poco, cada vez se va avanzando más en los comercios, y en la mente del ciudadano ha echado raíces la idea de que todo lo nacional no es necesariamente peor que las sobras de Occidente.

---

hubo de buscarse otros caminos, como lecturas y representaciones en los pequeños escenarios de los cafés. Citando a Pasternak se puede decir que fue precisamente en el escenario de estos café-teatros donde nació la "moda de los recitales de poesía" (*El salvoconducto*).

En 1917, en una pequeña casa entre las avenidas Čehova y Tverskaja, se abrió el primer café literario del Moscú post-revolucionario. Se llamaba "Café de los Futuristas" y nació de la mano del poeta y aviador V. Kamensky. En Tverskaja comenzaron a abrirse otros locales, como Fucina, punto de encuentro de los escritores proletarios. En los locales del antiguo café Dominó se instaló durante un periodo de tiempo la "Unión Panrusa de Poetas" (Sopo), que mantuvo su actividad con autonomía hasta 1929, albergó a importantes escritores y dio nuevo impulso literario a las distintas corrientes de vanguardia. En enero de 1919 se constituyó un club con café propio, conocido como el Café de los Poetas. La Cuadra de Pegaso era por su parte el café donde se reunían los poetas imaginistas, mientras que en el Café Grek se reunían los miembros de la editora Skorpion. La concentración de cafés-teatro hacía de la avenida Tverskaja una ruta literaria donde, como señala el crítico V. Polonsky, el escenario se convierte en el símbolo del momento y la escenografía del café en su festiva comparsa.

La ciudad del maestro

El escritor que mejor describe el Moscú de los años veinte y treinta es sin duda Mijáil Bulgákov (1891-1940), nacido en Kiev y establecido en Moscú en 1921, ciudad en la que viviría hasta su muerte. Bulgákov siente por Moscú un vivo interés, una actitud de amor maravillado, con algún que otro destello de ironía. En el Moscú de los años veinte, fieles a los dictados "seudocapitalistas" de la NEP, se mueven personajes ambiguos, emprendedores, editores improvisados. Moscú es una ciudad contradictoria: la inflación se dispara y sin embargo se mantienen las apariencias. Surge una nueva burguesía, prepotente, a menudo vulgar y rapaz y siempre ávida. Para Bulgákov la ciudad se convierte en un auténtico escenario, de lo que dan testimonio sus obras teatrales (*El apartamento de Zoja*, 1928) y su narrativa (*Apuntes sobre gemelos*, 1923; *Diaboloide*, 1926). *La novela teatral* (1935-1936, aunque no publicada hasta 1966), ambientada en el pintoresco y extraño mundo del Teatro del Arte (MXAT), es una mordaz parodia de la vida cultural de los años veinte. Bulgákov ve Moscú como una ciudad en continua fermentación, al borde del surrealismo (*Corazón de perro*, 1925; *Los huevos fatales*, 1925). En su obra maestra, *El maestro y Margarita* (no publicada fuera de Rusia hasta 1968), la ciudad le disputa el papel protagonista a los personajes que dan título a la obra. El lector ruso se encuentra frente al mismo diablo, Woland, quien aparece en la ciudad para tomar nota de la terrible situación en la que se hallan los moscovitas y a su vez restituir al maestro un manuscrito sobre algunos de los momentos claves de la vida de Cristo

Los restaurantes de comida rápida "a la americana" son la prueba palpable de la apertura al consumo internacional de la capital rusa en los últimos decenios.

que el maestro, desmoralizado por las críticas, había quemado. La novela discurre en dos planos superpuestos, Moscú y Jerusalén. Real e idealizada, la ciudad del maestro es tan reconocible como intemporal. En casi toda la novela la ciudad se muestra de noche, aunque prevalece sobre la visión alucinada de la ciudad una visión a vista de pájaro, fiel a la línea literaria del siglo XIX dada a mirar la ciudad desde arriba; de aquí que se haya convertido en todo un símbolo el vuelo de Margarita sobre una escoba, convertida en bruja.

Del soviet a la perestroika

El fin del "ciclo de Petrogrado" viene dado por la transferencia de la capital a Moscú en 1918 y por el cambio de nombre de la antigua capital por Leningrado. La importancia de Petrogrado-Leningrado en la literatura rusa es menos acentuada en los años veinte, momento en que comienza a decrecer si bien no desaparece del todo. Pero no es tanto el mito de la "Palmira del Norte" lo que se pierde como un modo preciso de hacer cultura y literatura, síntesis del carácter europeo y espíritu ruso de la ciudad, que en el periodo soviético sufre un notable reajuste.

En los años del estalinismo y del telón de acero Moscú es el epicentro incuestionable del poder; se estaba creando el mito de una capital-símbolo, de una literatura adicta al sistema y un arte que celebraba el modelo oficial. En la novela *Lejos de Moscú* el escritor soviético V. Ažaev ensalza una Moscú mítica y distante, imagen muy diferente a la que ofrece Boris Pasternak en *El doctor Živago*. Pero en lo más profundo de Moscú subsistía la costumbre de reunirse, al menos entre la disidencia culta que se juntaba en las cocinas de los apartamentos y en los pisos compartidos. Las cocinas soviéticas eran con frecuencia las habitaciones mejor aisladas acústicamente, un lugar ideal para conversar casi libremente sobre cualquier tema.

Entre vaso y vaso de vodka se leían textos literarios con frecuencia prohibidos, se prestaba oído a los relatos que los huéspedes extranjeros traían del otro lado del muro. A ellos se confiaban manuscritos, casetes, cartas y mensajes.

Fuera de las cocinas estaba la Unión Soviética: Jruchov, Breznev o Chernenko. Más tarde, a partir de 1985, llegaría la delicada transición político-cultural de la *perestroika* de Gorbachov, sin cuya intervención no se entendería el Moscú actual.

Moscú hoy

La capital rusa se ha transformado drásticamente en los últimos años. Para el 850º aniversario de su fundación (1147) ha cambiado radicalmente de imagen. El Moscú de hoy ya no parece la capital gris de los Soviet, para lo cual su alcalde ha invertido cifras astronómicas en la rehabilitación de los hermosos palacios del centro, la reconstrucción de las cúpulas de centenares de iglesias, la sustitución de las estrellas rojas con el águila y, sobre todo, en dar nuevo brillo a uno de los símbolos de la renovada grandeza moscovita, la gran catedral de Cristo Salvador, destruida por Stalin para levantar en su lugar una piscina al aire libre. La reconstrucción de la iglesia, la gran escultura de Pedro I sobre el Moscova (¿penúltimo agravio a San Petersburgo?) y la histórica plaza Maneznaja embellecida con esculturas, fuentes y columnas de mármol, parecen inaugurar una especie de nuevo *kitsch* que imbuye a la ciudad de un contradictorio postmodernismo. Pero en este Moscú frenético y derrochador la vida cultural bulle tanto como la económica.

El teatro, por ejemplo, es una de las actividades más queridas por los moscovitas. El precio de la entrada, exceptuando el Bol'šoj, es sensiblemente más bajo que en los países de la Europa occidental y asequibles para el ciudadano ruso. El número de teatros en los últimos años se ha multiplicado; muchos son subvencionados por el estado o el ayuntamiento, otros reciben ayudas privadas, lo que ha permitido la proliferación de teatros independientes. Sigue habiendo teatros de élite, como el Bol'šoj, o el Palacio de Congresos en el interior del Kremlin, donde se celebra la temporada de ballet.

De gran originalidad es el famoso teatro de Marionetas (Kukol'nyj teatr) en avenida Sadovaja Samotečnaja, aunque es difícil conseguir entradas. El teatro situado en avenida Malaja Bronnaja ofrece un interesante programa, con obras de autores que van de Gogol' a los jóvenes dramaturgos contemporáneos. El Pequeño Teatro (Malyj teatr) es el templo del teatro clásico; representa obras de Griboedov, Fonvizin o Gogol', en resumen, toda la historia del teatro ruso. Entre los teatros dedicados a la música, además del Bol'šoj, destaca el teatro de la Opereta (teatr Operetty), en el que además de espectáculos tradicionales ambientados en los típicos decorados del género, se hacen montajes de musicales rusos al estilo ame-

¿MOSCÚ O SAN PETERSBURGO?

El colosal monumento levantado en honor de Pedro I el Grande.

como *El Maestro y Margarita*, de gran originalidad respecto a los cánones soviéticos. El regreso de Ljubimov a su histórico teatro constituyó un acontecimiento cultural; para la ocasión puso en escena un espectáculo resumen de la obra de Solženicyn, quien pudo asistir al estreno y se mostró satisfecho con la adaptación. A la creación del mito del Taganka, teatro alternativo por excelencia, contribuyó en gran medida su actor-cantautor-poeta más representativo y amado por el público moscovita, V. Vysockij, muerto en el año 1980 aunque vivo aún en la memoria y en sus discos para muchísimos rusos. Vysockij era para los rusos el cantante comprometido por excelencia. Su funeral en Moscú fue un acontecimiento memorable; miles de personas cantaron, lloraron y llevaron flores, una tradición que aún hoy mantienen quienes siguen recordando a su ídolo. Más reciente es la muerte del otro "bardo" de la música rusa, Bulat Okudžava, muerto en junio de 1997, para quien se repitieron las mismas demostraciones de afecto a pesar de las adversas circunstancias económicas y culturales que atravesaba Rusia.

ricano, muy del gusto de los jóvenes, dado que los interpretan cantantes de las nuevas generaciones. Las distintas "casas" del científico, músico o escritor, así como el Conservatorio, cuentan con magníficas salas de concierto. El histórico teatro del arte MHAT cuenta en la actualidad con dos sedes; la más antigua, situada en el callejón Kamergerski, aún conserva en la puerta el emblema del teatro: la gaviota en memoria de Chéjov. El célebre teatro Taganka también abrió otra sede. A mediados de los años ochenta era el teatro más ambicioso, amado, discutido, criticado e idolatrado de Moscú, el teatro de Ljubimov y del célebre cantautor Vladimir Vysockij. La dirección del Taganka pasó a nuevas manos después de que su director teatral decidiera marcharse a Occidente, si bien el nuevo director mantuvo el mismo repertorio.

Ljubimov, además de los textos clásicos del teatro ruso y soviético, puso en escena adaptaciones teatrales de obras literarias,

El circo de Moscú ofrece en la actualidad un espectáculo fuera de lo común. Se trata de un género entre el teatro de variedades y números de acrobacia, más original del que suele ofrecer el circo clásico ruso. Las compañías son estables, así como las carpas donde se representan los espectáculos. Moscú cuenta con dos circos: el Staryj (viejo), situado en el centro, en Cvetnoj Bul'var, y el Novyj (nuevo), en las inmediaciones de la Universidad.

El cine ofrece menos novedades, aunque poco a poco va despertando. Resulta bastante difícil ver cine clásico, sobre todo tras el auge del vídeo, una nueva moda que ha restado afluencia de espectadores a los cines. En la sala Illjuzion se exhiben películas clásicas de la filmografía rusa y soviética. No obstante, la sala cinematográfica más importante de la capital es Kinocentr, en Krasnaja Prewsnja, un cine con museo, restaurante y café donde

19

algunos años se organiza el Festival Cinematográfico de Moscú.

La vida artística ha visto multiplicarse las galerías. Los acontecimientos culturales más comunes son las exposiciones y presentaciones de libros, donde acuden pintores y escultores. Las escuelas artísticas de mayor relieve en la actualidad son la conceptualista (D.Prigov, L. Rubinštein y T. Kiabirov) y la metaforista (A. Poarščikov, I. Ždanov y A. Eremenko), poetas y pintores de pincel y pluma sin prejuicios. Los encuentros se convierten en auténticos eventos culturales con *happening* y *performances* de todo tipo. Cabe citar las siguientes direcciones: Centro de Arte Contemporáneo en la calle Yakimanka, que incluye numerosas galerías; Modern Art Cultural Centre, en B. Ordynka; Arbat 34; galería Mars en Malaja Filevska y Photo Centre en Gogolevskij bul'var.

Aún existen la Unión de Escritores Soviéticos y la Casa del Escritor, aunque no son muy frecuentadas. En cambio están de moda varios centros culturales en los que se organizan veladas literarias, de cuya información se ocupa un boletín. En el Museo Sidur la mujer y la hija del famoso escultor ya fallecido organizan veladas musicales y literarias; al igual que en la biblioteca Čehovskaja situada en la plaza Pushkin.

En una calle transversal, Tverskaja, la señora Mihailovskaja dirige un pequeño centro cultural, una especie de salón literario. El Museo A. Beyj en el Arbat y el Museo Literario de Petrovskij bul'var también organizan sesiones literarias. Prigov, Kibirov y otros creadores de las últimas tendencias suelen impartir clases en la Universidad de Humanidades que luego terminan en veladas literarias con *performance*.

También son muchas las librerías que participan en la organización de encuentros con artistas y escritores: Biblioglobus, en Mjasnickaja, o Molodaja Gvardia, cerca de Poljanka. Desde hace algún tiempo funciona el Pen Club de Moscú, donde se suelen presentar algunas de las novedades literarias. La actividad editorial moscovita es ecléctica: se publica de todo, desde literatura filosófico-religiosa a novela rosa o sensacionalista, desde clásicos rusos y extranjeros a la más llamativa literatura de quiosco. El bullicio incesante de presentaciones, inauguraciones y encuentros es el reflejo de la disgregación de la "intelligencija", mucho más unida cuando manifestaba su oposición común al sistema soviético en los tiempos de la URSS. Las novedades se siguen publicando en las revistas *Znamja*, *Novyj mir*, *Druzba narodov*, *Oktjabr'*, *Inostrannaja literatura*, *Novyj literaturnoe obozrenie* (NLO) y *Zvezda* (con sede en San Petersburgo).

De la vieja bohemia moscovita ya no queda nada ni en casinos ni en clubes nocturnos, ahora frecuentados casi exclusivamente por extranjeros ricos y hombres de negocios del país, los "nuevos rusos". No obstante, merece la pena acercarse a Petrovskoj bul'var y asomarse tras la tapia de chapa para ver las casas de artistas donde viven los "okupas" de Moscú, verdadero templo de la vanguardia metropolitana. Este lugar se anima a partir de las 18 h; se aconseja visitarlo sábados y domingos, días en que se organizan variados conciertos, espectáculos y *happenings*.

Por su parte, en Karetnyj rjad se encuentra el Sad Ermitaž, un jardín recientemente rehabilitado con tres teatros abiertos al público, entre los que destaca Novaja Opera, teatro dedicado a repertorio clásico. El Sad Ermitaž también cuenta con un "art centre" denominado Moscow Collectio, que recibe y presta obra de artistas rusos y extranjeros, ofrece información sobre museos, galerías de arte y actividades artísticas en general y organiza muestras, conferencias y debates.

El Club Bunker, junto a un teatro independiente situado en Trifonovskaja 56, todas las noches ofrece espectáculos de grupos musicales, poetas o cabaret. Con la mayor desen-

Un anuncio moscovita de diseño de interiores.

¿MOSCÚ O SAN PETERSBURGO?

Estatua derrocada en el Parque Gorki, otro símbolo de los nuevos tiempos.

voltura se pasa del rockabilly al acid-jazz o a los espectáculos más vanguardistas. En cuanto a rock, el Rock Club en Berežkovskaja nabe-režnaja ofrece heavy metal y música en directo; el Sexton F.O.Z.D (Pervyj Baltiskij proezd), local inspirado en Sex Pistols, permanece abierto 22 horas al día y organiza *happenings* musicales. La música que hace un tiempo representaba a la disidencia culta se sigue haciendo en Arcadia Jazz Club, en Kamergerskij proezd, donde se da cita el Moscú más refinado.

HISTORIA. DESARROLLO URBANÍSTICO Y ARTÍSTICO

La ciudad de las catedrales y los monasterios

El primer asentamiento en la colina de Borovicki, en la confluencia del Neglinnaia con el Moscova, se remonta, según los datos estratigráfico-arqueológicos, a la segunda mitad del siglo XI, y la defensa se basaba en ambos ríos más algunos terraplenes. Pero ya un siglo más tarde, la población ocupaba toda la colina, incluyendo la parte más alta, donde en la actualidad se halla la plaza de las Catedrales. La fecha de 1147, como año de la fundación de Moscú en el lugar del encuentro histórico entre el príncipe Yuri Dolgoruki de Vladimir y el príncipe Sviatoslav de Chernigov, adquiere en este sentido un valor emblemático. Se construyeron rápidamente nuevas defensas, bastante más al este, con el fin de ampliar cinco o seis veces la superficie ocupada y surgieron, ya entonces, una iglesia de madera y un cementerio.

La favorable situación geográfica de la ciudad en el centro de la Rusia preurálica se convirtió en algo extraordinariamente ventajoso en el siglo XIII, cuando, a causa de las invasiones mongolas, las poblaciones comerciales del sur fueron perdiendo importancia gradualmente.

Imagen de Cristo (siglo XIV), en el Museo de Cultura y Arte Antiguos.

La estructura urbana se define como un esquema radial-anular, con calles que salen del Kremlin, que desde sus orígenes reviste el carácter de fortaleza y sede del poder político-religioso. Durante los siglos posteriores, las distintas series de murallas reforzaron el sistema defensivo de la ciudadela, subrayando la estructura concéntrica de su trazado.

Desde su fundación y durante mucho tiempo, la ciudad estuvo construida enteramente de madera. El propio Kremlin fue revestido de muros de piedra blanca tan sólo a partir de mediados del siglo XIV, sustituidos a finales del XV por ladrillos, visibles todavía.

A finales del siglo XIII Moscú, o mejor el Kremlin, sufrió el primer cambio decisivo. Las excavaciones realizadas bajo las catedrales de la Asunción, la Anunciación y el Arcángel San Miguel han sacado a la luz los cimientos de piedra, que se remontan precisamente a finales del siglo XIII y no al año 1325, como comúnmente se ha afirmado.

En 1326, siendo gran príncipe de Moscú Iván I Danilovič, llamado Kalita, se produjo el traslado del metropolita Piotr de Vladimir al Kremlin. Para esta ocasión Kalita ordenó la construcción de la segunda catedral de la Asunción. La primera piedra fue colocada el 3 de agosto de 1326; esta fecha simboliza el comienzo de la actividad artística en la capital del Gran Principado. Inmediatamente después Kalita ordenó la construcción con piedra blanca de las catedrales del Arcángel y la Anunciación. El conjunto fue rematado en 1329 con la edificación de San Juan Clímaco "bajo las campanas", donde más tarde se edificaría el campanario de Iván el Grande, y completado con la iglesia de San Salvador "en el bosque", actualmente desaparecida.

En este conjunto de edificios se define ya un simbolismo concreto y un principio urbanístico: el centralismo de un conjunto formado por elementos variados que se reúnen en torno a una iglesia-campanario como expresión de "concilio" y de la sumisión de las partes a un poder central.

La tercera Roma

Bajo el reinado del gran príncipe Dmitri Donskoi (1359-1389) los muros de piedra blanca del Kremlin fueron desplazados más al este y a lo largo de los flancos occidental (hacia el Neglinnaia) y oriental (Plaza Roja), hasta ocupar las tres cuartas partes de la superficie actual. La construcción de las murallas nuevas, levantadas entre 1365 y 1367, fue un acontecimiento de excepcional importancia, porque representaban la prueba de que Moscú se había situado al nivel de las más antiguas y gloriosas ciudades histórico-culturales, como Kiev, Novgorod y Vladimir, que fue su predecesora. El fervor constructivo del siglo XIV se vio acompañado y seguido de la importantísima producción de la pintura rusa medieval. Los iconos de la escuela de Moscú superan en belleza y fuerza de síntesis a todas las manifestaciones precedentes y de este "humus" florece el grandísimo arte del monje Andrei Rublev (1360-1430), el más grande genio pictórico de Rusia. Sus frescos de la catedral de la Anunciación, sus iconos, su famosísima *Trinidad*, de 1423, se sitúan entre las grandes obras maestras de la pintura universal.

La conclusión de las murallas contribuyó a reforzar el dualismo entre el Kremlin y la plaza Roja, desde un principio principales protagonistas de la vida de la ciudad. El propio recinto triangular del Kremlin comprende en un esquema arquitectónico único los edificios representativos del poder temporal y la autoridad religiosa, en una coexistencia que caracterizará, desde la época zarista en adelante, la historia y la cultura rusas.

Al otro lado de las murallas, la plaza Roja se convirtió, en cambio, en el centro de la vida política, plaza de armas y mercado, donde confluían los caminos de caravanas más importantes de toda Rusia. Su carácter comercial se fue definiendo, ya desde la Edad Media, con la presencia de numerosas tiendas que surgieron en el área ocupada actualmente por los grandes almacenes GUM. Con el correr de los siglos la plaza acrecentó su importancia poblándose de edificios significativos para la historia rusa, como San Basilio, de 1555-1561, y la piedra circular "Lobnoe mesto", donde se rendía justicia al zar.

El gran desarrollo de la historia artística de Moscú, y de toda Rusia, tuvo lugar con la llegada del gran príncipe Iván III el Grande (1462-1505), el primero de los grandes soberanos rusos, que, derrotados los mongoles y la república de Novgorod en 1478, se proclamó soberano de toda Rusia. Al casarse con Zoe Paleólogo, nieta del último emperador de Bizancio, se convirtió en legítimo heredero de la autoridad bizantina ante la iglesia ortodoxa.

Esta ambición de continuidad imperial se resume en la célebre frase del monje Filotei: "Dos Romas han caído, Moscú es la tercera, la cuarta no existirá jamás".

HISTORIA

Fachada de los almacenes GUM, en un lateral de la transitada Plaza Roja.

Los arquitectos italianos y el nuevo estilo "friazin"

En consonancia con estos propósitos, también la capital debía poseer un aspecto imperial. El largo periodo de invasiones y destrucciones había dispersado a los maestros y confundido las técnicas constructivas locales. Para reconstruir Moscú, de acuerdo con los deseos de Iván III, se llamó de Italia a los arquitectos Aristóteles Fioravanti, Marco Ruffo y Pietro Antonio Solari, que pusieron manos a la obra de la reconstrucción de las murallas y los palacios del Kremlin en un intento de conjugar el estilo renacentista y los elementos tradicionales rusos.

De éstos, Ridolfo Fioravanti, llamado Aristóteles, arquitecto nacido en Bolonia entre 1415 y 1420, que trabajó en Bolonia, en Milán bajo las órdenes de Francesco Sforza y en Mantua bajo el auspicio de Ludovico Gonzaga, fue quien recibió el encargo de reconstruir la catedral de la Asunción, llamada también de la Dormición, tomando como modelo la de Vladimir, del siglo XII. El arquitecto boloñés veía la arquitectura rusa con ojos italianos y, al mismo tiempo, interpretaba el arte ruso de acuerdo con "la alta matemática artística" del Renacimiento italiano. Algunos elementos típicos rusos, como los ábsides, fueron retomados en proporciones más reducidas y se dio prioridad a la "fachada", es decir, el flanco meridional (derecho), concebido como la fachada de un palacio que se asoma a una gran plaza.

Con la catedral de la Asunción Fioravanti introdujo también en Rusia el empleo conjunto de ladrillo y sillar blanco, así como otros delicados detalles de la construcción, que permitieron construir bóvedas con el espesor de un solo ladrillo y unir varias partes de la obra utilizando el hierro, en lugar de las tradicionales vigas de encina.

La catedral alcanzó una gran popularidad y tuvo una gran resonancia en la pintura: sirve de fondo en diversas ocasiones a los iconos de la escuela de Moscú y, sobre todo, a los iconos del monje Dionisi, el último gran maestro de la escuela de Rublev. Dionisi es autor también de los frescos de la capilla de la Glorificación de la Virgen, de 1479, en la misma catedral de la Asunción.

A partir de este momento el Kremlin fue reconstruido por completo, reemplazando las tradicionales iglesias en madera por nuevas construcciones de piedra.

Cuando los arquitectos de Pskov construyeron en el Kremlin la segunda catedral, la de la Anunciación (1484-1489), no pudieron apartarse de la obra maestra de Fioravanti; más bien parece que precisamente fue el propio arquitecto quien dirigió a los constructores rusos hasta su muerte. La actividad de Fioravanti no se centró sólo en la arquitectura, sino que también fue constructor de puentes, fundidor de cañones y comandante de artillería (estuvo al lado de Iván III en Kazan', Nižnij-Novgorod y Tver') y grabador de medallas y monedas.

Arquitectos italianos en el Kremlin

Después de Fioravanti, que habiendo caído en desgracia murió en las prisiones del zar en 1486, otros arquitectos italianos ocuparon su lugar en la corte.

A estos maestros, igual que a Aristóteles, las crónicas rusas les dan el nombre de *"friazy"* (corrupción de "franco" o "francos"), apelativo bastante genérico que servía para identificar a los latinos del Mediterráneo, cualquiera que fuese su profesión. Y *"friazin"* será el estilo cultivado y extendido por los maestros italianos.

En el año 1490 llegó a Moscú Pietro Antonio Solari, hijo del más conocido Guiniforte, a quien el duque de Milán Galeazzo María Sforza acababa de nombrar superintendente de todas las fábricas de Milán y Pavía. A continuación de Solari las crónicas citan un Zanantonio fundidor de cañones, un Cristoforo platero, un Jacopo y otros dos escolares romanos, así como un Marco Ruffo, tal vez milanés, que trabajó en Milán.

Las crónicas recuerdan que ya en 1490 Solari trabajaba en el proyecto de las murallas del Kremlin y en la construcción de torreones angulares redondos, que recuerdan en parte el castillo de los Sforza (torres Borovickaia, de 1490; Konstantino-Eleninskaia, de 1490, y Nikol'skaia, de 1491).

En 1491 Solari comenzó las tareas para la construcción de la puerta Spasski y del Gran Palacio del Kremlin, en colaboración con Ruffo, asociación que volvió a repetirse para la construcción del palacio de las Facetas, terminado poco antes de la muerte de Solari, acaecida en 1493. En pocos años Solari proporcionó casi por completo a Moscú las murallas y al menos cinco torres del Kremlin, además de dos palacios.

En 1493 salió hacia Italia una embajada, que al cabo de un año condujo a Moscú "al maestro de muros y edificios Aleviz y al fundidor de cañones Piotr y a otros maestros". De Piotr, fundidor, no sabemos nada; Aleviz es Aloisio da Caresana Vercellese, "maestro de muros e ingeniero"; los otros maestros son Michele Parpajone, originario del Vercellese, "herrero", y Bernardino de Borgomanero, "cantero".

Todos estos artistas trabajaron en Milán en la corte de Ludovico el Moro.

En Moscú Aloisio recibió el título, que ya se le había concedido a Solari, de *"architectus generalis Moscoviae"*. A los tres, pero en especial a Aloisio, se pueden atribuir seguramente varias obras militares en el Kremlin, trabajos hidráulicos en el Neglinnaia y, con el zar Vasili IV (1505-1533), la excavación de un foso en torno a la ciudad y la terminación de la construcción del Gran Palacio.

También a Aloisio le atribuyen las crónicas rusas la construcción de más de doce iglesias. Pero la mayor parte de los edificios religiosos hay que atribuirlos a Alevig Novyj, seguramente identificado como Alvise Lamberti de Montagnana, llamado "el Nuevo" para distinguirlo de Aleviz, a quien se hizo venir de Venecia, en 1499, por invitación de Iván III. El zar le dio el encargo de construir la tercera catedral del Kremlin, tras las de la Asunción, obra de Aristóteles Fioravanti, y de la Anunciación, obra de constructores de Pskov. Se trataba de la catedral del Arcángel, no menos importante que la de la Asunción, lugar de enterramiento de los zares hasta Pedro I.

Este edificio introdujo en Rusia elementos venecianos, como las grandes conchas dentro de las lunetas de las bóvedas, que, por lo demás, no son otra cosa que la interpretación renacentista de los preexistentes *"zakomary"* rusos. Las crónicas de la época aseguran que en el mismo año se acabaron, a cargo de Aleviz Novyj, las iglesias de San Juan Bautista, junto a la puerta de Borovickaia, y de San Juan Clímaco "bajo las campanas", ya desaparecida, y el campanario de otro italiano, un tal Marco Bono, conocido como Bon Friazin, que, no sin fundamento, la crítica relaciona con la famosa familia veneciana, porque la última embajada de Iván III había traído precisamente de Venecia a los

Las murallas rojas y torreones que limitan el recinto del Kremlin.

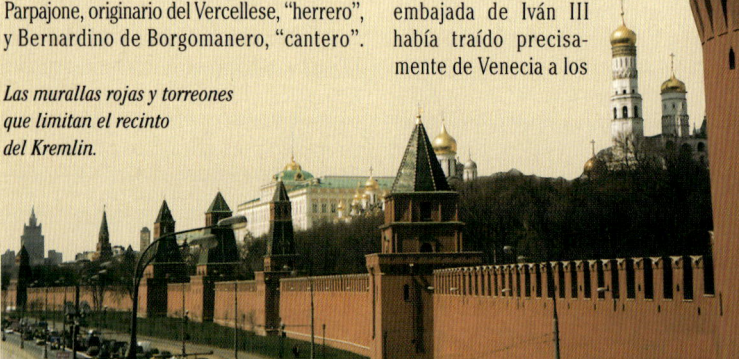

nuevos constructores. El campanario en cuestión es el de Iván el Grande (Iván Veliki), construido con piedra blanca y planta poligonal según el esquema de la iglesia tradicional con torre de madera y terminado en la época de Boris Godunov.

La actividad de los arquitectos italianos en Moscú se detuvo en la primera mitad del siglo XVI, no sin que el estilo renacentista llevado a Moscú sufriera una profunda reelaboración. De esta forma los muros del Kremlin, que se alza en una colina en forma de triángulo irregular, conservan también tras la reconstrucción la antigua planta accidentada, que nada tiene que ver con la regularidad y el carácter central de las plantas de los castillos italianos.

Y si en la construcción de iglesias en el interior del Kremlin los maestros italianos tuvieron en cuenta las tradiciones locales, adaptando los elementos decorativos renacentistas al esquema analítico de los edificios religiosos rusos, en conjunto este repertorio formal no tuvo influencia en la arquitectura posterior al siglo XVI.

Distinta suerte han corrido, en cambio, los aciertos técnicos introducidos por los maestros italianos. La adopción de nuevas argamasas, junto al hierro, la combinación de ladrillo y piedra blanca, así como el uso de instrumentos geométricos como la escuadra y el compás, entraron a formar parte de las técnicas rusas de construcción mejorando sensiblemente la calidad de los edificios.

El crecimiento de la ciudad

Alrededor de 1535 se produjo el primer desarrollo urbanístico. La parte del suburbio situada al este del Kremlin y unida a él mediante la plaza Roja fue rodeada por una nueva muralla con almenas. Surgió así el Kitai Gorod, rodeado por una muralla con torres y almenas que recuerda tanto los muros del Kremlin como los del castillo de Milán o la torre de Gálata, en Estambul. Esta parte posee un trazado irregular y se convirtió enseguida en el barrio por excelencia de la ciudad, en el que desde el siglo XV se concentró la vida comercial.

Esfera del reloj de la Torre Spasskaia en el Kremlin.

Con la construcción de la muralla del Kitaigorod la superficie habitada de Moscú alcanzó las 92 hectáreas.

En la época del zar Vasili IV, hijo de Iván el Grande y padre de Iván el Terrible, no se construyó en Moscú sólo "a la manera italiana", sino que perduró la tradición propiamente rusa, o mejor ruso-bizantina. La característica principal de este estilo son los edificios religiosos de planta central y cubierta piramidal *(šatër)*, compuesta por diversas series de arcos apuntados *(kokošniki)*, que imitan el característico cubrecabeza femenino ruso. Elemento arquitectónico de gran importancia es el *"zakomara"* (archivolta), el arco realza en el exterior las naves, elemento que fue utilizado por Fioravanti en la catedral de la Asunción y ennoblecido por Alvise de Montagnana con la introducción de enormes conchas en la catedral del Arcángel.

El edificio ruso de Moscú más característico del siglo XVI es el monasterio de Kolomenskoe, fundado en 1532 en conmemoración del nacimiento del futuro Iván IV. En su interior se halla la iglesia de la Ascensión, primer ejemplo de un nuevo estilo de construcción caracterizado por un peculiar tejado piramidal, que se relaciona con las formas de la tradicional arquitectura de madera.

Pero el edificio más significativo del arte moscovita y de toda Rusia se considera la catedral de la Intercesión, más conocida por catedral del Beato Basilio (hram Vasilija Blažennogo), en la plaza Roja. Fue construida entre 1555 y 1561 por los arquitectos Iván Jakovlevič Postnik, de Pskov, y Barma, de Moscú, por deseo del zar Iván IV el Terrible. Debía conmemorar la victoria contra los tártaros en Kazan' con una simbología compleja pero transparente: cada una de las ocho capillas está dedicada al santo del día en que tuvo lugar un acontecimiento especial de la guerra de liberación de Rusia contra los tártaros y toda la edificación simboliza la Jerusalén celeste. La cohesión de las ocho capillas en torno a una capilla central tiene como consecuencia que mientras el espacio interior se articula en una sucesión de ámbitos centrales cerrados y muy verticales, la superficie de la fachada exterior se ve aumentada por la aproximación de varios volúmenes interrumpidos, ofreciendo amplias posibilidades a una heterogénea decoración exterior.

Las combinaciones más insospechadas se unen según principios estrictamente decorativos, de forma que la arquitectura de la iglesia se parece a una extensa fábula sobre la piedra, rica en citas del arte popular.

Pero la catedral de San Basilio y la iglesia de la Asunción de Kolomenskoe constituyeron también dos precedentes fundamentales para el desarrollo del estilo barroco en la ciudad.

La estructura concéntrica

A partir de mediados del siglo XVI se estableció una relación más compleja entre el Kremlin y las restantes zonas de la ciudad. La acentuada verticalidad de las iglesias surgidas en los lugares de acceso a la ciudad sirvió de contrapunto, junto con las cromáticas cúpulas en forma de bulbo, a la severa tendencia centrípeta de la ciudadela fortificada.

Los nuevos conventos de Novodievichi, de 1524, y de Donskoi, de 1592, junto a los más antiguos de Danilov, del siglo XIII, Andronevski y Simonov, del XIV, contribuyeron a ampliar la estructura radial de la ciudad, creando las nuevas directrices de una ciudad que se expandía mediante módulos residenciales con jardín, siguiendo las ondulaciones naturales del paisaje.

El siglo XVI finalizó con el último zar de la dinastía riurikida, Fiodor Ivanovich Donskoi, hijo de Iván el Terrible. Durante sus últimos días de reinado, celebró la victoria sobre el Khan tártaro de Kazán rodeando Moscú con un segundo cinturón de murallas, cuya construcción fue iniciada en 1591 por Fiodor Saveliev, llamado *Kony* (caballo). Se trataba de las murallas de Beli-gorod, la "Ciudad Blanca", que abarcaba una superficie de 533 hectáreas. Pero además de los anillos amurallados en torno al Kremlin (ciudad china y ciudad blanca), un nuevo círculo de baluartes, dentro del cual se incluía una superficie total de 878 hectáreas, reforzó el trazado concéntrico

Un detalle de las llamativas cúpulas de cebolla de la catedral de San Basilio.

HISTORIA

Retrato de Pedro I el Grande por Jean Marc Nattier, monarca que promocionó el desarrollo de San Petersburgo, en detrimento de Moscú.

de la ciudad, que se ensancharía durante el siglo XVIII con el derribo de puertas y murallas y su posterior sustitución por grandes avenidas y circunvalaciones.

Tras la epopeya de Boris Godunov y después de los oscuros años de la ocupación polaca, la tarea inicial del primer Romanov, Miguel Fiodorovič, fue la de restaurar las defensas exteriores de Moscú y del propio Kremlin. Durante todo el siglo XVII diversos artistas extranjeros estuvieron trabajando en Moscú. Por ejemplo, un inglés, John Taylor, construyó, al comenzar el mandato de Miguel, la iglesia de Santa Catalina. En 1630 se construyó la primera iglesia dedicada al santo libertador de Rusia, Aleksandr Nevski. El arquitecto ruso Ogurkov, en 1637, inició la edificación de la iglesia de Verchospasski (del Salvador "bajo la reja de oro"), mientras que fue terminada la catedral de la Resurrección. Como escribió Théophile Gautier, son los años en que el Kremlin asumió su aspecto de "Mil y una noches". Mientras que en el interior de una ciudadela se construyó el palacio de los Terem (Palacio de la Zarina), en el exterior se reforzó el tercer cinturón de murallas y a las dos históricas ciudades (la China y la Blanca) se añadió la Zemlano-gorod, la "Ciudad de Tierra". A mediados de siglo otro inglés, Jehan Christer, construyó el primer puente sobre el Moscova, prueba de que la ciudad comenzaba a extenderse al otro lado del río.

A finales del siglo XVII Moscú, cuya población alcanzaba ya los 200.000 habitantes, no era sólo la ciudad del Kremlin, los monasterios y las iglesias, sino también un gran foco de comercio, con un barrio habitado fundamentalmente por extranjeros (artistas, artesanos, comerciantes), llamado "Nemeckaia Sloboda" (Barrio alemán).

Moscú sin los zares

La construcción de la nueva capital, San Petersburgo, por iniciativa de Pedro el Grande, determinó el cambio fundamental en la interpretación de la arquitectura urbanística. El lenguaje arquitectónico y la planificación se apartaron de las características nacionales, convirtiéndose en instrumentos de voluntad política: precisamente como San Petersburgo, que nacía del deseo del zar de abrir una ventana a Europa, adoptando por ello los arquitectos y cánones estéticos de ésta.

El *"ukase"* promulgado por Pedro I en 1714, que prohibía toda construcción en piedra fuera de San Petersburgo, frenó el desarrollo de Moscú, justificando al mismo tiempo la aparición, en sus alrededores, de numerosos palacios, incluso de gran tamaño, construidos en madera, y sin restarle al tiempo, durante el siglo XVIII y el XIX, el primado de capital intelectual y comercial.

La zarina Catalina II comenzó la transformación neoclásica de Moscú, anulando la prohibición de construir con piedra y animando a sus arquitectos. El primer hecho de esta nueva orientación cultural fue el derribo del palacio barroco de Kolomenskoe y la nueva propuesta de su reconstrucción con formas neoclásicas, de acuerdo con el proyecto de V. Baženov.

En tiempos de Isabel Petrovna, Rastrelli había construido un palacio en el Kremlin en el año 1753, destruido por Nicolás I. Con Catalina II comenzaron a surgir, siguiendo las iniciativas de San Petersburgo, los grandes conjuntos recargados de columnatas, primero en los suburbios y después en el interior de las murallas de las tres ciudades antiguas. En 1771-1785 Kazakov construyó, dentro del Kremlin, el palacio del Senado (sede del Consejo de Ministros de la URSS) y posteriormente toda una serie de palacios y palacetes dentro y fuera de las ciudades históricas. En los mismos años trabajaron en Moscú Quarenghi y Rinaldi: el primero elaboró el proyecto del Gostini dvor (Casa de los Comerciantes) y construyó el hospital y el palacio de Šeremetev; el segundo reconstruyó el palacio

Vista del perfil moderno de la ciudad.

Lefortovo, sede de los Archivos Militares. Junto a estos dos importantes arquitectos trabajaron otros italianos, como Rusca y Camporesi. Los más bellos ejemplos de estilo neoclásico de Moscú se consideran todavía el palacio Černyšev (Soviet de Moscú), construido por Kazakov en 1782, y el palacio Paš kov (Biblioteca Lenin), edificado en 1788 por Baženov. En los alrededores se hallan los grandes palacios de Arkangelskoe, Kuskovo y Ostankino, obra de diversos arquitectos con excelente preparación académica.

Hacia finales de siglo, de acuerdo con una tendencia generalizada de las grandes ciudades europeas, se derribaron las murallas de Beli-gorod (Ciudad Blanca) y Zemlano-gorod (Ciudad de Tierra), creando dos anillos de circunvalación arbolados, que transformaron el trazado de ciudad fortificada en un plano abierto, donde las avenidas radiales de acceso al centro constituirían las futuras directrices de expansión.

La reconstrucción del siglo XIX

El incendio napoleónico de 1812 destruyó aproximadamente dos tercios de la ciudad, salvándose sólo en parte el Kremlin y los palacios de ladrillo.

La obra de reconstrucción, ejecutada por Alejandro I, comenzó a realizarse con rapidez y se aprovechó la ocasión para modificar la compleja realidad histórica de la ciudad volviendo a diseñar a la manera neoclásica las avenidas y las plazas del centro. Entre los arquitectos de este periodo se hallaba Domenico Gilardi, a quien se encargó, entre otros, el proyecto de la Universidad en 1818. Menos conocido, aunque igualmente prolífico, fue un tal Osip Bove, de origen italiano, a quien se atribuyen más de 33 edificios, entre los que figura el Bolshói, de 1824, en colaboración con A.A. Mijailov.

El agotamiento del periodo neoclásico ponía de manifiesto los límites del lenguaje formal importado que, siguiendo de cerca la tradición arquitectónica rusa, se volvió hacia los modelos difundidos por las capitales europeas.

La reacción frente a estas orientaciones trajo como consecuencia un eclecticismo anónimo, que recurrió, por un lado, a la tradición académica y por otro, a la rusa, que se puso de manifiesto en los edificios religiosos realizados hasta el siglo XIX. De esta forma, junto al vagamente clasicista Gran Palacio del Kremlin, del alemán Thon (1838-1849), se halla el Museo Histórico de la Plaza Roja, del inglés Sherwood.

Durante el siglo XIX se fue consolidando el trazado urbanístico de Moscú, iniciado en el siglo XVIII. En efecto, en 1755 se puso en marcha un plan de mejora del sistema de abastecimiento de agua, y a finales de siglo se terminó el canal de desviación del Moscova. De esta forma nacía una larga isla al sur de la ciudad, e inmediatamente al sur, un barrio de comerciantes y burgueses ricos, con casas pequeñas y anchas avenidas, aspecto que conserva todavía el barrio llamado "Zamoskvoreč'e" ("ciudad del otro lado del Moscova").

Durante la primera mitad del siglo XIX tomaron forma los barrios aristocráticos y burgueses de Moscú: el Arbat, comprendido entre las calles Kropotkin y Vorovskij, se convirtió en el baluarte de la burguesía, con elegantes casas de madera cubiertas de estuco. Todavía hoy es el barrio de los intelectuales y la calidad de sus edificios ha servido de precedente para todas las construcciones arquitectónicas posteriores.

El barrio Sokol'niki fue el primer pulmón verde de Moscú y como tal ha quedado para servir de sede de las grandes exposiciones. La antigua calle de Tver' (Tverskaia ulica, rebautizada como Gor'kogo, calle de Gorki, y que ha recuperado su antiguo nombre) fue objeto de particulares cuidados que abordaron la rectificación horizontal y el desnivel del trazado, el ensanchamiento y la construcción de nuevos palacios: en el siglo XIX era ya la calle más bella de Moscú.

La inauguración del ferrocarril de San Petersburgo (1851), el final de la servidumbre de la gleba (1861), además del elevado incremento de la población, que de los 950.000 habitantes de 1863 pasó a 1.600.000 en 1912, fueron los hechos que estimularon el proceso de rápida industrialización que modificaría en breve tiempo la fisonomía de Moscú.

El siglo XX y el Art Nouveau

A comienzos de este siglo el acercamiento al capitalismo experimentado por la ciudad conllevó la edificación de grandes barrios comerciales, concentrando en torno al antiguo Kitai-gorod las principales bolsas, bancos y edificios comerciales. El deseo de monumentalidad de estas nuevas instituciones cristalizó en una aproximación ecléctica al estilo ruso de los siglos XV y XVI, como es el caso de los almacenes GUM, de 1893, la embajada de Francia y la fachada de la Galería Tretiakov, de 1905.

A caballo con el siglo, también en Moscú, como había ocurrido anteriormente en San Petersburgo, se desarrolló el movimiento artístico *Mir Isskustva*, que con un lenguaje semejante al *Art Nouveau* produjo originales viviendas privadas para la burguesía rica y algunos edificios públicos.

Entre los principales arquitectos de la época hay que citar a F. Šechtel' (casa Morosova, 1893; casa Derožinskij, 1901; la estación de Yaroslav, 1903), L. Kekučev (casa Minkovsky, 1904), S. Solov'ev (casa Rževskij, 1900) y W. Val'kot (casa Gutkhel, 1902, y el hotel Metropol', 1906, decorado con un mosaico de M. Vrubel').

El segundo aspecto destacado de este periodo de fuerte expansión económica fue la aparición de barrios populares, en los que, junto a las fábricas, en la periferia y en torno a las plazas de mercado, se concentraba, en pésimas condiciones higiénico-sanitarias, la población de los antiguos siervos de la gleba. Las zonas cercanas a la Sadovaia, el actual barrio Kalinin, y al barrio Zamoskvorec'e serán los focos de los movimientos revolucionarios de 1905 y 1917.

El Moscú moderno

Los años que siguieron a la revolución tuvieron como consecuencia un reequilibrio inicial de las descompensaciones existentes entre el centro y la periferia, con la entrada de la población obrera en las viviendas burguesas expropiadas.

El constante proceso de urbanización hizo aumentar la población de Moscú, que desde 1912 se triplicó hasta alcanzar los 3.600.000 habitantes en el año 1936. La urgencia de los problemas urbanísticos y el gran entusiasmo ideológico que siguió a la Revolución, dieron vida a un periodo de intenso debate arquitectónico que se prolongó durante los años veinte y treinta.

Teatro Bolshoi, obra de Osip Bove y A.A. Mijailov de 1824.

El Metro de Moscú, uno de los más bellos del mundo.

El proceso de transformación convirtió a Rusia en el terreno de experimentación de un nuevo modelo de ciudad socialista, que encontró numerosos puntos de coincidencia con los principios de los arquitectos racionalistas europeos. En un clima de intenso debate se crearon distintas asociaciones de arquitectos divididos por fuertes discrepancias. En 1925 surgió la O.S.A. (Asociación de Arquitectos Modernos), desgajada de la A.S.N.O.V.A., entre cuyos miembros destacaron M. Ginzburg y los tres hermanos Vesnin, teóricos del movimiento llamado "constructivista", orientado hacia la construcción con métodos industriales e identificado con la coincidencia de forma y estructura, así como con la funcionalidad y la relación del edificio con su uso social. De esta forma surgieron la sede del *Pravda*, obra de Golosov, de 1936; el Palacio de Cultura de la fábrica de coches de Moscú, de los hermanos Vesnin, de 1937, y las numerosas edificaciones de K. Melnikov, entre las que destaca el nuevo tipo soviético de club obrero (club Rusakov, club Kaučuk, club Burevestnik y muchos otros).

A esta asociación se opuso la Sociedad Arquitectónica de Moscú (M.A.O.), formada por I.V. Žoltovski, A.V. Ščusev e I.A. Fomin, que apoyaron la validez de la herencia clásica y gozaron de gran influencia durante el periodo estalinista.

El Soviet de Moscú convocó, en 1925, un concurso para el proyecto de casa-común, con habitaciones individuales de 9 m². Los proyectos presentados fueron de tales dimensiones que le hicieron comentar a Ginzburg de la O.S.A., en 1929, que se asistía a una "escalada de hipertrofia". En el año 1929 surgió la V.O.P.R.A. (Asociación de Arquitectos Proletarios), todavía más crítica con el formalismo, el eclecticismo y el constructivismo.

En medio de este clima el Pleno del Comité Central del P.C.U.S. convocó en 1931 un concurso internacional para el plan general de reconstrucción de la ciudad, en el que participaron representantes de asociaciones moscovitas y un gran número de modernistas europeos como E. May, H. Meyer y K. Meyer. Le Corbusier ya había propuesto con anterioridad un plan para Moscú que recogía sus teorías sobre *la ville radieuse*.

En 1932, con la convocatoria de otro famoso concurso internacional para la construcción del palacio del Soviet, la comisión encargada del mismo, presidida por Molotov, dictó los principios arquitectónicos considerados acordes con la nueva realidad social y política: "Absoluta necesidad del monumentalismo de la sencillez, la unidad y la elegancia de la expresión arquitectónica y, al mismo tiempo, la necesidad de apoyarse tanto en los nuevos procedimientos analíticos como en los utilizados por la arquitectura clásica".

El proyecto definitivo de Jofan y Gel'frein asimilaba plenamente estos principios, anticipando el anuncio de una nueva fase que hacía *"tabula rasa"* de todas las investigaciones e iniciativas de los años 20 para encaminarse a la planificación y la construcción monumental.

El clima político del momento quedaba reflejado en la afirmación del comisario de Bellas Artes A. Lunacharski: "También el pueblo tiene derecho a columnatas", máxima paradigmática de cómo la necesidad de control cultural ejercido por el gobierno estalinista anunciaba de antemano la rigidez del sistema que se estaba construyendo.

Sin embargo, las causas del fracaso de los movimientos arquitectónicos revolucionarios no hay que buscarlas sólo en la consolidación del poder estalinista, sino también en la contradicción que suponía la naturaleza elitista de las vanguardias, portadoras de contenidos novedosos e iconoclastas y la condición secular de opresión, donde el arte, y sobre todo el clásico, emergía como factor de discriminación social del que había que apropiarse.

En 1935 el C.C. del PCUS aprobó la resolución "Revisión del Plan General para la Reconstrucción de la Ciudad de Moscú", plan "establecido por iniciativa y bajo la dirección del camarada I.V. Stalin" y orientado a inaugurar "una nueva época del desarrollo de la arquitectura y el urbanismo". El plan proporcionaba nueva fuerza a la estructura radiocéntrica, prolongando las calles existentes, dotando de arbolado la primera circunvalación y reconstruyendo amplias zonas de la Sadovaia.

Antes que en todas estas intervenciones, como el comienzo de la construcción del metro, el enlace fluvial con el Volga y las grandes zonas verdes públicas, la ejecución del plan se concentró en las obras grandiosas y monumentales: las lujosas estaciones del metro, los auténticos "palacios del proletariado" y los colosales bloques de edificios en las principales calles.

Los planes urbanísticos postbélicos

El predominio de la elección de grandes concentraciones urbanas, en las que se trabajó desde la posguerra, definía un programa de actuación a escala gigantesca, que dotó a la ciudad de colosales edificios, como el hotel Ukraina, de A. Mordvinov, y la Universidad del barrio suroccidental, ambos de 1950. Si en el centro de Moscú la exaltación retórica del poder y el decorativismo de origen clásico ("barroco socialista") alcanzaban su apogeo en los famosos rascacielos de la Sadovaia, de 1947-1953, la misma concepción de gigantismo arquitectónico llevada a la periferia se manifestaba de igual forma en los límites de la ciudad. La definición del modelo de "superbloque", un sistema de vivienda con unidades autónomas y servicios urbanos elementales, como guarderías, tiendas y transporte, conforma un cinturón periférico muy importante. El plan de 1951 reconfirmó esta idea operando una notable reducción de los aspectos decorativos y monumentales, criticados también por el propio Jruchov en 1954, con una llamada contra el decorativismo arquitectónico, frente a un problema de carencia de viviendas que sitúa la cuestión en la cantidad y la industrialización de la construcción. Se inició así la construcción de grandes bloques de viviendas parcialmente prefabricadas de hasta doce pisos que, con la complicidad de una política del suelo hasta hace pocos años únicamente estatal, dieron lugar a una franja residencial de grandes bloques enfrentados, sin ningún espacio intermedio, con el ininterrumpido bosque de abedul que rodea Moscú.

Entre 1960 y 1962 se elaboró un plan de "reconstrucción" del área moscovita, con una duración de veinte años, que representaba el mayor esfuerzo realizado hasta el momento para poner orden al caótico aspecto de la ciudad. El plan fue revisado en 1966 por el C.C. del PCUS y ampliado hasta 1985, con previsiones válidas hasta el 2000. Este plan ha sido perfeccionado mediante un "Nuevo Plan General para el Desarrollo de Moscú", aprobado por el C.C. del PCUS y por el Consejo de Ministros en 1971. Sus previsiones son: la recuperación total de las zonas forestales del entorno de Moscú y su inclusión en el cinturón urbano como pulmón verde; el desarrollo de una serie de áreas de considerables dimensiones (de hasta 200.000 habitantes) a 60-70 km del centro de la ciudad y el desarrollo controlado de las industrias y los centros de investigación, emplazados lejos de los centros residenciales. Asimismo se da prioridad a la estandarización de la industria moscovita en la producción de mecánica de precisión, radio y electrónica, es decir, industrias no contaminantes y con escaso consumo de agua, fuerza motriz eléctrica y petróleo. El plan prevé alcanzar los 13-13,5 m^2 de superficie habitable por persona y reducir a la mitad el número de las que viven y trabajan dentro del cinturón de la Sadovaia, tercera avenida concéntrica del Kremlin.

La más moderna orientación urbanística de Moscú tiende a una revalorización de las investigaciones de los años 20 y a la potenciación de la casa unifamiliar con equipamientos colectivos. Sale de nuevo a la luz, en el ámbito del

Moscú no es ajena a la fiebre constructora de otras ciudades europeas.

El Moscú de las mil cúpulas

Moscú capital, ciudad gigantesca, intrincada, espaciosa, desordenada, atractiva, irreverente, imprevisible. Moscú extendida sobre los cerros, la vieja señora de tumultuoso corazón asiático que late bajo un vestido europeo. Moscú amante desmesurada, rival del cortés San Petersburgo (en ruso Moscú es femenino y San Petersburgo masculino), misteriosa, oscura, lunar en el destello de sus mil cúpulas.

Moscú la grande en sus infinitas posibilidades, elusiva, versátil, inasible, indefinible, contradictoria. Como elegante, cortés y contenido ha sido siempre San Petersburgo, así la imprevisible y sorprendente Moscú conserva su evidente incongruencia y mayor rudeza. Quizá la esencia moscovita sea una cierta pasión por el exceso.

Del difícil destino de Moscú dan cuenta el maremágnum de rascacielos junto a antiguas iglesias de cúpula bulbosa. Es casi imposible imaginar que la capital moderna fuese en su origen un inmenso villorrio de "isbas" de madera, donde algunos palacios nobiliarios e iglesias rompían apenas su característica horizontalidad. Moscú se revela poco a poco. Sus diferentes atmósferas no se muestran, más bien hay que buscarlas y conquistarlas entre el anonimato de los bloques de cemento de la periferia o las gigantescas proporciones de calles y plazas. El Moscú de los años noventa se presenta como una metrópoli empecinada y frenética en su deseo de adaptarse a Occidente, si bien quedan diseminadas huellas de su historia a pesar del empeño en borrar el pasado.

La atmósfera de Moscú no admite medias tintas (Moscú de las piedras rojas, *se titula un cuento de Bulgákov*), la capital se impone a la vista con sus tonos fuertes, a diferencia de los tonos pastel de San Petersburgo: rojo, verde, oro brillante y el blanco de la clara piedra calcárea de la región moscovita. Colores que parecen haberse cristalizado en la fabulosa catedral de San Basilio, que domina la Plaza Roja contra un cielo a menudo azul, en ocasiones cubierta de nieve.

Moscú se apresura en la avenida Tverskaja, antigua avenida Gor'kij, que en palabras del poeta B. Okudzava "no se sabe adónde va". El hormigueo de la gente, empequeñecida por las mastodónticas dimensiones de los edificios, hace pensar en una ola formada por una multitud heterogénea que sube o baja. Los moscovitas recorren la calle atareados y veloces, no pasean, con un ojo puesto en los escaparates de las tiendas y en el bolsillo la bolsa plegada al viejo estilo soviético, por si acaso. Desde lejos se ven sólo cabezas o gorros rusos y las ropas se mezclan en una inmensa mancha de color. De carácter más íntimo es el actual Arbat, zona peatonal de casitas pintadas de colores suaves, faroles de una tenue luz rosada y atmósfera un tanto irreal que invita a aminorar el paso. Basta dejar atrás los remozados palacios que la flanquean y vagar por las callejas hasta perderse entre edificios de antigua y moderna arquitectura para percibir ese algo peculiar que hace del Arbat un lugar muy querido por los moscovitas, al que se han dedicado canciones, novelas y poemas. En Moscú basta dar con el momento justo para gozar de perspectivas inusitadas, como las que ofrece el Kamennyj most (puente de Piedra), de donde se goza de la espléndida vista del Kremlin reflejado en el Moscova. Y es justo al otro lado del Moscova, en el Trasmoscova (Zamoskvorec'e) donde, según los moscovitas, se respira la auténtica atmósfera de la antigua capital. Este barrio se interna en lo que fue el feudo de los comerciantes y de la guardia personal del zar, la guardia "de corps". Ninguna barriada de Moscú se ha mantenido tan intacta en sus monumentos arquitectónicos, vestigios históricos y ese aire seráfico y provincial tan amado por sus habitantes.

desarrollo planificado de Moscú, el "condensador social" propugnado por los constructivistas. Pero las más recientes convulsiones políticas y sociales han influido profundamente en la sociedad soviética, para imponer una radical reconsideración del desarrollo urbanístico de Moscú, a la luz de las exigencias prioritarias de vivienda y trabajo planteadas dramáticamente por sus habitantes.

En el plano de la vivienda, el desmantelamiento de la herencia socialista plantea graves problemas, como la adecuación gradual a la economía de mercado de los precios establecidos por el Estado para los alquileres, apro-

HISTORIA

Para ver de cerca el corazón oriental de la capital no hay más que acercarse al tradicional Izmajlovskij park, el rastro: en su origen fue un mercado situado en el parque del mismo nombre donde los artistas vendían sus cuadros. En la actualidad, los sábados y domingos se dan cita en Izmajlovskij park todo tipo de vendedores, ya llueva o truene. Entre pregoneros, turistas y curiosos por allí circulan, entre puestos de todo género, "babuški" (mujeres entradas en carnes y en años) que dan vueltas con sus bordados, artistas que venden sus obras (desde cajas pintadas a mano hasta cuadros), vendedores de "šašlik" (pinchos de cordero), que se asan en enormes braseros y se comen de pie, con las manos, con una rebanada de pan de centeno. Además de músicos y vendedores de alfombras del Cáucaso, con los que la regla de oro es contratar el precio. El domingo ruso es perezoso, Moscú siempre se despierta tarde, el ritmo occidental se deja notar en las oscuras mañanas invernales; en verano es muy agradable oír los sonidos matutinos. De domingo es también el ritmo lento de la proverbial "len" (pereza) del héroe Oblomov en la novela de Goncharov, que parece apoderarse de las calles casi desiertas hasta mediodía.

Mientras, en el centro la animación apenas disminuye, con las aglomeraciones y el gentío a la boca de las estaciones de metro. Pero la auténtica atmósfera dominical, la que lleva consigo ese punto de opresión, melancolía, indolencia "oblomoviana", se advierte en la periferia, en los "žilye kvartaly" (barriadas). No se sale por gusto los domingos, a menos que sea verano y el esperado y

La ciudad con la iglesia de San Máximo y el monasterio de la Aparición en primer término.

cálido sol atraiga a la gente a las orillas del Moscova a broncearse, o que se viva lejos del centro y desde la ventana se vea un bosque de abedules que invite a pasear con o sin esquís. Tanto mayor será entonces el placer de volver a casa, en la oscuridad de la tarde, para abandonarse a los placeres domésticos. O nada más dominical que una vuelta por un parque, quizá el famoso parque Gor'kij, denominado pomposamente Park kul'tury i otdyha imeni Gor'kogo (parque de cultura y ocio dedicado a Gorki), donde, como dicen los moscovitas, el límite del bosque de abedules señala el final de la cultura y el comienzo de la diversión. Moscú no sorprende con ese encanto de cuento de hadas de San Petersburgo, sino de un modo sutil, casi mágico; no en vano es en Moscú donde se ambienta la obra maestra de Bulgákov, El maestro y Margarita. De hecho, no muy lejos de la febril Tverskaja se encuentran los estanques del Patriarca, lugar donde comienza la novela y donde se aparece el demonio Woland. En la Edad Media cubría el lugar una ciénaga llamada "ciénaga del Macho Cabrío", lugar místico. En la actualidad es un espacio cuadrangular rodeado de frondosa vegetación y en invierno un lago helado con bancos cubiertos de chupones de hielo. Es el Moscú realmente fascinante y sin tiempo, donde todo puede suceder, al menos para todo aquel capaz de mezclar realidad y fantasía, de encontrar en estos lugares la deslumbrante creatividad del texto literario.

Silvia Burini

ximadamente un 27 por ciento del coste total de los gastos de vivienda (alquiler, gas, luz, agua...). Son muchos los interrogantes a los que el Estado aún no ha dado respuesta.

Un síntoma de los cambios ocurridos en Moscú es el gran esfuerzo económico que la ciudad ha dedicado (el 1 % del presupuesto nacional) a la reconstrucción de la catedral del Salvador en el lugar donde se alzaba la piscina Moskva, construída donde en un principio se quiso elevar el Palacio de los Sóviets, así como la iglesia de Kazán en la Plaza Roja, reconstruida en 1997, símbolos de la histórica relación entre arquitectura y poder político en Rusia.

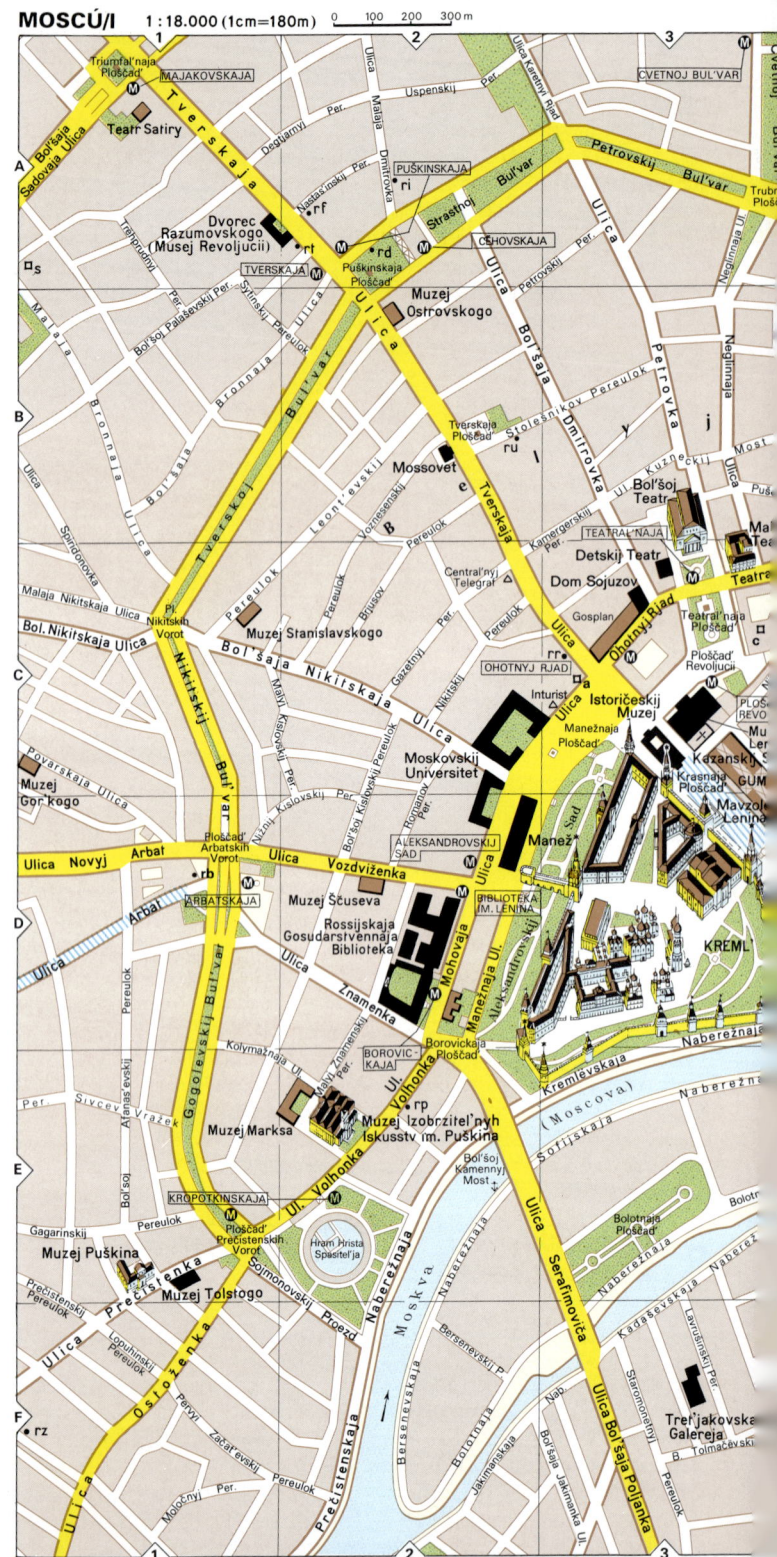

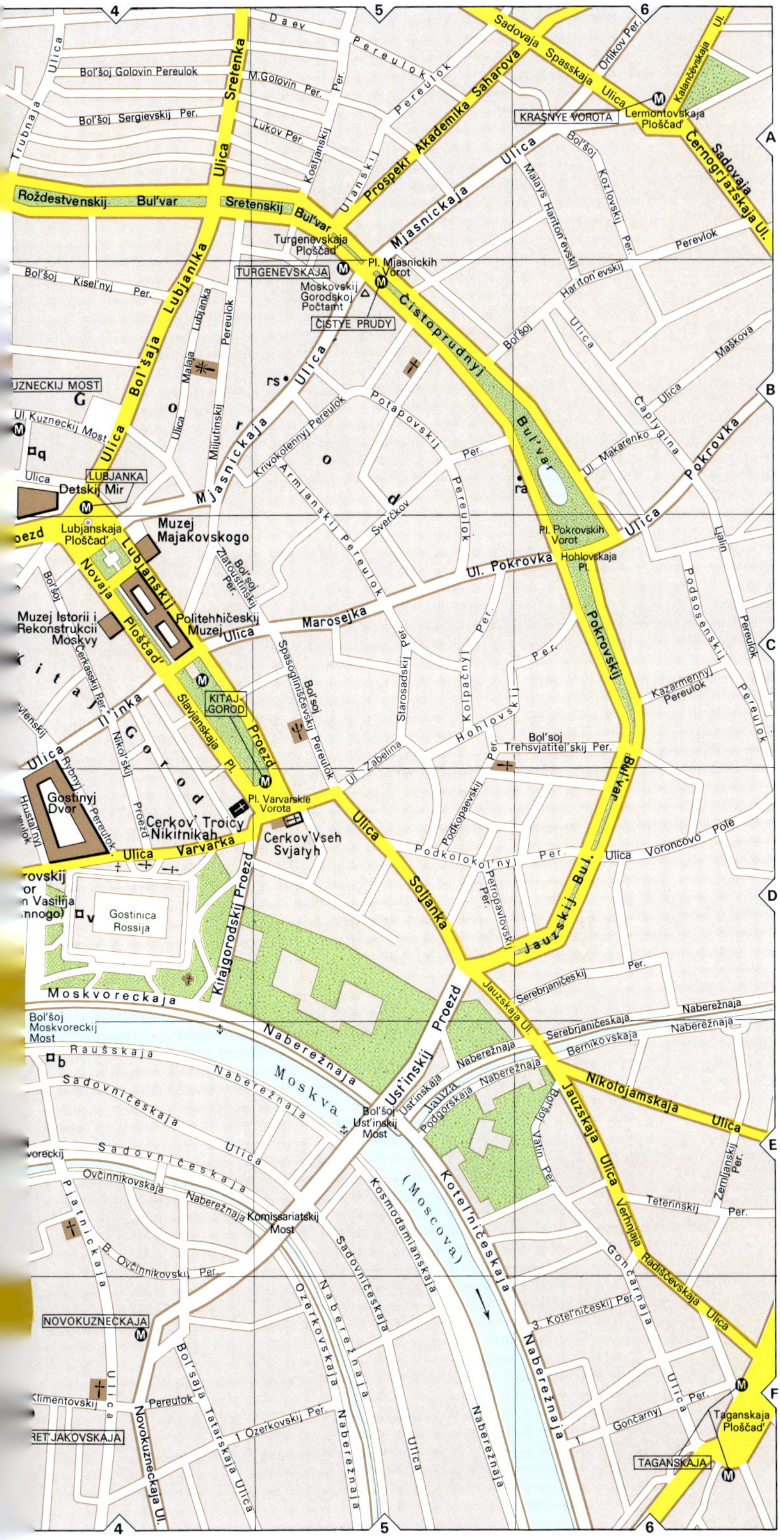
4
5
6
A
B
C
D
E
F
Daev
Pereulok
Sadovaja Spasskaja Ulica
Orlikov Per.
Kalančevskaja Ul.
Bol'šoj Golovin Pereulok
M.Golovin Per.
Bol'šoj Sergievskij Per.
Lukov Per.
Kostjanskij
Ulanskij
Prospekt Akademika Saharova
KRASNYE VOROTA
Lermontovskaja Ploščad'
Černogrjazskaja Ul.
Sadovaja
Trubnaja
Ulica
Sretenka
Roždestvenskij Bul'var
Sretenskij Bul'var
Turgenevskaja Ploščad'
TURGENEVSKAJA
Pl. Mjasnickih Vorot
Mjasnickaja Ulica
Malyj Hariton'evskij
Bol'šoj Kozlovskij Per.
Perevlok
Hariton'evskij
Moskovskij Gorodskoj Počtamt
ČISTYE PRUDY
Čistoprudnyj Bul'var
Bol'šoj Kisel'nyj Per.
Bol'šaja Lubjanka Ulica
Malaja Lubjanka Ulica
Pereulok
UZNECKIJ MOST
Ul. Kuzneckij Most
Krivokolennyj Pereulok
Potapovskij Per.
Armjanskij Pereulok
Miljutinskij
Mjasnickaja
Ulica
LUBJANKA
Detskij Mir
Lubjanskaja Ploščad'
Muzej Majakovskogo
Sverčkov
Pereulok
Čaplygina
Ul. Makarenko
Maškova
Pokrovka Ulica
Pl. Pokrovskih Vorot
Hohlovskaja Pl.
Ul. Pokrovka
Ljalin
Podsosenskij
Pereulok
Bol'šoj Zlatoustinskij Per.
Lubjanskij Proezd
Novaja Ploščad'
Muzej Istorii i Rekonstrukcii Moskvy
Politehničeskij Muzej
Marosejka Ulica
Starosadskij Per.
Kolpačnyj Per.
Pokrovskij Bul'var
Kazarmennyj Pereulok
Čerkasskij Per.
Kitaj Gorod
KITAJ-GOROD
Slavjanskaja Pl.
Spasoglinіščevskij Pereulok
Bol'šoj
Il'inka
Nikol'skij
Ul. Zabelina
Hohlovskij
Bol'šoj Trehsvjatitel'skij Per.
Gostinyj Dvor
Rybnyj Per.
Pl. Varvarskie Vorota
Cerkov' Troicy Nikitnikah
Cerkov' Vseh Svjatyh
Ulica Varvarka
Soljanka Ulica
Podkopaevskij
Podkolokol'nyj Per.
Ulica Voroncovo Pole
Petropavlovskij Per.
Jauzskij Bul.
Gostinica Rossija
Kitajgorodskij Proezd
Moskvoreckaja Naberežnaja
Bol'šoj Moskvoreckij Most
Raušskaja Naberežnaja
Moskva (Moscova)
Ust'inskij Proezd
Bol'šoj Ust'inskij Most
Jauzskaja Ul.
Serebrjaničeskij Per.
Serebrjaničeskaja Naberežnaja
Bernikovskaja Naberežnaja
Nikolojamskaja Ulica
Jauzskaja Ulica
Ust'inskaja
Jauza
Podgorskaja Naberežnaja
Bol'šoj Vatin Per.
Sadovničeskaja Ulica
Sadovničeskaja Naberežnaja
Ovčinnikovskaja Naberežnaja
Komissariatskij Most
Kosmodamianskaja
Kotel'ničeskaja Naberežnaja
Verhnjaja Radiščevskaja Ulica
Zemljanskij Per.
Teterinskij Per.
Gončarnaja Ulica
3. Kotel'ničeskij Per.
Pjatnickaja
B. Ovčinnikovskij Per.
Sadovničeskaja
Ozerkovskaja Naberežnaja
Naberežnaja
NOVOKUZNECKAJA
Klimentovskij Pereulok
Ulica
Novokuzneckaja Ul.
Bol'šaja Tatarskaja Ulica
1 Ozerkovskij Per.
Ulica
TRET'JAKOVSKAJA
1. Gončarnyj Per.
Taganskaja Ploščad'
TAGANSKAJA

MOSCÚ/II

1 : 55.000 (1cm = 550m) 0 500 1000 m

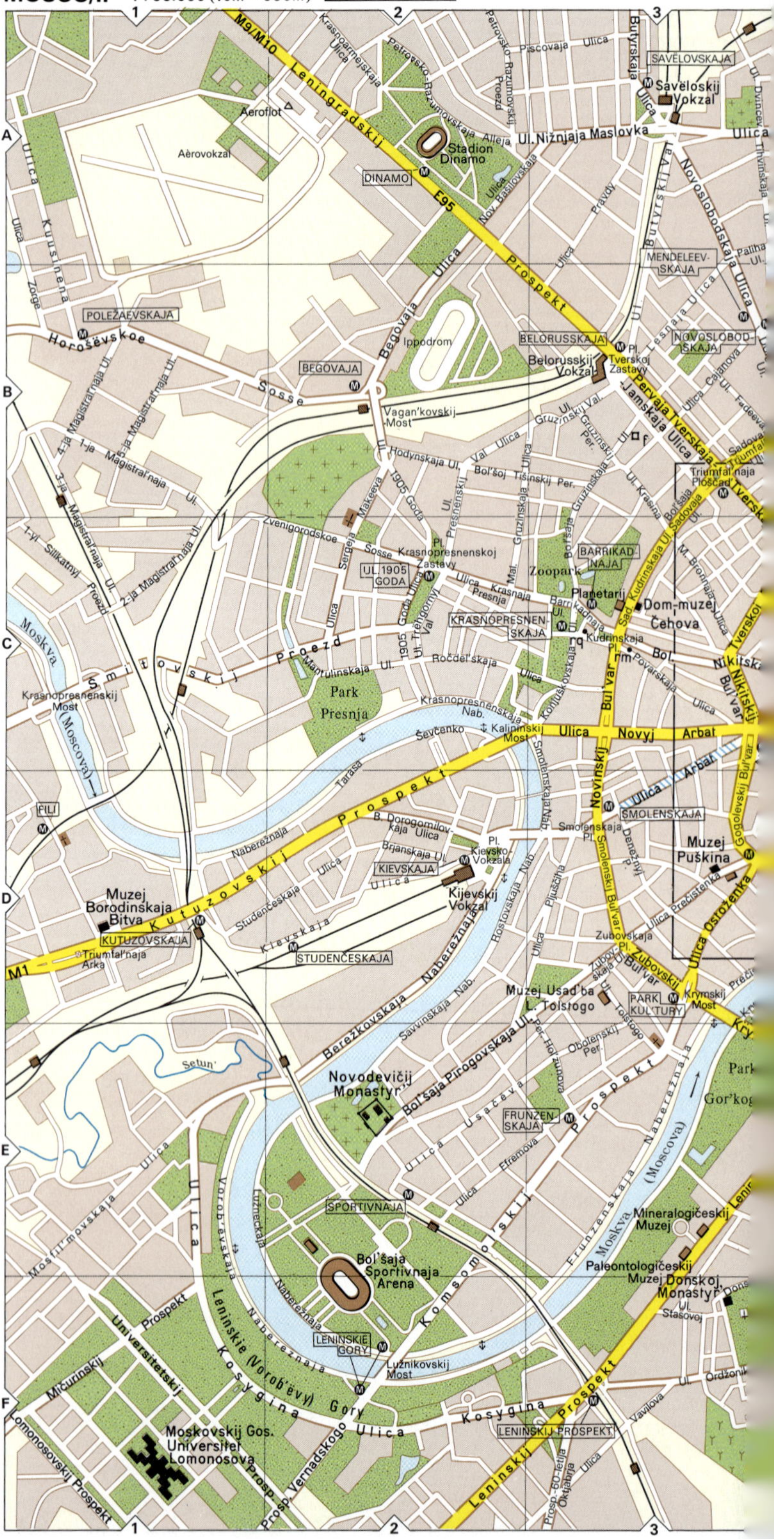

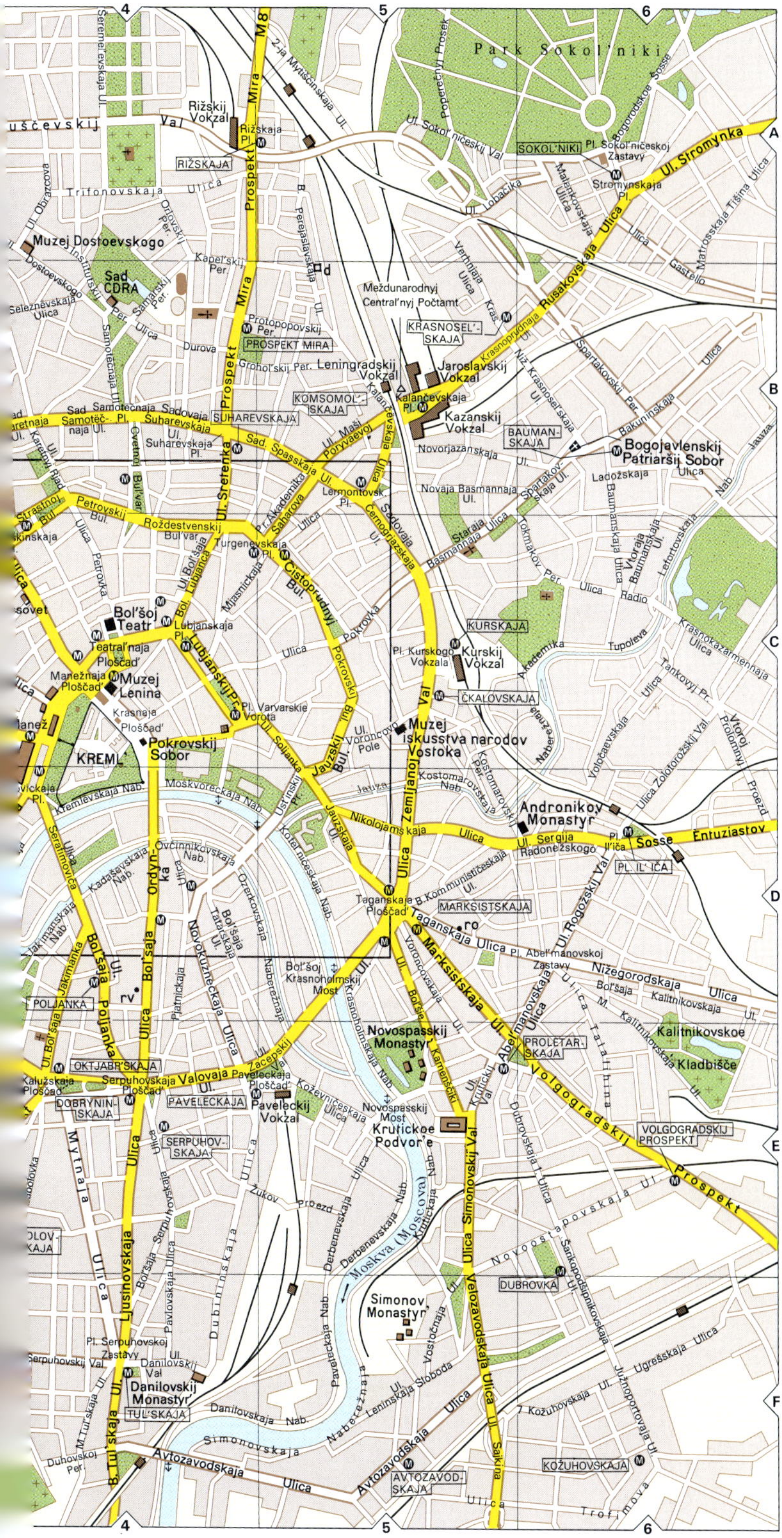
4
5
6
Park Sokol'niki
Rižskij Vokzal
Rižskaja Pl.
RIŽSKAJA
Prospekt Mira
2-ja Mytiščinskaja Ul.
Ul. Sokol'ničeskij Val
SOKOL'NIKI
Pl. Sokol'ničeskoj Zastavy
Ul. Stromynka
Stromynskaja Pl.
Poperečnyj Prosek
Bogorodskoe Šosse
Trifonovskaja Ulica
Muzej Dostoevskogo
Sad CDRA
Ul. Obrazcova
Seleznëvskaja Ulica
Durova
Samotëčnaja Ul.
Protopopovskij Per.
PROSPEKT MIRA
Grohol'skij Per.
Leningradskij Vokzal
Jaroslavskij Vokzal
Kazanskij Vokzal
Kalančëvskaja Pl.
Krasnoprudnaja
Rusakovskaja Ulica
KRASNOSEL'SKAJA
Meždunarodnyj Central'nyj Počtamt
KOMSOMOL'SKAJA
SUHAREVSKAJA
Suharevskaja Pl.
Sadovaja Spasskaja Ul.
Ul. Sretenka
Novaja Basmannaja Ul.
Staraja Basmannaja Ulica
BAUMANSKAJA
Bogojavlenskij Patriaršij Sobor
Bakuninskaja
Spartakovskaja Ul.
Lefortovskaja Nab.
Radio
Krasnokazarmennaja Ulica
Tupoleva
KURSKAJA
Kurskij Vokzal
Pl. Kurskogo Vokzala
ČKALOVSKAJA
Zemljanoj Val
Sadovaja Černogriazskaja Ul.
Lermontovsk. Pl.
Turgenevskaja Pl.
Čistoprudnyj Bul.
Pokrovskij Bul.
Jauzskij Bul.
Petrovskij Bul.
Roždestvenskij Bul'var
Ul. Bol'šaja Lubjanka
Lubjanskaja Pl.
Lubjanskij Pr.
Bol'šoj Teatr
Teatral'naja Ploščad'
Manežnaja Ploščad'
Muzej Lenina
Krasnaja Ploščad'
Pokrovskij Sobor
KREML'
Kremlëvskaja Nab.
Moskvoreckaja Nab.
Pl. Varvarskie Vorota
Ul. Soljanka
Muzej iskusstva narodov Vostoka
Ul. Voroncovo Pole
Andronikov Monastyr'
Nikolojamskaja Ulica
Ul. Sergija Radonežskogo
Pl. Il'iča
Šosse Ëntuziastov
PL. IL'IČA
Taganskaja Ploščad'
Taganskaja Ulica
MARKSISTSKAJA
Marksistskaja Ul.
Ul. Rogožskij Val
Nižegorodskaja Ulica
Kalitnikovskoe Kladbišče
PROLETARSKAJA
Volgogradskij Prospekt
VOLGOGRADSKIJ PROSPEKT
Novospasskij Monastyr'
Novospasskij Most
Kruticкое Podvor'e
Bol'šoj Krasnoholmskij Most
Zacepskij Val
Valovaja
Paveleckij Vokzal
PAVELECKAJA
Paveleckaja Ploščad'
Serpuhovskaja Pl.
OKTJABR'SKAJA
DOBRYNINSKAJA
SERPUHOVSKAJA
POLJANKA
Bol'šaja Poljanka
Bol'šaja Ordynka
Pjatnickaja
Novokuzneckaja Ulica
Ul. Bol'šaja Jakimanka
Kalužskaja Ploščad'
Mytnaja Ulica
Ljusinovskaja Ulica
Moskva (Moscova)
Ulica Simonovskij Val
Simonov Monastyr'
DUBROVKA
Velozavodskaja Ulica
Danilovskij Monastyr'
TUL'SKAJA
Pl. Serpuhovskoj Zastavy
Danilovskij Val
Danilovskaja Nab.
Avtozavodskaja Ulica
AVTOZAVODSKAJA
KOŽUHOVSKAJA
Ul. Sajkina
B. Tul'skaja Ul.
A
B
C
D
E
F

MOSCÚ/III 1: 140.000 (1cm = 1400m)

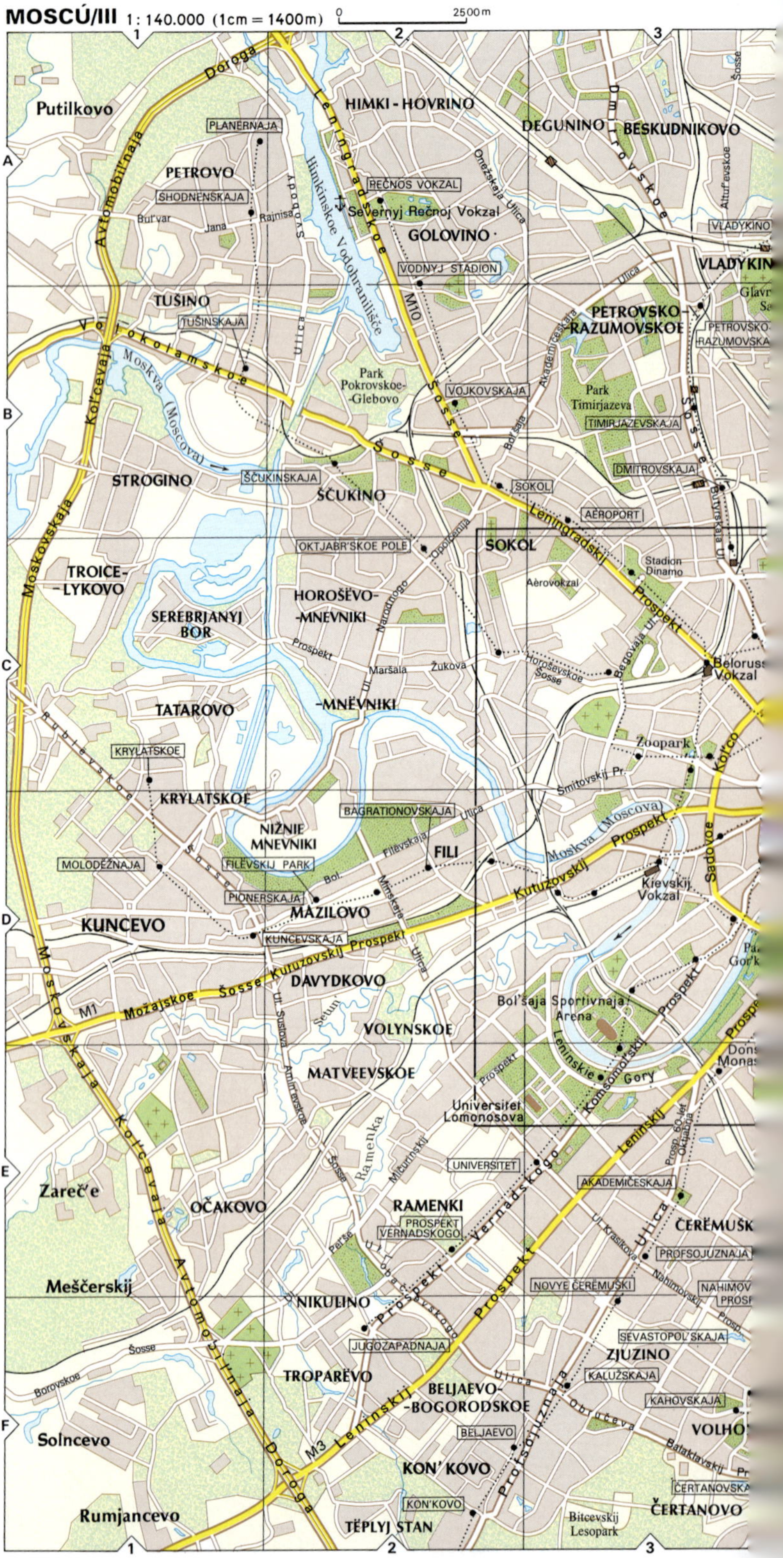

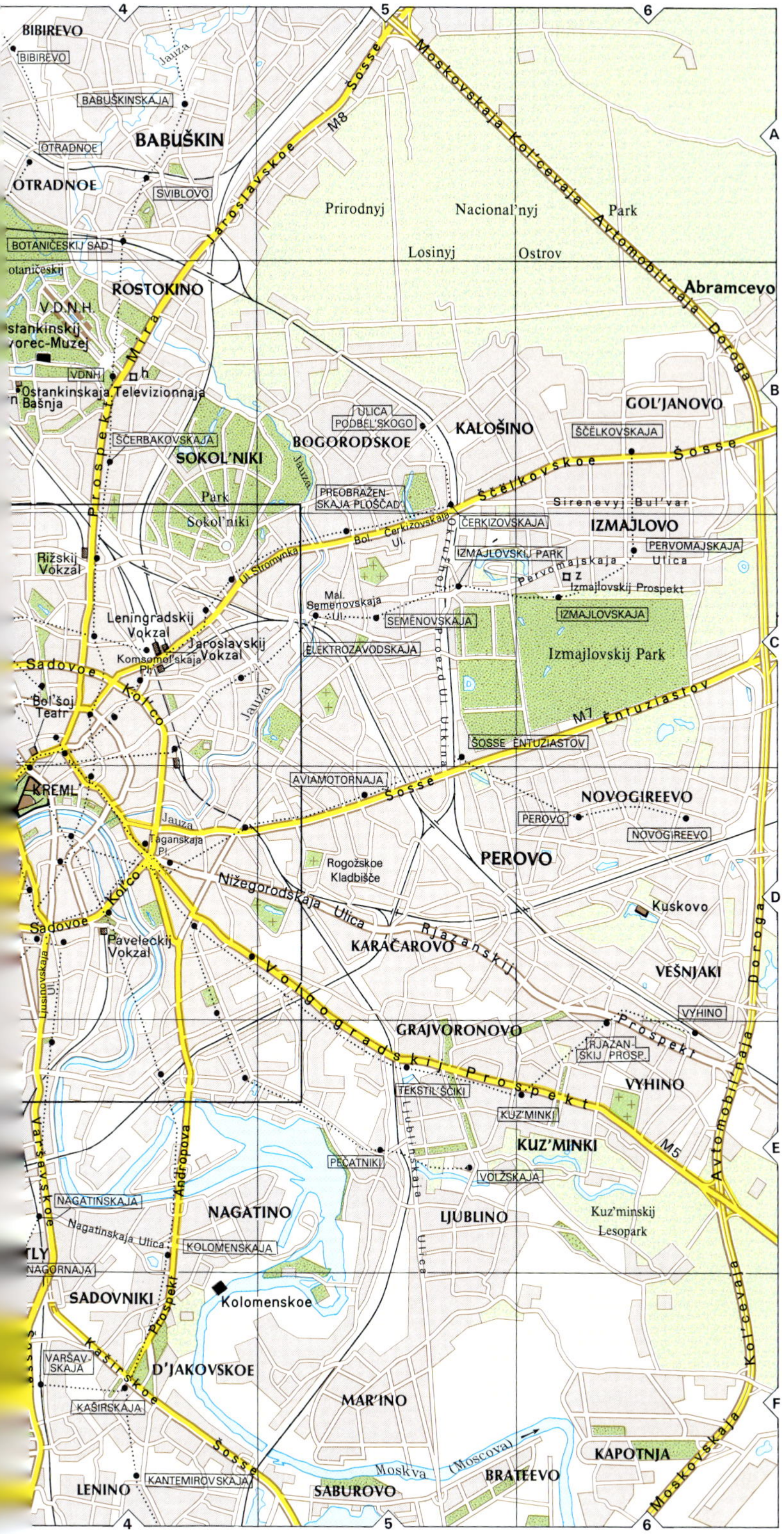

4
5
6
A
B
C
D
E
F
BIBIREVO
BABUŠKINSKAJA
BABUŠKIN
OTRADNOE
SVIBLOVO
BOTANIČESKIJ SAD
ROSTOKINO
V.D.N.H.
Ostankinskij Dvorec-Muzej
VDNH
Ostankinskaja Televizionnaja Bašnja
ŠČERBAKOVSKAJA
SOKOL'NIKI
Park Sokol'niki
Jauza
Jaroslavskoe Šosse
M8
Prospekt Mira
Moskovskaja Kol'cevaja Avtomobil'naja Doroga
Prirodnyj Nacional'nyj Park Losinyj Ostrov
Abramcevo
ULICA PODBEL'SKOGO
BOGORODSKOE
KALOŠINO
GOL'JANOVO
ŠČELKOVSKAJA
Ščelkovskoe Šosse
Sirenevyj Bul'var
PREOBRAŽENSKAJA PLOŠČAD'
ČERKIZOVSKAJA
Bol. Čerkizovskaja Ul.
IZMAJLOVO
IZMAJLOVSKIJ PARK
PERVOMAJSKAJA
Pervomajskaja Ulica
Izmajlovskij Prospekt
IZMAJLOVSKAJA
Izmajlovskij Park
Rižskij Vokzal
Ul. Stromynka
Leningradskij Vokzal
Jaroslavskij Vokzal
Komsomol'skaja Pl.
Mal. Semenovskaja Ul.
SEMËNOVSKAJA
ELEKTROZAVODSKAJA
Okružnoj Proezd
Ul. Utkina
Sadovoe Kol'co
Bol'šoj Teatr
KREML'
Šosse Ėntuziastov
M7
ŠOSSE ĖNTUZIASTOV
AVIAMOTORNAJA
NOVOGIREEVO
PEROVO
Taganskaja Pl.
Rogožskoe Kladbišče
Nižegorodskaja Ulica
Rjazanskij Prospekt
Kuskovo
Paveleckij Vokzal
KARAČAROVO
VEŠNJAKI
VYHINO
Volgogradskij Prospekt
GRAJVORONOVO
RJAZANSKIJ PROSP.
TEKSTIL'ŠČIKI
KUZ'MINKI
M5
Ljublinskaja Ulica
PEČATNIKI
VOLŽSKAJA
Kuz'minskij Lesopark
LJUBLINO
NAGATINO
NAGATINSKAJA
Nagatinskaja Ulica
KOLOMENSKAJA
Andropova Prospekt
Varšavskoe Šosse
NAGORNAJA
SADOVNIKI
Kolomenskoe
VARŠAVSKAJA
D'JAKOVSKOE
Kaširskoe Šosse
KAŠIRSKAJA
MAR'INO
KAPOTNJA
Moskva (Moscova)
BRATEEVO
SABUROVO
KANTEMIROVSKAJA
LENINO

SIGNOS CONVENCIONALES DE LOS PLANOS DE CIUDADES

- Grandes arterias
- Vías principales
- Otras vías
- Carretera en construcción
- Zona peatonal
- Rampas peatonales
- Ferrocarril y estación
- Red metropolitana y estaciones
- Acceso al metro y nombre de la estación
- Monumentos de gran interés
- Monumentos muy interesantes
- Monumentos interesantes
- Iglesias católicas
- Iglesias ortodoxas
- Sinagogas
- Mezquitas
- Organismos públicos
- Hospital
- Parques y jardines
- Itinerario de visita
- Punto de partida
- Punto de llegada
- Embarcadero

Moscú
La Plaza Roja, *42*
El Kremlin, *48*
Kitai Gorod, *62*
Las avenidas de los alrededores del Kremlin, *66*
Beli-Gorod, la "Ciudad Blanca", *72*
De Precistenskie Vorota a Arbatskie Vorota, *72*
De la Kudrinskaja ploscad' a la Puskinskaja ploscad', *76*
De la Puskinskaja ploscad' a la Lubjanskaja ploscad', *79*
La avenida Marosejka y sus alrededores, *82*
Al otro lado del puente Bol'soj Moskvoreckij, *84*
Los monasterios, *87*
Las estaciones del Metro, *93*
Los parques, *95*
Los grandes museos, *101*

Alrededores
Kolomenskoe, *110*
Peredelkino, *111*
Arhangel'skoe, *112*

El Anillo de Oro
Sergiev Posad (Zagorsk), *117*
Pereslavl'-Zalesskij, *123*
Rostov, *127*
Yaroslavl', *130*
Kostroma, *132*
Suzdal', *135*
Vladimir, *139*

MOSCÚ. ITINERARIOS POR LA CIUDAD

LA PLAZA ROJA

El hecho de considerar a la Plaza Roja como símbolo de Rusia no es un tópico manido, sino una inteligente clave de lectura, ya que esta plaza es el lugar donde históricamente el poder, recluido tras las severas murallas del Kremlin, comunica al mundo mensajes, órdenes y símbolos. Más que el encanto de su exótica arquitectura, lo que convierte la visita a la Plaza Roja en una experiencia inolvidable es la comprensión de la profunda variabilidad que la caracteriza, fruto del diferente papel que adquieren en función de los acontecimientos históricos los monumentos que la componen. En 1990 fue declarada, junto al Kremlin, Monumento Patrimonio de la Humanidad por la Unesco.

Es el corazón de Moscú o, como dicen los rusos, el lugar donde "comienza la patria". Su denominación se traduce habitualmente como plaza Roja, pero sería más correcto atribuir al adjetivo *"krasnaja"* el antiguo significado de "bello": por tanto, es la "plaza bella" por excelencia, como se denominaba la plaza central de las antiguas ciudades rusas. Lo que le da su carácter a esta plaza es la profunda inconstancia que la caracteriza, fruto de la diferente función de los monumentos que la integran según el momento histórico.

Numerosas líneas del metro cuentan con una estación que se halla a escasa distancia de la plaza Roja; las más próximas son: Ohotnyj rjad, Teatral'naja y Revoljucii.

La Plaza Roja★★ (I, C-D3; Krasnaja ploščad'; **Красная площадь**) es una de las más bellas y mayores del mundo, con 695 m de longitud y 130 m de anchura y una superficie de 74.831 m². Orientada de noroeste a sureste, está cerrada al oeste por la muralla almenada del Kremlin, ante la que se halla el mausoleo de Lenin con la tribuna de honor, y al este, por los almacenes GUM. Al sur la perspectiva de la plaza está cerrada por el espléndido perfil de la catedral de San Basilio, más allá de la cual se divisa la poco afortunada estructura del inmenso hotel Rossija, y al norte por el **Museo Histórico**.

La plaza Roja fue proyectada a finales del siglo XV, cuando el zar Iván III ordenó derribar el conglomerado urbano que se había desarrollado artificialmente al abrigo de las murallas del Kremlin, con el fin de crear un gran espacio abierto que ofreciese a éste protección contra los incendios.

Mausoleo de Lenin★★ (I, D3; Mavzolej V.I. Lenina; **Мавзолей В.И. Ленина**; *visita: de 10 h a 13 h, cerrado lunes y viernes y, por motivos de seguridad, el 22 de abril y el 21 de enero, días de su nacimiento y muerte, aún celebrados por los comunistas*). Se prohíbe la entrada al mausoleo con bolsas y máquinas fotográficas; en la entrada del Kremlin existe una consigna.

Tras la muerte de Vladimir Ilich Lenin, acaecida el 21 de enero de 1924, en dos días y medio el arquitecto Aleksei Ščusev mandó erigir un mausoleo de madera, reconstruido durante el mes de mayo del mismo año. El sepulcro fue proyectado por Konstantin Mel'nikov. Durante 1929 y 1930, siguiendo también el proyecto de Aleksei Ščusev, se construyó el actual mausoleo de granito rojo de Ucrania. Tiene forma de pirámide cuadrada truncada, con elevadas gradas, rematada en su parte superior por una columnata de granito. La primera grada era utilizada, durante los desfiles, como tribuna para los dirigentes soviéticos. Dos centinelas con uniforme de gala (el cambio de la guardia se realiza cada hora) montan la guardia noche y día a los lados de las puertas de bronce, bajo el dintel que tiene grabado el nombre **ЛЕНИН**. Una vez que se ha rebasado la entrada, una escalinata de pórfido conduce a la cripta refrigerada, revestida de labradorita negra y gris, y decorada con una franja de esmalte de color rojo. A los lados penden las banderas de la Internacional comunista y el estandarte de la Comuna de París, de 1871, regalado este último por los comunistas pari-

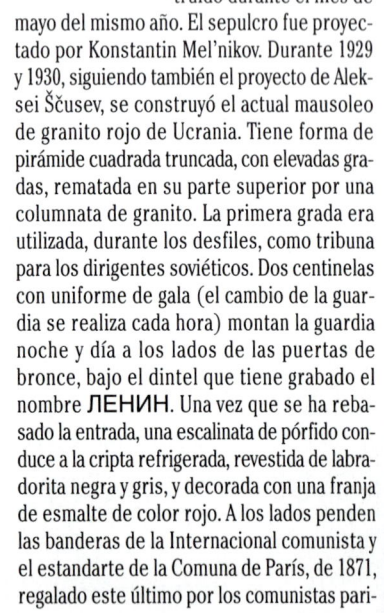

Detalle ornamental del pavimento de la Plaza Roja.

sinos al PCUS en 1924. En el centro, una urna de cristal iluminada contiene los restos mortales de Lenin, perfectamente conservados mediante un proceso de momificación y a pesar de las dificultades de la última guerra, en que los restos se trasladaron y conservaron en Kujbyšev, actualmente Samara. Cuando Stalin murió, en 1953, sus restos embalsamados fueron colocados junto a los de Lenin. Pero después del XXII Congreso del PCUS, celebrado en 1961, su cuerpo fue sacado del mausoleo para ser enterrado junto a los muros del Kremlin.

Detrás del mausoleo y de las tribunas de granito, junto a los muros del Kremlin, entre la torre Spasskaia, a la izquierda, y la torre Nikol'skaia, a la derecha, un ancho arriate salpicado de abetos y pinos (al que se accede después de la visita al mausoleo) contiene las **tumbas** y los **nichos** de algunos revolucionarios comunistas y dirigentes soviéticos.

En los muros del Kremlin se encuentran, entre otros, los nichos del escritor americano comunista John Reed, muerto en 1920 en Rusia; Vorovskij, delegado soviético en Italia, asesinado en Lausana en 1923; Karpov, fundador de la industria química soviética, muerto en 1920; el comunista noruego Olsen, asesinado en Moscú en 1920; Irene Armand, responsable del movimiento comunista femenino, muerta en 1921; Vladimirov, jefe de la insurrección de Moscú de 1905, muerto en 1925; Vojkov, delegado soviético asesinado en Varsovia en 1927; Ruthenber, secretario del PC en Estados Unidos, muerto en 1917, y Mac Manus, secretario del PC inglés, que murió en 1927. Hay que recordar también que se hallan en este lugar los nichos con las cenizas del escritor Máximo Gorki; los jefes soviéticos Ordžonikidze, uno de los organizadores del Ejército Rojo, muerto en 1937, y Višinskij, ministro de Asuntos Exteriores; los mariscales Žukov, Rokossovskij, Konev, Šapošnikov, Malinovskij, Birjuzov, Tolbuchin y Govorov, y los astronautas Gagarin y Komarov.

Las tumbas, presididas casi todas por el busto del difunto, pertenecen a los dirigentes soviéticos más destacados y a los militares más notables: Frunze, comisario del pueblo de asuntos militares, muerto en 1925; Sverdlov, primer presidente del Comité Central ejecutivo, muerto en 1919; Dzeržinskij, primer ministro del Interior, muerto en 1926, y Kalinin, primer presidente del Soviet Supremo, muerto en 1946. A éstos se unen Ždanov, teórico del estalinismo, muerto en 1946; los mariscales Budënnyj y Vorošilov y, finalmente, la tumba de Iosip Vissarionovich Dzhugasvili, más conocido como Stalin (1879-1953).

Museo Histórico del Estado★★ (I, C3; Gosudarstvennyj Istoričeskij muzej; Государственный Исторический музей; *visita: previo pago, de 11 h a 19 h, excepto martes y primer lunes del mes*). Este edificio, de estilo neorruso, sobrecargado de adornos que contrastan con la sobriedad de sus interiores, fue construido durante 1878-1883, siguiendo un proyecto del inglés V. Sher-

Museo de Historia en la Plaza Roja.

Las festividades rusas: pequeñas joyas a precios razonables

El número de festividades rusas es enorme. Por un lado, las conmemoraciones de carácter civil, que sobrevivieron a la nueva orientación del país; por otro, las celebraciones religiosas que son testimonio, precisamente, de este nuevo clima. Las razones de esta abundancia de fiestas en el calendario ruso son principalmente políticas y religiosas. El ex presidente Yeltsin, procurando adoptar una actitud de tipo ecuménico que no acentuase los ya fuertes contrastes, intentó complacer tanto a los ortodoxos practicantes como a los comunistas, tanto a los nacionalistas como a los liberales, concediendo a cada uno de ellos una celebración en la que pudieran reconocerse. Además, intentando lidiar con terribles problemas económicos, impuso una férrea gestión de las finanzas públicas, basada en el constante retraso de los pagos a los funcionarios (que en Rusia son un número exorbitado) y en el incremento de los días no laborables, que se retribuyen menos que las vacaciones o no se retribuyen. Se asiste así a la construcción de impresionantes "puentes", en los que el jueves se une invariablemente al sábado, y el martes al domingo. Pocas personas están en desacuerdo con el excesivo número de festividades, ya que para la mayoría de la población, obligada a una llevar una vida de privaciones, un día de fiesta es, al menos, ocasión de pequeños lujos para pobres, como descorchar una botella de espumosísimo "šampanskoe" o regalar un clavel envuelto en papel de periódico.

1 de enero

Según una tradición que se remonta al periodo soviético, cuando no se festejaba la Navidad, la noche de Fin de Año es el momento en el que las familias se reúnen en torno a una mesa ricamente servida para ver la televisión hasta el amanecer. Una popularísima comedia cinematográfica de los años sesenta, titulada "Ironía del destino", introdujo la costumbre de pasar la tarde del día 31 en los baños públicos bebiendo con los amigos.

7 de enero

Según el calendario ortodoxo, que no reconoce la reforma gregoriana, es el día de Navidad. Normalmente, los fieles se reúnen en grupos de amigos y, a las doce del día 6 de enero, van a misa. Al finalizar la celebración, se realiza una curiosa procesión en las inmediaciones nevadas del templo, con el pope que lleva la cruz y los fieles, que entonan himnos sacros.

wood, para dar acogida al Museo Histórico, el más importante y antiguo de este tipo en Rusia, fundado por el arqueólogo A.S. Uvarov. En el momento de su inauguración el museo contaba con 300.000 piezas; reorganizado en 1921 y 1922 como Museo de Historia de las Naciones de la Unión Soviética, recoge en la actualidad 44.000 piezas de archivo y 4.000.000 de objetos, de los que alrededor de 300.000 se exponen en sus 57 salas.

El museo se ha reorganizado en múltiples ocasiones siguiendo las directrices marcadas por la lectura que del pasado histórico tuvieran los diferentes mandatarios del país. Cerrado durante varias décadas, fue abierto por última vez al público en 1997. En las **salas 1 a 8** (las únicas permanentes) se expone una muestra analítica de hallazgos desde la prehistoria hasta el siglo XII; la muestra de la baja Edad Media y Edad Moderna (en su mayoría objetos de artesanía de gran valor) se exhibe alternativamente en unas dependencias con cúpula y pavimento estilo mosaico ravenés. Los responsables del museo han optado por omitir la sección relativa al siglo XX, por considerarlo un periodo que invita más

23 de febrero
Fiesta de las Fuerzas Armadas, pero sobre todo día de los hombres. Para los que tienen conocidos o familiares en el ejército, es obligatorio felicitarles.
8 de marzo
Fiesta internacional de la mujer, que en Rusia tiene especial relevancia, con grandes festejos en el lugar de trabajo: los representantes sindicales regalan bombones y pasteles.
Maslenitsa (carnaval)
Fiesta pagana mezclada con las cristianas. Se celebra la última semana antes del ayuno pascual. Resultan obligadas las grandes comilonas de "bliny", pastas que simbolizan el sol.
Pascua
Más celebrada que la Navidad, es la máxima festividad para la iglesia ortodoxa. Se celebra el domingo siguiente al plenilunio posterior al equinoccio de primavera. Los creyentes practicantes se reúnen tras un ayuno cada vez más estricto y una noche completa de vigilia en la iglesia. Imagínese su felicidad al degustar el exquisito "kulič" (dulce de harina y huevos) y la "pasha" (molde de "tvorog"). Durante la semana de vigilia es costumbre preparar huevos pintados con vivos colores que, posteriormente, se comerán el domingo en familia.
1 de mayo
El antiguo "Día internacional de la solidaridad entre los trabajadores" se rebautizó como "Fiesta del trabajo y de la primavera". Los trabajadores, libres de las rígidas organizaciones sindicales que convertían el 1 de mayo en un día de movilización general, ya no se agolpan la Plaza Roja, donde los desfiles militares han sido sustituidos por espectáculos folclóricos.
9 de mayo
Fiesta de la victoria en la II Guerra Mundial. Celebración muy respetada, que une en el orgullo patriótico a todos los rusos de todas las tendencias políticas. En Moscú se llevan a cabo grandes conmemoraciones junto a la tumba del Soldado Desconocido y en el parque de la Victoria, y en San Petersburgo, en el cementerio Poskarëvskoe, donde están sepultadas las víctimas del asedio.
12 de junio
Festividad instaurada por Yeltsin y denominada "Día de la Independencia", celebra la ruptura de Rusia con la Unión Soviética. Los rusos, pueblo de humor sarcástico, celebran todos los años esta absurda fiesta con ácidas bromas.
7 de noviembre
Fecha que recuerda la toma de poder por parte de los bolcheviques en 1917 y, tras realizarse durante decenios celebraciones de comunismo triunfante, actualmente se ha convertido en la "Fiesta de la Concordia".
12 de diciembre
Día de la Constitución democrática de la República Rusa, sancionada en 1993.
También debe recordarse la fundación de Moscú, que se remonta por convención al mes de septiembre de 1156, ocasión para una fiesta local en dicho mes. El calendario de San Petersburgo se encuentra en la página 151.

a las discrepancias políticas que a la reflexión histórica.

GUM. (ГУМ) Enfrente del Kremlin se encuentran los grandes almacenes GUM (I, C3; *abiertos todos los días, de 9 h a 21 h*), emblema del capitalismo consumista que en pocos años ha cambiado la fisonomía del país. Lugar donde por fin ha encontrado una vía de escape la vanidad de todo un pueblo, liberado de la humillación de comprar vaqueros y medias en el mercado negro. Es la señal de la gran promesa mantenida, de la materialización del deseo de mujeres y hombres, obligados al racionamiento del pan en 1991 y hoy orgullosos de poder presumir, en el corazón de su ciudad, de un centro comercial que no tiene nada que envidiar a los de Londres o Nueva York. Estas tres letras son las iniciales de las palabras Gosudarstvennyj Universal'nyj Magazin (Государственный Универсальный Маэгазин), es decir, Almacén General Estatal.

El edificio fue construido entre los años 1888-1893, de acuerdo con el proyecto de Aleksandr Pomerancev, en sustitución de algunos edificios comerciales, entre los que se hallaba uno proyectado por Osip Bove, en el lugar donde estaba asentado desde el siglo XV el principal mercado de la ciudad. Un detalle curioso es que, al construir el edificio, se respetaron las ubicaciones de las tiendas y sus distancias relativas. El exterior imita con profusión de detalles las formas arquitectónicas características de Rostov. El edificio se extiende sobre un frente de 250 m y está formado por tres series de galerías cubiertas con bóvedas de cristal y estructura de hierro, concepción modernísima para aquel tiempo.

En el mismo lado de la plaza, haciendo esquina con la Nikol'skaja ulica, se halla la **catedral de Kazán,** construida por voluntad del primer zar de la dinastía Romanov, Mijaíl Fëderovich, y consagrada en 1636. En el curso de los siglos, sufrió diversas renovaciones, hasta que en 1936 fue destruida. Se reconstruyó en 1993, como testimonio de la nueva y sólida alianza entre el poder político y el espiritual.

En el flanco meridional de la plaza Roja, frente a la catedral de San Basilio (hram Vasilija Blažennogo), puede verse un pedestal circular de piedra llamado **Lobnoe mesto** (Лоб ное место), construido en 1547 y reformado en 1786 por M.F. Kazakov. El término significa "lugar de la frente" y, por ello, se pensó que en él tenían lugar las decapitaciones de los condenados; en realidad, parece más correcto atribuir al término "lob" el significado de "prominencia" y, por tanto, la traducción correcta es "puesto de realce"; aquí se proclamaban los "ukaz" o disposiciones con valor de ley de los zares, y se presentaban, a la edad de 16 años, los herederos al trono.

Entre el Lobnoe mesto y la Catedral se halla el **monumento a Minin y Požarski**★ (Pamjatnik Mininu i Požarskomu), primer monumento civil de Moscú, realizado en 1818 por el escultor I.P. Martos con los fondos obtenidos de una suscripción popular. El *"starosta"* (alcalde) de Nižnij Novgorog, Kosma Minin, y el príncipe Dmitri Požarski dirigieron en 1612 la insurrección victoriosa de Moscú contra los polacos.

Los bajorrelieves anterior y posterior de la basa recuerdan respectivamente el heroísmo de los libertadores y la generosidad de la población, que erigió el monumento sufragándolo de su propio bolsillo.

Catedral de San Basilio★★ (I, D3-4; Hram Vasilija Blažennogo; храм Василия Блаженного; *visita: de 11 h a 18 h; en invierno de 11 h a 16 h; cerrado martes y primer lunes de mes*).

Es el estandarte del arte religioso ruso y figura emblemática de la capital. Se compone de nueve iglesias unidas entre sí. Tras la importantísima victoria sobre los tártaros, que tuvo lugar en Kazán en 1552 y significó la liberación del yugo mongol, el zar Iván IV el Terrible, para conmemorar el triunfo, hizo construir una iglesia dedicada al santo protector del día de cada una de las batallas ganadas. En pocos años, la primitiva construcción de madera fue sustituida por la actual, finalizada por los maestros constructores Postnik y Barma en 1561. El cuerpo central está dedicado a la Intercesión de la Virgen, festividad que, según el calendario ortodoxo, se celebra el 1 de octubre, día de la toma definitiva de Kazán.

La catedral de San Basilio

La renacentista basílica de San Basilio, construida por Barma y Postnik de 1554 a 1561 entre la ciudad fortificada (el Kremlin) y el río, en el lugar donde se alzaba una iglesia votiva, es el emblema de la fusión de estilos arquitectónicos y culturas. Las nueve capillas, rematadas por torres y cúpulas, y organizadas según una rígida estructura de doble cruz, son de clara influencia bizantina. Sin embargo, la tipología de planta central tiene una derivación eslavo-bizantina, que se conjuga brillantemente con las nuevas ideas renacentistas de la arquitectura europea. No obstante, aunque el origen tipológico y formal se pueda atribuir fácilmente a las culturas bizantina y renacentista, S. Basilio es inconfundiblemente rusa: lo revela el estrecho apiñamiento de las capillas, una completamente distinta de la otra, de manera que se transmite una idea de desorden, así como su verticalidad, casi como si cada volumen tuviera vida propia.

Las cuatro capillas mayores, de forma octogonal, están distribuidas en función de los cuatro puntos cardinales. La capilla central, por su parte, presenta planta cuadrada, sobre la que se alza la torre poligonal coronada por una cúpula "en yelmo", rematada a su vez por una linterna que termina en una pequeña cúpula bulbiforme.

Aunque el nombre del templo sea precisamente **Catedral de la Intercesión**, se le conoce popularmente como **San Basilio**, ya que alberga una capilla funeraria con los restos de un tal Basilio, construida en 1588, separada de las demás y con acceso desde la calle. Basilio (en ruso Vasilij) era un peculiar personaje muy querido por el pueblo, uno de esos que se definen como "blažennye", es decir, hombre tan querido como extraño, en estrecho contacto con Dios y, por ello, dotado de capacidades proféticas (entre otras cosas predijo públicamente el asesinato del primogénito por parte de Iván el Terrible).

La disposición arquitectónica, sorprendente por el número y las formas de sus cúpulas, de fantasía y gusto pictórico poco usual, posee una rigurosa simetría y pureza. En el centro se alza la torre, bellísima, en forma de piña coronada por una pirámide y cupulilla dorada en forma de cebolla, que sostiene una cruz altísima. Alrededor irradian nueve capillas que poseen otras tantas torres octogonales, con cubierta en forma de piña o de cebolla, todas distintas. Una azotea, a la que llegan dos elegantísimas escaleras cubiertas, une en un cuerpo único las capillas, de las que ocho están dedicadas a los santos de los días de las victorias de Iván IV, la novena evoca la entrada de Cristo en Jerusalén y la décima, en la parte norte, es la añadida en 1588 sobre la tumba de Basilio.

El ***interior*** presenta un curioso y variado juego de perspectivas y piedras policromadas que, sin embargo, crean un ambiente de profundo recogimiento. La planta es, de acuerdo con los cánones bizantinos, una cruz inscrita en un cuadrado, con sus brazos dirigidos a los cuatro puntos cardinales.

La capilla mayor sirve de soporte de las ocho capillas menores, alternativamente circulares y hexagonales, todas ellas coronadas por atrevidas cúpulas sostenidas sobre tambores. En los muros pueden verse **frescos**★ del siglo XVI. Las galerías y los pasajes interiores están decorados con motivos vegetales y fantásticos, realizados en el siglo XVII.

Con la iluminación nocturna, la sugerente silueta de San Basilio adquiere tintes fantásticos.

EL KREMLIN

Celebérrimo complejo arquitectónico de inestimable valor histórico, el Kremlin moscovita es una ciudadela fortificada situada sobre una elevación rocosa de 40 m de altura, por encima del nivel del río Moscova y cerrada por un triángulo irregular de murallas almenadas de más de 2 km de longitud protegidas por 20 torres. Lugar de gran interés artístico, es el santuario del poder político ruso: no es de extrañar, por tanto, la presencia de barreras ni de palacios cerrados al público. El carácter único del lugar y la fascinación de encontrarse a pocos metros de donde se ha decidido y, tal vez, continuará decidiéndose el destino del planeta, compensan la incomodidad y los estridentes sonidos de los silbatos de los guardias, que reprenden inmediatamente a quien se desvía de los itinerarios obligatorios. Al Kremlin (I, C-D2-3; Kreml') se llega desde la parada de metro de la Plaza Roja. Los visitantes acceden a él desde la torre Troickaja.

La primera noticia relativa al lugar donde surge el Kremlin es también la primera noticia que se tiene de Moscú. Las crónicas antiguas narran que, en el año 1147, se encontraron en la colina Borovicki el príncipe de Vladimir, Yuri Dolgoruki, futuro gran príncipe de Vladimir Yuri I, y el príncipe Sviatoslav de Černigov. Sin embargo, las excavaciones realizadas en el interior del Kremlin han confirmado la presencia del hombre desde un siglo antes de aquella fecha. Yuri Dolgoruki ordenó, en el año 1156, construir en aquella misma colina una fortaleza de madera, situada en la esquina suroccidental del conjunto actual. Esta fortaleza fue incendiada en 1238 por los tártaros de la Horda de Oro y durante casi un siglo permaneció abandonada. Con el gran príncipe de Moscú Iván I Danilovič, llamado Kalita, las fortificaciones fueron reconstruidas con encina y también con madera se edificaron los palacios del gran príncipe y el metropolita, mientras que se utilizó piedra para las catedrales del Arcángel San Miguel y de la Asunción. Con el gran príncipe Demetrio III Donskoi, en 1367-1368, las murallas se construyeron con piedra y Moscú recibió el apelativo, que ha pervivido durante mucho tiempo, de "ciudad de piedra blanca". En 1382 las iglesias y las murallas fueron destruidas y la mitad de la población muerta por el kan tártaro Tochtamyš y una vez más el silencio se cernió sobre el Kremlin. La construcción del Kremlin actual se debe al gran príncipe moscovita Iván III el Grande (1462-1505). Iván llamó a Moscú a arquitectos italianos, como el boloñés, Aristóteles Fioravanti, el milanés Pietro Antonio Solari, arquitecto de los Sforza y autor de diversas iglesias de Milán; el también milanés Marco Ruffo, y el piamontés Aloisio (Alvisio el Viejo, es decir, Aloisio de Caresana).

Durante todo el siglo XVI y el XVII se siguió construyendo en el Kremlin y en su interior se urdieron intrigas y se consumaron dramas: terminó la dinastía riurikida, los primeros zares; transcurrió el dramático mandato de Boris Godunov; acabó con sangre la usurpación del Falso Dmitri; llegó el invasor polaco Ladislao Wasa y comenzó la dinastía de los Romanov. En 1713, con el traslado de la capital a San Petersburgo, el Kremlin volvió de nuevo a caer en el olvido, siendo únicamente la sede del metropolita de Moscú. Las únicas perturbaciones ocurridas fueron el incendio de 1737 y la ocupación napoleónica, en 1812, que se prolongó durante un mes y cuatro días. Minado por los franceses, el conjunto entero se salvó de la destrucción casi milagrosamente y durante todo el siglo XIX se produjo la renovación de una gran parte de sus palacios. En noviembre de 1917, al estallar la revolución, se combatió bajo los muros del Kremlin, que fue conquistado por los revolucionarios tras una encarnizada lucha en marzo de 1918. Dado que Moscú había vuelto a asumir el papel de capital, el gobierno soviético se trasladó a los palacios de la ciudadela.

Los setenta años de régimen comunista dejaron significativas huellas arquitectónicas en el interior de la ciudadela, como el nuevo palacio de Congresos, construido en 1961. Persuadida de que sus raíces históricas se encuentran en el pasado presoviético, la nueva dirección del país, ha intentado restituir el Kremlin al estado en que se encontraba a principios del siglo XX, absteniéndose, sin embargo, de demoler el gran edificio de 1961, de notable valor arquitectónico.

Las murallas y las torres★★. Para los que gustan de dar largos paseos, se aconseja rodear el perímetro de las murallas (aproximadamente 2 km), atravesando la Plaza Roja, la plaza del Manège, el elegante y concurrido jardín de Alejandro y el río. Un punto que permite admirar las 20 torres del Kremlin es la Catedral de San Basilio, desde las alturas.

La Catedral de San Basilio, construida entre 1555 y 1561 para conmemorar la victoria de Iván IV el Terrible sobre los tártaros y la conquista de Kazán, constituye, por su colorido y fantasía, un hito en la arquitectura religiosa rusa.

El Kremlin

Fundado entre los siglos XI y XII, el Kremlin es uno de los grandes símbolos de la historia rusa. Mezcla de ciudadela defensiva, palacio y centro religioso, destruido y reconstruido en varias ocasiones, escenario de todo tipo de intrigas bajo los zares, a partir de 1917 se convirtió en la sede del gobierno soviético y, posteriormente, en el centro del poder de la Rusia actual.

Torre Borovitskaia

Jardín Secreto

Torre del Aljibe

❶ Gran Palacio del Kremlin
Levantado por el zar Nicolás I a mediados del siglo XIX. Se reserva para actos oficiales.

❷ Armería del Estado
Edificio de estilo ruso-bizantino de Thon (1849-1851) que alberga un museo de enorme interés.

❸ Palacio de los Terem
Era la zona de palacio habilitada para las mujeres y los niños. Siglo XVII.

❹ Palacio de Congresos
Construido en 1961, con un aforo de 6.000 personas.

❺ Palacio de Oro de la Zarina
Fue sala de recepción de las zarinas durante el siglo XVI.

❻ Catedral de la Asunción
Es el máximo monumento arquitectónico de Moscú. Se debe a Iván III el Grande (siglo XVI).

❼ Catedral de los Doce Apóstoles
Forma un solo conjunto con el Palacio de los Patriarcas. Es del siglo XVII.

❽ Zarina de las Campanas
La mayor campana del mundo, obra maestra del arte de la fundición.

❾ Campanario de Iván III el Grande
Alberga la campana de la Asunción, la primera que anunciaba fiestas religiosas y civiles.

❿ Palacio de las Facetas
El más antiguo edificio civil construido en piedra de Moscú. Levantado a finales del siglo XV.

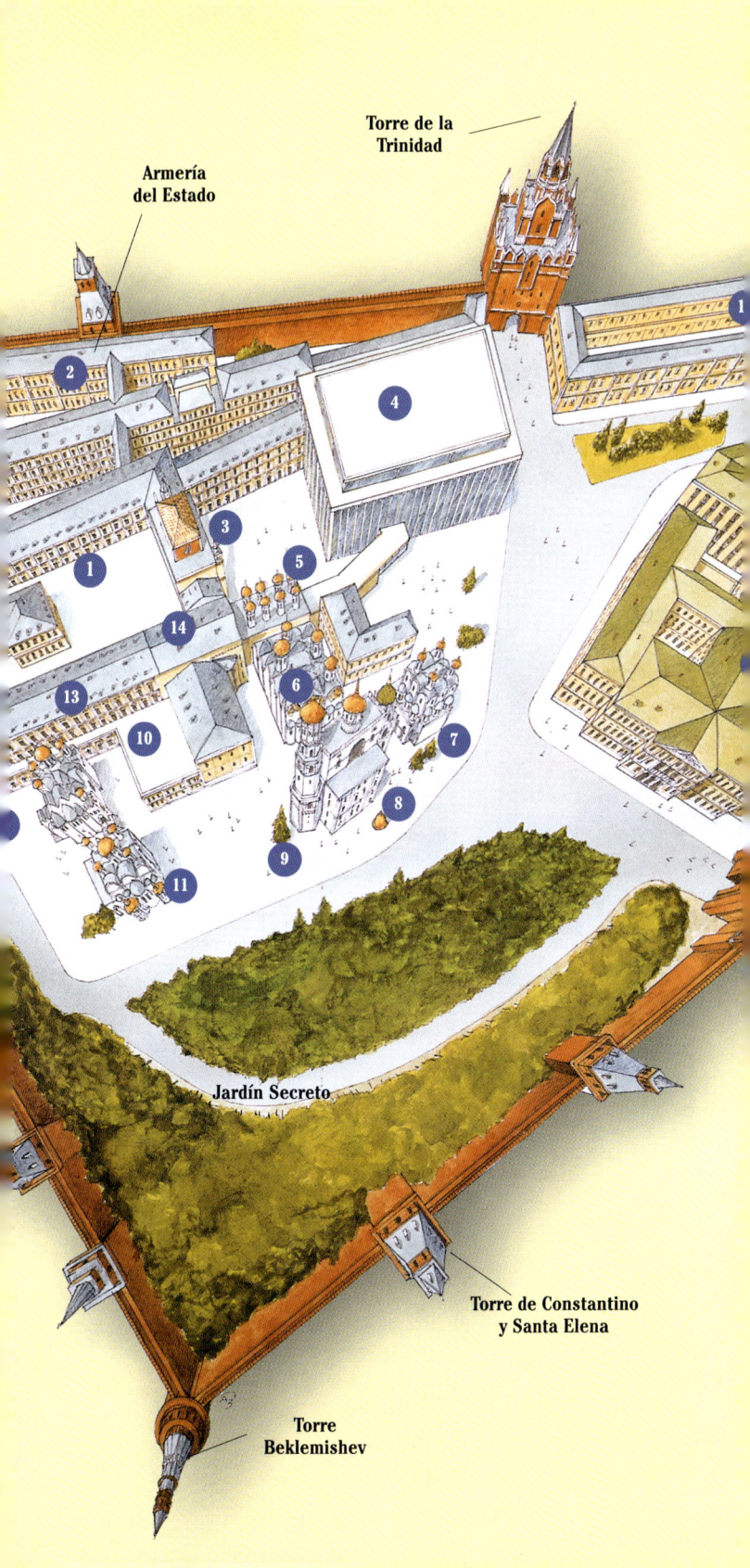

Torre de la Trinidad

Armería del Estado

Jardín Secreto

Torre de Constantino y Santa Elena

Torre Beklemishev

Torre del Arsenal

Torre de San Nicolás

Torre del Salvador

PLAZA ROJA

⑪ Catedral del Arcángel San Miguel
Del siglo XVI, fue capilla funeraria de la familia de los zares.

⑫ Catedral de la Anunciación
Su escalera exterior cubierta fue mandada construir por Iván IV el Terrible en 1572.

⑬ Sala de San Jorge
Imponente sala de paredes de mármol y 18 columnas salomónicas.

⑭ Sala de San Vladimiro
Esta pieza octogonal comunica el Gran Palacio con los edificios más antiguos del Kremlin.

⑮ Arsenal
Construido por Pedro I el Grande y restaurado a comienzos del siglo XIX.

⑯ Senado
Edificio neoclásico del siglo XVIII. Destaca la impresionante Sala Sverdlov.

⑰ La Casa Blanca
Antiguo palacio del Presidium del Soviet Supremo.

⑱ Mausoleo de Lenin
Fue realizado en 1930 y contiene los restos momificados del líder de la Revolución Soviética.

⑲ Catedral de San Basilio
Construida por Iván IV el Terrible para conmemorar la conquista de Kazán.

EL KREMLIN

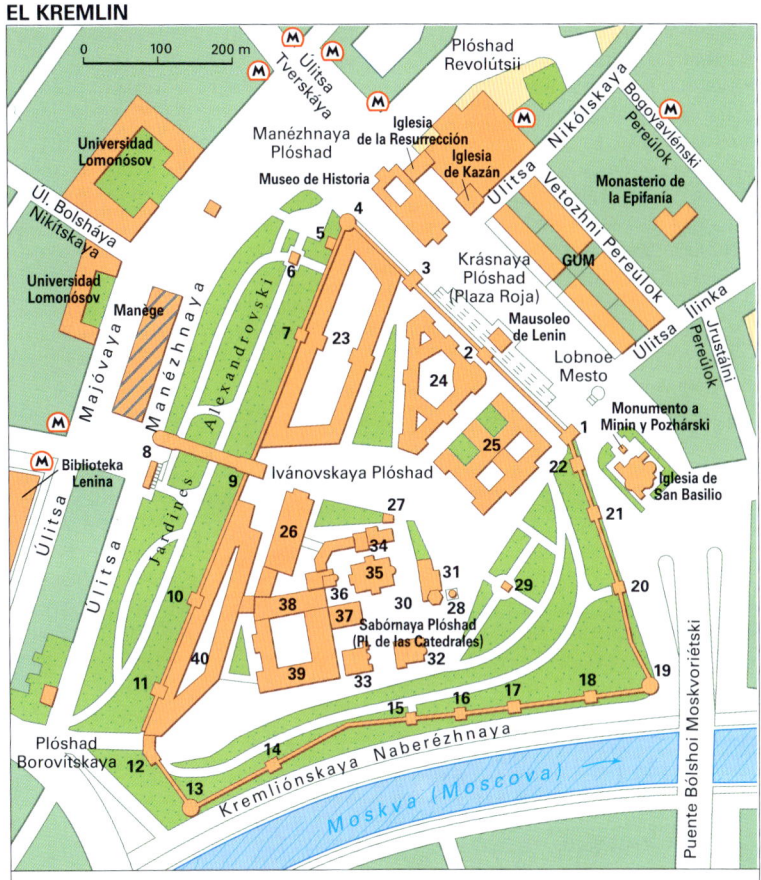

1. Torre del Salvador (Spásskaya)
2. Torre del Senado (Senátskaya)
3. Torre de Nicolás (Nikólskaya)
4. Torre de la Esquina del Arsenal (Uglóvaya Arsenálnaya)
5. Tumba del Soldado Desconocido
6. Obelisco de los Jardines Alexandrovski
7. Torre Media del Arsenal (Srédnaya Arsenálnaya)
8. Torre Kutafia (entrada a los Museos del Kremlin)
9. Torre de la Trinidad
10. Torre Kommendántskaya
11. Torre de la Armería (Aruzhéinaya)
12. Torre Borovítskaya y segunda salida del Kremlin
13. Torre del Agua (Vodovzhvódnaya)
14. Torre de la Anunciación (Blagoveshénskaya)
15. Torre del Secreto (Táiniskaya)
16. Torre sin nombre (Piérvaya Biezumia)
17. Torre sin nombre (Vtaráya Biezumia)
18. Torre de Pedro (Petróvskaya)
19. Torre de Beklémishev
20. Torre de San Constantino y Santa Elena
21. Torre de la Alarma (Nabatnaya)
22. Torre del Zar
23. Arsenal
24. Senado
25. Antigua Sede del Presidium del Soviet Supremo de la URSS
26. Palacio de Congresos, Conciertos y Ballet
27. Zar de los Cañones
28. Zarina de las Campanas
29. Estatua de Lenin
30. Plaza de las Catedrales (Sabórnaya Plóshad)
31. Campanario de Iván el Grande
32. Catedral del Arcángel San Miguel (Arjánguelski Sabór)
33. Catedral de la Anunciación (Blagovechénski Sabór)
34. Catedral de los Doce Apóstoles
35. Catedral de la Asunción (Uspénski Sabór)
36. Iglesia del Manto de la Virgen
37. Palacio de las Facetas (Granovitaya Palata)
38. Palacio de Terem (Terémnoi Dvoriéts)
39. Gran Palacio del Kremlin (Bolshói Kremlióvski Dvoriéts)
40. Museo de la Armería y Galería de los Diamantes

Las murallas, con una altura de 8 a 17 m y un espesor de 4-5 m, fueron construidas con ladrillo, por orden del zar Iván III el Grande, entre 1485 y 1508. El aspecto general y el almenado gibelino ponen de manifiesto la mano de los dos arquitectos de los Sforza, Pietro Antonio Solari y Marco Ruffo; las torres, en especial en las partes superiores, son de estilo *friazin*.

Sobre las cinco torres más altas se colocaron, en 1937, otras tantas estrellas de rubí sintético con monturas doradas, diseñadas por el arquitecto Fiodor Fëdorovskij y restauradas en 1974. La estrella más pequeña, instalada en la torre Vodovzvodnaia, tiene una amplitud en sus brazos de 3 m y pesa una tonelada. Las estrellas mayores, en las torres Nikol'skaia y Spasskaia, tienen una anchura de 3,75 m y pesan tonelada y media; están montadas sobre cojinetes de bolas y se mueven con el viento.

Ante la catedral de San Basilio se halla la **torre Spasskaia**★★ (Спасская; 1), o del Salvador, la más bella y conocida de todas, obra maestra de Pietro Antonio Solari, que la construyó en 1491. El ruso Bažen Ogurkov rehizo, en 1625, la parte superior, de forma octogonal, con líneas góticas tardías. El mismo año el inglés Christopher Halloway instaló el célebre carillón, llamado "Kremlëvskie kuranty", formado por 10 campanas con un peso de 25 toneladas; el diámetro de los cuatro cuadrantes es de 6,12 m y el sonido del carillón es transmitido por Radio Moscú a las 6 h y las 24 h. La torre constituía la entrada principal de los zares, que, al pasar por ella, igual que los demás ciudadanos, debían descubrirse ante el icono del Salvador, trasladado aquí desde Smolensk en 1647.

Siguiendo hacia la derecha de la torre Spasskaia, se llega al mausoleo de Lenin. En línea con él se encuentra la severa **torre Senatskaia**★ (Сенатская; 2), torre del Senado, otra obra de Solari, de 1491.

Un poco más adelante se halla la **torre Nikol'skaiav**★ (Никольская; 3), obra de Solari, de 1491, dedicada a San Nicolás de Možajsk, de quien la torre guarda un icono. La parte superior, destruida por los franceses en 1812, fue reconstruida en 1816 por O. Bove, en tiempos del zar Nicolás I, imitando la torre de Nuestra Señora de Stargard, en Pomerania, como homenaje a su esposa, princesa de Prusia. El vértice de la pirámide alcanza una altura de 70 m.

En la esquina septentrional del Kremlin, frente al Museo Histórico, está situada la **torre Uglovaia Arsenal'naia**★ (Угловая Арсенальная; 4), torre angular del Arsenal, trabajo de Pietro Antonio Solari, de 1492, en forma de poderosa barbacana circular sobre la que se levanta una estilizada pirámide octogonal. Al otro lado de la torre y a lo largo de toda la parte occidental del Kremlin, se extiende el **jardín Aleksandrovskij** (Aleksandrovskij sad; Александровский сан), diseñado por Osip Bove en 1821-1823, cubriendo el Neglinnaia, un pequeño afluente del Moscova que hacía la función de foso del Kremlin. La verja es de E. Pascal. Fue el primer jardín público de Moscú.

Al pie de la torre y adosada a las murallas puede verse la **tumba del Soldado Desconocido** (могила Неизвестного Солдата; 5), obra de los arquitectos D.I. Burdin y V.A. Klimov, formada por una gran losa de granito en la que aparece grabada la inscripción: "Tu nombre es desconocido, tus hazañas son inmortales".

El cuerpo del soldado procede del cementerio situado a 41 km de San Petersburgo, donde, en noviembre de 1941, fueron detenidos los ejércitos alemanes. Frente a la tumba, bloques de pórfido rojo contienen tierra proveniente de las ciudades-heroicas de la Unión Soviética.

Más adelante, en el jardín, está instalado un **obelisco** (обелиск; 6) de granito, inaugurado en 1918, que tiene grabados 19 nombres de pensadores utópicos y revolucionarios, dictados por el propio Lenin: Marx, Engels, Karl Liebknecht, Ferdinand Lassalle, August Bebel, Tommaso Campanella, Jena Meslier, Gerard Winstanley, Thomas More, Claude Saint-Simon, Charles Fourier, Jean Jaurès, Pierre-Joseph Proudhon, Mijail Bakunin, Nikolai Černiševski, Pëtr Lavrov, Nikolai Mijailovski y Georgij Plejanov.

Tras el obelisco se encuentra un capricho arquitectónico de principios del siglo XIX, llamado "gruta del jardín de Alejandro". Por encima, asoma entre las murallas la cuadrada **Srednjana Arsenal'naja basnja** (Torre Media del Arsenal; 7) de 1495.

Separada de las murallas del Kremlin se levanta la **torre Kutaf'ja**★ (Кутафья; 8),

La Spasskaia, la torre más bella y conocida del Kremlin.

> ### *Términos arquitectónicos rusos*
>
> *Algunos elementos y estilos arquitectónicos propios del arte ruso que no existen en la tipología occidental no tienen traducción al castellano.*
>
> *Friazin:* estilo arquitectónico fruto de la contaminación de la tipología rusa medieval y las tendencias renacentistas europeas, especialmente las italianas, introducidas en el país por Fioravanti, Ruffo y Solari, que trabajaron en Moscú entre los siglos XV y XVI. El término proviene de "friazy", apelativo con que se designaba a los habitantes de la Europa mediterránea, probablemente derivado de la palabra "francus".
>
> *Kokoshnik:* pequeños arcos ciegos ornamentales, llamados así porque su forma recuerda a los tocados femeninos que asemejan a las tiaras, acabados en punta o semicírculo.
>
> *Satior:* cubierta de cúpulas, campanarios, templos y torres, en forma cónica de cuatro o más lados, muy presente en los edificios eclesiásticos rusos, cuyo prototipo es la iglesia de la Ascensión de Kolomenskoe, de 1532. Se difundió durante el siglo XVI por todo el país, pero fue prohibida por la Iglesia a mediados del XVII, ya que se apartaba de la tradición arquitectónica ortodoxa. Posteriormente, se transfirió a la arquitectura civil.
>
> *Zakomary:* arcada cubierta formada por arcos que rematan bóvedas, terminados en forma de quilla o semicírculo.

cuyo nombre significa campesina, mujer del pueblo; es un revellín redondo de piedra blanca construido en el siglo XVI.

El **puente de la Trinidad** (Троичкий мост), inclinado y con almenas, construido en 1516, bajo el cual discurría en otra época el Neglinnaia, une el revellín con la **torre Troickaia**★★ (Троицкая; 9), torre de la Trinidad, de 1495. Es la más alta de todas, con 80 m, incluida la estrella, y está formada por seis pisos convergentes y profundos subterráneos. Su poderosa estructura sirvió de arsenal y prisión. La torre Spasskaia es una de las dos entradas imperiales del Kremlin, a través de la cual entraron también los soldados de Napoleón. Se emplea en la actualidad para el acceso de visitantes y para el paso de los vehículos del gobierno.

Las siguientes son la **torre Komendantskaia** (Комендантская; 10), torre del Comandante, y la **torre Oružejnaia** (Оружейная; 11), torre de las Armaduras, adosada al palacio de la Armería de Estado, ambas del año 1490.

Inmediatamente después se halla la **torre Borovickaia**★ (Боровицкая; 12), otro hermoso trabajo de Pietro Antonio Solari, de 1490. Esta torre, de 54 m de altura, que consta de tres cuerpos cuadrados escalonados y rematados por una estilizada pirámide, sirve de salida para los visitantes del Kremlin.

La torre de la esquina suroccidental, junto al río Moscova, es la **Vodovzvodnaia**★ (Водовзводная; 13), torre del Agua, de 62 m de altura, redonda y rematada en una estrella de rubí. Fue construida en 1488, volada por los franceses en 1812 y reconstruida, en el año 1817, por O. Bove.

A partir de este punto comienza la parte más espectacular de las murallas del Kremlin, con cinco torres cuadradas rematadas con cobertura piramidal. Las murallas se reflejan en el Moscova, a lo largo de cuyas orillas discurre la Kremlëvskaja naberežnaja. De oeste a este las torres son: la **Blagoveščenskaia** (Благовещенская; 14), torre de la Anunciación, de 1487-1488; la **Tajnickaia** (Тайницкая; 15), torre de los Secretos, de 1485; la **Pervaia Bezymjannaia** (Безымянная; 16), primera torre sin nombre; la **Vtoraia Bezymjannaia** (Вторая Безымянная; 17), segunda torre sin nombre, y la **Petrovskaia** (Петровская; 18), torre de Pedro.

En la esquina suroriental del Kremlin se halla la redonda **torre Beklemiševskaia** (Беклемишевская; 19), construida por Marco Ruffo en 1487 y reformada en 1922, que tiene 46 m de altura.

Otras tres torres cuadradas se distribuyen en las murallas del lado oriental, entre el río Moscova y la torre Spasskaia: la **Konstantino-Eleninskaia** (Константино-Еленинская; 20), torre de Constantino y Elena, poderosa obra de Solari de 1490; la **Nabatnaia** (Набатная; 21), torre de las Alarmas, de 1495, y la **Zarskaia** (Царская; 22), torre del Zar, la más pequeña de todas, construida casi junto a la torre Spasskaia en 1680.

Interior del Kremlin. Entrada por la torre Troickaia *(visita: de 10 h a 17 h, jueves cerrado).* No se permite el acceso con grandes bolsas; los pases para hacer fotografías se venden en la entrada general, la de las **catedrales del Arhangel'skij sobor,** y la de **la Armería;** está totalmente prohibido filmar y hacer fotos en la Galería de los Diamantes (los aparatos se deben entregar en la entrada); para visitas guiadas, diríjase al quiosco de la entrada; en el Kremlin no hay bares ni restaurantes, y los aseos se encuentran junto a la Armería. La Armería se puede visitar aparte, accediendo desde la torre Borovickaja.

Hasta 1955 el Kremlim estaba cerrado a los visitantes, sólo se permitía la entrada a personas autorizadas. Se abrió al público en 1958, aunque en el interior es necesario no pasar las líneas blancas marcadas en el suelo o los límites señalados por los soldados de guardia y no es posible acercarse a los edificios administrativos. Los principales palacios y las iglesias se visitan previo pago.

Una vez pasada la entrada de la torre Troickaja, se flanquea por la izquierda el **Arsenal** (Арсенал; 23; *no se puede visitar),* vastísimo edificio mandado construir por Pedro I el Grande y edificado, en 1722-1736, según un proyecto del alemán Christoph Conrad y el ruso Dmitri Ivanov. Tras los daños sufridos durante la guerra contra Napoleón, fue restaurado, en 1816-1828, por Osip Bove. Es una severa edificación clasicista, de dos pisos, con una suntuosa portada realizada por el arquitecto D.V. Uchtomskij en 1754. Los tonos amarillo y blanco de la pintura ponen una nota de color en su grandiosa estructura. A lo largo del lado que da al jardín situado frente al Senado, se alinean 875 cañones de la guerra napoleónica, que pertenecieron a diversos ejércitos. En este palacio opusieron la última resistencia los oficiales zaristas en noviembre de 1917.

Del siguiente palacio triangular, con la fachada orientada al oeste se ve muy poco debido a las barreras. Se trata del **Senat** (Senado; 24), neoclásico, erigido en 1776-1790, según proyecto de M. F. Kazakov. La visita se permite sólo a invitados o delegaciones de Estado.

Adyacente al Senado se encuentra el antiguo palacio del Presidium del Soviet Supremo de la URSS, hoy **Palacio Presidencial** (25), construido en el periodo 1932-1934 y posteriormente transformado en residencia presidencial.

Delante del palacio del Arsenal, en el lado opuesto de la Ivanovskaja ploščad', se halla el moderno **Kremlëvskij dvorec s'ezdov**★ (Кремлёвския дворцов съездов; 26; *visita: sólo para espectáculos o conciertos*). Este palacio de Congresos es obra de un equipo de arquitectos dirigidos por M.V. Posochin y fue construido en poco más de un año e inaugurado el 17 de octubre de 1961 con ocasión del XXII Congreso del PCUS. Se halla en el mismo lugar donde se encontraban los cuarteles, en ruina, de comienzos del siglo XIX, cuya desaparición ha contribuido a un mayor equilibrio arquitectónico de todo el conjunto, dando mayor amplitud al palacio y manteniendo inalterado el aspecto que desde el exterior ofrece el Kremlin. Este palacio, de 120 m de largo, 27 m de alto, 70 m de ancho y 15 m de profundidad, fue construido con mármol, cristal y aluminio. La sabia utilización de los materiales oculta lo imponente de sus medidas y lo sitúa perfectamente en el majestuoso contexto arquitectónico que lo rodea. Según fuentes fidedignas, la construcción del enorme palacio ha dañado los cimientos de los demás edificios del Kremlin: sin embargo, resulta muy difícil dilucidar si tal afirmación es fruto de un prejuicio ideológico o de un verdadero conocimiento de los hechos.

El *interior,* que alberga 800 habitaciones, está distribuido en cinco pisos unidos por 14 escaleras mecánicas. Las pilastras y las paredes están cubiertas de mármol y tobas de Georgia, Armenia, Siberia y los Urales. La gran sala de conciertos, con una capacidad de 6.000 plazas, se utiliza también para las representaciones del teatro Bolshoi, así como para congresos y otras actividades.

Antes de dejar la Ivanovskaja ploščad' se encuentra el **Car'-Puška** (Царь-Пушка; 27), o Zar de los Cañones, fundido en 1856 por Andrei Čochov. Tiene 5,34 m de longitud, pesa 40 toneladas y por sus 890 cm de diámetro es la mayor boca de fuego que existe en el mundo, aunque no se ha usado nunca. Más adelante, junto al campanario de Iván el Grande, está instalada sobre una base de granito, la **Car'-Kolokol** (Царь-Колокол; 28), o Zarina de las Campanas, obra maestra del arte de la fundición, realizada por el maestro Iván Motorin y su hijo Mijail en 1733-1735. Esta campana permaneció durante más de un siglo en el foso de fusión y sólo en 1836 el arquitecto August Montferrand la sacó y la situó sobre un pedestal. Es la mayor campana del mundo: tiene 6,14 m de altura, un diáme-

El Zar de los Cañones, boca de fuego de dimensiones colosales que nunca ha llegado a dispararse.

tro de 6,6 m y pesa algo menos de 211 toneladas. Toda su superficie está delicadamente decorada con relieves –obra de Bartolomeo Rastrelli, que representan al zar Aleksei Mijailovich y la zarina Ana Ivanovna–, cinco iconos y una inscripción.

Frente a la campana está situado el hermoso jardín del Kremlin poblado de árboles frutales y coníferas; en verano se pueden admirar las rosaledas en flor.

Pasando junto al campanario de Iván el Grande, se accede a la **Sobornaja ploščad'**★ (Соборная площадь; 29), la plaza de las Catedrales, la más antigua y bella de Moscú, teatro de innumerables acontecimientos de la historia rusa y marco de las más solemnes ceremonias, la coronación de los zares y la recepción de embajadores extranjeros. Cada edificio que la rodea es una obra maestra de arte de superior grandeza.

El edificio más representativo de la arquitectura renacentista rusa es el **kolokol'nja Ivana Velikogo**★★, campanario de Iván el Grande (30) formado por dos núcleos en piedra blanca. El primer núcleo, es decir, la torre, que alcanza una altura de 18 m, fue construido en 1329, y reconstruido en 1505-1508 por el italiano Bon Frjazin (Marco Bono); el segundo núcleo, más bajo, es obra de P. Malyj, de 1523-1543.

En la arcada central de este cuerpo pende la **campana Uspenskij** (de la Asunción), con un peso de 64 toneladas, fundida en el siglo XIX por los maestros Zavjalov y Rusinov. Por tradición, esta campana era la primera en anunciar una fiesta religiosa o una ceremonia oficial. A la muerte de un zar sonaba tres veces. Todo el conjunto contiene 21 campanas. Finalmente, en 1600, el zar Boris Godunov mandó construir la cúpula dorada, restaurada en 1818 por Gilardi, y, después, en 1955 y 1975.

Sobor Dvenadcati Apostolov★. Continuando nuestro paseo por la plaza en sentido contrario a las agujas del reloj, se encuentra la **catedral de los Doce Apóstoles** (31), que forma un complejo único con el Patriaršie palaty, es decir, el **Palacio de los Patriarcas,** construido en 1655-1656 por Davyd Ohlebinin y Antip Konstantinov. La antigua residencia de los patriarcas es un conjunto de estancias dispuestas en torno a la

Catedral de la Asunción.

sala de las Cruces, de 28 m², de atrevida arquitectura, ya que no está apoyada sobre ninguna pilastra central. Sus locales, que albergan un **museo de artes aplicadas del siglo XVII**★ *(se accede desde la parte posterior),* conservan el fasto del periodo de mayor poder de los patriarcas, cuyo modelo de vida era exactamente igual al de los grandes señores feudales: el mobiliario es riquísimo, así como el oro, la plata y las vajillas, de gran valor. Nótese el gran iconostasio (en la sala de la izquierda) y, en las dependencias adyacentes, los valiosísimos códices miniados. A la derecha se abre la sala de la Cruz, con un gran horno en el centro rematado por un baldaquino, utilizado para la preparación de la mirra, óleo santo empleado por la iglesia ortodoxa para las consagraciones; a su lado, un colosal recipiente de plata para contener la mirra.

Ante la catedral de los Doce Apóstoles se sitúa la **Uspenskij sobor**★★ (Успенский собор; 32), catedral de la Asunción o de la Dormición. Máximo monumento arquitectónico del Kremlin y de Moscú, es una obra maestra del arquitecto Aristóteles Fioravanti. Este edificio fue construido en 1475-1479 por deseo de Iván III el Grande. El arquitecto italiano, tomando como modelo la catedral de la Asunción de Vladimir, supo fundir las tradiciones rusas con las modernas técnicas, profundamente innovadoras, del Renacimiento italiano.

La compacta estructura en piedra blanca presenta cinco ábsides planos en el exterior (sólo sobresale el central) y tres grandes pórticos. La fachada y los lados están divididos por pilastras en cuatro cuerpos verticales de igual tamaño, coronados en la parte superior por arcos semicirculares; la pilastra central de los dos laterales está decorada con frescos, mientras que sobre el pórtico principal se ha instalado una hornacina, desde el cual se accede al ***interior*** ★★, de proporciones armónicas: 35,5 m de largo, 24 m de ancho y 28 m de alto.

En esta iglesia eran coronados los zares y enterrados los patriarcas y metropolitas. Para cada coronación se retocaban los frescos: en 1912 se abordó la recuperación de los más antiguos; los trabajos, interrumpidos a causa de la revolución y la guerra, se continuaron en 1949. Las investigaciones han permitido sacar a la luz los frescos realizados en 1642-1643 por los más famosos pintores de la época sobre la huella de los frescos primitivos dirigidos por el famoso Dionisi. En las cúpulas y las bóvedas puede verse al Dios Padre, Cristo, la Virgen, ángeles y profetas y escenas de la vida de Cristo, y en las pilastras, los Santos guerreros y los mártires. De acuerdo con la tradicional iconografía bizantina, los frescos están distribuidos en series horizontales. Las inferiores describen los siete Concilios Ecuménicos, de los siglos IV-VII, dedicados al culto de la Virgen. En las series superiores se detallan la vida de la Virgen y escenas del himno acatista de la Virgen, escrito en el año 626 por el patriarca Sergio de Constantinopla, que consta de 24 escenas con 24 estrofas sobre la vida de la Virgen ("acatista" equivale a cantar de pie). Los frescos dedicados al acatisto de la Virgen están relacionados con la dedicatoria de la iglesia a la Asunción de la Virgen. La elección de este tema suponía una innovación de la tradición bizantina, que prefería que la iglesia principal de una ciudad estuviera dedicada a Santa Sofía, la Divina Sabiduría. Así ocurría en Constantinopla, Kiev y Novgorod.

Icono de San Jorge (siglo XII), obra maestra de la escuela de Novgorod.

En la pared izquierda, de entrada, destaca un inmenso fresco que representa el Juicio Final; sobre la puerta sur se encuentra el fresco que muestra a Santa Elena y su hijo Constantino, emperador que introdujo el cristianismo en Bizancio. Paralelamente, sobre la puerta norte están representados la princesa Olga con su nieto Vladimir, al que se debe la cristianización de Rusia.

El **iconostasio,** de casi 16 m de altura, obra de artistas de Yaroslav y Kostroma, data de 1652-1653; en cambio, los cuadros son de finales del siglo XIX. Las cuatro series superiores del iconostasio, homogéneas entre sí, fueron realizadas durante el siglo XVI por algunos monjes del monasterio de San Sergio de Zagorsk. Las series inferiores, en cambio, particularmente heterogéneas, se ejecutaron expresamente para esta catedral. Cada vez que los grandes príncipes de Moscú anexionaban un nuevo principado, el icono principal de aquella ciudad se trasladaba enseguida como trofeo y se añadía al iconostasio de la catedral de la Asunción. Adosados a las paredes, hay iconos de diversos orígenes, unidos por un elegante marco dorado de madera. Las pinturas más antiguas se conservan en las vitrinas. Entre ellas, destaca la particular belleza del *icono de San Jorge*★★, a la izquierda del iconostasio, obra maestra de la escuela de Novgorod del siglo XII (siguiendo la tradición bizantina, el santo se representa con vestiduras romanas y coronado por rizos dorados, símbolo de inmortalidad).

Inmediatamente a la izquierda de la entrada se encuentra la copia del siglo XV de la **Virgen de Vladimir**★, contenida en un pequeño templete (el original se conserva en la galería Tretiakov). Pintada en Kiev por un artista de Bizancio, es venerada en todo el Oriente ortodoxo. Siempre ha permanecido en la capital religiosa y política de Rusia, que primero fue Kiev, posteriormente Vladimir, y desde 1395, Moscú.

En la pared de la derecha, junto al trono de Iván el Terrible (véase a continuación), cerca del iconostasio, podemos ver la **Virgen de la Ternura**★ (en ruso "umilenie"), de principios del siglo XIII. Es una imagen muy dulce en la que el Niño abraza con ternura a su Madre.

A la izquierda de las puertas reales se halla el icono *Se alegra en ti*, del siglo XV, atribuido a Dionisi, y en la pared norte, también de Dionisi, *El Juicio Final*, que ofrece una representación de las calamidades que pueden afligir al hombre.

A la derecha de la entrada, junto a las tumbas de los patriarcas, un baldaquino de bronce, obra de Dmitri Sverčkov, de 1624, cubre la urna que contiene los restos del patriota Hermógenes, asesinado por los polacos en 1612 y santificado por la Iglesia rusa. La puerta meridional derecha, cubierta de láminas de cobre con 20 escenas bíblicas de oro repujado, proviene de la Escuela de Suzdal. Frente al iconostasio pueden verse el **trono**★ de madera, de 1551, de Iván el Terrible, decorado con una talla que describe la historia del príncipe de Kiev, Vladimir Monomaco, y los tronos de la zarina y del metropolita.

A la izquierda de la catedral de la Asunción está la **cerkov' Rizpoloženija**★ (церковь Ризположения; 33), iglesia del Despojamiento de las Vestiduras de la Virgen. Se trata de un pequeño y elegante edificio con tres ábsides, coronado por cúpula única, que fue construido en 1484-1486 por arquitectos de Pskov y restaurado en 1950-1956. En su interior, adornado con frescos de 1644, puede verse un espléndido **iconostasio**★★, obra maestra de Nazarij Istomin, del año 1627. La iglesia alberga en la actualidad una colección de arte ruso antiguo, con esculturas de madera, iconos fina-

Coloristas remates en los tejados del palacio de los Terem.

mente tallados y crucifijos de los siglos XV-XVII.

Al fondo del patio de la iglesia, un único tejado, coronado por once cupulillas★★, cubre la **Zolotaja Caricyna palata** (Золотая Царицына палата), palacio de Oro de la Zarina, utilizado como sala de recepción de las zarinas durante el siglo XVI.

Volviendo de nuevo a la plaza de las Catedrales, donde puede verse el **Granovitaja palata**★★ (Грановитая палата; 34), o palacio de las Facetas, el más antiguo de los edificios civiles de piedra en Moscú, llamado así por el revestimiento de losas de piedra calcárea talladas. Fue construido en 1487-1491 por los arquitectos de los Sforza, Marco Ruffo y Pietro Antonio Solari, como palacio de recepción de los embajadores y para celebrar las victorias. Se utiliza todavía para la celebración de fiestas y reuniones de gobierno. El interior no puede ser visitado, al igual que el vasto **palacio Termnoj dvorec**★★ que se encuentra detrás (palacio Terem; 35). En la cultura rusa tradicional el *"terem"* era la parte del palacio o de una casa de nobles habitada por los niños y las mujeres. Habitualmente se colocaba en el segundo

Suntuosa fachada del Gran Palacio del Kremlin.

y último piso del edificio y era especialmente rico en su decoración.

El edificio fue construido durante el mandato de Iván III el Grande por los maestros italianos entonces presentes en Moscú y se terminó en 1508. Destruido por las llamas, se reconstruyó dos veces, en 1547 y 1571. Fue saqueado por los polacos en 1612 y reconstruido en 1635-1636 por Bažen Ogurkov y otros.

El interior reúne espléndidas salas del siglo XVI: el único modo de visitarlo es convertirse en Jefe de Estado o de Gobierno.

Bol'šoj Kremlëvskij dvorec★★. Exactamente lo mismo se puede decir para el vecino **Gran Palacio del Kremlin** (36), el tercero construido sobre la cima de la colina Borovickaja, en la zona meridional del Kremlin, donde desde tiempos remotos estuvo ubicada la residencia de los príncipes rusos. El primer palacio se erigió en el siglo XV, y algunas de sus partes se conservan en el palacio de las Facetas, el palacio de los Terem y el palacio de Oro de la Zarina. El segundo edificio fue deseo expreso de la zarina Isabel Petrovna, construido por Rastrelli en 1753. El actual fue encargado por el zar Nicolás I, en 1838-1849, al arquitecto alemán K.A. Thon.

El Gran Palacio tiene una fachada de 125 m, orientada hacia el Moscova, con tres series de ventanas, en un estilo que funde las tradiciones rusa y bizantina con elementos neoclásicos. La decoración de las salas interiores, particularmente suntuosas, se caracteriza por la profusión de mármoles y piedras preciosas. Entre las espléndidas salas que embellecen el interior destaca la **Sala de San Jorge,** donde se firman los acuerdos políticos más importantes.

Delante del Gran Palacio del Kremlin se ve la **Blagoveščenskij sobor** ★★ (Благовещенский собор; 37), catedral de la Anunciación, construida como capilla privada de la familia del zar por arquitectos de Pskov, en 1484-1489, y reconstruida, tras el incendio que la destruyó, en 1547.

Este edificio destaca por sus nueve cúpulas, de las cuales la central descansa sobre un tambor octogonal decorado con arcos ciegos llamados *"kokošniki",* porque son semejantes a los tocados femeninos. La segunda galería que adorna el edificio y las capillas laterales datan de 1564, mientras que es de 1572 la escalera exterior cubierta, llamada *"grozneskoje"* (de *"groznyj",* el Terrible, es decir, el zar Iván IV), que la mandó construir para poder acceder a la catedral.

La iglesia ortodoxa rusa admite sólo dos divorcios y cuando Iván pidió el tercero, casándose por cuarta vez, se le prohibió la entrada a la iglesia. Desde esta escalera Iván podía seguir igualmente la liturgia, hallándose formalmente "fuera" de la iglesia, en la que se celebraban habitualmente los bautismos y las bodas de los zares.

La entrada, desde la parte posterior de la iglesia, da acceso, por el lado derecho del ábside, a un vasto corredor que rodea por dos partes, norte y este, la catedral.

Cuatro pilares organizan el espacio en tres naves rematadas en ábsides, siguiendo el esquema de cruz bizantina. El pavimento de la iglesia es de jaspe de los Urales y ágata, y las paredes están completamente revestidas de **frescos**★★, de 1508, sacados a la luz, después de una laboriosa obra de restauración, en 1947-1961. En la pared norte (izquierda) están representadas escenas de la vida de Cristo, y en la pared sur (derecha), escenas del Apocalipsis y del Juicio Final. En las pilastras y las bóvedas destacan las figuras de los grandes príncipes de Moscú, así como de filósofos y poetas clásicos, como Homero, Platón, Aristóteles y Virgilio. De inestimable valor es el **iconostasio★★**, que, realizado en 1405 para el edificio anterior, fue conservado en la nueva catedral. Presenta obras de Teófanes el Griego (es preciso destacar los iconos del segundo nivel y en especial *El Salvador, La Virgen* y *El Bautista),* Prochor de Gorodec y Andrei Rublev. A este último se atribuyen siete iconos del tercer nivel, de los que destacan: *La Natividad, La Anunciación, La presentación en el templo, La entrada en Jerusalén* y *La Transfiguración.* Se atribuyen, en cambio, a Prochor *La Última Cena, Pentecostés, El Descendimiento, La bajada al Limbo, La Ascensión* y *La Asunción,* de una intensidad dramática cercana a la de Teófanes.

A la derecha del iconostasio, la galería meridional presenta una colección de pinturas religiosas de diferentes épocas.

A la derecha del campanario de Iván el Grande se encuentra la **Arhangel'skij sobor★★** (Архангельский собор; 38), catedral del Arcángel San Miguel, obra maestra del arquitecto veneciano Alvise Lamberti de Montagnana, llamado el Nuevo, que la edificó en 1505-1508, en el emplazamiento de una

Sala de recepciones del Gran Palacio.

iglesia de 1333 dedicada al gran príncipe Iván Kalita. Este bellísimo edificio de piedra blanca supone un cambio en la historia de la arquitectura rusa. Frente a la severidad de los restantes edificios del Kremlin, posee elementos ornamentales característicos del Renacimiento italiano y, más en concreto, de Venecia, como las grandes conchas que ocupan el lugar de los *"zakomary",* o sea, de las arcadas bajo techo. Originariamente la parte septentrional tenía frescos.

El ***interior,*** de sorprendente belleza, se corresponde con el esquema bizantino de cruz inscrita en cuadrado, delimitado aquí por cuatro colosales pilastras. Los frescos originales, de 1564-1565, fueron restaurados en 1622, cuando se restauró toda la catedral. A 1680-

Campanario de Iván el Grande y, a su lado, la pequeña catedral del Arcángel San Miguel.

1681 se remonta el gigantesco iconostasio dorado, obra de Fiodor Zubov y Dorfej Zolotarev, que alcanza 13 m de altura y enmarca valiosos iconos de los siglos XV-XVII, entre los que destaca, el segundo de la derecha, el bellísimo *Arcángel San Miguel*★★, con escenas de la vida del santo. Se trata de uno de los más antiguos iconos de este tipo en Rusia; el Arcángel San Miguel era venerado como protector de los príncipes moscovitas en las batallas.

La catedral desempeñaba el papel de capilla funeraria de la familia de los zares; en ella se hallan 46 sarcófagos de piedra blanca que contienen los restos de zares y príncipes, muchos de los cuales se representan en forma de santos en los frescos de las paredes.

La sacristía, separada en 1561 del altar con una pared por deseo de Iván el Terrible, conserva los frescos más antiguos de la iglesia, que se remontan a 1564-1565. La pared oriental recuerda a Vasili III en el lecho de muerte, rodeado de su familia: el niño de tres años es el futuro Iván el Terrible.

La catedral del Arcángel San Miguel, obra maestra de pincipios del siglo XVI. A su lado, la Zarina de las Campanas.

Gosudarstvennaja Oružejnaja palata★★. De grandísimo interés histórico-artístico es el palacio de la Armería del Estado, en estilo ruso-bizantino de Thon, construido entre 1849-1851 (39; *visita: a horas concretas indicadas en el billete que se compra en caja, en el exterior del Kremlin: 10 h-11.30 h; 12 h-13.30 h; 14.30 h-16 h; 16.30 h -18 h*). En el piso bajo, inmediatamente después de la entrada, encontrará una serie de puestos donde se pueden adquirir catálogos, videocasetes y souvenirs, además de alquilar cintas con el comentario de la visita al museo en diferentes idiomas.

Las colecciones se iniciaron durante el siglo XVI por voluntad del zar Iván IV el Terrible y fueron reorganizadas, tras la construcción del palacio, por el zar Nicolás I, cuya intención era la de reunir en un museo de la Corte Imperial no sólo las armaduras, sino también todos los objetos de arte aplicado, religioso o profano, producidos por los prodigiosos armeros-orfebres del Kremlin a lo largo de los siglos, al igual que los regalos realizados a los zares por los soberanos extranjeros. Después de la Revolución el museo se ha enriquecido notablemente con objetos de arte procedentes de iglesias y castillos abandonados. En la actualidad es el **Museo Central de Artes Decorativas,** y contiene objetos de oro, piedras preciosas, vestiduras, muebles y objetos de la casa, armas y carrozas de inestimable valor.

En la *planta baja,* a la izquierda, se halla la **sala de las vestiduras** sacerdotales y laicas, con tejidos procedentes de Europa y Asia, al igual que telas y bordados rusos de todos los tiempos y colecciones de bastones y tapices. Hay que llamar la atención sobre la casulla de las mil cruces de plata★★, la pieza más antigua, de 1322, perteneciente al metropolita de Moscú Pedro, tejida en Constantinopla y bordada en Rusia, y sobre la capa, de arte bizantino, del siglo XIV. Son igualmente notables: la casulla★★ del metropolita Focio, bordada con hilos de oro y plata y millares de perlas, con escenas de la Pasión, y la casulla★★, también del metropolita Focio, con escenas de la Pasión. Ambas casullas están consideradas entre las obras maestras de arte sacro más importantes del mundo. Destacan también paños fúnebres de los metropolitas, que se extendían durante las festividades religiosas sobre los túmulos funerarios; están tejidos con oro y plata y adornados con perlas. Hay que llamar la atención asimismo sobre el llamado sudario de Cristo★★, tejido y bordado en Novgorod en 1441; la capa★★ del patriarca Nikon, de brocado veneciano, bordada en Rusia con oro, plata, piedras preciosas y perlas, con un peso de 24 kg, de los que 16 corresponden a las gemas y perlas, y una dalmática★ de oro del patriarca José, de 1648. Además es muy valiosa la colección de mitras de patriarcas, entre las cuales destaca la mitra de oro★★ donada por el zar Mijail Romanov, de 1634, cubierta de perlas, esmeraldas, topacios y circones, con la figura de la Trinidad en esmalte blanco. Se conservan mitras de finales del siglo IX cubiertas de esmaltes y perlas.

En las vitrinas centrales de la misma sala se expone indumentaria de los siglos XVIII y XIX; destacan las vestiduras utilizadas en las ceremonias de coronación.

Corona de Monomaco, pieza histórica de inestimable valor.

En la **sala de las joyas de la Corona y de los tronos** están instalados seis tronos★★ de los zares, entre los que hay dos que poseen un valor excepcional: el trono de marfil★★ de Iván III, utilizado para diversas coronaciones, cuyo origen no es seguro, pues para unos es una obra bizantina, para otros italiana y para otros incluso alemana, y el trono de diamantes★★ del zar Aleksei Mijailovich, de arte persa, realizado en 1659 y cubierto con 870 diamantes, 185 rubíes y millares de perlas y turquesas.

Los restantes tronos son los de Boris Godunov, Mijail Romanov, Iván V y el doble de Pedro el Grande.

Las joyas de la Corona★★ comprenden adornos de oro, como broches, cruces; símbolos de poder, como cetros, globos, espadas de justicia y la corona de Anna Ioannovna. La pieza de mayor valor histórico se encuentra en el cuerpo inferior a la derecha: se trata de la primera **chapka**★★, birrete de Monomaco, es decir, la corona en forma de calabaza enviada por el emperador de Bizancio Juan II Augusto al gran

---

Un trono para dos

En 1676, la muerte del zar Aleksei Mijailovich abrió un periodo de feroces luchas por la sucesión en el seno de las diversas ramas de la familia imperial Romanov. Entre infantes ineptos, intrigas y muertes sospechosas, se afianzó la siniestra figura de la regente Sofía Romanova-Miloslavskaja, que administraba el poder en representación de su hermano Fëdor, incapacitado. Cuando éste murió se llegó a un acuerdo temporal, coronando simultáneamente a Iván V Romanov-Miloslavskij, de dieciséis años, y a Pedro I Romanov-Naryškin, que contaba sólo nueve años. El futuro fundador de San Petersburgo era demasiado joven para poder dirigir, según el ritual, la ceremonia de coronación y, por supuesto, a su lado no podía aparecer ninguna persona que no perteneciese a la realeza en un momento tan solemne. Fue así como se construyó un trono sin parangón en el mundo, ya que no sólo es de dos plazas, puesto que había dos zares, sino que tiene también un ventanuco en la parte posterior desde el cual los consejeros decían tanto al adolescente Iván como al pequeño Pedro lo que debían decir y hacer.

príncipe de Kiev, Vladimir II Monomaco. Esta corona, con un peso de casi 1 kg, realizada en oro con esmeraldas y rubíes, es obra, al menos en su parte superior, de artesanos de Constantinopla de los siglos X y XI; el borde está orlado con una tira de marta cebellina. Esta corona se utilizó para las coronaciones de los zares hasta Pedro I; posteriormente, convertidos los zares en emperadores, se llevaba en procesión a la ceremonia de la coronación simbolizando la herencia del poder y testimoniando la descendencia de los zares del emperador romano César Octavio Augusto, lo que convertía a Moscú, a través de Bizancio, en la tercera Roma. Otras coronas de enorme valor son: la corona (birrete) de Kazan'★★, encargada por Iván IV el Terrible para celebrar su victoria contra los tártaros en Kazan' en 1552; es de láminas de oro (las láminas tienen la forma de los *"kokošniki"*, que decoran la catedral de San Basilio en la plaza Roja), con turquesas persas y rubíes, y en la parte superior, un enorme topacio añadido en 1627. Igualmente la corona (birrete) de Mijaíl Fëdorovič★★, realizada en 1627; pesa 2,2 kg, es de oro, esmeraldas, zafiros, rubíes, perlas y marta cebellina, rematada por una esmeralda de excepcional pureza y tamaño. Asimismo la **corona** (birrete) **de Iván V**★, (que, siendo retrasado, reinó junto con su hermano Pedro), realizada en 1684, en plata, rubíes, diamantes, perlas y un enorme zafiro purísimo; (a la derecha de la anterior) la corona de coronación de Pedro I, siendo niño, que tuvo lugar en 1684; (nivel inferior, a la izquierda) corona de Pedro I★, ya adulto, de 1689, rematada por un enorme rubí en bruto y una cruz de diamantes.

La **sala de las Carrozas** presenta una interesante colección de carrozas de gala. La **carroza**★ (primera a la derecha) regalada por Jacobo I de Inglaterra a Boris Godunov; construida en 1600 y enviada a Rusia en 1625 con paneles en relieve que narran las empresas del zar contra los turcos, se trata de una carroza de tipo rudimental, sin lugar para el cochero ni mecanismos de dirección: los siervos se veían, por tanto, obligados a levantarla para cambiar de dirección. En el centro se encuentra el gran trineo utilizado por Isabel Petrovna en 1741 para viajar a Moscú, donde debía ser coronada. La hija de Pedro I llegó a la ciudad del Moscova desde San Petersburgo en tres días, conducida a su cita con la Historia por veintitrés caballos que cambiaban en cada estación de descanso. En su viaje por la Rusia nevada, la futura emperatriz empleó más de 800 caballos; sin embargo, entró en el Kremlin subida en la carroza de ruedas de 1741, que se encuentra en el fondo de la sala. En el centro, junto al trineo de Isabel Petrovna, se encuentra la **carroza**★★, cedida en 1757 por el conde cosaco Aleksei Razumovski a la misma emperatriz, construida en París y adornada con paneles pintados por François Boucher. En estilo neoclásico, se pueden admirar las carrozas de Catalina II.

Para proseguir la visita de las colecciones se sube al *primer piso.* En la *sala primera* se exponen objetos de plata de los siglos XII al XV; la pieza más valiosa es un **barma**★★

Armaduras medievales europeas expuestas en el palacio de la Armería.

(collar) de esmalte y filigrana, del siglo XII, descubierto en 1882 por un campesino en las inmediaciones de Rjazan' (a la izquierda de la entrada). Entre las magníficas muestras de orfebrería moscovita del museo (siglos XV y XVI) destacan los **evangeliarios**★ de Iván III, con filigrana de oro, donado a la catedral de la Asunción en 1949, así como los de Iván IV, con incrustaciones de esmalte y piedras preciosas, donado a la catedral de la Anunciación en 1571, y un marco de oro para el icono de la Virgen de Vladimir (en la vitrina situada frente a la entrada).

A la entrada a la *sala segunda* se puede contemplar el célebre reloj conocido como "Templo de la Gloria" (1793-1806), con radios de cristal alrededor del cuadrante, a imitación de los relojes de sol; en su origen, a ciertas horas de la boca del águila brotaba una cascada de perlas. En la misma sala se expone una colección de platería rusa (siglos XVII al XX), que incluye, entre otras piezas de Fabergé, piezas de plateros ingleses, alemanes y holandeses; espléndidos jarrones y platos de los más famosos orfebres de Londres, Amsterdam, Nüremberg, Hamburgo y Augusta; platería persa, turca y china, así como obras realizadas en nácar, marfil y cristal.

La **sala tercera,** conserva una colección de extraordinarias armaduras.

La **sala cuarta** se encuentra a la derecha de la anterior y presenta una muestra de armas blancas, armas de fuego y armaduras de los siglos XIII al XIX. Las piezas más antiguas se exponen en la primera vitrina (situada a la izquierda): el **yelmo de Yaroslav II**★ (padre de Alejandro Nevski), cuya antigüedad se remonta a principios del siglo XIII; o las armas del siglo XVI que pertenecieron a Boris Godunov. En las siguientes vitrinas se puede admirar una colección de armas de fuego cinceladas y adornadas con marfil y gemas, así como el **yelmo**★ del zar Mijail Fëdorovic, realizado en 1621 por el maestro armero del Kremlin Nikita Davydov y diversas espadas de los liberadores de Moscú en tiempos de la invasión polaca, Minin y Pozarski. Por último, a la derecha de la sala se exponen armas de Tula del siglo XIX. Una última sala guarda objetos de plata de los siglos XII al XIX procedentes de diferentes países de Europa.

Junto a la entrada al palacio de la Armería, una puertecita custodiada por un centinela conduce al **Almaznyj fond**★ (Алмазный Фонд; *visita: de 10 h a 13 h y de 14 h a 17 h, excepto los jueves),* Galería de los Diamantes, auténtico tesoro del Estado, formado por diamantes y piedras preciosas, tanto en estado puro como tallados. El valor de lo que se custodia en sus dos salas es incalculable. No debe, por tanto, sorprendernos la prohibición de hacer fotografías, e incluso de tomar apuntes, vigente en el interior del museo.

Sala 1. *Primera vitrina:* piedras de los Urales (esmeraldas, topacios, lapislázuli, "čaroite", descubierta en las inmediaciones del río Čara en los años sesenta del siglo XX, durante la construcción de la Bajkal-Amur).

Segunda vitrina: diamantes en bruto y mapa de Rusia en rubíes y brillantes.

Tercera vitrina: grandes diamantes en bruto, entre los que se encuentra la Estrella de Yacuzia (232 quilates).

Cuarta vitrina: diamantes tallados; las dos órdenes militares de la estrella de oro del mariscal de campo, de 1940, y de la victoria de 1943, que fueron concedidas a Eisenhower y Tito. En la vitrina del centro, una colección de pepitas de oro y platino en estado puro, entre las que se pueden encontrar algunas de formas originales, y la más grande del mundo: el Gran Triángulo (36 kg).

Sala 2. *Primera vitrina:* joyas de Isabel I. *Tercera vitrina:* corona de Catalina II, elaborada en 1762 por el joyero francés Pozier; está rodeada por una rama de encina de oro y hojas compuestas de diamantes, cubierta de gemas, adornada con perlas y rematada por una espinela roja; la cubren 4.936 diamantes.

El diamante de Orlov, en la actualidad de 189,62 quilates, fue hallado en la India en el siglo XVIII y pesaba 300 quilates; utilizado como ojo de un ídolo de Seringan, fue robado a comienzos del siglo XVIII; recuperado por el sha de Persia Nadir. Robado por segunda vez; en 1774, el conde Orlov se lo compró a un comerciante armeno por 400.000 rublos para regalárselo a Catalina II, lo que lo mandó colocar en lo más alto del cetro imperial.

Cuarta vitrina: el diamante "Sha" (de 88,70 quilates), encontrado en la India en el siglo XVI; en el siglo XVII fue engastado en el trono de Aurangzeb como talismán; en 1739, el sha de Persia Nadir se lo llevó de Delhi como botín de guerra, y en 1829, habiendo sido asesinado en Teherán el poeta y diplomático ruso Griboedov, el sha Khosrev Mirza envió el diamante al zar Nicolás I en señal de disculpa.

Volviendo a la sala anterior, antes de salir, se pueden admirar joyas contemporáneas, realizadas expresamente para la exposición.

KITAI GOROD

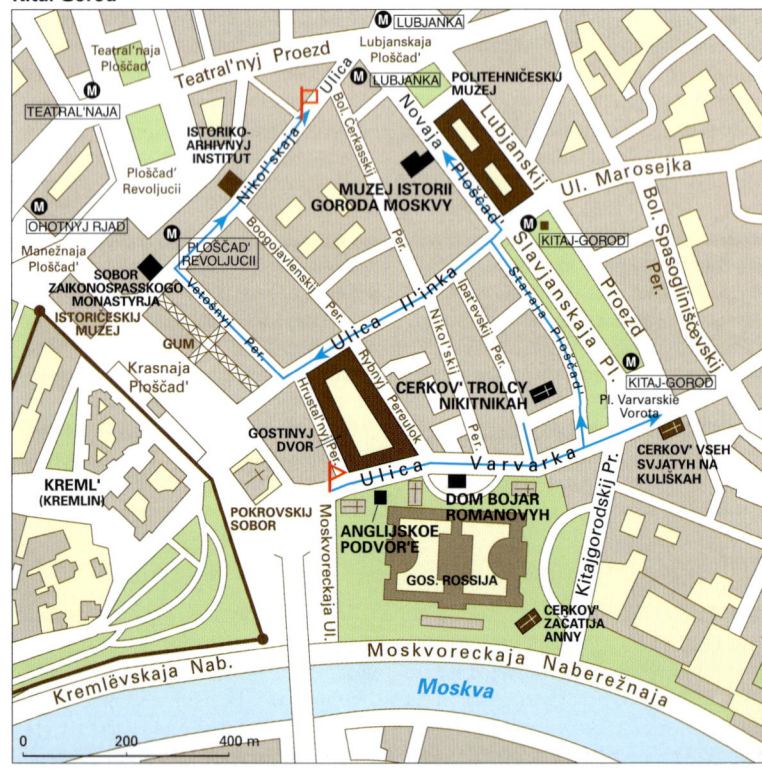

Después del Kremlin, Kitai Gorod (**Китай-город**) es la parte más antigua de la ciudad. Su nombre en ruso moderno significa "Ciudad China", pero deriva en realidad de la palabra tártara *"kita"*, es decir, "terreno amurallado". Era en realidad la ciudadela, donde se concentraba la actividad comercial de la capital, por lo demás prohibida en las restantes calles de la ciudad. En 1534-1538, Kitai Gorod se hallaba delimitado por un perímetro de muralla de la que se conservan restos en la plaza Teatral'naja, detrás del hotel Metropol' y en Kitajskij proesd, hacia la plaza Varvarskie vorota.

Durante el siglo XIX, se inició un amplio proyecto de sustitución de los talleres artesanales que se completó a principios del siglo XX. Kitai Gorod se convirtió así en la zona de los centros comerciales, de los bancos, de las sedes de las compañías de seguros y de las sociedades anónimas. Al trasladarse la capital a Moscú, este barrio asumió también funciones administrativas, albergando gran número de ministerios.

Sin embargo, el trazado urbanístico sigue siendo el del siglo XVIII, cuando en esta zona se contaban más de 700 talleres. En los primeros años noventa del siglo XX, los topónimos, modificados por la sovietización de la ciudad que tuvo lugar en los años veinte, se restituyeron a su forma original, con nombres que designan las actividades comerciales que se desarrollaban en las distintas calles; así encontramos, por ejemplo, el callejón del pez (Rybnyj pereulok), o bien el de las cristalerías (Hrustal'nyj pereulok).

Centro financiero de la nueva Rusia capitalista, Kitai Gorod es hoy día una suma de todo lo que ha contenido en distintas épocas, ofreciendo en sus calles la animación de quien va de compras, la mirada ausente y esperanzada de quien desea obtener un sello indispensable del burócrata de turno, los impecables trajes italianos del próspero hombre de negocios y la tranquilidad de los rincones apartados, a menudo de gran interés artístico.

Hay muchas líneas de metro que conducen a la zona alrededor de Kitai Gorod. Se aconseja comenzar la visita desde la calle Varvarka, a la cual se llega desde la Plaza Roja.

Ulica Varvarka★. La calle Varvarca (I, D4) está dominada por la colosal estructura del **hotel Rossija,** construido en 1969 según proyecto de Dmitri Čeçulin. Alarde arquitectónico de 900 metros de perímetro, que puede acoger hasta 6.000 clientes en sus 3.172 habitaciones, resulta uno de los símbolos más tangibles de la megalomanía que ha caracterizado y continúa caracterizando la política urbanística de la capital. Para dar cabida al hotel, se derribaron todos los edificios que formaban el antiguo barrio de Zarjad'e (cuyo nombre significa "más allá de las filas"), que nació como salida portuaria para las actividades comerciales del Kitai Gorod. No satisfechos con esto, para que la mole del enorme edificio no quedase atrapada entre las casas que se encontraban delante, los urbanistas de Brezhnev decidieron demolerlas también. De este modo, con las obras de demolición del lado derecho de la calle Varvarka, salieron a la luz antiguos edificios de gran interés histórico que se encontraban, desde hacía siglos, parcial o totalmente enterrados. Fue tal el eco que tuvieron los hallazgos que hubo que detener las excavadoras; las estructuras descubiertas se restauraron y la calle adquirió un curiosísimo aspecto, fruto de la unión, fundamentalmente casual, de diversas expresiones arquitectónicas.

Anglijskoe podvor'e★. Una vez que se ha dejado atrás la iglesia de Santa Bárbara, en el número 2, nos encontramos en el 4 con el antiguo almacén de los ingleses, al cual se accede desde el nivel inferior de la calle (*visita: martes, jueves, sábado y domingo de 10 h a 18 h; miércoles y viernes, de 11 h a 19 h; lunes cerrado; para reservar visitas guiadas en inglés, llamar al telf. 2983952. En el interior del edificio se ofrecen conciertos de música clásica una vez al mes: para comprar entradas, llamar al telf. 2983961*).

Construido a caballo entre los siglos XV y XVI para el mercader Bobriščev, el edificio pasó a su muerte a engrosar la lista de pertenencias imperiales y se destinó a sede de representación comercial para la comunidad inglesa. En 1649, el zar Aleksei Mijailovich revocó la concesión en señal de protesta por la ejecución del rey de Inglaterra. A partir de ese momento, se sucedieron los propietarios, y nuevos palacios sustituyeron al original. En la segunda mitad de los años setenta del siglo XX, gracias a la determinación del restaurador P.D. Baranovskij, se emprendió una obra de recuperación del inmueble. Las obras terminaron en 1994, en ocasión de la visita oficial de la reina de Inglaterra, Isabel II.

En el *interior*, el único local que se ha conservado de la construcción original es la bodega, pero también son interesantes la cocina y la sala de comercio, reconstruidas con rigor histórico y decoradas con el mobiliario de la época.

El siguiente edificio (acceso desde el nivel superior de la calle) es la **iglesia de San Máximo,** que alberga en su interior una tienda de productos artesanales, tan variados como caros. El templo, construido en 1699, no fue ocupado por entero por los comerciantes, ya que al fondo de la segunda estancia hay un altar utilizado para ceremonias matrimoniales religiosas. En el lado izquierdo de la calle, se encuentra el gran complejo comercial de Gostinnyj Dvor.

Dom bojar Romanovyh★. La casa de los boyardos Romanov (*visita: de 10 h a 17 h, miércoles de 11 h a 18 h, martes y primer lunes de mes cerrado; para excursiones en inglés, telf. 2983706*. Entrada por el nivel inferior de la calle, junto a las escaleras que conducen al hotel Rossija). Del siglo XVII, aunque reconstruida en 1858 por F.E. Richter. Por orden de Alejandro II: fue la residencia de la familia Romanov antes de acceder al trono. Resulta curiosa la distribución interior en dos espacios claramente diferenciados: los aposentos de los hombres y mujeres. En el espacio reservado a los primeros destaca el refectorio, con vajilla y cubertería realizados en estaño, oro y plata y un armario (mueble poco usual en una época en la se utilizaban baúles); el gabinete, tapizado de cuero, y la biblioteca. Los aposentos reservados a las mujeres están situados en la planta superior; el más interesante es el taller de labor, donde se puede admirar un telar del siglo XVII: un altavoz ameniza la visita con las canciones que antiguamente cantaban las tejedoras.

En el número 8 de la calle se encuentran las celdas y la torre del campanario del **antiguo monasterio Znamenskij,** cuya iglesia (S. Pedro) se encuentra en el número 8a. Fundado en el año 1634 por el zar Mijail Romanov siempre ha permanecido bajo la protección de la familia imperial. La serie de iglesias de la ulica Razina se cierra con la de **San Jorge sobre el monte Pskov** o **de la Aparición** (cerkov' Georgija na Pskovskoj Gore; церковь Георгия на Псковской Горе), de ladrillos rojos, realizada en 1697.

Es un característico ejemplo de la arquitectura "con arabescos" del siglo XVII.

Al final de la ulica Varvarka, a la derecha, se encuentra el **Kitajgorodskij proezd**. Ocupado en su lateral izquierdo por varios ministerios, desemboca en la naberežnaja Moskoreckaja. En el cruce con el río, a la derecha, se alza la pequeña **iglesia de la Concepción de Santa Ana** (finales del siglo XV), restaurada en 1962. Es una de las más antiguas de Moscú fuera del Kremlin.

Cerkov' Troicy v Nikitnikah★. La bella iglesia de la Trinidad de Nikitniki (I, D4), se alza en el callejón Nikitnikov, perpendicular al tramo final de la ulica Varvarka, rodeada y casi sofocada por edificios de distintas épocas. Transformada en museo (*actualmente cerrado, ya que el edificio está en restauración*), esta iglesia, una de las más bellas de Moscú, fue construida entre 1631 y 1634 por encargo del riquísimo comerciante Grigori Nikitnikov en el patio de su propiedad. Se la conoce también como **iglesia de Nuestra Señora de Georgia** (hram Gruzinskoj Bogomateri; храм Грузинской Богоматери), por un icono venerado en ella. Considerado como uno de los mejores ejemplos del estilo de arabescos ruso de la mitad del siglo XVII, caracterizado por la abundancia de detalles decorativos.

El *interior*★ resulta bello y decorativo, con el valiosísimo iconostasio que exhibe, en las cuatro filas superiores pinturas originales del siglo XVII. De notable interés son también los frescos, de la misma época, de la estancia central, restaurados con sumo cuidado.

La ulica Varvarka termina en la plaza Slavianka donde, junto a la estación de metro Kitai Gorod, se levanta la **iglesia de Todos los Santos** (I, D5; cerkov' Vseh Svjatyh na Kuliškah), mandada construir en 1380 por el zar Dmitri Donskoi y reconstruida, en ladrillos y estilo ruso, entre los siglos XVI y XVII. Restaurada en los años noventa del siglo XX, actualmente está abierta al culto (*ceremonias a las 10 h y 17.30 h*).

Frente a la iglesia se alza el gran **monumento** dedicado a Cirilo y Metodio, los monjes bizantinos que alfabetizaron las tierras eslavas del este, obra del escultor V. Klykov. Esta impresionante escultura realizada en 1992 custodia una antorcha que viajó desde el Santo Sepulcro en Jerusalén a través de los países eslavos hasta llegar a Moscú. El día en que se inauguró el monumento las campanas de la torre de Iván el Grande volvieron a sonar después de setenta años de silencio.

Staraja ploščad' (Старая площадь). La Plaza Vieja (I, C-D4) es conocida sobre todo porque en ella se halla, en la parte meridional, el gran edificio que fue anteriormente la sede del Comité Central del Partido Comunista de la URSS, así como de los comités regional y de la ciudad. En la parte opuesta de la plaza, un monumento neogótico, erigido por Sherwood en 1887, está dedicado a los soldados rusos caídos en la guerra contra los turcos en Pleven (Bulgaria) en 1878.

Novaja ploščad' (Новая площадь). La Plaza Nueva (I, C4), continuación de la precedente, se caracteriza por un gran edificio de estilo neorruso que la cierra al sur. Fue construido en 1877-1898 por I.A. Monighetti y N.A. Šochin tomando los modelos del siglo XVIII y se ha completado en 1903-1907 añadiéndole el ala occidental, con clara influencia del *liberty's*. Es la sede del **Politehničeskij Muzej** (Политехнический Муэей) Abierto en 1872, el Museo Politécnico (*visita: de 10 h a 18 h, cerrado el lunes*), reúne en sus 50 salas más de 20.000 objetos divididos en tres secciones: la transmisión de la información, la de las materias primas y la producción de energía.

Muzej Istorii Goroda Moskvy★ (I, C4). En la parte contraria de la plaza, en el número 12, la **iglesia** neoclásica **de San Juan Evangelista** (1825) alberga un interesante museo histórico (*visita: martes, jueves, sábado y domingo de 10 h a 18 h; miércoles y viernes, de 11 h a 19 h; lunes cerrado*). Presenta una completa colección de trajes, cuadros y objetos de uso común provenientes de diversas residencias moscovitas. En la primera planta se ilustra la historia de la ciudad durante sus primeros siglos de vida, reconstruyéndose habitaciones de casas. Un importante complemento es el Museo Arqueológico, que se encuentra bajo la plaza del Manège [pág. 69].

Ulica Il'inka (I, C4). Desde la Novaja ploščad' se puede volver al Kremlin por la ulica Il'inka, el corazón del Kitai Gorod. Durante los siglos XVII y XVIII existieron en ella grandes monasterios que servían de almacenes de mercancías y de bancos, acondicionados en la planta baja, y de lugares de culto en el piso superior. Casi todos los palacios, por lo general sedes de ministerios y de oficinas públicas, tienen fachada neoclásica con columnas blancas o azules, de acuerdo con el estilo impuesto por Rastrelli. Privada de casas residenciales, la calle alberga sedes de bancos, aseguradoras y edificios públicos, constitu-

> ### *La adopción del cristianismo: una opción entre tres*
>
> *En el año 992, Vladimir, príncipe de Kiev, declaró el cristianismo religión oficial de Rusia. Cuenta la "Crónica de los tiempos pasados", la fuente más antigua de la historiografía rusa conservada, la manera cómo se escogió al cristianismo de entre otras religiones: primero llegaron los mahometanos del Volga con un dios que está por encima de todo pero que no permite beber, y la descartó; llegaron los kázaros, que eran judíos con la promesa divina de la tierra prometida, pero, dado que hacía 2.000 años que esa promesa no se cumplía y, además, tierra era lo que sobraba a los rusos, también se descartó. De Occidente llegaron los germanos del Sacro Imperio Romano a quienes no dejó que desmontaran su caballo, despidiéndoles sin recibirles; y de Bizancio, del camino que lleva a Atenas y a Jerusalén, llegó un filósofo, no un arzobispo con sus arreos sino un filósofo que abrió la boca diciendo: "En un principio...", y el rey le detuvo con estas palabras: "Traes lo que necesitamos y buscamos: un principio único en que reunirnos todos en esta inmensa llanura de Rusia..." Y así fue como convirtió su reino al cristianismo.*
>
> *Tras la evangelización, se adoptó el alfabeto cirílico.*

yendo el corazón del centro financiero moscovita. Entre los numerosos y bellos edificios de ll'inka, destaca, en el número 6, un edificio neoclásico que inicialmente acogía a las representaciones diplomáticas extranjeras, convertido, al trasladarse la capital a San Petersburgo, en lugar de contratación de valores y actualmente sede de la Cámara de Comercio. A la izquierda se encuentra el **Gostinyj dvor** (mercado de la ciudad), grandioso cuadrilátero neoclásico construido por G. Quarenghi en 1790-1805, y recientemente restituido a su original grandeza.

Los callejones de la derecha conducen a la **ulica Nikol'skaja** (I, C3), así llamada en honor de San Nicolás, patrón de los comerciantes.

Sobor Zainospasskogo monastyrja★.
En el patio del número 9 se encuentra la catedral del monasterio del Salvador "tras los iconos" erigida en 1660 y restaurada por I. P. Zarudnyj en 1717-1720. Nótese el elegante pórtico que circunda la iglesia superior. Recientemente restaurado, el edificio se puede visitar y está abierto al público. Anexa a la iglesia está la sede de la **Academia de Estudios Eslavos, Griegos y Latinos,** la más alta escuela de instrucción, donde estudió Lomonosov, fundador de la Universidad de Moscú.

En el número 15 se encontraba el **Gosudarev pečatnyj dvor** (Imprenta Real del Sínodo), la primera imprenta que funcionó en toda Rusia. Fundada en 1564 por Iván IV el Terrible, en ella se imprimió, ese mismo año, el primer libro en cirílico. El antiguo edificio de madera se sustituyó, reconstruyéndolo varias veces, hasta la construcción del actual edificio en estilo ecléctico del 1814, sede del Instituto de Archivos Históricos.

LAS AVENIDAS DE LOS ALREDEDORES DEL KREMLIN

El eje radial que delimita Kitai Gorod continúa por detrás del Kremlin, rodeándolo de una serie ininterrumpida de grandes avenidas y plazas monumentales. La grandiosidad de los espacios hace que el espectador dirija la mirada hacia el cielo, dominado por célebres edificios públicos, como la tristemente famosa Lubjanka, sede del Ministerio del Interior y reino del despiadado Beria durante el terror estalinista, el mítico teatro Bolshoi o la enorme Biblioteca Nacional. En medio de éstos, sobresalen, elegantes o mastodónticos, los grandes hoteles, paradigmas del gusto de la época en que fueron construidos. Por último, la calle, con el intenso tráfico que inunda las avenidas, la muchedumbre que se arremolina a la entrada del metro, los curiosos que observan la faraónica reestructuración de la plaza del Manège. Si el Kremlin es el símbolo mismo del secretismo y de la lejanía del poder con respecto a la vida diaria, las avenidas que lo rodean, teatro de las páginas más importantes de la historia rusa de los últimos ochenta años, cumplen la función contraria. Aquí late el corazón de Moscú, aquí Rusia alza su voz.

El inicio del itinerario es la plaza Lubjanskaja, a la que se puede acceder en metro. Al finalizar, se puede tomar el mismo medio de transporte en una de las cuatro estaciones conectadas entre sí: Biblioteka imeni Lenina, Arbatskaja, Borovickaja, Aleksandrovski sad.

Lubjanskaja ploščad'. El actual topónimo de la plaza Lubjanskaja se debe a los ciudadanos de Novgorod que se trasladaron aquí a finales del siglo XV y le asignaron este nombre para recordar la calle homónima de su ciudad natal. Aunque tiene orígenes antiguos, el nombre no es tan sugerente como el de plaza Dzeržinskij, denominación de este lugar en época soviética. F. E. Dzeržinskij, primer ministro de Interior de la URSS fue una persona cruel e implacable, responsable de la primera ola de terror rojo, dirigiendo, desde el palacio que dominaba la plaza, la aniquilación sistemática de sus adversarios políticos. Dicho palacio fue sustituido en 1947 por el enorme edificio actual, símbolo del último periodo de represiones estalinistas. La estatua a Dzeržinskij que dominaba la plaza fue derribada durante las revueltas populares de agosto de 1991, que se produjeron en respuesta al intento de golpe de Estado que marcó el final de la Unión Soviética.

Al norte de la plaza se encuentra el popular edificio del **Detskij mir** o **Mundo de los Niños,** construido en 1957-1964, gran almacén que vende toda clase de artículos para niños, desde juguetes hasta ropa. También están llenas de recuerdos las callecitas que irradian desde la plaza o que están próximas a ella.

En el número 14 de ulica Bol'saja Lubjanka, está el **palacio** (I, B4; citado por Tolstoi en *Guerra y paz*) del conde Rostopcin, gobernador de Moscú en 1812.

A la izquierda, en el número 12 de ulica Malcaja Lubjanka está la **iglesia de San Luis de los Franceses,** construida en estilo neoclásico por Gilardi en 1827, aún hoy lugar de culto de la comunidad católica de Moscú.

Frente al Detskij mir se alza el moderno centro comercial Nautilus, en forma de nave. Un poco más adelante, en el amplio **Teatral'nyj proeza** (I, C3-4; pasaje del Teatro), podemos contemplar el complejo Poljany, que alberga tiendas de las más célebres firmas de moda

Antiguo edificio de la KGB de la plaza Lubjanskaja.

Alrededores del Kremlin

Las avenidas en torno al Kremlin

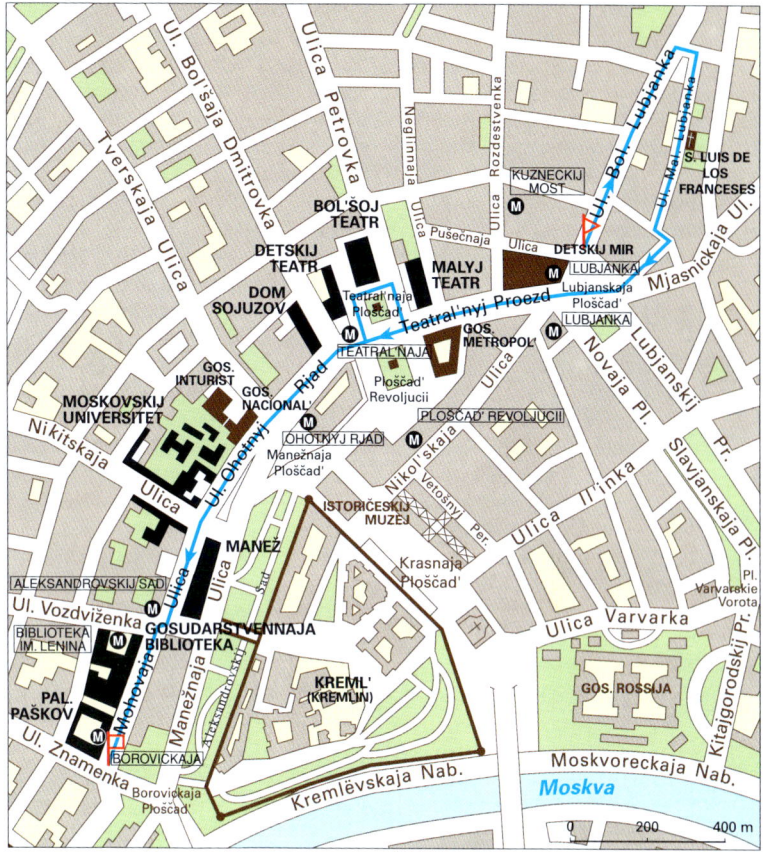

internacional. Se erigió en estilo neorruso entre 1999 y 2000, en la zona de las excavaciones arqueológicas que sacaron a la luz un tramo de las murallas del Kitai Gorod. Delante se alza el **monumento** al primer tipógrafo ruso Iván Fiódorov, obra de S. Volnuhin (1909).

Teatral'nyj proezd conduce a dos grandes e ilustres plazas yuxtapuestas. A la izquierda se encuentra la **ploščad' Revoljucii** (I, C3; plaza de la Revolución), delimitada por un imponente busto de Carlos Marx, extraído de un bloque de granito de 220 toneladas; a los lados, dos grandes inscripciones, legado del convulso pasado de unos decenios atrás: "Las enseñanzas de Marx son omnipotentes porque son verdaderas", Lenin; "Su nombre y su obra serán inmortales", Engels.

Detrás del monumento se encuentra una fuente de 1826 de I. P. Vitali, de San Petersburgo. El edificio más significativo de la plaza es el **Hotel Metropol,** de 1899-1903, uno de los más antiguos y famosos de la capital, y la oficina de viajes del Inturist. El hotel se construyó según un proyecto del inglés William Walcott y posee un frontón revestido con paneles de cerámica, de Mijail Vrubel', inspirados en la obra teatral de Edmond Rostand *La princesa lejana.*

Teatrak'naja ploščad'★. En la plaza del Teatro (I, C3) se encuentran las entradas de tres gloriosas instituciones del arte dramático del país. En el lado oriental, el **Malyj teatr**★★, o Pequeño Teatro (I, B-C3), dedicado a la dramaturgia rusa, construido en 1824 a imitación de la parisina Comédie Française. Aquí representó el ilustre comediógrafo Aleksandr Ostrovski (1823-1886) más de 47 obras; delante del teatro, una estatua, obra de N. Andréiev, recuerda su memoria.

Al otro lado de la calle Petrovka se halla el **Bolshoi Teatr**★★ (Большой Театр), Teatro Bolshoi o Gran Teatro (I, B-C3; *cerrado por obras, la reapertura está prevista para 2010*). Fue construido en 1821-1824 por Aleksandr Mihajlov y Osip Bove y quedó destruido por un incendio en 1853, siendo reconstruido con su aspecto actual por Albert Cavos en el año 1856. Posee una fachada solemne con pronaos clásico y frontón coronado por la cuadriga de Apolo, realizada en bronce por Klodt. La sala dispone de 2.150 plazas, distribuidas en seis balconadas; la decoración está realizada en blanco y oro, con butacas de terciopelo rojo y gigantescas lámparas; el escenario tiene 21 m de anchura, 26,5 m de profundidad y 18 m de altura.

Imponente monolito en recuerdo de Carlos Marx, legado de la historia del último siglo.

Santuario en época soviética de la música sinfónica, la lírica y el ballet rusos, el teatro conoció un primer periodo de crisis en los años setenta, a causa de la fuga al extranjero de muchas de sus estrellas, y parece vivir en la actualidad una fase involutiva, dado que los mejores artistas del país ya no están obligados, como en otros tiempos, a trabajar en él. Sin embargo, la rememoración del pasado, un espléndido interior y algunos espectáculos de nivel internacional, hacen que una tarde en el Bolshoi resulte una experiencia emocionante.

A la izquierda del Bolshoi se encuentra el **Detskij Teatr**★ (Детский Театр) o Teatro de los Niños (I, C3), construido en 1821, restaurado en 1870 y, desde 1937, destinado a representaciones de obras en prosa y musicales para niños. El centro de la plaza, empleado antiguamente para ejercicios militares, se rediseñó en septiembre de 1997, en ocasión del 850 aniversario de la fundación de la ciudad.

Dom Sojuzov★. Una vez atravesadas las plazas la calle recibe el nombre de "Ohotnyj rjad" o calle de los Cazadores, ya que hasta 1913 era el lugar donde se celebraba el mercado de carne de aves y caza. En la esquina con la ulica Bol'saja Dmitrovka se halla la **Dom Sojuzov**★ (Дом Союзов), la casa de los Sindicatos (I, C3), uno de los mejores ejemplos de arquitectura neoclásica rusa, con pronaos formado por seis enormes columnas corintias. Fue construida en 1784-1787 por Matvei Kazakov como vivienda de los príncipes Dolgurokov-Krymskij y durante el siglo XIX se convirtió en círculo de la nobleza y así continuó hasta la Revolución. Resulta notable la **sala de las Columnas,** de estilo Imperio, famoso escenario de conciertos que también ha hecho las veces de capilla ardiente para hombres ilustres a partir de la muerte de Lenin. A continuación, aparece la enorme mole de cemento y granito del palacio de la Duma, parlamento ruso, construido por A. Ja. Langman en 1935 y remodelado en 1965-1967 por L. N. Pavlov. Hoy, dedicado a oficinas.

Cuenta la tradición que Ščusev, para economizar papel, ya que corrían los difíciles años 30, había dibujado en el mismo papel dos variantes de las alas laterales. La comisión de expertos, nombrada para la aprobación del proyecto, lo aceptó tal como estaba y los constructores, por miedo a equivocarse, levantaron un conjunto arquitectónico formado por dos partes distintas entre sí: la que mira a prospekt Marksa, de 10 pisos, y

Plaza de Manège, adornada con una cúpula giratoria y numerosas fuentes.

la orientada a la ploščad' 50-letija Oktjabrja, asimétrica, de 15 pisos.

El paseo desemboca en la **ploščad' Manežnaja**★ (I, C3), separada de la Plaza Roja por la Voskresenskie vorota (puerta de la Resurrección); fue construida en 1534, destruida en 1935 y reconstruida entre 1994 y 1995. Ante la puerta hay un círculo en el suelo con los puntos cardinales cuyo centro constituye el "kilómetro 0" desde donde parten todas las carreteras de Rusia. La **escultura** ecuestre es obra de V. Klykov y honra la figura del comandante del Ejército Rojo G.K. Zukov durante la II Guerra Mundial; se inauguró en 1995, en el cincuentenario de la victoria. A espaldas de la Voskresenskie vorota se encuentra el Museo Histórico.

La vasta plaza, tradicional teatro de las manifestaciones contra el Gobierno en los primeros años de la época de Yeltsin, sufrió entre 1995 y 1997 una grandiosa reestructuración que la transformó en una gran plataforma flanqueada por estatuas y estructuras de gusto bastante discutible, obra del escultor Zurab Cereteli que, por otro lado, saben transmitir bastante bien el deseo de opulencia que reinaba en la ciudad durante los años en que se creó el complejo.

La plaza está formada por una sucesión de terrazas en sentido descendente hacia el Manege; en la parte central se yergue una cúpula giratoria, símbolo del globo terrestre, mientras que en el lado del **parque Aleksandrovski** se han construido varias fuentes. Desde aquí, se accede a la amplia parte subterránea de la plaza, ordenada en distintos niveles y con un sistema que permite regenerar el oxígeno, renovándolo. Alberga numerosas tiendas, cafés y restaurantes.

Entre las muchas obras de reestructuración de la plaza, también se ha destinado un pequeño espacio a la cultura: el **Museo Arqueológico** (Arheologičeskij Muzej) en el que se exhiben los materiales de las excavaciones descubiertos durantes las obras de la Manežnaja ploščad (*visita: martes, jueves, sábado y domingo, de 10 h a 18 h; miércoles y viernes, de 11 h a 19 h; lunes y último viernes de mes cerrado*).

En la esquina con ulica Tverskaja (I, A-C1-3) está el **Hotel Nacional** (гостиница Националь), construido en 1901 por A.I. Ivanov muy cerca del teatro de la actriz Ermolova. Desde el punto de vista arquitectónico, este edificio testimonia la transición del eclecticismo al modernismo. La parte más profusamente decorada es la esquina redondeada de la fachada, resuelta con un motivo de columnas y cariátides que sustentan los balconcillos del piso superior. La serie ininterrumpida de balcones del último piso es característica de la arquitectura de los hoteles de finales del siglo XIX.

Moskovskij Universitet★ (I, C2). A partir del Hotel Nacional, la calle cambia de nombre y se llama ulica Mohovaja (aquí estaba el mercado de musgo, en ruso "moh",

De paseo por Moscú

Esa sería la traducción de la frase rusa Ja idù, sagaju po Moskvè, *título de una popular película de los años sesenta, donde un jovencísimo Nikita Mihalkov (gran actor y discreto cantante antes de convertirse en director de fama internacional) transita durante todo un día por la capital entre aventuras, amores, frases impertinentes y chicas de fábula. Era la época de Gagarin, de un frigorífico en cada casa, de coche para todos y vacaciones en el Mar Negro. Años ya lejanos que, sin embargo, tienen en común con hoy el que todo ruso está convencido de que Moscú es la mejor ciudad para vivir, para divertirse, para hacer infinidad de cosas. Y es que la oferta de la capital es realmente variada, además de las numerosas y atractivas actividades artísticas y culturales y de la infinidad de tentaciones nocturnas con que cuenta. Una oferta que va desde las opciones más tradicionales, como los grandes parques cuajados de atracciones (pág. 74) o las excursiones en barco por el Moscova, que zarpan de Novospasskij most (metro Proletarskaja) y de Kolomenskoe, hasta pasatiempos realmente originales.*

Es posible incluso hacer una excursión en globo por 250 dólares la hora (grupos de hasta 4 personas); se sale de Sofrino Airfield, a 30 km del centro por Jaroslavskoe sosse (información en ulica Rozdestvenka 14, telf. 1304933, 7281938, metro Kuzneckij Most). Desde el mismo aeródromo, que dispone de una línea de aerotaxis, se puede emular al presidente Putin, quien por pasar el 1 de enero de 2000 con los soldados de la guerra chechena se lanzó en paracaídas tras seguir un curso de paracaidismo.

Un pasatiempo algo caro, eso sí al aire libre, como caro resulta la visita a la infinidad de casinos dispersos por todo Moscú; o si de gastar se trata, también se puede acudir al **hipódromo,** *situado en ulica Begovaja 22 (metro Begovaja), aunque para obtener ganancias suculentas hay que jugarse algo más que la apuesta mínima, de sólo 10 copec. Diversión para toda la familia propone el* **Delfinarium,** *en el 27 de ulica Mironovskaja (metro Semënovskaja), donde se puede admirar al delfín Egor (ruso, a juzgar por el nombre) mientras juega con las focas, las lleva a lomos o entona duetos con su cuidador (espectáculos: miércoles y viernes a las 12 h, 16 h y 18 h; jueves a las 16 h y 18 h; sábados y domingos cada dos horas desde las 12 h hasta las 18 h). Y una vez se haya disfrutado con las habilidades de Egor, es casi obligado asistir al gran espectáculo del* **circo de Moscú,** *en el 13 de Cvet-*

---

importante material de construcción en la época de las casas de madera). En los números 9-11 de la calle ulica Mohovaja se encuentra la Universidad de Moscú.

La Universidad moscovita fue fundada en 1755 por la emperatriz Isabel por deseo del enciclopedista Lomonosov, que fue su primer rector. Este palacio lo construyó en 1786-1793 M.F. Kazakov y, tras el incendio de 1812, fue reformado en 1817-1819 por D.I. Gilardi. En la actualidad, en ella tienen sede las facultades de Periodismo y Psicología. Consta de un cuerpo central con falsa pronaos dórica y alas salientes. Delante, destacan las **estatuas** de Herzen y Ogarev (1922).

Manež★ (I, D2-3). El gran palacio del Picadero, destruido por un incendio en marzo de 2004, cerraba la plaza por el sur. Fue construido en el año 1817

Plaza del Manège y, al fondo, el edificio de la Universidad antigua.

ALREDEDORES DEL KREMLIN

noj bul'var (metro Cvetnoj bul'var), una institución que ni los cambios políticos y sociales parecen alterar en modo alguno.

Previsibles y divertidas son las representaciones de **teatro de marionetas,** *en ulica Spartakovskaja, número 26 (en el barrio de Ximki, al noroeste). Un signo de los nuevos tiempos son las numerosas boleras (la más grande es B-69, en ulica Vavilova, metro Profsojuznaja, abierta toda la noche) y los billares (están por toda la ciudad), con mesas de pool, snooker y billar ruso, que difiere del americano por la mayor dimensión de la mesa así como por tener todas las bolas del mismo color (gana el que mete más bolas). Quienes prefieran la tradición y amen la tranquilidad y el bienestar corporal que proporcionan los baños, no se pueden perder la visita a* **Sandunovskie bani** *(pág. 81), uno de los más hermosos de Europa.*

por el aparejador francés Carbonier, siguiendo un proyecto del arquitecto español Agustín de Betancourt, y reformado por Osip Bove en 1825. Se utilizaba para los ejercicios ecuestres de los oficiales de la corte, era de estilo dórico y medía 170 m de largo, 45 m de ancho y 12 m de alto; la sala, obra de alta carpintería, no estaba sostenida por pilares. Fue usado como garaje del Kremlin, restaurado en 1957 y en la actualidad como sala de exposiciones. Hoy se planifica su reconstrucción como centro comercial.

La plaza está delimitada en la zona este por el jardín de Alejandro [pág. 50].

Gosudarstvennaja Biblioteka★ (I, D2). La parte meridional de la ulica Mohovaja, a espaldas del moderno monumento a Dostoievski, está ocupada por el conjunto de edificios que albergan la enorme Biblioteca Estatal, entre los que destaca el **palacio Paškov,** obra maestra de la arquitectura civil moscovita, construido en 1784-1786 por V.I. Baženov.

Consta de un gigantesco cuerpo cuadrangular, con falso pronaos y rotonda central, coronado por un agradable mirador.

En 1861 se instalaron en este palacio las colecciones de arte y la biblioteca de los condes Rumjancev, nacionalizadas por Lenin tras la Revolución. En 1923 las obras de arte se distribuyeron por distintos museos y la biblioteca se enriqueció con otros fondos.

La Biblioteca Estatal Lenin se creó en 1924 y en 1939 se autorizó la construcción de los restantes edificios siguiendo un proyecto de V. A. Ščuko y V. G. Gel'frejn.

Esta biblioteca, considerada la mayor del mundo y declarada por la Unesco Monumento Patrimonio de la Humanidad, está dotada de 23 salas de lectura y dispone de un fondo de 30 millones de obras impresas.

También es valiosísima la sección antigua, con manuscritos, códices miniados, palimpsestos, incunables, primeras ediciones y libros raros.

BELI GOROD, LA "CIUDAD BLANCA"

El trazado urbanístico de Moscú está constituido por tres avenidas concéntricas llamadas anillos. El primero rodea el Kremlin, la Plaza Roja y el Kitai Gorod; el más externo o "Sadovaia" (de los jardines) constituye el eje central del tráfico automovilístico, ya que comunica los alrededores del centro con las grandes avenidas radiales en torno a las cuales surgen los barrios periféricos; el anillo intermedio o de los bulevares circunda el casco histórico reproduciendo el trazado de la muralla del siglo XVI construida por Fëdor Ioannovic y llamada "muralla blanca" porque en su día estuvo encalada, lo que dio lugar a que toda la zona adyacente a la muralla se denominara la "ciudad blanca". Esta antigua fortificación con 28 torres y 9 puertas se derribó en 1775 por orden de Catalina II, promotora de una profunda renovación urbanística de la ciudad, si bien la zona conserva aún su primitiva toponimia.

Menos conocida y celebrada que la Plaza Roja o el Kremlin, la ciudad blanca se muestra al visitante como una amalgama de estilos de extraña armonía. A lo largo de su historia Moscú ha sido construida y destruida en múltiples ocasiones, unas veces para someterla y otras para embellecerla o conmemorar el poder de sus dirigentes. Un recorrido por la ciudad blanca es la clave para recrear, emocionarse o lamentar las vicisitudes de una ciudad inolvidable.

De Precistenskie vorota a Arbatskie vorota

Una red de tranquilas avenidas donde destacan magníficos edificios (algunos de estilo *Liberty's*) comunican la ulica Precistenkaja, célebre avenida en la que vivió Tolstoi y donde el escritor situaba la residencia de algunos de los personajes de *Guerra y Paz*, con la ulica Arbat, corazón de la bohemia moscovita en el siglo XIX, más tarde barrio donde nacieron la mayor parte de canciones protesta contra el régimen soviético y en la actualidad zona peatonal de marcada vocación comercial.

Este recorrido comienza en ploščad' Precistenskie vorota (estación de metro Kropotkinskaja) y termina en ploščad' Arbatskie vorota (estación de metro Arbatskaja).

Hram Hrista Spasitelja (I, E2). Frente a la plaza Precistenskie vorota se alza la **iglesia del Salvador**. Edificada según proyecto de Thon entre 1837 y 1883 para conmemorar la victoria de 1812, era la iglesia más grande de Rusia, con la cúpula de mayor altura (102 m). Fue derribada en 1931 y en su lugar se quería erigir un gigantesco Palacio de los Sóviets, con una elevadísima torre que haría las veces de monumento a Lenin, de mayores proporciones que la estatua de la Libertad. El proyecto fue abandonado y en su lugar se construyó una de las mayores piscinas al aire libre del mundo, con un sistema para calentar el agua en invierno. Con motivo de la conmemoración del 850 aniversario de la fundación de Moscú, celebrado en 1997, la piscina fue derribada y en su lugar

De la Precistenskie vorota a la Arbatskie vorota

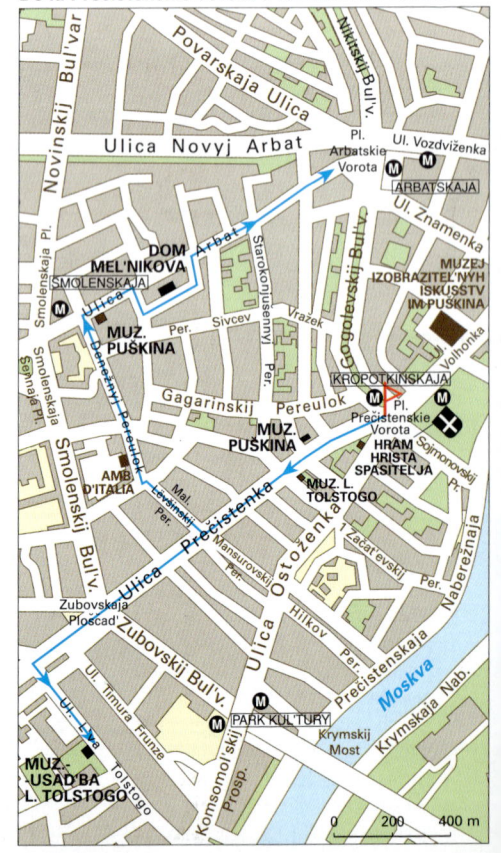

Una barcaza turística de las muchas que surcan el Moscova, con la iglesia del Salvador, al fondo.

se volvió a erigir la iglesia del Salvador a imagen y semejanza de la antigua, un proyecto liderado por el alcalde de Moscú, Luzkov, y realizado a pesar de las voces alzadas en contra.

Desde la iglesia se observa una vista del río dominada por el colosal **monumento a Pedro el Grande,** también inaugurado en 1997, obra característica del escultor Z. Zeriteli.

Detrás del **monumento a Engels** cierra el lado sudoccidental de la plaza un palacio del siglo XVII, en la actualidad restaurado, edificio representativo de la nobleza boyarda.

Ulica Prečistenka (I, E-F1). En el número 12 destaca un hermoso palacio neoclásico, con pronaos en la fachada y columnata lateral, construido en 1814 por Afanasi Grigor'ev. Desde 1961 es la sede del **Musej Puskina**★ (I, E1; Museo Pushkin de Bellas Artes; *visita: de 10 h a 19 h; lunes cerrado*). El museo cuenta con una interesante colección de manuscritos, retratos y objetos de gran relevancia histórica que pertenecieron a Aleksandr Sergievic Pushkin, padre de la literatura rusa moderna.

El número 16 alberga la sede de la **casa de los Científicos,** edificio con un bello pórtico★ neoclásico de finales del siglo XVIII y comienzos del XIX, obra de Matvej Kazakov, cuya cancela está rematada por dos leones blancos de piedra.

También obra de Kazakov es la antigua residencia del general Ermolov situada en el número 22 de la calle. No rompe la armonía arquitectónica de esta calle el edificio situado en el número 28, una realización de estilo modernista del arquitecto L.N. Kekusev (1904-1906).

En el número 11 de la acera opuesta abre sus puertas el **Museo de Literatura Lev Tolstoi** (I, E1; *visita: de 11 h a 17 h, excepto lunes y último viernes de mes*), cuya colección ilustra la vida de Lev Nikolaevic Tolstoi. En el número 17 se halla la **casa de Denis Davydov,** poeta y héroe de la guerra de 1812 contra Napoleón, inmortalizado por Tolstoi en *Guerra y Paz* en el personaje de Denisov.

El **Gobierno Militar,** en el número 19, ocupa un amplio y solemne palacio★ construido en 1790 por Kazakov para el príncipe Dolgorukov. Posee una fachada doble con portadas y frontones clásicos, balcones y galerías. El número 21, un sobrio edificio de finales del siglo XVIII, albergaba una magnífica colección de arte propiedad de Iván Avraamovic Morozov que hasta 1917 sólo podían admirar los artistas; en 1918 fue nacionalizada y abierta al público. Actualmente este palacio es sede de la **Academia de Bellas Artes.**

Casa- Museo de Tolstoi★. Una breve ampliación del itinerario propuesto nos lleva al sugerente edificio de madera que fuera residencia de la familia Tolstoi desde 1882 a 1901, en el número 21 de la ulica L'va Tolstogo (*visita: de 10 h a 17 h excepto lunes y último viernes de mes; para concertar visitas guiadas en inglés llamar al telf. 2469444*). Las grandes dimensiones de una residencia que tenía que alojar a la numerosa familia Tolstoi contrasta con la sobriedad del espacio interior, en buena medida reflejo del carácter y los principios morales que marcaron la vida del novelista. En la planta baja se encuentran el gabinete, el comedor, las habitaciones de los niños y algunas habitaciones del servicio. En la planta superior se hallan la sala de visitas, las dependencias del servicio y el pequeño y luminoso estudio del escritor, con vistas al parque, una estancia modesta en la que Tolstoi escribió algunas de sus mejores obras: *Resurrección*, *La muerte de Iván Ilich* y *Sonata a Kreuzer*. En el patio se conserva la pequeña editorial creada por el escritor.

Los alrededores de ulica Arbat. Pasado el número 28 de la ulica Precistenka sale a la derecha Malij Levsinskij pereulok; este callejón conduce a la calle Deneznyj, situada en una zona de pequeñas callejas donde están ubicadas numerosas embajadas. En el número 3 se halla el palacio donde murió a manos de los

---

Objetos de grandes dimensiones en Moscú

La megalomanía, costosa enfermedad que desde tiempos remotos aflige a parte de la arquitectura moscovita, ha dejado huellas por todos los rincones de la ciudad.

En la Sobornaja ploščad, en el Kremlin, encontramos, casi uno al lado del otro, el rey de los cañones y la reina de las campanas. No importa que el primero nunca disparara y la segunda nunca sonara; su función real, en el fondo no era esa: uno y otra fueron concebidos y fabricados para ser los más grandes del mundo. ¿Qué otro significado puede tener si no la colosal noria que se eleva a unos pocos cientos de metros de la altísima torre de la Televisión, desde la cual se disfruta de idénticas vistas si no mejores? La catedral del Salvador era una iglesia pesada y poco elegante: entre las insensatas destrucciones de edificios religiosos perpetradas por los soviéticos, ésta era quizá la más comprensible. Sin embargo, era la más alta de Rusia, y por esa misma razón, ha sido reconstruida.

El alcalde de Moscú, ciudad recargada de monumentos dedicados a todo el mundo, sintió a mitad de los años noventa la necesidad imperiosa de hacer construir uno nuevo, no importaba en honor a quién, bastaba con que fuese muy grande: nació así la inarmónica insensatez del colosal monumento a Pedro I, zar que odiaba la capital hasta tal punto que decidió fundar una nueva. Si se pregunta a un moscovita la causa de la hipertrofia arquitectónica que asola a su ciudad, responderá tal vez que ésta reside en el centralismo o en el autoritarismo, características eternas del poder, o tal vez en un sentido especial de las proporciones y los espacios; quizá se negará a buscar una explicación imposible y recordará una vieja anécdota. Cuando se difundió la noticia, posteriormente desmentida, de la inminente extinción del elefante, las editoriales de todo el mundo reaccionaron inmediatamente.

En los Estados Unidos se publicó un pequeño libro de bolsillo titulado "Todo sobre el elefante", los alemanes respondieron con una obra de doce tomos: "Breves apuntes sobre el elefante"; en la Unión Soviética, todos los periódicos publicaron artículos de fondo de diversos autores con un único título: "El elefante soviético, el más grande del mundo".

revolucionarios el conde Mirbah. El edificio fue sede del comité ejecutivo de la Internacional Comunista entre 1919 y 1922 y en la actualidad aloja la embajada de Italia. Esta calle termina en la ulica Arbat, una zona que durante el socialismo se convirtió en foco del inconformismo ciudadano, por lo que antes de las Olimpiadas de 1980 las autoridades la convirtieron en una calle peatonal dedicada al comercio. Si bien presenta el aspecto adocenado de cualquier zona comercial, resulta interesante porque representa un aspecto del Moscú moderno: en las tiendas y puestos se venden variados objetos de recuerdo para todos los gustos.

El popular barrio de Arbat, donde se dan cita los tipos más variopintos.

Durante su breve estancia en Moscú (de enero a mayo de 1831), A. S. Pushkin alquiló una habitación en el primer piso del edificio situado en el número 53 de la calle Arbat, hoy sede del **Muzej-kvartira A. S. Puskina,** con un interesante mobiliario del siglo XIX, si bien no se conserva el original (*visita: de 11 h a 17 h, excepto lunes, martes y último viernes del mes*). Cincuenta años más tarde nació en este mismo palacio uno de los mayores y más desconocidos talentos de las letras rusas: Boris Bugaev, más conocido como Andrej Belyj. El edificio donde el escritor pasó su infancia es anejo a la casa-museo de Pushkin y entre sus curiosidades se pueden contemplar desde las sorprendentes fotografías en las que el escritor aparece vestido y maquillado como una niña por su madre, quien al parecer de este modo quería evitar que el pequeño creciera pareciéndose al padre, hasta un gran mural en el que ya siendo adulto Bugaev resumió los acontecimientos principales de su vida.

Dom Mel'nikova★★. En el Krivoarbatskij pereulok se encuentra la casa Mel'nikov, obra interesante y excepcional en su género, realizada entre 1927 y 1929, que fue residencia de este famoso arquitecto constructivista. El edificio está constituido por dos anillos entrelazados y fue diseñado como testimonio de amor a su mujer, Anja.

Esta construcción, habitada por los herederos del arquitecto, que en raras ocasiones permiten que se visite el interior, queda desgraciadamente casi oculta por los anónimos edificios que la rodean.

En el número 36 del Starokonjusennyj pereulok, que cruza la avenida Arbat, se conservan un edificio de madera y otro de ladrillo como testimonio de la coexistencia todavía a finales del siglo XIX en el centro de la ciudad de modos de vida muy diferentes.

En este punto el itinerario retoma el anillo de los bulevares en la ploščad' Arbatskie vorota, de donde parte la ulica Novyj Arbat, una moderna avenida caracterizada por su vitalidad tanto de día como de noche merced a la actividad de los grandes almacenes, bares y discotecas que se dan cita en la zona. Al comienzo de la avenida, a mano derecha, semioculta entre grandes edificios de los años sesenta se alza la pequeña **iglesia de Simeon Stolpnik** (San Simeón el Estilita), un edificio del siglo XVII.

Las "tapki" o "tápechki": comodidad obligatoria

No existe un ruso que, al volver a casa, no se quite los zapatos en cuanto pasa el umbral de la puerta. El de los "tapki" (zapatillas) es un ritual de la vida diaria: todos los vestíbulos están poblados de zapatillas y babuchas que todos, desde el dueño de la casa hasta el huésped más ilustre, deben calzar. Los únicos exentos son los fontaneros, míticas criaturas que supuestamente existen y que, de cuando en cuando, aparecen tras días de mesiánica espera.

Por analogía con la vida doméstica, o tal vez para preservar los valiosos suelos de madera, también en varios museos está vigente la ley del "tapki", que se deben calzar sobre los zapatos, y no en sustitución de éstos, como cualquier occidental haría, provocando la comprensible hilaridad de los viejos vigilantes.

La ulica Novyj Arbat es la prolongación de la ulica Vozdvizenka, al comienzo de la cual se halla la Biblioteca Nacional. En esta calle resaltan: en el número 16, un curioso palacio de sorprendente estilo "manuelino" (morisco-portugués) realizado por V. A. Mazyrin en 1899 para los Morozov; en el número 8 se sitúa el **palacio Seremetev,** realizado en 1780.

A poca distancia de la plaza Arbatskie vorota, en el número 7 del Nikitskij bul'var, se halla la casa donde vivió el gran Nikolaj Gogol'. En el patio del palacio hay un hermoso monumento dedicado al escritor en el que destaca la representación en bajorrelieve de sus personajes más famosos en las cuatro caras del pedestal.

De la Kudrinskaja ploscad' a la Puskinskaja ploscad'

Tal como señala Bulgakov en su obra *El maestro y Margarita*, el diablo es un exquisito esteta que nunca actúa sin un motivo: si el lugar elegido para aparecerse en Moscú son los estanques del Patriarca, por algo será. El señor Woland, nombre tras el que se oculta el maligno bulgakoviano, con una concepción auténticamente moscovita de la ciudad elige de hecho un barrio tan sugerente como poco frecuentado. Ya han pasado algunas décadas desde que se apareciera y aún hoy resulta agradable pasear por las estrechas calles de un barrio en cuyo corazón no entra el tráfico, adornado por bellos palacios que albergan elegantes tiendas. Los cafés y locales comerciales, que a menudo evocan en sus nombres a los personajes de la novela, son frecuentados por una juventud cuya indumentaria y aspecto físico nada tienen que envidiar a la juventud de París o Roma. Así, poco podría sorprender al señor Woland que en la década de los noventa este barrio se haya convertido en la zona preferida de la nueva clase acomodada.

La transición desde las tranquilas calles agrupadas en torno a la ulica Malaja Bronnaja a la ruidosa agitación de la ulica Tverskaja es el ejemplo más expresivo de los grandes contrastes urbanísticos de Moscú. Esta calle se caracteriza por sus numerosas tiendas, un tráfico incesante y una animada vida nocturna que se centra en el corazón del barrio, la Puskinskaja ploščad'.

El punto de partida de este itinerario es la Kudrinskaja ploščad' (estaciones de metro Krasnopresnenkaja y Barrikadnaja) y el itinerario termina en Puskinskaja ploščad', con salida a la plaza en la estación Puskinskaja.

Desde Kudrinskaja ploščad' se ve la pintoresca entrada al **parque zoológico,** realizado en 1864 y reconstruido en 1996, que cuenta con ejemplares de 750 especies de animales *(visita: de 9 h a 20 h; en invierno, de 9 h a 16 h)*. Frente a la estación Barrikadnaja se alza uno de los siete rascacielos realizados en el periodo estalinista, con viviendas privadas. Desde la terraza posterior se observa una atractiva vista de Moscú: destaca en primer plano el edificio blanco sede de la presidencia de la Federación Rusa.

Dom-muzej Čehova★ (II, C3). En el número 6 de la Sadovaja-Kudrinskaja ulica, el tramo más apacible del tercer anillo de circunvalación de Moscú, se halla la casa donde

Vendedora de muñecas típicas.

vivió Anton Chejov entre los años 1886 y 1890 y que en la actualidad alberga el **museo Chejov** (II, C3; *visita: martes, jueves, sábado y domingo, de 11 h a 16 h; miércoles y viernes, de 14 h a 18 h; lunes y el último día del mes cerrado*).

Alberga una colección de documentos, cartas, retratos, ediciones de sus obras, recuerdos de sus viajes y amistades y una réplica de su despacho. La colección de documentos

LA *"CIUDAD BLANCA"*

De la Kudrinskaja ploscad' a la Puskinskaja ploscad'

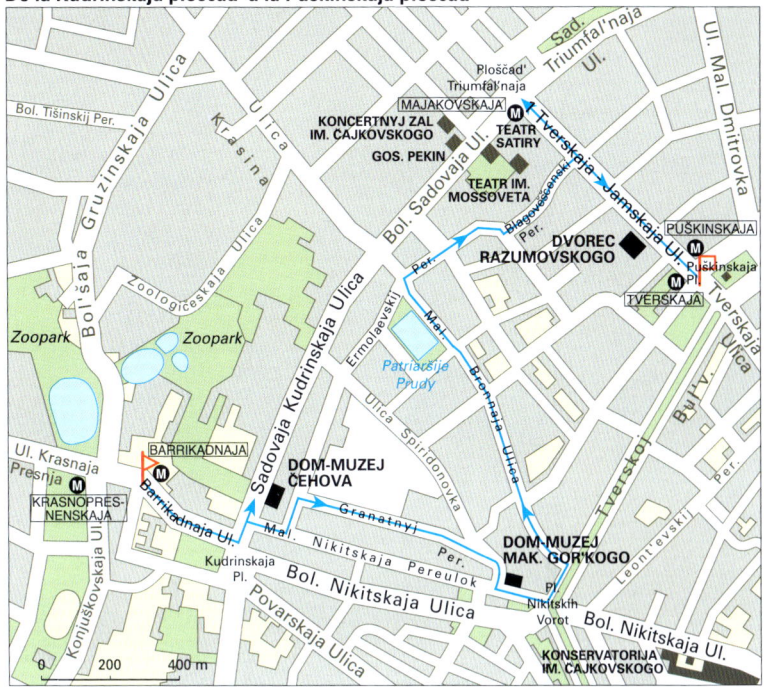

comprende el periodo de su vida hasta el momento en que Chejov, enfermo, se marchó a vivir a Yalta, donde existe otro museo dedicado al escritor. En el interior de la casa, que conserva el mobiliario original, hay una sala para conciertos y conferencias con una capacidad para 100 personas.

Dom-muzej Maksima Gor'kogo★. Un paseo por la avenida Malaja Nikitskaja o, si se prefiere, por el sugerente Granatnyj pereulok que discurre paralelo a ella, conduce al número 6/2 de la avenida, la casa donde el gran escritor Máximo Gorki vivió de 1931 a 1935 *(visita: miércoles y viernes de 12 h a 19 h; jueves, sábados y domingos de 10 h a 16.30 h; lunes, martes y último jueves del mes, cerrado)*. Lo más interesante del museo es el edificio: fue construido entre 1900 y 1902 por el arquitecto Sehtel' y es sin duda una de las obras cumbre de la arquitectura modernista en Moscú. En la decoración predomina la orquídea como motivo ornamental y sobre él gira la decoración de ventanas, mosaicos y rejas. El interior es obra del arquitecto Fomin y sorprende por su originalidad.

Próxima al museo, pasada la plaza Nikitskie vorota y flanqueada por los bulevares Nikitskij y Tverskoj, se encuentra la ulica Bol'saja Nikitskaja, una hermosa calle donde destacan algunos palacios neoclásicos. En el número 13 está situado el **Conservatorio,** fundado en 1886 por Nikolai Rubinstein, hermano del compositor Anton Rubinstein y dedicado a Chaikovski, en cuyo honor se alza el **monumento** situado en el patio, una obra de Vera Muhina (1946).

Patriaršije prudy★. Del bulevar Tverskoj parte la ulica Malaja Bronnaja que conduce a uno de los rincones más originales de Moscú: el Estanque del Patriarca, así llamado porque en este lugar se hallaba la reserva de pescado que abastecía la mesa de estos altos dignatarios eclesiásticos. Sorprende la tranquila atmósfera que se respira en torno al lago, rodeado de embarcaderos y árboles. En la orilla exterior, en un jardincillo con rampas y columpios, se alza el monumento al fabulista Krylov, rodeado por los personajes de su obra. Si bien los estanques del Patriarca siempre fueron un lugar muy querido por los moscovitas, con la publicación de la magnífica novela póstuma de Mihail Bulgakov, *El maestro y Margarita,* tras la llegada de la *perestroika* se han convertido en uno de los más importantes símbolos de la ciudad. El comienzo de la novela transcurre en las orillas del poético lago, con la llegada a la capital soviética del señor Woland, el diablo.

77

Los rascacielos estalinistas

En 1947, 800 aniversario de la fundación de Moscú, las más altas autoridades soviéticas decidieron que debía acometerse un gigantesco proyecto urbanístico que transformase el paisaje urbano de la ciudad. Para esta operación, con un claro significado político, se movilizaron ingentes medios: en pocos años surgieron siete enormes edificios, colocados en puntos estratégicos, de manera que ocupasen todo el panorama moscovita. Para determinar los lugares más propicios donde erigirlos, se construyó una enorme maqueta de la ciudad en madera a escala 1:200, en la que se reproducía hasta la última casa que, siendo móviles, podían cambiarse de sitio, eliminarse o volver a insertarse. Como es sabido, Stalin no era aficionado a las esperas y ya en 1948 se colocaron los primeros cimientos; en 1953, ya se habían completado los siete edificios actuales, de una altura variable entre 170 y 180 metros. Los más logrados son la Universidad y la sede del Ministerio de Asuntos Exteriores, en la plaza Smolenskaja, edificio este último en el que resulta más evidente la emulación del modelo estadounidense que inspiraba todo el proyecto urbanístico. De los ocho rascacielos que se concibieron, uno no se edificó, puesto que se consideró que estaba demasiado cerca de los palacios del Kremlin, a los cuales nada debía hacer sombra.

Ulica Tverskaja★★ (I, A-C1-3). Al final del callejón Blagovescenskij aparece como por sorpresa la calle más importante de Moscú tanto desde el punto de vista histórico como económico, llamada ulica Tverskaja porque constituye el primer tramo de la larga carretera que conduce de Moscú a Tver' y, por tanto, a San Petersburgo. El aumento del tráfico automovilístico obligó a ensancharla en 1937 hasta 41 m en algunos tramos, lo que tuvo como consecuencia el derribo de numerosos palacios.

Ploščad' Triumfal´naja★. A la izquierda del Blagovescenskij pereulok sale el tramo final de la ulica Tverskaja que conduce a la plaza Majakovskogo, en cuyo centro se alza el **monumento a Vladimir Mayakovski,** obra de Aleksandr Kibal'nikov (1958). Domina la plaza la gran torre del **hotel Pekín,** realizado en 1950. En esta plaza se da cita toda la vida cultural de la ciudad: en la esquina con la Sadovaia se halla la **sala Tschaikovski,** una de las salas de conciertos más famosas de Moscú, realizada entre 1938 y 1940 por los arquitectos D.N. Ceculin y G.I. Orlov. Ya en la Sadovaia se encuentra el **Teatro Sátira** y en el pequeño jardín Akvarium el **Teatro Mossoviet** o Teatro Municipal de Moscú.

A la derecha de la calle Tverskaja está situado el **teatro musical Stanislavskij y Nemerovic-Dancenko,** inaugurado en 1941. El edificio fue reestructurado en 1938 para habilitarlo como teatro. En el callejón que comienza al otro lado de la calle, Nastasinskij pereulok, se puede contemplar un interesante edificio pionero del estilo modernista, construido en 1916 por V. A. Pokrovskij. Frente a éste, en el número 4 de la calle, está la sede del diario *Trud*.

Dvorec Razumovskogo★ (I, A1-2). En el número 21 de Tverskaja está el hermoso palacio Razumovskij, sede del **Muzej sovremennoj Istorii Rossii**, museo de historia contemporánea, anterior a la Revolución (*visita: de 10 h a 18 h, domingo de 10 h a 16.30 h; lunes cerrado*).

LA "CIUDAD BLANCA"

Es un bello edificio de estilo imperio realizado por el arquitecto Menelaws en 1780 para el conde Razumovskij; en 1832 fue restaurado al ser adquirido por el **Club Inglés** (Anglijskij Klub). Este último, citado en numerosas novelas rusas del siglo XIX, era una institución fundada en 1772 por extranjeros residentes en Moscú muy frecuentada por la aristocracia.

En la acera opuesta se encuentra la sede del diario *Izvestija*, un gran palacio realizado en cemento gris. Es obra del arquitecto G.B. Barhin, quien en 1927 lo realizó en un estilo moderno y funcional cuya severidad está aligerada por los balcones y ventanas redondas de los despachos.

Frente al periódico hay un centro comercial de reciente construcción en cuya realización predomina el uso del cristal, lo que contribuye integrar el edificio en el espacio circundante.

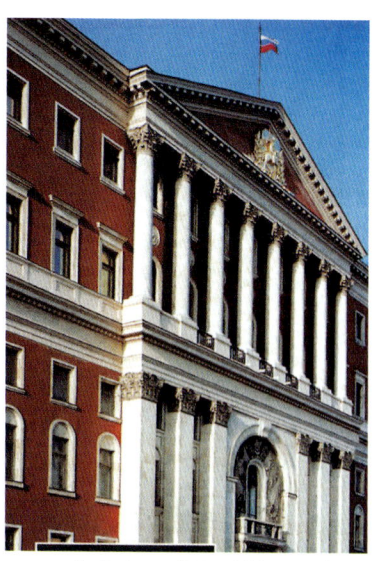

Fachada neoclásica del Ayuntamiento.

Puškinskaja ploščad'★ (I, A-B2). La gran avenida Tverskaja desemboca en esta plaza dedicada al gran poeta ruso Aleksandr Pushkin. En el centro destaca el **monumento** de bronce erigido en honor del poeta obra de Aleksandr Opekusin (1880), tradicional punto de encuentro en la noche moscovita.

De la Puskinskaja ploscad' a la Lubjanskaja ploscad'

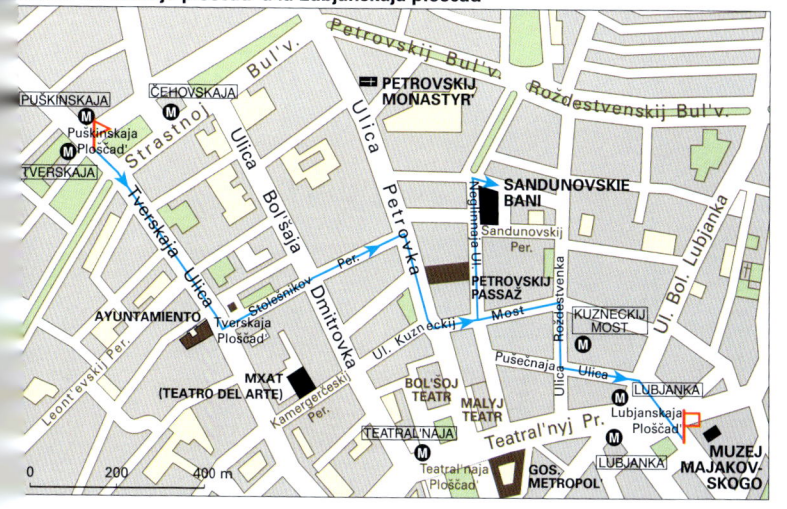

A comienzos del siglo XX los objetos y prendas adquiridos en la avenida Kuzneckij most gozaban de tal prestigio que todos llevaban un sello que garantizaba su procedencia. Deseosa de recuperar el lujo perdido, tan arraigado en la historia y el modo de ser del pueblo ruso, Moscú intenta crear un triángulo de la moda capaz de competir con Milán y París devolviendo al núcleo de calles comprendidas entre la ulica Tverskaja y la Bol'saja Lubjanka el esplendor de un pasado ahora lejano. Zapatos, bolsos, vestidos, con frecuencia a medio camino entre la elegancia más refinada y el kitsch y todo a un precio desorbitado, comparten el espacio con bellos palacios del siglo XIX, teatros famosos en todo el mundo, lugares públicos de interés entre los que se hallan un seminario, edificios de baños públicos o un multitudinario mercadillo junto a una estación de metro; en resumen, la representación viva de las mil caras de Moscú. Este itinerario concluye con la visita a un museo de extraordinario interés para el visitante apasionado por el arte ruso del siglo XX, dedicado a Mayakovski y a su tiempo. El edificio fue realizado en 1989 y la obra que en él se expone representa una magnífica reconstrucción de los movimientos vanguardistas surgidos en Rusia entre los años diez y veinte; este museo atesora el lenguaje, los sueños y las aspiraciones de los intelectuales de la *perestroika*. Vanguardia y *perestroika*, páginas de un pasado que, aunque hoy denostado por los rusos, sin embargo hicieron soñar al mundo.

El recorrido comienza en la Puskinskaja ploščad' (estación de metro Puskinskaja) y termina en las proximidades de Lubjanskaja ploščad' (estación de Lubjanka).

Puškinskaja ploščad' (I, A-B2). De Puskinskaja ploščad' baja hasta la plaza del Manège el tramo central de la ulica Tverskaja. En un mismo edificio situado en la confluencia de esta calle con Puskinskaja ploščad' están la **casa del Actor** y el **Centro de Prensa,** donde se halla la redacción de los diarios de Moscú en lengua extranjera.

En el número 14 aún se conserva una famosa tienda de alimentación especializada en productos selectos que antes de la Revolución fue propiedad de un rico comerciante de San Petersburgo llamado Eliseev. Es un edificio del siglo XVIII obra de Matvej Kazakov para la princesa Zinaida Volkonskaja; en 1901 se rehabilitó según los cánones de la estética *Liberty's* para instalar la tienda de alimentación. El interior está muy bien conservado.

La avenida Tverskaja se ensancha dando lugar a la gran plaza del mismo nombre, dominada en el lado derecho por el **palacio** neoclásico realizado en 1782 por Kazakov para el conde Cernysev, hoy sede del ayuntamiento. Cuando entre 1937 y 1938 se realizaron las obras para ensanchar 41 metros la avenida, el palacio hubo de ser desplazado. Esta complicada operación se realizó con extremo cuidado y el edificio no sufrió daños, pero D.N. Ceculin (el arquitecto del hotel Rossija) modificó sus armoniosas proporciones al añadirle dos pisos, el pórtico y el frontón. En el lado opuesto de la plaza se alza la **estatua** ecuestre del príncipe **Jurij Dolgorukij,** que fundó Moscú en el año 1147. Este monumento, construido para conmemorar el octavo centena-

Un café en el elegante centro comercial Passage.

rio de la ciudad e inaugurado en 1954, es obra de un grupo de escultores dirigidos por S.M. Orlov.

Stolešnikov pereulok★ (I, B2-3). Desde el fondo de la plaza Tverskaja sale a la izquierda el Stolešnikov pereulok, una calle peatonal caracterizada por sus prestigiosas tiendas y hermosos edificios (casi todos del siglo XIX) magníficamente restaurados.

El callejón Stolešnikov cruza la ulica Bol'saja Dmitrovka, la calle de los teatros. En el número 6 se encuentra el **teatro de la Opereta,** en su día teatro privado de la familia Mamontov y hoy filial del Bol'šoj. La actividad del teatro se centra en espectáculos líricos de poca entidad, sobre todo desde el punto de vista escénico.

Moskovskij Hudozestvennyj teatr (MXAT)★. En el número 17 se halla el Teatro de Arte de Moscú. Fundado en el año 1898 por los grandes reformadores del arte escénico Stanislavski y Nemirovič-Dančenko, desde su escenario se revolucionó el arte de la interpretación tanto en Rusia como en el resto del mundo. El teatro adoptó como símbolo una gaviota porque en él tuvo lugar la primera representación de *La Gaviota* de Chejov, en consonancia con el espíritu de profunda renovación de los fundadores del teatro. El edificio se reconstruyó en 1902 según un proyecto

80

del arquitecto Sehtel. La entrada está adornada con un altorrelieve de la escultora Anna Golubkina.

Petrovskij monastyr'★. El callejón de Stolesnikov termina en la ulica Petrovka (I, A-B3), caracterizada por el gran **mosaico** del hotel Metropol' a la derecha de la calle y a la izquierda por el antiguo monasterio fundado en 1380 por Dmitri Donskoj y reconstruido en el siglo XVII en estilo barroco ruso. En las dependencias del monasterio, actualmente en obras, hay un seminario.

En el número 14 de la avenida Petrovka se conserva un curioso edificio de época estalinista cuya arquitectura rememora las formas de los templos clásicos. En la actualidad es una residencia privada.

En avenida Petrovka número 10 se encuentra **Passage,** un selecto centro comercial donde se dan cita las tiendas de los más prestigiosos nombres del mundo de la moda. Este edificio fue realizado por S.M. Kalugin entre 1903 y 1906.

Pasado el centro comercial, a mano izquierda comienza **Kuzneckij most★** (I, B4), una preciosa avenida flanqueada por edificios de los siglos XVIII y XIX hoy sede de bancos, librerías y firmas de moda. Perpendicular a ésta, la ave-

---

Los baños rusos

El baño ruso existe desde tiempo inmemorial (los primeros documentos escritos en los que se menciona se remontan al siglo XI) y, aún en la actualidad, desde Kaliningrado a Vladovostok, no hay ciudad, pueblo, aldea o "izba" aislada donde no esté presente. El más simple, típico de las casas de campesinos, consta de una pequeña cabaña, normalmente a orillas de un riachuelo o un lago, dentro de la cual arde una estufa. A menudo, en las "izbas" más pobres, es el único local adecuado para el cuidado y la limpieza del cuerpo. La mayor parte de las veces, estas pequeñas construcciones no cuentan con un sistema de renovación del aire y, por ello, se las conoce como bani po černomu, *es decir, "baños negros".*

Sin embargo, en las ciudades o en las estaciones acondicionadas, el baño consta de más locales: la primera estancia es el vestuario, llamado razdevalka; *de aquí se pasa a un cómodo salón, rigurosamente dotado de samovar; la siguiente zona, llamada* myl'naja, *es una vasta área con duchas, camillas para masajes y una o más pilas con agua fría; más allá se encuentra por fin la* parilka, *esto es, el corazón mismo del baño. Se trata de una estancia de madera de pino, con bancos, una gran estufa y agua que se arroja a cubos continuamente sobre piedras ardientes a fin de humidificar el aire. La temperatura del local ronda los 95 ºC.*

Momento de gran relajación y de intenso contacto con el propio cuerpo, el baño ruso es un conjunto de gestos tradicionales, casi rituales, transmitidos desde la antigüedad de generación en generación. Se pone especial cuidado en la preparación de las veniki, *ramitas de abedul con las que se frota vigorosamente el cuerpo en la parilka. Éstas se introducen en un recipiente de hierro forjado y se dejan en remojo, primero en agua helada, y posteriormente en agua hirviendo durante diez minutos para reblandecerlas. Una figura sugerente que aporta una última nota de color es la del* banšik, *trabajador incansable que, moviéndose entre el denso humo, se asegura de que la temperatura de la estufa sea la adecuada, con discreción y pericia arroja agua sobre las piedras incandescentes, da masajes y frota con las ramas. El baño ruso une la alta temperatura, propia de la sauna finlandesa, y la presencia del vapor, que caracteriza el baño turco; por ello, resulta fundamental alternar los periodos de descanso sentados en la parilka con baños de agua fría de la pila para reducir la temperatura del cuerpo.*

Una visita al baño para un ruso significa una búsqueda de bienestar físico y relajación muscular y nerviosa, pero también un encuentro social. Tras el tonificante baño de agua fría, arropados en telas tibias y secas y echados sobre los divanes de la sala, los grupos de amigos se abandonan a la charla, acompañada de cerveza y vodka y, en los lugares más populares, de pez seco y muy salado. Los temas de conversación pueden ser variados, a veces laborales, pero con seguridad, en cada grupo no faltará quien recuerde un viejo y queridísimo proverbio: "los días que se pasan en los baños, no se envejece".

nida Neglinnaja alberga en el número 12 el **Gosbank** o Banco del Estado, ubicado en un palacio de estilo renacentista realizado en 1894 por K,M, Bykovskij y remodelado en los años treinta.

En el número 14 se encuentran los **Sandunovskie bani**★, *(abierto de 8 h a 22 h, excepto los martes.* Entrada por Zvonarkij pereulok, perpendicular a la avenida; la entrada autoriza una permanencia de 2 horas). Los baños llevan el nombre del actor Sila Sandunov, quien tras adquirir el edificio en 1896 lo transformó en un lujoso balneario. Las salas disponen de instalación para baños de vapor, un hábito muy apreciado por los rusos. El interior está realizado en estilo neogótico con elementos ornamentales turcos y neoclásicos. Los Sandunovskie bani fueron uno de los lugares predilectos de Anton Chejov y han sido escenario cinematográfico en las realizaciones de muchos directores, desde Eisenstein a Van Damme.

Ulica Roždestvenka (I, B4). Esta avenida cruza transversalmente Kuzneckij most. Dos arcos situados casi en la confluencia de las calles conducen a una amplia plazoleta interior en la que se encuentra la estación de metro Kuzneckij most. Puestos, quioscos y curiosos hacen de este lugar uno de los rincones más animados y desconocidos del centro de la ciudad.

Paralela a Kuzneckij most discurre la ulica Pušečnaja, una calle que conduce a la avenida Bol'šaja Lubjanka.

Muzej Majakovskogo★★ (I, C4). Bordeando el edificio del Ministerio del Interior se llega al Museo Majakovskij *(visita: de 10 h a 18 h; jueves de 13 h a 21 h; miércoles y último viernes de mes, cerrado. Para concertar visitas guiadas en ruso y alemán llamar al teléfono 9282569; de octubre a mayo se celebran todos los jueves veladas literarias.* Lubjanskij proez 3/6). Vladimir Majakovskij, el poeta de la Revolución de octubre, vivió durante los ocho años comprendidos entre 1919 y 1926 en una habitación de 12 m^2 y en esta misma habitación se suicidó el 14 de abril de 1930.

Lo único que hoy se conserva de aquel palacio es el estudio del poeta, situado al final de una larga rampa de hierro a lo largo de la cual se ilustran los temas esenciales de la obra poética de Majakovskij, documentados con materiales originales de enorme interés como manuscritos, fotografías, discos, películas o la original casaca amarillo y negra con la que paseaba por la avenida de San Petersburgo, escandalizando a la sociedad bienpensante. La disposición del museo responde a una brillante concepción del artista Evgenij Amansljur, que organizó el museo en 1989. La muestra va ahondando en el conocimiento de la obra del genial poeta, quien también fue periodista, actor, pintor y estampador, según se asciende por la rampa hacia el rincón donde el escritor amó, sufrió y creó. El museo recoge también los documentos que ilustran la otra gran faceta de Mayakovski, la de agitador cultural y político amigo de Lentulov, Malevič y Kandinski, algunas de cuyas obras se pueden contemplar en la exposición, y de Eisenstein, Pasternak y Tatlin, importantes presencias en la vida del poeta como demuestran fotografías, objetos y escritos.

La avenida Marosejka y sus alrededores

El afán de universalidad es un ideal transitorio en la historia del pensamiento político ruso abandonado de hecho a lo largo de la etapa socialista. Sin embargo, la idea de Rusia como una potencia mundial ha alentado y sigue alentando el pensamiento de los políticos del Kremlin. Esta es la razón del cosmopolitismo de Moscú (y anteriormente de San Petersburgo), capital que para ucranianos, georgianos, armenios y tantos otros, ha constituido durante mucho tiempo una referencia política, económica y cultural a veces más importante que sus propias capitales.

El itinerario propuesto por la avenida Marosejka discurre en torno a dos núcleos formados por la comunidad armenia y la judía, lo que confiere al barrio rasgos antropológicos propios de latitudes más meridionales. Si bien conserva algunos palacios y edificios notables, esta zona se caracteriza fundamentalmente por ser la más popular del centro histórico de Moscú y también uno de los barrios más sugerentes y tranquilos dada su ubicación en una colina.

El recorrido comienza en ploščad' Il'inskie vorota, donde se halla la estación de metro Kitai Gorod, y termina en ploščad' Mjasnickie vorota, plaza comunicada por dos líneas de metro (salida a Turgenevskaja o a Cistye prudy). Bol'šoj Haritonevskij pereulok constituye el punto medio del itinerario; la estación de metro más próxima es Krasnye vorota y se encuentra en el anillo de circunvalación externo.

La zona de la calle Marosejka

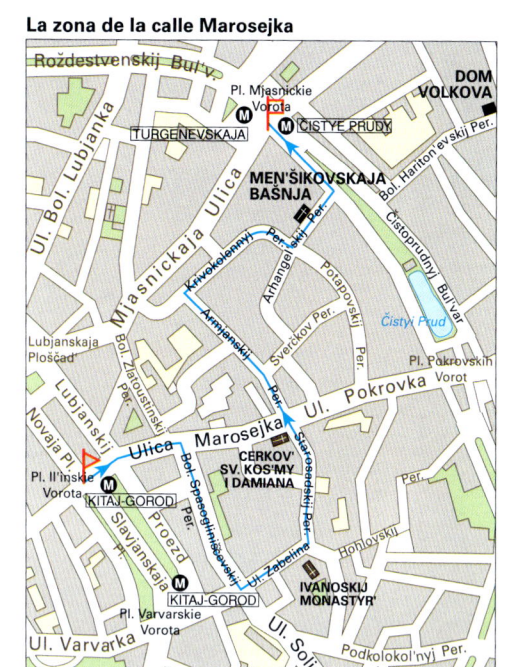

Ulica Marosejka. Esta arteria, prolongación de la ulica Il'inka que atraviesa el Kitai Gorod, se llama Marosejka en recuerdo de los *malorossy* o "pequeños rusos" (hoy se les llamaría ucranianos) que residieron en ella en el siglo XVIII. En el número 3 de la avenida se encuentra la **iglesia de San Nicolás "de los Bliny"** (cerkov' Nikoly "v Blinnikach"), del siglo XVII, así denominada porque su construcción fue financiada por la rica corporación de fabricantes de *"bliny"* (plato típico ruso parecido a las *crêpes*).

Pasada la iglesia, un giro a la derecha conduce hasta el **hotel Varsava** situado en el Spasogliniscevkij pereulok, al fondo del cual se conserva la **sinagoga** construida en 1891.

Ulica Soljanka (I, D5). Esta calle es prolongación de Spasogliniscevkij pereuloj y su nombre hace referencia a un depósito de sal que se construyó en el siglo XVII. Aunque no conserva edificios especialmente interesantes, se trata de una calle muy significativa desde el punto de vista histórico, ya que en 1380 partió de ella el ejército de Dmitrij Donskoj que derrotó en la batalla de Kulikovo al poderoso ejército tártaro-mongol.

Starosadskij pereulok★. Es el paseo de los Viejos Jardines que sube hasta la avenida Marosejka. En el inicio de la calle se halla el antiguo **Ivanovskij monastyr'** (*no se puede visitar*) o monasterio de San Juan Bautista, fundado en el siglo XVI por Elena Glinska, segunda esposa del zar Vasili III, para celebrar el nacimiento de su hijo Iván, cuya memoria honra el nombre del convento. Este edificio se hizo tristemente famoso como lugar de reclusión de mujeres de la nobleza; aquí acabaron sus días personajes como la princesa Tarakanova, hija de la emperatriz Catalina II y del conde Razumovski, y la asesina Dar'ja Saltykova, que en su locura mató a 138 sirvientes.

En el número 9 se puede contemplar la **iglesia de San Vladimiro "en los antiguos jardines"** (cerkov' Vladimira v "Starich Sadach"), construida por Alvise de Montagnana entre 1514 y 1516. Su nombre hace referencia a los árboles frutales del zar que había en la calle. A la derecha se encuentra la sede de Diafilm que ocupa el edificio de la antigua **iglesia luterana de los Santos Pedro y Pablo**, realizada en estilo neogótico en 1817.

En la intersección con la avenida Marosejka se halla la **iglesia de San Cosme y San Damián** (cerkov'sv. Koz'my i Damiana); edificada entre 1791 y 1793. Frente a la iglesia, en el número 17 de avenida Marosejka, se puede contemplar un hermoso edificio rococó que alberga la sede de la embajada bielorrusa.

La prolongación de Starosadskij pereulok toma el nombre de Armjanskij pereulok, núcleo intelectual y espiritual de la colonia armenia. En el número 2 se halla la **embajada armenia**, ubicada en un edificio del siglo XVIII que fue la residencia familiar de los hermanos Lazarev, unos ricos comerciantes de telas armenios. A su muerte el edificio fue cedido a la comunidad; desde 1848 es sede del Instituto de Lenguas Orientales Lazarev.

Men'šikovskaja bašnja★. Armjanskij pereulok termina en el paseo Krivokolënnyj, que a su vez cruza el Arhangel'skij pereulok. En el tramo del paseo próximo a Cistoprudnyj bulevar se encuentra la hermosa Men'šikovskaja bašnja o torre Men'sikov, construida entre 1704 y 1707 por Zarudnyj en un magnífico estilo barroco de marcada influencia europea. Esta

> ## *Los judíos en Rusia*
>
> *La actitud de Rusia con respecto a la fuerte minoría judía ha sido siempre compleja. La historia zarista está llena de revueltas antisemitas que culminan con el saqueo y asesinato de familias indefensas: son los famosos "pogrom", a menudo alimentados por la propaganda gubernamental, que tendía a buscar chivos expiatorios para justificar la indigencia del pueblo. En época soviética, a los judíos se les prohibía la entrada en la carrera militar, aunque muchos de los camaradas de Lenin eran judíos. Existen muchos institutos, calles y plazas dedicados a hombres ilustres con apellidos claramente hebreos, aunque en un pasado todavía reciente tenían vetado el acceso a las facultades de ciencias. Odiosos epítetos son los que dirige una parte de la población a los judíos. Sin embargo, en los años ochenta y noventa, personas inconfundiblemente rusas buscaron lejanos orígenes hebreos para aprovechar la oportunidad ofrecida por Israel y, durante cierto tiempo también por Alemania, de recibir gratuitamente alojamiento y un subsidio.*

curiosa edificación se debe a la desmedida vanidad del príncipe Men'sikov, consejero y amigo de Pedro el Grande. El deseo del príncipe era que la iglesia fuera más alta que el campanario de Iván el Grande en el Kremlin, y no se le ocurrió nada mejor que darle forma de torre. En 1779 la actual cúpula en espiral sustituyó al chapitel original de madera, destruido por un rayo. El remate del edificio satisfizo de tal modo a Pedro el Grande que ordenó tomarlo como modelo para la fortaleza de San Pedro y San Pablo en San Petersburgo.

El paseo Arhangel'skij conduce a Cistoprudnyj bul'var o avenida de los Estanques Claros, un topónimo que hace referencia al apacible lago cuya superficie helada en invierno se transforma en una pista de patinaje.

Dom Volkova★. Ya fuera del anillo de los bulevares comienza el Bol'šoj Haritonevskij pereulok; en el número 21 se puede contemplar el hermoso palacio del boyardo Volkov, un edificio que se remonta al siglo XVII, ahora abandonado. Caracterizado por su estilo brillante y original, este palacio es quizá la más bella residencia de la época que se conserva en Moscú. El último propietario de este palacio, que en la actualidad alberga la Academia de Ciencias de la Agricultura, fue Feliks Jusupov, el aristócrata que asesinó a Rasputín en 1916.

Al otro lado del puente Bol'šoj Moskvoreckij

"Zamoskvoreč'e" es el término con que se designa el barrio situado "al otro lado del Moscova", es decir, la zona a lo largo de la orilla derecha. En el siglo XX este barrio pasó de ser el bastión de la resistencia proletaria en los acontecimientos revolucionarios de 1905 y de 1917 a transformarse en una zona comercial y de oficinas, aunque conserva la huella de su agitado pasado. Zona de antigua vocación comercial (en la Edad Media fue el barrio donde se asentaron los comerciantes venidos del sur), a partir del siglo XVI fue poblada por la guardia del zar (los "strel'cy"). Con la supresión del cuerpo de la Guardia Zarista por Pedro el Grande, toda la zona quedó deshabitada durante decenios. En el siglo XIX fue escenario del nacimiento y desarrollo de una nueva clase social, primero burguesa y más tarde capitalista, cuyas aspiraciones y contradicciones quedaron inmortalizadas en la obra de Gogol' y en las comedias de Aleksandr Ostrovskij. Mientras los nuevos ricos se trasladaban a otras zonas selectas de la ciudad (particularmente a la ulica Precistenka), Zamoskvoreč abrió sus puertas a una clase proletaria atraída por la presencia de fábricas y talleres. No obstante, hubo ricos burgueses que no abandonaron el barrio, como la familia de industriales y mecenas Tret'jakov; éstos permanecieron en el palacio situado en Lavrusinskij pereulok, hoy sede de la importante galería que lleva su nombre.

El recorrido que se propone comienza y termina en el puente Bol'šoj Moskvoreckij. Es el puente más céntrico de Moscú, ya que está situado a poca distancia al sur de la Plaza Roja. Un corto paseo desde la salida del metro en la Plaza Roja o en el Kremlin conduce hasta el puente. Tret'jakovskaja y Novokuzneckaja son las estaciones de metro situadas en pleno corazón de Zamoskvorec.

Ulica Bol'šaja Ordynka. Al sur del Kremlin y separada de éste por el puente Bol'šoj Moskvoreckij se extiende una isla artificial en forma de herradura creada entre 1783 y 1786. La isla se realizó con el material obtenido de las excavaciones para construir el canal que habría de desviar el curso del Moscova, con

LA "CIUDAD BLANCA"

Más allá del puente Bol'šoj Moskvoreckij

tranquila caracterizada por pequeños edificios y algunas iglesias, bordeada por dos hileras de tilos.

El nombre de la calle hace alusión a la Horda de Oro, los mongoles procedentes del estado establecido en el sur de Rusia.

Cerkov' Voskresenija v Kadašah★. En la acera derecha de ulica Bol'šaja Ordynka comienza pervyj Kadasevskij pereulok (antes Kadasevskij), donde se encuentra la bella **iglesia de la Resurrección de Kadasi,** construida en 1687, cuyo estilo pone de manifiesto la transición de la arquitectura medieval al barroco. En el cuerpo principal se han sustituido los tradicionales "kokosniki" por un antepecho almenado. El templo transmite una impresión de acusada verticalidad merced a la altura de los tambores que sustentan las cúpulas y a la delicada ornamentación de las ventanas. A pesar de las múltiples restauraciones y la remodelación llevada a cabo en el siglo XIX, en la actualidad esta iglesia conserva su forma primitiva. Los destinatarios de la iglesia fueron los tejedores empleados en las "fábricas de telas del estado" que residían en esta calle.

el fin de evitar las crecidas del río y desecar las tierras pantanosas de la orilla derecha.

Siguiendo la señalización del puente se llega al barrio de Zamoskvorec'e situado en la orilla derecha. La ulica Bol'šaja Ordynka es el eje principal del barrio, una avenida

En el número 20 de Bol'šaja Ordynka se halla la **iglesia de todos los Consuelos** (cerkov' Vseh Skorbjascih Radosti), edificio neoclásico realizado entre 1828 y 1833 por O.I. Bove

---

La opresiva dominación de los tártaros

En 1237, los mongoles conquistaron el sur de Rusia, dividida en pequeños principados enfrentados entre sí, reuniendo una formidable maquinaria bélica basada en los caballos (cada mongol tenía, por lo menos, dos), el valor de los soldados y una disciplina férrea. El ejército estaba dividido en centurias, subdivididas en decurias. Cada soldado era responsable de los otros nueve: si uno era cobarde, se le ejecutaba junto con sus nueve compañeros. Burdos, casi analfabetos y poco aficionados a la vida urbana, estaban lejos del nivel de civilización de los rusos, que se sintieron, mucho tiempo, subyugados. La liberación con respecto a los tártaros, la creación de un imperio y, posteriormente, de una superpotencia, no consiguieron borrar la profunda herida de los más de dos siglos de dominación.

sobre los restos de la antigua iglesia edificada entre 1783 y 1791 por Vasilij Bazenov, destruida en el incendio de 1812. De esta última se conserva el campanario redondo. El nombre hace referencia a un icono milagroso que se conserva en su interior, si bien el templo se consagró originariamente como iglesia de la Transfiguración. El icono se expone a la derecha de la entrada y es una de las obras de arte religioso más veneradas por los moscovitas. Para encender la vela que hay ante el icono hay que subir con una escalera.

Siguiendo por Bol'šaja Ordynka aparece a la derecha Bol'šoj Tolmacevskij pereulok o la avenida de los Intérpretes (en ruso antiguo, "tolmac"); en el número 3 se halla la casa Demidov, un edificio característico de la arquitectura rusa de finales del siglo XIX situado frente a Lavrusenskij pereulok, donde se halla ubicada la Galería Tret'jakov.

Los Demidov eran ricos propietarios de minas y fábricas en la región de los Urales; prueba de ello lo constituye la hermosa verja y la puerta de la casa, realizadas por herreros procedentes de la región.

De nuevo en Bol'šaja Ordynka, en el número 34 se puede contemplar la pequeña **iglesia de Marta y María** (en su origen propiedad de una comunidad de monjas). Esta iglesia constituye uno de los más bellos ejemplos del modernismo en Moscú. Construida entre 1908 y 1912 por Scusev y adornada con frescos de Nesterov, en la actualidad es sede de un taller de restauración *(el interior no se visita).*

En el número 27 de la misma avenida se puede ver la **iglesia de San Nicolás de los Pyzi** (cerkov' Nikoly "v Ptzach"), nombre del regimiento del coronel Bogdan Pyzev, quien mandó construirla entre 1657 y 1670. Es un tradicional ejemplo de arquitectura del siglo XVII (1672), con "kokosniki" y varias cúpulas.

Cerkov' sv. Klementija★. A la derecha de la avenida se abre el Klementovskij pereulok, un animado callejón donde se puede contemplar la hermosa iglesia barroca de San Clemente, edificio de dos plantas y cinco cúpulas construido entre 1762 y 1770; el campanario es de realización anterior.

El recorrido sigue por la animada Pjatnickaja ulica, una calle que desemboca en el centro del barrio. A mano izquierda destaca un **campanario** cuadrado coronado por una cúpula verde: fue construido en 1753 para atender a dos pequeñas iglesias de las que quedan algunos restos, la **iglesia de San Juan Bautista,** construida en 1514, y la **iglesia de San Miguel y San Teodoro Taumaturgo,** de 1697. Un poco más adelante se encuentra el **Cugunnyj most,** puente que da paso a la isla del Moscova. Desde la orilla norte se observa una magnífica **panorámica★** del Kremlin.

Pushkin y Dostoievski, dos moscovitas cantores de San Petersburgo

La encendida disputa entre Moscú (llamada por sus detractores "megalópolis de aldeanos") y San Petersburgo (a la que los moscovitas tildan de "triste provincia") separa desde hace décadas a los habitantes de ambas capitales. En el origen de esta rivalidad, bastante difícil de aceptar por los ultramoscovitas, está el hecho de que la singularidad de la ciudad rival, el mito literario por el que se ha hecho célebre en todo el mundo, se debe esencialmente a la obra de dos geniales escritores rusos que sin embargo vivieron en San Petersburgo: Aleksander Sergeevic Puskin y Fëdor Mihailovic Dostoievski.

Retrato de Puskin.

La infancia del primero transcurre en Haritonevskij pereuloj, en el palacio que luego fue de Felix Jusupov; el segundo vivió hasta los 17 años en una casa del antiguo hospital de Santa María, en el número 2 de la actual ulica Dostoevskogo, en la actualidad dedicado a museo **(Muzej Dostoevskogo;** *visita: jueves, sábados y domingos, de 11 h a 18 h; miércoles y viernes, de 14 h a 21 h; lunes, martes y último día del mes cerrado).*

Puskin volverá a Moscú, ciudad que describió y amó (allí se casó también), mientras Dostoievski guardará de ella un recuerdo desagradable, ligado a su difícil infancia al lado de un padre autoritario, un médico no precisamente ilustre que consiguió atesorar una fortuna con medios poco claros, hasta el punto de comprar tierra y siervos. Las continuas torturas y vejaciones a las que sometía a sus siervos les llevaron a rebelarse y dar muerte a su amo.

LOS MONASTERIOS

Desde los años treinta del siglo XIII y durante unos 250 años, los ejércitos mongoles sembraron el pánico en toda Rusia. A lomos de sus velocísimos caballos llegaban, descuartizaban, violaban, saqueaban y, una vez que había prendido el fuego, se marchaban. Después de un tiempo, volvían.

Los príncipes moscovitas, que justo en el periodo de la dominación bárbara sentaron las bases de la futura hegemonía sobre todo el país, no pudiendo derrotar al enemigo en la batalla, comprendieron antes que nadie que era mejor ofrecer riquezas y tributos al invasor, en lugar de esperar a que viniesen a buscarlas. Desafortunadamente, los planes no siempre funcionaban: la horda se trasladaba y la tierra quedaba arrasada. Así, para proteger sus tierras y a su gente, Moscú se rodeó de un cinturón de núcleos fortificados en la dirección de las invasiones de los demonios de ojos rasgados. Siendo los monjes las personas más dispuestas a inmolarse ante la furia de los sin Dios, los altos mandos políticos pidieron a los eclesiásticos la tarea de poblar las plazas fuertes y convertirlas en autosuficientes desde el punto de vista económico. Nació así la gloriosa epopeya de los monasterios moscovitas, lugares de oración, trabajo, elaboración artística y defensa de la población y del territorio.

Una vez que Rusia se hubo liberado del yugo mongol, el gran prestigio que se habían granjeado los conventos se convirtió en riqueza, que en aquellos tiempos se traducía en tierras y almas, es decir, siervos de la gleba. Todas las fuentes históricas concuerdan en testimoniar que la gestión de los latifundios se realizaba en aras de los beneficios y no de la solidaridad: la riqueza se convirtió en opulencia, la influencia, en poder sin límites. Amiga de media docena de filósofos franceses, enemistados con la Iglesia e implacables a la hora de ofrecer asesoramiento, la emperatriz Catalina, decidió liberar a parte de los monjes de las preocupaciones administrativas de sus bienes inmuebles, traspasando a la Corona esa pesada responsabilidad. Eran los años ochenta del siglo XVIII.

El destino de los monasterios en época soviética es bien sabido: algunos fueron transformados en museos, otros en almacenes, otros incluso en reformatorios. Sus habitantes se vieron obligados a predicar lejos, en una región denominada Siberia, poblada de pueblecitos llamados "gulag". Posteriormente, el régimen se vino abajo y los monasterios, que dejaron de considerarse un reducto de despreciables enemigos del proletariado, volvieron a ser lugares de culto, frecuentados por miles de fieles. En la actualidad, no son pocos los jóvenes rusos que emprenden la experiencia monástica, decisión favorecida por el hecho de que en la religión ortodoxa la elección de la vida conventual es fácilmente revocable.

Cúpulas de nuestra Señora de Smolensk, en el monasterio de Novodevici.

Centros de culto y no sólo de interés artístico, los monasterios moscovitas exigen un comportamiento en consonancia con el lugar y una vestimenta adecuada (las mujeres deberán llevar falda y un chal para ponérselo alrededor del cuerpo).

Spasso-Andronikov monastyr'★ (II, D6). En la orilla izquierda del Jauza, no lejos del centro, se alza el antiguo monasterio del Salvador y de Andrónico, el primer abate *(sábados, domingos y festivos, se celebran dos liturgias en la catedral del monasterio: a las 9.30 h y a las 17.30 h)*. Anillo más oriental de la

87

cadena de monasterios erigidos al sur de la ciudad, fue fundado y construido en madera en 1359, y reconstruido en piedra en 1420-1427.

De ese tiempo es también la **catedral del Salvador**★, bellísimo edificio en piedra blanca con tres naves (muy estrechas las laterales) cuya cúpula, apoyada en un elevado tambor, parece dar fuerza a la ligera y estilizada estructura. La arquitectura de la iglesia recuerda la escuela de Vladimir en algunos elementos (forma de las cúpulas y ventanas saeteras), aunque la ausencia de decoración en el centro de las paredes y los tímpanos que suben hacia las cúpulas imprimen ya un sello típicamente moscovita. Tras un profundo estudio de los materiales y las técnicas, esta iglesia ha sido objeto durante los años treinta de una laboriosa obra de restauración, que la ha devuelto a su estado original. En esta iglesia fue sepultado el monje Andrei Rublëv, el pintor más importante de su época, que ejerció una profunda influencia sobre la pintura religiosa de todo el siglo XV. Durante los últimos años de su vida, Rublëv vivió en el monasterio, pintando el interior de la catedral, pero desgraciadamente los frescos, destruidos durante los siglos XVI y XVII, han desaparecido por completo. Otros de los edificios más antiguos del complejo son: el gran **refectorio** (trapeznaja), de 1504-1506; la **iglesia del Arcángel San Miguel**, de 1694, restaurada en 1739 y el **palacio del Abad**, restaurado en 1810-1814.

Muzej drevnerusskogo iskusstva imeni Andreja Rublëva★★. El monasterio es en la actualidad sede de una de las colecciones de iconos más ricas del país: el **Museo de Arte Antiguo Andrei Rublëv** (*visita: de 11 h a 18 h, lunes y último viernes de mes cerrado*) está dedicado al célebre pintor, aunque no recoja su obra. Delante de la entrada de la catedral, en el edificio rosa de dos plantas que antiguamente albergaba las celdas de los monjes, se encuentran los iconos más antiguos y valiosos (siglos XIII-XV). Entre ellos, obras maestras de Vladimir, Suzdal y Mosca.

Cerkov' Pokrova Filjah★★. En el moderno barrio de Fili, el único testimonio de los tiempos antiguos es la bellísima iglesia de la Intercesión, que alberga una ampliación del **Muzej drevnerusskogo iskusstva imeni Andreja Rublëva** con una pequeña colección permanente y una parte dedicada a exposiciones temporales (*visita: de 11 h a 18 h, martes y miércoles cerrado*). Erigida en 1693-1694 por los boyardos Naryškin, parientes por parte de madre de Pedro el Grande, la iglesia constituye el primer ejemplo de una particular lectura en clave moscovita de los cánones del barroco, llamada precisamente "Naryškin" en honor a este edificio.

Danilovskij monastyr'. En la calle Danilovskij val se encuentra el antiguo monasterio fundado el año 1272 por Daniil, gran príncipe de Moscú. Bajo Daniil Aleksandrovich, hijo del príncipe de Suzdal, y Vladimir Aleksandr Nevski, Moscú recibió un fuerte impulso que lo convirtió en un centro de primer orden en el país. Único príncipe moscovita canonizado, Daniil fundó una dinastía que reinó en el principado de Moscú hasta Fëdor Iovannovich (muerto en 1598), que ya fue zar de todas las Rusias. En la Edad Media fue una potente fortaleza contra la horda de oro tártara. Durante el

Catedral del Salvador, en el monasterio de San Andronik.

reino de Iván el Terrible (1547-1584), el monasterio vivió un periodo de florecimiento durante el cual se construyeron nuevas iglesias. A partir de 1929 funcionó como reformatorio; volvió a sus funciones iniciales en 1983, en ocasión de la celebración del primer milenario de la cristianización de Rusia. Sede del Patriarcado de Moscú, el monasterio es, con sus ricas restauraciones de los últimos años, testimonio del papel destacado que desempeña la Iglesia ortodoxa en la nueva Rusia. Al sur del monasterio se encuentra la **cerkov Semi Vselenskish Soborov** (la iglesia de los Siete Concilios Ecuménicos), en estilo barroco moscovita, sobre la cual se levanta una segunda basílica, la **Pokrovskij sobor** (iglesia de la Intercesión). Las dos iglesias están rodeadas por amplias galerías. El monasterio comprende también la **Troickij sobor** (catedral de la Trinidad), erigida por O. Bove en 1838, la residencia del abad (1820), las celdas de los monjes y la residencia del patriarca. El complejo está rodeado por una poderosa muralla.

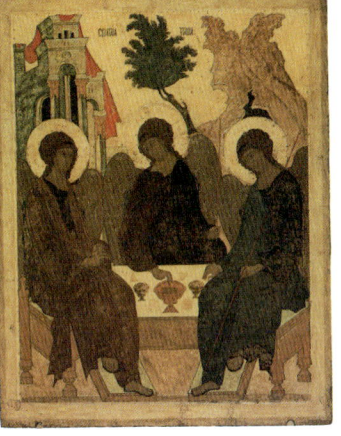

Icono del siglo XV.

Novospasskij monastyr'★ (II, E5). Trasladado en 1490 desde el interior del Kremlin, donde se fundó inicialmente, a la actual ubicación, pensada para que funcionase a modo de núcleo fortificado a lo largo del camino a Kolomenskoe, el monasterio es hoy un interesante complejo sólo tocado de manera superficial por las grandes obras de restauración que se llevaron a cabo en los edificios religiosos de la capital durante los años noventa. El aire que aquí se respira oscila entre la sensación de abandono, recuerdo de la pasada época soviética, que transmiten los agrietados muros de las iglesias y la renovada espiritualidad popular que ha elegido el monasterio de Novospasskij como uno de los lugares más venerados.

En el interior de los bajos pero poderosos muros de ladrillo sobresalen tres edificios: la **catedral de la Transfiguración**, de 1645, con cinco grandes cúpulas sobre el cuerpo central, la **iglesia del Signo** (Zmanenskaja), inicialmente propiedad de la familia Šeremet'ev, con la capilla conmemorativa de 1743, un tanto degradada y el bello **campanario**, de 72 metros de altura y erigido en 1785.

Kruticvkoe podvor'e★★ (II, E5). A pocos pasos del monasterio, al final de la ulica Krutickaja aparece esta residencia extraconventual para canónigos. Alrededor de la superficie irregular del patio hay una serie de edificios de gran belleza, que crean una barrera espacial y temporal dentro de la ciudad. Gran parte del mérito del atractivo del lugar se debe a Pëtr Baranovski, preocupado y culto admirador de las bellezas moscovitas, que en los años cincuenta del siglo XX emprendió una intensa obra de restauración.

A la izquierda se localiza la **iglesia de la Dormición** (de 1680), donde la rigurosa sobriedad del exterior contrasta con el interior, único elemento del complejo restaurado en profundidad. A continuación, se encuentra la galería **Uspenskie perehody** (1693-1694), que conduce al deslumbrante **Krutickij teremok** (construido en 1694 por Osip Starcev y Larion Kovalëv), elegante palacete en puro estilo ruso, con fachada revestida de azulejos, perfectamente armónica con el conjunto arquitectónico de ladrillo rojo. A la derecha, una nueva galería completa el equilibrio de la composición del patio. En los calabozos del Kruticvkoe podvor'e estuvo prisionero antes de su ejecución el protopope Avvakum, guía del movimiento cismático de los "viejos creyentes".

Donskoj monastyr'★★ (II, F3). El monasterio del Don fue fundado en el año 1591 por Fëdor Ivanovich en honor de la Virgen del Don (Donskaja), a la que atribuía la salvación de Moscú del ataque de los tártaros.

Según cuenta la leyenda, en la vigilia de la batalla contra el khan Kaza Girej, el zar Fëdor hizo llevar el icono al lugar en que imaginaba que se desarrollaría el ataque. Justo aquella noche, el khan tuvo una visión en la que la Virgen llegaba a su tienda y castigaba a los tártaros con flechas de fuego. Inmediatamente ordenó la retirada y los moscovitas rindieron honores a la Virgen del Don, protectora de los ejércitos rusos, construyendo en su honor este monasterio.

Bellísimas son sobre todo las imponentes **murallas** (1692-1710), provistas de doce torres y camino de ronda; en el interior, se pueden contemplar siete iglesias y un cementerio. La **iglesia de Nuestra Señora de Tihvin,** que se eleva sobre el pórtico, sirve de acceso; construida en 1713 por I. P. Zarudnyj presenta un campanario proyectado por Trezzini. Enfrente, se encuentra la compacta mole de la colegiata nueva o mayor, de estilo barroco moscovita, con cinco cúpulas y deambulatorio (1648-1693) con un soberbio **iconostasio** de 1695-1699, obra de los maestros de la Armería del Kremlin. El exterior de la catedral antigua o menor, de 1591, está decorado con vivos colores blancos, rojos y verdes, y cúpulas azules. En el interior, en restauración, entre los frescos destaca el *retrato del zar Boris Gudonov.* Cerca del cementerio, está la neoclásica **iglesia de San Miguel** (1806-1809), antigua capilla funeraria de los príncipes Golicyn, embellecida con monumentos funerarios de importantes escultores, como Martos, Pimenov y Vitali. Tras la epidemia de peste de 1771, Catalina II promulgó un decreto que prohibía las sepulturas en el centro de la ciudad: por ello, algunos nobles eligieron el cementerio de Donskoj como lugar para su eterno descanso. En el campo santo, de atmósfera serena y recogida, se encuentran inhumadas eminentes personalidades de la literatura y del arte, como el arquitecto O. I. Bove.

Novodevičij monastyr'★★ (II, E2). Fundado por el zar Vasilij en 1524 para celebrar la victoria sobre el principado lituano, mediante la cual Rusia recuperó Smolensk, el monasterio de las Vírgenes (*visita: de 10 h a 17 h; martes y primer lunes de mes cerrado; para reservar visitas en inglés y francés, tel. 2468526*) o de Nuestra Señora de Smolensk, es uno de los monumentos sagrados de Rusia (el segundo de Moscú tras el complejo del Kremlin). Recientemente restituido al culto, el complejo no ha perdido su función de museo.

Cuando Iván IV el Terrible hizo ajusticiar a los boyardos rebeldes, obligó a sus viudas a ingresar en el convento y ceder sus tierras y joyas al monasterio, que se convirtió así en el convento más rico de Moscú. En el siglo XVII, tomaron también los votos, más o menos

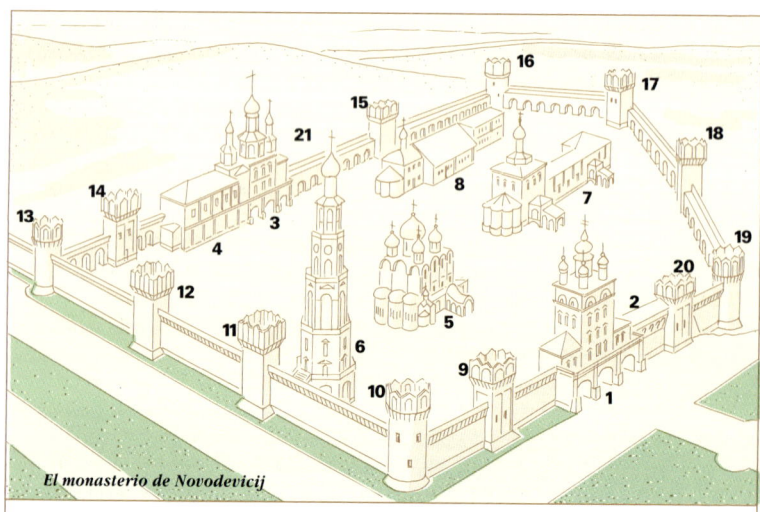

El monasterio de Novodevicij

1 Puerta norte con la iglesia de la Transfiguración
2 Palacio Lopuchin
3 Puerta sur con la iglesia de la Intercesión
4 Palacio de María
5 Iglesia de Nuestra Señora de Smolenks
6 Campanario
7 Iglesia-refectorio y de la Dormición
8 Colegiata
9 Torre de las Zarinas
10 Torre de San Nicolás
11 Torre de San José
12 Torre de los Sastres
13 Torre de los Zapateros
14 Torre de la Intercesión de María
15 Torre de Irina
16 Torre Setunskaja
17 Torre de las Facetas
18 Torre Savvina
19 Torre Naprudnaja
20 Torre Lopuchina
21 Cementerio

Monasterio de Novodevici, uno de los lugares sagrados de Rusia.

voluntariamente, algunas zarinas o hijas del zar, de manera que el convento acabó por ser propietario de 36 villas, con 179.000 hectáreas de terreno. El monasterio vivió su periodo de máximo esplendor durante la regencia de la hermanastra de Pedro el Grande, Sofía, que en los años de 1682 a 1689 lo mandó restaurar, pero derrotada tras un largo periodo de luchas por el poder contra Pedro, esta mujer, infatigable tejedora de conjuras, fue obligada por su odiadísimo hermanastro, a tomar los hábitos y recluirse aquí. Desde ese momento, el convento dejó de tener apoyos y comenzó a declinar. Pedro I resultó ser, en efecto, una auténtica calamidad para el monasterio, entre otras cosas, porque modificó las obligaciones dinásticas, permitiendo que las hijas del zar se casaran con nobles. Antes de este edicto, las desdichadas no tenían ninguna posibilidad de matrimonio, ya que estaba dispuesto que sólo un príncipe ortodoxo podía ser digno de su mano y, puesto que los únicos príncipes ortodoxos del mundo eran sus propios hermanos, las princesas estaban destinadas, desde su nacimiento, a acabar sus días en un convento. En 1812, Napoleón atendió los ruegos de las monjas y prohibió a sus soldados saquear e incendiar el hermoso complejo. Clausurado en 1923, el convento se convirtió, en 1934, en una sección aparte del Museo Histórico. Los edificios conventuales se han restaurado y están abiertos al público.

Cerkov' Smolenskoj Bogomateri★. Nuestra Señora de Smolensk (**5** en el plano de la pág. 90) es la iglesia de la abadía que se presenta como fortaleza (rodeada de murallas de ladrillos de once metros de altura y con doce torres), en cuyo interior se encuentran también cuatro iglesias menores. Nuestra Señora de Smolensk es de 1524-1525, desnudo bloque de ladrillo enlucido coronado por cinco cúpulas; el interior es rico en frescos (Viejo y Nuevo Testamento), obra de Ušakov, M. Miljutin y Fëdorov.

Los temas recurrentes de los frescos son tres: la transformación de Moscú en la "tercera Roma", la reconquista de Smolensk y de otras tierras rusas por parte de Moscú y, finalmente, la vida de Santa Ana. Frente a la entrada destaca el **iconostasio★★**, el más rico de Moscú, obra maestra de talla y estuco que encuadra cinco filas de iconos, realizada, al menos, por cincuenta pintores; deben resaltarse, por su excepcional belleza, los iconos de *San Mateo* y de *San Juan Teólogo*, ambos del siglo XVI, el de *la Intercesión de la Virgen*, de 1690 y, sobre todo, el icono de *La Virgen de la Dulzura*★★ (Odigitria), de 1564 (a la izquierda de la puerta), llamada también Virgen de Smolensk.

Hacia mediados del siglo IX, Constantino Monómaco, emperador de Constantinopla, bendijo la unión de su hija Ana con Vsevolod Jaraslavich, heredero al trono de Kiev, ante la imagen de la Virgen. De su unión nació el príncipe Vladimir, que llevo ese mismo icono de Bizancio a Smolensk, donde se reveló su carácter milagroso. Tomado como señal del origen imperial del poder del zar, en 1404 el icono fue trasladado al Kremlin moscovita. Cuando, en 1456, fue restituido a los habitantes de Smolensk, se realizó una copia,

> ### *El cisma de los "viejos creyentes"*
>
> Elegido patriarca en 1652, Nikon lideró una profunda reforma litúrgica, avalada por la corona, aunque con reservas. Una parte significativa de la población rechazó la innovación, y determinados grupos alentaron un cisma de carácter marcadamente radical. A la cabeza del movimiento se encontraba el pope Avvakum, un pintoresco personaje mal visto por las altas jerarquías eclesiásticas que terminó sus días de un modo atroz, quemado tras sufrir innumerables torturas.
>
> Este terrible destino fue común a todos sus secuaces que no consiguieron ponerse a salvo, huyendo a regiones alejadas e inhóspitas. La fase más dura de la persecución de los "viejos creyentes" (así se definían los seguidores del cisma) terminó a principios del siglo XVII, pero las represiones continuaron hasta tiempos de Catalina II, a finales de siglo. No obstante el clima de hostilidad que perduró hasta 1905, cuando se instauró la libertad de culto, los viejos creyentes continuaron presentes en el panorama religioso y social de Rusia, con sus sugerentes ritos, sus barbas largas, el rechazo de todo tipo de imagen sacra pintada tras 1653 y la abstinencia del tabaco y del café.
>
> La sede del arzobispado de la Iglesia de los viejos creyentes se encuentra en el interior del Rogožsko kladbišče, cementerio Rogožsko, al lado de la catedral de la Intercesión, edificio neoclásico erigido según un proyecto de Matvej Kazakov, que alberga valiosísimos iconos, entre ellos uno, el del Salvador, que se podría atribuir a Andrei Rublëv.

actualmente custodiada por la Galería Tretiakov. Dicha copia sirvió de modelo para una posterior reproducción del siglo XVI, expuesta en el iconostasio.

En el lado derecho, se encuentran las **lápidas funerarias** de las mujeres obligadas por Pedro el Grande a recluirse en este monasterio: Catalina, la hermana; Eudosia, la esposa repudiada; Sofía la hermanastra regente. Las tumbas se elevan sobre el nivel del suelo para recordar el rango de estas mujeres caídas en desgracia.

A la derecha de la iglesia se puede admirar el pequeño pero rico tesoro de objetos sacros. No de menor interés resultan las otras cuatro iglesias: la **Trapeznaja** (iglesia-refectorio) y la **Uspenskij sobor** (catedral de la Dormición; 7), de 1685-1687, amplio edificio que no exhibe las cinco cúpulas, pero que cuenta con un elaborado campanario de estilo barroco italiano; la **colegiata** (8), que alberga exposiciones temporales, la **Preobraženskaja cerkov'**★ (iglesia de la Transfiguración) sobre la puerta de entrada principal (1), magnífico ejemplo de barroco moscovita; el techo está coronado por grandes conchas blancas y cinco elegantes torrecillas con cúpulas doradas. Junto a la iglesia de la Transfiguración, surge el **palacio Lopuchin** (2). La puerta sur del monasterio es similar a la puerta norte. También aquí, sobre un gran pórtico con tres arcos, se eleva la **Pokrovskaja cerckov'** (iglesia de la Intercesión; 3), más pequeña y peor conservada que la de la Transfiguración. Las tres cúpulas alineadas, de las cuales la central es más grande y se apoya sobre un tambor más alto, revelan influencias estilísticas ucranianas. Junto a la iglesia se encuentra, adosado a las murallas, el **palacio de María** (4). En la muralla oriental, coronado por una cúpula bulbiforme dorada sobre un ligero tambor, destaca el **Kolokolnaja** (campanario; 6), construido en 1690, que alcanza una altura de 72 m. con cinco pisos octogonales. El tercer piso se abre, mediante amplias arcadas, para dar cabida a las Campana Grandes, mientras que el quinto contenía las Campanas Pequeñas.

Novodevič'e kladbišče★★. Adyacente al lado sur del convento, pero con acceso independiente (calle Hamovničeskij val 50), está el llamativo cementerio Novodevičij (abierto al público desde 1987; *visita: de 11 h a 16 h; lunes y martes cerrado*). Lugar de sepultura de los hombres más ilustres, alberga las tumbas de Gogol, Chéjov, Mayakovski, Ostrovski, el pintor Serov, la escultora Vera Muhina, los compositores Skrjabin y Prokofiev, y los directores Stanislavski y Eisenstein. Se encuentra también la tumba de Nikita Jruschov, el único de los grandes dirigentes comunistas que no fue sepultado en la Plaza Roja.

Una tumba ante la cual muchos visitantes se detendrán impresionados es la de Raissa Maksimovna Gorbachova, enterrada aquí a finales de 1999.

LAS ESTACIONES DEL METRO

Auténtico museo subterráneo, el metro de Moscú es uno de los más rápidos, profundos, extensos y también más lujosos del mundo. La variedad de estilos arquitectónicos, el gran muestrario de sistemas de iluminación, la riqueza de materiales y las técnicas empleadas convierten cada estación en una obra de arte en sí misma, por lo que se aconseja realizar un recorrido del mismo a través de las estaciones más bellas.

Los trabajos de construcción comenzaron durante los primeros meses del año 1933, después de que una comisión de expertos visitase los más importantes de entre los casi 20 metros que existían entonces. Los tiempos de ejecución enormemente reducidos y la contraposición con las tecnologías occidentales convirtieron la obra en una "batalla por el mejor metro del mundo" (A. Ščusev), confiada por completo a obreros soviéticos y realizada con materiales exclusivamente nacionales. El primer tramo, inaugurado solemnemente el 15 de mayo de 1935, enlaza Sokol'niki y la Komsomol'skaja.

La primera fase de los trabajos, interrumpidos únicamente por la guerra, abarca el periodo que va de 1935 a 1955. Las estaciones de esta época ponen de manifiesto el prestigio y la autoridad del poder central. Se distinguen por la lujosa decoración y la riqueza de los materiales empleados, como piedra, mármol y granito, y por las grandiosas lámparas, elemento éste esencial de la decoración.

La fase siguiente, abordada entre 1955 y 1970, coincide con la repentina y desordenada aparición de nuevos barrios de viviendas en la periferia, en los que se alterna la funcionalidad y los periodos de edificación más rápidos. Esteticismos y decoraciones redundantes dejan espacio a lo esencial y lo práctico: desaparecen los lujosos revestimientos de mármol, sustituidos casi en todas partes por los más económicos y funcionales baldosines.

La tercera fase, que abarca desde los años 70 hasta nuestros días, se caracteriza por una mezcla de elementos propios de la primera y de la segunda fase, dando mayor importancia al confort y a una planificación más racional. Vuelven a utilizarse los materiales valiosos, mármol, metales y cristal, y las estaciones más recientes se presentan más sobrias y elegantes, incluso futuristas.

La red metropolitana cuenta en la actualidad con 11 líneas que alcanzan una extensión de 260 km. Está prevista la construcción de otros 35 km de vías y 17 estaciones. El intervalo entre dos trenes es de 90 segundos y la velocidad media es de 42,5 km/h. El metro de Moscú transporta diariamente a 10 millones de pasajeros.

Komsomol'skaja (Комсомольская), estación de la línea Kol'cevaja. Fue terminada en 1952 y premiada en la Exposición Univer-

Estación del metro moscovita.

sal de Bruselas junto a la Kropotkinskaja. Es una de las estaciones que más llama la atención por su rica ornamentación arquitectónica. La sala principal tiene 190 m de longitud, con una bóveda de 7 m de altura y se halla iluminada por gigantescas lámparas. En los capiteles de los 72 pilares octogonales cubiertos de mármol se apoyan arquillos rebajados. La decoración se remonta a la tradición del clasicismo del siglo XIX, al igual que el palacete de acceso. También la estación Komsomol'skaja, en la línea Kirovsko-Frunzenskaja, fue realizada por D.N. Čečulin de acuerdo con los cánones clásicos, pero con un estilo más sobrio y riguroso, que utiliza hoces y martillos y espigas de trigo como elementos decorativos para los capiteles y los techos.

Kievskaja (Киевская). Del mismo Čečulin son los andenes y pasillos de la estación Kievskaja, en la línea Filovskaja, combinando elevadas columnas de mármol con un techo de casetones redondos que albergan el sistema de iluminación.

Krasnye Vorota (Красные Ворота). La modernidad de los cuatro grandes arcos de la entrada no permite imaginar un túnel de estilo decididamente clásico, con una bóveda de cañón con casetones y grandes columnas recubiertas de mármol rojo. El interior es obra de A. Fomin, defensor de la tradición antigua reelaborada en el denominado estilo "dórico soviético".

Vistosos mosaicos adornan la estación de Kievskaja.

Čistye prudy (Чистые пруды). Sobriedad y claridad formal determinan el estilo de esta estación, obra de N. Kolli. El palacete de acceso, con grandes claraboyas redondas, confirma la continuidad de las vanguardias rusas.

Lubjanka (Лубянка). Es famosísima la fachada del palacete que da a la Lubjanka, caracterizada por el contraste de los grandes arcos abocinados de la entrada y el pequeño tamaño de los ventanales superiores. Es obra de los arquitectos Lovejko, Rukovoditel y Fridman.

Kropotkinskaja (Кропоткинская). Fue construida siguiendo un proyecto de A. Duš kin y J. Lichtenberg. La alternancia entre las tonalidades del techo y los revestimientos de mármol caracterizan su estilo. El fuste de las columnas se prolonga más allá de los capiteles, alargándose en el techo con el tema de la estrella de cinco puntas. La iluminación surge de los capiteles inundando el entorno de una intensa luz difusa.

Sportivnaja (Спортивная). En el interior de esta estación se ha instalado el **Museo de la Historia del Metro,** que ofrece una perspectiva de las etapas y los trabajos de ejecución del metro de Moscú. *(visita: de 11 h a 18 h los lunes y de 9 h a 17 h los martes y viernes).*

Arbatskaja (Арбатская). De extraordinaria amplitud y luminosidad, esta estación de la línea Arbatsko-Pokrovskaja posee techos de estuco y lámparas de estilo tradicional ruso. Resulta interesante el pabellón de entrada de la línea Filovskaja, edificio de planta central -realizado por L. Teplickij- y cuatro frontones con columnas que se curvan.

Ploščad' Revoljucii (Площадь Революции). Construida en 1939, está dedicada, como sugiere su nombre, a la Revolución de Octubre. Bajo los 40 arcos del túnel de los trenes, destacan, unidos por parejas, los grupos escultóricos en bronce de los "héroes de la Revolución".

Kurskaja (Курская). Esta estación de la línea Kol'cevaja está dedicada en su totalidad al campo. En la entrada, una gran sala de planta circular se sustenta en un enorme y único capitel.

Majakovskaja (Маяковская). Fue construida por A. Duškin y finalizada entre 1938 y 1939. Con el nombre del famoso poeta ruso Vladimir V. Mayakovski fue presentada a la Exposición Mundial que se celebró en Nueva York en 1939, despertando notables adhesiones, en especial por el novedoso sistema de su estructura de acero. Las bóvedas son altas y alargadas. Las decoraciones de mosaico de los lunetos, realizadas según un proyecto de A. Deineka, identificado con el realismo socialista, representan en 35 escenas la conquista del cielo por parte de los deportistas soviéticos, anticipando el papel de la URSS en la exploración del Espacio.

Avtozavodskaja (Автозаводская). También fueron realizados por Duškin los andenes de la estación Avtozavodskaja, especialmente elegantes por la ligereza de los pilares, directamente unidos al techo sin la mediación del capitel. La original iluminación está formada por grandes lámparas redondas directamente aplicadas contra el techo.

LOS PARQUES

Antes del siglo XVIII, cuando la ciudad perdió el rango de capital, no había una sola residencia señorial de Moscú que no estuviera rodeada por un parque. De la tierra, la aristocracia rusa extraía sus propios medios y su blasón y, por tanto, no se podía concebir una casa nobiliaria sin un área verde alrededor, destinada al cultivo, la caza o el horticultivo. De tendencias occidentales, la familia imperial Romanov introdujo en Moscú, ya en el siglo XVII, el principio de la finca modelo, llamando agrónomos del extranjero para sus posesiones de Izmajlovo, pero la transformación del concepto de parque en el mundo ruso se materializó sólo con la europeización de la sociedad y la moda, que caracteriza la historia del país en la primera mitad del siglo XVIII. Fue entonces cuando la residencia de tipo semirural en el corazón de la ciudad fue sustituida por el jardín de tipo europeo, de espacios muy geométricos, con plantas bajas y arbustos recortados, salpicado de lugares de recreo. El ejemplo más ilustre de este paradigma compositivo es el parque de Kuskovo. Una vez convertida en parte integrante del panorama cultural continental, la Rusia urbana acusó el cambio de gusto y la afirmación de los cánones románticos, a finales del siglo XVIII. Testimonio de la fase de transición del jardín francés al pintoresco es el parque que se extiende alrededor del palacio de Ostankino. Precursora de los grandes espacios proyectados para las exposiciones universales, la Exposición de los logros de la economía soviética, rebautizada Recinto Ferial Ruso, ilustra de manera emblemática muchos aspectos característicos de la época de las grandes dictaduras europeas. También puede ser interesante visitar el parque de la Victoria ya que, a pesar de no tener valor estético, ilustra las nuevas tendencias del arte oficial, tan politizado como el del régimen anterior

El mito literario del Gorkij Park

Una serie considerable de novelas, en general seguidas de la película homónima, ha contribuido a crear una imagen de una Rusia poblada de espías, unos despiadados, y otros sentimentales, pero siempre ocupados en urdir intrigas. El lugar asignado para sus actividades secretas es, por supuesto, Gorkij Park. En realidad, el "park kultury i otdyha imeni Gor'kogo", parque de cultura y reposo Gorkij, es uno de los lugares con menos misterio que existen en la ciudad. Es cierto que las citas entre agentes secretos no se publican por lo general, y que los lugares que mejor se adaptan a tal fin son los más insospechados, pero desde luego los únicos escalofríos que produce Gorkij park son los de aquellos que deciden subir a la montaña rusa o los de quien, incautamente, se asoma a la valla de la hermosa ribera que lo rodea.

El parque (de pago, la caja está a la izquierda de la entrada), está prácticamente ocupado en su totalidad por atracciones de feria. Éstas no son comparables a las que ofrecen los centros de ocio más famosos del mundo, pero en cualquier caso pueden ser un recurso para los viajeros que, tras pasar varios días entre monasterios y museos, se sientan culpables ante sus hijos. Por otro lado, si algún padre no consigue renunciar siquiera por unas horas a la fascinación de la arquitectura rusa, conviene saber que aquí puede urdir una cruel trampa contra sus hijos y, fingiendo estar perdido, llegar al antiguo Neskučnyj sad (jardín de diversión), al sur, obligándoles a admirar los dos bellos pabellones neoclásicos del gran Matvej Kazakov y el bello jardín.

y alentado por la consabida megalomanía. Los parques de Moscú saben transmitir muchas cosas sobre Rusia: sus raíces rurales, su colosal y definitiva occidentalización, las contradicciones que ha vivido a lo largo del siglo XX; sin embargo, también son un lugar de esparcimiento, donde todos los veranos, un pueblo sediento de sol redescubre el placer de sentarse sobre el césped y donde, durante los largos inviernos, niños de rostros sonrosados persiguen con pasmosa habilidad el minúsculo disco de hockey.

Izmajlovskij park (III, C5-6). A la izquierda de la amplia šosse E'ntuziastov (avenida de los Entusiastas), a una distancia de unos cinco kilómetros del centro, comienza el inmenso parque de Izmaljovo (metro Izmajlovskij park) de 1.480 hectáreas. La enorme área, que más bien parece un pulmón de la capital que un lugar de ocio, puesto que en realidad se trata de un tupido y oscuro bosque, presenta aspectos notables sólo en la parte noroccidental, junto a la estación de metro de Izmajlovskij park. Al este de la estación, oculta tras las enormes torres del complejo hotelero Izmajlovo, triunfo de la arquitectura soviética de los años setenta hacia el que convergen rusos de provincias cercanas y lejanas a la conquista de las infinitas promesas con que seduce la gran capital, se extiende lo que queda de la finca de la antigua familia imperial. En el siglo XVII, el zar Aleksei hizo trasladar hasta aquí a unos 1.000 campesinos y llamó a asesores del extranjero para que le ayudaran a organizar una especie de explotación agrícola experimental. Fue así como se desarrolló una complicada estructura de estanques para el aprovechamiento hidráulico, de jardines con hierbas medicinales, de plantas exóticas y varios cultivos más o menos tradicionales. A lo largo del siglo XVIII, los Romanov perdieron el interés por la finca, que decayó progresivamente. En el siglo XIX, el complejo se convirtió en una casa de reposo para los inválidos de guerra, mientras que de 1924 a 1960 albergó un poblado obrero. Sus estructuras alojan en la actualidad bancos y oficinas. El conjunto, como se muestra hoy día, es fruto de las reformas decimonónicas, mientras que del siglo XVII quedan la bella puerta y la **Pokrovskij sobor** (catedral de la Intercesión), de 1671-1672, erigida para conmemorar la victoria sobre Polonia por parte del zar Aleksei. Las cerámicas que decoran la fachada son obra de Stepan Polubes.

De notable interés es también el pórtico de entrada, imitado en muchos monasterios. Construido en 1682 por Terentij Makarov, con forma rigurosamente geométrica consta de una gran entrada central y dos de menor tamaño a los lados.

Ostankino. El enorme parque de más de 1.000 hectáreas, era una de las fincas del conde Šeremetev; actualmente comprende, además del antiguo **palacio de Ostankino,** los estudios e instalaciones de la televisión estatal, el jardín botánico y el centro ferial ruso.

En el extremo meridional de la inmensa extensión verde, en 1969 se construyó toda una ciudad de la televisión, con 18 platós y dos salas de más de 1.000 metros cuadrados cada una. El edificio de mayor interés de todo el complejo es la **Ostankinskaja Televizionnaja bašnja**★ (III, B4; torre de la Televisión; metro VDNH). Orgullo de la ingeniería soviética, se apoya sobre 10 gigantescos pilares, mide 533 metros de altura y se calcula que su peso total es de 600.000 toneladas; cuando el viento es muy fuerte, la cima puede oscilar hasta 14 metros. Los ascensores suben a una velocidad de unos 10 metros por segundo. La torre fue destruida en 2000 por un pavoroso incendio y, desde entonces, está cerrada por tiempo indeterminado.

A sus pies, se encuentra un agradable **lago,** frecuentado por bañistas estivales y patinadores invernales.

Ostankinskij dvorec-muzej★★ (III, B4). En la orilla opuesta se encuentra el neoclásico palacio-museo de Ostankino (*visita: de 10 h a 17 h, de mayo a octubre; lunes y martes cerrado; en cuanto la humedad supera el umbral del 80%, el palacio se cierra. Durante el verano, conciertos lunes, miércoles y domingo, con propuestas del repertorio del siglo XVIII*). Se erigió en 1791-1798, según proyecto de Fëdor Argunov, utilizando la madera como único material de construcción. Cada dependencia del suntuoso palacio, de la Sala Azul al Salón Carmesí, desde la galería de pintura a la sala de instrumentos musicales, se proyectó en función del elemento central del palacio y de la vida de su constructor, Nikolai Petrovič Šemeretev: el **teatro**★★, milagrosamente conservado hasta nuestros días. Propietario de inmensos latifundios, ordenó que reuniesen en Moscú a los 200 jóvenes más prometedores del canto de entre sus decenas de miles de siervos, y allí les instruyó, contratando maestros italianos, franceses y alema-

LOS PARQUES

Museo de Cosmonáutica y monumento a los Conquistadores del Espacio en el amplísimo complejo del recinto ferial.

nes. Para ellos, mandó construir el asombroso palacio y el inmenso vestíbulo de la escena que, con sus sorprendentes juegos coreográficos y su perfecta acústica , era la más célebre de Moscú. El amor desmesurado por el teatro se mezcló con el de una mujer, la sierva Praskov'ja Kovalëva, cuyo nombre artístico era Žemčugova, "la perla", cantante de voz divina con la que el conde se quiso casar, despreciando las costumbres de la época. Cada tarde, los cónyuges preparaban un espectáculo, siempre diferente, para sus invitados (eran 116 las obras del repertorio), mientras los maquinistas se despachaban a su gusto con los más fantasiosos golpes de escena: actores que desaparecían bajo tierra, muebles y bastidores que desaparecían, el piso de la platea que podía subir en 30 minutos al nivel del palco escénico.

Aunque el uso de la madera cree grandes problemas de mantenimiento e imponga trabajos de consolidación que conducen en ocasiones a la clausura de algunas salas, la mayor fascinación del palacio se debe justamente al elemento en que está construido. Ciertamente, Šemeretev quiso que el templo de arte escénico erigido por su voluntad fuese de madera debido a motivos acústicos y para rendir un homenaje a la arquitectura tradicional rusa, pero sobre todo porque le fascinaba la idea de que hasta el material de construcción estuviese al servicio de las reglas del juego teatral, disfrazándose unas veces de piedra, otras de metal, otras de mármol, y armonizándose en un microcosmos en el que la vida quería ser teatro.

Los directores del museo han cuidado mucho la conservación del parque, conscientes de que la salubridad del ambiente circundante es indispensable para la solidez del fragilísimo palacio. El espacio verde conserva así el original diseño de finales del siglo XVIII, realizado por A. F. Mironov.

A la izquierda de la plaza se encuentra la **Troickaja cerkov'**★ (iglesia de la Trinidad), obra del arquitecto-siervo Pavel Potehin (1678-1692): siguiendo los cánones del barroco ruso, la iglesia tiene un cuerpo central con cinco cúpulas, torrecillas menores y campanario independiente (1877-1878, arquitecto Šultanov); los muros están decorados por frisos de ladrillo, una doble serie de columnas y mosaicos; un gracioso **pabellón** cubre la doble escalera de acceso.

Glavnyj botaničeskij sad★ (III, A-B3-4). Al norte del palacio de Ostankino, el parque (*visita: todos los días de 9 h a 17 h;* metro Botaničeskij sad) tiene su acceso en el número 26 de la prospekt Mira. Inaugurado en 1945 sobre un área de 361 ha, su atractivo más cautivador reside en la flora del Cáucaso, de Crimea, de Asia central, de Siberia y de Extremo Oriente. El jardín reúne 2.300 especies de plantas y más de 7.300 especies de flores (2.500 de rosas, 900 de narcisos y de tulipanes, centenares de gladiolos, lirios, peonías, dalias).

Vserossijskij vystavočnyj centr★★. A una parada de metro se localiza el recinto ferial ruso *(visita: todos los días de 10 h a 22 h, los pabellones hasta las 18 h;* en el interior del vastísimo complejo, que ocupa más de 300 hectáreas, funciona un servicio de transporte con autobuses y trenes). Es la antigua Exposición de los logros de la economía nacional de la URSS, complejo inaugurado en 1959 (el primer núcleo es de 1939), para celebrar las glorias de la patria del socialismo, sistema capaz de satisfacer todas las necesidades, incluidas las materiales, de la humanidad. El conjunto de las construcciones constituye un incomparable catálogo del estilo oficial de la era soviética: la enorme importancia ideológica que revestía el lugar impidió todo tipo de desviación arquitectónica con respecto al realismo socialista, con la única intrusión de elementos propios del estilo nacional de las distintas repúblicas soviéticas, interpretado según los nuevos dictámenes compositivos.

Meta tradicional de las excursiones escolares y de los viajes para trabajadores modelo, unía magistralmente al orgullo nacional y a las connotaciones ideológicas, la posibilidad de disfrutar de momentos de esparcimiento gracias a sus muchos restaurantes y cafeterías y al parque de atracciones. Los distintos pabellones, 81 en total, diseminados por la inmensa área del parque, celebran los principales temas de la ideología soviética, desde la concordia entre el proletariado urbano y el rural a la tecnología al servicio de las masas y la amistad entre los pueblos. El edificio de mayor interés es el **pabellón central,** frente a la entrada, coronado por una cúspide de 35 metros, obra de los arquitectos Ju. V. Ščuko y de E. A. Stoljarov. En los extremos de la plaza adyacente, se hallan dos fuentes, la primera dedicada a la amistad entre los pueblos, con estatuas de bronce que parecen girar en mitad del agua espumeante, la segunda, llamada "la flor de piedra" decorada con piedras de colores de los Urales.

Perdida la función celebrativa y de museo, todos los pabellones albergan hoy tiendas, o incluso almacenes, donde se amontonan mercancías de plástico a bajo precio. Sin embargo, el centro de exposiciones sigue siendo un parque de ocio donde almorzar a bajo precio al aire libre, probando los "šašlyki", pinchos de carne típicos de la cocina caucásica. Entre las atracciones del parque, destaca la noria, cuyos directores aseguran que es la más alta de Europa.

Ante la entrada principal, situado al final de la prospekt Mira, se encuentra el **monumento a los Conquistadores del espacio**★★**,** de 1964, flecha de acero revestida de titanio, de 100 m de altura, que representa la trayectoria de un misil hacia el espacio; es obra del escultor A. P. Fajdš-Krandievskij y de los arquitectos M. O. Baršč y A. N. Kolčin. En la base del obelisco se ha instalado el Memorial'nyj **Muzej Kosmonavtiki** (Museo de Cosmonáutica; *visita: de 10 h a 19 h; lunes y último viernes de mes cerrado),* en cuyo interior se muestran los más importantes descubrimientos que se encontraban anteriormente en el pabellón Kosmos, el más visitado del centro de exposiciones. Son especialmente notables los modelos a escala original de los vehículos y estaciones espaciales (también se ilustra la vida que llevaban los cosmonautas en la Mir). Una película muestra los distintos momentos de la partida de un reactor espacial. Detrás del monumento, se alza un grandioso **arco**★, de 1954, coronado por un grupo que representa a un obrero y una campesina sosteniendo un haz de trigo; el arco hace las veces de puerta principal de la exposición. Un tanto alejado, a la derecha del arco, se encuentra el colosal **grupo escultórico del obrero y la koljosiana**★★**,** con la hoz y el martillo. La celebérrima escultura, paradigma del realismo socialista, de 25 m de altura y 75 toneladas de peso, fue realizada por Vera Muhina para el pabellón soviético de la Exposición Internacional de París de 1937. Se trata de la primera escultura de acero inoxidable cromado de la historia.

Kuskovo★ (III, D6). En medio de un gran parque, a orillas de un lago artificial excavado en 1770, se alza el hermoso palacio de Kuskovo (*visita: de 10 h a 18 h; en invierno, de 10 h a 15 h; lunes, martes y último miércoles del mes cerrado;* se puede llegar con el autobús 133 y 208 desde la estación de metro Rjazanskij prospekt), edificio de madera de líneas clásicas construido por arquitectos-siervos del conde Šeremetev, según proyecto de A. F. Mironov (1769-1775). Dos rampas conducen a la pronaos jónica rematada con frontones mientras que varias alas saledizas cierran la fachada. En el interior, fastuosamente restaurado, resaltan los tapices flamencos de finales del siglo XVII. Desde la gran sala posterior o de los Espejos, se contempla una bella vista de los jardines y, al fondo de la avenida, el invernadero de naranjos de Arguno

LOS PARQUES

y Blank de 1761-1762, que alberga el **Muzej Keramiki**★★ (Museo de la Cerámica).

La colección, aunque no se expongan las 2.500 piezas a la vez, es de sorprendente riqueza, con ejemplares únicos provenientes de los principales museos rusos y de las colecciones Sukin y Morozov. También son prestigiosas la serie de las **porcelanas de Meissen,** de 1709, firmadas por Adma von Löwenfick, y las delicadas figuritas de Johann Joachim Känler (siglo XVIII). La cerámica inglesa está representada gracias a las soberbias **porcelanas de Chelsea** (1750 aprox.) y de Wedgwood. Las cerámicas francesas empiezan con las obras de Bernard Palissy (siglo XVI) y continúan con la producción de Sèvres y con las obras realizadas por M. E. Falconet para Catalina II; la producción de Sèvres consta de una preciosa vajilla en camafeo (1770 aprox.) y de servicios de mesa en estilo egipcio anteriores al siglo XIX, entre ellos el regalado por Napoleón al emperador Alejandro I (1808), que se exhibe en la mesa elegantemente servida al final de la sala. Las piezas de producción rusa son también muchas, pero la que es verdaderamente única es la colección de cerámicas del periodo soviético, con un panorama que va de las obras de la vanguardia al constructivismo y a la posguerra.

De particular belleza es el **parque**★★ de estilo francés, con sus setos floridos, sus esculturas en mármol, sus pérgolas y sus fuentes, mientras los demás edificios del complejo, es decir, la Casa holandesa, el Ermitage y la Casa italiana no son de especial interés.

Vorob'ëvy gory★. Agradable espacio verde del centro y tradicional punto panorámico, las colinas de los Gorriones (metro Universitet) se encuentran entre los lugares más cargados de historia de la ciudad. Aquí se refugió Iván el Terrible cuando Moscú fue incendiada (1547); desde aquí siguió Napoleón las fases de la conquista de la ciudad (14 de septiembre de 1812) y la artillería bolchevique bombardeó el Kremlin en 1917. En el punto más alto de las colinas, encontramos una imponente explanada acabada en una balaustrada de granito rojo. Desde la cima, se goza de una soberbia **vista**★★ de la ciudad, con el trampolín olímpico en primer plano y, en la otra orilla del río, el **estadio Lužniki** (toma su nombre del barrio, la "ciudad de los deportes" de Moscú). Es uno de los más modernos de Europa, capaz de dar cabida a 85.000 espectadores, todos sentados y cubiertos. Ha robado protagonismo al estadio Lenin, testigo de los acontecimientos deportivos más importantes de la Unión Soviética. A es-

Grupo escultórico del obrero y la koljosiana, imponente paradigma del realismo socialista.

paldas de la plazoleta, atestado de puestos, se abre un amplio ensanche en el que domina la colosal estructura de la Universidad Estatal.

Moskovskij Gosudarstvennyj Universitet imeni Lomonosova★. La Universidad Estatal de Moscú (II, F1), es más conocida como Universidad Lomonosov, nombre del fundador (1755). El actual edificio, que constituye lo que se llama literalmente una ciudad universitaria, es de 1953. Construido en estilo monumental que expresa simbólicamente la voluntad de supervivencia y de grandiosidad del pueblo soviético tras las catástrofes de la II Guerra Mundial, es uno de los siete edificios, similares entre sí, que surgieron en Moscú en época de Stalin. Famosa hasta el punto de constituir un símbolo del Moscú moderno, la Universidad es un gigantesco cuerpo central de 32 plantas y alas laterales de 17 plantas; la **cúspide** central llega a los 240 metros de altura. Los edificios anejos, incluida la antigua **iglesia de la Trinidad,** de 1811, forman un núcleo autónomo de estudio, de vida, de relaciones sociales y de ocio cultural y deportivo para los estudiantes, tanto rusos como extranjeros; estatuas y monumentos llenan la avenida de acceso hasta la gran **estatua de Lomonosov.**

Park Pobedy. El parque de la Victoria comprende un área monumental de 135 hectáreas, recuerdo y celebración de la victoria en la II Guerra Mundial. Este lugar adoptó su actual fisonomía en 1995, cincuentenario del triunfo, dando un giro radical a la anterior disposición de la zona. Para hacer sitio a los actuales monumentos se ha aplanado, por ejemplo, la famosa **Poklonnaja gora** (colina del Adiós), punto panorámico desde el cual, durante siglos, los visitantes de Moscú daban el último adiós a la ciudad.

En la actualidad, en este lugar se encuentran la avenida de los héroes, el **Museo de la Gran Guerra Patriótica** (así llaman los rusos a la II Guerra Mundial; *visita: de 10 h a 17 h, lunes cerrado),* un obelisco de 145 m que representa a Nike (la Victoria) con S. Jorge en el basamento y una iglesia de Z. Cereteli dedicada al mismo santo.

Mucho más elegante que el pesado conjunto arquitectónico del parque, que ha destruido uno de los lugares más románticos de Moscú, es la larguísima **Kutuzovskij prospekt★,** a la que da el citado parque. Esta arteria debe su nombre al general Kutuzov, comandante del ejército ruso en 1812, cuando Napoleón marchó sobre Moscú. A él está dedicado el **monumento** ecuestre que se encuentra al principio de la avenida, obra de N. V. Tomski (1973); junto a él, se halla el **Muzej-Panorama "Borodinskaja Bitva"** *(visita: de 10.30 h a 18 h; viernes y último día de mes cerrado;* Kutuzovskij prospekt, 38) museo que recuerda la célebre victoria de los rusos sobre Napoleón en Borodino, con una enorme **tela★**, entre otras cosas, de 115 por 15 metros, de gran viveza y eficacia, realizada por Rubot en 1910-1912.

Tras el museo, inaugurado en 1962, se encuentra todavía la **Kutuzovkaja izba,** la casa de campesinos en la que el mariscal Kutuzov llevó a cabo el célebre consejo de guerra, al final del cual dio la orden de retirada, dejando Moscú libre para los franceses, y conduciéndoles así a una de las más colosales trampas de la historia de la estrategia militar. Restaurada y reconstruida en su interior, basándose en antiguas reproducciones, la "izba" de Kutukov pertenece hoy al complejo del museo. A poca distancia del museo se encuentra el **arco del Triunfo,** que conmemora la victoria, erigido en 1817 por O. I. Bove.

Alrededor de los memoriales de las grandes victorias rusas de 1812 y 1945, surgen los edificios residenciales más prestigiosos de la ciudad, construidos, principalmente, durante la era estalinista. La avenida atraía especialmente a los dirigentes del Partido Comunista: en el número 26 tenían su residencia privada tanto Brezhnev como Andropov.

LOS GRANDES MUSEOS

A pesar de haber sido destituida de su función de capital, durante los siglos XVIII y XIX, Moscú mostró vivacidad y capacidad de emprendimiento. No faltaron aristócratas, profesores y nuevos empresarios que supieron dar impulso a la vida cultural de la ciudad, fundando instituciones, apoyando el arte, coleccionándolo y, sobre todo, promoviendo el nacimiento de importantísimos museos, con profusión de obras maestras de fama mundial. La relevancia de su papel fue también reconocida por el poder soviético y, así, el Museo Pushkin y la Galería Treiakov, lejos de quedar relegados por las innumerables colecciones y complejos de exposiciones de los que se dotó a la ciudad, acrecentaron la cantidad y calidad de sus colecciones.

Galería Tretiakov

Tret'jakovskaja Galereja★★ (I, E3; *visita: de 10 h a 19.30 h, lunes cerrado.* Lavrusinskij pereulok número 10; telf. 2335223). El conjunto de edificios que componen la Galería Tretiakov cuenta con guardarropa, bar, restaurante, dos librerías donde se pueden adquirir catálogos, libros, postales o cintas de vídeo, y algunos puestos donde se venden cintas con la explicación de la visita en varias lenguas. Esta galería se abrió de nuevo al público en 1994, después de unas obras de acondicionamiento que duraron más de diez años. En la actualidad la Tret'jakovskaja Galereja es un museo moderno, cuidado y de gran interés cuya muestra ilustra el arte ruso desde sus orígenes hasta las realizaciones más vanguardistas.

Historia del museo. Pavel Mihailovic Tretiakov, nacido en Moscú en 1832, no recibió una educación especialmente elitista. No obstante, dada su extraordinaria sensibilidad, recibió la influencia del clima que caracterizó los años sesenta del siglo XIX, dominados sobre todo por la literatura, y por un acusado impulso populista. De la lectura de los grandes escritores de su época surgió un interés cultural que le dirigió hacia el coleccionismo de obras de arte de maestros que debían ser exclusivamente rusos, en línea con el proyecto de renacimiento del país que animaba el debate en aquellos años. De esta manera, Pavel y su hermano Sergei se convirtieron en los grandes mecenas de Rusia, apoyando, sobre todo, la obra de la nueva escuela realista, conocida como los "Itinerantes", aunque sin dejar de lado las demás tendencias, lo que confería a su colección de arte ruso un carácter universal. La colección Tret'jakov se abrió al público en 1881 con más de 500 obras. Al morir el último Tretiakov, la colección fue legada a la Duma de Moscú y continuó creciendo, sobre todo en 1918, al confiscarse las colecciones privadas. La colección de iconos y, en concreto, del pintor Ostrouhov, tal vez la mejor del mundo, se incorporó a la galería

Galería Tretiakov.

en 1929. El rapidísimo crecimiento de la colección planteó el problema de la ampliación del edificio ya en el siglo XIX, cuando todavía vivía allí Pavel Mihailovic.

En sucesivas etapas se fueron añadiendo alas al cuerpo principal del edificio, hasta que, en 1901-1902, cuando el palacio ya había asumido las funciones de museo, V. M. Vasnecov proyectó la nueva fachada que se ha convertido en uno de los emblemas arquitectónicos de la capital. La completa reestructuración llevada a cabo en los años ochenta y noventa del siglo XX ha permitido una más lógica distribución de las salas, una iluminación más adecuada y una mayor comodidad de la visita. No obstante, la colección de la galería está formada por más de 100.000 obras, con lo que el problema de espacio sólo se ha resuelto en parte. Afortunadamente, la apertura de la filial de la calle Krimskij val ha hecho posible la exposición de las obras más significativas de los años veinte y posteriores del siglo XX.

Modalidad de la visita y advertencias. Los responsables del museo decidieron respetar la disposición de los fondos tal como la concibiera en su día Tret'jakov, de modo que en las salas centrales se exponen las obras del periodo realista. Esto implica ciertos problemas para el visitante que pretende realizar un recorrido cronológico de las obras (como el que se sugiere a continuación), ya que la sección dedicada a los iconos figura como un anexo de la exposición. No obstante, se aconseja iniciar la visita por las salas que ilustran el periodo más antiguo y conservar la entrada a fin de poder entrar de nuevo al edificio principal. En el itinerario que se propone sólo se mencionan las salas de mayor interés.

Planta baja. El acceso al edificio se encuentra situado a la derecha de la entrada. La visita comienza en la **sala 40**, a la derecha de la cual se halla la sección dedicada al arte antiguo.

Sala 56. Está destinada a los maestros bizantinos del siglo XII que iniciaron en Rusia la tradición de la pintura religiosa y fundaron una escuela.

Sala 57. En esta sala se expone una colección de iconos de distinta procedencia. En el centro destaca la célebre imagen de la *Virgen de Vladimir*★, obra realizada a comienzos del siglo XII: es la virgen más venerada de Rusia; en 1136 fue trasladada de Bizancio a Vysgorod y de aquí se llevó a Vladimir en 1155; en 1390 fue trasladada de nuevo a la catedral Uspenskij en el Kremlin.

Sala 58. Recoge la obra de las escuelas de Novgorod y Pskov creadas durante el periodo de dominación tártara (siglos XIII al XV). Es una pintura destinada a la ornamentación de pequeñas iglesias, por lo que sus dimensiones son bastante más reducidas que las del periodo anterior. Ambas escuelas surgieron en ciudades de tradición mercantil, de aquí el predominio del color y la abundante representación de escenas urbanas.

Sala 59. Esta muestra ilustra un periodo de renovada influencia bizantina (escuela de Tver', siglo XIV, y escuela de Moscú, mismo siglo). En la tercera vitrina se puede contemplar un icono atribuido a Teofanes el griego: en un lado se representa *La Dormición*★ y en el otro *La Virgen del Don*★★. Al fondo de la sala, a la izquierda, destaca el icono de la *Preobrazernie*★★ (o de la Transfiguración), una obra fechada entre los siglos XIV y XV, atribuida también a Teofanes, en el que se representa el Evangelio según San Mateo. El icono procede de la catedral de Pereslavl'-Zalesskij. Al fondo a la derecha llama la atención el icono de los *Santos Boris y Gleb*★★ (1340), un joven príncipe de Kiev asesinado por su hermano; esta obra procede de la catedral de Uspenskij en el Kremlin y está considerada como una de las joyas de la escuela de Moscú.

Sala 60. En la primera parte de la sala se expone la obra del maestro Dionisij; especial relieve alcanza el icono del *Redentor*★, semejante en el tema y en el estilo a la obra del mismo nombre realizada por Andrej Rublëc que domina el final de la sala. En la última vitrina se guarda la *Trinidad*★★, obra maestra de Rublëv, realizada para la catedral del monasterio de la Trinidad de San Sergio en Sergiev Posad. Este icono, realizado entre 1422 y 1427, sigue el modelo de *la Cena* y de *La hospitalidad de Abraham*: en el centro de la mesa destaca el cáliz del sacrificio de Cristo; la Trinidad está representada en las figuras de tres ángeles: Dios Padre a la izquierda (que anuncia el sacrificio del Hijo), Cristo en el centro (que bendice el sacrificio) y el Espíritu Santo a la derecha (que confirma la necesidad del sacrificio). Andrej Rublëv es el máximo representante de la pintura rusa (1360-1430 aprox.) La inquieta vida de este monje artista, muerto en el monasterio de San Andronico y canonizado por la iglesia rusa en 1989, fue recreada en una espléndida película de Tarkovskii. Rublëv rompió definitivamente con la inmovilidad de la iconografía greco-oriental y dio expresión poética a la fuerza y la ternura, la solemnidad y la sencillez del alma rusa.

Sala 61. Se exponen iconos cuya fecha es incierta o cuya restauración deja mucho que desear.

Sala 62. Iconos del siglo XVII; en el fondo de la sala destaca la obra de Simon Usakov.

Primer piso. (Para subir al primer piso hay que regresar a la entrada del museo). El progresivo carácter laico de la sociedad rusa favoreció la superación de los temas y cánones eclesiásticos y la aparición del retrato como nuevo género pictórico.

Sala 1. Obras de la época de Pedro el Grande. Retratos de la emperatriz Isabel Petrovna y de la emperatriz Ana Ioannovna.

Sala 3. Retratos de Catalina II, Pedro III y el conde Orlov. Obras de los llamados "rossiki", artistas extranjeros que pintaban para la corte y la aristocracia rusa.

Sala 4. Obras academicistas de mediados del siglo XVIII.

Sala 5. D.G. Levickij y su escuela. Levickij era el pintor de retratos más importante durante el reinado de Catalina II.

Sala 6. Obras de finales del siglo XVIII: primeros paisajistas. Destaca la figura de S.F. Scedrin *(El puente de Gatcina, Paisaje campestre de San Petersburgo).*

Sala 7. V.L. Borovikovskij, gran retratista que vivió a caballo entre el siglo XVIII y el XIX *(Retrato de M.I. Lopuhina★).*

Sala 8. Los primeros románticos: O.A. Kiprenskij *(Retrato de A.S. Pushkin★)*; paisajes italianos de S.F. Scedrin, sobrino del pintor del mismo nombre.

Sala 9. K.P. Brjullov *(Autorretrato, La caballeriza★* y en la vitrina, *Mediodía italiano),* un artista de escasa originalidad pero de gran talento que vivió en la primera mitad del siglo XIX.

Sala 10. A.A. Ivanov *(La aparición de Cristo al pueblo★★).* Tras realizar estudios de arte en la Academia de San Petersburgo Ivanov se trasladó a Italia y durante más de veinte años dedicó su vida a la realización de esta obra colosal, parte de cuyos bocetos se exponen en la **sala 12.** Como Gogol' con la literatura, Ivanov utilizó su arte para despertar en la conciencia del pueblo ruso un sentimiento de fraternidad. A su regreso a Rusia fue acogido con frialdad y poco después murió. Entre los personajes del pueblo que reciben la aparición mesiánica de Cristo se distingue un retrato de Gogol' (a los pies del caballero vestido con una túnica marrón) y un autorretrato del autor, personaje que aparece con un sombrero gris bajo el brazo de San Juan Bautista.

Sala 14. A.G. Venecianov *(La canícula, La labranza, Retratos de campesinos),* es un pintor romántico que idealiza la vida rural. Las naturalezas muertas y escenas de interior de los alumnos de su escuela fueron las primeras manifestaciones de estos géneros en el arte ruso.

Sala 15. Seguidores de la escuela romántica cuya obra deja traslucir una notable vena irónica. Entre ellos destaca P.A. Fedotov con *La propuesta de matrimonio del mayor* y *El desayuno del aristócrata.*

Sala 16. En la pared situada a la derecha de la sala se pueden contemplar las dos primeras adquisiciones de P.M. Tret'jakov *(Encuentro con los contrabandistas finlandeses,* de V.G. Hudjakov, y *Tentación,* de N.G. Silder). La mediocridad de las telas pone de manifiesto como el gusto de este gran coleccionista se fue refinando con los años.

Sala 17. V.G. Perov, fundador del movimiento de artistas "Iti-

La aparición de Cristo al pueblo, de A.A. Ivanov.

nerantes" *(Retrato de A.K. Savrasov*★, *Retrato de Dostoevskij*★, *Cristo en el huerto de Getsemaní*★*). Hacia 1870 se formó una nueva escuela de inspiración realista preocupada por los temas sociales. Esta escuela tenía como objetivo llevar el arte a las clases populares, por lo que promovieron y organizaron exposiciones itinerantes por todo el territorio ruso. De aquí el nombre de escuela de los "Itinerantes".

Sala 18. Paisajes de la escuela de los "Itinerantes".

Sala 19. Marinas de I.K. Ajvazovskij.

Sala 20. I.N. Kramskoj *(Retrato de Salty*★★, *Retrato de mujer desconocida*★, *Cristo en el desierto)*, gran retratista de la escuela de los Ambulantes.

Sala 21. A.I. Kuindzi *(Apuntes del Dnepr*★★, *Mañana en el Dnepr, Noche ucraniana)*, un artista casi desconocido incluso para sus contemporáneos, precursor del simbolismo ruso.

Sala 25. I.I. Siskin *(Mañana en el pinar, El centeno)*, un pintor muy querido por los rusos, cuya obra sirve para ilustrar tanto los cromos de las chocolatinas como los libros de texto de primaria.

Sala 26. V.M. Vasnecov, máximo exponente del romanticismo ruso, una corriente artística que alcanzó su mayor apogeo a finales del siglo XIX *(Alënuska; El zarevich Iván sobre un lobo gris)*. La obra de Vasnecov se inspira en las fábulas y relatos épicos de la tradición rusa, si bien más tarde evolucionó hacia el estilo modernista *(Las tres princesas del mundo subterráneo)*.

Sala 27. V.V. Vereshaguin, pintor de guerra que acompañó al ejército ruso en numerosas campañas militares, momentos que supo plasmar con maestría en sus obras. Gran viajero, plasmó con su pincel la violencia de la vida en Asia central. Sus obras más significativas reflejan temas de inspiración pacifista *(Los derrotados, Misa fúnebre, Apoteosis de la Guerra;* en el marco de esta última se lee una mordaz dedicatoria: "a todos los grandes conquistadores pasados, presentes y futuros").

Sala 28. V.I. Surikov *(La mañana del ahorcamiento de los Streltsí, La boyardina Morozova*★★ y los *Men'sikov en Berëzovo)*, pintor populista de retratos y escenas históricas. Es una de las figuras más importantes del movimiento de los "Itinerantes".

Salas 29 y 30. I.E. Repin, magnífico retratista y máximo exponente de la escuela de los Ambulantes *(Retratos*★, *La zarina Sofía, Iván el Terrible y su hijo Iván, 16 de noviembre de 1581*★★, *No se lo esperaba*★). En el marco de la gran tela que lleva por título *Alejandro III recibe a los jefes cosacos en el patio del palacio Petrovskij de Moscú* están grabados los escudos de todas las provincias cosacas.

Sala 31. N.N. Ge. En la pared derecha se exponen retratos y cuadros de temática variada que muestran la pertenencia del artista a la escuela de los "Ambulantes"; la obra más conocida es *Pedro I pregunta al zarevich Aleksej Petrovic en Peterhof.* En los años ochenta su obra evolucionó hacia los temas religiosos influido por la filosofía de la obra de Tolstoi. De este periodo son *El Gólgota*★★ y *Cristo en el huerto de Getsemaní)*, obras profundamente innovadoras.

Salas 32 y 33. M.A. Vrubel': es el pintor más importante de la escuela *modernista*, autor además de vidrieras, decorados teatrales, mosaicos y diseño de vestuario, siguiendo los cánones artísticos que marcaba la escuela. En la sala se expone una copia del mosaico que Vrubel realizó para la fachada del hotel Metropol'. El gran panel lleva por título *La princesa Greza*★ y hace alusión a la búsqueda infructuosa del ideal amoroso. A la izquierda de la sala hay una serie de pinturas de la serie *Fausto y Mefistófeles,* similares en su ejecución al estilo de los cartones para tapices y vidrieras, cuyo destino original era adornar el estudio gótico del palacio de A.V. Morozov. En la pared opuesta se expone una serie cuyo tema predominante es *El demonio*★.

Planta baja. Sala 37. Paisajes de los siglos XIX y XX; I.I. Levitan *(Jornada otoñal en Sokol'niki).*

Sala 38. Es un recorrido por las tres principales tendencias del arte ruso a comienzos del siglo XX. El romanticismo, inspirado en las fábulas y el folclore, está representado por las escuelas de Abramcevo y Talaskino; el estilo de esta última marca la primera etapa de Nicolai Roerich *(Huéspedes de ultramar).* El realismo, muy alejado de los cánones de la pintura realista del siglo XIX, tiene como tema central el mundo campesino; F.A. Maljavin *(Huracán).* Y el impresionismo.

Sala 39. La primera sección está dedicada a la obra de K.A. Korovin, el último de los impresionistas rusos, autor de magníficas escenas nocturnas de París *(París de noche*★, *París, Café de la Paix).* En la segunda se puede contemplar la obra de V.A.Serov, magnífico pintor de comienzos de siglo que ensayó todas las tendencias de la época *(Retrato de M.N. Ermolova*★★*, Retrato de G.L. Girsman*★★*, El rapto de Europa)*. También de Serov es el *Retrato de Nicolás II,* de 1900, tratado con gran dramatismo y sensibilidad.

Sala 40. Acoge una muestra poco significativa del importante movimiento pictórico de San Petersburgo conocido como "Mir Iskusstva".

Sala 41. Dedicada a V.E. Borisov Musatov, precursor del simbolismo ruso, un artista cuya obra no fue valorada en su tiempo *(El pequeño lago*★*)*.

Sala 42. Recoge la obra de los discípulos de Borisov Musatov reunidos en la escuela de "La rosa azul", quienes desarrollaron los temas centrales de la pintura del maestro (el parque como símbolo del paraíso, la pureza anterior al pecado original, el paraíso perdido): P.V. Kuznecov *(La fuente azul*★*, Los orígenes).* Del mismo autor son *En la estepa, Trabajando* y *Esquileo* (una obra que recupera la tradición de la antigua pintura rusa, hasta entonces considerada sólo desde un punto de vista histórico).

Cierran la colección las obras de P.V. Kuznecov, uno de los primeros en reivindicar el valor artístico de la pintura rusa clásica, considerada hasta entonces sólo desde el punto de vista arqueológico.

Las **salas 49 a 54** albergan una muestra de obra gráfica.

Arte moderno y contemporáneo en la Galería Tretiakov

GTG na Krymskom Valu★★ (II, E3). Gosudarstvennaja Tret'jakovskaja Galereja de Krymskij Val (*visita: de 10 h a 19.30 h, lunes cerrado*; ulica Krymskij Val número 10, telf. 2309766). La colección de arte moderno y contemporáneo de la galería Tret'jakov, recientemente instalada en la nueva sede frente al Gorkij Park, es una cita ineludible para los amantes del arte. Consta de 30 salas que albergan más de 700 cuadros, 350 grabados, 200 esculturas, una colección de excepcional valor de arte soviético y presoviético, con obras célebres de los más grandes artistas del siglo XX. Delante de la entrada hay un conjunto de esculturas monumentales de época soviética, dedicadas a los políticos más célebres; de todas las estatuas, retiradas de las plazas públicas al principio de los años noventa, destaca la de Lenin, antaño en el Kremlin, y la de Dzeržinskij, antes frente a la Lubjanka.

Moscú, *lienzo de A. V. Lentulov.*

El recorrido de la visita empieza con la obra de K.S. Petrov-Vodkin, autor que se inspira en la pintura clásica rusa para recrearla creando una obra de concepción neoclásica (*La madre, El baño del caballo rojo*★). A continuación se exponen la obra de las primeras vanguardias; en esta sección destacan M.F. Larionov *(Bailarines, El reposo del soldado*★★*)*, dos obras de un periodo posterior *(El gallo*★*, Cabeza de toro*★*)* y otra de su mujer N.S. Gončarova *(Pavo real al sol*★★*, Invierno. Recogida de rastrojos*★★*; Ornamento eléctrico).* A continuación se puede contemplar la obra de A.V. Lentulov, pintor vanguardista que imprime un carácter de tradición rusa a las tendencias futuristas *(La catedral de San Basilio*★*, Las campanas de la torre de Iván el Grande*★*).* Las salas siguientes están dedicadas a la escuela simbolista de "La rosa azul". Destaca la obra de P.V. Kuznecov y de M.S. Sar'jan. Después le toca el turno a Chagall, con la celebérrima pintura *Sobre la ciudad*★★; en la misma sala hay pinturas de N.I. Al'tman. Siguen otras obras de capital importancia en el arte del siglo XX: K.S. Malievich, *La siega del heno*★★ y el famoso *Cuadrado negro*★★, de 1915; de V.V. Kandinski, *Movimiento nº 7*★★; de V.E. Tatlin, el pintor que aporta sus diferentes experiencias vanguardistas a la nueva corriente constructivista, *Modelo*★★, *Estudios para la obra de Iván Susanin*★, *El vendedor de pescado*★★. Y sin

La epopeya del Tesoro escondido

Cuando el 17 de abril de 1996, las salas del Museo Puškin mostraron nuevamente al mundo las espléndidas joyas que forman parte del llamado Tesoro de Príamo, muchos esperaron que aquella mítica y maravillosa colección hubiese encontrado finalmente su lugar definitivo. Desgraciadamente, no ha ocurrido así, y el Tesoro se muestra al público sólo durante algunos periodos, en la sala destinada a exposiciones temporales. Al igual que otros bienes trasladados a la Unión Soviética por el Ejército Rojo después de la última guerra, el Tesoro de Príamo es hoy objeto de disputas diplomáticas con Alemania, que reclama la devolución del mismo. Por tanto, los responsables del museo no pueden dar forma definitiva a la exposición.

La fascinante historia del Tesoro nace gracias a la tenaz voluntad de investigación del arqueólogo aficionado Heinrich Schliemann que, convencido de la veracidad histórica de los poemas de Homero, descubrió el emplazamiento de Troya en la colina de Hissarlik, en Turquía. Durante una de las excavaciones, el 31 de mayo de 1873, a 8,5 m de profundidad, cerca de lo que supuestamente fueron las puertas de Troya, el alemán encontró, en el interior de un estrato de cenizas fechado entre los años 2600 y 2200 a.C., una serie de hallazgos compuesta por 8.830 piezas de oro, plata, bronce y ámbar. Lo llamó Tesoro de Príamo, aunque en realidad es mucho más antiguo, dado que los restos de la ciudadela de la Ilíada se deberían fechar entre los años 1700 y 1180 a.C. Schliemann sustrajo las piezas, las llevó a Alemania y se las ofreció al Louvre y al Ermitage, que las rechazaron. En 1881, nueve años antes de su muerte, las donó a la ciudad de Berlín, junto a sus propias colecciones, tras un fallido intento de compra por parte de la sociedad arqueológica rusa.

Pero la historia del Tesoro no termina aquí. Adquirió fama mundial en todo el mundo gracias a la fotografía de la segunda mujer de Schliemann, la griega Sofía (con su primera mujer, rusa, estuvo casado durante quince años y tuvieron tres hijos), que se puso diadema, collares y pendientes para retratarse recreando la figura de Helena (en la foto). Durante la II Guerra Mundial, estas riquezas corrieron un peligro extremo y, no se sabe a ciencia cierta cómo, fueron entregadas por el director del Museo de Historia Antigua de Berlín a las autoridades militares soviéticas. Durante años, estudiosos, aficionados y periodistas trataron de encontrar el escondrijo del Tesoro, cuando por una serie de circunstancias, muchas de las cuales no llegarán nunca a conocerse, éste reapareció en el Museo Puškin de Moscú, primero en forma de reproducciones bañadas en metal y, posteriormente, con la histórica exposición inaugurada en 1996.

---

dejar el "vanguardismo clásico", obras de P.N. Filonov y L.S. Popova. Espléndida es igualmente la sección dedicada al arte del realismo socialista, con esculturas de Vera Munhina. Las últimas salas están dedicadas al arte de los años ochenta y noventa del siglo XX.

Museo Pushkin

Muzej Izobrazitel'nyh Iskusstv imeni A.S. Puškina★★ (I, E2; Музей Изобразительных Искусств имени А.С. Пушкина; *visita: de 10 h a 18 h, lunes cerrado*; situado en el número 12 de la ulica Volhonka. *En el vestíbulo se pueden alquilar pequeñas grabadoras con un comentario del itinerario en varios idiomas).* El museo de Bellas Artes A. S. Pushkin ocupa un amplio edificio de estilo griego clásico: comprende una sección de Antigüedad y una de pintura.

Historia del museo. Gracias a la férrea voluntad del profesor de la Universidad de Moscú I. V. Cvetaev, en 1898, se llevó a cabo una importante recopilación de reproducciones en moldes de escayola de las obras de arte más famosas de la Antigüedad y el Renacimiento, a fin de dar a conocer estos tesoros, hasta ese momento difícilmente visitables, a los estudiantes. En el momento de la fundación del museo, se asignaron al arquitecto R. I. Klejn los trabajos para la realización de una amplia sede, que debía ser de estilo clasicista; la construcción del edificio, que aún alberga el museo, finalizó sólo en 1912. En torno a la gran gliptoteca se formó rápidamente una colección de originales de gran valor, que se enriqueció enormemente tras la Revolución; en 1924 se convirtió en Museo Central de Bellas Artes de Moscú con la aportación del antiguo

Museo Rumjacev, los cuadros del Gran Palacio del Kremlin, el Ermitage y distintos museos de Leningrado, Moscú y otras ciudades, de cuadros de colecciones privadas confiscadas por el Estado, sobre todo de las colecciones Ščukin y Morozov que incluían a los impresionistas franceses. En 1937, el museo pasó a llamarse Museo de Bellas Artes A. S. Pushkin, en honor del gran poeta. En 1996, el museo exhibió el famoso Tesoro de Príamo, que había desaparecido tras la II Guerra Mundial.

***Planta baja.* Arte Antiguo.** La **sala 1** se centra en la civilización egipcia de la Antigüedad, con una magnífica colección de sarcófagos de piedra, madera y momias de todas las dinastías egipcias y una riquísima colección de barcas funerarias★★. Se muestran además estatuas y bustos de faraones, esculturas de culto y profanas y una serie de relieves religiosos. En las vitrinas pueden verse otros relieves con figuras y una enorme cantidad de vasijas y ánforas, amuletos, joyas, piedras talladas y otros objetos de artesanía egipcia. En la **sala 2** se documenta el arte asirio-babilónico. Del arte de los sumerios se exponen textos cuneiformes del Oriente Próximo, así como el arte de Mesopotamia, la dinastía de Ur y la civilización de Mesopotamia septentrional, de la primera mitad del II milenio a.C. Se muestra asimismo el arte de Asiria, del I milenio a.C.; excavaciones de la civilización chipriota, del siglo VIII a.C.; la civilización neobabilónica, con tablillas con relieves★, de los siglos VII y VI a.C.; el arte sasánida, de los siglos V y VI d.C., y el arte urartu, así como esculturas de la antigua India. En las paredes, copias de grandiosos bajorrelieves del palacio de Amur Nasir Pal (siglo IX a.C.): los originales están en el Museo Británico de Londres.

La **sala 3** está destinada al arte bizantino. Se expone una magnífica serie de 18 retratos de *el-Fayum*★★, de los siglos II y III d.C.; un icono de San Panteleimon, del siglo XIV; un tríptico bizantino de marfil★★: *La Virgen con el Niño y los Santos Nicolás y Juan Crisóstomo*, del siglo X. Se exponen también iconos bizantinos de los siglos XI-XIV, un mosaico romano con San José★, del año 705, procedente de San Pedro del Vaticano; un mosaico romano con la Virgen, de los siglos XIII y XIV; un sudario fúnebre de un joven★★, magnífica labor egipcio-romana del siglo II d.C., y una colección de tejidos coptos, de los siglos V-VIII.

Pinacoteca. La **sala 4** alberga pintura italiana de los siglos XIII al XV. De entre los pintores venecianos y florentinos del siglo XIII se exponen obras de: Simone Martini (*María Magdalena*★ y *San Agustín*★), Bicci di Lorenzo (*Santos y Ángeles*★), Segni di Bonaventura *(Crucifijo* y *La Virgen con el Niño*★★*)*, Lippo Memmi *(Santa María Magdalena*★★ y *San Agustín*★*)* y Rossello di Jacopo Franchi *(Virgen y Santos)*. Se exponen también trabajos de Francesco d'Antonio da Ancona (políptico), Lorenzo Monaco *(La Virgen con el Niño),* Sassetta *(Santos Lorenzo y Esteban),* Sano di Pietro *(La Virgen con el Niño* y *Decapitación del Bautista*★*)* y Simone dei Crocifissi *(La Anunciación*★*)*. Completan la sala: Matteo di Giovanni di Bartolo *(La Vir-*

MUSEO DE BELLAS ARTES A.S. PUSHKIN

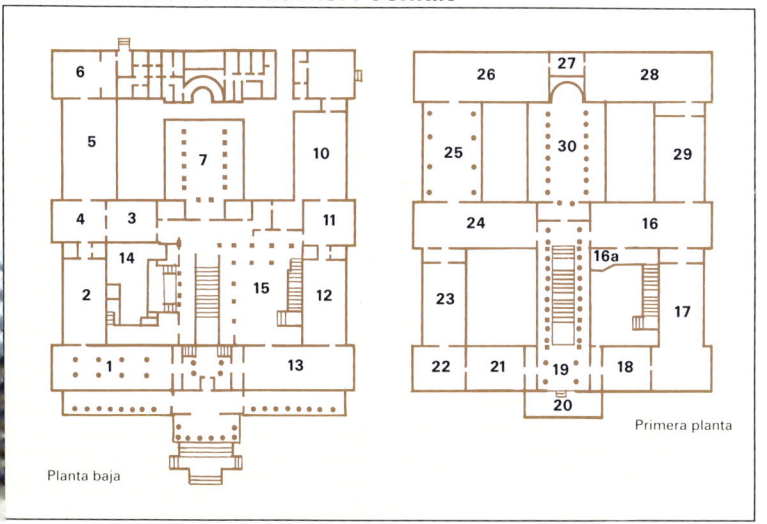

gen con el Niño y los Santos Catalina y Cristóbal), Neri di Bicci (La Virgen con el Niño★ y La Ascensión★★), Pietro Lianori (políptico), Giovanni di Bartolomeo Cristiani (La Virgen en el trono★) y en el centro de la misma sala un cofrecillo de marfil★★ de los Embriachi.

En la **sala 5** pueden contemplarse lienzos de: Vittore Crivelli (políptico★), Guidoccio Cozzarelli di Giovanni (Bautismo de Cristo★), Perugino (La Virgen con el Niño★★), la escuela de Perugino (Piedad), Pier Francesco Fiorentino (Natividad★), Cima da Conegliano (Piedad★★) y Dosso Dossi (Paisaje con la Vida de un Santo). En la esta sala hay asimismo cuadros de: Giulio Romano (posiblemente, La Fornarina★★) y Giovanni Savoldo (Tentación de San Antonio), Francesco Salviati (Retrato de un Joven y Retrato de un prelado★). Igualmente se pueden admirar pinturas de: Gaudenzio Ferrari (Santa Cecilia y Santa Margarita), Sodoma (Crucifixión), Cesare da Sesto (San Jerónimo★), Bronzino (Sagrada Familia★★), Veronés (Huida a Egipto★★), Moretto (La Virgen con el Niño), Leandro Bassano (Cristo en el Monte de los Olivos) y Cima da Conegliano (Cristo en el trono y La Virgen con el Niño★★). Completan la sala cuadros de: Procaccini (Retrato masculino★ y Descendimiento★), Jacopo Chimenti da Empoli, Cristofano Allori (Retrato masculino), Giovan Battista Naldini (Llamada de San Mateo), Garofalo (Natividad), Veronés (Resurrección★) y Lorenzo Lotto (La Virgen con el Niño★).

En la **sala 5** se expone pintura flamenca, alemana, española e italiana de los siglos XV y XVI. Pueden verse obras de Mostaert (Ecce Homo), Isenbrandt, H. Met de Bles (Subida al Calvario), el Maestro de Francfort (Leyenda de San Romualdo), M. Sittow (Cristo con la cruz a cuestas), Jan Gossaert (Retrato masculino★) y el Maestro del castillo Liechtenstein (Díptico de la Natividad★). Pueden contemplarse igualmente obras de maestros austriacos y de maestros alemanes anónimos, del siglo XV, y esmaltes de Limoges★, de los siglos XII y XIII, así como pinturas de Jan Koerbecke (Flagelación), Pieter Pietersz (Vendedores de pescado), Hans Süss von Kulmbach (Ángeles), A.T. Key (Retrato masculino★ y Retrato femenino★) y Gillis Mostaert (Calvario). Completan la sala: Jo. Beuckelaer (Escenas del mercado), Monogramista AB (Huida a Egipto), el Maestro de Messkirch (Crucifixión), el Maestro del altar de Breisach (El Evangelista Juan, la Magdalena y la donante★), Cranach el Viejo (La Virgen con el Niño★★ y Envidia).

La **sala 6** muestra pintura italiana de los siglos XV y XVI, con cuadros de Cima da Conegliano (Descendimiento★), Bernardino Licinio (Salomé), Paris Bordon (Sibila y el emperador Augusto), Palma el Joven (Cristo cura a un enfermo y San Jerónimo) y Procaccini. Completan la sala obras de: Naldini, Paolo Veronés (Minerva★★ y Resurrección★), Sebastiano del Piombo, Francesco y Leandro Bassano y Hans Vredeman de Vries (Salomón y la reina de Saba).

La **sala 10** está destinada a la pintura holandesa, flamenca y española, con obras de: J. van Ostade, Adriaen van Ostade (de quien hay seis obras, entre las que figura Fiesta en la aldea★); Salomón van Ruisdael (Transbordador★), W.C Heda (Naturaleza muerta), Jan van Goyen (El Waal en Nimega), Pieter Claesz (Naturaleza muerta) y J.A. Backer. Se exponen también lienzos de: Van Honthorst (Pastores), Pieter Lastman, Cornelis van Haarlem (Alegoría de la Fe), C. Bramer, J. van Geel, Thomas de Keyzer (Crucifixión), Salomón de Bray (Susana y los viejos★), Jacob van Ruisdael (Paisaje★), Cornelis van Vliet (Interior de una iglesia), Emmanuel de Witte (Interior de una iglesia y Escena de un mercado★) y Jan van Kessel. También tienen representación: Govert Flinck, Rembrandt (Ester y Asuero★★, La incredulidad de Santo Tomás★, Cristo expulsa a los mercaderes del templo, Retrato de un viejo★★, Retrato de una vieja★★ y Retrato de su hermano Adriaen★★), Pieter de Hoogh (La mañana y El niño enfermo), Gerard Dou (Vendedor de arenques★) y Paulus Potter (La partida de los cazadores★). Asimismo figuran: Jur van Streeck, Jan Steen (El viejo enfermo, Matrimonio campesino), Willem van Aelst, Aelbert Cuyp, Van den Eeckhout (La Adoración de los Magos★, El levita y su concubina★), N. Knüpfer, Jan de Heem, Jan Both y Adriaen van de Velde (Escena de caza). Completan la sala obras de: Claes Berchem, A. Hannemann (Retrato femenino★), Wouwermans, Jan van der Heyden (Casa con jardín), Cuyp (Vacas en el río★), Karel Fabritius (Decapitación del Bautista) y Aert de Gelder (Lot y sus hijas★). La **sala 11** alberga cuadros de: S. Vranckx, Jordaens (Huida a Egipto★★ y Sátiro y campesinos★★), A. V. Van Dyck (Retrato de Jan van den Wouwer★★ y Retrato de María Bosschaert★★), Frans Snyders (Naturaleza muerta con un cisne y Los vendedores de carne), Josse de

LOS GRANDES MUSEOS

Retrato de J. Samary, *de Renoir.*

Momper y Teniers el Joven *(Fumador de pipa).* En la misma sala figuran: Jan Siberechts *(El vado),* Rubens (numerosos bocetos, *Bacanal*★★, *Retrato femenino*★★*)* y Jan Fyt, así como representantes de la pintura española**:** Ribera, Zurbarán *(Jesús niño*★*),* Carreño de Miranda, Murillo *(Vendedoras de fruta)* y otros.

La **sala** 12 está destinada a la pintura italiana de los siglos XVII y XVIII, con obras de: Guido Reni *(La Adoración de los pastores*★*),* Cavallino, Guercino, Johann Liss *(Apolo y Marsias),* Castiglione, L. Carracci, D. Fetti *(David*★*)* y G.M. Crespi *(Ninfas desarmando a los amorcillos*★ y *La Sagrada Familia).* En esta misma sala se exponen también obras de: S. Rosa, G.B. Pittoni, S. Ricci, G.D. Tiépolo, F. Guardi *(Vista veneciana*★*),* G.P. Pannini, A. Magnasco, B. Bellotto, A. Canaletto *(Bodas del Dux con el mar*★*),* J. Marieschi, L. Giordano y B. Strozzi.

La pintura francesa de los siglos XVII y XVIII puede contemplarse en la **sala** 13, con lienzos de: Poussin *(Escipión el Africano, Rinaldo y Armida*★★ y *Paisaje con Hércules),* Lorrain *(El rapto de Europa*★*),* Rigaud y N. Largellière. Completan la sala obras de: F. Boucher *(Hércules y Ónfale),* H. Watteau *(Los doctores),* J.H. Fragonard, H. Robert, J.B. Greuze *(El primer surco),* L. Boilly, L.G. Moreau y obras de artes decorativas francesas.

En el **primer piso** la sala central se dedica a exposiciones temporales; las salas a derecha e izquierda muestran reproducciones de obras clásicas. Especialmente interesantes son las salas situadas a espaldas del rellano, a las que se accede a la izquierda de la sala por una escalera y luego nuevamente a la izquierda.

En la **sala** 23 se expone obra de Delacroix, Daumier, Ingres y Goya; además, una rica muestra de Courbet y Corot *(El viento, El golpe de viento*★★, *El baño de Diana*★, *La Tempestad, El castillo de Pierrefonds, Mañana en Venecia, El carro de heno, El lago de Auvray* y paisajes).

En la **sala** 22 hay cuadros de Renoir *(Muchachas de negro, Retrato de J. Samary, Desnudo*★★, *La ciénaga)* y Monet *(Rocas de Belle Isles, Etrétat, Ninfeas*★★, *Lillas al sol, Boulevard des Capucins, Vetheuil, Parliament House*★★, *La catedral de Rouen*★★*).*

En la **sala** 21 se pueden ver pinturas de Manet, Degas, Sisley, Pisarro, Redon, Van Gogh *(Auvers tras la lluvia, Los viñedos de Arles*★★, *Retrato del doctor Rey*★, *Las Santa-Marías*★, *La ronda de los prisioneros*★★*).*

Volviendo al rellano se accede a la **sala** 17, con obras de Bonnard, Derain *(El viento*★, *El puente viejo*★, *Naturaleza muerta ante la ventana, El sábado*★★, *El castillo de la Roche Guyon).* Diez obras de Picasso, del periodo azul: *El beso, El viejo judío y el niño*★★, *Retrato del poeta Sabartés*★★, 1913; del periodo rosa: *Los saltimbanquis*★★, *La muchacha de la pelota*★★, 1905, *La española de Mallorca*★; del periodo cubista: *Mujer con abanico,* 1909, *Retrato de Ambroise Vollar,* 1910, *Caseta en el jardín, El violín*★, 1912, *La Reina Isabel*★★. Otros pintores de esta sala son Henri Rousseau *(La Musa del poeta*★★), Braque, Matisse *(Capuchinos bailando*★★, *Rincón del estudio*★, *Naturaleza muerta con calle, lirio y mimosas*★, *Taller del pintor*★★, *Cerámicas*★★); De Chirico, Miró y Chagal *(Nocturno*★★, *El artista y su prometida*★, *El Caballo blanco);* Kandinsky *(Azul sobre policromía*★★, *Improvisación, Estructura angular*★*).*

En la **sala** 18 se puede ver obra de Gauguin (periodo tahitiano); Cézanne *(Autorretrato*★★, dos perspectivas de la *Montaña Ste. Victoire*★★, *Calle de Pontoise, Interior, Pierrot y Arlequín, Martes de carnaval*★★, *Peces y peras, Hombre con pipa*★★, *El Marne en Créteil*★, *Jarrón de flores, El acueducto*★★*.*

A la izquierda del edificio principal hay una sección que alberga un museo de colecciones privadas *(visita: de 10 h a 16 h, excepto lunes y martes).* Este pequeño museo debe su creación a la perseverancia del historiador de arte I.S. Ziberstejn. Fue inaugurado en 1994 y cuenta con 2.000 obras de autores como I.E. Repin, P.V. Kuznecov, N.S. Goncarova y A.M. Rodcenko. Son frecuentes las exposiciones temporales.

ALREDEDORES DE MOSCÚ

Los acontecimientos históricos de los que ha sido protagonista la capital en sus 850 años de vida se reflejan de manera puntual en el carácter heterogéneo del territorio circundante. La complejidad arquitectónica que caracteriza el espacio urbano encuentra así un apéndice en la franja de la periferia, rica en memorias históricas que abarcan desde los siglos de la dominación tártara hasta los siete decenios de época soviética. La importancia de los lugares se ve complementada por su excepcional valor paisajístico, con una campiña rusa que, cerca de Moscú, se muestra en todo su esplendor.

KOLOMENSKOE★★

El complejo de Kolomenskoe (III, F4), declarado por la Unesco Monumento Patrimonio de la Humanidad, se halla en un lugar de particular belleza. Se trata de una suave elevación que se interrumpe bruscamente para ceder espacio a un pintoresco precipicio sobre el río Moscova. Lugar muy frecuentado en verano gracias a las atracciones de su parque, a las excursiones en barca por el río y a los espectáculos que animan el fin de semana, es también uno de los ejemplos más significativos de la arquitectura religiosa rusa y un tesoro para la memoria histórica. Detrás del complejo, hay un jardín decorado con flores y árboles frutales, donde junto a los turistas que se reúnen para el tradicional pic-nic, un gran número de jubilados con grandes bastones intentan hacer caer las manzanas más maduras de las ramas, forma bastante curiosa de subsidio ofrecido por la municipalidad a los ciudadanos necesitados.

Situado en la periferia meridional de Moscú, a 18 km del centro, se puede llegar fácilmente en metro (metro Kolomenskoe). En verano, desde el río Moscova, junto al parque, salen excursiones de 50 minutos en barca *(visita: todos los días, de 15 h a 20 h, domingo de 11 h a 20 h)*. Todos los museos del complejo permanecen abiertos *(visita: de 11 h a 17 h, excepto el lunes)*.

El sitio, mencionado por primera vez en 1339 en los documentos de Iván Kalita, pasó a ser propiedad del gran príncipe Dmitri Donskoj tras la victoria de Kulijovo (1380). Tras haber desempeñado durante siglos el papel de bastión defensivo contra los tártaros, a partir de 1552 se convirtió en casa de campo del zar Iván IV el Terrible. Kolomenskoe está íntimamente ligado a la historia de las luchas del pueblo ruso: junto a sus murallas fueron vencidas las tropas rebeldes de Iván Bolotnikov (2 de diciembre de 1607), jefe de la primera guerra campesina, que asedió la capital durante cinco semanas; en 1662 se ajustició en este lugar a los moscovitas que habían participado en la insurrección conocida como "Revuelta del Cobre", provocada por la devaluación del rublo de cobre.

Una vez traspasada la entrada monumental, constituida por la puerta del Redentor, del siglo XVII, se encuentra a la izquierda la **Kazanskaja cerkov'** (iglesia de Nuestra Señora de Kazán), de 1660, con cúpulas azules recubiertas de estrellitas de oro. Era un anexo del enorme **palacio de madera del zar Aleksei Mijailovich,** padre de Pedro I. Con 50 m de altura y 279 habitaciones, fue definido por sus coetáneos como la octava maravilla del mundo; Catalina II lo mandó destruir.

En el otro lado de la entrada, se encuentra la casa de madera en la que vivió Pedro el Grande en 1702, junto al puerto de Arhangel'sk, en el Mar Blanco, mientras supervisaba la construcción del primer núcleo de la flota rusa. En el interior de este sencillo edificio, transportado hasta aquí en 1934, se pueden admirar muebles de la época y reliquias *(las entradas se adquieren en la caja situada en los locales del antiguo almacén de alimentación).*

A la derecha de los edificios anexos a la puerta del campanario, del siglo XVIII, están los locales del antiguo **almacén de alimentación,** que albergan un pequeño museo. En la planta baja, arte en madera: es especialmente notable el **portón★** del monasterio, en madera de encina, del siglo XVII; en la sala de la derecha, iconos del monasterio Soloveckij (siglos XVII-XVIII). En el primer piso, se pueden observar cerámicas, utensilios y bellos ropajes tradicionales del siglo XIX.

La rica colección de campanas conservada en los pintorescos locales del **palacio del Intendente,** a la izquierda del campanario, está actualmente cerrada al público.

Voznesenkaja cerkov'★★. A espaldas de la torre del campanario, se encuentra el monumento más célebre del complejo: la blanca iglesia de la Ascensión *(en restaura-*

ción, está abierta sólo en verano: sábado de 17 h a 20 h; domingo de 9 h a 13 h), erigida por el príncipe Vasilij III en 1532 para celebrar el nacimiento, esperado durante 25 años, de su hijo Iván (el Terrible). Con 70 m de altura, el edificio, esbelto y elegante, es una obra maestra de la arquitectura rusa "en pirámide" (šatër). En el exterior de la iglesia, en la parte este de la galería, se alza un trono en piedra blanca, desde el cual estudiaba las peticiones el zar Aleksei Mijailovich. En el interior, pueden verse **iconostasios** de cuatro niveles de iconos. A la izquierda, ligeramente apartado está el **pabellón** de 1825, que alberga la maqueta del enorme palacio de Kolomenskoe, obra maestra del arte de la talla en madera, construido por el zar Alejo en 1667-1671 y destruido por Catalina II en 1768.

Diseminados por los árboles del parque, entre los que se pueden hallar encinas de 600 a 800 años de antigüedad, se encuentran otros edificios de menor relevancia, como el redondo **campanario** de la desaparecida iglesia de San Jorge, del siglo XVI y la **Torre del Agua** o de los Halconeros, de 1627. También se puede ver una torre-puerta fortificada, transportada aquí desde el monasterio de San Nicolás de Carelia en 1932; una torre fortificada de la prisión de Bratskij, del siglo XVII, traída aquí en 1959; y diversas casas de la villa de Preobraženskij (cerca de Moscú), también del siglo XVII, trasladadas a este lugar en 1930.

Cúpulas bulbiformes de la iglesia de Kolomenskoe.

PEREDELKINO

Aunque está situada a pocos kilómetros del cinturón moscovita, la localidad de Peredelkino (IV, E3), se caracteriza por su agradable paisaje rural. Tradicionalmente ligada a las jerarquías eclesiásticas, esta villa se convirtió a par-

---

El espejismo de la capital

La diferencia cultural entre las dos capitales y el resto de Rusia es enorme: San Petersburgo, pero sobre todo, Moscú, representan para la mayoría de los jóvenes de provincias la única posibilidad de no verse obligados a ahogar su tedio en vodka.

El sistema educativo ruso prevé que los mejores estudiantes de todo el país sean admitidos en las universidades e institutos de los centros más importantes. Estos estudiantes viven en comunidad, en grandes casas de estudiantes poco menos que gratuitas, y animados por la electrizante sensación de encontrarse por fin en el centro del mundo, en compañía de otros jóvenes que también han alcanzado la vida que soñaron durante toda su infancia y por la que lucharon durante las noches de estudio, en busca de las calificaciones que garantizasen el acceso a la universidad de la capital.

A fin de evitar un crecimiento desmesurado de los grandes centros, ya de por sí superpoblados, en Rusia se aplica un sistema injusto, pero inevitable, según el cual se obtiene el derecho de residencia en una gran ciudad, sólo si se nace o se trabaja en ella, o bien si se está casado con un residente o se posee un alojamiento.

Los últimos meses de universidad se transforman para muchos jóvenes "provincianos" en la búsqueda de una solución para evitar el castigo de tener que volver a vivir a dos, tres o incluso siete días de tren de Moscú. Los mejores o los más afortunados, encuentran un trabajo; otros se casan (a menudo, un costoso matrimonio de conveniencias), otros se van de la ciudad con el corazón roto y con el recuerdo de la ciudad donde pasaron los mejores años de su vida.

tir de los años treinta en el lugar donde los cien escritores más valorados por la autoridad pueden descansar a expensas del Estado y buscar inspiración para su trabajo. La decisión de construir nuevas *dachas* (características casas de campo en madera) bellas y amplias, fue tomada por el propio Stalin, al parecer inspirado por Gorki. Para mantener intacto el carácter peculiar del lugar, se decidió que dos años después de la muerte del titular, la familia del mismo debía devolver la casa.

La localidad se encuentra a unos 25 km al suroeste de Moscú, y se llega a ella siguiendo la Kutuzovskij prospekt y, posteriormente, el Možajskoe šosse.

Entre las muchas anécdotas de las que Peredelniko ha sido testigo, la más famosa y conmovedora es con certeza la de Boris Pasternak. Encontrándose entre los escritores más apreciados por Stalin, éste obtuvo muchos beneficios, entre ellos la hermosa dacha que hoy es el **Museo Pasternak** *(visita: jueves y domingo, de 10 h a 16 h;* ulica Pavlenko número 3; a 2 km de la estación, más allá del cementerio). Considerado demasiado ligado al dictador georgiano, con la llegada de Jruschov cayó en desgracia y, aunque no perdió los privilegios que tenía, se le trató cada vez con mayor frialdad. La hostilidad se transformó en repulsa política y social cuando en 1958 un emisario del Gobierno informó a Pasternak de que había ganado el Premio Nobel de Literatura gracias a su novela *El doctor Zhivago*, pero que no se le permitía ir a Suecia a recogerlo so pena de exilio definitivo. El escritor sufrió un primer ataque apopléjico, que se repitió después de un año, siendo esta vez letal. En su gran casa permaneció el mobiliario original, simple, pero con algunos detalles que denotan bienestar económico, como el televisor, uno de los primeros de la Unión Soviética. Los restos del escritor se conservan en el cementerio vecino.

A poca distancia, se encuentra la **iglesia,** hermoso edificio de vivos colores que se remonta al siglo XV, pero reconstruido en más de una ocasión.

ARHANGEL'SKOE ★★

Se halla a 21 km al oeste del centro de Moscú. Es posible llegar al palacio de Arkhangel'skoe (IV, D2), con los transportes públicos, cogiendo el autobús 549, que tiene su cabecera de línea en la estación de metro Tušinskaja, o recorriendo la Leningradskij

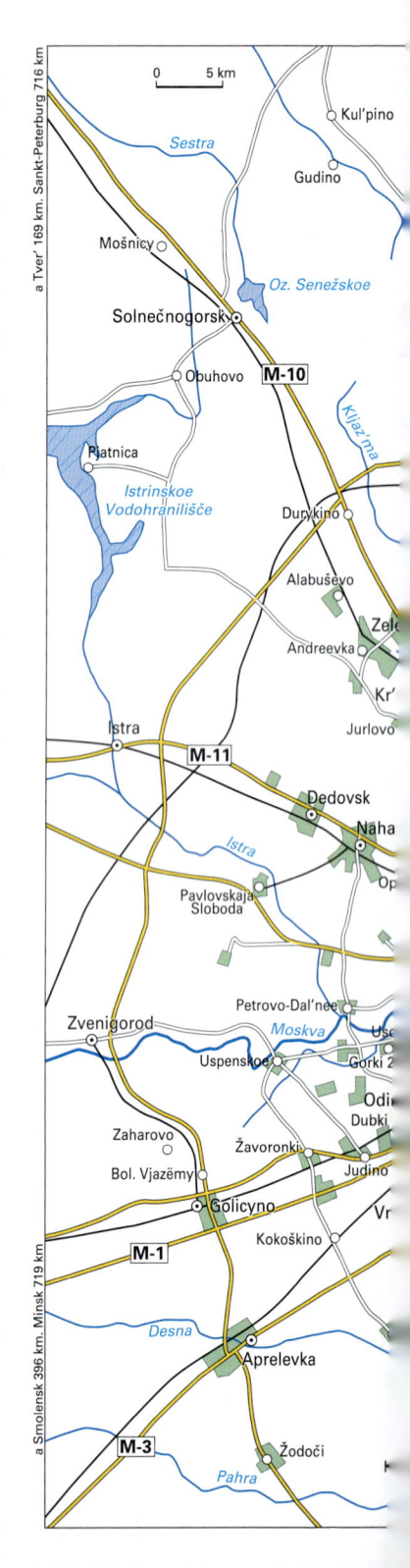

ALREDEDORES DE MOSCÚ

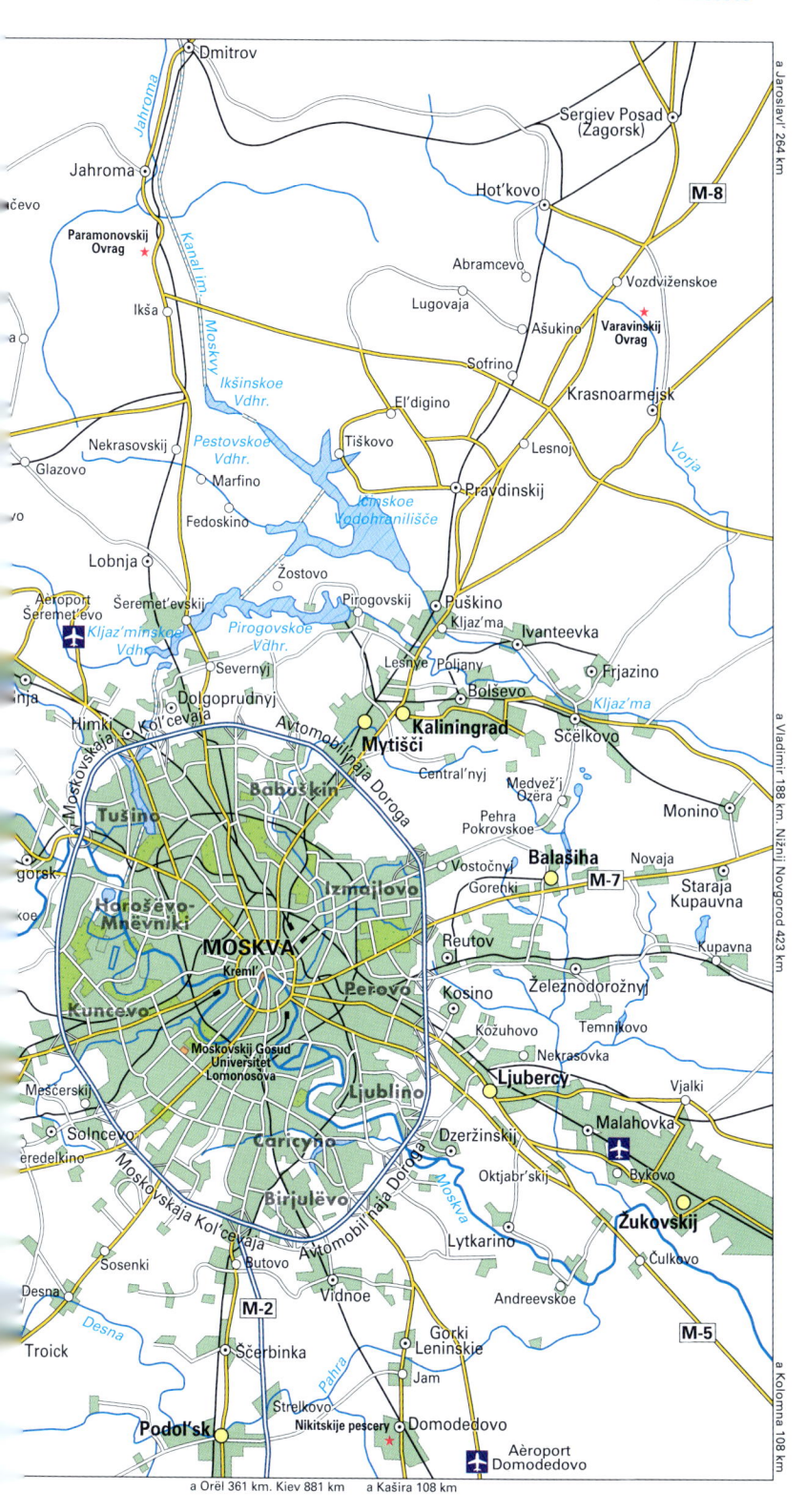

prospekt y la Volokolamskoe šosse. (En 1996 el palacio se cerró al público para acometer una profunda obra de restauración. A finales de 2001 se abrió al público la **Sala de las Columnas,** primer paso hacia la reapertura total del edificio. Antes de dirigirse a Arhangel'skoe se aconseja pedir información en los hoteles o en la propia dirección del museo, telf. 3631375. El parque se *visita y está abierto de 10 h a 16 h;* los pabellones albergan exposiciones temporales. La descripción que se hace a continuación responde a la disposición del museo antes de iniciarse las obras).

El nombre de **Arhangel'skoe**★★ (Архангельское) se remonta a mediados del siglo XVII, momento en que, en las orillas del Moscova, se construyó una iglesia dedicada a San Miguel Arcángel. A comienzos del siglo XVIII esta aldea, entonces propiedad de la familia de los boyardos Odoevskij, fue adquirida por los príncipes Golicyn que, a final de siglo, encomendaron al francés Charles De Hairne la construcción de la lujosa vivienda y el parque. En 1810, cuando el conjunto todavía no estaba acabado, la propiedad fue comprada por el mecenas y príncipe N.B. Yusupov, que trasladó allí su valiosa colección de cuadros y objetos de arte. Destruida y saqueada en gran parte por los soldados de Napoleón en 1812, esta residencia principesca fue reconstruida en 1825 por Mel'nikov y embellecida durante todo el siglo XIX.

Este **palacio**★★ (Arhangel'skij dvorec; Архангельский дворец), amplio edificio neoclásico, con columnatas a los lados del patio, construido en madera cubierta de estuco, alberga en la actualidad un espléndido **Museo de Arte.** Las salas, suntuosamente decoradas, albergan porcelanas, esmaltes, platería, objetos de vidrio y, en especial, esculturas y pinturas francesas, holandesas e italianas. Gran parte de los cuadros de Yusupov fueron trasladados al Ermitage de San Petersburgo, pero incluso los que quedaron en Arhangel'skoe son de un inestimable valor.

En el ***vestíbulo*** se conservan copias de estatuas clásicas: *Amor y Psique, Cástor y Pólux,* y pinturas de N. de Courteille. La **sala 1,** sala oval, posee un techo decorado con el fresco *Amor y Psique.* En la **sala 2,** sala imperial, se exponen retratos de los zares. La **sala 3,** el dormitorio, en azul y plata, fue construido por el príncipe Yusupov para la princesa de Curlandia. Se exponen dos telas de Charles van Loo: *Experimento eléctrico* y *Experimento neumático.* La **sala 4,** antes llamada sala H. Robert, presenta cuatro cuadros con ruinas clásicas, de Hubert Robert. En la **sala 5,** sala de los Antiguos, pueden verse mármoles romanos y cuadros franceses de Vernet, de comienzos del siglo XIX. La **sala 6,** segunda sala H. Robert, alberga cuatro paisajes de Hubert Robert y dos vistas de Venecia, de Francesco Tironi. La **sala 7,** sala Tiépolo, está decorada con cuadros de Charles de Lacroix y Jakob Philipp Hackert. Dominan la sala dos obras maestras de Giovan Battista Tiépolo: *Antonio y Cleopatra*★★ y *El Festín de Cleopatra*★★. En la **sala 8,** el salón, se exponen numerosas telas francesas de Boucher *(Bañista asustada*★, en el centro, a la derecha), Vernet *(Flores)*,Prévost, Doyen, Lebrun y un cuadro de Stéfano Torelli *(Venus y Adonis).*

La **sala 9,** la sala de música, conserva el piano de cola, del año 1801, y diversos cuadros de A. van Diepenbeck, Ph. Wouwermans, Vigée-Lebrun, Vernet, Pompeo Batoni *(Venus y Amor),* Francesco Casanova y Tironi *(Vista de Venecia).* En la misma sala se exponen diversos lienzos de Sebastiano Ricci, Aert van der Neer, Paulus Potter, A. van Dyck *(Retrato de una desconocida*★★*),* Bernard de Nort, Karel Dujardin y Jacopo Amiconi *(Baco y Ariadna).* Las sobrepuertas son de Marco Ricci, Léonard Bramer y Gérard Dou. La **sala 10,** o salita Rotari, presenta una bellísima serie de retratos femeninos★ de P.A. Rotari, y porcelanas de Sévres y Meissen. La **sala 11,** gabinete del príncipe, conserva diverso mobiliario y un reloj de péndulo de Gallé, de comienzos del siglo XIX. También pueden verse: un retrato de Yusupov, de G.K. Prenner; un busto de Yusupov, de Pietro Vitali; grandes cuadros de Orlovskij *(El caballero)* y de Alekseev *(Vista del parque),* y telas de Tironi, Aloisio Anesi, Carlo Maratta *(La Sagrada Familia),* Giovanni Battista Lampi, Giuseppe Valeriani y Vigée-Lebrun. La **sala 12,** el comedor, alberga una serie de jarrones chinos y japoneses de los siglos XVIII y XIX, cerámicas fabricadas por artistas-siervos, cuadros de Doyen, Gros y Pompeo Batoni (retratos). Resulta bellísima la biblioteca de estructura enciclopédica, proyectada por F.I. Pettondi.

Desde el castillo que se halla situado en la cima de la colina, el **gran parque**★, de estilo inglés, proyectado por Giacomo Trombara, des-

ARHANGEL'SKOE

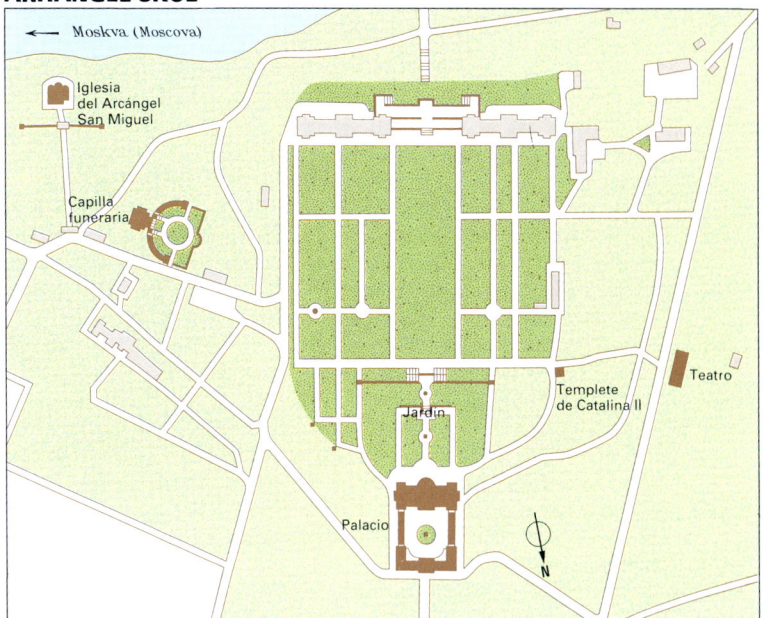

ciende en terrazas hacia el Moscova; posee numerosas estatuas, columnas y obeliscos conmemorativos. Las esculturas son, en su mayor parte, copias de originales antiguos.

En el lado derecho del parque se encuentra el **templete de Catalina II,** proyectado en 1819 por E.D. Tjurin. En él está instalada la estatua de la emperatriz, en cuya espalda está transcrito un dístico italiano. En la parte izquierda del parque, un poco alejadas del palacio, se hallan la **capilla funeraria** de la familia Yusupov (Usypal'nica sem'i Jusupovyh; Усыпальница семьи Юсупоьых), de estilo clásico, construida en el año 1916 según un proyecto de R.I. Klejn, y la **iglesia del Arcángel San Miguel** (cerkov' Arhangela Mihaila; церковь Архангела Михаила), de Pavel Potechin (1667), el mismo arquitecto que realizó la iglesia de la Trinidad de Ostánkino. La belleza del edificio radica en la extrema sencillez de su estructura arquitectónica. Sobre el paralelepípedo de la base una serie de *"kokošniki"* finaliza en una cúpula central en forma de cebolla con dos cúpulas más pequeñas a sus lados.

A escasa distancia de la villa se halla el **teatro**★ (Teatr; Театр), antiguo teatro de corte de los Yusupov, de 1818, cuyo interior fue decorado, con estucos y pinturas, por Pietro Gonzaga.

EL ANILLO DE ORO

Al noreste de Moscú, entre la capital y la margen del Volga, surgen antiguas ciudades de gran interés histórico y arquitectónico. Su máximo esplendor se remonta al siglo XII, cuando, debilitado el poder de Kiev (primera capital de la antigua Rus'), conquistaron la supremacía política y económica de todo el país. Aunque sometido a duras pruebas por las invasiones de las hordas tártaro-mongolas del siglo XIII, el florecimiento de ciudades como Vladimir y Suzdal impulsó el desarrollo del arte y la creación de iglesias, monasterios y palacios. Sin embargo, su periodo de hegemonía fue muy breve, ya que durante el siglo XIV Moscú se convirtió en el centro de gravitación del mundo ruso, reduciendo las localidades anteriormente dominantes a un papel de vasallaje. En el siglo XIV se perfila el destino de las diferentes ciudades, algunas abocadas a convertirse en simples burgos agrícolas, otras en centros comerciales, otras a especializarse primero en actividades manufactureras y, posteriormente, en la industria.

La vocación turística de la zona es relativamente reciente y la definición de las ciudades que forman parte del "Anillo de Oro" es motivo de encendidas disputas. El itinerario que aquí proponemos pretende dar a conocer la belleza que ennoblece a las ciudades más significativas, más accesibles y con mejores infraestructuras turísticas. En cualquier caso, se trata de un viaje por la provincia rusa, increíblemente lejana de la capital en cuanto a costumbres y nivel de vida: es importante tenerlo en cuenta y sopesar las posibles incomodidades y el placer de descubrir un mundo que a menudo sorprende a los mismos moscovitas y petersburgueses. Además, los paisajes naturales que se presentan ante el espectador son impagables: desde las suaves laderas con plantaciones de trigo en los alrededores de Suzdal a las extensiones de bosques y lagos de la zona de Pereslavl y Rostov o la majestuosa vista que ofrece el camino del Volga a Yaroslav y Kostroma.

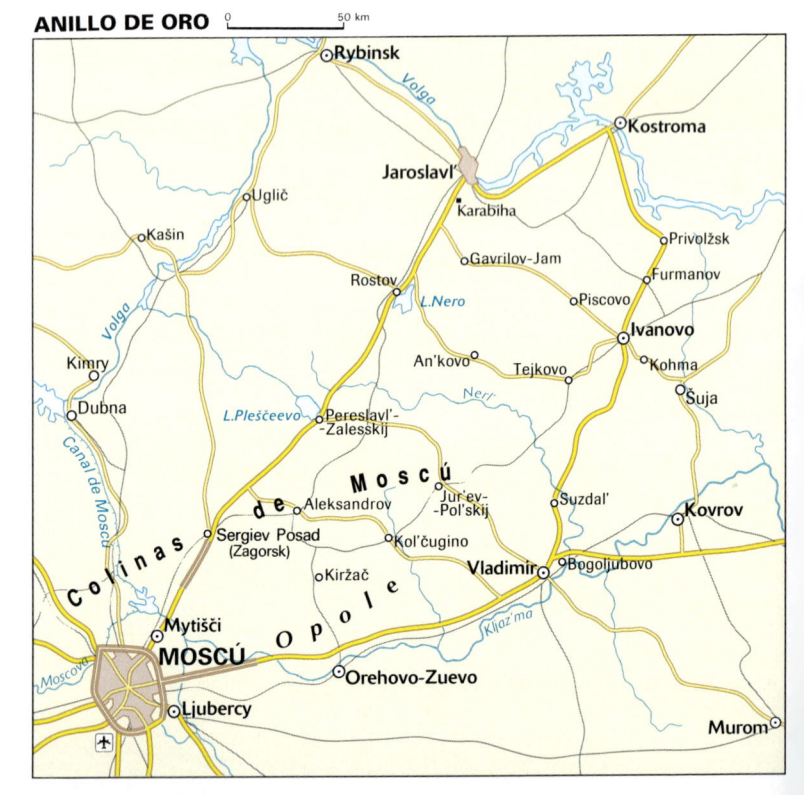

ANILLO DE ORO

EL ANILLO DE ORO

Monasterio de la Trinidad de San Sergio, en Serguei Posad. Fue declarado Patrimonio de la Humanidad por la Unesco en 1993.

SERGUEI POSAD★★

De fácil acceso desde la capital, de la que le separan 70 km, el centro de Serguei Posad (100.000 hab.), anteriormente Zagorsk, alberga tal vez el lugar más venerado por los ortodoxos rusos: el monasterio de S. Sergio, que convierte a la ciudad, por lo demás muy similar a los restantes centros de la periferia moscovita, en una localidad de excepcional interés artístico e histórico. Los grandes príncipes moscovitas, muchos de los cuales tenían la conciencia manchada por más de un pecado mortal, pensaban que enterrarse aquí significaba morir en paz con Dios y, por ello, no escatimaban a la hora de donar valiosísimos regalos al monasterio a fin de ganarse el favor de los canónigos. Hoy día, muchas de las riquezas de este complejo se exhiben en Moscú, pero algunas donaciones de la realeza se encuentran todavía en los museos locales, que por tanto, pueden vanagloriarse de poseer piezas de enorme interés. Meta de peregrinaje de toda Rusia, el monasterio ofrece también un modo de medir directamente el fuerte renacimiento de la espiritualidad religiosa que ha vivido el país en las últimas décadas.

Se puede llegar a la ciudad de Serguei Posad en tren partiendo de la estación de Yaroslav (Jaroslavskij vokzal), o bien en automóvil, saliendo de Moscú por la prospekt Mira y, posteriormente, por la Jaroslavskoe šosse.

Desde el siglo XIV surgieron en torno al conjunto monástico diversos núcleos de población que en 1782 se reagruparon bajo la denominación de Serguei Posad, aldea de San Sergio, del nombre de Serguei Radonežskij (1314-1392), el santo fundador del gran monasterio.

Serguei, miembro de una familia de boyardos de Rostov que se había trasladado a Radonets, aldea de las cercanías de Moscú, se retiró en 1345, junto con su hermano, a un bosque de la colina Makovec, para dedicarse a la vida contemplativa. Estos dos eremitas construyeron, en la desembocadura de un arroyo en el río Končura, una cabaña y una capillita de madera. Rápidamente se unieron a ellos otros creyentes y, en torno a la iglesia, rodeada por una empalizada de encina, surgió de esta forma una comunidad conventual, con refectorio, cocina, horno para el pan y dos nuevas iglesias. El metropolita de Moscú nombró, en 1357, al monje Serguei abad del convento que estaba dedicado a la Trinidad. Serguei, reformador del ascetismo ruso, hizo de su convento un modelo para el desarrollo del monaquismo en Rusia, promoviendo la creación de numerosos monasterios (en poco tiempo se fundaron 23) y favoreciendo la cristianización de las regiones septentrionales y orientales del país. Su creciente prestigio les proporcionó la posibilidad de intervenir como conciliadores en numerosas desavenencias y rivalidades entre príncipes, llamando a la unidad de la Rus' en la lucha contra los tártaros. En 1380 el gran príncipe Dmitri Donskoi, al frente del ejército ruso, consiguió derrotar con la valiosa ayuda del abad Serguei a la poderosa horda del kan Mamaj en la batalla de Kulikovo.

En el año 1408, durante el priorado de Nikon, sucesor de Serguei, los tártaros, en una campaña de represalia contra Moscú, saquearon e incendiaron el monasterio de la Trinidad que, no obstante, gracias a las valiosas donaciones de príncipes y boyardos y a las ofrendas del pueblo, consiguió resurgir en breve tiempo. Entre 1422 y 1423, sobre la tumba del abad Serguei, canonizado, se edificó la iglesia principal, la catedral de la Trinidad. Durante los siglos posteriores este conjunto, al que se había otorgado la categoría de *lavra,* es decir, gran monasterio, continuó ampliándose y embelleciéndose y se convirtió en un importante centro económico y comercial. A comienzos del siglo XVII, la ciudad y sus monasterios fortificados fueron sometidos por la invasión polaco-lituana. Únicamente el monasterio de la Trinidad de San Sergio logró, entre 1608 y 1610, resistir durante 16 meses el asedio de 30.000 soldados del falso Dmitri II, hasta su definitiva liberación, tras la cual se convirtió en baluarte de la resistencia nacional. Una vez reparados los daños, se reinició la construcción y durante ese siglo el monasterio llegó a la cima de su poder, convirtiéndose en el propietario de tierras más rico de Rusia, con casi 17.000 granjas. En 1682, Serguei Posad dio asilo, al futuro zar Pedro I que, con sus hermanos Iván y Sofía, huía de la insurrección de los *streltsí.* Pedro encontró nuevamente refugio en este lugar, en 1689, para escapar de su hermana Sofía.

A partir de mediados del siglo XVIII, con la secularización de los conventos que fue ordenada por Catalina II, también el monasterio de la Trinidad perdió gran parte de sus posesiones, así como su poder económico y político. Gracias a la generosidad de príncipes y nobles y a las ofrendas del pueblo, pudo conservar su riqueza y su influencia. Nacionalizado y convertido en museo en 1918, fue restaurado a partir de 1938 y, tras la II Guerra Mundial, devuelto a la Iglesia ortodoxa rusa. En la actualidad comprende siete iglesias, dos catedrales, un seminario y varios museos.

Monasterio de la Trinidad de San Sergio★★

(Troickij-Serguei monastyr'; Троицкий-Сергий монастырь). El monasterio de la Trinidad de San Sergio, declarado en 1993 Monumento Patrimonio de la Humanidad por la Unesco, cuenta con unas magníficas **murallas**★★ en forma trapezoidal que alcanzan casi 1 km de longitud y está coronado por un camino de ronda y fortificado con diez torres que rodean el conjunto. Las murallas fortificadas de la Trinidad, construidas en torno a 1540-1550, fueron restauradas por completo en 1630, tras el asedio de los polacos. Antes de entrar en el monasterio, es aconsejable rodear la muralla, por un sendero, para admirar la poderosa estructura de sus defensas. La entrada principal, restaurada con posterioridad, está señalada por la **Krasnaja Vorotnaja Bašnja** (Красная Воротная Башня; 1; véase plano en la pág. 119), torre-puerta roja, sólida construcción de los siglos XVI y XVII con añadidos de 1856; hacia la derecha se halla la **Sušil'naja**★ (Сушильная; 2), torre del Secadero, de los siglos XVI y XVII. En la esquina nororiental se destaca la bella **Utoč'ja** (Уточья; 3), torre del Pato. Este nombre, del ruso *"utka",* le fue atribuido porque, según se dice, desde este puesto el zar Pedro I solía disparar a los patos. Esta torre, construida durante el siglo XVII, tiene planta octogonal y está decorada con elegantes pilastras en la parte baja y coronada por una galería abierta rematada por esferas y pináculos. En la parte septentrional se encuentra la **Zvonkovaja** (Звонковая; 4), torre de las Campanas, de los siglos XVI y XVII. Sigue la **Kalič'ja vorotnaja** (Каличья воротная; 5), torre-puerta del Fuego, otra entrada al monasterio, construida en 1758-1778 según un proyecto de I. Žukov. Inmediatamente después, en el ángulo noroccidental, se halla la **Plotnič'ja** (Плотничья; 6), torre de la Carpintería, del siglo XVII, auténtico revellín octogonal. La parte occidental está dominada, en cambio, por la sólida **Pivnaja** (Пивная; 7), torre de la Cervecería, de los siglos XVI y XVII. La esquina suroccidental está marcada por la octogonal **Vodjanaja** (Водяная; 8), torre del Agua, del siglo XVII, coronada por un elegante murete de arquillos ciegos. Hacia la mitad de la parte meridional se encuentra la **Lukovaja** (Луковая; 9), torre de las Cebollas, del siglo XVI, reconstruida por I. Žukov en 1748-1759. Finalmente, en el ángulo suroriental está situada, la **Pjatnickaja** (Пятницкая; 10), torre del Viernes Santo, del siglo XVII.

La entrada al monasterio está señalada por la **Uspenskie vorota** (Успенские ворота; 11) o puerta de la Asunción, del siglo XVII, que hace las veces de salida del

SERGUEI POSAD (ZAGORSK): EL MONASTERIO

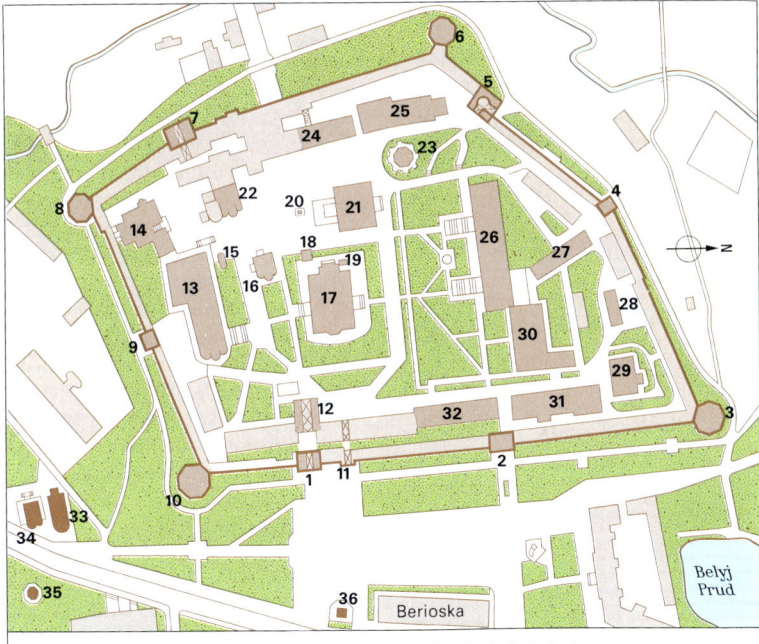

1 Torre Krasnaja Vorotnaja
2 Torre Sušil'naja
3 Torre Utoč'ja
4 Torre Zvonkovaja
5 Torre Kalič'ja Vorotnaja
6 Torre Plotnič'ja
7 Torre Pivnaja
8 Torre Vodjanaja
9 Torre Lukovaja
10 Torre Pjatnickaja
11 Puerta de la Asunción
12 Iglesia de San Juan Bautista "sobre la puerta"
13 Palacio del Refectorio
14 Palacio del Metropolita
15 Iglesia de San Miqueas
16 Iglesia del Espíritu Santo
17 Catedral de la Asunción
18 Capilla de la Fuente Milagrosa
19 Tumba de Boris Godunov
20 Obelisco
21 Campanario
22 Catedral de la Trinidad
23 Iglesia de Nuestra Señora de Smolensk
24 Palacio del Tesoro
25 Palacio del Hospital
26 Habitaciones del zar
27 Refectorio
28 Baño
29 Hospital
30 Seminario
31 Biblioteca
32 Inspección
33 Iglesia del Viernes
34 Iglesia de la Introducción
35 Pozo de San Sergio
36 Capilla de Krasnogorsk

monasterio y que está decorada con pinturas sobre la vida de San Sergio, de 1930. En la parte opuesta de la entrada, a ambos lados, se hallan los edificios administrativos del siglo XVII, reconstruidos en 1816. Un poco más adelante, a la izquierda, se halla la **iglesia de San Juan Bautista "sobre la puerta"** (nadvratnaja cerkov' Roždestva Ioanna Predteči; надвратная церковь Рождества Иоанна Предтечи; 12), de estilo barroco, construida en 1692-1699, gracias a las donaciones de los riquísimos industriales Stroganov. A través de ella se llega a la gran explanada central, rodeada de importantes edificios. Al sur (a la izquierda) se puede ver el **palacio del Refectorio★,** con la anexa **iglesia de San Sergio** (Trapeznaja palata s cerkov'ju Sergija; Трапезная палата с церковью Сергия; 13), de 1686-1692, de estilo barroco *"naryškin".* En el exterior está rodeado por una balconada de 200 m; las ventanas se encuentran adornadas con columnitas, y los muros, con conchas esmaltadas y ricamente policromadas. El interior, muy amplio y luminoso, posee numerosos frescos e iconos y es utilizado para la celebración de los ritos más solemnes. Con sus 500 m^2 de superficie, es la sala de mayor extensión de su época construida sin pilares. A la derecha se encuentra el **palacio del Metropolita** (Mitropolič'i pokoi; Митрополичьи покой; 14), del siglo XVIII, residencia del metropolita. Fue construido en el siglo XVI y reconstruido en 1778. Frente al palacio del Refectorio se encuentra la **iglesia de San Miqueas** (Miheevskaja cerkov'; Михеевская церковь; 15), de 1734. Posee un tejado curvo de dos niveles, de estilo holandés, imitado en otros edificios del monasterio. A su lado está la **iglesia del Espíritu Santo★** (Duhovskaja cerkov'; Духовская церковь; 16), pequeño y severo edificio de 1476, el más antiguo de este tipo que se ha conservado hasta la actualidad, con una sola cúpula sobre tambor, que servía también de campanario. Originariamente esta iglesia, construida por artistas de Pskov, estaba consagrada a la Trinidad y se hallaba coronada por una cúpula, desaparecida en una reconstrucción posterior. Hasta el siglo XVII la plataforma superior se utilizaba como torre de vigilancia.

En el centro del monasterio se halla el edificio mayor, la **catedral de la Asunción** (Uspenskij sobor; Успенский собор; 17), fundada en 1559 por Iván IV el Terrible y consagrada en 1585. Está coronada por cinco enormes cúpulas: la central, dorada; las restantes son de color azul con estrellas de oro. En su interior, revestido de magníficos frescos, se guarda un iconostasio del siglo XVII que prefigura el barroco, con sus ricas maderas talladas con temas florales.

Los frescos, que se conservan casi intactos, fueron realizados entre el 20 de mayo y el 30 de agosto de 1684 por dos talleres de artesanos: uno de artistas locales y otro dirigido por el conocido pintor de Pereslavl' Dmitri Grigor'ev. Los 35 pintores de ambos talleres ejecutaron los frescos en una severa gama azul-violácea adecuada a la solemnidad de la iglesia.

Un zar generoso y asesino

Tanto se prodigó el zar Boris en financiamientos y donaciones al monasterio de San Sergio que acabó por conseguir que le sepultaran en él. Con certeza, Godunov debía albergar serias dudas con respecto a su entrada en el Paraíso y, en aquellos tiempos, no había mejor modo de asegurar el alma que hacerse inhumar en el lugar más santo de Rusia. Resulta difícil reconstruir de manera fiable los acontecimientos que le condujeron al trono, llenos como están de sospechas sin pruebas concluyentes, tramas en la sombra y muertes misteriosas: no por casualidad se inició con su reino el periodo de la historia rusa llamado "de las turbulencias". El primer contacto con el poder se produjo durante el reinado del hijo de Iván el Terrible, Fëdor, retrasado, al cual había esposado con su hermana, convirtiéndose en su tutor. El mismo Iván había favorecido, a su pesar, a Boris, matando a su hijo mayor, el homónimo Iván, acusado por su padre de ser poco inteligente. Sin embargo, quedaba el pequeño Dmitri, destinado al ser mayor de edad a ocupar el puesto de su hermano: la amenaza era tal que transformó a Godunov de intrigante en asesino, acto que llevó a cabo sin pestañear. De este modo, Boris logró que su estirpe ocupara el trono de Rusia, pero no por mucho tiempo, ya que, pocos años más tarde, murió en circunstancias extrañas, seguido en breve por sus herederos.

Ante la iglesia, a la derecha, se halla la **capilla** barroca **de la Fuente Milagrosa** (Nadkladeznaja časovnja; Надкладезная часовня; **18**), del siglo XVII, muy venerada. A la izquierda está situada la **tumba del zar Boris Godunov, su mujer y sus dos hijos** (Usypal'niča Godunovyh; Усыпальница Годуновых, **21**), de 1605, reformada en 1780. En el centro de la explanada se hallan el **obelisco** (Obelisk; Обелиск; **19**) de 1792, conmemorativo de la historia del monasterio, y el bellísimo **campanario**★ (kolokol'nja; колокольня; **20**), de 88 m, de estilo barroco italiano, construido en 1740-1770 -tal vez según un proyecto de Rastrelli- por I.F. Mičurin y D.B. Uchtomskij. Sobre una base cuadrada se sustentan cuatro pisos, mientras que una serie de estilizadas columnas le confiere un elegante aspecto y una ligereza que ninguno de los edificios circundantes puede igualar.

Frente al palacio del Metropolita se halla la **catedral de la Trinidad**★★ (Troickij sobor; Троицкий собор; **22**), la iglesia más importante del monasterio. Fue construida por el metropolita Nikon en 1422-1423 en el mismo emplazamiento de una primitiva iglesia de madera. Se trata de un edificio macizo, con una cúpula sustentada sobre un altísimo tambor. La simetría del edificio queda rota por la elegante **capilla de San Nikon,** de 1548, situada a su derecha. La catedral posee una forma característica de la época pretártara; no obstante, sobre los *"zakomary"* de arcos divergentes que coronan los muros se ha colocado una serie de *"kokošniki"* o arquillos ciegos que animan la decoración del edificio. Este artificio arquitectónico, novedoso en aquella época, fue imitado más tarde durante varios siglos en innumerables iglesias. El interior de la catedral, precedido de un nártex, es interesante por sus bóvedas y arcos ojivales, que recuerdan la arquitectura serbia, y por las ventanas en forma de saetera que, al filtrar una escasa luz, invitan al recogimiento. Los frescos, de los que se conservan algunos fragmentos, fueron ejecutados por el mayor pintor ruso de la época, Andrei Rublev, en colaboración con Daniil Černyj.

El iconostasio, esmerado trabajo de orfebrería de 1425-1427, contiene 42 iconos, en gran parte realizados por Rublev. Algunos son copias, como el celebérrimo de *La Trinidad*, conservado en la galería Tretiakov de Moscú. Esta catedral fue una de las primeras iglesias de Rusia que poseyó iconostasio. Debido a la perfecta armonía existente entre la imagen, los colores y el contenido teológico, *La Trinidad* de Rublev, situada a la derecha de la puerta, se considera la obra maestra del arte ruso antiguo y es la única cuya autoría está comprobada. Podrían ser también de Rublev *El Arcángel San Gabriel, El Apóstol Pablo, El Bautismo* y *La Transfiguración.* La dificultad para la atribución se debe al hecho de que en el arte ruso antiguo se desconocía el concepto de autoría. El artista no firmaba sus obras y el tema iconográfico era repetido y copiado por otros. Esta iglesia conserva también el magnífico **féretro** de plata **de San Sergio**★, ante el cual desfila de forma incesante una multitud de fieles.

Detrás del campanario se halla situada la **iglesia de Nuestra Señora de Smolensk**★ (cerkov' Smolenskoj Bož'ej Materi; церковь Смоленской Божвей Матери; **23**), bellísimo y pequeño templo octogonal de elegante estilo barroco, construido por D.B. Uchtomskij desde 1745 a 1753 para custodiar el veneradísimo icono de *La Odigitria.* En la parte occidental del monasterio están situados dos edificios de pequeña altura: el **palacio del Tesoro** (Kaznačejskij korpus; Казначейский корпус; **24**), y el **palacio del Hospital** (**25,** *visita: de 10 h a 17 h; lunes y viernes cerrado),* junto con la **iglesia de los Santos Zósimo y Saba** (Bol'ničnye palaty s cerkov'ju Zosimy i Sabbatija; Больничные палаты с церковью Зосимы и Сaббатия), de 1633-1638. Zósimo y Saba fueron los dos monjes que en el siglo XVI fundaron, en una isla del mar Blanco, el monasterio Soloveckij. El color blanco de la iglesia simboliza el Paraíso y la cruz sobre la media luna se relaciona con la victoria frente a los turcos. Para proporcionar unidad visual al conjunto, esta iglesia, como sucedía con frecuencia en el interior de un monasterio, imita algunos detalles arquitectónicos de otros edificios, en este caso las guirnaldas de la capilla de Nikon. También es interesante la cúpula en forma de pirámide, quizá inspirada en la arquitectura en madera de la Rusia del norte. Su presencia revela los vínculos que unían al monasterio de la Trinidad con el norte del país.

El palacio del Tesoro y el del Hospital albergan el **Museo de Historia, Arquitectura y Arte** (Zagorskij istoriko-hudožestvennyj muzej-zapovednik; Загорский историко-художественный музей-заповедник; *visita: de 10 h a 17 h, excepto lunes y viernes).*

En el palacio del Hospital se ha reconstruido la historia arquitectónica del monasterio, con maquetas, planos, documentos y fragmentos arquitectónicos.

Existe numerosa documentación sobre los trabajos de restauración, realizados en el siglo XX.

Kaznačejskij korpus. El palacio del Tesoro (*visita: de 10 h a 17 h, lunes cerrado*) alberga un museo de bellas artes y producciones artesanales. De incalculable valor es la serie de **iconos**★★, todos pertenecientes al monasterio, una de las más conocidas del arte ruso. La colección se ordena cronológicamente. Se resaltan las piezas más valiosas:

Sala 1. (Siglos XIV-XV). Primera a la izquierda, *Santa Ana con la Virgen*, del tipo de la Virgen Elousa o del Amor, obra de un pintor serbio; segunda a la izquierda, la *Virgen Perilepta*★★ o de la Hermosa Apariencia, obra de un artista de Bizancio, tal vez el monje Ignacio el Griego del monasterio de S. Miguel de Smolensk; tercera a la izquierda, la *Virgen Odigitria*★★ o Virgen Guía, obra maestra de la escuela de Moscú, traída aquí por el fundador del monasterio; cuarta a la izquierda, puerta real★★ de la catedral de la Trinidad, soberbia obra de la escuela de Andrei Rubläv; quinta a la izquierda, la *Virgen Odigitria*★★, icono poco frecuente, ya que representa al Niño alejado del rostro de la Madre (tal vez de influencia italiana).

Sala 2. (Siglo XVI). Primera a la izquierda, el *Salvador*★★, representación mayestática de la divinidad; tercera vitrina en el centro, parte posterior, S. Nicolás de Možajsk, donada al monasterio de Serguei Posad en 1895 por la familia de Voejkov, a la cual pertenecía también el fundador del monasterio; quinta a la izquierda *Asunción de la Virgen*, de intensos colores azules y rojos; séptima a la izquierda, *La Elevación de la Cruz*, con la representación idealizada de la catedral de S. Sofía de Constantinopla; octava a la izquierda, *La Natividad de la Virgen*, con profusión de detalles naturalistas. A continuación en las siguientes salas, obras del siglo XVII, entre las que destaca, en la **sala 6**, la *Última Cena*★★, obra maestra de Simon Ušanov, realizada en 1685 para la catedral de la Asunción de Serguei Posad. Tras la última sala de iconos, una serie de salas de paso, con exposiciones temporales y una nutrida tienda de souvenirs, conducen a la continuación de la exposición. En ella, se exhiben carrozas, retratos del siglo XVIII, objetos de culto, paramentos sacros y tejidos. En la **segunda planta,** secciones de arte popular, entre las que se pueden admirar trajes tradicionales, gorros, chales, juguetes de madera (los de Serguei Posad son famosos), cuberterías, amuletos y vajillas.

Peregrinos y turistas visitan los lugares santos del monasterio de San Sergio.

Muzej Riznica★★. En el museo de la Sacristía (26; *visita: de 10 h a 17 h, lunes y primer martes de mes cerrado),* se exhibe una rica colección de donaciones al monasterio. De especial interés es la colección de bordados de los siglos XV-XVII, una de las más ricas del país, que se formó gracias a las donaciones de zares y príncipes, como Vasilij III e Iván el Terrible. Muchas acaudaladas casas de boyardos y mercaderes albergaban verdaderos talleres de bordado, dirigidos por la dueña de la casa o sus hijas. Sobre un cañamazo habitualmente de seda, se trazaba un dibujo que era ejecutado después con hilos de distintos colores y finalmente embellecido con perlas y piedras preciosas. En la **sala 1** se conserva un paño del segundo decenio del siglo XV que representa a Serguei Radonežskij; un sudario azul★ de inicios del siglo XV; dos camafeos★ de la escuela bizantina del siglo XI (*San Jorge y el Arcángel San Miguel*); objetos sacros del siglo XV. En la **sala 2** se encuentran los regalos de los príncipes Golicyn; el sudario de los príncipes Starickij, de 1561 aproximadamente, producto de los talleres de la princesa Evfrosinija, tía de Iván el Terrible, el cual, tras haber asesinado a su propio hijo, fue uno de los más generosos benefactores del monasterio. En la **sala 3**, donaciones de Boris Godunov, como el revestimiento en oro (riza) para la Trinidad de Rublëv, de hechura refinada, que cubría la obra del maestro hasta 1929. En la **sala 4** regalos del siglo XVII, entre ellos, varias mitras.

Se aconseja un paseo por el **camino de ronda** *(sólo se vista en verano),* cuyo acceso se encuentra a espaldas del museo. Desde las saeteras de las murallas se puede admirar el bello paisaje de colinas que rodea Serguei Posad. La parte norte del monasterio está ocupada por edificios de estudio. El elegante y amplio edificio del siglo XVIII donde se encuentran las **estancias del zar** (Carskie čertogi; **27**) alberga hoy la Academia de Teología. El palacio fue construido inmediatamente después del refectorio y parece imitar el fasto de éste, con sus fachadas adornadas con motivos de arabescos polícromos a modo de tablero de ajedrez, y con sus ventanas ricamente decoradas con cerámicas. El piso inferior estaba constituido por varios locales de servicio, mientras que en el superior se encontraban las salas de ceremonia y las habitaciones. En este edificio, prototipo de los palacios reales de los siglos XVIII y XIX, se alojó con frecuencia Pedro el Grande. Los palacios anteriores, sobre todo los de madera, se componían de un conjunto desordenado de espacios aislados unidos entre sí por pasajes, galerías y escalinatas.

Los demás edificios de la parte norte y este son: el **refectorio** (**28**), de 1803; el **baño** (**29**) de 1847-1894; el **hospital** (**30**), de 1835-1884; el **seminario** (**31**), de 1839-1884; la **biblioteca** (**32**), de 1877; la **inspección** (**33**), del siglo XVII y reconstruida en 1816.

Fuera del monasterio existen otros edificios de gran interés. No lejos del espolón suroccidental se encuentra la **cerkov' Paraskevy Pjatnicy** (iglesia del Viernes; **34**) de 1547, y la **cerkov' Vvedenija Bogorodicy** (iglesia de la Introducción; **35**), de 1547, edificada por el boyardo Iván Habarov y reconstruida en 1740. A pocos pasos se encuentra el **Sergievskij kolodec o Pjatnickij** (pozo de San Sergio; **36**), elegante capilla octogonal del siglo XVII construida sobre una fuente milagrosa. Frente a la puerta de acceso al monasterio, se encuentra la bella **Krasnogorskaja časovnja** (capilla de Krasnogorsk; **37**), de 1770.

Usad'ba Abramtsevo★★. A 15 km de Serguei Posad, hacia Moscú, se puede llegar en tren a la finca de Abramtsevo desde la estación Jaroslavskij de la capital. En un panorama caracterizado por dulces colinas, se encuentra el pintoresco bosque, inspirador de algunas de las más importantes obras del XIX ruso, en el que se halla la finca, hoy convertida en museo *(visita: de 10 h a 17 h; lunes, martes y último jueves de mes, cerrado).*

Propiedad del escritor Aksakov (que alojó en ella a mediados del siglo XIX a los más grandes literatos de su tiempo), esta amplia finca fue posteriormente comprada por el industrial S. Mamontov que, con desinteresado mecenazgo, la convirtió en la residencia de trabajo de los más célebres pintores de los siglos XIX y XX. El círculo de Abramtsevo comprendía al escultor M. Antkol'skij, los pintores V. D. Polenov e I. E. Repin, los hermanos Vasnecov, E. Polenova, V. Surikov y M. Vrubel'. La particularidad del conjunto, que lo convierte en un lugar de peculiar encanto, consiste en el hecho de que todas las construcciones fueron proyectadas, construidas y utilizadas (como habitación o estudio) por los propios artistas. El edificio más interesante, fruto de un trabajo colectivo, es la **iglesia**★, diseñada por Polenov y Vasnecov según el severo estilo de Novgorod en 1882. En el interior se encuentran obras de distintos estilos, si bien contemporáneas entre sí, de Vrubel', Viktor Vasnecov y Polenov.

PERESLAVL'-ZALESSKIJ

Rodeada por una sugerente naturaleza y lugar de nacimiento del más celebrado entre los príncipes rusos, Aleksandr Nevskij, la ciudad de Pereslavl (Переславль-Залесский; 45.000 hab.), aunque conserva huellas importantes de su antiguo esplendor, está completamente inmersa en la crisis que caracteriza a casi la totalidad de la provincia rusa. Entre los muchos monasterios con los que cuenta, sólo uno, el Gorickij, transformado en museo, ha mantenido un estado lo bastante bueno como para preservar su significado artístico. Los demás, empleados durante los últimos años como depósitos de aperos agrícolas o de instrumentos de otro tipo, se encuentran en condiciones lamentables: como ejemplo, basta ver los monasterios de Danilovskij y Ninitskij.

La visita a esta ciudad, que no se puede dar por terminada sin ver la espléndida catedral de la Transfiguración, se puede efectuar en pocas horas; además la infraestructura hotelera está muy por debajo de los niveles europeos, a excepción de un complejo situado fuera de la ciudad que frecuentan los moscovitas adinerados durante los fines de semana. Pereslavl está situada en una colina sobre el lago Pleščeevo, a 57 km al noreste de Serguei Posad.

La pequeña ciudad de Pereslavl' fue fundada en 1152 por el príncipe Yuri Dolgoruki, que construyó en el lugar una fortaleza destinada a controlar el comercio de la zona. Los orígenes de la ciudad se remontan, no obstante, al siglo X, cuando en la orilla septentrional del lago Pleščeevo surgía la ciudad de Kleščin, absorbida posteriormente por la nueva Pereslavl'. Ejemplo de la técnica utilizada en las antiguas defensas rusas, la fortificación de Yuri Dolgoruki rodeaba toda la ciudad: un terraplén de altura variable entre 10 y 18 m y una anchura que oscilaba entre 6 y 8 m, estaba reforzado por una doble muralla de madera con 12 torres de vigilancia. La ciudad alcanzó el apogeo de su esplendor durante el siglo XIII, bajo los príncipes de Vladimir Vsevolod y Yaroslav; en 1302 se unió al principado de Moscú. En el siglo XV, para diferenciarla de otra ciudad homónima surgida más al sur, se le atribuyó el apelativo de *Zalesskij*, que en ruso significa "al otro lado del bosque" y hace referencia a los bosques de coníferas que la separaban de la Rus' de Kiev. Durante el reinado de Iván el Terrible, en el siglo XVI, esta ciudad, que prosiguió su desarrollo, fue sede de la despiadada *"opričnina"*, la guardia que defendía al zar en la lucha contra los boyardos rebeldes. Asediada en 1608 por las tropas polaco-lituanas, la ciudad consiguió liberarse de ellas un año después, y en 1612 participó, junto con las tropas de Minin y Požarski, en la liberación de Moscú.

Pereslavl' fue, a finales del siglo XVII, sede de los juegos náuticos que en 1688 Pedro el Grande mandó celebrar en el lago para su diversión, sentando las bases para la organización de la marina rusa.

Si se llega en coche desde Serguei Posad (Zagorsk), a 7 km de la ciudad, es aconsejable hacer una parada para visitar la **capilla Fedorovskaja** (Федоровская часовня), construida probablemente en el lugar donde Anastasia, esposa de Iván el Terrible, alumbró a su hijo Fiodor, el futuro zar. Esta capilla, sede de los institutos científicos que formaba parte del monasterio Fedorovski, posee una forma piramidal y se apoya sobre cuatro pilares convexos decorados con azulejos esmaltados (*los edificios del antiguo monasterio no se pueden visitar*).

Al llegar a la ciudad viniendo de Moscú se llega al gran **monasterio Gorickij**★ (Gorickij monastyr'; Горицкий монастырь; *visita: de 10 h a 17 h; martes y último lunes del mes cerrado)*, que domina desde un magnífico emplazamiento la ciudad y el lago. Conocido también como monasterio de la Asunción, fue fundado a comienzos del siglo XIV, durante el reinado de Iván Kalita, destruido por el kan tártaro Tochtamyš en 1382 y reconstruido por Evdokija, esposa del príncipe de Moscú Dmitri Donskoi. Merced a los favores del zar, este monasterio conoció un periodo de enorme riqueza y poder: sus propiedades se extendían por numerosas aldeas con 5.000 siervos de la gleba y los viejos edificios en madera fueron sustituidos por construcciones de piedra.

El monasterio disfrutó de un periodo de florecimiento hasta que, en 1774, se estableció en él Arsenij Mogiljanskij, nuevo metropolita de la ciudad y confesor de la emperatriz Isabel. Mogiljanskij ordenó derribar gran parte de los edificios de piedra con la intención de reemplazarlos por otros mejores, pero los trabajos para la construcción de una catedral y un palacio sólo se pusieron en marcha mucho más tarde, después de 1750, con el obispo Amvrosij. Los edificios se hallaban en fase de avanzada construcción cuando, en 1788, la emperatriz Catalina, que sucedió a Isabel, sorprendió a la diócesis de Pereslavl' privando al monasterio de toda ayuda. Las obras se interrumpieron y el monasterio comenzó a arruinarse lentamente hasta que, en 1881, se convirtió en sede de un seminario eclesiástico. En 1919, después de una esmerada restauración de los edificios, ha sido instalado un museo en el antiguo monasterio.

La **puerta oriental**★ es la entrada actual del convento. Es destacable la decoración escultórica de la portada, que presenta caba-

EL ANILLO DE ORO

> ### Arte prohibido
>
> No fue simple y rápida la conversión de la enorme Rusia al cristianismo. Durante siglos, perduraron reductos de paganismo que, con dificultad, se desviaban hacia el seno de la religión monoteísta, incluso a través de la apropiación de muchas fiestas preortodoxas y algunas de sus costumbres. Incluso hoy día, por ejemplo, durante la "*maslenitsa*", equivalente de nuestro carnaval, se consumen los "*bliny*", pastas circulares vinculadas al culto del sol, que inicialmente se preparaban sólo para la fiesta de la primavera y los banquetes fúnebres. El caso más asombroso de la conservación de elementos del paganismo en la Rusia moderna es la talla de figuras humanas en madera, recuerdo de los ídolos arcaicos. Contra esta forma de arte popular, el control de la iglesia ortodoxa fue durísimo, ya que no podía consentir que se contaminase la iconografía oficial, y menos aún la figura de Cristo, llegando incluso a prohibir el arte de la talla y a ordenar la destrucción de todas las obras existentes, sancionando dicha prohibición mediante dos decretos del Santo Sínodo: uno en 1722 y otro en 1832.

llos al galope realizados en piedra blanca, elemento éste bastante infrecuente en las artes decorativas de la antigua Rusia.

En el interior de las murallas se encuentra la gran **catedral de la Asunción** (Uspenskij sobor; Успенский собор), de 1757, un edificio en estilo barroco, con siete cúpulas, dotado de una espléndida acústica. A la sobria sencillez de la arquitectura exterior se opone la suntuosidad del interior, decorado con estucos y frescos. El **iconostasio**★, barroco, de 19 m de alto y 16 m de ancho, realizado en 1759 en el taller moscovita de Jakov Žukov, está considerado como uno de los más bellos del barroco ruso. Todavía son visibles, en el prado contiguo a la catedral, los restos de los cimientos del grandioso palacio archiepiscopal, inacabado y rápidamente demolido, que debía unirse a la **iglesia de Todos los Santos** (cerkov' Vseh Svjatyh; церковь Всех Святых), todavía en pie.

Entre la catedral y la iglesia, el perfil de las murallas se interrumpe en una torreta, que en otros tiempos cumplió las funciones de campanario; desde ésta se goza de una espléndida vista del lago y la ciudad. Construida durante la segunda mitad del siglo XVII, la iglesia de Todos los Santos presenta hermosas jambas de piedra blanca en las ventanas, semicolumnas en las esquinas y un friso de "kokošniki" bajo la cornisa.

Junto a la iglesia, hay un **refectorio** de finales del siglo XVII y un imponente campanario del siglo XVIII. En la iglesia, se pueden admirar una serie de exposiciones, la más interesante de las cuales está situada en la antigua *riznica* (sacristía), en la primera planta. Aquí se muestra una notable colección de **bordados sacros,** especialidad del arte antiguo ruso: dos estandartes (siglo XVI) bordados por Anastasija Romanova, primera mujer de Iván el Terrible. Entre las obras de orfebrería antigua, destaca la colección de joyas, cálices, jarras y revestimientos de manuscritos religiosos.

El último edificio a la izquierda alberga en el primer piso una **galería de arte moderno,** sorprendentemente rica para un museo de provincias, con obras de Šiškin, Makovskij, Polenov, Maljavin, Kasatkin, Benois, Lanseré, Serebrjakova, Korovin, Juon, Lentulov y Maškov. Existe también una pequeña sala dedicada a F. Chaliapin, que tenía una *dacha* no muy lejos de aquí, en Ratuhino. En la casa, que desgraciadamente no se conserva, construida según un diseño de Serov y Korovin, gustaban de alojarse los artistas, como los mencionados pintores y el compositor Rajmaninov. En la planta baja, hay una colección de iconos, entre los que se destacan: siglo XV, *Los Santos Pedro y Pablo*; siglo XVI: *El Arcángel San Miguel* y *El Arcángel San Gabriel* (proveniente del monasterio de S. Nikita), *Ascensión del profeta Elías en el carro de fuego*, *Asunción de la Virgen* (procedente de la iglesia de la Dormición de este mismo monasterio), *Nicolás el Taumaturgo*; siglo XVII: *San Nicolás el Taumaturgo*, procedente de la iglesia de Santa Bárbara y que, sorprendentemente, lleva la firma de dos famosos pintores locales: Andréiev y G. Nikitin; finales del siglo XVII, inicios del XVIII: *Nuestra Señora de Vladimir*. También en la planta baja, hay una sala dedicada a una interesantísima colección de **obras en madera**★, con más de 100 obras de talladores locales. Entre estas esculturas en las que se manifiesta profundamente el espíritu del pueblo ruso, destaca la *Última cena*.

125

Museo Botik. Bajo las murallas del monasterio Gorickij, por un sendero que rodea la orilla del lago, se llega al Museo Botik (**Музей Ботик**; barquita), situado a 3 km al oeste de la ciudad.

El joven zar Pedro, en 1688, encargó al naviero holandés Karsten Brant que construyese una pequeña flotilla con la que pensaba entretenerse realizando atrevidas maniobras en el lago. Solamente en 1722, tras haber conseguido una brillante victoria sobre la poderosa flota sueca, el zar volvió a su lago y se dedicó a descubrir las viejas naves y los astilleros en ruinas. Ordenó después al *vojvoda* de Pereslavl' conservar con extremado esmero bajo un cobertizo los restos de aquella flota-juguete. La ciudad fue víctima de un incendio en 1783 y de las 97 naves de Pedro sobrevivió a las llamas únicamente el barco Fortuna. En torno a este barco se construyó en 1803 el Museo Botik, al que se añadieron en 1852 un arco de triunfo y un obelisco en granito rojo. En el complejo hay también un pequeño **Museo de la Marina de Guerra.**

Pocos metros más allá de la desviación para el lago, en dirección al centro, se localiza la neoclásica **Sretenskaja cerkov'** (iglesia de la Purificación), a cuyas espaldas se levanta el **Danilovskij monastyr'** (monasterio de la Trinidad de Danilov).

Este monasterio fue fundado durante el siglo XVI por el monje Danilo, un religioso procedente del monasterio Gorickij y confesor del gran príncipe de Moscú Vasilij III, que le pidió que orase para que tuviera un heredero. Tras el nacimiento del hijo, que más tarde sería conocido como Iván el Terrible, Vasilij III hizo construir en el monasterio ilustres edificios.

El complejo se enriqueció posteriormente en la segunda mitad del siglo XVII, cuando pasó a estar bajo la protección del príncipe Iván Barjatinskij, que se retiró a la vida monástica. El derruido edificio, atractivo en su desolación, es hoy poco más que un testimonio de cómo la naturaleza se apodera de las obras del hombre cuando éste no las cuida y las conserva.

En el centro de la ciudad, en la Krasnaja ploščad (Plaza Roja) surgen cuatro iglesias. Sólo una, la bellísima catedral de la Transfiguración, se encuentra en buen estado de conservación; las demás están en pésimas condiciones. Asombra sobremanera el estado de la interesante iglesia al sur de la plaza dedicada al metropolita Pedro.

Spasso-Preobraženskij sobor★★. Justo a espaldas del busto de Aleksandr Nevskij, que nació el 30 de mayo de 1220 en el palacio del príncipe que antiguamente se encontraba en la plaza, se eleva la catedral de la Transfiguración.

La estructura de la iglesia, con planta cuadrada y tres ábsides, inspirada en modelos bizantinos y coronada por una única cúpula, es muy sencilla. Derivan del modelo de esta iglesia, erigida entre 1152 y 1157 y repetidamente imitada, las obras maestras de Vladimir y Suzdal. También resulta muy sobria la decoración externa de las fachadas, divididas en tres partes por dos pilastras; en los ábsides se elevan arcadas colgantes, y el tambor de la cúpula está adornado con "porebik" (franja de ladrillos colocados en ángulo respecto a la superficie). La cúpula original, típica de la arquitectura rusa más antigua, fue sustituida entre los siglos XVII y XVIII por la actual cúpula bulbiforme.

El interior, escasamente iluminado por ventanas saeteras, hace pensar más en una fortaleza que en una iglesia. Es de temer que los trabajos de restauración actuales deterioren la simple elegancia de las paredes desnudas en piedra blanca. En el fondo de la iglesia, a la izquierda, una tambaleante escalera de caracol conduce a la galería superior, lugar desde donde el cual el príncipe Alejandro asistía a las celebraciones. De los frescos originales, perdidos en el siglo XIX, el único fragmento que se conserva, se encuentra en el Museo Histórico de Moscú y representa la cabeza de un Apóstol.

En la otra parte de la ciudad, al otro lado del Kremlin y una vez rebasado el río, se halla el tercer conjunto monástico, el **monasterio de San Nikita** (Nikitskij monastyr'; **Никитский монастырь**), el más antiguo de los tres monasterios de Pereslavl'. De acuerdo con la tradición, fue fundado en el siglo XII por Nikita, un ávido recaudador de impuestos, canonizado en el siglo XVII. Este monasterio se amplió y fortificó durante el siglo XVI, en la época de Vasili III e Iván el Terrible, cuando las luchas entre príncipes tenían como focos de resistencia el *kremlin* de las ciudades y los monasterios del campo. En 1561, por voluntad de Iván el Terrible, este convento se convirtió en fortaleza. En el espacio de pocos años se construyeron las murallas, que fueron reforzadas con seis sólidas torres, la catedral, el refectorio y las celdas.

ROSTOV

Pueblo agrícola que sólo se anima el sábado, día de mercado, Rostov (37.000 hab.) es la población del Anillo de oro más alejada de los estándares de vida de la capital. Aunque el único complejo arquitectónico por el que vale la pena una visita a la ciudad es el espléndido Kremlin, se aconseja dar un paseo por las calles del centro. El viajero podrá así completar la imagen que se va formando de Rusia, que no sería completa sin la percepción de la monótona pobreza que caracteriza los infinitos rincones olvidados de los que se compone el mosaico del país.

Rostov está situada junto al Lago Negro, a 73 km al noreste de Pereslavl-zalesskij, en la carretera de Yaroslav. El viajero debe tener en cuenta que las instalaciones hoteleras y de restauración son limitadísimas, por lo que puede ser difícil conseguir mesa para cenar en horarios que no son aquí habituales (después de las 21 horas).

La tradición, que se apoya en la *Crónica de los tiempos pasados,* códice del siglo XII, hace remontar la fundación de la ciudad al año 862. La investigación arqueológica ha comprobado que en el siglo VIII se asentó en este lugar el pueblo "merja" ugro-finés. Cuando comenzó el dominio de la Rus' de Kiev, Rostov se convirtió en su vasallo y fue gobernada por los hijos de Vladimir, Yaroslav el Sabio y, posteriormente, Boris, que introdujeron el cristianismo en ella a pesar de la violenta oposición de la población, oposición que culminó, en 1071, con el asesinato del obispo.

Rostov conoció un periodo de gran prosperidad a mediados del siglo XII bajo Yuri Dolgoruki, señor de las tierras de Suzdal', donde residía. Un poder que, en el territorio de Rostov, el gran príncipe tenía que compartir con las consolidadas instituciones políticas locales. Los boyardos gobernaban, en realidad, por medio de la *"veče",* asamblea de la ciudad, y se oponían a una excesiva ingerencia del gran príncipe en los asuntos locales.

A comienzos del siglo XIII Rostov se convirtió en principado autónomo. Era una gran ciudad (de aquí el apelativo de *"velikij",* la grande), con espléndidos edificios, un ejército y artesanado propios, pero en 1212, a consecuencia de la rivalidad entre los príncipes herederos, el poder se fraccionó entre los tres principados de Rostov, Yaroslav y Uglič. La invasión mongola de 1238 trajo como consecuencia un cambio en el panorama político. Bajo la Horda de Oro Rostov conservó su prestigio y en varias ocasiones promovió rebeliones. Cuando el país se reorganizó tras la expulsión de los tártaro-mongoles, Moscú había adquirido ya el papel de capital.

No obstante, Rostov continuó siendo una ciudad muy poderosa, en especial entre los siglos XVI y XVII, cuando sus obispos obtuvieron primero el título de arzobispos y posteriormente el de metropolitas, sometidos tan sólo al patriarca de la Iglesia ortodoxa rusa. La rica diócesis de Rostov, que poseía centenares de aldeas, siervos y fábricas, acome-

---

La música de las campanas

Las trece campanas de Rostov, notables ejemplos del arte ruso de la fundición del siglo XVII, son conocidas en todo el Estado por lo cristalino de su sonido, del que se valió para sus trabajos el compositor Berlioz.

Existe un repertorio clásico en el que cada grupo de músicos (al menos cinco para la campanada más simple) se encarga de un toque diferente, y cada campanada tiene una denominación específica. La profesión de campanero está floreciendo en Rusia, y casi todas las iglesias tienen uno; por tanto, no deje pasar la ocasión de asistir al espectáculo de armonía y pericia de gestos que requiere una campanada, sustituida en muchas partes del mundo por grabaciones.

En Rusia no es la campana la que se mueve, sino el badajo: por esta razón, los talleres de fundición podían crear campanas gigantescas que permitían una amplia gama de tonalidades. Entre los artesanos medievales, los fundidores de campanas eran los más buscados: profundos conocedores de secretos que se transmitían de padre a hijo, debían proporcionar a sus creaciones masa y sonoridad, utilizando la creta adecuada para el cuerpo de la campana en el taller de fundición y estableciendo con precisión el porcentaje de los diversos metales que se deben a utilizar.

tió entonces la reconstrucción o el perfeccionamiento de los grandes conjuntos arquitectónicos de piedra, es decir, los que han llegado hasta nosotros.

Cuando, en el siglo XVIII, el Estado nacionalizó las tierras de la Iglesia, Rostov perdió gradualmente importancia, y mucho más debido a que la sede del metropolita fue trasladada de Rostov a Yaroslav, capital del gobierno. Un fuerte huracán, ocurrido en 1953, causó graves destrucciones en la antigua ciudad de Rostov. La reparación de los daños permitió la restauración de los edificios históricos, el primero de los cuales, el Kremlin, fue reconstruido por completo tal como era en los siglos XVI y XVII. Los edificios del Kremlin albergan en la actualidad las colecciones del Museo Nacional.

Kremlin (Kreml'; Кремль). Compacto, armonioso, extremadamente sugerente, el Kremlin, consta de dos plazas distintas: la de la catedral y el área de museos del antiguo patio del metropolita, con el apéndice del jardín, hacia el lago.

La catedral de la Asunción★★ (Uspenskij sobor; Успенский собор) es la más bella e impresionante del conjunto. Construida en el emplazamiento de la primitiva iglesia de Rostov y reconstruida en varias ocasiones, es un macizo edificio de los siglos XV y XVI, con las tradicionales cúpulas sustentadas sobre altos tambores coronados por arquillos ciegos. Las fachadas se organizan a base de pilastras adosadas y cada tramo de muro delimitado por éstas está rematado por una *"zakomara"* o arco complejo, típicamente ruso, de líneas convergentes, que proporciona al tejado un trazado ondulado. Las puertas de poniente están decoradas con tiradores de hierro en forma de máscaras leoninas, del siglo XII. De la decoración al fresco del interior, realizada por Gurij Nikitin y Sila Savin en el siglo XVII, se conservan algunos fragmentos que sobrevivieron a un incendio.

Junto a la catedral se halla el **campanario,** una especie de espadaña que dispone de un solo muro con huecos para las campanas (zvonnica; звонница), mandado edificar en 1682-1687 por el metropolita Iona Sysoevič, 'gran constructor' del Kremlin de Rostov.

Iglesia de la Resurrección★. Frente a la catedral se halla la Voskresenskaja cerkov' (Воскресенская церковь), sobre la puerta sagrada, abierta entre la plaza de las Catedrales y el patio del metropolita. Construida en 1670, es interesante por los frescos, atribuidos a los pintores de Yaroslav Sevostjan Grigor'ev y su hijo Lavrentij, de 1675 y restaurados en 1955.

La **iglesia de San Juan Teólogo**★ (cerkov' Ioanna Bogoslova; церковь Иоанна Богослова) está situada sobre la otra puerta de acceso al patio del metropolita y es semejante a la anterior por su arquitectura. Ambas iglesias disponen de una galería, cinco cúpulas sobre el tejado, dos pequeños campanarios en el muro y torres redondas en los laterales. Los frescos sobre San Juan Teólogo se atribuyen a otro Grigor'ev, Dmitri, y narran la vida del santo titular y la de un santo local, Avraamij Rostovskij, que, según la tradición, habría encontrado en Rostov a San Juan.

La **iglesia de la Virgen Odigitria** (cerkov' Odigitrii; церковь Одигитрии), que formaba parte de un refectorio, se diferencia notablemente de las restantes, más antiguas, que conforman el Kremlin (fue construida dos decenios después), por sus proporciones y elementos decorativos. La fachada está decorada con motivos geométricos.

Iglesia de la Transfiguración en el Atrio★. Entre los edificios de la parte suroriental del Kremlin, en general destinados a vivienda o servicios, destaca esta iglesia (Spas na Senjah; Спас на Сенях) de 1675 y restaurada en las últimas décadas del siglo XX. Se trata de un edificio pequeño en forma de dado, cubierto por una cúpula de cebolla dorada y con un interior profusamente decorado. La *"soleja"* o podio para el pope está ocho escalones más elevada que la zona reservada para los fieles y sobre ella se eleva todavía más el plano del altar; está decorada con un arco de piedra con gruesas columnas doradas. Los frescos fueron ejecutados durante el siglo XVII por Timofej Jarec, artista local; Dmitri Stepanov, de Vologda, e Iván y Fiodor Karpov, de Yaroslav. La pared occidental posee un fresco con el tema del Juicio Final.

Desde el mismo atrio de la iglesia se accede a una estrecha construcción de paso, la llamada **Sala de las Reverencias,** donde se recibía a los visitantes del Kremlin; desde aquí, se entra en la **Sala Blanca,** con una amplia bóveda sostenida por un fuerte pilar y dependencias destinada a solemnes banquetes en honor del metropolita. Ambas estancias albergan colecciones de relativo interés.

El antiguo **palacio del Príncipe,** del siglo XVI, que ostenta una tienda de *souvenirs*, está al lado de la llamada "casa de las bodegas", transformada en hotel.

Palacio de Samuel. La parte central del patio del Kremlin está ocupada por el palacio de Samuel o del Metropolita (Samuilov korpus; Самуилов корпус), llamado de esta forma durante el siglo XVIII por el nombre del obispo que le añadió un piso. El inferior es del siglo XVI y fue ocupado durante el siglo XIX por el seminario. En la actualidad está instalado en él el **Museo de Rostov** (Rostovskij muzej; Ростовский музей), uno de los más antiguos de Rusia, anteriormente instalado en la sala Blanca y en los locales contiguos, y fundado en 1883, como museo privado, por iniciativa de un comité para el estudio y la salvaguardia del importante patrimonio artístico de la ciudad. Fue estatalizado en 1909, ampliando notablemente las colecciones de sus fondos. El museo promociona actividades científicas y organiza exposiciones itinerantes del arte ruso antiguo.

En lo que atañe a la pintura antigua y en especial de iconos, junto a Suzdal' y Yaroslav, Rostov fue en la Edad Media el centro de una escuela iconográfica que contribuyó a formar la escuela moscovita del siglo XV. Los iconos de Rostov se distinguen por la elegancia de las imágenes de los santos, por su rostro solemne e inspirado y por la precisión de los colores. No se han conservado iconos de los siglos XIII y XIV. Se hallan, en cambio, bien representadas las épocas posteriores. Entre las obras más significativas, destacan las siguientes: una *Virgen de la Ternura* de finales del siglo XIV (**sala 1**, en la vitrina); tres grandes iconos del siglo XV de la iglesia del cementerio de la Anunciación, que representan la *Virgen*, *San Leontij de Rostov* y *El Arcángel San Gabriel* (**sala 2**); el *Ladrón arrepentido* (tema poco frecuente) de finales del siglo XVI (**sala 3**); tres iconos de la serie de la "déesis", procedentes de la villa de Ivaševo (finales del siglo XV, principios del XVI), que representan al *Arcángel San Gabriel*, el *Apóstol Pablo* y *S. Nicolás Taumaturgo* (**sala 4**).

En la **sala 2**, se encuentra el sudario *Avramij Rostovskij* (siglo XVI), atribuido al taller

El Kremlin de Rostov alberga en la actualidad colecciones del Museo Nacional.

de Anastasija Romanov, mujer de Iván el Terrible. En la **sala 6**, se recogen objetos sagrados de la catedral de la Asunción de Rostov, realizados en Moscú en 1632 y cedidos por Mijail Romanov. En el segundo piso, hay una pinacoteca con obras de escaso valor, y una rica colección de esmaltes, especialidad tradicional de los artesanos de Rostov.

No lejos del Kremlin, a espaldas de la catedral, aparece la **iglesia del Salvador del Mercado** de 1685-1690. La iglesia recibió este nombre porque estaba rodeada por los talleres de mercaderes, reconstruidos en los primeros decenios del siglo XIX. Se trata de una bella construcción con fachadas coronadas por pequeños frontones triples. Sus cinco cúpulas bulbiformes de color azul sobresalen en el panorama de la ciudad; de éstas, la central está decorada con estrellas doradas. En el interior, puede apreciarse un notable

iconostasio con frescos. Actualmente, es la sede de la biblioteca municipal.

Spasso-Jakolevskij monastyr'. La vista desde la orilla del lago situada a espaldas Kremlin, resulta pintoresca: a la derecha, domina el monasterio del Salvador de Jakov.

Fundado a finales del siglo XIV por el obispo Jakov, conserva entre sus murallas de piedra reforzadas por fuertes torres, la **iglesia de la Concepción,** construida en 1686 bajo el obispado de Iona Sysoevich.

En el interior, son notables los **frescos** realizados en los años 1689-1690 y considerados entre los mejores ejemplos de pintura monumental; anexa, se encuentra la **iglesia de San Juan,** de 1725, que ha sido reestructurada varias veces; les precede la neoclásica **iglesia de San Demetrio,** construida en 1796-1802 por los arquitectos Eliznov Nazarov, Duškin y Minorov. Fuera de las murallas del monasterio, se encuentra la iglesia del Salvador, destinada a depósito.

YAROSLAVL'★★

El itinerario del Anillo de oro llega hasta la afluencia del río Kotorosl con el gran río Volga, cuya majestuosidad satisface con creces lo que el visitante imagina al escuchar su nombre. En torno a las orillas del Volga y el Kotorsl, Yaroslav (Ярославль; 630.00 hab.), exhibe sus joyas. La vasta ciudad se extiende más allá, formando un importante centro industrial y comercial, muy poco atractivo, pero bien provisto de servicios. Yaroslav se encuentra a 53 km de Rostov, en la desembocadura del río Kotorosl' en el Volga; es una importante vía de comunicaciones para el comercio.

Yaroslav es una de la ciudades rusas más antiguas. Surge entre los siglos IX y X. En esa época, el comercio que se desarrollaba a lo largo del río, todavía en la actualidad importante vía de comunicación, hizo que la ciudad creciese en breve tiempo en poderío e importancia. Desde el año 988 al 1010 fue gobernada por Yaroslav el Sabio, que le dio su nombre. Durante el siglo XII, cuando declinó el poder de Kiev, Yaroslav entró a formar parte de un gran principado que incluía también Rostov y Suzdal'; desde el año 1218 fue principado autónomo. Entre finales del siglo XII y comienzos del XIII, la ciudad experimentó un notable florecimiento artístico, coincidente con la expansión del comercio y la artesanía. La invasión tártara de 1238 detuvo este desarrollo y, durante los dos siglos de dominio de la Horda de Oro, Yaroslav sufrió, al igual que las restantes ciudades rusas, numerosas invasiones, destrucciones y saqueos. En varias ocasiones surgieron revueltas contra los tártaros. Finalmente, los habitantes de Yaroslav se unieron al ejército del príncipe moscovita Dmitri Donskoi que en 1380 derrotó definitivamente a los invasores en la batalla de Kulikovo.

Tras el final del dominio tártaro, Yaroslav acometió su reconstrucción y, en 1463, entró a formar parte del Estado de Moscú, ocupando una posición de gran prestigio. Durante el siglo XVII llegó a ser la tercera ciudad de Rusia por la importancia de su comercio, después de Moscú y Kazan', y la segunda tras Moscú en número de habitantes. Gracias a este poderío económico, Yaroslav pudo ver incrementado su patrimonio artístico, sobre todo entre los siglos XVI y XVII.

Bogojalenskaja cerkov'★. La visita de la ciudad comienza en la Bogojavlenskaja ploš čad, en la que se alza la bella iglesia de la Aparición de Cristo, mandada construir por el comerciante Aleksei Zubčaninov en 1684-1693. Cinco cúpulas verdes coronan el tejado abovedado con dos hileras de "kokošniki". Resulta interesante la rica decoración externa a base de ladrillos verdes, que forman dos franjas en la fachada y una bajo el tambor de las cúpulas, rodeando también el contorno de puertas y ventanas. A diferencia de las iglesias más antiguas, el edificio posee amplias aberturas que inundan de luz los **frescos** del interior, distribuidos sin solución de continuidad por las paredes y la bóveda, proporcionando efectos de verticalidad. La vivacidad cromática de los frescos se corresponde con el gran **iconostasio**, rematado por tallas de ángeles y santos.

Spasso-Probraženskij monastyr'★. En el lado opuesto de la plaza, se encuentra el monasterio de la Transfiguración del Salvador, al que se accede desde el paseo junto al río, a través de la Puerta Santa. Se trata de un vasto complejo rodeado de murallas, construidas durante el siglo XVI, interrumpidas por **torres** (dos circulares con función decorativa: la Mijailovskaja y la Bogojavlenskaja; y dos de mayor tamaño, con planta cuadrada: la Bogorodickaja y la Uglicskaja).

Este monasterio se remonta al siglo XII y desempeñaba la función de *kremlin* (ciudadela fortificada), de la ciudad, como sucedía con frecuencia en la Rusia antigua, donde los monasterios eran al mismo tiempo centro religioso y político, fortaleza y foco cultural.

En él se fundó la primera escuela de la Rusia septentrional provista de una biblioteca con valiosos volúmenes. En ella se descubrió, en torno a 1790, el manuscrito *El Canto de la tropa de Igor,* del siglo XII, ampliamente leído y traducido como poema épico ruso por excelencia, aunque algunos investigadores pongan en duda su autenticidad. En el interior de la zona amurallada existen numerosas iglesias y palacios, destinados hoy día a museos.

El complejo principal del monasterio está formado por dos iglesias adyacentes: la **Spaso-Preobražemskij sobor** (catedral de la Transfiguración del Salvador), con tres cúpulas y una galería abierta en el lado de la fachada, construida en 1516 sobre las ruinas del templo del siglo XIII destruido en 1501 por un incendio, y la **cerkov' Jaroslavskih Čudotvorcev** (iglesia de los Taumaturgos de Yaroslav) de formas neoclásicas tardías (1827-1831). En la catedral resaltan los frescos realizados en 1563-1564 por una serie de artistas moscovitas (Larion Leont'ev, Tret'jak y Fedor Nikitin) y locales (Afanasij y Dementij Sidorov). Especialmente valiosas son las figuras de archidiáconos de las paredes orientales, *San Juan Precursor* y *Cristo Pantocrátor* en la cúpula central, y el *Juicio Final* en la pared occidental.

A espaldas de la catedral, con hermosas vistas desde el ábside, se encuentra el antiguo edificio que albergaba las celdas de los monjes, actualmente destinado a **museo de arte antiguo ruso** (*visita: de 10 h a 16.30 h, lunes cerrado*). La exposición se encuentra en el primer piso, a la izquierda de las escaleras, y comprende diversos iconos de la escuela local, entre los que destacan una *Virgen* de Smolensk del siglo XVI, una *Virgen Odigitria* del mismo periodo (**sala 2**); paramentos sacros, objetos de culto y un pórtico tallado del siglo XVII; en las últimas salas, esculturas religiosas en madera, algunas de claro carácter popular y acentuado dramatismo.

Se aconseja subir al **Zvonnica**★ (campanario de vela; *acceso permitido sólo en verano*), donde a la bella vista de la ciudad y del río, se une la atractiva posibilidad de observar de cerca el complejo sistema de tirantes accionado por el campanero. En la planta baja de la torre del campanario, se encuentra la **iglesia de la Virgen de Pečora.**

Extremadamente pintoresco resulta el **paseo panorámico**★★ que sale del monasterio y bordea la orilla del río Kotorosl y, posteriormente, del Volga. A lo largo del Kotorosl, se elevan tres iglesias: **cerkov' Mijaila Arhangela** (iglesia de S. Miguel Arcángel), del siglo XVII; **cerkov' Spas na Gorodu** (Transfiguración del Salvador), del siglo XVIII; **cerkov' Nikoly Rublenogo** (iglesia de S. Nicolás Rublenyj), de 1695. Completando las instalaciones deportivas, a la derecha, se puede contemplar una hermosa vista del parque de la ciudad, junto a los muelles, donde en verano se pueden alquilar pedalones.

Metropoličij dvorec★. El primer edificio del paseo junto al Volga es el bello palacio del Metropolita, construido durante la segunda mitad del siglo XVII y profundamente restaurado a lo largo de los años veinte del siglo XX. Alberga el **Muzej drevnerusskogo iskusstva** (Museo de Arte Antiguo; *visita: de 10 h a 17.30 h, lunes cerrado*), uno de los de mayor tamaño del país. Especialmente rica es la colección de iconos de la escuela local de los siglos XVI y XVII, que se exhibe en las últimas salas, donde destaca el vigor cromático y compositivo de la representación y la abundancia de detalles inspirados en la vida diaria (son especialmente notables *Los portadores de mirra*, *La Anunciación* y *San Juan Precursor*, representado en forma de Ángel del Desierto). En la **sala 1** se hallan los iconos más antiguos, entre ellos el bellísimo *El Salvador*★ (mediados del siglo XIII; según la leyenda, era el icono de los príncipes locales Vasilij y Konstantin), y la *Virgen de Tolga*★ (siglo XIV; Tolga era un monasterio construido más allá del Volga); se deben mencionar también los iconos de la "déesis" que componen el iconostasio de la iglesia de S. Parasceve en Vspol'e (barrio de Yaroslav), del siglo XV.

Anexa al museo, se puede visitar una exposición-mercado de productos artesanales rusos. La colección de cajas de laca, todas con certificado de garantía, resulta particularmente interesante por su cantidad y calidad.

Dom Gubernatora. El palacio del Gobernador (*visita: de 10 h a 17.30h, lunes cerrado*), es un curioso ejemplo de neoclasicismo de provincias de los años veinte del siglo XIX; en sus elegantes salas se puede admirar una rica colección de pintura. Se muestran telas académicas, retratos de los siglos XVIII y XIX, obras de Il'ija Repin, Iván Kramskoj, Vasilij Perov, Aleksei Savrasov, Konstantin e Vladimir Makovskij, Vasilij Vereščagin, Iván Šiškin, Nikolai Roerich, Igor Grabar, Boris Kustodiev y una amplia recopilación de obras de Konstantin Korovin. Las interesantes telas de la vanguardia rusa, entre las que sobresalen dos de Lentulov, se guardan por lo general en los almacenes "por falta de espacio".

Tras el palacio del Gobernador, se extiende un hermoso jardín que, en verano, alberga una exposición (*se cobra la entrada*) de esculturas al aire libre de artistas contemporáneos.

Cerkov' Nikoly Nadejna. Siguiendo hacia la izquierda por el Narodnyj pereulok, se encuentra la iglesia *(visita: de 10 h a 18 h, miércoles cerrado),* transformada en el **Museo de San Nicolás Nadejn.** La iglesia fue construida por deseo expreso del rico mercader Nadej Svesnikov (de ahí el nombre) en 1620-1622, pero se restauró en gran medida durante los siglos XVII-XVIII. La **capilla de la Anunciación** ostenta un hermoso **iconostasio** ricamente decorado. Los frescos que adornan la iglesia (1640-1641) son muestras del arte local tradicional.

Il'inskaja cerkov'★. El Narodnyj pereulok conduce hasta la Sovietskaja ploščad, dominada por la iglesia del Profeta Elías, de 1647-1650, sufragada por los comerciantes Skripin. Se trata de una compleja composición asimétrica con cinco cúpulas, terrazas de entrada y dos torretas, una de las cuales corona la **capilla del Despojamiento de la Sagrada Vestidura.** Está decorada con interesantes frescos (1680-1681), en los que trabajaron Sila Savin de Kostroma y artistas del taller de Gurij Nikitin.

Korovniki★. En una bella ubicación, en la otra orilla del Kotorosl, el complejo de Korovniki exhibe la **iglesia de San Juan Crisóstomo** en el centro, construida entre los años 1649 y 1654. La altura de las cúpulas con las cruces es mayor que la del cuerpo de la iglesia, pero esta verticalidad se ve compensada por la baja galería que circunda el edificio y por dos capillas al norte y al sur rematadas en cúpulas piramidales. La fabulosa decoración de la iglesia se adapta al gusto de los años en que fue construida, y consiste principalmente en ladrillos vitrificados (elemento típico de la arquitectura de Yaroslav), que dibujan el perfil de los elementos arquitectónicos.

La gran iglesia de San Juan Crisóstomo se utilizaba en verano; en invierno, sin embargo, se usaba la vecina **iglesia de la Virgen de Vladimir,** más fácil de calentar al ser de menor tamaño. El campanario, que se remonta aproximadamente a 1680, tiene tejado piramidal, y recibe el nombre de "vela de Yaroslav" por su estilizada forma. La **Puerta Sagrada** del complejo data del siglo XVIII, construida en estilo barroco moscovita.

KOSTROMA

Según una leyenda muy difundida, entre otras cosas, por la ópera de Glinka, *Una vida para el zar*, a principios del siglo XVIII, un habitante de Kostroma (288.000 hab.) llamado Iván Susanin, se inmoló fingiéndose amigo de los invasores polacos que pretendían raptar al futuro soberano Mijail Romanov, conduciéndoles al interior de un tupido bosque donde éstos se extraviaron. En realidad, ni polacos ni lituanos pasaron jamás por Kostroma, y parece más probable que el tal Susanin escondiera al boyardo y futuro zar durante una sangrienta revuelta campesina, ayuda menos noble, pero en cualquier caso vital. De total rigor histórico es, en cambio, el hecho de que Mijail Romanov recibió la noticia de que había sido proclamado zar en el monasterio Ipat'evskij de Kostroma y, desde allí salió, en febrero o marzo de 1613 hacia Moscú, iniciándose así la dinastía Romanov. Durante los tres siguientes siglos, la ciudad fue uno de los lugares más queridos y considerados por los miembros de la familia imperial: desde la capital llegaba con creces el dinero necesario para obras públicas excepcionales tratándose de una ciudad de provincias y, en el siglo XIX, surgieron infraestructuras que incentivaron el comercio y la industria (en especial, la textil).

La Revolución puso fin al gran desarrollo de Kostroma que, considerada demasiado afín a la familia imperial, se vio relegada a un papel de centro agrícola y manufacturero de limitada importancia. Sin embargo, las huellas del pasado no desaparecieron, y en la actualidad, gracias a un nuevo florecimiento económico, a las dimensiones reducidas de la población y a su espléndida posición, junto al Volga, es una ciudad ideal tanto para realizar una visita rápida como para una estancia más prolongada. Kostroma se encuentra en la confluencia del río homónimo en el Volga, a 70 km al este de Yaroslav.

Antes del siglo XVI, la historia de la ciudad es similar a la de los demás centros de la región: la fundación de Kostroma se remonta al siglo XII. Sus habitantes se concentraban, sobre todo, en la orilla izquierda del Volga, en terrazas que descendían suavemente hacia el río. Antiguamente, la ciudad se desarrollaba en la orilla opuesta, pero tras su destrucción por los tártaros en 1238, sus habitantes la reconstruyeron en la orilla izquierda, en una posición que se consideró más estratégica. Una vez que los rusos se liberaron de los invasores tártaros, en el siglo XIV, Kostroma, como otros pequeños principados del Anillo de oro, entró en la esfera política de Moscovia y perdió gradualmente su peso político.

Ploščad' Susaninskaja★. Anteriormente, plaza de la Revolución, es la plaza principal, desde la que parten los ejes radiales que constituyen la columna vertebral de la ciudad. El elegante e innovador trazado urbano, promovido por Catalina II, se acompaña de una arquitectura neoclásica de gran interés, cuyos ejemplos más logrados son los palacios que podemos contemplar desde aquí. A pocos pasos de la ploščad' Susaninskaja, en el número 5 de la ulica Mira, se encuentra el **Muzej izobrazitel'nyhiskusstuv** (Museo Municipal de Arte; *visita: de 9 h a 17 h, lunes y viernes cerrado*), con una colección que abarca desde la Prehistoria hasta el arte moderno.

Ventana labrada en madera de una "izba" en Kostroma.

También conserva el aspecto original del siglo XVIII la cercana área comercial llamada **Torgovye rjady**★ (hileras comerciales), caracterizada por largas hileras de talleres unidas por pórticos en sentido descendente en dirección al río.

Aún en el centro de la ciudad se encuentra el lugar de Kostroma más querido por sus habitantes: la pintoresca terraza que, desde el **central'nyj park** (Parque Central) da paso a una sugerente vista★ del Volga. El grotesco **monumento a Lenin,** situado en el centro del parque, resulta una de las obras menos afortunadas entre las muchas dedicadas a este estadista, si bien por otro lado es de gran interés histórico, ya que se alza sobre los cimientos construidos para un enorme complejo escultórico en conmemoración del tercer centenario de la dinastía Romanov, que se inició en 1913, sin llegar nunca a completarse.

En ribera del Volga, se encuentra la **cerkov' Voskresenija na debrjah** (iglesia de la Resurrección en los "Debri") que mandó construir el rico comerciante Kirill Isakov en esta zona, entonces periférica ("debri" en ruso significa "bosque tupido", pues así era esta localidad, reservada a la caza). Construida en 1645, la iglesia ha mantenido la decoración original en la bellísima **capilla** izquierda★, que alberga un iconostasio y valiosísimos frescos.

Ipat'evskij monastyr★. El antiguo monasterio Ipat'evskij, lugar fatídico para la historia de esta localidad y de todo el país, se alza junto a la orilla occidental del río Kostroma. Este monasterio, convertido en museo (*visita: de 10 h a 17 h*), fue fundado en el siglo XIII por el fundador de la dinastía Godunov, y tuvo un papel relevante en los turbios acontecimientos que tuvieron lugar entre los siglos XVI y XVII. Boris Godunov, una vez convertido en zar, y sintiéndose particularmente amenazado por la familia Romanov, obligó a todos sus miembros varones a tomar los hábitos y recluirse en los monasterios al norte del país. Gracias a su

---

Trono y lágrimas

Fue necesario mucho tiempo a fin de convencer a Mijail Fëderovich para que aceptara la corona imperial. Antes del periodo de pacificación relativa que siguió al acceso al trono por parte del joven zar, los palacios del Kremlin moscovita resultaban peligrosos. Según las crónicas, el devoto Mijail sólo aceptó convertirse en zar una vez que le presentaron el icono de la protectora de Kostroma. Desde ese momento, su dinastía reinó durante 303 años, hasta la Revolución de febrero de 1917. En 1918, el último descendiente de Mijail fue fusilado junto a todos los miembros de su familia en la ciudad de Ekaterimburgo. La ejecución se llevó a cabo en el sótano de la residencia de un ingeniero llamado Ipat'ev.

Iglesia de la Resurrección en Kostroma.

joven edad, el único Romanov que se libró de la carrera eclesiástica fue Mijail Fëderovich, el cual, al extinguirse la dinastía Godunov, encontrándose precisamente en el monasterio Ipat'evskij, fue informado de su proclamación como zar por un emisario moscovita.

Troickij sobor. En el centro del monasterio se encuentra la catedral de la Trinidad, que se remonta a mediados del siglo XVII, con tres pequeños ábsides y cinco cúpulas doradas sobre elevados tambores. El interior del edificio, rodeado en tres de sus lados por una galería, está decorado en su totalidad con frescos; las pinturas más interesantes, de mediados del siglo XVII, son las del lateral izquierdo de la galería de entrada. La galería meridional, anteriormente destinada a sacristía, contiene una pequeña pero significativa muestra de iconos y reliquias, cedidas por los Godunov y los Romanov.

Sala 1. *Nicola Velikoreckij*, del siglo XVI, cedida por Iván el Terrible; *La Trinidad*, del siglo XVI, cedida por Dmitri Godunov; *Sudario* de 1593, bordado por Irina Godunova.

Sala 2. Donativos de los boyardos Romanov, entre los que destaca una hermosa *Virgen* de Tihvin, del siglo XVI. Bajo la galería occidental, se halla el pequeño panteón de los Godunov.

A la derecha de la entrada, en las antiguas celdas de los monjes, está emplazado el **Museo Histórico de Kostroma,** con una colección que abarca desde los primeros asentamientos prehistóricos hasta el siglo XIX. A la derecha, cerrando la plaza, se alza el **palacio de los Romanov,** construido en 1588 y restaurado por el arquitecto Richter conservando los rasgos arquitectónicos originales.

En el patio situado detrás del palacio hay una pintoresca iglesia de madera construida a principios del siglo XVIII y transportada a este lugar en 1956. Se trata del único ejemplar que queda en todo el país de construcción sobre estacas. A la izquierda de la plaza principal del monasterio, se halla el Palacio del arzobispado, sede de una rica exposición histórica de la época soviética, testimonio de la vida provinciana del siglo XX. Dado que el museo se abrió durante los años de la *perestroika*, se presenta dicho momento desde un punto de vista problemático e interesante.

Muzej derevjannogo zodčestva★. Junto al antiguo monasterio Ipat'evskij se ha instalado el Museo al Aire Libre de la Arquitectura en Madera (*visita: todos los días, del 15 de mayo al 15 de octubre, de 9 h a 17 h*), el más rico y amplio en su género que se conserva en la zona.

Las numerosas "izbas", de distintas dimensiones y tipos de decoración, testimonian las profundas diferencias que se crearon dentro de la clase rural en la provincia de Kostroma. En una de las casas se encuentra un pequeño museo sobre la elaboración del lino, actividad típica de la región. En el interior del complejo, se conservan asimismo molinos y baños sobre estacas del siglo XIX e iglesias del XVIII.

En la orilla oriental del río Kostroma, frente al monasterio Ipat'evskij, se encuentra la antigua área industrial, con plantas de producción (principalmente telares) del siglo XIX. La más grande e interesante desde el punto de vista de la arqueología industrial es la fábrica Tretiakov.

SUZDAL'★★

El encanto de la ciudad no reside en un monumento aislado o en obras de arte concretas de valor especial (salvo las llamativas puertas de oro de la catedral de la Natividad de la Virgen), sino en el armónico conjunto que la localidad presenta al visitante: en un poético entorno de colinas, se funde armoniosamente una serie increíblemente rica de testimonios arquitectónicos del pasado. El destino de Suzdal es único (13.000 hab.); se trata de una ciudad que, tras haber perdido el protagonismo del que gozaba antes de las invasiones tártaras, con la II Guerra Mundial, vio devastada su secular naturaleza de villa agrícola, común a muchas localidades del Anillo de oro. En el gran campo de concentración para altos oficiales aquí establecido (entre los que se encontraba el propio von Paulus, comandante del ejército alemán en Stalingrado), se construyó a continuación una colonia penal para delincuentes comunes. La suerte de Suzdal volvió a cambiar durante los años sesenta, cuando se decidió convertirlo en un centro turístico de primer orden, transformando la ciudad en un museo y prohibiendo la construcción de nuevos edificios.

Transportados en grandes autobuses, grupos de pioneros, comités de empresa y cientos de miles de visitantes empezaron a afluir a Suzdal. El punto álgido del turismo se alcanzó en 1986, con un millón de visitas. Posteriormente, con la *perestroika* y la crisis, comenzó el declive. Hoy día, los rusos que pueden permitírselo, prefieren ir al Mediterráneo, mientras que a Suzdal, ciudad de enormes posibilidades hoteleras, llegan menos turistas que en el pasado.

Afectados por este repentino revés, los habitantes reaccionan con una poco cortés melancolía, que parece diluirse sólo ante el encanto de los paseos al caer la tarde. Sin embargo, la crisis económica de finales de siglo ha reavivado el turismo interno y parece que la ciudad se ha beneficiado de ello. Suzdal ha sido declarada Ciudad Patrimonio de la Humanidad por la Unesco.

Suzdal, situada a 180 km de Kostroma y a 40 km al norte de Vladimir, goza del estatus jurídico de "ciudad-museo": todos sus monumentos históricos están protegidos y se prohíbe la construcción de nuevos edificios en el centro histórico, lo que convierte a Suzdal en una ciudad única, donde el turista tiene la impresión de hacer un viaje en el tiempo: no hay tren ni industria y, en una superficie de 8 km^2, se concentran unos cien monumentos de los siglos XII-XIX.

Suzdal' fue fundada entre los siglos X y XI por eslavos procedentes de Smolensk y Novgorod. Eran agricultores y cultivaban las fértiles tierras de las orillas del río Kamenka, distribuidos en varias aldeas. El topónimo "Suzdal" era aplicado en realidad no a una sola localidad, sino a un conglomerado de asentamientos. Esta ciudad aparece citada por vez primera en el siglo XI, cuando los príncipes de Kiev quisieron extender su área de influencia sobre estas aldeas, exigiendo un tributo. Los campesinos se sublevaron, acaudillados por sus sacerdotes paganos. La revuelta fue sofocada sólo mediante la intervención de Yaroslav el Sabio con sus tropas. Desde ese momento Suzdal' entró en la esfera política de la Rus' de Kiev, aunque las sublevaciones de los campesinos libres contra los boyardos continuaron a lo largo de todo el siglo XI. El príncipe Oleg, para castigar a esta ciudad rebelde, la incendió casi por completo. Entre los siglos XI y XII, Vladimir Monomaco mandó construir una residencia para el príncipe junto a la gran catedral de la Asunción, ya desaparecida, primera iglesia en piedra de la ciudad. Bajo el reinado del hijo de Vladimir Monomaco, Yuri Dolgoruki, Suzdal' era ya una importante ciudad fortificada y centro de una gran vida comercial. Este periodo de prosperidad, a pesar de las contiendas habidas entre el gran príncipe, los boyardos y el pueblo, terminó en 1238, cuando la Horda de Oro devastó y sometió la ciudad.

La actividad artística, artesanal, comercial y arquitectónica se interrumpió durante tres siglos tras la invasión de los mongoles. En el transcurso del siglo XIII se fundaron algunos monasterios que reiniciaron el cultivo y la producción de los campos. A lo largo del siglo XIV la ciudad, convertida en sede episcopal, conoció un efímero renacimiento bajo el principado de Suzdal'-Nižnij Novgorod, que tenía su capital en esta última ciudad y dominaba el comercio de la región del Volga. Testimonio del desarrollo cultural de la ciudad en este periodo es la redacción de la importante "crónica" de Suzdal' por parte del monje Lavrentij en 1377. En 1392 Suzdal' perdió la independencia y se incorporó al principado moscovita. El último intento de liberarse del dominio de Moscú, durante el siglo XV, fracasó, y la ciudad sufrió la terrible venganza de Vasili Temnyj (el Ciego). Desde entonces Suzdal' perdió para siempre cualquier influencia política. Conservó, sin embargo, el prestigio espiritual y religioso, como sede del episcopado, convertido en arzobispado, y de numerosos y poderosos monasterios. Éstos promovieron, sobre todo durante los siglos XVI y XVII, la construcción de las numerosas iglesias que hasta la actualidad configuran el aspecto de esta pequeña ciudad. Suzdal' sufrió en 1608-1610 los saqueos de la invasión polaco-lituana, en 1634 una incursión de los tártaros de Crimea, en 1644 un devastador incendio y en 1654-1655 una epidemia de peste que diezmó la población. En 1796 fue anexionada a la provincia de Vladimir.

El Kremlin (Kreml'; Кремль), situado en un meandro del río Kamenka, es la parte más antigua de la ciudad. Fortificado desde antiguo, se halla en la actualidad rodeado por una muralla, que encierra la gran catedral de la Natividad de la Virgen, con campanario piramidal, y el Palacio Arzobispal, ambos transformados en museos.

La catedral de la Natividad de la Virgen★★ (Roždestvenskij sobor; Рождественский собор), fundada en 1222-1225 en el emplazamiento de una iglesia en madera del siglo XII, fue el primer templo de la ciudad, suntuosamente decorado en su interior con frescos. Estaba destinado al gran príncipe y a su familia. Con el correr de los siglos fue reconstruido en varias ocasiones: en 1528-1530 se rehizo la cúpula para evitar su hundimiento; en 1635 se restauraron los antiguos frescos, que estaban muy deteriorados, y en el año 1750 se añadieron las enormes cúpulas en forma de cebolla.

Las **Zolotye vorota**★★ (Puertas de Oro) de los pórticos sur y oeste, son un espléndido e inusual ejemplo de arte decorativo del siglo XIII; cada batiente se divide en cuarterones que representan escenas bíblicas doradas a fuego sobre cobre. La puerta oeste, con bellísimos tiradores en forma de máscaras leoninas, ha sido extraída de sus bisagras y colocada en el interior de la iglesia, justo detrás de la entrada; la puerta sur, que no tiene tiradores, se encuentra en su ubicación original, con las dos hojas abiertas hacia el interior. Especialmente notable es el gran **lucernario** del siglo XVII, que se transportaba a mano durante las procesiones. El **iconostasio** data de finales del siglo XVII. El campanario de la catedral, de planta octogonal, fue construido por el arzobispo Serapion en 1635.

Además de la catedral (*se cobra entrada*), en el interior del Kremlin existen tres exposiciones permanentes que se exhiben en las diversas secciones del **Arhiersjskie palaty**★ (Palacio del arzobispado; *visita: de 10 h a 17 h, martes cerrado*).

Frente a la entrada de la catedral, tras la caja, se encuentra la **sala de la Cruz,** antiguamente lugar de reunión del obispo, con dos hermosas estufas de cerámica del siglo XVIII.

El otro gran edificio que da a la plaza alberga el **Museo Histórico,** con piezas que dan testimonio de los acontecimientos de la ciudad, y una pequeña exposición de iconos de la escuela de Suzdal-Rostov (siglos XII al XVII), entre los que destacan: la *Virgen Maksimovskaja*, de 1299, procedente de la catedral de la Asunción de Vladimir; *La Virgen con el Niño*, siglo XVI, del monasterio local de la Intercesión; *La Intercesión* (siglo XV).

Dentro de las murallas del Kremlin se encuentra también la **iglesia de San Nicolás,** trasladada aquí desde la villa de Glotovo y reconstruida en 1960 en el emplazamiento de un edificio del siglo XVII, destruido por un incendio. Es una típica iglesia de campo que recuerda la arquitectura de las "izbas".

Cercov' Ioanna Predteči★. Desde el terraplén situado detrás del palacio del arzobispo, se puede disfrutar de una magnífica vista. Destaca en la orilla del río, la enorme iglesia roja de San Juan Precursor, construida en 1720, en sustitución del edificio anterior, destruido por un incendio. Sus formas son muy simples, lo que contrasta con el inusitado campanario octogonal, que se eleva sobre la entrada occidental, hasta alcanzar la altura de la cúpula.

A la izquierda de la iglesia, se encuentra el **Muzej Derevjannogo zodčestva** (Museo de la Arquitectura en Madera; *visita: de 9.30 h a 16.30 h, martes y último viernes de mes cerrado*), junto a las hermosas iglesias de la Transfiguración y de la Resurrección, que datan del siglo XVIII.

Una vez que hemos salido del Kremlin, recorriendo la Kremlëvskaja ulica, encontra-

Casas de madera características de Suzdal.

mos a la izquierda, una junto a la otra, la **cerkov' Praskevy Pjatnicy** (iglesia del Viernes Santo), de 1722 y la **cerkov' Vhoda v Ierusalim** (iglesia de la Entrada en Jerusalén), de 1707, antiguamente unidas entre sí por un pequeño campanario. La primera era una iglesia de invierno, mientras que la segunda era de verano.

Voskresenskaja cerkov'★. Se llega así a la Torgovaja ploščad, la plaza del Mercado, dominada por la fabulosa Voskresenskaja cerkov' (iglesia de la Resurrección de Jesús), sobrio edificio de 1720, decorado por una franja de pequeños "kokošniki". Antiguamente, sede de una exposición de objetos artesanales, actualmente está abierta al culto. Detrás del hermoso campanario octogonal anexo a la iglesia, se alza el **Gostinnyj dvor,** el mercado cubierto de formas neoclásicas que fue proyectado en 1806-1811 por Aleksei Veršinskij.

Un poco más adelante se encuentran la **cerkov' sv Antipy** (iglesia de San Antipas), que data de 1745, con vivos colores y campanario puntiagudo de planta octogonal, típico de Suzdal y la **Lazarevskaja cerkov'** (iglesia de San Lázaro), de 1667, con cinco cúpulas, que muestra la transición de los antiguos "zakomary", con funciones estructurales, a los "kokošniki" decorativos. En Suzdal son numerosas las llamadas iglesias gemelas, es decir, iglesias contiguas, de las cuales la de verano es en general más grande y rematada con cúpulas, mientras la de invierno es más pequeña, parecida a un edificio residencial.

Rizpoloženskij monastyr'. En la ulica Lenina se encuentra el monasterio del Despojamiento de la Sagrada Vestidura; fundado en 1207 y situado en el punto más alto de la ciudad, se halla en condiciones precarias y prácticamente abandonado; también la bella catedral de la primera mitad del siglo XVI está cerrada.

El único edificio del conjunto que está en buenas condiciones es el imponente **campanario Prepodobenskaja,** que da a la calle principal. Erigido en 1813-1819, tras la derrota de Napoleón durante la campaña de Rusia, a fin de cumplir una promesa de los ciudadanos de Suzdal, fue ideado por el arquitecto Kuzmin y se ha convertido en el elemento principal del panorama arquitectónico de la ciudad.

Spasso-Evfim'ev monastyr'. Continuando nuestro recorrido por la ulica Lenina, en la escarpada orilla del río Kamenka, surge el complejo del monasterio del Salvador y de San Eufemio *(visita: de 10 h a 17 h, lunes y último jueves de mes cerrado),* actualmente sede de museos y exposiciones temporales. Fue fundado en 1352 por el monje Eufemio, canonizado en 1507. En el siglo XVI, el monasterio, gracias a la donación de grandes extensiones de tierra, conoció un periodo de gran prosperidad y, en el siglo XVII, se construyó una **muralla** de 1.200 m, con 12 robustas torres.

Durante la II Guerra Mundial y en los años inmediatamente posteriores, se transformó en campo de concentración, a continuación albergó un reformatorio para mujeres y, desde 1967, se ha utilizado como museo.

Las atractivas murallas, entre las cuales predomina el rojo de los ladrillos sobre las huellas ya difusas del revestimiento original, exhiben diversas exposiciones. Entre éstas, el **palacio del Archimandrita** (responsable de varios monasterios), que data de los siglos XVI-XVII, presenta una colección de la historia del libro en Rusia, desde los primeros manuscritos, no originales, a las publicaciones modernas. La parte más interesante está en la tercera sala, y es un **evangelio** manuscrito del siglo XVII, cuya cubierta fue realizada por el joyero de la Armería del Kremlin de Moscú, Afanasij Truhmenskij.

En el **campanario** del monasterio, de los siglos XVI-XVII, se instalaron campanas especiales, realizadas por Dmitri Požarskij en 1618. La parte más antigua, de nueve lados, que antiguamente hacía las funciones de iglesia y campanario, data de la primera mitad del siglo XVI.

La **iglesia de la Asunción**, junto al refectorio, de 1525, es uno de los ejemplos más antiguos con techo apuntado.

Dentro del monasterio se ha instalado una exposición permanente de fotografías y documentos (*visita: sólo con reserva previa en la oficina de turismo*) de los prisioneros de gue-

Dos ejemplos de la arquitectura local de Suzdal', la iglesia de San Nicolás, construcción en madera, y, al fondo, la catedral, con sus cúpulas de cebolla.

La iglesia de San Nicolás, de 1669, acoge la exposición dedicada a la joyería y el bordado en oro.

El templo principal del monasterio, la **Preobraženskij sobor** (catedral de la Transfiguración), de 1594, tiene cinco cúpulas y no presenta gran originalidad arquitectónica. Sin embargo, es interesante la capilla destinada a custodiar las reliquias de S. Eufemio, construida anteriormente, en 1507. En el interior de la catedral, se pueden admirar frescos del siglo XVII, obra de los maestros de Kostroma dirigidos por Gurij Nikitin y Sila Savin. A la derecha de la catedral, un monumento construido durante los años sesenta del siglo XX recuerda que "aquí se halla la tumba del príncipe Dmitrij Požarskij" que, junto a Minin, guió al ejército popular que expulsó en 1612 a las tropas polacas y lituanas.

rra de los años cuarenta de Suzdal. Dado que los reclusos del campo eran militares de alto rango (el más conocido, von Paulus, trasladado desde Stalingrado), las condiciones de vida eran aceptables, con posibilidad de desarrollar actividades recreativas y de recibir paquetes. No obstante, varios soldados murieron aquí de tifus; ahora reposan en un cementerio cerca de la ciudad.

Posadskij domik. En el lado opuesto de la ulida Lenina, enfrente del monasterio, se alza la casa del Comerciante (*visita: de 10 h a 17 h, lunes cerrado*), construida entre los siglos XVII y XVIII, que perteneció a un sastre. Resulta interesante porque, a pesar de que está construida en ladrillo, reproduce una estructura característica de la casa de madera, con tejado de dos vertientes. Contiene muebles y utensilios del siglo XIX, como vajillas de arcilla, cobre y madera; muebles y grabados populares antiguos, libros de contabilidad e iconos.

Pokrovskij monastyr'. En la otra parte del río, en la Pokrovskaja ulica, se alza el monasterio de la Intercesión, escenario de una convivencia curiosa y aparentemente armónica: junto a los edificios en los que viven y rezan austeras monjas, se encuentran las casas de madera en las que se hospeda a los visitantes del hotel más caro de la ciudad.

Este monasterio estaba destinado a acoger mujeres y doncellas nobles, caídas en desgracia en la corte del zar. Entre las víctimas, figura Solomonja Saburoba, esposa del príncipe moscovita Valisij III, repudiada por su marido y obligada a tomar los hábitos.

La **Pokrovskij sobor**★★ (catedral de la Intercesión), principal templo del monasterio, fue construida en 1510-1514. Rodeado en tres de sus lados por una amplia galería con arcos, este edificio muestra en la parte superior bellísimos "zakomary" de forma ojival. Una galería abierta del siglo XVIII enlaza la iglesia con el campanario, de planta octogonal y techo abovedado. La amplia cripta de la catedral servía de capilla de enterramiento de las princesas y nobles recluidas en el monasterio.

Al conjunto pertenece también la **iglesia de la Concepción de Santa Ana,** construida hacia 1550 por un arquitecto polaco. Era la iglesia-refectorio, donde, además de las liturgias, tenían lugar espléndidos banquetes y hoy acoge el mejor restaurante de la ciudad. La entrada principal del monasterio, cuyos sólidos muros carentes de adornos están fortificados por sólidas torres, está formada por la Puerta Sagrada junto con la elegante **iglesia de la Anunciación.**

Fuera de los muros del monasterio se construyó en 1694 la imponente **iglesia de los Santos Pedro y Pablo** y, en 1712, la pequeña iglesia de invierno de San Nicolás.

Al norte de la ciudad, a lo largo del río, se encuentra la **Koz'mo-Dem'janskaja cercov'** (iglesia de San Cosme y San Damián), de 1725. Destaca el bello campanario, la cúpula bulbiforme, única sobre el bloque central y, mucho más baja, una pequeña cúpula sobre la capilla lateral.

Cerkov' Borisa i Gleba★. Aproximadamente a 5 km del centro de Suzdal, se halla la villa de **Kidekša.** Aquí, en armonía con la naturaleza y a orillas de un riachuelo desde el que se contempla un agradable paisaje, se encuentra la iglesia en piedra dedicada a los santos Boris y Gleb, situada en un pequeño territorio cerrado en el que se alzan dos edificios del siglo XVIII; la iglesia, construida en 1152 es, junto a la catedral de la Transfiguración de Pereslavl-zalesskij, el edificio más antiguo de la Rusia nororiental.

Rompen la uniformidad del templo el nártex y la cúpula, añadidos en el siglo XVIII.

VLADIMIR★

La ciudad de Vladimir no parece replegarse en su glorioso pasado (376.000 hab.); centro administrativo y manufacturero que, aunque inmerso en una realidad provinciana, muestra una vitalidad encomiable, tanto económica como cultural. Carente de un diseño urbanístico original, el centro histórico vive de monumentos aislados, entre los que destacan las dos monumentales catedrales de la Dormición y de la Virgen, ambas declaradas por la Unesco Monumentos Patrimonio de la Humanidad. Situado en medio de éstas se encuentra el museo de la ciudad, de gusto cuestionable, que constituye, por otro lado, una prueba de cómo se da cabida a iniciativas culturales en la Rusia de hoy, incluso en ciudades distantes de Moscú y San Petersburgo. Vladimir está a 40 km de Suzdal y a 184 km de Moscú. Una visita a la ciudad, aunque sea rápida, no puede pasar por alto una excursión a la iglesia de la Intercesión de Nerl, uno de los emblemas del arte medieval europeo.

Las excavaciones arqueológicas han descubierto que desde la segunda mitad del I milenio a.C. existía en el territorio un asentamiento de pastores y agricultores. La ciudad fue fundada por Vladimir Monomaco, gran príncipe de Kiev, a la que dio su nombre, en una fase de decadencia de la Rus' de Kiev ocurrida a consecuencia de las luchas intestinas entre grupos enemigos. El nieto de Vladimir, Andrea Bogol'ubski, logró durante un breve periodo someter a la nobleza y fortalecer el Estado. En 1157 trasladó la capital a Vladimir; con anterioridad, la capital había pasado de Kiev a Rostov y más tarde a Suzdal'. Se inició también una grandiosa obra de embellecimiento de la ciudad, con la construcción de iglesias, monasterios y palacios. En 1174 Andrea Bogol'ubski fue asesinado por una conspiración de boyardos. Le sucedió su hermano Vsevolod III, llamado "Gran Nido" por su numerosa progenie, que consiguió el reconocimiento de su dinastía como "familia real" del país. El reinado de Vsevolod III marcó la época de máximo esplendor de Vladimir, que se enriqueció con el comercio establecido en torno al río Kljaz'ma, unido al Volga. Sin embargo, en 1238 el desarrollo de la ciudad se vio bruscamente interrumpido por la invasión de los tártaros de la Horda de Oro, ante los que la ciudad, tras una cruenta resistencia, tuvo que ceder. A pesar de la dominación mongola, Vladimir continuó siendo capital del país: desde finales del siglo XIII hasta comienzos del XIV era sede del metropolita ruso y los grandes príncipes seguían siendo coronados en la catedral de la Asunción. La ciudad perdió importancia tan sólo durante el siglo XVI, cuando inició el ascenso Moscú.

Puerta de Oro★. El itinerario de la visita comienza en la entrada de honor, la Puerta de Oro (Zolotye vorota; Золотые ворота), que desempeñaba en el pasado la doble función de bastión fortificado contra las invasiones y de arco triunfal. Por ella pasaron en 1242 las tropas mandadas para derrotar a los Caballeros Teutones en la llamada "batalla del lago helado", que tuvo lugar sobre el lago Čudskoe. En 1380 hicieron por ella una entrada triunfal las tropas victoriosas que regresaban de la batalla de Kulikovo. Esta puerta fue construida en 1158-1164 como parte del sistema de "triple defensa" de la ciudad mandado construir por Andrea Bogol'ubski: no sólo el Kremlin, sino toda la población quedó entonces rodeada por una poderosa muralla. Las hojas de la puerta estaban originariamente revestidas de láminas de cobre dorado (fueron destruidas por los invasores tártaros), de donde deriva la denominación de "puerta de Oro". Las obras de los muros son de tosca piedra blanca, mientras que en las bóvedas se utilizó la toba para aligerar la estructura. Sobre el arco se hallaba la **iglesia del Despojamiento de la Sagrada Vestidura** (cerkov' Rizpoloženija; церковь Ризположения), con cúpulas doradas. Entre los siglos XVIII y XIX esta iglesia fue reemplazada por otra, de piedra. En la actualidad la puerta de Oro alberga un **Museo Histórico-militar** dedicado a las gestas militares de Vladimir *(visita: de 10 h a 17 h; martes y último viernes del mes cerrado).*

En el centro del pasillo perimétrico, donde se encuentran los retratos y las reliquias de los héroes de la II Guerra Mundial, se sitúa una amplia sala con un diorama que ilustra la batalla infatigable contra los tártaros del 7 de febrero de 1238; el texto que lo acompaña (en ruso, inglés, francés y alemán) sorprende por el tono épico y triunfalista con el que se describe una derrota, que, aunque heroica, entregó la entonces capital a la incursión y el saqueo por parte de los mongoles.

Junto a la Puerta de Oro se pueden observar los restos de las murallas de la ciudad (terraplén Kozlov) mientras que de frente, un edificio de ladrillo rojo (antigua Troickaja cerkov' o iglesia de la Trinidad) alberga una exposición *(visita: de 10 h a 17 h, martes y último viernes del mes cerrado)* de arte y artesanado contemporáneo, que incluye cajas de Paleh, miniaturas, bordados de la aldea de Mstëra (en el distrito de Vladimir), obras de vidrio soplado de Gus'-Hrustak'nyj y joyas. Dentro del museo hay una tienda con productos de artesanado a buen precio.

Desde la Puerta de Oro parte la calle principal de Vladimir, que conserva el obsoleto nombre de ulica Tret'ego internacionala (calle de la Tercera Internacional). Esta calle conduce a la ploščad' Svobody (plaza de la Libertad), donde un monumento de la época soviética conmemora el 850 aniversario de la fundación de la ciudad. A juzgar por la gran escultura un tanto tosca, son tres las grandes glorias de la ciudad de Vladimir: la gran escuela de arquitectura representada mediante un artesano trabajando en un capitel, el príncipe Dmitri Požarskij, que liberó Moscú de los polacos, y un obrero de la fábrica de tractores de la ciudad, que entrega el ejemplar 150.000 a un "koljós".

Uspenskij sobor★★. Detrás del monumento se extiende un pequeño parque, a la derecha del cual se alza la catedral de la Dormición *(visita: de 13.30 h a 17 h y durante el culto religioso),* iglesia principal de la antigua Vladimir.

Se construyó en tan sólo dos años (1158-1160) con la intención de superar en esplendor a la catedral de Santa Sofía de Kiev. La fiesta de la Dormición, o Asunción de la Virgen, coincidía en el calendario eclesiástico con la de Santa Sofía. La dedicación de la catedral poseía también un significado político: al igual que todos los Apóstoles se reunieron en la cabecera de la Virgen agonizante, de igual forma los príncipes rusos debían unirse alrededor del príncipe Andrea, en su esfuerzo por unificar el Estado. La elección del lugar, en la cima de una colina, acentúa la grandeza del edificio, en cuya construcción parece que colaboró un arquitecto enviado por el emperador Federico Barbarroja. La arquitectura de la catedral hizo escuela: en el siglo XV, el italiano Aristóteles Fioravanti, a quien se había encargado la construcción de la catedral de la Dormición del Kremlin de Moscú, fue enviado a Vladimir para aprender los procedimientos de construcción tradicionales rusos en los que debía inspirarse.

La catedral sufrió considerables daños en 1185 a consecuencia de un incendio y en su reconstrucción se añadieron cuatro cúpulas angulares. El exterior, de piedra blanca, es austero, con sencillos elementos decorativos que adornan las portadas y los ventanales, y un friso de arquillos ciegos y columnillas.

Desgraciadamente, en 1862 se construyó la **capilla de San Gregorio** para unir la espléndida y austera catedral a la torre del campanario de 1810, rompiendo así la armonía del conjunto.

El interior de la catedral es un amalgamado rococó, del que inesperadamente surge el sublime fresco del *Juicio Final*★★ de Andrei Rublëv, situado frente al altar. Pintado por el maestro durante el verano de 1408, con la ayuda de Danilo Černyj, se trata de una obra profundamente innovadora del arte ruso antiguo, debido a la humanidad y al sentimiento de paz universal en los que se inspira. El **iconostasio** dorado (1773-1774) incluía iconos del mismo Rublëv, trasladados a la Galería Tretiakov de Moscú, junto a la venerada *Virgen* de Vladimir, obra del maestro bizantino. En un nicho se encuentran los sarcófagos de Andrei Bogoljubskij y del príncipe Vsevolod. Destaca también el pavimento de hierro fundido.

Prisutstvennye mesta. Detrás de la Dormición se halla el edificio del tribunal del Gobernador, 1785-1789, transformado en 1991 en el museo más importante de Vladimir *(visita: de 10 h a 17 h; lunes y último jueves del mes cerrado).*

En la planta baja se halla una reconstrucción diacrónica de la vida de la ciudad en el pasado. El largo pasillo situado a la derecha se ha transformado en una calle del siglo XIX con maniquíes. Las puertas, camufladas como si fueran entradas de tiendas, se abren a exposiciones permanentes. Entre éstas cabe destacar una sala dedicada a los poemas épicos de la antigua Rusia, llamados "bilinas", y la reconstrucción de una casa rusa tradicional.

En la primera planta hay dos filas de salas paralelas. En la primera se encuentra una selección de muebles, retratos y reconstrucciones de los ambientes nobles de la zona (muchas familias ilustres procedían de la zona de Vladimir, como los Voroncov, los Apraksin, los Ščeremetev, los Golicyn). En la exposición se alternan los materiales extraídos de las viviendas de la pequeña aristocracia local, que traen a la memoria el tedioso mundo de la nobleza provinciana descrito en numerosas novelas del siglo XIX, con los de los grandes nobles que mantenían residencia en las tierras de sus antepasados sólo por respeto a sus orígenes, aunque raramente la frecuentaban.

En la segunda fila hay una pequeña pinacoteca, con obras de I. Nikitin, F. Rokotov, V. Tropinin, A. Savrasov, I. Šiškin, I. Ajvazovskij, V. Vasnecov.

Escuelas y técnicas de pintura

En Rusia existen cuatro escuelas de pintura miniada sobre objetos: Paleh, Mstëra, Holuj y Fedoskino. Esta última se remonta al siglo XVII y es la más antigua, mientras que las otras se han desarrollado durante el siglo XX, en respuesta a las trabas que encontraban los pintores de iconos ante las autoridades soviéticas. La herencia de la pintura religiosa popular se manifiesta con claridad en las creaciones de maestros que dibujan cajas, broches y anillos; aunque los motivos más difundidos tengan origen no sólo en las fábulas tradicionales, sino también en los "bilinas", cuentos de antiguos héroes sanguinarios del "epos" eslavo, en sus cuadros, la figura humana es con frecuencia etérea, de naturaleza idealizada.

La técnica de realización de objetos es compleja, y éstos nunca pueden ser de madera, sino de papel maché. Los maestros de Fedoskino impregnan el papel maché en aceite de lino para obtener una imprimación y, posteriormente, le dan forma y lo pintan a óleo; en el caso de las otras escuelas, se emplean témperas para pintarlo. Una vez que se han secado los colores, se aplican seis capas de barniz. Solamente los productos a los que se les aplique esta técnica estarán provistos del correspondiente certificado de garantía.

Dmitrievskij sobor★★. Enfrente de la Dormición surge la catedral de San Demetrio, de 1194-1197. La construcción de perfectas proporciones, con cuatro pilares, está coronada por una sola cúpula dorada que por efecto óptico parece alargada. La cúpula tiene una forma denominada "en yelmo", típica de la arquitectura rusa anterior al siglo XVII, época en la que se afianzó la cúpula bulbiforme. La decoración de las fachadas, que da vigor a la estructura arquitectónica, la convierte en una de las iglesias más bellas de la escuela arquitectónica de Vladimir y Suzdal. Los **bajorrelieves,** esculpidos en la tierna piedra blanca que caracteriza a todas las iglesias de Vladimir, exhiben más de 1.300 temas, entre los cuales más de 500 hablan de animales y plantas: se trata de un mundo fantástico, derivado directamente del arte popular ruso que une temas paganos eslavos con motivos bizantinos y romanos. Estas tallas pretenden ser probablemente una metáfora en piedra del poder del príncipe, que domina todo lo creado. En la pared norte se representa al príncipe Vsevolod, que sufragó la iglesia, en el trono y rodeado de sus hijos; en la fachada sur se representa la *Ascensión de Alejandro Magno*, tema muy difundido en el arte medieval. En el interior *(entrada en grupos limitados)* se pueden admirar frescos del siglo XII, en los que se reconoce la mano de un artista griego, hábil y severo y la de un artista ruso más ingenuo y poético.

Cerkov' Pokrova na Nerli★★. Junto a Bogoljubovo, villa a 10 km de Vladimir, transitando por un terreno sin asfaltar muy abrupto, se llega a la iglesia de la Intercesión de Nerl uno de los monumentos más brillantes del arte ruso. Esta iglesia fue construida en 1165 a orillas de un lago y según la tradición se erigió en memoria de Izjaslav, hijo de Andrei Bogoljubskij, muerto en una campaña militar.

El edificio destaca por la armonía de sus formas, simples aunque ricas en ornamentación arquitectónica y por sus **fachadas.** En ellas se pueden admirar enigmáticos relieves, obras maestras de la escultura, que representan máscaras femeninas dolientes y la escena de David tocando el laúd, atrayendo aves y leones, al tiempo que hace huir a los grifos. La representación expresa simbólicamente la idea de unidad y amor que trataba de infundir el príncipe Andrei en el pueblo ruso.

SAN PETERSBURGO

El mito de San Petersburgo, *144*
Historia. Desarrollo urbanístico y artístico, *152*
Itinerarios por la ciudad, *167*

EL MITO DE SAN PETERSBURGO

Pocas ciudades hay de las que se pueda decir que hayan nacido al mismo tiempo que su mito y que éste se haya desarrollado, de espaldas al tiempo, paralelamente a la propia historia de la ciudad. En el caso de **San Petersburgo**★★ (4.700.000 hab.) ha sido así. La artificialidad de su existencia, de su situación geográfica, de los motivos que constituyeron la razón de su existencia, en clara oposición al resto del país, podría tener una sola justificación: la edificación intencionada y tempestuosa de un mito. Un mito que hiciese perdonar, en nombre de la nueva cultura de que era portador y testimonio, la violencia, extravagancia e imposición de inusitadas reglas culturales y de comportamiento. Un mito que hiciese perdonar la más encendida oposición, la de la histórica capital, Moscú, a la que la nueva ciudad usurpará tras su fundación título y hegemonía. A su construcción contribuyeron unas extrañas y anómalas condiciones climáticas, la variada y poco ortodoxa fauna urbana que la recién creada ciudad atrajo, la asombrosa magnificencia con que se la dotó desde los primeros días de vida, en violento contraste con las condiciones ambientales del lugar y con el resto de la nación.

Ciudad y literatura

Muy pronto la literatura se apropió de este discurso y contribuyó de modo fundamental y determinante, constituyéndose a su vez en objeto y sujeto del mito que aquella ciudad cenagosa, de repente embellecida con monumentos y obras de arte, andaba urdiendo.

El primer siglo de vida, el XVIII, en el ámbito cultural fue el del predominio del elogio y el estupor. La corte (en la figura de Pedro I el Grande y también de Catalina II, grande a su vez en su función de ejecutora de las fantasías del zar) construía a ritmo frenético conjuntos arquitectónicos, palacios suntuosos, calles y plazas. La naturaleza sufría en aparente silencio el arrogante proceso de saneamiento, así que el paisaje cambiaba con celeridad, haciendo de aquel aguazal una capital de deslumbrante belleza. Poetas y artistas de la corte loaban aquel proceso, magnificando intenciones y resultados, ignorando los aspectos oscuros y siniestros, haciéndolos aparecer como pintorescos y curiosos, con una actitud de obsequioso partidismo (Tredjakovskij, Deržavin). Será un siglo después cuando, con poetas de la talla de Pushkin, el mito de San Petersburgo inicie su plena andadura, sin dejar por ello de ocultar los aspectos más siniestros y ocultos.

El caballero de bronce (grandioso monumento de Falconet dedicado a Pedro el Grande) será en el poema de Pushkin de igual título (1833) una figura amenazante, una especie de máquina diabólica que, tras las terribles inundaciones de 1824, no dudará en patear sobre el empedrado con los cascos de su caballo al pobre Eugenio, símbolo de los pobres de Petroburgo, a quienes la naturaleza y el poder les negaban un mínimo lugar en el mundo. El poeta Polonskij canta en una macabra composición titulada *Mjazm* (Miasma) a los miles de muertos víctimas de la dureza del trabajo para construir la ciudad, cimientos sobre los que se alza la espléndida San Petersburgo.

La actitud de elogio y estupor en que se sustentó el mito durante el siglo XVIII se transformó al siglo siguiente en algo fundamental para la supervivencia del mito: la condena. Condena y elogio coexistirán de ahora en adelante, alternándose y combinándose según el momento histórico y la sensibilidad estética.

Fachada principal del Museo Ermitage.

Vista de la ciudad con el río Neva helado.

Los cantores más entusiastas del San Petersburgo del XIX, aunque no carentes de cierta actitud crítica, serán escritores cuya principal fuente sea la tradición -en una ciudad de poco más de cien años-, que elevan al rango de memoria histórica lo cotidiano y otorgan el protagonismo literario a personajes de la vida diaria como un organillero, un portero o un cochero. Su único y gran patrimonio es ser "ciudadanos de San Petersburgo" (*Fisiología de San Petersburgo,* 1844).

Gogol' y Dostoievski recogieron esta herencia y contribuyeron a alimentar el mito con algunas de las páginas literarias más deslumbrantes y originales. En un San Petersburgo otoñal, espectral y amenazante, al pobre empleado Akakij Akakievič le roban su preciado abrigo nuevo (Gogol', *El abrigo,* 1842), robo que le llevará a la muerte. Una nariz se irá de paseo sola por la perspectiva Nevskij (Gogol', *La nariz,* 1836), dando lugar entre damas y caballeros a juegos de identidad y equívocos un tanto diabólicos (Gogol', *La avenida Nevskij y El retrato,* 1842). Y todo perfectamente trabado, aunque el resultado sea el esperpento y la alucinación y alguna que otra alusión al mito: fenómenos atmosféricos inusitados, espacios arquitectónicos fuera de lo común, ciudadanos extravagantes.

Tristes e infelices escribanos, encarnación del triste talante burocrático que asume la ciudad a mediados del siglo XIX, habitarán malolientes casas de alquiler compartiendo su espacio con otros desheredados entre aglomeración e inmundicia (Dostoievski, *Pobre gente* y *El doble,* 1846). La figura típica del ocioso de San Petersburgo, un soñador, paseará solitario hablando con las casas, descubriendo los rincones más secretos de la ciudad e ignorando a sus semejantes (Dostoievski, *Las noches blancas,* 1848, y *Crónicas de San Petersburgo,* 1847).

Será sin embargo Tólstoi quien retrate la otra cara de la sociedad de San Petersburgo, la mundana y aristocrática, una vez más contrapuesta a la sociedad moscovita (recurrirá a los continuos desplazamientos en tren). Una dama de la buena sociedad, Anna Karenina, pagará con la vida su traición no tanto a su marido como a las convenciones de la sociedad a la que pertenece (Tólstoi, *Anna Karenina,* 1875-1877).

A finales del siglo XIX el mito de San Petersburgo perdió interés en el ámbito literario. Ciertas características de la ciudad, que para entonces se habían convertido en defectos, las inclemencias del clima, lo estrafalario de sus habitantes, la uniformidad de unos edificios que con el paso de los años le hacían parecer un gran cuartel, hicieron decaer el interés y la atracción un tanto morbosa que la había caracterizado en las últimas décadas. Dostoievski le hará desvanecerse, volver al inconsistente mundo de la fantasía una mañana de niebla en *El adolescente* (1875).

Será necesario el fin de un siglo y el despertar de otro para que, de la mano del llamado renacimiento estético, nuevas corrientes poéticas vuelvan a interesarse por San

Petersburgo, aportando nuevas connotaciones y contribuciones a su mito.

Los artistas del "Mundo del Arte" (camaradas de Diaguilev y sus *ballets* rusos) redescubrieron una nueva ciudad en dos dimensiones, la de los perfiles de sus puentes, de la "skyline" de sus agujas (Lanceré, Ostroumova-Lebedeva), de los patios de la periferia con las pilas de leña (Benois, Dobužinskij), del puerto con sus barcazas y su gente. Los simbolistas irán más lejos, transformando a las prostitutas del puerto en "bellísimas damas" (Blok), encarnación del eterno femenino, cantando a la primitiva ciénaga y a su atmósfera neblinosa y mistificadora que tan bien se acomodaba a la poética de esta escuela.

Un escenario de rectas y niveles sobre un fondo de cartón piedra en los que se delinean las siluetas de seres humanos es el San Petersburgo de la novela de Andrej Belyj, que lleva por título el nombre de la ciudad (1911), cuyos personajes se devanan entre el terrorismo y el parricidio.

Marineros en el puerto.

La Revolución de 1917 orientará la evolución del mito hacia una nueva dirección. Con la corriente futurista, la primacía cultural literaria se desplaza a Moscú. La ciudad deja de ser San Petersburgo-Petrogrado para llamarse Leningrado (1924), portadora de otro mito, recientemente desaparecido aunque indisoluble de la ciudad en la que la revolución nació y se desarrolló: Lenin (Maiakovski, *V.I. Lenin*, 1924).

Se comienza entonces a vivir del recuerdo de la antigua San Petersburgo. De un modo quizá clandestino, o más bien en sordina, para no contravenir las nuevas reglas y el nuevo orden. En la época estalinista la ciudad se convierte en un problema para el país, hasta el punto de que a Stalin no le hubiera importado aniquilarla. Demasiado cosmopolita, demasiado occidental para aceptarla tal como era. En su manía de grandeza concibió un proyecto según el cual quedaría prácticamente unificada urbanísticamente a Moscú. Como testimonio de sus propósitos queda la larga Moskovskij prospekt, orientada en dirección a la capital, con sus megalómanas construcciones y plazas. Un periodo en que la literatura habrá de olvidarse de Leningrado. No hay lugar para el mito. Toda Rusia está volcada en la construcción de uno más grande y acaparador: el culto a la personalidad.

El asedio de Leningrado

Será la historia quien haga justicia a la ciudad y haga renacer el mito con toda su grandeza y su tragedia durante los 90 días de asedio en el invierno de 1941 a 1942. El lugar común según el cual se considera a los ciudadanos soviéticos unos apasionados por la cultura y la literatura se ve confirmado en esta ocasión con toda justicia, durante los terribles días del asedio alemán a Leningrado. A pesar del hambre, el frío y los sacrificios diarios de víctimas humanas, la ciudad no descuidó su vida cultural. Los teatros y salas de conciertos permanecieron abiertos ofreciendo sus representaciones a pesar de que la ciudad estaba al límite de sus fuerzas y carecía de recursos. Músicos, artistas e intelectuales asumieron como nunca su tradicional responsabilidad hacia la población dando de sí cuanto pudieron. Como ejemplo valga el nombre de la poeta Anna Ajmátova, una víctima de la represión estalinista a finales de los años treinta, quien puso su voz y sus versos al servicio de la radio y contribuyó a infundir a sus conciudadanos el valor y el espíritu que les hicieron resistir, aunque diezmados, y vencer el cerco nazi. Es un aspecto del mito que viene a sumarse a los anteriores. Para el poder soviético constituyó una ocasión de "rescatar" la ciudad y hacerla vivir a una nueva y deslumbrante luz patriótica. La séptima sinfonía de Shostakovitch, conocida como "Leningrado" y estrenada cuando la ciudad aún sufría asedio (1941), rubricó la victoria y aquel nuevo capítulo del mito.

Las últimas décadas

Muchas páginas de la literatura del siglo XX dedicadas a la ciudad no pudieron ver la luz a causa de la censura y de las limitaciones impuestas por la política. La imagen de la Petrogrado-Leningrado de los poetas Mandelstamm, Marina Tsvetaeva o la propia Ajmátova circulaba de modo clandestino a pesar de que existía y vivía; eso sí, de un modo circunspecto.

En Petrogrado aún nos encontraremos, / como si hubiésemos sepultado el sol.
O. Mandelstamm (1920)

A comienzos de los años sesenta, tras la breve ilusión del deshielo, apenas dos años antes de que Jruchov impusiera nuevas medidas de control y centura, un joven poeta de Leningrado, Iosif Brodsky, sufrió un proceso que marcó un hito en la ciudad y en todo el mundo cultural soviético. Escritores, poetas y artistas se movilizaron para defenderlo de la acusación de parasitismo social. El proceso se zanjó con el confinamiento del poeta, condena que diez años más tarde se cambió por el exilio. Brodsky dejó memoria de los años pasados en Leningrado, compartiendo con sus padres un apartamento de poco más de una habitación, en dos ensayos de un refinamiento poco usual a la hora de describir Leningrado: *Guía de una ciudad que ha cambiado de nombre* y *En una habitación y media*. Nombres, topónimos y materiales de construcción, todos aquellos aspectos que en el curso de los siglos habían constituido el "intertexto" de la ciudad, los afronta y los describe sin rencor, nostalgia ni pasión exacerbada. Y eso que en la historia de San Petersburgo-Leningrado y en los distintos rostros de su mito hay de todo.

El estancamiento de la época de Breznev en los años setenta niveló los intereses y el papel de las diferentes ciudades. A Leningrado se le seguía citando en las páginas de la literatura oficial como la "cuna de la Revolución", "ciudad heroica", "Palmira del Norte", y cosas por el estilo, secundando la tendencia cultural de la época de premiar los estereotipos y clichés antes que la buena literatura y las ideas originales. Tendrá que venir la *perestroika* de Gorbachov para que muchos textos de décadas anteriores puedan ver la luz y para que Leningrado, rebautizada como San Petersburgo por enésima vez, recupere su protagonismo.

Al principio de los ochenta, entre los múltiples grupos que nacían al margen de lo ofi-

Huella de la época comunista.

Monumento a los Héroes de la II Guerra Mundial.

cial, brillaron por su originalidad los "Mit'kì", jóvenes artistas y poetas abanderados por Mitja Šagin (de quien toma el nombre la fraternidad) que rondaban por Leningrado con camisetas a rayas blanquiazules, en perenne estado de embriaguez, predicando hermandad y paz, alentando e invitando a beber, un punto clave de su manifiesto poético. Hoy han vuelto de Estados Unidos tras someterse a serias curas de desintoxicación y siguen ejerciendo de ilustradores y escritores, aunque apaciguados en su problemático culto al alcohol y ya integrados de pleno derecho en la historia del mito.

Mihail Kuraev, escritor de nuestros días, ha hecho renacer un interesante aspecto mágico-diabólico del mito petrogradense en la historia de los inquilinos de un apartamento que un día pierden su reflejo en el espejo. Como no, en esta novela pseudo-policíaca y posterior a la *perestroika* (*El espejo de Montačka*) reaparecen a lo grande los aspectos más inquietantes y misteriosos del mito, compartiendo el protagonismo con un cautivador juego de citas, aproximaciones y recuerdos que ayudan a imaginar la terrible confusión que debe reinar en la cabeza de quien ha vivido en una ciudad cuyo nombre ha cambiado tantas veces.

El San Petersburgo post-soviético

Había un juego que se practicaba en la época soviética. Claro está que para los extranjeros implicaba menos riesgos y por tanto se tomaba más a la ligera. Se trataba de ir a la caza de huellas "zaristas", o bien de un pasado no rigurosamente soviético, como a veces sugería la cultura oficial: huellas léxicas, arquitectónicas (las más evidentes), de comportamiento, culturales. Ninguna ciudad en la URSS se prestaba al juego mejor que Leningrado. Una tarea fácil si consideramos el vaivén de nombres que había conocido en su breve historia, tanto oficiales como inventados: San Leninburgo, Petrópolis, Leninópolis, etc. También estaban su arquitectura: residencias zaristas, palacios de la nobleza, avenidas y calles que, gracias a la iluminada clarividencia de Pedro I, que las hizo construir grandes y espaciosas, no habían necesitado ensanchamientos ni ampliaciones, como en cambio le había sucedido a Moscú.

Todos sabían que el palacio de los Pioneros de la perspectiva Nevskij había sido el palacio Aničkov, que aquel edificio rojo frente al puente Aničkov era la residencia Belose-l'skij-Belozrerskij, que la sala de conciertos que albergaba el palacio verde en la esquina con Mojka era la del palacio Stroganov, que la casa de Fontanka, donde vivió Anna Ajmátova, era un ala del palacio Seremetev. Para nadie era un misterio, pero el gusto un tanto *snob* por seguir llamándolos por el nombre antiguo al citarse en vez de recurrir al nuevo permitía vislumbrar ciertas complicidades, revivir recuerdos literarios o artísticos, manifestar una cierta distancia del talante común. No había en ello nada de político, ni tampoco disidencia, era sencillamente un juego.

Protagonistas de excepción en este divertimento de Leningrado eran las ancianas cuyo porte las traicionaba, a pesar de la indumentaria de puro estilo soviético; mostraban una distinción insólita, un estilo que dejaba entrever algo que no se acomodaba del todo a la nueva situación. Otro rasgo más exclusivo de San Petersburgo. En Moscú vivían las viudas de los escritores y de los artistas (una categoría histórica y cultural muy precisa), eran las "babuški" (ancianitas tiernas y fascinantes), pero faltaban las auténticas "ancianas señoras", dignas de este título y de ningún otro. Estaban en Leningrado. Se las podía encontrar en los más insospechados trabajos (aunque muchas estaban jubiladas): gobernantas de planta en un hotel, señoras de guardarropa en un teatro, ayudantes de biblioteca. El juego estaba servido: ¿has visto cómo lleva el camafeo? ¿Te has fijado en cómo se anuda el pañuelo? ¿Y en las manos? Y es que la anciana señora de San Petersburgo revivía en aquellos detalles de su indumentaria o en sus gestos, en un mundo con frecuencia agresivo y uniforme, regalando un momento de emoción aunque fuera de modo contenido.

La furia con que tras la Revolución de octubre se intentó borrar toda huella burguesa o aristocrática fue semejante a la que, después del decreto de 1991 por el que se ponía fin a la Unión Soviética, se empleó (y hoy se emplea) en hacer olvidar setenta años de vida y de historia.

Los nombres de calles y plazas han cambiado de nuevo, el pasado remoto ha prevalecido sobre el pasado más reciente. Así que, eterna tiranía de la nostalgia, hay quienes hoy en San Petersburgo "juegan" con la memoria y van a la caza de Leningrado. Y de nuevo es más fácil en San Petersburgo que en otros lugares, ciudad pionera, del Soviet, de lugares y residencias plagados de la memoria de Lenin.

EL MITO DE SAN PETERSBURGO
Luces y sombras de hoy

Es cierto que los signos de setenta años son más fáciles de ocultar que la historia de dos siglos, sobre todo si se piensa que se impusieron a una realidad bien enraizada histórica y culturalmente, aunque las huellas en la mentalidad y el comportamiento de las personas tardan más en borrarse. Se ha hecho muy difícil la objetividad, hablar de años y situaciones tan recientes con la debida distancia. No dejarse vencer por una atracción o repulsa que, aunque legítimas y justificadas por la historia, casi siempre suelen estar cargadas de motivos personales.

¿Qué significa hoy nostalgia post-soviética en San Petersburgo? Quizá la inevitable añoranza de aquello que se ha conocido y se ha vivido profundamente, lo opuesto a un presente-futuro incierto y en confusa fase de estabilización. Quizá un rechazo instintivo e inmotivado por el nuevo aspecto que la ciudad va adquiriendo; algo como unos celos indefinidos por el hijo que está creciendo y cambia aunque no queramos. Quizá el apego a una también indefinida y perdida "simplicidad" soviética (a una época tan vituperada por la facilidad con que se caía en la vulgaridad y la tosquedad), hoy recuperada frente a una nueva forma de agresividad vulgar: la de los nuevos rusos. Digamos que joyas y ropa de firma hoy se ostentan y se exhiben con una complacencia que recuerda como nunca a las ancianas señoras de Leningrado, a quienes el tiempo también se ha llevado.

A pesar de nostalgia y añoranza, San Petersburgo es hoy más que nunca una hermosísima ciudad. Los contrastes sociales (pobreza-riqueza, miseria-opulencia) la sitúan al nivel de las grandes metrópolis del mundo y la equiparan a los estándares europeos, algo difícil de aceptar para quien la haya conocido en otro tiempo, aunque resulte inevitable para su evolución. Ya se ha olvidado el tiempo de las largas colas delante de los quioscos y las tiendas, así como el que siguió poco después en que las escaleras del metro y las galerías del Gostinyj dvor (unos grandes almacenes en un edificio del siglo XIX) se llenaban de vendedoras desesperadas que ofrecían las mercancías más insospechadas a cualquiera que quisiese comprar. San Petersburgo vive hoy su fase consumista. Como en casi todo el resto del mundo hacer la compra se ha convertido en una tarea fácil (para quienes disponen de dinero), hoteles y cafés abren lisonjeros sus puertas y salones, como si quisieran borrar aquellos tiempos en que reservar una mesa equivalía a librar una bata-

Dos imágenes que ilustran las dos caras de la ciudad, el lujo y la pobreza, las luces y las sombras.

lla. La belleza de San Petersburgo se recupera gracias a obras de restauración, rehabilitación y saneamiento. Si bien con todos los riesgos inherentes al proceso (excesos medioambientales, abusiva injerencia extranjera), con todas las peculiaridades del carácter ruso (tendencia al exceso, entusiasmo fácil) y todas las debidas a los antecedentes históricos: prisa por probar las novedades, falta de preparación e ingenuidad.

El resultado es una especie de "movida a la rusa" que ofrece al visitante momentos fascinantes y otros de profunda desilusión. Aunque, para bien o para mal, en San Petersburgo las cosas suceden más a la medida del hombre que en Moscú, de modo más discreto y provinciano, a la petrogradense.

La vida artística está floreciendo. Se ha producido el mestizaje entre una nueva bohemia y una nueva vanguardia, un "déja vu" para quien llega de fuera y una revisión en clave local de experiencias no vividas para la cultura local: teatrillos, músicos y artistas callejeros, galerías de arte y *happening*.

El lugar simbólico del nuevo movimiento artístico de San Petersburgo es el palacio de la avenida Puškinskaja número 10, durante años casa *okupa* tomada por una variopinta multitud de "creadores" y hoy reconocido e institucionalizado centro cultural donde están representadas las distintas tendencias del arte contemporáneo. En su interior alberga el Museo de la Nueva Academia de Bellas Artes, dirigido por Timur Novikov, un artista consagrado y de fama internacional a la cabeza del nuevo arte ruso. El edificio aloja asimismo el Museo de Arte Inconformista, un centro de arte-tecno, varias galerías de arte con exposiciones temporales y el Fish Fabrik, un multitudinario bar frecuentado por la bohemia.

De cualquier modo, en San Petersburgo las fiestas y actos culturales de carácter privado u oficial son continuos. Lo último de las noches blancas son las fiestas en las azoteas, propiciadas por una ciudad cuyas peculiares características climáticas, escenarios y ambiente confieren magia a acontecimientos que de otro modo carecerían de atractivo. En ellas o dando una vuelta por la ciudad de noche el visitante tiene la oportunidad de toparse con personajes de lo más curiosos o inusuales: músicos como Boris Grebenščikov, pintores como Serguéi Bugaev (más conocido por el seudónimo de Afrika) o personajes anónimos buscando con originalidad su momento de gloria.

El teatro Mariinskij (Kirov en la época soviética) ofrece su programa de ópera y ballet fiel a la tradición, sin dejar por ello de dirigir su mirada a los nuevos modos y cánones. El Malyj teatr (Pequeño Teatro), bajo la dirección de Lev Dodin, apuesta por la provocación con sus representaciones, lo que para unos es un loable modo de transgresión y para otros un peligroso camino por granjearse las simpatías de occidente. Proliferan las salas independientes en las que se propone un programa basado íntegramente en la recuperación de obras y autores condenados al cajón por la censura o en teatro experimental (Baltijskij Dom, Eksperiment o Prijut Komedianta). Por supuesto todo escrito en riguroso ruso. Más accesibles a todos son las salas dedicadas a la música clásica, cuyas taquillas cuelgan el cartel de "no hay billetes" todas las noches, y en las que se puede escuchar desde a los más jóvenes talentos hasta las orquestas ya consagradas: Filarmonía, Kapella o Conservatorio.

Entre los locales dedicados a las nuevas tendencias musicales o algo menos clásicos destaca el Jazz Filarmonik Hall, el Rock Klub (donde se han fogueado los grupos ya históricos del *rock* leningradense: Akvarium y Kino) y el Saigon, cuyo nombre es un homenaje al del mítico local que abanderó la contracultura de Leningrado en la década de los setenta y los ochenta del siglo XX.

Todos los días se abren (y se cierran) locales, casi todos en edificios relacionados con personajes claves en la historia y la cultura de San Petersburgo, a orillas de los canales, en las plazas más sugerentes, en las tabernas de antigua memoria (El Idiota, Rasputín), evocación de los tiempos gloriosos de principios del siglo XX, cuyos cabarets ya míticos como Brodjačaja sobaka (Perro Vagabundo) o Prival Komedianta (Posada del Comediante) acogían lo más selecto de la "intelligencija" y la bohemia. Junto a ellos proliferan -con más garantías de continuidad- los establecimientos de Mc Donalds', Pizza Hut y similares. Los grandes hoteles abren salones y terrazas de cócteles y "afternoon tea", aunque para quienes busquen lo auténticamente de San Petersburgo tienen muy poco que ofrecer.

En la vida cotidiana de las calles, con la avenida Nevskij a la cabeza, es donde presente y pasado, tradiciones y transgresiones, lo viejo y lo nuevo coexisten y se manifiestan con

Festividades de ayer y de hoy

Y hablando de nostalgia soviética he aquí dos fechas clásicas en las que aún es posible ver grupos más o menos nutridos de nostálgicos con banderas rojas exhibiendo la imagen de Lenin y Stalin y escuchar por los altavoces antiguos himnos (por ejemplo, la Internacional): *el 1º de mayo y el 7 de noviembre.* El lugar es el de todos los desfiles, la plaza del Palacio de Invierno.

El 9 de mayo se celebra la fecha de la victoria sobre los nazis, cuando los veteranos desfilan con sus medallas en la perspectiva Nevskij y se llevan coronas al cementerio de Piskarëvskoe.

Entre el 21 de junio y el 21 de julio tiene lugar el festival de las noches blancas. Durante un mes se celebran conciertos, representaciones y diversos actos culturales agrupados en dos programas simultáneos, uno clásico (Estrellas de las noches blancas) y otro rock (improvisación y música "live").

Un acontecimiento de gran popularidad y al que acude un público multitudinario es la apertura a las 2 h de la mañana de los puentes sobre el canal principal del Neva. Quienes acudan no deben olvidarse de llevar consigo una botella de cava.

El último domingo de julio es la *fiesta de la Marina,* un momento de gran animación a orillas del Neva y en el puerto. Días antes van llegando buques de guerra y cruceros empavesados que van atracando a la altura de las columnas rostrales. Por la noche hay fuegos artificiales.

El 1º de enero se celebra la llegada del nuevo año, aunque según el antiguo calendario ortodoxo la festividad debía celebrarse trece días más tarde. De modo que hay que calcular bien para no perderse la doble festividad, como hacen los rusos, la Navidad nueva y vieja y el 1º de año nuevo y viejo.

Pascua es la festividad religiosa más importante del rito ortodoxo. Actualmente son muchas las iglesias en que se celebra culto en tan importante ocasión. Así que hay que elegir una que merezca la pena para asistir a la vigilia de Pascua y no olvidarse de los huevos pintados con que se felicitan tradicionalmente los ortodoxos.

---

mayor espontaneidad. El antiguo mercado de Koljoz (hoy conocido curiosamente por "Yármarka", feria) es probablemente el mito cultural soviético más curioso y elocuente. Podría decirse que es una realidad ya superada, ahora que el abastecimiento de productos alimenticios no constituye ningún problema y abarrotados supermercados abren sus puertas a todo el mundo en cualquier esquina. Pero en otro tiempo era el único establecimiento -con precios más caros autorizados por el gobierno- donde encontrar con seguridad y sin problemas verduras y frutas frescas, carne, queso y leche. Excepcional ejemplo de iniciativa privada (a pesar de estar regulada por el Estado). Un oasis de opulencia y cortesía en un universo de estraperlo y penuria. Hoy se ha convertido en una magnífica oferta de gastronomía rusa. Es el único mercado en el que se puede encontrar género de importación junto a requesón y miel elaborados por los campesinos, granadas de Asia Central o nueces del Cáucaso. Para los visitantes constituía un fenómeno étnico, económico y social de extraordinario interés ya en época soviética. Hoy, tras el derrumbamiento de la Unión Soviética y la adopción de un tipo de economía radicalmente diferente de la anterior, se muestra como un interesante mosaico de la realidad. La concesión de los puestos de venta sigue criterios de favoritismo y privilegios. Esta es la razón de que campesinos y campesinas sin los contactos pertinentes se agolpen en el exterior, a lo largo del perímetro del edificio, e improvisen sus puestos en las aceras. San Petersburgo los acoge igualmente. Los puestos más interesantes están junto a la catedral de la Virgen de Vladimir y en la avenida Bol'šoj, en la isla Vasiliévski.

Otro mito cultural soviético, que no obstante se cimentaba en una antigua tradición de la antigua San Petersburgo, es la vida en los patios. Celebrados ya en el siglo XIX en las páginas de la obra titulada *Fisiología*, mencionada anteriormente, los patios de la ciudad constituían un curioso fenómeno topográfico antes que cultural. Muchos están (estaban) comunicados y constituían un cómodo recorrido alternativo a las vías de comunicación oficiales. En el siglo XIX los utilizaban antes que nada quienes no querían dejarse ver demasiado en lugares públicos; más tarde se convirtió en una costumbre general. En las noches de verano los patios se poblaban de niños y ancianos. Juegos, gritos y charlas que recordaban al barullo de los vendedores ambulantes y organilleros de cien años antes. Los bancos acogían a parejas jóvenes y las ventanas de las casas constituían el lugar idóneo para que mil ojos controlaran todo lo que debía ser controlado. Auténticos mundos en el límite entre el espacio público y privado donde lo más duro de la vida soviética se desvanecía dejando paso a las relaciones de afecto. El centro de la ciudad (avenida Nevskij) ha sufrido una radical reestructuración. Los antiguos inquilinos han tenido que trasladarse a otras zonas y la gente desaparece poco a poco de los patios. También los patios desaparecen, incorporados a los hoteles en forma de jardines de invierno o cerrados al paso para los no residentes. Hay que darse prisa.

HISTORIA. DESARROLLO URBANÍSTICO Y ARTÍSTICO

La fundación de la ciudad

El nacimiento de San Petersburgo está vinculado a motivos de tipo comercial y militar. En el siglo XVIII, Rusia sólo tenía dos salidas al mar, pero el imperio otomano dificultaba el tráfico por el Mar Negro, y los hielos bloqueaban el puerto de Arhangel'sk muchos meses al año. El zar Pedro el Grande intuyó la necesidad de crear una avanzada hacia Europa al ver la potencia naval de Suecia. Ya en 1698 se consolida este proyecto con la llegada de los "artesanos de todas las artes" de Amsterdam, que dan vida a las primeras construcciones en madera de estilo holandés, de las que queda, como testimonio, la casita de troncos que el zar se hizo construir (en tan solo tres días).

Inmediatamente después de la fundación oficial de San Petersburgo, el 16-29 de mayo de 1702, comenzó a edificarse con piedra, enfrentándose a las no pequeñas dificultades de un terreno insano y pantanoso del delta del Neva, que exigía obras de consolidación antes de soportar el peso de cualquier edificio. Con esta finalidad se talaron los bosques del entorno de la ciudad, que suministraron la madera necesaria para clavar estacas en el terreno. El volumen de los trabajos es fácilmente imaginable si se considera que la catedral de San Isaac se apoya en 24.000 troncos de árbol clavados en el suelo. Las dificultades se vieron compensadas por la proximidad con Europa y por la posibilidad de emplear una buena red de comunicaciones fluviales. Las primeras obras de urbanización se realizaron en la isla Vasiliévski (Vasilij ostrov, en la actualidad Vasil'evskij ostrov), que fue atravesada con canales de saneamiento y dividida con una red de calles ortogonal. En tierra firme, por encima del Almirantazgo se edificaron la residencia y el jardín de verano del zar, en torno al cual se añadieron nuevos edificios.

Pedro I inició simultáneamente, en 1703, la construcción de una fortaleza en Kronštadt y la de la que posteriormente se convertiría en la fortaleza de Pedro y Pablo para la defensa de la entrada del Neva. En 1704, en tierra firme, casi frente a la fortaleza, tomó cuerpo el astillero del Almirantazgo.

Surgía, por consiguiente, la ciudad como avanzada militar conservando esta característica incluso después de desaparecida la amenaza sueca. La importancia de San Petersburgo desde el punto de vista del arte y la cultura es, por tanto, posterior a la que tuvo, aunque todavía hoy la ciudad se mantiene de primera base de la marina rusa.

Estatua ecuestre del zar Pedro I el Grande, fundador de la ciudad.

La influencia de los arquitectos italianos

Con el comienzo de las obras de urbanización se iniciaba también la inmigración de artistas y técnicos europeos, en especial italianos, considerados los mejores constructores de la época.

El embajador ruso en Copenhague, Izmailov, invitó a la ciudad por orden del zar al arquitecto tichinés Domenico Trezzini, que trabajaba en aquel momento en la corte danesa. Trezzini fue recibido con deferencia y confianza por el soberano y durante treinta años de intensa actividad desempeñó el cargo de arquitecto por excelencia de la corte y construyó los edificios que serían punto de referencia y desarrollo de la nueva ciudad. Dichos edificios son: la fortaleza de Pedro y Pablo con la correspondiente catedral, el primer Palacio de Invierno, posteriormente derribado; el Palacio de Verano, los Doce Colegios (ministerios, en la actualidad Universidad), el antiguo Gostinyj dvor y el monasterio de Aleksandr Nevski. También proyectó distintos tipos de viviendas destinadas a la nobleza, los empleados estatales, los comerciantes y los extranjeros. Su obra aportaba una modernidad decisiva: por un lado, la cobertura con aguja de la catedral de Pedro y Pablo rompía con la tradición rusa de las cúpulas en forma de bulbo y, enlazando con las características arquitectónicas europeas, establecía un punto de referencia en el panorama de la ciudad. Por otro lado, la construcción del monasterio Nevskij creaba un nuevo polo arquitectónico y tenía como consecuencia un nuevo trazado de calles que, enlazando con el Almirantazgo, englobaba la estación de llegada de las comunicaciones con Moscú (donde en la actualidad se halla la estación ferroviaria Moskovskij vokzal), constituyendo las premisas del nuevo trazado monumental de la avenida Nevski.

Con Trezzini trabajaron en San Petersburgo algunos italianos, de los que no sabe mucho: su sobrino, Giuseppe Trezzini (llamado por los rusos Osip Petrovic), que fue coronel de las fortalezas y su hijo Pietro Trezzini, nacido en San Petersburgo en 1710, que completó la catedral de la Transfiguración (iniciada por R.G. Zemcov en 1743).

El crecimiento demográfico

Pedro el Grande dictó una serie de medidas destinadas a favorecer el incremento demográfico de la ciudad, entre las cuales se encontraba la obligación impuesta a los aristócratas de trasladarse (1708) -cumplida sólo en parte antes de la última y decisiva derrota de los suecos en Poltava, acaecida en 1709- y el traslado definitivo de la capital (1712). Dos años más tarde, un nuevo "ukaz" prohibe la construcción en piedra de edificios en toda Rusia salvo en San Petersburgo.

Según el proyecto del zar, se debía, al mismo tiempo, crear la demanda y concentrar la oferta de mano de obra especializada, atrayendo a diversos sectores sociales a la capital, todavía muy pantanosa e infestada de mosquitos.

El primer plan urbanístico

El sueño de Pedro I era el de construir una ciudad con canales, como Amsterdam, empleando también los dos brazos principales del Neva, y para ello había ordenado construir los astilleros y el Almirantazgo en la orilla oriental del Gran Neva, poco más abajo de la separación del río y la fortaleza. En 1717 Pedro visitó Francia y descubrió la grandiosidad de la escenografía de Versalles y París. A su regreso a Rusia se llevó consigo al arquitecto Leblond, a quien encargó el proyecto del plan general de San Petersburgo.

Leblond interpretó perfectamente el deseo del zar de hacer de la isla Vasil'evskij el centro de la ciudad y diseñó un óvalo fortificado y con bastiones que se extendía por la isla Petrovskij, al noreste, y por la tierra firme, al sur, dejando la fortaleza en el extremo oriental. Su plan mantenía la Vasil'evskij como centro y organizaba la ciudad mediante un sistema viario ortogonal, de acuerdo con un exacto modelo de ciudad ideal indiferente a las condiciones del lugar, introduciendo en la planificación un criterio de separación de las áreas funcionales de la ciudad (zonificación).

Munificencia real y genio italiano

Buena parte de la belleza perfecta y cuidada de San Petersburgo, "ciudad abstracta y premeditada", como la definió Dostoievski, y de las pomposas residencias de ensueño de los alrededores, se debe a la genial mano de algunos arquitectos italianos, muy solicitados por los zares y por la aristocracia desde los tiempos de la fundación de la ciudad. Su prosperidad empieza con Pedro el Grande, que llama a Domenico Trezzini para proyectar y llevar a cabo, entre otras cosas, la fortaleza y la catedral de los Santos Pedro y Pablo. Siguiendo su propio espíritu vivaz, amante de elementos decorativos y escenográficos, la zarina Isabel escogió a Bartolomeo Rastrelli como arquitecto de la corte, convirtiéndole en protagonista absoluto de la renovación arquitectónica de la capital imperial. A decir verdad, Rastrelli se había formado en Francia y, posteriormente, había seguido a su padre, arquitecto y escultor florentino, a la corte de San Petersburgo.

La inconfundible firma estilística, fastuosa y barroca, de Rastrelli se puede apreciar, aún hoy, en la belleza de Peterhof, en el Palacio Grande del actual Puškin, el palacio Stroganov, su obra maestra, y sobre todo en el palacio de Invierno que lleva su sello distintivo, destinado a crear escuela.

Una generación más tarde, el favor de Catalina II pasará al romano Antonio Rinaldi, que plasma su obra maestra en el Palacio de Mármol, y a Jacobo Quarenghi, arquitecto bergamasco, autor en Italia de una sola obra y, posteriormente, fecundo intérprete del neoclasicismo en Rusia (teatro del Ermitage, Academia de Ciencias, Banca del Estado, Instituto Smol'nyj, palacio de Alejandro en el actual Pushkin). A ellos se debe el aspecto más severo y grandioso de San Petersburgo, gran capital europea de la segunda mitad del siglo XVIII. El napolitano Carlo Rossi continuará con geniales variaciones sobre el tema y con la difusión del neoclasicismo iniciada por Quarenghi: edificio del Estado Mayor, teatro Aleksandrinskij (posteriormente Puškin), edificio del Sínodo y palacio del Senado. También se deben a él la elegante plaza de las Artes (ploščad' Iskusstv) y el armonioso desfile de edificios de la calle que llevará su nombre (ulica Rossi).

Sin embargo, la presencia de edificios ya existentes, los puntos de referencia establecidos por Trezzini en la orilla occidental del Neva (los palacios de Invierno y de Verano), la existencia del Almirantazgo y del extenso barrio próximo habitado por trabajadores del Arsenal y artesanos, la resistencia de los funcionarios del Estado a cambiar de vivienda (que Trezzini había diseñado) en las islas y, sobre todo, las inundaciones que amenazaban el sistema de canales ideado por Leblond, son las causas que concurrieron al abandono de este proyecto, que no dejó otra herencia de su obra que el proyecto del parque y del castillo de Peterhof.

El estilo Rastrelli

Durante ese tiempo, en 1716, había llegado a San Petersburgo, desde París, invitado por el embajador ruso Lefort, un escultor florentino, el conde Carlo Bartolomeo Rastrelli, que sería el autor de diversas obras, como el monumento ecuestre de Pedro I ante el castillo de los Ingenieros. Le acompañaba su hijo Bartolomeo Francesco, nacido en 1700 en París, quien, tras completar sus estudios en Italia, se estableció en Rusia y comenzó una actividad que lo convertiría durante todo el siglo en el más famoso y acreditado arquitecto del imperio, hasta el punto de crear un "estilo Rastrelli".

Con la llegada al trono en 1730 de la emperatriz Ana Ivanovna, se envió al joven Rastrelli a trabajar a Moscú y posteriormente a Kiev. En 1732 reconstruyó en San Petersburgo el Palacio de Invierno de Domenico Trezzini y, posteriormente, otras residencias nobiliarias. En el año 1746 la emperatriz Isabel Petrovna encargó a Rastrelli el proyecto de reconstrucción de Peterhof (Petrodvorec) y en 1752 el de Carskoe Selo (Pushkin).

Rastrelli crea un estilo inconfundible, armonizando elementos de la arquitectura renacentista y manierista con las tipologías rusas, y controla la enorme escala de los edificios (la fachada de Carskoe Selo mide 340 m), equilibrándola con un uso moderado de la policromía.

El trazado urbanístico

A mediados del siglo XVIII, cuando la celebridad de Bartolomeo Francesco Rastrelli alcanzó su cima, el aspecto urbanístico de San Petersburgo estaba ya definido. El centro visible de la ciudad era el Almirantazgo, al que viene a confluir el denominado "tridente", es decir, los tres ejes principales: la calle de la Ascensión (en la actualidad, prospekt Majorova) al oeste, la calle del Almirantazgo (en la actualidad, ulica Dzerzinskogo) en el centro y la avenida Nevski al este. Junto al Almirantazgo se abría la plaza del Palacio (Dvorcovaja ploščad'), con el Palacio de Invierno. Una serie de puentes formaban una especie de dársena en el Neva, protegida al sur por el conjunto del Palacio de Invierno y, al norte, por la fortaleza de Pedro y Pablo, mientras que en los alrededores de la ciudad comenzaban a surgir majestuosos conjuntos de villas y parques de la aristocracia en el poder.

De este esquema cargado de significados (el poder imperial que irradia con orden preciso hacia todos los puntos del imperio) San Petersburgo no se separaría nunca. Por el contrario, todos los trabajos posteriores harán más que subrayar el valor simbólico de este plan urbanístico.

A Rastrelli le correspondió una parte considerable de la construcción de San Petersburgo durante la segunda mitad del siglo XVIII. En 1748 la emperatriz Isabel le encargó el proyecto del monasterio Smol'nyj: obra maestra "rusa" del rococó italiano. La otra gran obra de Rastrelli fue el Palacio de Invierno, cuya segunda y definitiva fase fue comenzada en 1752. A pesar de la existencia de grandes palacios y de grandes artistas, San Petersburgo había crecido desordenadamente. Tan sólo con el absolutismo de Isabel se entró en la fase aristocrática y palaciega del barroco del XVIII. El ejemplo por antonomasia de esta arquitectura fueron los palacios Razumovskij, de 1760, entre el Fontanka y la avenida Nevski, y Stroganov, de 1754, junto al Mojka, ambos obra de Rastrelli.

En 1759 llegó a San Petersburgo, llamado por la emperatriz, el francés Vallin de la Mothe, que firmó diversos palacios (Academia de Bellas Artes, de 1765; el primer Ermitage, de 1764; la iglesia de Santa Catalina y el Gostinyj dvor), trasladando a la capital un lenguaje que orientaría la transición hacia el clasicismo, incorporando en la obra barroca elementos de arquitectura palladiana. Una etapa importante en la introducción del nuevo estilo fue la realización del arco triunfal dórico de Nueva Holanda.

La ciudad neoclásica de Quarenghi

Una vez muerta Isabel, también su arquitecto favorito, Rastrelli, cayó en desgracia. La nueva emperatriz Catalina II sentó las bases para la transformación de la ciudad y, tras un concurso, en 1763 pidió a Krasov un nuevo proyecto para la capital inspirado en los principios neoclásicos. La zarina llamó a otros arquitectos que al prestigio y el refinamiento unían también la grandeza palaciega. Los palacios se embellecieron, por orden de la emperatriz, con pinturas italianas (Piranesi, Pannini) y francesas (Hubert Robert, Houel).

El primer arquitecto que llegó a la corte de Catalina fue el italiano Antonio Rinaldi, que trabajó en los parques imperiales desde 1755 y fue autor del curioso y agradable "Palacio Chino" de Oranienbaum. Su primer trabajo en San Petersburgo, el palacio Orlov, más conocido por "Palacio de Mármol", de 1768-1785, representaba la nueva tendencia hacia el neoclasicismo aunque conservando todavía un fuerte carácter barroco.

Catalina invitó en 1779 a otros arquitectos italianos. De esta forma llegaron a la capital Giacomo Trombara, recordado por su palacio de los Cazadores en Carskoe Selo y por las caballerizas reales junto al Mojka, y sobre todo, Giacomo Quarenghi, que, cómplice de la conversión de la zarina al gusto neoclásico, trabajó en San Petersburgo hasta 1810, dejando un gran número de edificios. Son más de 30 y entre ellos destacan el Palacio Inglés de Peterhof, la Bolsa, el teatro del Ermitage, la iglesia de los Caballeros de Malta y la Banca de Estado, que introducen una interpretación palladiana del neoclasicismo.

Quarenghi mezcla los elementos simbólicos de la arquitectura clásica (pronaos, tímpano, pilastra) con desnudos muros interrumpidos por aberturas sin marco, unificando así dos sistemas interdependientes en un ritmo que evita una imagen unitaria. Desde este punto de vista, resulta ejemplar el edificio de la Banca de Estado, en el que Quarenghi insertó, en el interior de un gran patio en forma de "U", una polémica construcción con planta central, derivado de las villas palladianas, utilizando el significado simbólico de éstas como instrumento propagandístico de la nueva poética neoclásica.

A pesar de que su arquitectura no ofrecía nuevas interpretaciones creativas a escala urbanística y de que sus obras carecían de una relación con la planificación de la ciudad, su trabajo significó la renovación neoclásica en la época de Catalina II tras el rococó severo y clasicista de Rastrelli y Rinaldi.

Junto a los italianos, que durante mucho tiempo serían maestros de arquitectura en San Petersburgo (y en Moscú), no hay que olvidar al alemán Velten y a los artistas rusos: V.I. Baženov, con numerosos trabajos también en Moscú; I.E. Starov (autor de la iglesia de la Trinidad, de 1776, y del palacio de Táuride, de 1752), A.D. Zacharov (autor del Almirantazgo, de 1806) y A.M. Voronichin (el diseñador de la catedral de Nuestra Señora de Kazan', de 1801). En especial con los dos últimos arquitectos el neoclasicismo asumía las formas y dimensiones imperiales. Ambos, en compañía de Quarenghi, el francés Thomas de Thomon (urbanización de la plaza de la punta de la isla Vasil'evskij con las dos columnas rostradas), el escocés Charles Cameron (galería neoclásica de Pushkin) y el italiano Carlo Rossi, fueron los constructores de las grandes panorámicas, dilatadas y equilibradas por un gusto y un sentido de unidad, que hacen de la antigua capital de los zares una ciudad única en el mundo.

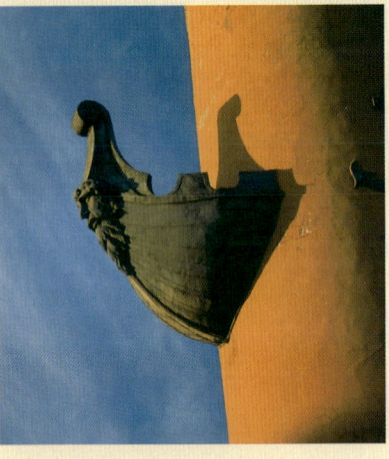

Detalle de las singulares columnas rostrales que adornan el muelle.

La obra de Carlo Rossi

La aportación de los arquitectos que trabajaron en Rusia quedaría concluida de forma triunfal con Carlo Rossi. Discípulo de Vincenzo Brenna y trabajando en común con Baženov en el palacio de Pablo I de Pavlosk, Rossi ejercitó su profunda sensibilidad urbanística interpretando la fase final de las modificaciones neoclásicas de San Petersburgo y organizando sistemas urbanísticos continuos y cualificados en los sectores más representativos de la ciudad.

HISTORIA

El puente peatonal de los Leones, construido entre 1825-1826.

Cuando Rossi comenzó a trabajar, en el año 1819, la ciudad disponía de la mayor parte de las obras que la harían célebre y estaba dotada de una tradición urbanística, todavía sustancialmente barroca, formada por grandes palacios con fachadas bicolores, por anillos de canales que atravesaban el centro y por una planta trirradial ya definida. La obra de Rossi no se dirigía tanto a la creación de un estilo nuevo como a la reorganización de un sistema que cohesionara las intervenciones aisladas de sus predecesores, que habían construido la ciudad salpicándola con edificios muy vistosos sin preocuparse de su continuidad arquitectónica. Por ello la racionalidad de la nueva arquitectura no descuidaría estrechar sutiles lazos con la ciudad antigua.

En este sentido el inmenso hemiciclo del Estado Mayor replanteaba originariamente la fisonomía de la plaza Dvorcovaja, interrumpiéndose con un arco triunfal inspirado en la arquitectura romana y coincidiendo con una nueva calle de acceso que, viniendo de la avenida Nevski, se desviaba sabiamente para dejar ver repentinamente la fachada del Palacio de Invierno.

De forma simultánea Rossi comenzó a trabajar en el palacio Mihajlovskij (en la actualidad, Museo Ruso) y el palacio Elagin. No obstante, su obra más interesante es el conjunto del teatro Aleksandrinskij (en la actualidad, Pushkin), iniciado en 1828, desde donde el nuevo paisaje neoclásico se extiende sin interrupciones a través de las dos largas fachadas gemelas de la calle Teatral'naja (en la actualidad, calle Rossi, la más bella de la ciudad) hasta la plaza Lomonosov (urbanizada también por Rossi) a través de un paseo único en el mundo por su rigor y plenitud arquitectónica.

Su última obra, con claras pretensiones urbanísticas, es el palacio del Sínodo, iniciado en 1829. La fase neoclásica de San Petersburgo concluyó en 1834 con la instalación de la columna de Alejandro a cargo de Agustín de Betancourt. El monumento, obra de Montferrand, se erigió en la plaza del Palacio. Y concluyó también el "mito de Petersburgo" (la expresión es de Gogol'), como la ciudad donde "algo recuerda una colonia europea de América; la misma carencia de un espíritu nacional arraigado y la misma abundancia de aportaciones extranjeras todavía sin asimilar".

La expansión del siglo XIX

El aspecto de San Petersburgo provocaba encendidas polémicas: había quien la defendía como "todavía demasiado joven" (Belinskij, Herzen) y quien la consideraba "la ciudad más abstracta y premeditada del mundo" (Dostoievski).

Entre tales disputas impartiría justicia el crecimiento de la propia ciudad, con las exigencias impuestas por el aumento de población y con la afirmación, a partir de la segunda mitad del siglo XIX, de la nueva corriente de pensamiento romántico que, junto a las

San Petersburgo, periferia del imperio

San Petersburgo, ciudad para la que se han empleado y sucedido en el tiempo nombres, epítetos, sobrenombres e infinidad de lugares comunes, cumplió 300 años en el año 2003. Ha pasado mucho tiempo (no tanto) desde que por voluntad de un zar (Pedro el Grande), empezó a levantarse una ciudad ideal y artificial en el extremo cultural del país. San Petersburgo fue el fruto de la violación de las relaciones entre el hombre y la naturaleza: la recién nacida debía ser espléndida y deslumbrante. Aún hoy en día se puede descubrir, en los meandros de su historia, señales y huellas de estas intenciones pasadas. El escritor Andrei Beli escribía en su novela San Petersburgo en pleno modernismo: "San Petersburgo es una perspectiva infinita". Éste es el nombre que reciben las largas y rectilíneas avenidas que la atraviesan y, ya en el mapa, la hacen única y diferente. No se trata de los intrincados callejones moscovitas, sino de precisos cruces de amplias avenidas, que fueron trazadas súbitamente e influyeron en el comportamiento de sus habitantes y en la reacción de quien la visita. Según Pedro, rectilíneo era sinónimo de racional. San Petersburgo es una de las pocas capitales europeas en las que aún existe el concepto, un tanto provinciano, de "centro". Desde 1703 hasta nuestros días, la muchedumbre que anima la avenida Nevskij ha permanecido inalterada, demasiada tanto en el siglo XIX como en la actualidad. Allí, como por arte de una misteriosa atracción magnífica, confluyen los habitantes del lugar y los turistas, la gente "de bien" y los delincuentes, en todas las estaciones y bajo cualquier régimen político. En la avenida Nevskij no se pasea: sufriremos los continuos empujones de los cientos de personas que suben y bajan del trolebús, que asoman llenas de bolsas por los pasadizos del metro (o de los nuevos supermercados) y que, testimonios de una costumbre soviética que se resiste a morir, dan un sabio vistazo a los escaparates para descubrir dónde se compra mejor. La avenida Nevskij encarna la dimensión pública de San Petersburgo. En ella, todo es como en la concepción de la ciudad: oficial y grandioso. Sin embargo, en la periferia, todo cambia radicalmente, aunque también ésta ha existido siempre, tanto en época zarista como durante el periodo soviético. En ella, las diferencias eran, y son, más tangibles. Allí los años y decenios de la historia pasan más lentamente. A medida que nos alejamos del "centro", cada estación de metro nos aleja más en el tiempo y en la historia con las ciudades dormitorio, "mikrarajony", orgullo del urbanismo soviético, donde, sobre la base de la iconografía a la que estábamos habituados, no sería de extrañar descubrir aún una efigie de Lenin o una pancarta ensalzando la Revolución. Las "mikrarajony" son oasis o vestigios de cultura soviética que en el "centro" se han borrado o sustituido. Sin embargo, las personas son aún las mismas. El proceso de aburguesamiento relativo a las áreas residenciales empezó hace poco. Las diferencias de clase o de nivel económico entre los habitantes de una u otra zona son aún confusas. Los viejos palacios de la avenida Nevskij, transformados tras la Revolución en apartamentos compartidos, son hoy los primeros en ser objeto de interés y especulación urbanística, siendo sus inquilinos desahuciados y trasladados a otro lugar. Tal vez, dentro de poco tiempo, se reconstruirán las topografías socioculturales de la época zarista que la Revolución anuló casi por completo. San Petersburgo se puede recorrer a pie, no obstante sus distancias son dilatadas y dificultan la operación. Pero los transportes públicos (a excepción del metro) son aún precarios, el tráfico es tan caótico como en cualquier otra ciudad occidental. Por tanto, será mejor desplazarse a pie, y el resultado valdrá la pena. Si la periferia alarma con sus rasgos demasiado cotidianos, si la central y rectilínea Nevskij nos ha cansado con la pesada sucesión de sus nuevos emblemas y no nos estimula a los paseos del soñador Dostoievski, bastará doblar la esquina, allí en pleno centro, para que se nos presenten infinitas tentaciones y sugerencias. Por ejemplo, por el lado de la avenida Nevskij cercano al Vladimirskij, llegaremos a una realidad de otros tiempos, auténticamente rusa y vagamente provinciana con el mercado "koljosiano" (uno de los pocos residuos de cultura soviética). Está aún atestado de vendedores de todas las etnias posibles de la vieja Unión y compradores que se afanan en verificar la mercancía expuesta sobre los mostradores de mármol. Hasta existe una banda de música, que con fe imperecedera, toca "la Internacional". O la catedral de Nuestra Señora de Vladimir, rodeada de una multitud que combina religión y superstición. También los barrios de mala fama en los que vivieron los personajes de Dostoievski, con patios aún sin restaurar del todo, que hacen pensar en las escaleras malolientes y las casas semiderruidas que forman ya parte de la historia en el cercano museo dedicado al escritor. O por el otro lado, siguiendo la avenida Litejnyj, con visita obligada al laberíntico universo de patios, árboles y pórticos del Fontannyj dom en los que, durante los años de la guerra, residió la poeta Anna Ajmátova, para continuar hacia abajo, hasta el Soljanoj gorodok, entre el río Fontanka y el jardín de Verano, donde podemos dar un paseo.

Aunque su aspecto oculte en cierto modo esta característica, la ciudad está construida sobre infinidad de islas. Grandiosas fachadas se reflejan en las aguas de ríos y canales. El pastel de las casas, la cambiante gama de azules y grises que la variabilidad de las condiciones atmosféricas hace alternar en el cielo y sus reflejos en la corriente o en el hielo de las avenidas de agua se sucederán sin interrupción. El "genio del lugar" se cobra la debida revancha sobre el hombre que ha violado su territorio y ha plantado palacios neoclásicos y barrocos donde había bosques y caudales de agua. De ahí, las húmedas noches de otoño, el fango durante los días de deshielo en primavera, las torrenciales lluvias frecuentes e inesperadas y el inquietante cielo del color de la nieve sucia durante las noches blancas. Pero nada frena a los petersburgueses. Al final, es mejor comportarse como ellos; dejar las rutilantes luces del centro para los extranjeros o los nuevos rusos y buscar la dimensión privada. Qué maravilla, si el aguacero nos coge en una de las islas del Neva. También aquí habrá gente, pero, a diferencia del centro, todos proseguirán con sus tareas, indolentes y con una clase especial, que, según los locales, es típicamente petersburguesa y, sobre todo, desconocida para los moscovitas. Qué delicia si el hielo penetrante de una oscura mañana de enero es rescatado por un rayo de sol que interrumpe, por un instante, la "slabaja metel'" (ligera tormenta) que ha empezado a blanquear las orillas del canal Griboedov, cuyas sinuosidades nos han conducido desde la confusión de la avenida Nevskij al privado bicromismo (dorado y azul) de la catedral de San Nicolás. No lleve nunca paraguas por San Petersburgo: los leningradeses y petersburgueses han sido siempre amantes de la lluvia.

Paradójicamente, hoy día, quien busca huellas de la Rusia menos contaminada por la oleada de occidentalización, las encontrará más fácilmente en el europeo San Petersburgo (y en su periferia) que en Moscú, donde, de forma mucho más pesada y rotunda, el proceso de occidentalización está enloqueciendo. En la periferia del imperio, aun podemos imaginar, como escribía Gogol: "que es el demonio en persona el que enciende las farolas por la noche y que, bajo esa luz, todo puede asumir las connotaciones más impensables".

Gian Piero Piretto

Cruzando el Neva al atardecer.

nacientes ideologías progresistas, comenzaba a considerar con realismo la situación de las clases sociales, víctimas de un creciente desarrollo económico (son famosos los cuadros de denuncia social realizados por Repin y Surikov).

Este descubrimiento de las raíces populares y la atención a la idiosincrasia artística nacional hicieron resurgir la arquitectura autóctona, dando lugar a una firme reacción contra el neoclasicismo, considerado en ese momento como un estilo frío, uniforme y responsable de un ficticio acercamiento a la cultura europea.

La consiguiente búsqueda del pasado a través de la arquitectura, que resultaba muy laboriosa por la escasa documentación sobre los monumentos más auténticos y por una tradición constructiva que empleaba la piedra tan sólo para las iglesias más importantes, desembocó en el nacimiento de un estilo ecléctico llamado neorruso, exhaustivamente representado por la iglesia de la Resurrección, de 1883-1907, construida con clara referencia a la catedral de San Basilio de Moscú, de los siglos XVI y XVII.

A caballo entre los siglos XIX y XX, la ciudad reanudó los contactos con la cultura europea, contribuyendo con el movimiento artístico en torno a la revista *Mir Isskustva* (Mundo del Arte), desde visiones del "arte por el arte" hasta el nacimiento de un original decorativismo arquitectónico afín al *Art Nouveau*.

Después de la Revolución

Principal escenario de la revolución de Octubre, Petrogrado (topónimo que designó a la ciudad a partir de la declaración de guerra en el año 1914) asistió a una transformación semejante en el plano artístico. La victoria del bolchevismo supuso el fin de cierto academicismo y, posteriormente, la aparición de otros, pero las vanguardias rusas llevaban ya años de intensa presencia desde principios de siglo.

Durante este extraordinario periodo, las corrientes artísticas de vanguardia estuvieron estrechamente unidas con el recién nacido gobierno soviético. Las plazas se poblaron de escenarios inspirados en el dinamismo de las composiciones de Tatlin y El Lisickij, a la vez que los trenes decorados por los artistas *agit-prop* cruzaban los campos divulgando el mensaje revolucionario con un acercamiento capaz de superar el analfabetismo todavía dominante.

En el campo de la arquitectura el naciente movimiento constructivista se coordinó con el lenguaje cubo-futurista y suprematista europeo, elaborando nuevos modelos de ciudad lineal que sustituyeron la división histórica centro-periferia y nuevos tipos de casas comunitarias para resolver la dramática carencia de viviendas, como los rascacielos horizontales de El Lisickij y las "casas del futuro" de K. Malevich.

Sin embargo, como Petrogrado representaba históricamente el centro del poder imperial y de la aristocracia, el traslado de la capital a Moscú, ordenado por Lenin en 1918, significaba el agotamiento del antiguo sistema de poder e inevitablemente suscitó la polémica de los arquitectos acerca de la construcción de la nueva capital soviética.

A las escasas edificaciones de Petrogrado realizadas durante este periodo (fábrica Krasnoe Znamja, del arquitecto expresionista alemán Mendelsohn) se superpondrían los encargos derivados de la urgencia de un programa de edificación, mientras que la exigencia de control de las vanguardias desembocaría en la afirmación de los principios del realismo socialista como única forma posible de arte.

En 1924, pocos días después de la muerte de Lenin, la ciudad cambió su nombre por el de Leningrado.

El nuevo desarrollo urbanístico durante los años 1924 y 1925 se dirigió a satisfacer las necesidades y se orientó hacia construcciones de altura media (cuatro-cinco pisos) que respetaban el aspecto unitario de la ciudad. Cuando se comenzó a construir durante los años 30 edificios más altos, éstos quedaron circunscritos a los barrios periféricos, dejando casi intacto el tradicional aspecto de la ciudad.

La reconstrucción post-bélica

A finales de la II Guerra Mundial, que dejó Leningrado semidestruida a consecuencia de un larguísimo y cruento asedio de 900 días, que penetró a escasos kilómetros del casco histórico, se inició un intenso periodo de reconstrucción soportado con enormes esfuerzos y caracterizado por la reelaboración de los órdenes clásicos propia del academicismo estalinista. Se hizo también con el paciente rigor filológico con el que se reconstruyen los palacios imperiales destruidos, como se puede observar durante la visita a las residencias imperiales de campo en la documentación sobre los daños de la guerra.

La inauguración del primer trayecto del metro en 1955, menos suntuoso que el moscovita, significó una parcial superación de la estética triunfalista frente a soluciones de alta ingeniería, como el túnel bajo el Neva.

La planificación actual de la ciudad ha establecido un límite demográfico máximo, prohibiendo en el perímetro urbano todos los edificios no destinados a servicios para los ciudadanos y promoviendo la creación de nuevas ciudades satélite.

En el interior del casco antiguo es casi continua la labor de recuperación y restauración de los palacios de la nobleza y de los famosos hoteles de comienzos de siglo, como el Astoria y el Europa, mientras que la edificación moderna fuera del centro conserva más bien un carácter anónimo e internacional, como el hotel Pribaltijskaja.

En 1990, el centro histórico de la ciudad fue declarado Monumento Patrimonio de la Humanidad por la Unesco.

La Gran Plaza, popular lugar de paso y encuentro para todo el que visita la ciudad.

SAN PETERSBURGO/I 1:20.000 (1cm = 200m)

163

SAN PETERSBURGO/II 1:54.000 (1cm = 540m)

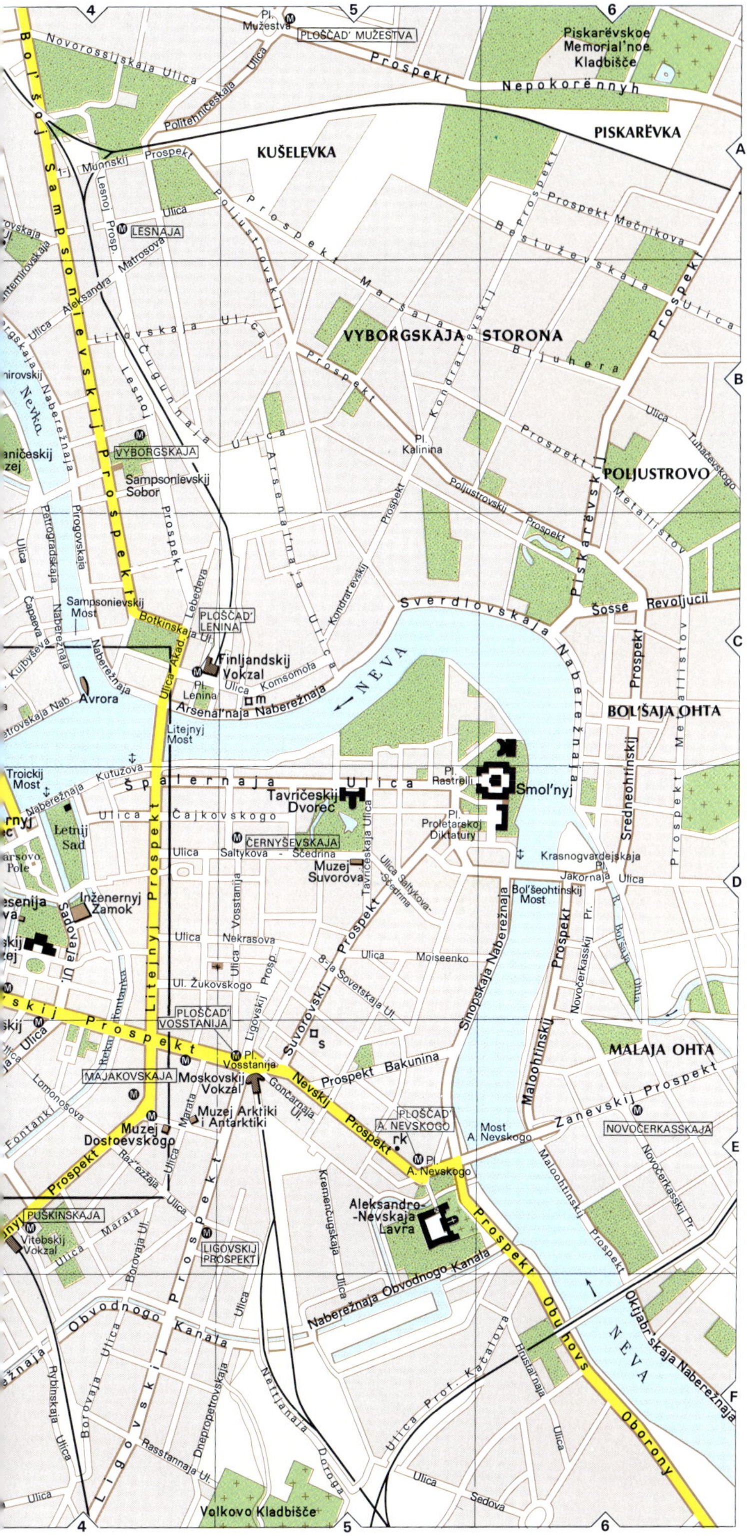

Pl. Mužestva
PLOŠČAD' MUŽESTVA
Novorossijskaja Ulica
Prospekt Nepokorënnyh
Piskarëvskoe Memorial'noe Kladbišče
PISKARËVKA
KUŠELEVKA
Politehničeskaja Ulica
Bol'šoj Sampsonievskij Prospekt
Lesnoj Prosp.
LESNAJA
Prospekt Mečnikova
Bestuževskaja Ulica
Piskarëvskij Prospekt
Poljustrovskij Prospekt
Prospekt Maršala Bljuhera
VYBORGSKAJA STORONA
Litovskaja Ulica
Lesnoj Prospekt
Čugunnaja Ulica
Kondrat'evskij Prospekt
Pl. Kalinina
POLJUSTROVO
VYBORGSKAJA
Sampsonievskij Sobor
Arsenal'naja Ulica
Pirogovskaja Nab.
Sampsonievskij Most
Botkinskaja Ul.
PLOŠČAD' LENINA
Finljandskij Vokzal
Pl. Lenina
Komsomola Ulica
Arsenal'naja Naberežnaja
Sverdlovskaja Naberežnaja
NEVA
Šosse Revoljucii
BOL'ŠAJA OHTA
Avrora
Litejnyj Most
Troickij Most
Kutuzova Naberežnaja
Špalernaja Ulica
Tavričeskij Dvorec
Pl. Rastrelli
Smol'nyj
Čajkovskogo Ulica
Letnij Sad
ČERNYŠEVSKAJA
Saltykova - Ščedrina Ulica
Pl. Proletarskoj Diktatury
Muzej Suvorova
Tavričeskaja Ulica
Krasnogvardejskaja
Jakornaja Ulica
Bol'šeohtinskij Most
Sredneohtinskij Prospekt
Inženernyj Zamok
Sadovaja Ul.
Litejnyj Prospekt
Ulica Vosstanija
Nekrasova Ulica
Suvorovskij Prospekt
8-ja Sovetskaja Ul.
Moiseenko Ulica
Sinopskaja Naberežnaja
Novočerkasskij Pr.
Ul. Žukovskogo
PLOŠČAD' VOSSTANIJA
Ligovskij Prosp.
Nevskij Prospekt
MALAJA OHTA
Pl. Vosstanija
Prospekt Bakunina
MAJAKOVSKAJA
Moskovskij Vokzal
Muzej Arktiki i Antarktiki
Gončarnaja Ul.
PLOŠČAD' A. NEVSKOGO
Most A. Nevskogo
Zanevskij Prospekt
NOVOČERKASSKAJA
Malooхtinskij Prospekt
Muzej Dostoevskogo
Pl. A. Nevskogo
Aleksandro-Nevskaja Lavra
PUŠKINSKAJA
Vitebskij Vokzal
Marata Ulica
LIGOVSKIJ PROSPEKT
Naberežnaja Obvodnogo Kanala
Obvodnogo Kanala
Prospekt Obuhovskoj Oborony
Oktjabr'skaja Naberežnaja
Ulica Prof. Kačalova
Hrustal'naja
Rasstannaja Ul.
Dnepropetrovskaja
Neftjanaja Doroga
Ligovskij Prospekt
Rybinskaja Ulica
Ulica Sedova
Volkovo Kladbišče

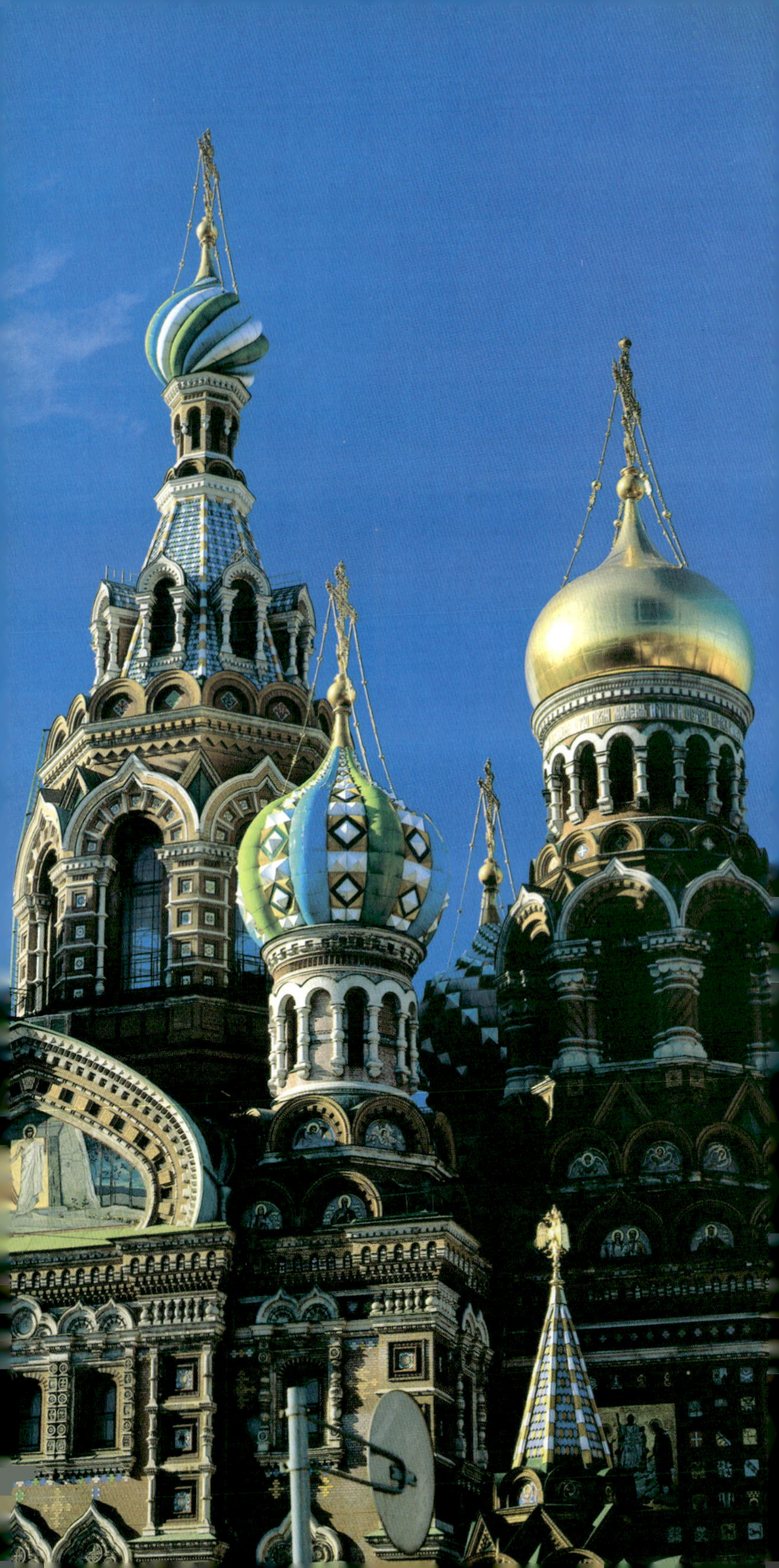

ITINERARIOS POR SAN PETERSBURGO

San Petersburgo
La fortaleza de Pedro y Pablo, *168*
El centro monumental, *175*
La avenida Nevski, *186*
El canal Mojka, *197*
El canal Gribóedov, *201*
El canal Fontanka, *206*
El palacio de Táuride y Smol'nyj, *212*
La isla Vasil'evskij, *215*
Petrogrado, *222*
Los barrios meridionales y suroccidentales, *229*
Las casas-museo, *232*
Las estaciones de ferrocarril, *235*
Los grandes museos, *236*

Alrededores
Petrodvorec, *266*
Pushkin, *275*
Pavlovsk, *282*
Lomonosov, *286*
Gatčina, *288*
Novgorod, *289*

SAN PETERSBURGO. ITINERARIOS POR LA CIUDAD

LA FORTALEZA DE SAN PEDRO Y SAN PABLO

Es aconsejable iniciar la visita de la ciudad de San Petersburgo desde la fortaleza de Pedro y Pablo, que constituye el auténtico núcleo antiguo de la ciudad. Fue la primerísima edificación que mandó construir Pedro el Grande sobre una pequeña isla pantanosa situada entre el Gran Neva (Bol'šaja Neva) y el canal Kronverk (Kronverkskij proliv). Esta isla, llamada en el siglo XVIII en lengua holandesa *"het Mooiste Lust Eiland"* ("la isla más feliz"), fue posteriormente rebautizada en ruso como "isla de la Fortaleza" y después con el actual nombre de "isla de las Liebres" (Zajačij ostrov). En el recinto de la fortaleza, además de instalaciones militares, se construyeron los primeros edificios públicos de la ciudad: la ceca, una prisión, una catedral y un cuartel. Desde la isla partió posteriormente la ulterior expansión urbanística de San Petersburgo.

El medio de transporte más práctico para llegar a la fortaleza de Pedro y Pablo es el metro (estación Gor'kovskaja), desde donde, cruzando el parque Aleksandrovskij, se llega en pocos minutos al puente sobre el canal Kronverk que lleva a la fortaleza.

El lugar reviste un interés especial no sólo por los edificios que alberga, sino también por la animación que lo caracteriza los meses de verano. Los petersburgueses gustan de tomar el sol en la playa que se extiende fuera de las murallas, mientras que en el lado que da al Museo de Artillería, los amantes del fútbol se dan cita los sábados por la mañana para jugar encendidos partidos. En invierno, la isla, completamente rodeada de hielo, es el punto de partida para los temerarios que se atreven a cruzar a pie el Neva helado.

Petropavlovskaja krepost'★★ (Петропавловская крепость; *visita: de 11 h a 18 h, miércoles y último martes de mes cerrado*). La fortaleza de Pedro y Pablo (I, B4) fue proyectada por Pedro el Grande como defensa de la salida al Báltico, entonces dominado por la flota sueca.

El acceso había sido cerrado de forma definitiva a los rusos cuando los suecos, en 1617, se anexionaron Carelia y los territorios del delta del río Neva. Sajonia comenzó en el año 1700 la llamada guerra del Norte contra la potencia sueca y Rusia se unió a ella con otras naciones, conquistando en 1702 la fortaleza sueca de Nöteborg, llamada en la actualidad Schlisselburg, desde donde hizo partir la ofensiva para la conquista de todo el delta del Neva.

El 7 de mayo de 1703 los rusos destruyeron dos fragatas suecas en el golfo de Finlandia: era la primera victoria naval de la historia rusa. Para consolidar el éxito, Pedro el Grande decidió ordenar la construcción de una fortaleza en una isla del delta.

Resulta especialmente interesante, desde el punto de vista de la arquitectura militar, la solución adoptada para la ejecución del conjunto, que se adapta a la forma casi hexagonal de la isla a través de un sistema de fortificaciones, con seis bastiones y seis murallas de 9 a 12 m de altura.

La espigada silueta de la catedral de San Pedro y San Pablo.

LA FORTALEZA DE SAN PEDRO Y SAN PABLO

El proyecto general de la fortaleza se atribuye a Domenico Trezzini, del Ticino (Suiza). Debido a su importancia estratégica, el primer edificio se realizó con ladrillo, en menos de un año; posteriormente se reconstruyó con piedra y se terminó en 1740. Cuando la fortaleza perdió toda su importancia militar se convirtió en cárcel, en la que fueron encerrados varios conspiradores políticos, como los Decembristas, Dostoievski, Aleksandr Ulianov (hermano de Lenin), Bakunin y el escritor Gorki. En octubre de 1917 se sublevó toda la guarnición que residía en ella y los fusiles del arsenal sirvieron para armar a los obreros. Desde la fortaleza se dio la señal al crucero Aurora para abrir fuego contra el Palacio de Invierno.

Desde la estación del metro Gor'kovskaja se cruza el parque Aleksandrovski y se llega al **puente de San Juan** (Ioannovskij most; Иоанновский мост), de madera, que lleva a la fortaleza. Al cruzarlo, pueden contemplarse los faroles -reproducciones realizadas en 1953 de otros faroles del siglo XIX procedentes de otro puente- decorados con motivos militares.

Al final del puente se pasan sucesivamente la **puerta de San Juan** (Ioannovskie vorota), cuyo tímpano está decorado con la corona imperial rodeada de los símbolos y las insignias militares (girando a la derecha está la taquilla para la entrada a la iglesia y a las dos prisiones) y la **puerta de San Pedro** (Petrovskie vorota), principal entrada de la fortaleza. Fue construida por Domenico Trezzini en 1717-1718, en forma de arco triunfal. El bajorrelieve de madera, atribuido a Hans Konrad Ossner, que representa, en la parte superior, al dios Sabaoth entre ángeles y, en la inferior, la caída de Simon Mago, toma de nuevo probablemente los temas de un panegírico de la ciudad escrito por el monje Gabriel Bužinskij. Encima de la puerta están las armas imperiales: el águila bicéfala con las coronas imperiales, que lleva entre las garras un cetro y un globo. En su pecho se representan San Jorge y el dragón, que formaban parte del escudo antiguo de Moscú.

Los bastiones. Una vez atravesada la puerta se distinguen: inmediatamente a la izquierda, el **bastión del zar** (desde aquí se sube para rodear las murallas de la fortaleza), y a la derecha, el **bastión Men'šikov;** a continuación se encuentra el **taller de artillería,** a la derecha, de comienzos del siglo XIX, y la **casa de los ingenieros,** de 1748-1749, a izquierda. Por detrás del edificio está la entrada al museo que ilustra la historia de los medios de transporte en Rusia.

Continuando más adelante se levanta la **estatua** que representa a **Pedro I,** realizada por Semjakin. Esta obra de 1991, para la cual el escultor se valió del modelo realizado en 1719 por Carlo Bartolomeo Rastrelli, a pesar de su irrelevante valor artístico ha recibido una polémica acogida. El zar aparece aquí con su aspecto real y temible: hombre dispuesto a cualquier crueldad con tal de llevar a cabo su proyecto. Las formas idealizadas dan paso a una representación natural, testimoniada por el pequeño cráneo y las extremidades, desproporcionadamente alargadas. A espaldas de la estatua de Pedro I, se abre un espacio llamado, con macabra ironía, "de los bailes"; éste era el lugar donde se infligían castigos corporales a los soldados insubordinados, obligados a caminar descalzos sobre clavos afilados. Más adelante, también a la izquierda, se encuentra el **cuerpo de guardia,** reconstruido en 1907-1908 en estilo neoclásico, y a continuación, la **residencia del comandante de la fortaleza** (el actual edificio data de 1893-1894), que alberga exposiciones temporales.

Todos los nombres de una metrópolis

Necesidades históricas y voluntades políticas han hecho que la más joven metrópoli europea cambiase de nombre tres veces: San Petersburgo, Petrogrado, Leningrado y de nuevo San Petersburgo. Sus habitantes utilizan los diversos topónimos para indicar su relación con la ciudad. Llamada San Petersburgo sólo en los documentos oficiales o como escarnio, la ciudad es para la mayoría sólo Petersburgo. Los "snobs" la llaman Leningrado, en analogía con los que, en época soviética, se obstinaban en llamarla Petersburgo. No se equivoca quien distingue entre la periferia, surgida en época soviética, para la cual el único topónimo posible es Leningrado, y los barrios del centro, nacidos en tiempos del zar y destinados a ser siempre Petersburgo. Bastante común entre los viejos petersburgueses era el nombre de Píter, utilizado hoy día sobre todo por los provincianos.

El deslumbrante Neva y sus puentes móviles

San Petersburgo, ciudad de agua, muestra su rostro más noble y misterioso a lo largo del gran río Neva. Desde la playa de la fortaleza se puede contemplar la vista más completa del centro, abarcando de una sola vez la panorámica comprendida entre el gran puente Troickij (de la Trinidad), a la izquierda, y los dos puentes, Dvorcovij (del Palacio) y Strojtelej (de los Constructores), a la derecha. En la orilla opuesta, se encuentra el paseo del Palacio, donde destacan el palacio de Mármol y el de Invierno. A la derecha, se alarga el extremo oriental de la isla Vasil'evskij, con las dos columnas rostrales y el antiguo edificio de la Bolsa.

La inmensa plaza de agua se transforma, en las tardes de verano, en un palco escénico con masas arquitectónicas en movimiento. Para inaugurar las noches blancas y la navegación por el Neva, en el corazón de la noche luminosa, los puentes se alzan delante de los grandes barcos que, atravesando ríos y canales, llegarán al Mar Negro. A la espera de la impresionante sensación de poder que transmiten los puentes al levantarse, los petersburgueses pasean junto al río, cumpliendo con uno de los más tradicionales rituales de amor que conoce la ciudad. Precisamente durante las noches de mayo y hacia finales de agosto, los petersburgueses expresan más abiertamente su cálida vena romántica.

Si para dos enamorados el contratiempo de tener que esperar algunas horas hasta que los puentes desciendan nuevamente es un dulce recuerdo para futuros momentos de amor, para muchos petersburgueses noctámbulos es un auténtico fastidio. Así, no hay un solo conductor que durante los meses de verano no tenga en el parabrisas una tabla con el horario de apertura de puentes: puente Lugarteniente Schmidt: 1.55 h-4.50 h; puente Tuckov: 2.20 h-3.10 h, 3.40 h-4.40 h; puente Dvorcovij 1.55 h-3.05 h, 3.15 h-4.45 h; puente Troickij 2.00 h-4.40 h; puente Litejnyj 2.10 h-4.40 h.

En la explanada central se halla la **catedral de los Santos Pedro y Pablo**★★ (Petropavlovskij sobor; Петропавловский собор), obra maestra de Domenico Trezzini y uno de los ejemplos más interesantes de la primera arquitectura barroca de San Petersburgo. Es de planta basilical rematada al este por una cúpula y al oeste por una torre de 122 m, de los que 60 corresponden a la famosa aguja, que a su vez sostiene una esfera con un gallardete en forma de ángel que porta la cruz, obra de Antonio Rinaldi. En la torre puede verse un reloj holandés, de 1757-1770. Un rayo provocó, en 1756, un incendio que destruyó la casi totalidad de la iglesia; los trabajos de reconstrucción se llevaron a término tomando como base el proyecto originario de Trezzini. Se entra en la catedral a través de la pequeña capilla en la que, el 17 de julio de 1998, ochenta aniversario del fusilamiento de la familia imperial, se trasladaron los restos de Nicolás II, su mujer y sus hijos.

LA FORTALEZA DE SAN PEDRO Y SAN PABLO

El *interior* de la catedral, de estilo barroco, está dividido por dos series de pilares en tres naves. La presencia del púlpito constituye un hecho insólito en las iglesias rusas. La decoración, de 1759, incluso más elaborada que la original, aparece dominada por el motivo de los querubines. Algunos de ellos, en la bóveda, llevan en la mano los instrumentos de la pasión de Cristo, otros llevan estrellas u objetos empleados en el servicio divino. Bajo el tambor, majestuosos ángeles de estuco sostienen unos paños, mientras que del techo cuelgan cinco amplias lámparas de cristal. Entre las pinturas de los muros, que representan escenas del Evangelio, destacan importantes obras en el desarrollo de las artes figurativas de Rusia de los pintores Vasili Ignat'ev y Andrei Matveev, que, junto con el suizo Georg Gsell, trabajaron para la catedral durante los años 1728-1731. Son especialmente significativas las decoraciones barrocas del altar y el **iconostasio**★★. De este último, cuya estructura fue realizada en Moscú en 1722-1727 según un diseño de Trezzini, forman parte interesantes iconos realizados en el lugar en 1727-1729 por un grupo de artistas moscovitas dirigidos por Andrei Merkulev. A diferencia del iconostasio ortodoxo común, presenta temas originales con santos y héroes pintados en estilo realista. Las puertas reales del iconostasio tienen como prototipo las de Bernini de la basílica de San Pedro en Roma. Hay que llamar la atención sobre el baldaquino desde el que el zar asistía a las ceremonias.

En la iglesia y en la capilla funeraria aneja se encuentran las 32 **tumbas de los Romanov**★★, casi todas de mármol blanco con las águilas imperiales de bronce dorado representadas en las esquinas. A la derecha del iconostasio se halla el sarcófago, adornado siempre con flores, de Pedro el Grande. Se distinguen después las tumbas de Alejandro II y su esposa en jaspe verde de los Urales y cuarzo rosa, y la tumba de Alejandro III con la corona de laurel y la espada donada por Francia. Tras el traslado del cuerpo de Nicolás II, de la dinastía Romanov, sólo falta Pedro II, inhumado en la catedral del Arcángel del Kremlin.

Abiertas en el corredor que conduce a la salida (obsérvense los documentos sobre la historia de la fortaleza en las paredes) se encuentran dos salas en las que se disponen interesantes vitrinas que exponen una notable cantidad de distintivos, broches y medallas, todos ellos realizados a lo largo de los siglos en la adyacente Ceca.

Botnyj domik. Volviendo a la plaza de la catedral, se puede admirar la casa de la Pequeña Nave, construida por el arquitecto Alexander Wüst en 1761 a fin de dar cabida a la llamada "bisabuela de la marina rusa", es decir, la pequeña embarcación (actualmente en el Museo Naval central) en la que Pedro el Grande aprendió a navegar. Anteriormente, la barca había pertenecido al boyardo Nikita Romanovich, un antepasado de los Romanov.

Frente a la catedral se encuentra la **Monetnyj dvor** (Ceca) que, salvo breves interrupciones, ha acuñado monedas desde 1724

Interior de la catedral de San Pedro y San Pablo.

La larga historia de Pedro I el Grande

Pedro nace en el Kremlin moscovita el 30 de mayo de 1672 de la unión del zar Aleksei con su segunda mujer, Natal'ja Kirillovna Naryškina, mujer de educación occidental. La desaparición prematura de Aleksei (1676), abrió un largo periodo de intrigas y luchas por la sucesión que minó la fuerza del trono.

El 19 de mayo de 1682, Pedro y su madre fueron obligados a dejar precipitadamente la capital, tras la revuelta de los "Streltsí", quienes entregaron el poder a la hermana mayor de Pedro I, la zarina Sofía, esposa del príncipe Golicyn y representante de los intereses feudales. Pëtr Alekséievič debió, por tanto, establecerse en Preobraženskoe con su madre. En este lugar de exilio, el futuro zar pudo crecer sin las restricciones de la educación de la corte. Se sintió apasionado por la mecánica y el arte militar, buscando la compañía de oficiales occidentales enrolados en el ejército ruso y acuartelado en las inmediaciones de su residencia. Fue precisamente presionando a éstos como Pedro consiguió conquistar el poder, tras haber vencido a las fuerzas fieles a su hermana, la cual planeaba raptarlo y asesinarlo.

El espíritu de guerra del nuevo zar salió pronto a la luz en la afortunada campaña contra los turcos de 1695-1696, mediante la cual Rusia conquistó el Mar de Azov, y se consagró en el continente con la victoria en la guerra del Norte (1700-1721), que permitió al país sustituir a Suecia como superpotencia nórdica. Hombre alto y robusto, con largos cabellos rizados, Pedro sufrió toda la vida terribles migrañas, fruto del ataque de nervios que sufrió en 1682, cuando debió abandonar la capital, y de sus frecuentes comilonas.

A excepción del vicio de la bebida, fue un hombre extremadamente parco. Tenía pocos y sencillos trajes, se hizo construir una residencia extremadamente sobria y sólo cedió al fasto de la corte cuando se vio realmente obligado. Caminaba de forma ligera, moviendo los brazos de un modo inconfundible; se preocupaba tanto por sí mismo como por el protocolo, es decir, nada. En cada momento, ya sea en la vida pública o en la privada, no perdía ocasión de manifestar su pésimo carácter, dictatorial y desconsiderado. Trabajador incansable, le fascinaban las actividades manuales. Esto, unido a una ilimitada presunción, le impulsó a autoproclamarse cirujano oficial del palacio real, sembrando el pánico entre siervos y familiares.

El reino de Pedro I marcó de manera indeleble la historia de todos los sectores de la vida rusa, desde el militar al financiero, desde el administrativo al cultural. Incentivó con una política mercantilista el comercio y la industria y fundó la nueva capital. Su obra reformadora, criticada por las grandes fuerzas conservadoras pero exaltada por los secuaces de la autocracia, es aún hoy difícil de valorar.

Sobre todo, no se puede olvidar los monstruosos costes en términos de sufrimiento humano y recursos que tuvieron los aires de grandeza de Pedro; los años de su reinado, estuvieron plagados de continuas y sanguinarias guerras, de deportaciones y del empobrecimiento de la clase campesina. La modernización que se consiguió no fue tanta como para introducir a Rusia en el grupo de los países avanzados. Además, el secular problema de la cuestión campesina se abordó sólo de forma marginal, sin aportar una solución.

Sin embargo, la Rusia que dejó Pedro era muy distinta de la que heredó de sus antepasados. La aceleración que impuso al país fue profunda; tras él, nada o casi nada, volvería a ser igual. Sobre todo, lo que Pedro inculcó a fuego vivo en la mente de sus súbditos fue la necesidad de contacto con Occidente.

Rusia tenía que jugar sus cartas con occidente, y el país tenía que prepararse con todos los medios para este inevitable encuentro-desencuentro.

En Pedro el Grande, el mito de Europa, y especialmente de Holanda, país que debía servir de ejemplo para Rusia en lo relativo al progreso tecnológico y marítimo, estaba vivo desde su primera juventud. Ya a partir de 1689 firmaba como "Petrus", hasta en las cartas que dirigía a su madre. En esta óptica se encuadra el famoso viaje de estudios del zar en 1697, que pasó a la historia rusa como "la gran embajada". Entre los jóvenes nobles que formaban parte de la misión encaminada a estudiar el arte de la navegación y de las construcciones navales, se encontraba, de incógnito, el mismo Pedro I que, deseoso de tener

LA FORTALEZA DE SAN PEDRO Y SAN PABLO

libertad de movimiento, prefirió ocultarse bajo el nombre de Pëtr Mijailovich. En realidad, muchos conocían su verdadera identidad: de hecho, fue acogido en todas las cortes de los países que visitó con honores de rey. Pronto, la noticia de aquel extravagante soberano que recorría Europa como artesano, se difundió en todos los estratos sociales.

En Saardam (Holanda) tuvo dificultades para caminar por las calles, porque todos los lugareños querían ver al zar-carpintero, con casaca de franela roja y pantalones de obrero.

Algunas anécdotas relativas a su primer viaje por Europa, pueden ilustrar su carácter y su naturaleza. En la cena ofrecida por las princesas de Hannover y Brandeburgo, Pedro, tras un comprensible momento inicial de tirantez, conversó con tanta desenvoltura que fascinó al patrón de la casa; le obligó a beber "a la moscovita", le mostró sus manos callosas, recordándole que sus verdaderas pasiones eras las naves y las máquinas de guerra, y que la música y la caza le importaban muy poco. No eludió los bailes, como tampoco lo hicieron los dignatarios que le acompañaban (los caballeros moscovitas confundieron los corsés de las damas alemanas con sus costillas). Al final, Pedro levantó en brazos a una princesa de diez años y la besó, estropeándole el peinado.

La idea de conseguir una flota potente y una marina eficaz fue una verdadera obsesión para el fundador de la ciudad, consciente de que para ser ambicioso en política exterior era necesario vencer la natural reticencia del mundo ruso, marcadamente campesino, con respecto al mar.

Pedro I decidió que el gran río debía ser el corazón de San Petersburgo, y la navegación el instrumento para vencer el secular atraso del pueblo ruso.

A fin de que sus súbditos se convirtieran en marinos expertos, ordenó que el Neva se tenía que atravesar en barco, utilizando sólo la vela. Fue necesario que se ahogaran un embajador polaco, un general y uno de sus médicos personales para que permitiese que los transbordadores utilizasen los remos.

La misma pasión fue compartida por sus sucesores: a partir de la segunda mitad del siglo XIX, en el deshielo de primavera, se empezó a realizar un rito muy querido por el pueblo: el comandante de la fortaleza, a la cabeza de una flotilla de barcos a vela, atravesaba el Neva, tras las salves de los cañones para llevar al zar la noticia de que la estación de los hielos había terminado y que ya se podía volver a navegar por el río.

y aún continúa en funcionamiento. En el curso del siglo XIX, trabajaron en ella numerosos y renombrados artistas rusos, autores de valiosísimas medallas.

A espaldas de la Ceca está la **cortina de Catalina,** entre los bastiones Naryskin y Trubeckoj, antiguamente utilizada como cárcel.

Trubeckoj bastion★. El bastión Trubeckoj es la prisión más famosa y siniestra de la historia rusa. Se construyó en forma de pentágono en 1872 y ha permanecido intacta para conmemorar el sufrimiento de los prisioneros políticos que estuvieron en él recluidos. Comprende 72 celdas en las que los prisioneros, encadenados, se encontraban segregados y completamente aislados. En la primera estancia se exponen las divisas carcelarias que los detenidos debían llevar y, junto a la entrada de cada celda, hay un retrato y una ficha biográfica de los reclusos más famosos. También resulta interesante la tabla que exhibe los códigos utilizados por los prisioneros para comunicarse, burlando así el rígido aislamiento. A la derecha del bastión Trubeckoj, permanece la **Vasil'evskie vorota** (puerta Vasil'evskij), defendida por el **revellín Alekseevskij,** completamente rodeada de agua y que comprendía 18 celdas.

Nevskie vorota. Volviendo sobre nuestros pasos y, una vez pasada la catedral, tras el cuerpo de guardia, nos dirigimos a la puerta del Neva, de 1731, reconstruida por L'vov en 1787, revestida de granito y abierta hacia un embarcadero en el que se indican los diferentes niveles de las inundaciones más terribles que han salpicado la historia de la ciudad. Se conocía como "puerta de la Muerte" porque de ella salían los condenados al patíbulo que no eran ajusticiados en la fortaleza. Más allá del Neva, se encuentra el pequeño malecón llamado "escala del Comandante" *(desde el malecón, en verano, parte un servicio de barcos para realizar breves excursiones por el Neva),* defendido por el poderoso **bastión Naryskin,** desde el cual, cada día a mediodía, un cañón dispara un golpe de salve. Traspasando de nuevo la puerta, nótese a la derecha una exposición-mercado de grafismo, realizado con maquinaria y según los procedimientos tradicionales. En la imprenta, que se halla en los locales, que tienen una casamata, restaurada con gusto, se pueden comprar láminas de artistas prestigiosos o simples postales de recuerdo.

Aleksandrovskij park★. El parque de Alejandro (I, A4), anteriormente parque de Lenin, es una enorme mancha verde que abraza por el norte la fortaleza de los Santos Pedro y Pablo, entre el arroyo Kronverk y la semicircular Kronverksij prospekt (avenida Kronverksij). Fue creado en 1842 por Nicolás I en honor de su hermano, Alejandro I. En la parte oeste del parque, se inauguró en 1865 el **zoo** de la ciudad, aún abierto, aunque poco significativo; junto a éste, se encuentra el **Planetario.** Si la fortaleza es un área de esparcimiento muy querida por los petersburgueses (no sólo por importancia histórico-artística, sino también por su playa, su centro de paracaidismo deportivo y de excursiones en helicóptero), el parque es muy apreciado por su recinto ferial y las atracciones. El Aleksandrovskij park es también uno de los centros de la vida nocturna, con el *music hall* y la discoteca de moda ***Planetarium.***

En la parte sur, frente a la fortaleza, se alza el enorme edificio en ladrillo, de formas góticas, del **Arsenal,** construido en 1851 por el ingeniero militar ruso Aleksandr Feldman. Las fachadas son obra del arquitecto Tomanjskij. Actualmente, en él se encuentra la sede del **Voenno-istoričeskij muzej arillerij** (I,A4); Museo Histórico-Militar y de Comunicaciones Militares; *visita: previo pago, de 11 h a 17 h; lunes, martes y último jueves de mes, cerrado).* Sus muchas piezas provienen de una colección creada en 1756, en el Litejnyj dom: la fábrica de armas de San Petersburgo. El enorme museo es una completa reconstrucción de la historia de las armas desde tiempos de los escitas y los sármatas, con dos tumbas de guerreros de los siglos XI-XII, encontradas en las estepas de las inmediaciones de Kiev. Se exponen también armas paleolíticas y neolíticas de las edades del Bronce y del Hierro y de los pueblos nómadas. A continuación se pasa a las armas eslavas de los siglos V-XI: de las tribus rusas del sur a los primeros cañones rusos de los siglos XV-XVI. También se muestran diversas antigüedades (vestimentas de Pedro el Grande), divisas y estandartes de los siglos XVII-XVIII. Más adelante, podemos admirar ejemplares de la artillería rusa hasta la Primera Guerra Mundial y de la artillería soviética de la guerra civil y la Segunda Guerra Mundial.

Para una visita más detenida de Petrogrado, con sus avenidas, palacios y museos, consultar el capítulo dedicado a la isla [pág. 222].

EL CENTRO MONUMENTAL

El largo itinerario propone la visita del área que comprende la mayor parte de los monumentos que hacen que San Petersburgo sea célebre en el mundo. Casi un museo al aire libre, con pocas residencias y menos tiendas, los habitantes de la ciudad la frecuentan sólo de manera esporádica, concurriendo, sin embargo, en la avenida Nevskij, corazón de San Petersburgo. Una importante excepción

Una costumbre arraigada entre la población es fotografiarse el día de la boda ante los monumentos más emblemáticos.

es la constituida por las parejas de recién casados que, según la tradición, inmediatamente después de la boda se dirigen a los monumentos más famosos para depositar un ramo de flores y hacerse la consabida foto.

La primera parte de la excursión propone la visita de una zona delimitada entre la orilla izquierda del Neva y el río Mojka, que gira en torno a las tres plazas monumentales más importantes: la plaza del palacio de Invierno, la de los Decembristas y la de San Isaac.

Aunque se construyeron en épocas distintas, tienen en común el hecho de que las tres se imponen al espectador como metáfora de la grandeza del Imperio zarista y de sus instituciones: la familia real habitaba el Palacio de Invierno; la Marina, gobernada por el Almirantazgo; el Senado, principal organismo estatal; el Santo Sínodo, máximo órgano directivo de la iglesia ortodoxa. Finalmente, la catedral de San Isaac, reconstruida durante la primera mitad del siglo XIX, debía superar en esplendor a cualquier otra iglesia de la ciudad. La célebre estatua ecuestre de Pedro I, convertida en el símbolo de la ciudad, se impone como síntesis del primer desarrollo urbanístico de San Petersburgo.

Volviendo a la espléndida e inolvidable plaza del Palacio, se aconseja recorrer primero la ulica Milionnaja (calle de los Millonarios; curioso topónimo que data de la primera mitad del siglo XVIII), una de las más antiguas y aristocráticas de la ciudad. Al final de la calle se llega a la gran explanada del Campo de Marte, en la que se alzan algunos de los más bellos edificios de la ciudad y da al jardín de Verano, tradicional punto de encuentro de los habitantes de San Petersburgo.

El punto de partida del itinerario es la plaza, a la que se puede llegar a pie desde la estación de metro Nevskij prospekt/Gostinyj dvor. Desde la plaza de San Isaac, los trolebuses 5 y 22 (parada en la ulica Malaja Morskaja) conducen a la avenida Nevskij, mientras que desde el Campo de Marte, recorriendo la calle Sadovaja, se puede volver a las mencionadas estaciones de metro.

Dvorcovaja ploščad'★★ (Дворцовая площадь). Centro simbólico del imperio desde que Pedro el Grande decidió fundar la nueva capital, la plaza del Palacio (I, D4) fue escenario de muchos acontecimientos históricos. El 2 de enero de 1905 una multitud de obreros, guiados por el pope Gapon, se presentaron ante el Palacio enarbolando iconos. Recibidos por las descargas zaristas, murieron a centenares y sus cuerpos quedaron sobre la nieve: este hecho marca el comienzo de los movimientos de 1905. Más tarde, en 1917, la Revolución de Octubre comenzó precisamente en esta plaza, con el asalto del Palacio de Invierno y la detención del gobierno de Kerenskij.

En un buen lugar de observación de los edificios de alrededor y, sobre todo, de la fachada del Palacio de Invierno que mira a la ciudad, es el **Arco de triunfo** (Triumfal'naja Arka; Триумфальная Арка) de la ulica Bol'saja Morskaja, por la que se sale de la plaza. Este arco, terminado en 1829 por el arquitecto Carlo Rossi, después de su reorganización general de la plaza efectuada en 1819-1823, conmemora la victoria de 1812 sobre los ejércitos de Napoleón. El carro de la Victoria, tirado por seis caballos y situado sobre

El centro monumental

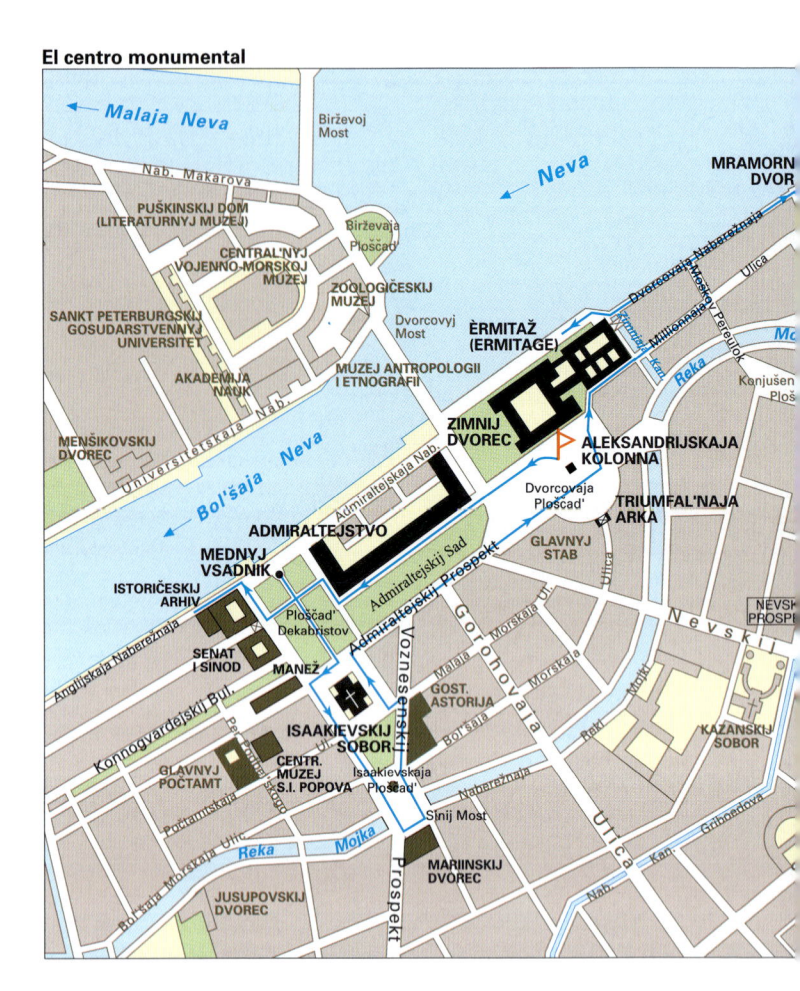

el arco, y los bajorrelieves alegóricos son obra de V. Demut-Malinovskij y Stepan Pimenov. Desde el arco salen en semicírculo dos alas de edificios, con un frente de 580 m, ocupadas anteriormente por el **Estado Mayor General** (Glavnyj Štab; Главный Штаб) y por el **Ministerio de Asuntos Exteriores** (destinados en la actualidad a albergar oficinas administrativas). Antes de la reorganización de Rossi eran casas para viviendas, construidas según un proyecto del arquitecto Velten en 1760-1770.

Entre el Palacio de Invierno y el Estado Mayor General se encuentra el antiguo **Estado Mayor de la Guardia** (Glavnyj Stab Gvardii; Главный Штаб Гвардии) construido por Briullov en el año 1840 y desde el que Lenin dirigió la Revolución de octubre.

En el centro de la plaza se halla la **columna de Alejandro**★, obra de Auguste Montferrand, levantada por Agustín de Betancourt, que había sido ministro de Transportes, en honor de Alejandro I en 1834, es el mayor monolito del mundo moderno, con un peso de casi 600 toneladas, de granito rosa, una altura de 47,5 m, sobre un zócalo de granito gris adornado con bajorrelieves, realizados por P. Rossi. En la parte superior un ángel de bronce dorado, obra de B. Orlovskij, representa a Alejandro I levantando al cielo la mano derecha y con la cruz en la izquierda.

Palacio de Invierno★★ (Zimnij dvorec; Зимний дворец). Obra maestra de Francesco Bartolomeo Rastrelli y residencia imperial durante dos siglos, el actual Palacio de Invierno (I, C4), reconstruido en varias ocasiones, es el edificio más suntuoso de la ciudad. Un primer edificio de madera, de 1708, se hallaba más allá del actual Ermitage, al otro lado del Zimnaya Kanala (canal de Invierno), que se excavó más tarde, en 1718-1720. En 1711, en el lugar del primero, surgió otro edificio, de

EL CENTRO MONUMENTAL

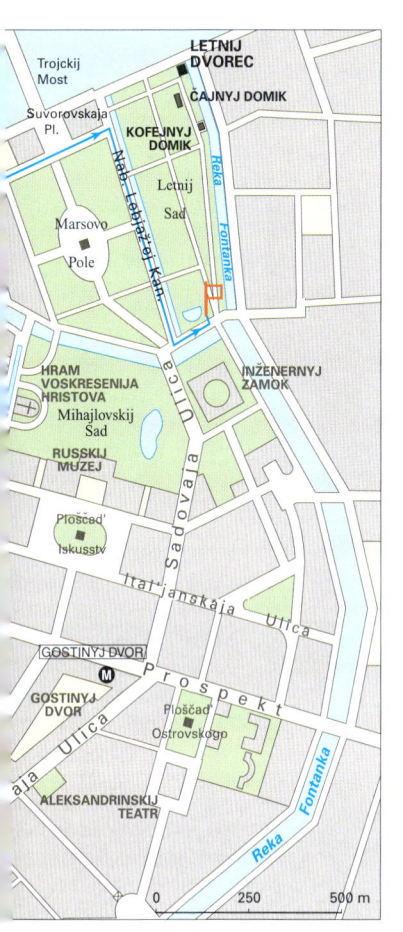

Los atlantes custodian la entrada del Ermitage.

dos pisos, encargado por Pedro el Grande y ampliado, primero en 1716-1720 según un proyecto de G.I. Mattarnovi, y posteriormente en 1726-1727 según un proyecto de Domenico Trezzini. Fue la hija de Pedro, la emperatriz Isabel Petrovna, quien encargó a los arquitectos Carlo Bartolomeo Rastrelli y a su hijo Bartolomeo Francesco la construcción, en 1732-1735, en el actual emplazamiento, de un palacio nuevo. Pero todavía, en 1754-1762, Rastrelli hijo recibió el encargo de reconstruir radicalmente el Palacio de Invierno, tal como aparece actualmente con sus formas definitivas, a pesar de algunas reformas llevadas a cabo a finales del siglo por Giacomo Quarenghi y, también, de Carlo Rossi y Augusto Montferrand durante los años 1820-1830. Los interiores, destruidos por un incendio en 1837, fueron rehechos, con alguna variante, por Vasili Stasov y Aleksandr Briullov. El Palacio de Invierno constituye un auténtico universo barroco, con una enorme profusión de estucos, mármoles y piedras duras. Tiene 1.050 habitaciones, 1.787 ventanas y 117 escaleras; sobre los tejados destacan 176 estatuas alegóricas, originariamente de piedra calcárea y reemplazadas en 1892-1894 por copias idénticas de bronce.

Ermitage. El Palacio de Invierno forma parte, con otros cuatro edificios, del conjunto del **Ermitage** (Èrmitaž; Эрмитаж), inmensa superficie que alberga el museo homónimo [pág. 236].

El edificio contiguo al cuerpo principal del Palacio de Invierno y que forma un todo con él es el **pequeño Ermitage** (Malyj Èrmitaž; Малый Эрмитаж), primer museo encargado por Catalina, construido en 1764-1765, según un proyecto de J.V. Vallin de la Mothe y Ju. M. Velten; está formado por dos partes unidas por un jardín colgante. El edificio siguiente, el **antiguo Ermitage** (Staryj Èrmitaž; Старый Эрмитаж), más modesto dentro de su severo neoclasicismo, fue construido en 1771-1787 por Ju. M. Velten aprovechando los cimientos de los palacios anteriores. Reconstruido en 1851-1859 por el arquitecto A.I. Stakenschneider, que conservó las características de la fachada, albergaba algunas colecciones del museo actual. Junto a él puede verse el **teatro del Ermitage** (Èrmitažnyj Teatr; Эрмитажный Театр), en la actualidad sala de conferencias del museo; fue construido en 1783 por Giacomo Quarenghi en estilo neoclásico sobre el emplazamiento del primer Palacio de Invierno y recientemente restituido a su función original. Los espectáculos que se desarrollan aquí (*los billetes se compran por lo general en el taller situado en el vestíbulo del museo del Ermitag*e), a menudo de calidad, proporcionan un modo de disfrutar del atractivo ambiente de este espléndido y pequeño museo.

Hay que destacar el sugestivo arco sobre el canal de Invierno, obra de Velten. Durante los años 1839-1852 el arquitecto alemán Leo von Klenze completó el conjunto con el **nuevo Ermitage** (Novyj Èrmitaž; Новый Эрмитаж), cuya grandiosa portada está sustentada por doce atlantes en granito, obra de A. Terebenëv.

Detalle del Palacio de Invierno, sede del Ermitage, uno de los museos más importantes del mundo.

Almiraltejsvo. El impresionante aspecto de la plaza del Palacio se completa en el lado opuesto con el gran edificio del **Almirantazgo** (I, D3; Admiraltejstvo, Адмиралтейство), que constituye el eje del trazado urbanístico de la orilla occidental del Neva, según se había concebido en el siglo XVIII. La aguja★ dorada del palacio, visible desde cualquier punto de la ciudad, constituye en realidad el punto final y de perspectiva del "tridente", formado por las tres grandes arterias del casco antiguo.

Al igual que otros muchos edificios de la ciudad, el Almirantazgo sufrió diversas reconstrucciones. El primer edificio se realizó, como sencillo astillero naval, en 1704, según un proyecto del propio Pedro el Grande. En 1711, cuando se instaló allí el Almirantazgo, se añadió la torre del reloj con la aguja. Después de que el edificio quedase casi enteramente destruido por un incendio, en 1806 Adrien Zacharov inició la reconstrucción del palacio, terminada en 1823, en estilo neoclásico bastante severo, de acuerdo con la moda parisina de la época. Zacharov reprodujo también la aguja del primer edificio, pero la elevó sobre un gigantesco arco cuádruple, de estilo jónico, revestido de estatuas. En la parte inferior pueden verse cuatro héroes de la antigüedad (Aquiles, Ajax, Pirro y Alejandro Magno), obra de Ščedrin; en la parte superior, 28 estatuas que representan las estaciones, los vientos y las diosas protectoras de los astilleros (Isis) y la astronomía (Urania), todas de Ščedrin, y de los elementos naturales (Fuego, Agua, Aire y Tierra), de Pimenov.

En la parte más alta de la aguja, la veleta, convertida en símbolo de la ciudad, se representa una carabela rusa. Las dos fachadas más largas, de 407 m, orientadas hacia el Neva y el jardín Gor'kij están adornadas con columnatas y esculturas alegóricas. Las estatuas de las Nereidas que gobiernan el globo terrestre, en la entrada que da al jardín, son de Ščedrin. A los lados de la fachada que se orienta al Neva hay dos pabellones simétricos, adornados con frisos, que fueron realizados por Terebenëv. En la actualidad el palacio es la sede de la Escuela Superior de la Marina de Guerra.

EL CENTRO MONUMENTAL

Vista del Palacio de Invierno.

La fachada principal del Almirantazgo da al **jardín Gor'kij** (Sad Gor'kogo; Сад Горького), animado con fuentes y adornado con estatuas de poetas, músicos y científicos.

Ploščad' Dekabristov★ (Площадь Декабристов). La plaza de los Decembristas (I, D3) es la continuación del jardín Gor'kij, al oeste del Almirantazgo. El nombre recuerda los acontecimientos de 1825, cuando un grupo de oficiales pertenecientes a la alta nobleza y la aristocracia intelectual del país intentó desafiar el poder absoluto del zar. Muerto Alejandro I, incierta la sucesión de Constantino y sin tomar posesión Nicolás I, los jefes de la revuelta reunieron, el 14 de diciembre de 1825, a 3.000 soldados en lo que entonces era la plaza del Senado. Por un inexplicable retraso de las órdenes, los soldados no se movieron quedando a merced de la caballería zarista. Cinco jefes de la revuelta, hechos prisioneros, fueron ahorcados o deportados a Siberia.

En el centro de la plaza, frente al Neva, se halla la famosa estatua ecuestre de Pedro el Grande. Llamada por Pushkin *El Caballero de bronce*★★ (Mednyj Vsadnik; Медный Всадник) en el poema homónimo, fue mandada erigir por Catalina II y encargada al francés E. Falconet, que trabajó en ella desde 1766 a 1778. Sin embargo, la cabeza del emperador es obra de la alumna de Falconet Anne-Marie Collot. La estatua transmite un sentimiento de grandeza y dinamismo al mismo tiempo, debido a la postura del caballo, que se apoya únicamente en las patas posteriores, y del caballero, y a su colosal basamento, que posee un peso de más de 1.600 toneladas y fue traído de Carelia. El transporte realizado por tierra sobre troncos de madera y por río en una gran balsa, duró dos años, durante los cuales decenas de canteros modelaron el bloque de granito.

La plaza queda cerrada al oeste por dos palacios gemelos, de estilo clásico, construidos en 1829-1834 por Carlo Rossi y Stasov, y

El Almirantazgo.

179

Edificio del Senado.

unidos por una arcada que presenta los escudos de las principales regiones de la antigua Rusia, tallados por Ustinov. El palacio situado a la derecha es el antiguo **Senado,** y el de la izquierda, el antiguo **Sínodo.** A la izquierda de este último palacio, en el comienzo de la avenida de los Sindicatos (bul'var Profsojuzov; бульвар Профсоюзов), se hallan instaladas dos columnas que representan a las **diosas de la Gloria,** obra de Ch.D. Rauch, donadas en 1845 al emperador de Rusia por el rey de Prusia a cambio de dos esculturas de Klodt, destinadas al puente Aničkov.

Anglijskaja naberežnaja★. Una breve desviación conduce al paseo de los Ingleses (I, D-E2), centro de la numerosa colonia británica de finales del siglo XVIII, compuesta

Hotel Astoria, edificio de 1911.

sobre todo por artesanos y comerciantes asentados en la ciudad. A partir del siglo XIX se convirtió en la zona más elegante de San Petersburgo en la que vivían la aristocracia rusa y los diplomáticos extranjeros. Se asoman a ella algunos hermosos palacios, entre los que hay que citar, en el número 4, el **palacio Laval',** mandado construir en torno a 1720 por A.D. Menšikov, que cambió varias veces de dueño y a finales del XIX fue adquirido por la condesa A.G. Laval', que lo hizo reconstruir por completo en estilo neoclásico según un proyecto del arquitecto Thomas de Thomon. En la actualidad en el palacio se halla instalado el Archivo Histórico Central de Leningrado. En el número 10 se halla el **palacio Voroncov-Daskov,** con típico estilo clasicista construido en torno a 1770 y descrito por Tolstoi en *Guerra y paz;* en el número 32 se encuentra el palacio proyectado por Quarenghi, de 1782-1783, que albergaba la sede del Ministerio de Asuntos Exteriores (Inostrannaja Kollegija).

Isaakievskaja ploščad'★ (Исаакиевская площадь). La plaza de San Isaac (I, E3), continuación de la plaza de los Decembristas, recibe su nombre de la grandiosa catedral que la domina. Pero antes de visitar la basílica, es aconsejable dar la vuelta a la plaza.

A la izquierda del Sínodo, en el comienzo de la avenida de los Sindicatos, se halla el antiguo **Picadero del Regimiento de la Guardia a Caballo** (Manež Konnogvardejskogo Polka; Манеж Конногвардейского Полка; *visita: de 11 h a 19 h aunque depende de las exposiciones; jueves cerrado*), edificio neoclásico construido en 1804-1807 por Quarenghi. Presenta una gran portada, a cuyos lados pueden verse hermosas copias modernas de los Dioscuros de la plaza del Quirinal de Roma, realizadas en Italia por P. Triscornia en 1809. Desde 1977 el antiguo Picadero ha sido destinado a sala de exposiciones temporales, proporcionando un marco de gran belleza para las exposiciones más importantes de arte contemporáneo (aunque no exclusivamente) que se organizan en la ciudad.

Muzej Svjazi Popova. La calle del Correo (a la derecha de la plaza) conduce a la oficina central de Correos, instalada en un palacio de 1782-1786. A su costado, en una callecita, el antiguo palacio Bezborodko, de finales del siglo XVIII, acoge el **Museo Postal Popov** (Central'nyj muzej svjazi imeni A.S. Popova; Центральный Музей Связи им. А.С. Попова; *visita: de 11 h a 16.30 h; sábado y domingo cerrado*). Está dedicado a la historia del correo ruso y de las comunicaciones, y posee valiosas colecciones filatélicas, con más de 3.000.000 de sellos.

En el número 9 de la plaza se halla el **palacio Naryškin,** construido hacia 1760 por Rinaldi y habitado en 1773-1774 por Diderot. Fue reconstruido en 1911-1912 por el arquitecto P. Berens para establecer en él la Embajada Alemana. La fachada está adornada con grandes semicolumnas de granito; en la actualidad es la sede del Inturist y alberga la oficina central de grandes bancos occidentales. El palacio contiguo y uno gemelo de éste situado al otro lado de la plaza, fueron construidos por Efimov en 1844-1853 para albergar el Ministerio del Patrimonio Nacional. Hoy día ambos palacios, en los números 42 y 44

Las odas de Pushkin a San Petersburgo

Aleksandr Puškin, padre de la literatura rusa moderna, escribió en 1883 un pequeño poema titulado El caballero de bronce, *destinado a convertirse en poco tiempo en un hito dentro de la historia del arte del país y de la imagen de la ciudad en el mundo. En esta composición, el poeta escribe una de las más conmovedoras declaraciones de amor jamás dedicada a una ciudad:*

> "Te amo, ciudad obra de Pedro,
> amo tu severa armonía,
> el curso majestuoso del río,
> el granito que cubre sus orillas,
> la cenefa de las verjas de hierro,
> la clara penumbra sin luna
> de esas noches que me hacen soñar
> en las que sin encender mi lámpara
> leo y escribo en mi habitación,
> en las que veo claramente los contornos
> dormidos de las calles vacías y,
> resplandeciendo en lo alto, las flecha de
> oro que corona el Almirantazgo; en las
> que, sin que las sombras de la noche
> cubran los dorados celajes,
> un crepúsculo persigue a otro
> y la noche no dura más de una hora."

Los primeros versos de la obra exaltan la heroica figura de su fundador:

> "De olas desiertas, en la orilla
> Estaba él, absorto de grandes pensamientos
> Y miraba lejos."
> A.S. Pushkin. El caballero de bronce, *de* Poemas y líricas.

Puškin, sensible a los sufrimientos de su pueblo, inventa en este romance la figura de Eugenio, un pobre petersburgués, víctima de la brutalidad del gran déspota que, violando las leyes de la naturaleza, funda una ciudad sobre un territorio sujeto a catastróficos aluviones. El mísero personaje, tras haber perdido a su esposa, por el desbordamiento del río en 1824, camina durante días completamente aturdido hasta llegar a pie al monumento a Pedro I, obra de Falconet. Aquí maldice la estatua del gran zar, paradigma de soberbia y crueldad, que furiosa por la inaudita ofensa, persigue al aterrado súbdito por las calles de la capital.

de la calle Herzen, albergan el **Instituto de Filología** y el **Instituto para la Defensa de las Plantas.**

Frente al palacio del Inturist, se halla el **Hotel Astoria,** construido en 1911-1912 por el arquitecto F.I. Lidval'. El edificio contiguo, donde se hallaba a comienzos del siglo XX el **Hotel Inglaterra,** ha sido restaurado junto con el del Astoria para formar un gran hotel único. El 27 de diciembre de 1925, en una habitación del Inglaterra se suicidó, según la versión oficial de la época, el poeta Sergei Esenin, aunque según recientes investigaciones periodísticas, fue asesinado por agentes del servicio secreto.

Junto a la Catedral, en el número 12 de la avenida del Almirantazgo, se encuentra el bello **palacio Lobanov-Rostovskij,** de estilo neoclásico, que fue hasta la Revolución la sede del Ministerio de la Guerra. Construido en 1817-1820 por Montferrand, orienta su fachada principal hacia el Almirantazgo, con solemne portada corintia y arcada central adornada con dos leones tallados por P. Triscornia. La calle Malaja Morskaja, que sale de esta plaza, fue habitada

Catedral de San Isaac.

durante el siglo XIX por los principales poetas y músicos rusos. Frente a la Catedral se halla la **estatua** ecuestre de Nicolás I★, obra de P. Klodt, de 1859, cuya originalidad reside en el hecho de tener sólo dos puntos de apoyo. Las estatuas alegóricas (Fe, Sabiduría, Justicia y Poder) del pedestal son retratos de la zarina y de las tres grandes duquesas.

Catedral de San Isaac★★. (I, D-E3; Isaakievskij sobor; Исаакиевский соб ор; *visita: previo pago, de 11 h a 18 h, excepto los miércoles).* Es la más suntuosa y grandiosa de las iglesias de San Petersburgo.

Pedro el Grande construyó una primera iglesia de madera, en la orilla del Neva, en honor de San Isaac Dálmata (siglo IV), porque la fiesta litúrgica del santo coincidía con el 30 de mayo, día del nacimiento del zar, que se casó aquí con su segunda mujer, la futura Catalina I, en 1712. La iglesia fue reconstruida con ladrillo por el alemán Mattarnovi en 1717. Posteriormente Catalina II encargó al italiano Rinaldi la construcción de una tercera iglesia. Alejandro I ordenó derribarla por ser demasiado pequeña y llamó al francés Auguste Montferrand para construir el edificio actual sobre la planta diseñada por el español Agustín de Betancourt. Esta enorme iglesia de planta de cruz griega, no carente de esbeltez y ligereza, a pesar de sus gigantescas proporciones, es una especie de síntesis de la basílica de San Pedro, el Panteón de Roma y la catedral londinense de San Pablo.

Para proporcionar sólidos cimientos al edificio fue necesario clavar en el terreno pantanoso más de 24.000 troncos de árbol. Se estima que el conjunto, para cuya construcción se emplearon 43 tipos distintos de piedra, puede alcanzar un peso de 300.000 toneladas.

Las cuatro monumentales portadas están formadas por 112 columnas monolíticas de granito rojo de Finlandia, de 16 m de altura, con un peso de 114 toneladas cada una. Restaurados recientemente, en los frontones brillan grandes altorrelieves de bronce de Lemaire *(Escenas de la vida de San Isaac)* y del ruso Vitali *(Escenas de la vida de Cristo).* También es de Vitali la escultura, situada en el ángulo izquierdo del frontón de la portada occidental, que representa al arquitecto Montferrand que sostiene en su mano una maqueta de la Catedral. La cúpula dorada, sobre un elevado tambor cuadrado con columnas, alcanza los 102 m; alrededor hay cuatro campanarios y una multitud de 350 estatuas puebla el tejado.

El *interior,* rico en oro, mármol y bronce tiene una superficie de 4.000 m^2 y puede acoger a 14.000 personas. La grandiosa pintura del techo es obra de los pintores Briullov y Bruni. El gigantesco **iconostasio**★, dividido en varios cuerpos por columnas de malaquita y lapislázuli, está cubierto de mosaicos; la vidriera del altar mayor representa la Resurrección de Cristo.

Entre los testimonios que reconstruyen la historia del edificio cabe destacar una maqueta de madera del sistema empleado para izar las columnas, la reconstrucción de una sección de la cúpula, una maqueta de madera taraceada de la iglesia a escala 1/166 y un busto de Montferrand realizado con los 14 tipos de mármol distintos utilizados en la construcción de la iglesia.

Es posible subir hasta la columnata de la cúpula -562 escalones-, desde donde se disfruta de una espléndida vista de toda la ciudad y del golfo de Finlandia. Desgraciadamente continúa vigente la prohibición de hacer fotografías desde esta espléndida posición panorámica, vestigio de los tiempos no lejanos en los que cualquier visitante con cámara fotográfica era considerado un espía en potencia.

Stakenschneider para la gran duquesa María, primogénita de Nicolás I. Hasta la Revolución el palacio acogía el Consejo de Estado; en la actualidad es la sede del ayuntamiento. En el frontón del edificio destacan las órdenes con las que ha sido condecorada la ciudad. En el *interior* una solemne escalera neoclásica lleva hasta el salón de fiestas, con

Fastuoso interior de San Isaac.

columnas de mármol rojo italiano y frisos con escenas de *La Ilíada*.

Ulica Millonnaja★. La calle de los Millonarios (I, C4-5) sale del lado derecho del palacio de Invierno, en el lado contrario de la plaza en relación al Almirantazgo, una vez pasado el canal de Invierno (entre el Mojka y el Neva). La ulica Millionnaja, interesante y armonioso conjunto, presenta a la derecha fachadas de palacios nobiliarios y casas en alquiler, mientras que a la izquierda podemos contemplar la parte posterior de las fastuosas casas que dan al río. No debe sorprender el contraste entre las monumentales fachadas y la parte posterior de los grandes palacios, ya que era tradición, incluso entre las familias más ricas y poderosas, alquilar dicha parte. Una vez que se ha dejado atrás, a la izquierda, un antiguo cuartel construido con formas neoclásicas de mediados del siglo XIX, y tras admirar el bello **palacio Apraksin** en el número 22, en la actualidad sede de una sociedad de educación física, tome la Moškov pereulok, estrecha calle que conduce al paseo del Palacio. Aquí, en el número 27, se encuentra la **antigua residencia** del gran duque Vladimir Aleksandrovich, construida por Rezanov en 1870 en estilo neorrenacentista y decorada con los escudos de los Romanov y de las provincias del imperio; hoy día es sede de la casa

Sinij most (Синий мост). El puente Azul sobre el canal Mojka (I, E3) es la continuación meridional de la plaza de San Isaac; tiene una anchura de más de 100 m, superior a su longitud. Al otro lado del canal se halla el antiguo **palacio Mariinskij,** construido en 1839-1844 por el arquitecto alemán

---

Por qué tantas catedrales

El término "sobor" (catedral) es un apelativo que se aplica a ocho iglesias de San Petersburgo (Kazanskij, Vozkresenskij, Preobraženskij, Trojckij, Izmajlovskij, Isaakievskij, Nikol'skij, Petropavlovskij). En realidad, al igual que en la Iglesia católica, en la ortodoxa, el metropolita es sólo uno, y la cátedra se encuentra en la iglesia de S. Nicolás. Las demás iglesias pueden emplear el título de catedral porque, en el pasado, fueron sede del jefe de la Iglesia o lugares de culto vinculados a importantes ceremonias públicas, como bautismos o matrimonios de la familia imperial. También se vieron ascendidas al rango de "sobor" las iglesias de los regimientos de estancia de la capital.

de los Científicos. En el número 18, se halla el antiguo **palacio** del gran duque Mijail Nikolaevich, en estilo neorrococó, construido en 1863 por Stakenschneider. En el número 8 hay un interesante palacio, construido como se encuentra en la actualidad por el arquitecto Rachau, a mediados de los años setenta del siglo XIX, englobando la antigua **residencia** del señor de Moldavia Kantemir, primera obra de Rastrelli en San Petersburgo (1721-1727). De vuelta en la calle Milionnaja, a la derecha podemos contemplar el **palacio** neoclásico construido en 1817 por Stasov, utilizado anteriormente como cuartel del antiguo regimiento Pavlovskij y en la actualidad ocupado por la administración de las centrales eléctricas de la ciudad.

Mramornyj dvorec★★ (I,B-C5). En el lado contrario de la calle, se yergue el palacio de Mármol, construido por Catalina II que quería regalárselo a su antiguo favorito, el conde de Orlov, fallecido antes de que terminaran las obras. Es una auténtica joya de la arquitectura entre el barroco y el neoclásico, fue proyectado por Rinaldi en 1768-1785: la fachada es de mármol rosa y azul de Finlandia; el interior está revestido de 32 de las más valiosas variedades de mármol. El ala derecha, que se extiende sobre la plaza Suvorov, fue añadida a mediados del siglo XIX por Briulov. La generosidad del regalo se debe a la gratitud que la zarina sentía hacia su antiguo amante, que le había ayudado a desembarazarse de su marido.

El palacio, anteriormente sede del conocido Museo de Lenin, forma actualmente parte del **Museo Ruso** *(visita: de 10 h a 17 h, lunes de 10 h a 16 h y martes cerrado)* y alberga exposiciones temporales. En el patio anterior a la entrada, donde durante un tiempo se expuso el coche blindado desde el que Lenin arengó al pueblo tras su regreso del exilio, se exhibe hoy, de manera temporal, la escultura ecuestre de Alejandro III, obra de Trubeckoj. Colocada inicialmente en el centro de la plaza Znamenskaja, hoy Vosstanija, con ocasión de la inauguración del Transiberiano (1909), tren que une Moscú (estación de San Petersburgo) con Vladivostok, fue retirada de allí durante los años treinta por la reestructuración de la plaza. Situada en el patio del Museo Ruso durante sesenta años, en 1994 se le asignó la ubicación actual. El peso de las figuras llamó la atención desde el día de la inauguración, tanto que los petersburgueses, en lugar de "monumento del caballo", la rebautizaron como "monumento del hipopótamo".

Suvorovskaja ploščad'★ (I, B-C5). La plaza Suvorov está limitada por el edificio contiguo de color verde, construido a finales del siglo XVIII y remodelado por Brjullov en los años treinta del siglo XIX y, enfrente, por el antiguo **palacio Saltykov,** edificio neoclásico construido por Quarenghi en 1788; al lado, asomado al paseo Kutuzov, se alza el **palacio Beckoj**, obra de Ju. M. Velten. El complejo alberga el Instituto de Formación para trabajadores culturales. En el centro de la plaza se yergue el **monumento a Suvorov**, mariscal de la primera guerra contra Napoleón, representado bajo la apariencia del dios Marte, obra del escultor M. I. Kozlovskij (1801) y por el arquitecto A. N. Voroníhin.

Trojckij most (I, B5). En la plaza desemboca el puente de la Trinidad sobre el Neva. Se trata del puente más largo de San Petersburgo (1000 m); la primera piedra fue colocada en 1897 por el presidente francés Favre. Sus estructuras recuerdan las del puente de Alejandro III de París.

Marsovo Pole★ (I, C5). El Campo de Marte, otro de los grandes escenarios neoclásicos de la ciudad, se extiende al sur de la plaza Suvorov. Tomó este nombre en honor al dios de la guerra desde tiempos de Pedro el Grande, cuando la explanada se destinaba principalmente a ejercicios militares y desfiles. Durante el siglo XIX, el Campo de Marte se usó también para espectáculos y fiestas populares.

Justo en el centro de la explanada, surge el **monumento a los combatientes de la Revolución** (L. V. Rudnev, 1917-1919), construido sobre la sepultura de 180 jefes de las revoluciones de febrero y octubre. Encima del monumento, arde constantemente una llama.

Letnij sad★★ (I, B-C5). En el lado oriental del Campo de Marte, más allá del Verhne-Lebjažij (1767-1768), se extiende el Jardín de Verano *(visita: de 8 h a 22 h en verano, de 11 h a 19 h en invierno),* uno de los parques más concurridos y famosos de San Petersburgo, en la actualidad accesible previo pago. Fue proyectado por los paisajistas Ja. Roosen e I. Surmin a principios del siglo XVIII por voluntad de Pedro el Grande, que pretendía rodear de verde su residencia estival, el **palacio de Verano.** En 1716, con la construcción del **Lebjažij kanal** (canal de los Cisnes), que une la Mojka y la Fontanka, el parque se convirtió en una isla de 11,7 hectáreas, que aún

EL CENTRO MONUMENTAL

Las luminosas noches blancas

Una de las peculiaridades de San Petersburgo, la única de las ciudades del Gran Norte que se puede definir como metrópoli y que haya sido capital de un imperio, es la increíble duración de los días de verano, cuando se manifiesta el fenómeno llamado "noches blancas". El sol, que se deja ver tan poco durante los meses de invierno, ilumina la ciudad durante un número asombroso de horas, prolongando los días hasta un punto insólito. Las noches de junio a caballo entre el solsticio de verano, el sol no baja más de 7° por debajo de la línea del horizonte, sin dejar de regalar a los petersburgueses sus rayos, que parecen provenir de una antorcha misteriosa oculta un poco más allá del fin del mundo.

El 21 de diciembre, día más breve del año, se puede ver el sol durante sólo siete horas, de 8.57 h a 15.57 h.

El 21 de marzo la duración del día es de doce horas y quince minutos, de 6.30 h a 18.45 h.

Las noches blancas, que se manifiestan del 11 de junio al 2 de agosto, tienen su apoteosis el día 21 de junio, cuando el día dura 17 horas y 33 minutos, de 4.45 h a 22.18 h.

El 21 de septiembre el sol sale a las 7.13 h y se pone a las 19.31 h.

---

alberga plantas muy poco comunes, al aire libre o en invernadero. Concebido como jardín rigurosamente italiano donde hasta las copas de los árboles se cortaban según rígidas formas geométricas, este espacio comprendía laberintos, invernaderos, una gruta, estanques, jaulas y un sistema de fuentes, destruido por la inundación del Neva en 1777.

Del original parque a la italiana, abierto al público desde mediados del siglo XVIII (inicialmente sólo el entorno del zar podía acceder), quedan las **esculturas**, 92 entre estatuas y bustos, realizadas por maestros italianos de la época. En la parte noroccidental del jardín se encuentra el famoso **monumento** del cuentista I. A. Krylov, de P. K. Klodt, en cuyo pedestal están representados los protagonistas de los cuentos del autor. Entre las demás atracciones del parque, destacan el **Čajnyj domik** (casita del Té), obra del arquitecto L. I. Charlemagne (1827), y el **Kofejnyj domik** (casita del Café), construido por Rossi en 1826 y revestido con estuco de Demut-Malinovski. Los dos edificios están actualmente destinados a tiendas de producción artística. Ejemplos de armoniosa fusión entre el rococó y el clasicismo, las **verjas**★★ del parque, que inicialmente descendía sin barreras hasta el Neva, fueron realizadas por los arquitectos P. Egorov y Ju. M. Velten (1770-1780), enteramente en hierro forjado dorado con un motivo de rosas y a intervalos presentan columnas rematadas en urnas y vasijas.

Letnij dvorec★★ (I, B5). El palacio de Verano *(visita: de 10.30 h a 17 h, martes y último viernes de mes cerrado)*, construido en 1711 por Domenico Trezzini por voluntad de Pedro el Grande, y completado por el famoso arquitecto A. Schlüter, es un interesante ejemplo de estilo barroco holandés en San Petersburgo. Cuando Isabel Petrovna hizo erigir un grandioso palacio de Verano en el emplazamiento del actual castillo de los Ingenieros, el edificio fue abandonado, librándose de este modo de las reconstrucciones decimonónicas. El interior, perfectamente restaurado, alberga en la actualidad el **Museo de la Arquitectura de Interiores** de inicios del siglo XVIII en San Petersburgo.

LA AVENIDA NEVSKI

Nevskij prospekt★ (I, D-E4-6; Невский проспект). Es por antonomasia la "calle" de San Petersburgo, la avenida más importante y animada. Con sus 4,5 km de longitud y una anchura que oscila desde los 25 y los 60 m (frente al Gostinyj dvor), enlaza el Almirantazgo con el monasterio de Aleksandr Nevski, atravesando el gran meandro del Neva. La ploš čad' Vosstanija (antigua Znamenskaja) divide el paseo en dos partes, que se trazaron siguiendo proyectos distintos. La primera, más céntrica, nació de la exigencia de facilitar el transporte de los materiales de construcción destinados al Almirantazgo, que llegaban por la Novgorodskaja doroga (vía de Novgorod), actual Ligovskij prospekt, desde donde se alcanzaba el Almirantazgo por un sendero entre lagunas. Por ello se decidió en 1710 la apertura de una calle de enlace entre la Novgorodskaja doroga y el Almirantazgo, que se llamó Bol'saja perspektivnaja doroga (gran calle perspectiva).

Entretanto, en la otra parte de la ciudad, en una zona todavía llena de lobos, Pedro el Grande fundaba el monasterio de Aleksandr Nevski [pág. 186], que se unía también al nuevo eje viario dando vida al actual trazado, formado por los dos tramos casi alineados de la avenida Nevskij. Una comisión urbanística, instituida en 1737, estableció que el centro de la ciudad se desarrollaría en torno a la avenida que, embellecida en corto tiempo con una hilera ininterrumpida de elegantes palacios, debía constituir el centro financiero de San Petersburgo: allí tenían su sede bancos, oficinas, compañías comerciales y hoteles. Hasta hace pocos decenios la calle estaba pavimentada con madera.

En la avenida Nevski hay tres estaciones del metro; la más próxima al Almirantazgo, donde comienza el itinerario, es la Nevskij prospekt/Gostinyj dvor. La estación ploščad' Vosstanija/Majakovskaja marca la mitad del itinerario. La tercera estación es ploščad' Aleksandra Nevskogo y está situada en las inmediaciones del monasterio.

Desde sus comienzos, la avenida ha sido mucho más que una simple calle, repleta como está de simbologías. Esta vía comunica el Almirantazgo, emblema de la nueva potencia marítima rusa, y el **monasterio de Aleksandr Nevskij**, gran complejo con planta en forma de águila imperial, que se alza sobre el lugar donde el príncipe Alejandro de Novgorod derrotó a los suecos en 1240, primera victoria significativa de los rusos contra enemigos externos. Alejando, de sobrenombre "Nevskij" por la mencionada batalla y santificado por sus logros bélicos, es tradicionalmente el emblema más reconocible de la determinación y el orgullo de los rusos en la defensa de la patria. A tal propósito, resulta signifi-

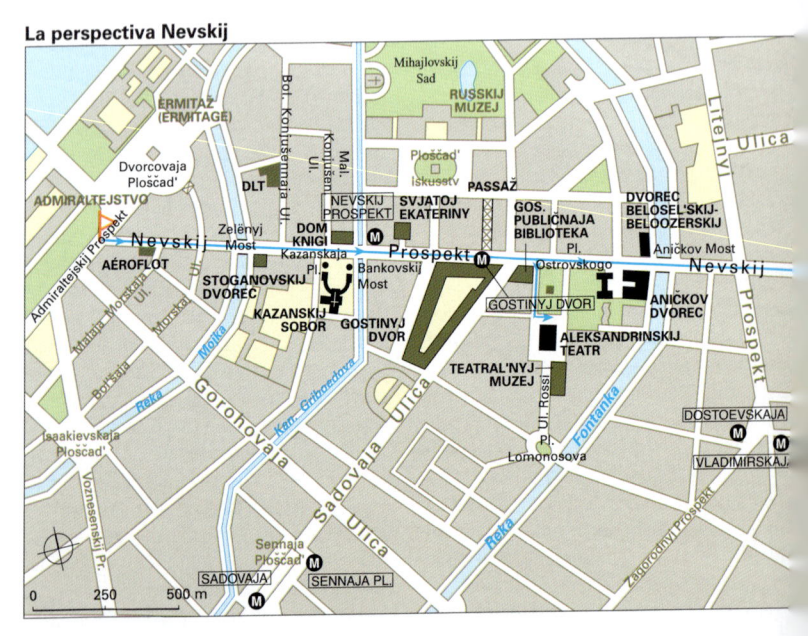

La perspectiva Nevskij

LA AVENIDA NEVSKI

Una vista de la amplia avenida Nevski.

cativa la película del gran director Eisenstein, *Aleksandr Nevskij*, rodada justo antes de la invasión nazi de 1941. El monasterio se convirtió muy pronto en un centro religioso de primer orden para la ciudad de San Petersburgo, y este papel se ha mantenido siempre en el tiempo. Por otro lado, las sepulturas de numerosos personajes célebres en el cementerio anejo al monasterio, contribuyen a acrecentar el valor espiritual del mismo.

Las diversas fases de transformación del alma de la ciudad se han reflejado en los diferentes modos de percibir y representar la avenida Nevskij por parte de los grandes escritores rusos: desde el alucinante palco escénico de los cuentos de Gogol al campo de lucha para afirmar la propia personalidad de algunos héroes de Dostoievski, a la crisis definitiva de todo mito que tuviese que ver con el viejo mundo durante los años anteriores a la Revolución.

El nuevo poder soviético intentó apoderarse de la avenida, obligándola a adoptar el topónimo de "avenida 25 de Octubre" (día, según el calendario antiguo de la Revolución socialista). Sin embargo, para todos continuó siendo la avenida Nevskij y así, en 1944, en el Leningrado recién liberado del asedio, el poder oficial reconoció a la gran avenida el derecho de recuperar su verdadera denominación.

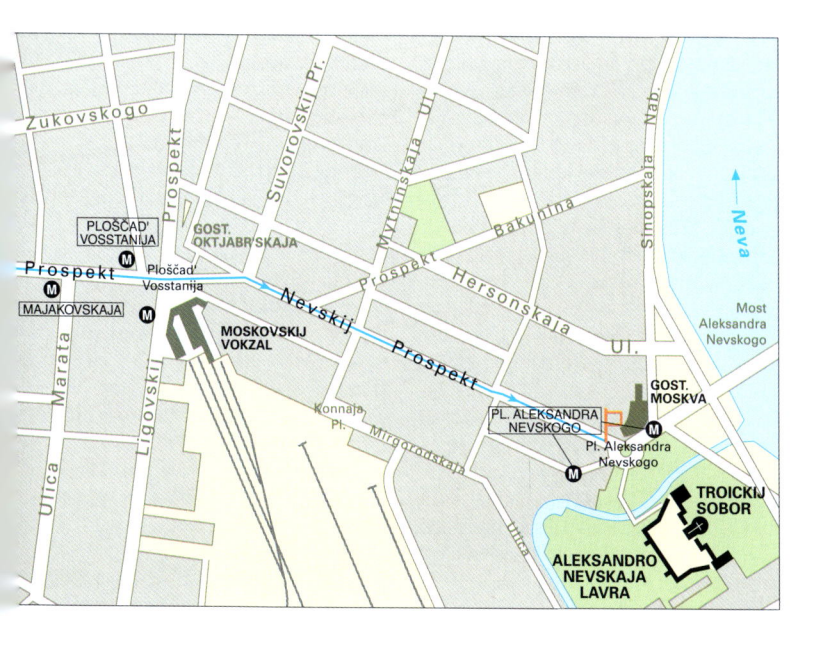

En el comienzo del paseo, en la confluencia con la ulica, en los números 7-9, se halla el denominado **palacio de los Dux,** edificio construido en estilo veneciano en 1912 por M. Peretjatkovič para la poderosa banca Wawelberg, sede en la actualidad de Aeroflot. Las dos casas de enfrente, en los números 8 y 10, adornadas con estucos, son de las más antiguas del paseo. En la casa del número 13, que coincide con el número 8 de la calle Malaja Morskaja, está la casa donde murió el compositor Chaikovski, el 25 de octubre de 1895. Un poco más adelante, a la izquierda, sale la calle Boj'saja Morskaja, que desemboca bajo el arco del Estado Mayor, sugerente acceso a la plaza del Palacio.

El edificio del número 15, donde en la actualidad está el **cine Barrikada,** es un hermoso ejemplo de estilo ruso imperio realizado por el arquitecto V. Stasov en 1768-1771 para el jefe de la policía N.I. Čičerin. Su fachada está decorada por una elegante columnata y habitó en él, durante los años 1780-1783, el arquitecto italiano G. Quarenghi. En 1919 el edificio fue transformado en la famosa **casa de las Artes** (dom Iskusstv; дом Искусств), donde vivieron escritores como Mandel'štam y Zoščenko, se conocieron Berberova y Hodasevič y dio clases de traducción y poesía Gumilëv.

En el número 18, en el palacio construido por Stasov en 1812-1815, se encuentra el histórico café Wolf y Beranger, conocido también como **Literaturnoe kafe** (café de los Literatos). Desde aquí salió Pushkin, cliente asiduo del local, camino al fatal duelo. En la actualidad, se organizan lecturas de poesías y conciertos de cámara, en una estancia decorada con piezas del patrimonio del gran poeta.

Straganovskij dvorec. Superado el Zelenij most, o puente verde, sobre el canal Mojka, en el número 17 se encuentra el antiguo **palacio Stroganov** (I, D4; Stroganovskij dvorec; Строгановский дворец; *visita: de 10 h a 17 h, excepto jueves*) construido por F.-B. Rastrelli, en 1752-1754, que alberga actualmente una sección separada del Museo Ruso, que se utiliza para exposiciones temporales. Asimismo hay una exposición aneja permanente de estatuas de cera que representan a zares y zarinas. El exterior del edificio se caracteriza por una suntuosa fachada barroca, adornada con columnas blancas, frontones suavemente curvados, cariátides, relieves y dorados. El interior fue reestructurado con formas clásicas en 1793 por el arquitecto A. N. Voronihin, genial artista nacido en servidumbre y liberado por Aleksandr Sergéievich Stroganov, que se convirtió en su protector y mecenas. En el siglo XX, el palacio tuvo una historia bastante atormentada: desde la Revolución hasta 1931 fue uno de los principales museos de la ciudad; posteriormente, sus colecciones de desmembraron (una parte se distribuyó entre el Ermitage y el Museo Ruso, otra fue vendida en una gran subasta en Berlín), albergando diversos institutos e incluso apartamentos; por último, en 1988, se restituyó a la función de museo.

Una receta famosa

Los Stroganov eran una de las familias más ricas de la Rusia zarista. El conde Aleksandr Sergeevič (1733-1811), muy sibarita, tenía por costumbre ofrecer a sus invitados cachetes de arenque (se necesitaban alrededor de 1.000 arenques para una sola ración), morro de alce, patas de oso, asado de lince, estofado de lechuza a la miel, piña (muy poco común en aquella época) o sopa de caviar.

El origen del famoso "bisté Stroganov" proviene del cocinero de otro Stroganov, el conde Aleksandr Grigorevič, de finales del siglo XIX, al que gustaba rodearse de numerosísimos invitados en su palacio de Odessa. La constante incertidumbre del chef con respecto al número de comensales le llevó a elaborar un plato, el filete instantáneo, que se pudiera preparar en el momento, sencillo para la época, pero sabroso.

Enfrente, a la izquierda, se alza el edificio de la antigua **Iglesia Holandesa,** construida en 1837 sobre el modelo del mausoleo de Diocleciano de Split. Se halla en ella en la actualidad una biblioteca dedicada a Aleksandr Blok (1880-1921), importante poeta del simbolismo ruso. Algo más adelante, también a la izquierda, se halla el antiguo **templo** luterano **de los Santos Pedro y Pablo,** construido en estilo austero en 1852 por Briullov y transformado en piscina durante la era soviética. En la actualidad ha vuelto a ser reabierto al culto.

Dom Knigi. El edificio del número 28 alberga en la actualidad la **dom Knigi** (дом Книги), la casa del Libro, la librería mejor surtida de la ciudad en ediciones rusas y extranjeras. Construida en 1902-1904 para sede de la fábrica de máquinas de coser Singer por el arquitecto P. Ju. Sjuzor, fue uno de los primeros edificios *Liberty's* de cemento armado de la ciudad. Apreciado sólo más tarde por su originalidad, suscitó inicialmente numerosas protestas, porque se estimaba que desentonaba entre los palacios neoclásicos de la avenida. Su torre, rematada por una esfera de 2,8 m de diámetro, sostenida por figuras alegóricas de la navegación, se convirtió en uno de los símbolos de la nueva San Petersburgo capitalista. En la rica decoración de la fachada destacan algunas esculturas alegóricas que representan aspectos de la industria, casi todas según modelos de A.G. Adamson. Por otro lado son curiosos los canales de desagüe de la lluvia del tejado metidos dentro del edificio.

Kazanskaja ploščad' (I, D4-5). Frente a la dom Knigi se abre la amplia Kazanskaja ploščad' (Казанская площадь), donde se eleva la famosa **catedral de Nuestra Señora de Kazan'**. En el centro de la plaza, que en 1876 fue escenario de una de las primeras sublevaciones obreras, hay una **fuente** neoclásica de Thomas de Thomon, y a los lados de la iglesia, las **estatuas** de los generales **Kutuzov y Barclay,** de Tolly, comandantes contra Napoleón en 1812, obra de B. Orlovskij (1837).

Kazanskij sobor★ (Казанский собор). La catedral de Nuestra Señora de Kazan' (I, D-E4-5) era, tras San Isaac, la segunda basílica de la ciudad por su tamaño. La iglesia debe su nombre al icono de la *Virgen de Kazan,* trasladada junto con la capitalidad de Moscú a San Petersburgo por orden de Pedro el Grande. La imagen de la Virgen de Kazan, adornada con diamantes, brillantes y rubíes, es una de las más veneradas por el pueblo ruso y uno de sus mayores símbolos. La encontró Iván el Terrible en 1579 en la ciudad de Kazan' tras arrebatársela a los tártaros en una victoria que le valió a Rusia la liberación del yugo mongol. Según una leyenda popular, el icono ayudó en la tarea de expulsar a los odiados invasores polacos de Moscú en 1612. En 1812 el ejército que había derrotado a Napoleón fue bendecido ante la venerada imagen. En 1940, en vísperas de la guerra, se trasladó desde la catedral, entonces cerrada al culto, a la iglesia del príncipe Vladimir, hasta el 21 de junio de 2001 en que se trasladó de nuevo a la catedral.

En ella se celebraban todas las fiestas de la familia real, sobre todo los matrimonios. Únicamente los bautismos se reservaban para San Isaac, mientras que las exequias tenían lugar en la fortaleza de Pedro y Pablo. Obra maestra de A.N. Voronichin, genial ex siervo de la gleba convertido en arquitecto, la basílica se levantó en 1801-1811 por orden del zar Pablo I, que quería una iglesia que glorificase su propia nación. Tenían que ser rusos el arquitecto, los operarios y los materiales de construcción. Entre estos últimos se encuentra el granito rosa de Finlandia y la piedra porosa y ligera de la región de Gatčina *(izvestnjak)* con la que se construyó la cúpula y que tiene la peculiaridad de endurecerse con el aire. La catedral *(visita: todos los días de 8.30 h a 20 h, celebraciones a las 9 h y a las 18 h),* con planta de cruz alargada, recuerda claramente a la de San Pedro de Roma; las columnatas laterales, con 144 columnas, están situadas directamente en la calle, de forma que creen un paso tranquilo hacia el interior de la basílica. Los bajorrelieves y las estatuas de la columnata son obra de varios escultores, como Pimenov, Martos, Demut-Malinovskij, mientras que las puertas que se construyeron imitando las del Paraíso de Ghiberti, fueron fundidas en bronce sobre la base de una copia de yeso perteneciente a la Academia de Bellas Artes de San Petersburgo.

El interior posee gran ligereza y esbeltez, más semejante a una sala de palacio que a un

Plaza Kazanskaja, con la catedral de Nuestra Señora de Kazán.

Una "perspectiva" muy especial

La zona entre el canal Griboedov y el río Fontanka representa la parte de la Nevskij históricamente comercial. En el número 44 (edificio de 1909-1910, diseñado por el arquitecto Girsovič) está la **pastelería Sever,** considerada la mejor de la ciudad desde antes de la Revolución y a la que se dirigían los ciudadanos siempre que tuvieran algo que celebrar. Valía la pena esperar varias horas en la inevitable cola para poder adquirir la exquisita torta de Sever. Hoy en día, en San Petersburgo, ya no hay colas kilométricas ni siquiera a la entrada de esta pastelería, por lo que no es necesario esperar para degustar sus productos. Seguramente haya personas que se sientan decepcionadas cuando prueben la típica torta rusa, por ser ésta grasienta, muy dulce y por sus sospechosas flores de margarina de colores que la adornan. Se recomienda por tanto dejarse aconsejar, ya que hay dulces que sin ser cremosos, son muy apetecibles.

En el número 48 se encuentra el edificio de los **grandes almacenes Passaž** (Pasaje). Esta larga galería de tres plantas llena de tiendas, fue construida por R.A. Zeljazevic entre 1846 y 1848, según la estructura de los centros comerciales europeos de la época. Entre 1899 y 1900, Kozlov llevó a cabo una reestructuración completa del edificio, que se conserva hasta hoy en día, a pesar de los años transcurridos y de los retoques posteriores. La calidad de los productos en venta tampoco se ha visto alterada con el paso de los años. La entreplanta sigue estando destinada a productos alimenticios (en el siglo XIX así se aconsejaba para conservar los productos a temperatura fresca y constante). La primera tienda a la izquierda de la entrada principal es de artículos de regalo; con buen ojo y algo de paciencia se pueden realizar compras interesantes.

El amplio centro comercial une la Nevskij con la decadente Ital'janskaja ulica (calle Italia), así denominada a raíz de la construcción a principios del siglo XIX de un palacio de estilo italiano, en el cruce después de la orilla izquierda del río Fontanka y la calle. Hoy en día se alza aquí un edificio totalmente distinto, sede de la **Biblioteca Nacional**. Junto al Pasaje se encuentra el importante **teatro Komissarževskaja** (entrada por la calle Ital'janskaja), donde, en el siglo XIX tenían lugar tertulias literarias, en las que participaban Nekrasov, Turgenev y Dostoievski.

Al otro lado de la Nevskij se sitúa el **Gostinyj dvor** o casa de los comerciantes, construida en 1761 por Vallin de la Mothe. Este inmenso mercado, cuyo perímetro es de aproximadamente 1 km, está rodeado por unos soportales. Inicialmente durante la noche, servía de curtiduría de pieles y de refugio para los comerciantes que llegaban a la capital. Una experiencia interesante puede ser adentrarse por un momento en el ambiente frenético de comerciantes y curiosos.

Si el Gostinyj dvor representa el punto de referencia para las compras más populares, el número 56 de la calle representa el polo opuesto. Construido con gran suntuosidad en 1903 como símbolo de la riqueza de la familia de comerciantes Eliseev, conserva la decoración y la iluminación de la época. Vale la pena visitar el salón situado a la izquierda, por su lujoso y singular interior, y el de la derecha, por los productos que ofrece (caviar, y variedades de pescado marinado o ahumado).

templo. Una solemnidad especial le confieren las 56 columnas monolíticas de granito rosa de Finlandia y los capiteles de bronce que sostienen la cúpula; el pavimento es de mármol y mosaicos. A la derecha de la entrada se encuentra la tumba del general Kutuzov. Panteón de las glorias militares rusas, la iglesia alberga el **Museo de la Historia de la Religión** (Muzej Istorii Religii; Музей Истории Религии; *visita: de 11 h a 18 h; miércoles y último viernes de mes cerrado*).

Puente de la Banca adornado con grifos, sobre el canal Griboedov.

A la derecha de la Catedral y detrás de una verja★ de hierro forjado de excelente factura, que se extiende en semicírculo a lo largo de 171 m, diseñada por Voronichin en 1811, se encuentra el **Instituto de Finanzas y Economía,** instalado en el edificio de estilo imperio de la antigua Banca Nacional. Detrás de la iglesia, en el número 2 de la ulica Kazanskaja, se halla una interesante casa del siglo XIX. Reconstruida en 1902 en estilo *Liberty's*, su fachada se vio enriquecida con un gran friso y un piso superior con amplias ventanas semicirculares.

Se atraviesa el canal Griboedov (kan. Griboedova) por el Bankovskij most, o puente de la Banca, puentecillo colgante adornado con grifos, obra de Voronichin. A la izquierda, a lo largo del canal, hay una bella perspectiva de la iglesia de la Resurrección. Tras el puente, a la derecha, en los números 31-33, se halla la **Duma municipal** (Consejo Municipal de San Petersburgo). Sede de un antiguo mercado de plata, un primer edificio, incendiado en 1783, fue reemplazado en 1784-1787 por el actual palacio erigido por Quarenghi. La torre del reloj fue añadida en 1799-1804 por Ferrari; se venía usando para dar la alarma en caso de incendio o para transmitir los mensajes mediante un telégrafo óptico. El pequeño pórtico neoclásico (pórtico de Luigi) del centro de la calle, es obra de Luigi Rusca y en él se adquieren las entradas de teatro.

En el lado opuesto de la avenida Nevski, en el número 30, se halla el edificio de la sede de la **Filarmónica de la ciudad** (Malyj Zal im. M.I. Glinki Leningradskoj Filarmonii im. D.D. Šostakoviča; Малый зал им. М. И. Глинки Ленинградской Филармонии им. Д. Д. Шостаковича), construido entre 1759-1761 por F.B. Rastrelli y reconstruido en 1829-1830 por P. Jacquot para el mecenas V.V. Engelgardt, que celebraba en él bailes y mascaradas.

A su lado, retrasada ligeramente con relación a la calle, está la **iglesia** jesuítica **de Santa Catalina** (церковь Святой Екатерины), construida en 1762-1783 por los arquitectos Vallin de la Mothe y A. Rinaldi, a caballo entre el barroco y el neoclásico. Custodia las tumbas del último rey de Polonia Stanislao Poniatovski, muerto en 1798, y del general Moreau, comandante del ejército del Rin y luego combatiente con los rusos contra Napoleón, caído en Dresde en 1813. Destinada a almacén y castigada por un terrible incendio en 1984, aunque aún necesita nuevas restauraciones en su interior, la iglesia es en la actualidad un activo centro de culto, con celebraciones en lengua rusa, y los días festivos también en polaco e inglés. Entre la iglesia de Santa Catalina y la calle Mihajlovskaja surge el complejo del **Grand Hotel Europa** *(entrada por la calle Mihajlovskaja).* El proyecto original del edificio, de los años veinte del siglo XIX, se debe a Rossi; el palacio fue posteriormente modificado entre 1873 y 1875, y su interior se remodeló, en estilo *Liberty's* en 1905 por obra del arquitecto Lidval. En 1991, se llevó a cabo una ingente obra de modernización del prestigioso hotel.

Continuando por la avenida Nevski, en el número 42, se halla la antigua **Iglesia Armenia,** construida por Velten en estilo neoclásico, pintada de blanco y azul.

Casi de frente, en el número 48, se encuentra el edificio de los grandes almacenes *Passage,* de estilo modernista, mientras que en

Entrada del Gran Hotel Europa, uno de los más prestigiosos de la ciudad.

el número 56 puede verse el original interior, con enseres e iluminación de la época, de la tienda de alimentación construida en 1902-1903 y de propiedad, antes de la Revolución, de los comerciantes moscovitas Eliseev.

Gosudarstvennaja Publičnaja biblioteka (I, E5). En este punto la avenida Nevski se encuentra atravesada por la Sadovaia ulica, al otro lado de la cual, a la derecha, puede verse el gran conjunto ocupado por la **Gosudarstvennaja Publičnaja biblioteka** (Государственная Публичная Библиотека). La Biblioteca Pública del Estado, también conocida como biblioteca Saltykov-Ščedrin, es la segunda de Rusia, tras la Biblioteca Nacional de Moscú. Este grandioso edificio con columnata en semicírculo, fue construido en 1796-1801 por Sokolov. En 1828-1832 Rossi cambió la orientación del edificio construyendo la fachada principal de estilo imperio en la plaza Ostrovskogo. Entre las columnas jónicas están situadas las estatuas de filósofos de la antigüedad, talladas por Demut-Malinovskij y Terebenëv; en el frontón destaca la estatua de Palas Atenea, del escultor Simenón. Las obras impresas custodiadas en la biblioteca superan los 20 millones; es enorme el patrimonio de los archivos, con una parte de los de la Bastilla y de la biblioteca de Voltaire, vendida en 1778 a Catalina II. También es riquísimo el fondo de manuscritos con rarísimos libros de horas de la reina Ana de Bretaña, de María Estuardo y de Luisa de Saboya, evangeliarios latinos y griegos, manuscritos del Asia Central, raros incunables y grabados.

Ploščad' Ostrovskogo★ ((I, E5-6); площадь Островского). La plaza Ostrovskogo es otra de las típicas perspectivas de San Petersburgo, creada durante la primera mitad del siglo XIX por Carlo Rossi. En el centro está situado el grandioso monumento a Catalina II, de 1873, obra de Mikešin y Opekušin. La estatua de la zarina tiene 4 m de altura y está rodeada por estatuas de seis personajes célebres de su época. Al fondo de la plaza se eleva el **teatro Aleksandrinskij,** antes Pushkin, obra de Carlo Rossi, que lo construyó en estilo imperio, con fachada con columnata, friso de caretas y guirnaldas y estatuas de las Musas en las hornacinas; en lo más alto de la *Biga de Apolo*, de Pimenov. Inaugurado en 1832 con el nombre de Aleksandrinskij Teatr, trabajó allí durante los años precedentes a la Revolución

Página de un manuscrito en la Biblioteca del Estado (siglo XV).

de 1917, el director V. Meyerhold. Carlo Rossi, además de ser autor de la estructuración interna del teatro, fue también quién trazó la calle que hay detrás, que lleva su nombre.

Ulica Rossi★ (I, E5; улица Росси). Se considera la calle más bella de San Petersburgo. Construida en 1824-1834, resulta perfecta en sus proporciones. Tiene 22 m de anchura y a los lados dos imponentes edificios con columnas de 22 m de altura y 220 m de longitud. El palacio situado a la izquierda es la sede de la célebre **escuela de danza Vaganovskiaja** (Vaganovskoe Ucilisce) a la que asistieron, entre otros, Balanchine, Nuréiev y Barysnikov; a la derecha se encuentra el palacio que alberga el **Museo de Historia del Teatro** (I, E5-6; Teatral'nyj Muzej; Театральный Музей; *visita: de 11 h a 18 h; miércoles de 13 h a 19 h; martes y último viernes del mes cerrado*). Cuenta con fototeca, discoteca, una magnífica biblioteca y vestuario escenográfico. La ulica Rossi desemboca en ploščad' Lomonosova, donde destaca el **monumento** al científico **M. Lomonosov,** obra de P. Zabello (1892). En el canal Fontanka situado a escasos metros se halla el prestigioso **Bol'šoj Dramatičeskij Teatr** (teatro de prosa BDT), de fama internacional.

Aničkov dvorec★. Volviendo a la avenida Nevski, a la derecha, al otro lado de la plaza, se alza el **palacio Aničkov** (I, E6; *para concertar visitas guiadas en ruso llamar al telf. 3104395),* edificado en 1741-1754 por M.G. Zemcov y reconstruido varias veces. En dirección a la plaza Ostrovskogo, el palacio Aničkov está cerrado por una hermosa verja y por dos pabellones, según diseño de Carlo Rossi, adornados con estatuas de Demut-Malinovskij.

Casi frente al palacio Aničkov se encuentran el **teatro de Marionetas** (Teatr Kukolmarionetok; Театр кукол-марионеток) y el **teatro de la Comedia** (Teatr Komedii). Mandado erigir por orden de Isabel Petrovna para el tenor ucraniano Aleksei Razumovski, dotado de una soberbia voz, que se convirtió en amante y posteriormente en conde y marido morganático de la emperatriz, el palacio pasó a la zarina Catalina II, o mejor dicho, a su favorito, el príncipe Potëmkin. Más tarde, cambió de dueño doce veces, hasta convertirse, tras la revolución en el palacio de los Pioneros, es decir, la sede central de la ciudad de dicha organización, a caballo entre paramilitar y escultista, en la que se enmarcaban los jóvenes soviéticos. Aún en la actualidad, sin divisas ni banderas rojas, el palacio es sede de actividades didácticas y recreativas para la juventud, repartidas entre diversos círculos. Entre éstos, el más prestigioso es probablemente el de ajedrez: aquí se formaron Korshnoi, Sapsski y Slaov; también aquí en 1975, el nuevo campeón del mundo, Anatoli Karpov se vio obligado al empate por un joven estudiante, Garry Kasparov, iniciando así una larga serie de aguerridos combates.

La avenida Nevski cruza luego el canal Fontanka superándolo por el **Aničkov most** (Аниуков мост), desde donde, en la temporada que va de mayo a octubre, sale el barquito que realiza el paseo por los canales. Decorado en sus cuatro esquinas con grupos escultóricos de bronce de los famosos *Domadores de caballos*★★, es una obra maestra de Klodt, del año 1850.

Klodt había preparado, en 1841, otras estatuas ecuestres para este puente, pero el zar Nicolás I las envió como regalo a otras cortes (Berlín, Nápoles) y, cuando se trató de decorar el Aničkov, prefirió fundir obras originales nuevas.

A la altura del puente Aničkov, por el Fontanka, en el número 21, se halla el antiguo **palacio Šuvalov,** construido por Quarenghi

---

El palco del viejo Rossi

Creador de la arquitectura más bella de la ciudad, el napolitano Carlo Rossi, rusificado hasta el punto de cambiarse el nombre por Karl Ivanovič, no gozó del reconocimiento que se merecía a pesar del gran legado que dejó en San Petersburgo.

Se tenía por norma asignar un palco vitalicio del teatro al arquitecto que lo había diseñado; sin embargo, la dirección del Aleksandrinskij le cedió solamente un asiento en la platea; hasta que la corte no mostró interés, Rossi no vería reconocido su derecho. Sin embargo, la bondad imperial se agotó al mismo tiempo que la creatividad de Rossi; en el momento en el que el arquitecto, ya anciano y sin trabajo, se planteó alquilar el palco para mejorar su situación económica, fue increpado duramente por el zar en persona. Los Romanov no se caracterizaban precisamente por su gratitud.

en el siglo XIX; en la actualidad alberga la Casa de la Amistad con los Pueblos de los Países Extranjeros.

En la orilla contraria, frente al palacio Aničkov, se refleja en las aguas del Fontanka la fachada del **palacio Belosel'skij-Belozerskij★,** construido en el año 1848 por Andrei Stakenschneider en estilo ecléctico, ampliando y reestructurando el edificio neoclásico anterior. Hoy día actúa como sede de exposiciones temporales y convenios y de Oficina de Información Turística de la ciudad; en su elegante teatro se organizan a menudo interesantes conciertos.

En el tramo siguiente de la avenida, las residencias nobiliarias dan paso a edificios construidos para pequeños propietarios o para alquiler de familias acomodadas. Aunque no sean comparables en elegancia a los edificios anteriores, no comprometen la armonía estética de la avenida Nevskij A la derecha, en el número 57, sede histórica de importantes hoteles, está el lujoso **Nevskij Palace,** inaugurado en 1992. Continuando por la avenida se llega a la ploščad Vosstanija o plaza de la Insurrección, donde en febrero de 1917 el regimiento Pavlovskij, amotinado, se negó a disparar contra los manifestantes. Al norte de la plaza se encuentra la **estación Vosstanija** del metro, de 1955, con una gran cúpula y revestida por dentro con mármoles que contienen pinturas relativas a la Revolución. Ésta fue construida en 1935 en sustitución de la antigua iglesia Znamenskaja, que hasta 1917 daba nombre a la plaza. En el lado sur, se halla la **Moskovskij vokzal,** la estación de Moscú [pág. 235]. El obelisco del centro de la plaza, inaugurado durante el 40º aniversario de la victoria, así como la gran inscripción del edificio que da a la estación recuerdan el título de ciudad mártir conferido a Leningrado tras la última guerra.

Hasta los años sesenta del siglo XIX, cuando el decreto de liberación de la servidumbre de la gleba produjo una gran urbanización; la plaza marcaba los límites de la ciudad. Incluso en las proximidades de la estación podía haber sorpresas: en 1819 un obrero de la empresa del gas fue atacado por un lobo mientras se encontraba reparando un farol.

Aleksandro Nevskaja lavra★★. En el extremo de la Nevskij prospekt, al que se llega desde la ploščad Vosstanija, se encuentra la ploščad Aleksandra Nevskogo, en la que se sitúa el moderno **Hotel Moscú.** La plaza es un importante punto turístico, ya que desde

> ### *El teatro Aleksandrinskij*
>
> *El proyecto de Carlo Rossi para el teatro Aleksandrinskij, construido en 1827, no se limita únicamente al edificio arquitectónico, sino que ofrece toda un área urbana que abarca desde la Nevski prospekt hasta el canal situado en la parte posterior. Carlo Rossi (nacido en Nápoles en 1775) perteneció a la escuela romana. A diferencia de arquitectos como Rastrelli y Quarenghi, que construyeron edificios en la ciudad de Pedro el Grande de estilos barroco y neoclásico, se especializó en la composición urbana. Sus proyectos (como el conjunto monumental que, enlazado por un enorme arco, delimita la plaza situada enfrente del Palacio de invierno de Rastrelli) abarcan amplias zonas de la ciudad, que él modifica con el objetivo de convertir a San Petersburgo en la nueva Roma del Norte. Con el nuevo teatro, Carlo Rossi da un nuevo orden a Nevskij prospekt; construye una plaza con árboles, reestructura las fachadas de los palacios que rodean al teatro y crea una nueva calle detrás del mismo (la calle del teatro, hoy Ulica Rossi), rodeada de palacios monumentales que se extienden en una segunda plaza semielíptica junto a un canal.*

Uno de los domadores de caballos de Klodt.

ésta se accede al monasterio de Aleksandr Nevskij [pág. 186].

El término ruso "lavra" indica un monasterio de arzobispo metropolitano y de un seminario eclesiástico. En 1713 Pedro el Grande decidió que la nueva capital albergara un "lavra" que estuviera a la altura de los otros tres que existían en Rusia: el de Kiev, el de Počaev y el de la Trinidad de S. Sergio (Sergiev Posad). Este "lavra" se dedicó a Aleksandr Nevskij, canonizado por la iglesia ortodoxa como santo defensor de Rusia.

En el recinto del monasterio hay cuatro cementerios y siete iglesias de interés histórico; en 1936-1937 dos de los cementerios se transformaron en museo-necrópolis (*visita: de 10 h a 17 h en invierno y de 10 h a 19.30 h en verano; jueves y primer martes del mes cerrado*). A la entrada se encuentra la **Nadvratnaja cerkov'** (iglesia Tras la Puerta) de 1783-1785, obra de Starov.

Pasando la puerta, a la izquierda encontramos el antiguo **Lazarevskoe** (cementerio de San Lázaro) del siglo XVII, el más antiguo de San Petersburgo, construido en tiempos de Pedro el Grande para acoger a grandes personalidades del Estado, de la ciencia y de las letras; allí descansan el científico Lomonosov, los arquitectos Starov, Zaharov, Voronihin, Quarenghi, Rossi y Thomas de Thomon; los escultores Gaetano Triscornia y Pietro Scotti, el músico Vicente Martín y Soler y el ingeniero Agustín de Betancourt, así como numerosos personajes relevantes de los siglos XVIII-XIX.

En el año 1823 se construyó a la derecha el **cementerio de Tihvin,** transformado en parque, que posee tumbas de destacados escritores y músicos del siglo XIX (Karamzin, Krylov, Dostoievski, Glinka, Musorgski, Rimski-Korsakov, Borodin, Chaikovski, Rubinstein y Stravinski, entre otros). Muchos de los monumentos funerarios son de gran interés artístico. Al este de

---

De tiendas entre patios

Paralelamente a la vida frenética de la Nevskij se extiende un mundo de espacios más limitados, con otra concepción del tiempo. Adentrarse en el ambiente que se respira en los patios interiores que rodean a la ilustre avenida permite no sólo encontrar el placer del silencio en el corazón de la ciudad, tan preciado por sus habitantes, sino comprender las construcciones de San Petersburgo. En los barrios centrales, casi todos los edificios tienen una cantidad de patios con pasadizos y atajos a veces difíciles de imaginar. Los habitantes de la ciudad, conocedores de los secretos de los pasadizos, se adentran en éstos, pasando por patios que desembocan en las calles adyacentes, mientras que el visitante, ajeno a los mismos, transita por las zonas más concurridas.

Se puede tomar como ejemplo uno de los miles de itinerarios de pasadizos ocultos que ofrece San Petersburgo. Una de las entradas a los patios se encuentra frente a la parte izquierda de la iglesia luterana de los santos Pedro y Pablo, situada en la Nevskij. Ese patio desemboca en la ulica Bol'šaja Konjušennaja. A la derecha, caminando por el lado izquierdo de la calle están los **grandes almacenes DLT,** *que ofrecen una amplia gama de productos artesanales (en la planta baja) y una variedad de sombreros colbac (primera planta), todo ello a precios razonables.*

Adentrándose en los patios a los que se accede desde el número 11 de la calle, pasada la sala de conciertos de la capilla M.I. Glinka, sorprende la repentina vista de la plaza del Palacio y de la Mojka. Retrocediendo hasta la ulica Bol'šaja Konjušennaja, deteniéndose si se desea en las tiendas de anticuarios de la zona que ofrecen productos interesantes, se cruza la calle que lleva a una callejuela a la derecha, llamada Švedskij pereulok.

Al fondo, una vez que se ha podido contemplar la elegante ulica Malaja Konsušennaja, recientemente convertida en peatonal, se pasa al patio situado enfrente. A la izquierda se halla el **café Sankt Petersburg** *(es agradable y nada caro). Al salir, se sigue recto por la única calle que hay; girando a la izquierda se descubre la catedral del Salvador sobre la Sangre Derramada; enfrente se puede admirar el ala destinada a las exposiciones contemporáneas del Museo Ruso, llamado "Korpus Veníos", y a lo lejos, a la derecha, la imponente catedral de Nuestra Señora de Kazan.*

Tumba de Chaikovski, en el cementerio de Tihvin.

la catedral se encuentra situado un tercer cementerio, el **Nikol'skoe**, fundado en 1861.

Atravesando un puente sobre el río Monastyrka se accede al monasterio en sí. Tras el arco de entrada, a la izquierda, se alza un edificio con cúpula de dos plantas: en la parte superior, de 1822, está la iglesia de S. Aleksandr Nevskij, hoy **Museo de la Escultura Urbana**, actualmente en restauración (una parte del museo alberga una capilla, cerca de la entrada); en la parte inferior se encuentra la **Blagoveščenskaja cerkov'** (iglesia de la Anunciación), construida por Trezzini en 1717-1725; es la basílica más antigua de la "lavra" y alberga las tumbas de Suvorov, de miembros de la familia imperial, de estadistas y de generales de los siglos XVIII y XIX.

Troickij sobor★★. La catedral de la Trinidad, obra maestra de Starov (1776-1790), construida por voluntad de Catalina II, constituye la iglesia principal del monasterio. Se rechazó un primer proyecto de Domenico Trezzini, que a pesar de ser grandioso se consideró que la orientación del edificio era incorrecta; la actual construcción es de tipo clásico, con una única cúpula y dos torres a los lados de la fachada.

En el *interior,* suntuoso, de valiosos mármoles, se conservó durante un tiempo la urna de plata con las reliquias de San Alejandro (hoy en el Ermitage); permanece una *Anunciación* de Mengs, cuadros académicos rusos, y copias de obras de Rubens, van Dyck y el Guercino. En el espacio frente a la catedral pueden verse tumbas de la época de la guerra civil y de la II Guerra Mundial.

En el lado contrario al cementerio se ve el largo **Mitropoličij o Archierejskij dom** (palacio del Metropolita), bello edificio barroco proyectado, junto a las celdas de los monjes que crean la circunvalación del monasterio, por el arquitecto M. D. Rastorguev (1755-1756). Ampliamente reestructurado por el A. M. Gornostaev en 1861-1864, asumió el aspecto actual; conserva algunos de los interiores originales del siglo XVIII.

EL CANAL MOJKA

La excavación del canal Mojka, de 5 km de longitud, se inició en 1711 a partir de un arroyuelo fangoso que salía del Neva cerca del Campo de Marte. Sus orillas, que inmediatamente se poblaron de suntuosas residencias, se reforzaron con malecones de granito durante los años 1798-1810 y fueron adornadas con bonitos pretiles de hierro fundido y numerosos puentes.

Tan importante desde el punto de vista arquitectónico como sugerente por sus pintorescos rincones, el ilustre paseo es una meta ideal para dar tranquilos paseos al atardecer.

Este itinerario, que se aconseja recorrer a pie, comienza al sur del Campo de Marte y termina poco más allá de la isla de Novaja Gollandija (Nueva Holanda). Al Campo de Marte se puede llegar en pocos minutos desde la estación de metro Nevskij prospekt/Gostinyj dvor (desde la Novaja Gollandija se llega a la estación de metro Vasileostrovskaja con los tranvías 1 y 31, que paran en la ploščad Truda).

En la esquina del canal Mojka y el Campo de Marte, en el número 7 de este último, se halla la neoclásica **casa Adamini,** construida por el arquitecto del mismo nombre en 1823-1827 para el comerciante Antonov, que, como se intuye por los arcos del piso inferior, quería abrir en ella una serie de tiendas. La fachada que se orienta al Campo de Marte se halla decorada con una monumental portada con dos columnas.

Siguiendo por el canal, se divisa un edificio de casi 250 m de longitud, donde determinados días hay puestos de artesanía, que se asoma a la Konjušennaja ploščad' y albergaba, como dice su nombre, las **Caballerizas Imperiales** (Konjušennoe Vedomstvo), construidas al comienzo del siglo XVIII por el arquitecto N.F. Gerbel' y reconstruidas por V.P. Stasov en 1817-1823 en el más puro estilo neoclásico ruso.

El edificio que se halla frente a las antiguas caballerizas, en la otra parte del canal, con una extraña forma de triángulo y esquinas en chaflán, lo proyectó y construyó el arquitecto G. Quarenghi, en 1785-1790, para albergar algunos puestos de baratijas cubiertos en el interior de un mercado preexistente, el Kruglyj rynok (Mercado Redondo).

Esta parte de la calle paralela al canal Mojka estaba habitada por la élite intelectual, literaria y artística de la capital. De modo particular se señala en el número 12 la **casa Pushkin** (I, C4), en la actualidad museo.

El canal Mojka.

El **puente de los Cantantes** (Pevčeskij most; Певческий мост) enlaza la orilla del canal Mojka con la Dvorcovaja ploščad', plaza del Palacio [pág. 175]. El nombre del puente, desde el que se divisa la plaza con una perspectiva especialmente favorable, se debe a su proximidad con la **capilla M.I. Glinka** (Leningradskaja Gosudarstvennaja Akademi českaja Kapella im. M.I. Glinki; Ленинградская Государственная Академическая Капелла им. М. И. Глинки), una sala de conciertos famosa por su perfecta acústica, donde se han formado grandes cantantes, compositores y directores de orquesta.

Continuando a lo largo del Mojka, pasado el cruce con la avenida Nevski, se destaca en la orilla izquierda, en los números 48 y 50, el conjunto del **palacio Razumovskij,** característico ejemplo de residencia del siglo XVIII, construido en 1762-1766 bajo la dirección de los arquitectos Kokorinov y Vallin de la Mothe. A sus puras formas barrocas se han añadido detalles neoclásicos durante las reformas del XIX.

Una verja separa de la orilla del canal el patio principal del palacio, formado por un

Las orillas del río

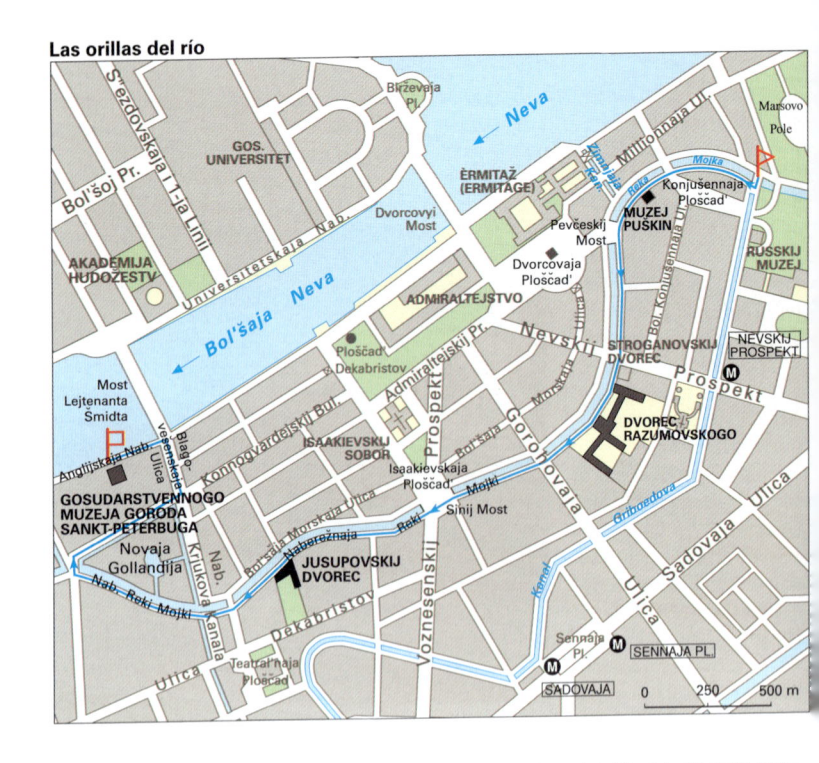

cuerpo central y dos edificios laterales. Todo el conjunto, con el edificio del número 52, está ocupado en la actualidad por el **Instituto de Pedagogía A.J. Herzen,** fundado en 1918. El edificio modernista, situado en el cruce con la ulica Gorojovaya y construido en 1907 según un proyecto de los arquitectos K.N. Rochefort y V.A. Lipskij para casa de comercio, alberga una fábrica de sombreros. Su arquitectura, todavía hoy moderna, era profundamente innovadora en aquel tiempo gracias a la estructura de hormigón armado y a sus amplias vidrieras.

Más adelante, el Mojka desaparece durante 100 m bajo el cemento de la plaza de San Isaac [pág. 180] para salir de nuevo al aire libre al otro lado del **Sinij most** (Синий мост; puente Azul).

Jusupovskij dvorec★ (I, E2-3). El exterior del palacio Jusupov, restaurado varias veces (con la intervención de J. B. Valin de la Mothe en 1760 y de A. A. Mijailov en 1830), presenta un elegante pórtico con seis columnas que une los dos pisos inferiores; el tercer y último piso está construido en forma de ático. Erigido a finales del siglo XVIII como residencia de los príncipes Jusupov. Este bello palacio es en la actualidad sede de la **Casa de los Docentes.** El interior es especialmente notable, y en él trabajaron I. A. Monighetti (1858-1859), A. A. Stepanov (1890), A. P. Waitens y A. Ja. Belobodorov (1910), que se han restituido recientemente al lujo prerrevolucionario. Las salas más bellas son la sala redonda y la de baile, con ligeras lámparas de cartón piedra, necesarias dado que el techo es de madera, y sobre todo el extraordinario pequeño **teatro** para 150 espectadores, de excepcional acústica. Una visita al palacio permite comprender las colosales riquezas que la familia había acumulado durante los últimos decenios de poder zarista y el gran papel desempeñado por los Jusupov en los tristes episodios que pusieron fin al viejo mundo en Rusia. En las estancias del primer piso y del sótano se reconstruye de manera sugerente, con estatuas de cera, el asesinato de Rasputín, que se produjo en este lugar el 17 de diciembre de 1916. El sacerdote-curandero, a cuyas artes visionarias se confiaba la familia del último zar Nicolás II, gozaba de un ilimitado poder en la corte, y fue eliminado por una conjura propiciada por el príncipe Félix Yusupov, que era su amante y que, posteriormente, se vanaglorió de la empresa en un libro de memorias escrito durante su exilio parisino.

La visita a las salas del segundo piso está permitida todos los días (*de 12 h a 16 h*), mien-

> ### Rasputín, un consejero poco recomendable
>
> *Grigorij Efimovič Rasputin (1864 o 1865-1916), proveniente de una familia de campesinos de Tobolsk, pasa su juventud en monasterios y "lugares santos". Una vez conquistada la fama de "hombre del Señor" y terapeuta, se convirtió en adivino y curandero. En 1904, el padre Teófanes, director del seminario de San Petersburgo, lo presentó a la familia del gran príncipe Nikolai Nikolaevich, quien lo introdujo en la Corte. El zar y su esposa, víctimas desde hacía tiempo de un oscuro misticismo, se rodeaban en aquel entonces de extraños personajes con aura de santidad; aprovechando la grave enfermedad del heredero al trono, el hemofílico Aleksej, Rasputín llegó a considerarse el líder espiritual del país. Fue víctima de una conspiración por parte de algunos aristócratas de la corte (F.F. Jusupov, V.M. Puriškevič y el príncipe D. Pavlovič). Su asesinato contribuyó a alimentar la leyenda de Rasputín: fue envenenado durante un almuerzo con el príncipe. Viendo que la poción tardaba en surtir un efecto letal, los conspiradores decidieron disparar contra él sin llegar a matarlo, por lo que tuvieron que ahogarlo en el río. Varios días después se encontró el cadáver intacto y la zarina ordenó embalsamarlo. Posteriormente, durante la revolución de 1917, fue incinerado.*

tras que para los locales del primer piso es necesaria la reserva *(visitas guiadas sólo en ruso; tel. 3148893)*. El 7 de enero, con ocasión de la Navidad ortodoxa, se organiza una fiesta con bufé, coro gitano y fuegos artificiales en el patio del palacio *(es conveniente adquirir los billetes de antemano)*. Los billetes para el teatro *(la estación abarca de septiembre a junio)* se deben comprar en la taquilla del palacio.

Novaja Gollandija★ (I, E2). Continuando por el canal, se llega a la derecha a este complejo de edificios *(no se visita)* en la isla Nueva Holanda, destinados a astilleros y construidos durante la segunda mitad del siglo XVIII por Vallin de la Mothe y rodeados de canales. Su nombre se debe al hecho de que el arquitecto se inspiró en las manufacturas holandesas en ladrillo. A la espera de una reconversión de todo el complejo, ejemplo de arqueología industrial, para convertirlo en centro cultural y comercial, no se puede visitar la zona, y sólo es posible admirar el bellísimo **arco** de granito.

Bordeando a la derecha el perímetro de Nueva Holanda, una breve desviación conduce a la ploščad Truda. El elemento característico de la plaza del Trabajo es el grandioso palacio del Trabajo, todavía sede de los sindicatos y construido por Stakenschneider en 1861 para el gran duque Nikolai Nikolaevich y, hasta la Revolución, instituto para jóvenes

Isla Nueva Holanda.

de la aristocracia. La gran escalinata central resulta imponente.

Most Lejtenanta Smidta (I, D2). Más allá de la plaza, sobre el Neva, se encuentra el puente del Lugarteniente Schmidt, el primero de los puentes fijos de San Petersburgo, dedicado al oficial que en 1905 aplacó la revuelta de los marineros del Mar Negro a bordo del crucero "Oakov"; fue erigido en 1842-1850 según proyecto del ingeniero Kerbedz, y totalmente reconstruido en 1936. De la construcción original no queda más que la barandilla de hierro fundido de A. B. Brjullov. Desde aquí se puede admirar uno de los panoramas más bellos de la ciudad; Dostoievski gustaba particularmente de esta vista, descrita con gran amor en *Crimen y castigo* a través de las percepciones, por una sola vez serenas, de Raskolnikov, protagonista de la novela.

A escasísima distancia, junto al Neva tiene su sede el **Museo Histórico de San Petersburgo**★ (I, E2; Государственного музея Санкт-Петербурга), en el número 44 de Anglijskaja Nabereznaja (Английская Набережная; *visita: de 11 h a 17 h; martes de 11 h a 16 h; cerrado miércoles y últimos martes de mes; para visitas guiadas al palacio llamar al telf. 2109065. De octubre a mayo se celebran veladas musicales y literarias dos veces al mes*). Está instalado en el antiguo palacio de los Rumjancev, donde esta familia había reunido una espléndida colección de cuadros, después dividida entre el Ermitage y el Museo Pushkin de Moscú. Obra de Glinka, de 1824, con un relieve de I. Martos en el frontón, el museo se articula en cuatro secciones y por seguir su orden cronológico se aconseja iniciar la visita en el tercer piso.

La **sección 1** se ocupa de la Revolución de 1917: la preparación, la obra de Gorki y Mayakovski; documentos, fotografías y esculturas de los encuentros armados. La **sección 2** nos muestra Leningrado entre las dos guerras: el desarrollo urbanístico de la ciudad. En la **sección 3** se describe la guerra, el asedio y el frente de Leningrado y se reproduce un refugio y un apartamento durante el asedio. Durante los 900 días de cerco murieron de hambre más de 632.253 personas. La **sección 4** nos lleva a la paz: reconstrucción de la ciudad y diversas actividades industriales de Leningrado.

Antes de confluir en el Neva, el Mojka atraviesa, a la izquierda, un pequeño canal, el Prjažka, cuyo nombre deriva de *"prjast'"* (hilar), ya que a partir de 1730 esta zona se convirtió en el barrio de los artesanos tejedores. Era el barrio de la ciudad más querido por el poeta simbolista Aleksandr Blok, que vivió aquí los últimos nueve años de su vida. No lejos, en el número 57 de la ulica Dekabristov, se ha inaugurado en 1980 en honor de Blok, en una vivienda donde residió el poeta, el **Muzej-Kvartira A.A. Bloka** (Музей-квартира А.А. Блока).

"Permanecerán para siempre en nuestra memoria"

En la zona septentrional de la ciudad, entrando por la avenida Nepohronennyh (que significa "los que no han tenido sepultura"), encontramos el inmenso **Piskarevskoe memorial'noe kladbisce**★ (*cementerio conmemorativo de Piskarevo; visita: de 10 h a 18 h; se aconseja desplazarse en taxi*). *Construido después de la guerra, era aquí se hallaban las fosas comunes para los caídos en el asedio de la ciudad del 8 de septiembre de 1941 al 27 de enero de 1944. Mediante altavoces se pueden escuchar los tristes acordes que suenan en memoria de las víctimas de una de los episodios más crueles de la historia de la humanidad. Al fondo de la extensa explanada bajo la que descansan 470.000 víctimas, se alza la enorme estatua de la Patria, hecha en bronce. En el muro de granito situado detrás están grabados algunos versos de la poetisa Ol'ga Bergolc: "Aquí descansan los leningradeses... permanecerán para siempre en nuestra memoria".*

La entrada está flanqueada por dos pequeños pabellones con fotografías y recuerdos de los años del asedio. En el edificio de la derecha, junto a los folios que recogían los nombres de las víctimas (sólo el 20 de febrero de 1942 hubo 10.043) se encuentran las conmovedoras páginas del diario de Tanja Savičeva. La niña apuntó con mano firme, a pesar de su escritura infantil, el día y la hora de la muerte de todos los miembros de su numerosa familia, las últimas palabras que escribió son: "ahora Tanja se ha quedado sola".

EL CANAL GRIBOEDOV

A diferencia del Mojka, que fue trazado por los primeros urbanistas de San Petersburgo y tiene un lecho ancho y regular, el canal Griboedov (Kanal Griboedova) se muestra estrecho y tortuoso como resultado de la reorganización de los cursos naturales de los dos riachuelos Krivuška y Gluchoj Protok, que, antes de juntarse para formar el Gluchaja rečka, fueron unidos al Mojka. El curso de agua originado por estos trabajos se llamó Ekaterininskij kanal en honor de Catalina II, en cuyo reinado se promovió la reestructuración. En 1923 el canal recibió su nombre actual en homenaje al dramaturgo A.S. Griboedov, que vivió en una casa de sus orillas.

Famoso dramaturgo, autor en 1823 de *La desgracia de tener talento,* fue terriblemente asesinado en Teherán en 1827, a donde había sido enviado en misión diplomática.

El itinerario por el sinuoso curso del canal Griboedov, encajonado entre casas y rico en perspectivas siempre nuevas, atraviesa una de las zonas más recogidas y silenciosas de la ciudad, en especial por la falta de tráfico, notablemente reducido en este área. Otro atractivo es el descubrimiento del popular barrio que se extiende en torno a la ploščad' Mira, habitado por pequeños comerciantes, empleados y artesanos y descrito por Dostoievski y Gogol' en sus obras como la otra cara de la sun-

Un detalle de San Salvador.

El canal Griboedov

Acceso a la iglesia del Salvador de la Sangre Derramada, singular templo multicolor realizado con ladrillos, mosaicos, cerámica, mármol y granito.

tuosa fachada de la ciudad. Las aguas del canal no son siempre cristalinas, pero esto no es nada comparado con lo que debía ser en el siglo XIX. El hedor era tal que, en 1869, se tomó la decisión de enterrar el curso del agua: habría nacido entonces el bulevar Alejandro II, proyectado como calle triunfal, con estatuas y bustos que glorificasen las distintas dinastías imperiales que se habían sucedido sobre el trono de Rusia. El proyecto no se pudo llevar a cabo por falta de fondos.

A la iglesia de la Resurrección, desde donde se inicia el itinerario, se puede llegar en pocos minutos a pie desde la estación de metro de Nevskij prospekt/Gostinyj dvor. Hacia la mitad del recorrido está la estación del metro Sennaja ploščad/Sadovaja. Desde la catedral de San Nicolás, donde termina el itinerario, se puede volver en metro, tomando cualquiera de los tranvías que van al centro o dando un agradable paseo.

Hram Voskresenija Hristova★ (I, C5; **Храм Воскресения Христова**; *visita: de 11 h a 18 h, excepto miércoles)*. Más frecuentemente llamada "Spas na krovi", iglesia del Salvador de la Sangre Derramada, la iglesia de la Resurrección, actualmente en restauración, fue construida por A.A. Parland en los años 1883-1907, por orden de Alejandro III, en el mismo lugar donde el zar Alejandro I perdió la vida el 1 de marzo de 1881 a causa de una bomba lanzada por un miembro de la organización Narodnaja Volja (Voluntad del Pueblo). Construida imitando las iglesias moscovitas de los siglos XVI-XVII, en un estilo neorruso, más bien insólito en una ciudad donde dominan el neoclásico y el rococó, la basílica con cinco cúpulas tiene a su lado un campanario también rematado en una cúpula dorada y dotado de dos escaleras de entrada, típicas de la arquitectura rusa antigua. El conjunto es especialmente singular, además de por la forma, en especial por los revestimientos multicolores de las fachadas, realizados con ladrillos, cerámica, mármol y granito. Las cúpulas en forma de cebolla, las hornacinas y todo el interior están revestidos de espléndidos mosaicos, realizados en el taller Frolov, con diseño de artistas famosos como V.N. Vasnetsov, M.V. Nesterov y A.P. Rjabuškin. Esta iglesia se cerró al culto en 1930 y tras la guerra sirvió de almacén para guardar los decorados del pequeño y vecino Teatro Mussorgski de Ópera y Ballet. En 1997 recuperó su dignidad de edificio religioso.

Desde el pequeño ensanchamiento creado en torno a la iglesia se accede al **Mihajlovskij sad**★ (I, C-D5; **Михайловский сад**). El jardín Mihajlovskij, al que sirve de fondo el palacio homónimo, está cerrado por una verja semicircular realizada en 1903-1907 por el mismo arquitecto de la iglesia, con grandes decoraciones de flores al estilo de Abramcevo, casi un modernismo que empleaba muchos temas rusos.

Ploščad' Iskusstv★ (I, D5). Continuando por el canal, se abre, a la izquierda, la Inženernaja ulica, que desemboca en la ploščad' Iskusstv (**площадь Искусств**). La plaza de las Artes, otra obra maestra de escenografía con todos los palacios simétricos, creada por Carlo Rossi en estilo neoclásico a comienzos del siglo XIX, ha sido objeto después de la guerra de una cuidadosísima restauración y en 1957 se ha instalado en el centro la **estatua de Pushkin**, obra de Anikušin. La plaza es uno de los centros de la vida intelectual de San Petersburgo por el gran número de museos y salas de conciertos que se asoman a ella. En el número 2, en la confluencia con la ulica Ital'janskaja (calle de Italia), el antiguo palacio de la Nobleza de San Petersburgo, construido en 1838 por Jacquot de acuerdo con el estilo de Rossi, alberga la **Filarmónica Estatal,** llamada de Shostakovich (Gosudarstvennaja Filarmonija im. D.D. Šostakoviča; **Государственная Филармония им. Д. Д. Шостаковича**), con una sala de grandes columnas y una acústica excepcional.

A principios del siglo XX el número 5 de la plaza de las Artes era la sede del café literario Brodjacaja Sobaka (El perro vagabundo). Entre 1912 y 1915 fue lugar de reunión de una tertulia literaria formada por personajes de la talla de Gorki, Gumilëv, Esenin o Ajmátova. Este café fue testigo de la actitud provocadora de Mayakovski, casi escandalosa según el público de la época.

En el número 1 de la plaza se halla el **Pequeño Teatro Mussorgski de Ópera y Ballet,** obra de Brjullov (1833), famoso por la elegancia de su decoración interior.

En la parte septentrional de la plaza sirve de fondo escenográfico el antiguo **palacio Mihajlovskij★** (**Михайловский дворец**), edificio neoclásico construido por Rossi en 1819-1825 para el gran duque Mijail, hijo de Pablo I. Tras la muerte del gran duque, su viuda Elena lo convirtió en el más brillante centro de música -cuyas funciones organizaba Arthur Rubinstein, de cultura y política de San Petersburgo. Después de la muerte de Elena en 1873 y de su hija

Cartel de conciertos de la Gran Sala Filarmónica.

Plaza de las Artes, con el Museo Ruso al fondo y la estatua de Puskin.

Catalina, el edificio pasó a pertenecer al Estado. En 1895 Nicolás II decidió establecer en el palacio el **Museo Ruso** [pág. 184], que fue inaugurado en 1898 y dedicado por completo al arte nacional. Con esta finalidad se modificaron radicalmente los interiores, y del trabajo de Rossi quedaron únicamente la escalinata central y la "sala blanca".

Rossijskij Ètnografičeskij Muzej★ (I, D5). Anexo al palacio Mijailovski, a la derecha, se encuentra el Museo de Etnografía *(visita: de 10 h a 17 h, lunes y último viernes de mes cerrado).* El inmenso museo, uno de los más importantes del mundo en su género, instruye al visitante con la reconstrucción de los modos de vida del mosaico de pueblos que componían la Unión Soviética, utilizando, eso sí, un método rigurosamente científico.

Desde la plaza de las Artes se vuelve al canal Griboedov, donde destaca, en el número 8 del mismo, el edificio neoclásico proyectado por L. Rusca, en 1801-1805, como **colegio de los Jesuitas**. Continuando más adelante, se encuentra la avenida Nevski en la bella Kazanskaja ploščad' [pág. 189]. Desviándose hacia la izquierda por la ulica Lomonosova, se llega al **palacio Voroncov-Dačhov**, en el número 26 de la Sadovaia ulica, frente a la fachada oriental del Gostinyj dvor. Construido por Rastrelli, en 1749-1757, fue retocado por Quarenghi, que añadió una capilla para los Caballeros de Malta. Alberga en la actualidad una sección de la Academia Militar.

De regreso al canal, en el cruce con la ulica Gorojovaya, se pasa el **puente de Piedra** (Kamennyj most; Каменный мост), creado en 1776 por el ingeniero I.N. Borisov y considerado uno de los más elegantes puentes del siglo XVIII. Más adelante se encuentra el **puente Demidov**, de 1834-1835, proyectado por el ingeniero E.A. Adamov. Es singular su barandilla decorada con palmas pequeñas.

Una vez pasada la curva del canal se abre a la izquierda la plaza del Heno o **Sennaja ploščad'** (I, F4; Сенная площадь). Era una plaza de mala reputación hasta tras la Revolución de Octubre se remodeló. La estación de metro de Sennaja ploščad' se inauguró en 1963 y la de Sadovaja en 1992.

En el número 80 del canal Griboedov se visita una casa donde se exponen retratos de escritores rusos de la primera mitad del siglo XIX; fue uno de los primeros edificios restaurados por el arquitecto K.E. Geftler para V.S. Balasov (1884).

El **puente de los Leones** (L'vinyj most; Львиный мост), peatonal, fue construido en 1825-1826 por el ingeniero G. Treter. Los leones son obra del escultor P.P. Sokolov.

La plaza del Heno, donde conviven realidad y ficción

Después del incendio del mercado marítimo que tuvo lugar el 19 de noviembre de 1736, el mercado del heno se trasladó a la zona portuaria de la actual Sennaja ploščad', atrayendo así otros comercios. Muchos judíos se trasladaron aquí y la plaza tomó un aspecto decoroso. Sin embargo, a finales del siglo XVIII, tras las nuevas disposiciones fiscales, con la hostilidad del gobierno y del resto de la población los judíos fueron expulsados. La Sennaja se convirtió en el reino de delincuentes y campesinos que llegaban a la ciudad esperando vender sus productos. El gobierno trató de poner orden a la caótica concentración humana abriendo refugios y comedores gratuitos. Tras el proceso de urbanización que siguió al decreto de liberación de la servidumbre de la gleba en 1861, la zona de la Sennaja se fusionó con la zona norte del canal.

En esta última vivían los carpinteros que Pedro el Grande había hecho llegar de toda Rusia para construir el Almirantazgo. El barrio albergaba tiendas de artesanado, tabernas de las clases más desfavorecidas y prostitutas que vivían en la miseria. El propio Dostoievski vivió en la zona durante una época y es aquí donde ambientó Crimen y castigo. *La precisión de su descripción ha hecho posible identificar los lugares que aparecen en la novela (el museo Dostoievski organiza visitas con guía). Incluso en nuestros días, la zona de la Sennaja está siempre muy transitada. La gente llega, atraída por los precios, que son los más bajos de la ciudad, en especial los productos de alimentación del mercado de la avenida Moskovskij y el bazar de Apraksin dvor, a pocos metros de la plaza, siguiendo a la derecha de la calle Sadovaja, en dirección a la Nevskij.*

Teatro Mariinskij.

Teatral'naja ploščad'★ (I, F2). Театральная площадь). A continuación del puente. el canal se abre a la plaza del Teatro, el centro de la vida teatral de San Petersburgo. Está dominada en su parte oriental por el **teatro Mariinskij** (I, F2; Мариинский театр), o teatro académico de Ópera y Danza, realizado por Cavos en 1860 y conocido como Teatro Kirov en la época socialista, es el principal teatro de ópera y danza de la ciudad, además de uno de los más famosos del mundo. En él se inauguraron innumerables acontecimientos artísticos nacionales (todos los grandes compositores rusos representaron en él sus obras por primera vez) e internacionales.

Tras un periodo de dificultades debido a la política centralista ejercida por Moscú según la cual el teatro debía ceder los mejores artistas al Bol'šoj y la marcha de muchos otros al extranjero, el teatro Marinskij ha comenzado a recuperar su prestigio bajo la iluminada batuta del célebre maestro V. Gergiev.

De frente, en el número 3, se sitúa el **Conservatorio,** que, fundado en 1862 por Arthur Rubinstein, educó a grandísimos talentos musicales. El edificio, originariamente dedicado a teatro según un proyecto de Rinaldi de 1775-1783, fue rehecho en torno al 1800 por Thomas de Thomon, y finalmente reconstruido y ampliado por el arquitecto V.V. Nicole en 1891-1896. Junto al Conservatorio se halla el **teatro de ópera y danza Rimskij-Korsakov,** donde cantó Caruso. A los lados del Conservatorio pueden verse las **estatuas de Glinka** y **Rimski-Korsakov.**

Nikol'skij sobor★ (I, F3; Никольский собор). Obra maestra de la arquitectura barroca, resuelta por el arquitecto S.I. Čevakinskij, discípulo de Rastrelli, con gran originalidad y maestría en 1753-1762, la catedral de San Nicolás tiene dos pisos. El superior, esbelto y luminoso, con un precioso iconostasio★ tallado por I.F. Kanaev, es para el verano y el inferior, también preciosamente decorado, para el invierno. Los iconos de la iglesia son del siglo XVIII. El exterior, embellecido con excelentes frisos, presenta un tema decorativo peculiar a base de haces de tres columnas, de las que la central forma la esquina del edificio; es una referencia a la arquitectura rusa antigua. El campanario se yergue como torre independiente, cuadrada, resuelta con columnas en los tres primeros pisos, terminando con un tambor redondo coronado por una aguja según un modelo típico del barroco.

EL CANAL FONTANKA

El Fontanka es el más externo de los canales que abrazan el centro de la ciudad y, embellecido con lujosas viviendas construidas en sus orillas durante todo el siglo XVIII, señalaba el confín meridional de San Petersburgo. Un paseo por el canal reviste un interés especial, además de por la presencia de algunos hermosos palacios, por la permanente huella del arquitecto Domenico Trezzini, que, a fin de dar unidad visual y estilística a los edificios, creó "proyectos modelo" para las villas con salida al canal, reelaborados después por los arquitectos de cada vivienda.

Resultaría demasiado largo y complicado recorrer a pie todo el curso del Fontanka hasta llegar al golfo de Finlandia, por ello el itinerario se limita a seguir un recorrido que parte del castillo de los Ingenieros, al que se llega a pie desde la estación de metro Nevskij prospekt/Gostinyj dvor por la Sadovaia ulica. Se termina en el cruce con la Moskovskij prospekt, no lejos de la estación del metro ploščad' Sennaja. Es preciso tener en cuenta que este largo trayecto se puede abreviar haciendo algunos tramos con el tranvía que pasa por la Sadovaia ulica, paralela al Fontanka.

Inženernyj zamok★ (1, C5-6; инженерный замок). El castillo de los Ingenieros lo construyeron los arquitectos Baženov y Brenna entre los años 1797-1800, como residencia del zar Pablo I. Llamado inicialmente castillo Mihajlovskij (Mihajlovskij zamok; Миайловский замок), en honor del Arcángel San Miguel, al que Pablo I consideraba su santo protector, el edificio debía formar una especie de ciudadela fortificada en la que el zar pudiese sentirse seguro. Disponía de fosos con puentes levadizos, interiores complicados con pasadizos secretos y escaleras camufladas, pero a pesar de estas importantes precauciones el zar fue asesinado por sus cortesanos, precisamente en este palacio fortificado, en la noche del 11 al 12 de marzo de 1801, cuando sólo llevaba cuarenta días viviendo en el edificio. En 1819 el castillo se convirtió en Academia del Ingeniero Militar, de donde deriva el nombre actual de castillo de los Ingenieros. En ella estudió en 1837 Dostoievski, forzado por su padre a emprender una poco afortunada carrera científico-técnica.

La insólita arquitectura del castillo presenta cuatro fachadas y cada una resuelta de forma distinta. En época de predominio del neoclasicismo, Brenna creó un estilo propio que se podría llamar "romántico": una fusión de barroco y renacimiento italiano. Hoy el castillo expone parte de los fondos del **Museo Ruso** (*visita: de 10 h a 17 h; lunes de 10 h a 16 h; martes cerrado;* entrada por la puerta situada a la izquierda del patio). Ante la entrada se erige la **estatua** ecuestre **de Pedro el Grande,** obra de Carlo Bartolomeo Rastrelli, de 1743, cuya dedicatoria a Pablo I se añadió en 1800.

Al otro lado del Fontanka con relación al castillo, en el número 2 de la ulica Pestelja se encuentra la **iglesia de Pantaleón** (Pantelejmonovskaja cerkov; Пантелей-

Canal Fontanka y puente de Anishkov helados.

EL CANAL FONTANKA

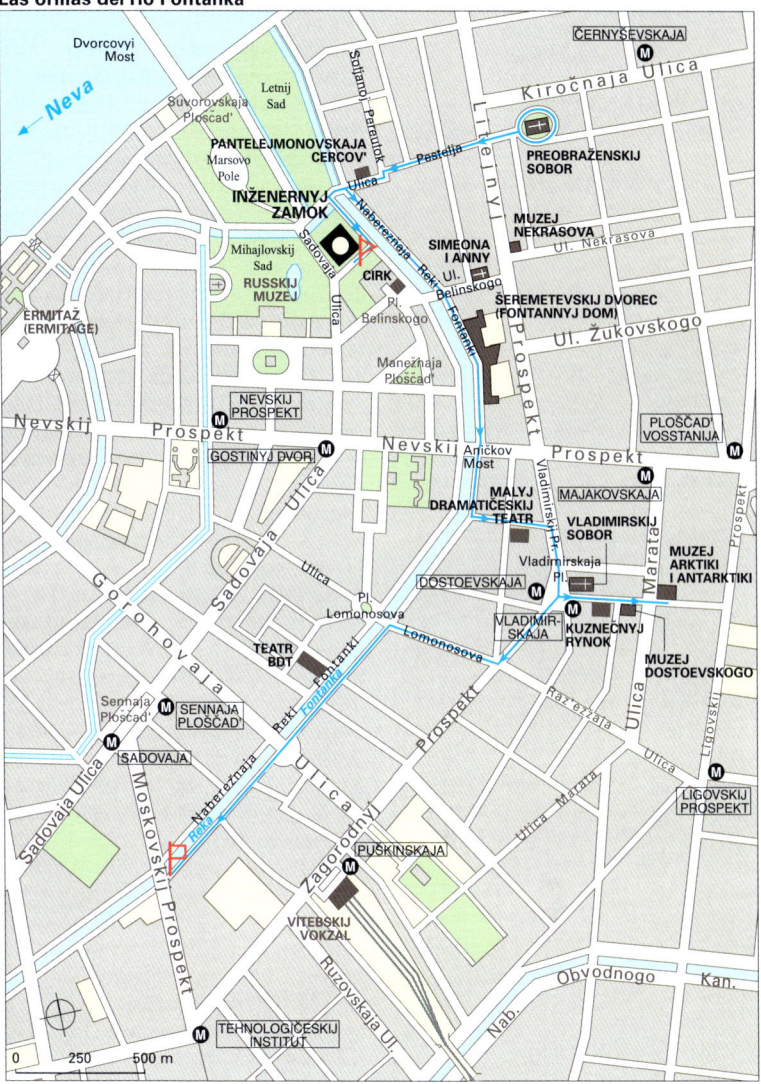

Las orillas del río Fontanka

моновская церковь), actualmente cerrada. Continuando por la ulica Pestelja, en dirección al Neva, se entra en un callejón paralelo al Fontanka, la Soljanoj pereulok. En el número 13 está la famosa **Escuela de Diseño V.I. Muchina,** inaugurada en 1945, sobre la base de la no menos importante escuela de diseño textil creada y financiada por el barón A.L. Stieglitz. El edificio fue construido en 1879-1888 según un proyecto de los arquitectos A.I. Krakau y R.A. Gedike. El arquitecto M.E. Mesmacher, primer director del Instituto Stieglitz, proyectó el edificio vecino, en el número 15, destinado a convertirse en **Museo de Artes Aplicadas,** cuya sala central está cubierta por una enorme cúpula de cristal. El museo *(visita: de 11 h a 17 h, excepto domingo y lunes)* cuenta con una colección de mobiliario europeo y nacional desde el siglo XV a nuestros días, estufas antiguas y muñecos vestidos con la indumentaria típica de los distintos gobernadores rusos.

Preobrazenskij sobor. Continuando por la ulica Pestelja, pasado el cruce con la Litejnyj prospekt, se llega a la interesante Preobraženskij sobor (Преображенский собор), o catedral de la Transfiguración, que mira a la ploščad' Radiščeva. Construida en

207

> ### Un zar poco afortunado, pero iluminado
>
> *Pablo I (1754-1801) es uno de los personajes más trágicos de la dinastía Romanov.*
>
> *Si por un lado guardaba un gran parecido con uno de los muchos amantes de su madre, Caterina II, por otro, circulaban rumores en la corte que aseguraban que fuera hijo de campesinos livones y que había sido raptado para sustituir al verdadero hijo de la zarina, que nació muerto. Convencido de que su padre Pedro III fuera un prisionero de su madre Caterina, que en realidad lo había hecho asesinar, desarrolló un odio feroz hacia ésta, avivado por el temor de que su propio hijo Alejandro, muy querido por la abuela, pudiera conspirar contra él, lo que en realidad sucedió.*
>
> *Una vez en el trono, Pablo transformó en cuarteles los lugares en los que su madre organizaba fiestas. En el monumento a Pedro el Grande de Rastrelli ordenó grabar una dedicatoria en ruso que decía "al bisabuelo, de su bisnieto" (en la base del Caballero de Bronce, Caterina había mandado grabar "Pedro I, Caterina II") y proclamó una ley según la cual sólo pudieran acceder al trono los varones.*
>
> *Amante de las armas, orgulloso de dirigir la Orden de Caballeros de Malta, se le conoce por su timidez, carácter déspota y centralizador. Su muerte supuso una liberación. A pesar de padecer manía persecutoria, fue un buen soberano, ya que acentuó el desarrollo del país y potenció la expedición de Suvorov a Italia (guerras napoleónicas). Esposo en segundas nupcias de Marija Fëdorovna, se convirtió en un mecenas de arte y los palacios reales que mandó construir se encuentran entre los más bellos de San Petersburgo.*

1743-1754 por M.G. Zemcov, en estilo barroco, como iglesia del célebre regimiento Preobraženskij, del que toma nombre, a la muerte de aquél fue completada por P. Trezzini. Destruida por un incendio en 1825, la basílica fue reconstruida por Stasov en 1827-1829. En el interior destaca un interesante iconostasio. La verja ha sido realizada con trozos de cañones arrebatados a los turcos durante la guerra ruso-turca de 1828.

De nuevo en el Fontanka, en el número 10 se distingue la **Soljanoj godorov** (ciudadela de la Sal), imponente conjunto construido en 1780, tras el cierre de los astilleros que había en esta zona, y destinado a almacén para conservar la sal. Algo más adelante se llega al puente Pestel' (most Pestelja), de estilo neoclásico, construido en 1907-1914 de acuerdo con el proyecto del arquitecto L.A. Il'in y del ingeniero A.P. Pšenickij y decorado con motivos romanos, como escudos y haces de lanzas.

En el cruce con la ulica Belinskogo se halla la **iglesia** barroca **de los Santos Simeón y Ana** (cerkov'Simeona i Anny; церковь Симеона и Анны), del arquitecto M.G. Zemcov, de 1731-1734. Es una de las basílicas más antiguas de la ciudad, en la que se encuentran motivos arquitectónicos típicos de la época de la construcción de San Petersburgo, inspirados en el barroco. Tiene una cúpula de madera sobre un tambor octogonal, que también es de madera. Junto a la iglesia se halla el edificio del refectorio y el campanario, rematado en una aguja, siguiendo un modelo especialmente querido por los primeros arquitectos de San Petersburgo.

Cirk. Al otro lado del Fontanka se halla el edificio del Circo, mandado construir por el director de la *troupe*, Ciniselli, en 1876-1877. Es el primer circo que erigió su sede estable en el país y alberga desde 1928 un **Museo del Circo** (*visita: de 11 h a 18 h, excepto sábados y domingos*; la entrada da al río).

Un pequeño desvío por la ulica Belinskogo conduce a la **Litejnyj prospekt** (Литейный проспект), una de las principales arterias transversales de la ciudad, que comunica directamente el centro antiguo y los barrios de Vyborg, al otro lado del Neva. Su nombre deriva de una fundición ya desaparecida. En 1917 los regimientos de la Guardia se unieron aquí a los sublevados, determinando la victoria de la Revolución. En el número 36, en la confluencia con la ulica Nekrasova, está el **Museo Nekrasov** (I, D6; Muzej Nekrasova; Музей Некрасова).

En el número 34 se halla el antiguo **palacio Šeremetev**, obra de los arquitectos S.I. Čevakinskij y F.S. Argunov, separado del canal por un patio y una bella verja de hierro colado realizada por D. Corsini en 1844. El palacio, reformado por Quarenghi, se llama también casa del Fontanka (Fontannyj Dom; Фонтанный Дом). En la actualidad el palacio es una filial del **Museo de Historia del Teatro** (*visita: de 12 h a 16 h; lunes, jueves y último miércoles de mes cerrado; de octubre a mayo el palacio organiza una temporada de música de cámara. Las localidades se adquieren en la taquilla del museo*). Se exponen instrumentos antiguos y populares, documentos de historia de la música rusa y pianos que pertenecieron a célebres

---

El circo, pasión nacional

El arte circense nace en Rusia en 1793, con la llegada desde Inglaterra de Charles Hughes, acróbata invitado por la zarina Caterina II para que compitiese con su compatriota Philip Astley, inventor en 1770 de los primeros espectáculos de circo moderno.

En el siglo XIX la pasión de este espectáculo se extendió a todas las clases sociales. Tanto es así que en 1877, el célebre acróbata Gaetano Ciniselli fue llamado a San Petersburgo para que dirigiera un circo permanente. En el ambiente de represión y autocrático

de la Rusia zarista, el circo representaba la única forma de expresión popular no sometida a las rígidas normas del poder político. Para los opositores del régimen, los artistas circenses se convirtieron en los representantes del espíritu libre del pueblo ruso, dotados de las principales características del revolucionario: la capacidad de comunicarse con las masas utilizando su propio lenguaje.

Con la llegada al poder de los bolcheviques, el circo se convirtió un instrumento de difusión de consenso. Anatoli Lunacharski, ministro de cultura soviético, personaje de gran sensibilidad cultural, elaboró un proyecto para el desarrollo del arte circense, con la presencia de autores teatrales de fama mundial como Vladimir Mayakovski y Maksim Gorki. Al mismo tiempo surgieron por todo el país institutos para la enseñanza de los artistas circenses. Muchas de estas escuelas llegan hasta nuestros días, garantizando, tras una durísima etapa de preparación, el aprendizaje de una profesión fascinante, aunque mal remunerada.

Considerada por los rusos como una forma de expresión equiparable al ballet clásico, el circo no ha perdido la enorme popularidad de la que gozaba en la época soviética; emplea a más de 25.000 personas y las carpas permanentes van desde San Petersburgo a Vladivostok; muchas de sus más de 100 compañías tienen contratos fuera del país.

La iglesia de Vladimir, del siglo XVIII, domina la plaza Vladimirskaja.

compositores (Rimski-Korsakov, Glazunov y Rubinstein). Para finalizar el recorrido, podemos contemplar la **exposición** sobre las actividades de los Šemeretev, condes que fueron mecenas y grandes amantes de la música.

En los años treinta, la poeta Ajmátova ocupó algunas estancias de las dependencias del palacio, en la actualidad dedicadas a museo [pág. 234]. El edificio del número 36 fue proyectado por Quarenghi, en estilo neoclásico, para establecer un instituto académico femenino de élite, el **Instituto de Catalina** (Ekaterininskij Institut; Екатерининский Институт), en la actualidad perteneciente a la Biblioteca Central (Gosudarstvennaja Publičnaja Biblioteka).

En la orilla opuesta del río, en el número 21, se halla el antiguo **palacio Šuvalov** [pág. 193], que hoy día alberga un activísimo centro cultural especializado en la organización de exposiciones y espectáculos.

Continuando por la orilla izquierda, tras el cruce con la Nevskij prospekt, en el número 54, se alza una elegante casa en estilo modernista construida en 1910-1912 por el arquitecto F. I. Lidval, que presenta una hilera de tres patios unidos por elevados arcos; recorriéndolos, se sale a la calle Rubinštejna, donde, en el número 18, se encuentra el **Malyj Dramatičeskij Teatr,** el Pequeño Teatro de Arte Dramático, que alcanzó fama internacional gracias a su genial director artístico, Lev Dodin; en el número 30, un nuevo patio de paso conduce a las inmediaciones de la plaza Vladimirskaja (estación de metro Vladimirskaja y Dostoevskaja). La gran iglesia que la domina, **Vladimirskaja cerkov,** está dedicada al icono de *Nuestra Señora de Vladimir*, que se venera en esta iglesia. Monumento característico del barroco petersburgués, la iglesia fue construida entre 1761 y 1768, según un proyecto atribuible a Trezzini. La torre anexa del campanario, de 1783, es obra de Quarenghi. Esta iglesia, uno de los templos más queridos por los petersburgueses, se ha reabierto al culto en 1990. En el ensanche que se abre a la derecha de la iglesia, se colocó en 1997 una **estatua** dedicada **a Fedor Mijailovich Dostoievski,** obra de la escultora Ljubov Holina.

En el callejón que bordea la iglesia por el lado derecho, se abren diversos accesos al **Juznežnyj rynok**, mercado de alimentación cubierto que se aconseja visitar.

En la esquina entre Kuznežnyj pereulok y la ulica Dostoevskogo, encontramos un nuevo **museo** literario de gran interés: el dedicado a **Fedor Dostoievski** (II, E4). No muy lejos, en el número 24 de la cercana ulica Marata, en la antigua iglesia de San Nicolás, de 1820-1838, se ha instalado el **Muzej Arktiki i Antarktiki,** Museo del Ártico y del Antártico (II, E4-5; *visita: de 10 h a 17 h; lunes, martes y último sábado de mes cerrado)*, dedicado a la geografía, historia y etnografía de los pueblos de estos dos continentes.

Volviendo a la Fontanka, en el cruce con la ulica Lomonosova, observen el puente homónimo. De los siete puentes levadizos idénticos a éste, construidos sobre el canal durante

> ### *Tradiciones culinarias*
>
> *El mejor mercado de la ciudad está situado en un edificio de los años veinte, en el callejón Kuznečnyj. Aquí se puede encontrar de todo, como los pepinos salados o impregnados en zumo de uva. De origen probablemente ruso es la "smetana", grasa y exquisita nata ácida, imprescindible en todas las sopas y el "tvorog", producto casero parecido al requesón, con el que se preparan además del típico dulce de Pascua, gran cantidad de buñuelos.*
>
> *Los quesos y el fiambre proceden en su mayoría de los países bálticos: el jamón ahumado es una auténtica exquisitez. Las hortalizas provienen de Armenia, Georgia y Azerbayán, así como sus vendedores. Sin embargo, los rusos afirman que las patatas son "otečestvennye", es decir, producto nacional.*
>
> *La miel, de todas clases, es rusa, así como las papas reales, los pepinos y la col salada y van siempre acompañados de un vaso de vodka. La macedonia de frutas es tradición de los descendientes de Tamerlán, provenientes de Samarcanda.*
>
> *En este animado bullicio se alcanza a comprender el carácter sin fronteras, antes del imperio ruso y posteriormente, de la Unión Soviética. Todos, desde estonios a caucásicos, comparten un idioma en común, el ruso y una historia que durante siglos ha llevado la misma bandera. Hijos de una nación que, apenas han tenido la ocasión, se han alejado de Moscú, recuerdan que más que la ideología es la economía la que construye lazos profundos. La fuerte presencia humana y la gran actividad económica de las minorías ex soviéticas dan a Moscú y San Petersburgo un aire cosmopolita y confirman que Rusia sigue siendo el punto de referencia del antiguo régimen, que va desde Polonia a China, Finlandia o Irán.*

los años 1780-1790, se han destruido cinco. Cerca, en el número 64 del paseo Fontanka, se yergue un palacio con revestimientos y esculturas en terracota a imitación del renacimiento italiano. Fue construido en 1889-1890 por el arquitecto G. V. Baranovski para el mercader G. G. Eliséiev.

Ploščad Lomonosova. En la plaza Lomonosov destaca la fachada semicircular con pórtico columnado del antiguo Ministerio de Instrucción Pública, de Rossi. También el edificio 57 del canal es obra de Rossi, y albergaba el Ministerio del Interior.

Dejando atrás, a la derecha, el teatro BDT, se puede continuar en dirección a la calle Gorojovaya, uno de los tres ejes radiales que salen del Almirantazgo.

Un poco más adelante, en la plaza que hace esquina con la Moskovkij prospekt se conserva el primer hito de la calzada que conducía a Carskoe Selo (en la actualidad Pushkin, [pág. 275], y de allí a Moscú y a las regiones meridionales; fue colocada por A. Rinaldi en el año 1774. Tomando la Moskovskij prospekt hacia el centro de la ciudad, se alcanza la Sennaja ploščad.

EL PALACIO DE TÁURIDE Y SMOL'NYJ

En el sector nororiental del casco antiguo, el Neva forma una gran curva dando lugar a una especie de promontorio donde surgen, poco alejados uno de otro, el palacio de Táuride y el conjunto de Smol'nyj, ambos obras maestras de la arquitectura del siglo XVIII. Barroco el primero y neoclásico el segundo, durante la Revolución de octubre, se desarrollaron en ellos acontecimientos cruciales de la historia rusa.

El itinerario que conduce al palacio de Táuride comienza en la estación de metro Cernysevskaja y termina en la plaza de la Dictadura del Proletariado; de aquí salen los autobuses 22 y 134 que llevan de regreso a la estación de metro.

Muzej Suvorova (II, D5). Saliendo de la estación de metro Černyševskaja, punto de partida del itinerario, gire a la izquierda y, en el primer cruce con la calle Saltykova Ščedrina, tuerza de nuevo a la izquierda, recorriendo la amplia calle hasta el número 43, gran edificio en estilo neorruso, construido en 1904, que alberga el **Museo Suvorov** (II, D5; *visita: de 10 h a 18 h; martes, miércoles y primer lunes de mes cerrado*).

Estación de metro Chernicheskaia.

Las paredes externas están decoradas con mosaicos que narran las empresas del célebre general contra Napoleón, cuando conquistó el título de príncipe de Italia. En el museo se conservan documentos y reliquias. En el número 35 de la perpendicular Tavričeskaja ulica, se halla un edificio de 1903-1904, obra del arquitecto N. N. Kondratev. En la esquina, la casa presenta un saliente que termina en cúpula. Aquí, en la última planta, en lo que se bautizó como "torre de Vjačeslav I. Ivanov", excelente poeta y animador de la vida cultural, solían reunirse, entre 1905 y 1913, numerosos artistas: entre éstos A. A. Blok, V. V. Lebnikov, O. E. Mandelstam, V. E. Meyerhold, A. M. Reizov, F. K. Sologub.

Tavričeskij dvorec ★ (II, D5). En el cruce de la calle Tavričeskaja con la perpendicular Rastrelli, tuerza a la izquierda en esta última para admirar, a pocos pasos, el soberbio **palacio de Táuride** *(no visitable, ya que está destinado a encuentros de carácter oficial).*

El palacio de Táuride fue construido según severas formas clásicas, en 1783-1789, por Starov, por encargo de Grigorij Potemkin, favorito de Catalina II, conquistador de Crimea (la antigua Táuride) y por ello llamado príncipe de Táuride. Antiguamente el palacio era especialmente conocido por las fiestas dadas por Potemkin y por la emperatriz. A la muerte del príncipe, Catalina pagó las enormes deudas de Potemkin y confiscó el palacio que Pablo I, por odio hacia los dos amantes, su madre y el príncipe, convirtió en cuartel en 1791. Restaurado por Rusca, tras la muerte de Pablo I el palacio fue, desde 1906 a 1917, sede del Parlamento del Estado, que representó al gobierno provisional de 1917. El ala izquierda del edificio acogía en cambio al Soviet de los diputados, los obreros y los soldados de Petrogrado. Los vistosos interiores, que el arquitecto V.P. Stasov realizó en 1832-1835 junto con la trabajada verja de entrada, albergaban hasta hace poco la Escuela Superior del Partido Comunista. El extenso y bellísimo **jardín de Táuride**★, con plantas exóticas e invernaderos, está destinado a jardín de infancia.

Caminando desde el palacio de Táuride hacia el conjunto del Smol'nyj, por la ulica Voinova, se distingue a la izquierda el **palacio Kikin,** edificio de dos pisos con una alta escalera de entrada. El boyardo Kikin, consejero de Pedro el Grande, se puso al frente de una conjura contra el zar en favor del zarevič Alexis. Descubierta la conjura, bajo tor-

Los palacios de Táuride y Smol´nyj

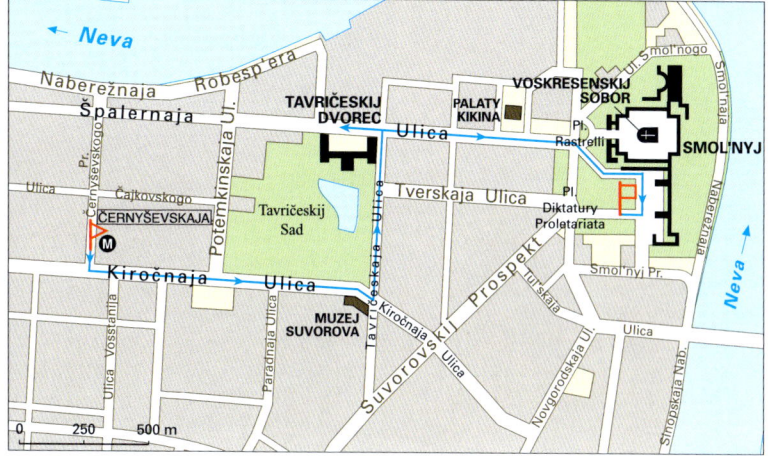

tura del propio Alexis, Kikin y los otros conjurados fueron ahorcados y su casa convertida, por mandato del propio Pedro, en museo de historia natural, llamado Kunstkamera, el primero de Rusia, trasladado en 1927 a la isla de Vasil'evskij. En la actualidad el palacio de Kikin, ampliamente reestructurado durante los años 1953-1955, alberga una escuela de música.

Smol'nyj★★ (II, C-D5-6; Смольный). Es uno de los conjuntos más famosos de Rusia, considerando los acontecimientos que tuvieron lugar en él. Incluso antes de que se fundase San Petersburgo, aquí se hallaba el puerto sueco de Sabina, en el que, en tiempos de Pedro el Grande, se montó un depósito de pez *(smola:* pez) y de material para la construcción naval. La hija de Pedro, la emperatriz Isabel Petrovna, eligió este lugar para fundar un monasterio destinado a la protección y educación de las huérfanas y al que ella misma se retiraría. Se encargaron los trabajos en 1748 a Rastrelli, pero Catalina II, tras haber suspendido los trabajos y despedido al arquitecto en 1763, fundó allí dos años después, en 1765, un instituto-colegio para las jóvenes nobles y una casa de reposo para las viudas aristocráticas.

Catedral de la Resurrección (Voskresenskij sobor; Воскресенский собор). En el eje de la ulica Rastrelli está la catedral de la Resurrección blanquiazul, en perfecto estilo barroco ruso, con cinco enormes cúpulas, la más alta de 85 m, y numerosas torrecillas. El proyecto es obra de Rastrelli, que la inició en 1748, pero fue terminada casi un siglo más tarde, en 1835, por Stasov. El interior se muestra particularmente suntuoso por la profusión de adornos.

Lugar sugerente y dotado de óptima acústica, ofrece aproximadamente dos veces por semana, buenos conciertos de música sacra *(los billetes se pueden comprar en cualquier taquilla de la ciudad y en la del interior de la catedral).* El edificio es actualmente sede de exposiciones temporales. En las esquinas del patio, se alzan cuatro iglesias más pequeñas con otras tantas originales torres. Los edificios de la izquierda están ocupados por diversos institutos universitarios; entre ellos, el IMISP, la escuela de formación empresarial, que se fundó por iniciativa de la Universidad Bocconi de Milán. A la derecha de la catedral, un tanto separado de la misma, se encuentra el **monasterio-palacio de Smol'nyj.**

Construido por deseo de la zarina Isabel Petrovna, que murió antes de que fuese terminado, fue ampliado varias veces para establecer en él el primer **Instituto Femenino de Estudios** (Vospitatel'noe Obščestvo blagorodnych devic), fundado en Rusia para jóvenes de familia noble. En 1806-1808 Giacomo Quarenghi levantó al sur de los edificios originarios un conjunto de edificios en los que se incluía el colegio de las jóvenes, que, con el correr del tiempo, se convertiría en el famoso Instituto Smol'nyj. El nuevo **palacio Smol'nyj** presenta sobre los arcos de la planta baja de la entrada principal una portada imponente de ocho columnas, rematada con un amplio frontón. La prestigiosa escuela siguió activa hasta la Revolución de 1917, cuando en el palacio se instaló el Comité Revolucionario. En la amplia sala de columnas blan-

La catedral y el museo de Smol'nyj.

cas fue elegido el primer Soviet de comisarios del pueblo o primer gobierno de la Revolución, cuya sede fue este palacio hasta el traslado de la capital a Moscú. El **monumento a Lenin,** situado frente a la entrada principal, es obra del escultor V. Ščuko (1927).

En la plaza de la Dictadura del Proletariado, topónimo que sorprendentemente ha sobrevivido a los cambios del último decenio, frente al edificio neoclásico, en 1923 fueron construidos por V. Gel'frejch y V. Ščuko dos propíleos que llevan a la derecha la inscripción: "¡Proletarios de todo el mundo, uníos!", y a la izquierda: "Primer soviet de la dictadura del proletariado". En ese mismo año se instaló la estatua de Lenin, de V. Kozlov.

Taúride y Smol'nyj: el discreto encanto del poder

Después de la revolución, con el traslado de la capital a Moscú por voluntad de Lenin, San Petersburgo logró salvarse de las excavadoras soviéticas y del gigantismo estalinista. El Kremlin, receloso de la vocación europea de la ciudad, mermó paulatinamente su importancia limitando toda financiación dedicada a infraestructuras, gracias a lo cual, la ciudad se ha conservado tal y como era a principios del siglo XX.

San Petersburgo conserva un ambiente radicalmente opuesto al de Moscú, aunque mantiene una zona que durante décadas ha conservado la presencia del poder soviético en su simbología. La amplia y elegante zona frente a los palacios de Tauride y Smol'nyj supone para los leningradeses un elemento extraño en medio de la ciudad. Los jardines cubiertos de flores rojas, emblema del socialismo triunfante, las escuelas del partido del comunismo internacional, los comedores para oficiales con uniformes militares cubiertos de medallas, eran aspectos de un mundo aparte; fascinante en cuanto a su organización, aunque distante del resto de la población. Cuando se desmoronó definitivamente la relación entre el poder soviético y los rusos, a principio de los años 90, esta elegante zona pasó a ser un símbolo de desprecio para los ciudadanos. Ya no era posible exhibir con orgullo la estatua de Dzeržinskij, fundador de la policía soviética y que en tiempos de racionamiento, convirtió el palacio de Táuride en un restaurante gratuito para los mandos. Muchos recuerdan la sede de la KGB, situada en la esquina entre la Litejnyj prospekt y la ulica Špalernaya (llamada por entonces Voinova). Hoy en día no parece que se hayan producido muchos cambios; los apartamentos que dan al jardín de Táuride son los más caros de la ciudad y la nueva élite, hija del capitalismo ruso, ha sustituido a la élite soviética.

LA ISLA VASIL'EVSKIJ

Es la mayor de las tres islas del delta del Neva, con una superficie de más de 1.600 ha. Su gran extensión hace que el aspecto insular de la zona pase casi inadvertido. Otra característica del barrio, peculiaridad de toda la ciudad, es la ausencia de un conjunto de fachadas a la orilla del mar, dado que históricamente los palacios más ilustres se han construido junto al río.

Comprendida entre el Gran Neva, al sur, el Pequeño Neva, al norte, y el mar, recibe su nombre, según algunas fuentes históricas, del propietario de Novgorod, Vasili Selezn', que la ocupaba en el año 1500. En tiempos de Pedro el Grande, la isla, que en la intención del zar debía convertirse en el centro intelectual de la ciudad, fue donada al gobernador general de San Petersburgo Aleksandr Menšikov, que hizo construir allí su palacio. Según el primer proyecto de edificación de la ciudad elaborado por Domenico Trezzini en 1716, alrededor del palacio se desarrollaría toda la ciudad. En esta grandiosa obra de planificación la isla debería ser atravesada por canales, según el modelo de Amsterdam, pero éstos, a causa de las inundaciones y de la precariedad del terreno, enseguida fueron sustituidos por calles rectilíneas orientadas de norte a sur y por tres avenidas transversales de oeste a este.

Parece que la principal causa del fracaso del plan urbano de Trezzini fue que los supervisores de las excavaciones de los canales no siguieron sus instrucciones. Éstos llevaron a cabo un boicot a fuerza de retrasos y negligencias, obedeciendo órdenes del príncipe que, no pudiendo enfrentarse directamente con el zar, consiguió así impedir que sus tierras se convirtieran en un concurrido barrio. Así, tras la construcción de los primeros edificios monumentales, también se abandonó el proyecto de convertir la isla Vasil'evskij en un lugar atractivo de la ciudad. Posteriormente, el barrio, caracterizado por un sistema de calles paralelas, llamadas "líneas", numeradas progresivamente a partir del centro, recuerdo de la desafortunada intervención urbanística de Trezzini, ha conocido un fuerte desarrollo industrial

El amalgamamiento de los ilustres palacios del río con el corazón popular de la isla se ha ido materializando a lo largo de siglos, convirtiendo esta amplia zona de la ciudad en una de las áreas de mayor interés arquitectónico y sociológico. Durante los últimos decenios, en el extremo occidental de la isla ha surgido el importante complejo ferial de Lenexpo y una serie de barrios residenciales de tipo soviético.

Los autobuses que enlazan la Nevskij prospekt con la isla Vasil'evskij y continúan después por la Universitetskaja nabereznaja son el 10 y 47. Quien haga también una visita a la parte interior de la isla puede volver al centro con el metro desde la estación Vasileostrovskaja. En el extremo noroccidental, no

En la punta oriental de la isla Vasil'evskij se levantan las dos columnas rostrales, de 32 m de alto.

La isla Vasil'evskij

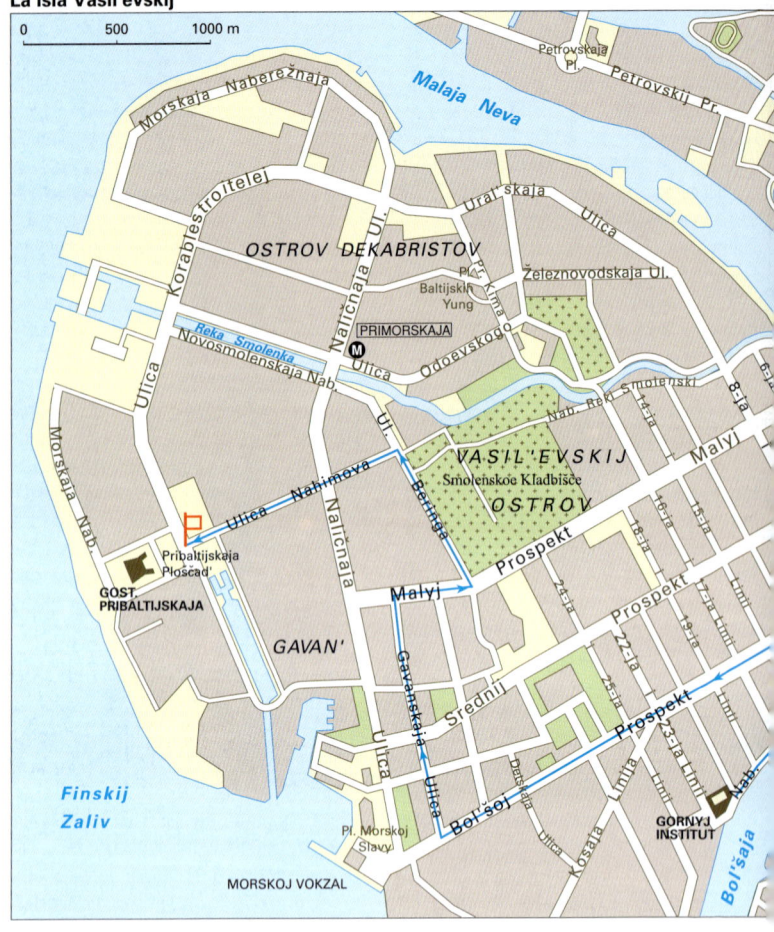

lejos del hotel Pribaltijskaja, se encuentra la estación de metro Primorskaja.

Birzevaja ploščad'★★ (I, C3). La plaza de la Bolsa (Биржевая площадь) unida a la plaza del Palacio por el puente del Palacio (Dvorcovyj most; Дворцовый мост), es, desde el punto de vista panorámico, una de las más bellas de la ciudad. Resulta inmenso el escenario que se domina desde aquí: a la derecha el Palacio de Invierno y el Almirantazgo y a la izquierda la fortaleza de Pedro y Pablo. La plaza ocupa el extremo de la *Strelka* (Стрелка = lengua de tierra), es decir, la punta oriental de la isla Vasil'evskij, que divide las aguas del río en Grande y Pequeño Neva. Está organizada en "parterres" rodeados de árboles, y a los lados se levantan dos **columnas rostrales,** de 32 m de altura, adornadas con proas de barcos, con cuatro estatuas en la base que simbolizan los cuatro grandes ríos del imperio ruso (Volhov, Volga, Neva y Dniépr), obra del arquitecto Thomas de Thomon. La forma regular de la orilla es el resultado de un enorme trabajo de ordenación de la plaza, también ésta según un proyecto de Thomas de Thomon, que hizo levantar muchos metros el nivel de la zona. Hacia el interior la plaza está cerrada por tres palacios neoclásicos en los que hay cinco museos.

El edificio central de la plaza es la **antigua Bolsa**★ (Birža; Биржа). Proyectada y sólo parcialmente realizada por G. Quarenghi en 1781, fue sustituida en 1805-1810 por un edificio neoclásico de Thomas de Thomon, dotado de un alto estilóbato y rodeado de 44 columnas dóricas que crean una amplia terraza abierta sobre el río. Sobre la parte de columnata que mira al río se encuentran las esculturas alegóricas *Neptuno con los ríos Neva y*

Volhov, del escultor I.P. Prokof'ev, y *Neptuno, la Navegación y dos ríos,* de F.F. Ščedrin.

En 1720 Pedro el Grande fundó la "Bolsa holandesa" con la finalidad de vigilar el cambio de mercancías provenientes del interior y del exterior del país. El puertecito situado al lado de la fortaleza de Pedro y Pablo, se transfirió en 1733 a la Strelka, donde hasta 1885 se hallaba el embarcadero comercial de San Petersburgo.

Actualmente la antigua Bolsa es la sede del **Museo Central de la Marina de Guerra**★ (I, C3; Central'nyj Vojenno-Morskoj Muzej; Центральный Военно-Морской Музей; *visita: de 11 h a 18 h, excepto lunes, martes y último jueves de mes*), el mayor de su clase existente en el mundo. Muchas piezas son originales, como la barca llamada "el bisabuelo de la marina rusa", con la que Pedro el Grande aprendió el arte de la marinería. Hay también otras embarcaciones de la época imperial y todos los tipos de barcos de guerra rusos, recuerdos de Pedro el Grande (las maquetas construidas por él, su bata de trabajo, la butaca de presidente del Tribunal de la Marina) y de Catalina II (su divisa de almirante), maquetas a escala, adornos y trofeos.

Junto a la Bolsa se construyeron, en 1826-1832, varios depósitos para las mercancías del puerto, obra del arquitecto Giovanni Luchini, que sirven de alas laterales al edificio. En la actualidad está instalado en el depó-

Antiguo edificio de la Bolsa.

sito meridional el **Museo de Zoología de la Academia de Ciencias** (I, C3; Zoologičeskij muzej; Зоологический музей; *visita: de 11 h a 17 h, viernes cerrado),* fundado en 1896. Hay ejemplares disecados o reproducciones de más de 100.000 animales. Tienen gran interés los fósiles gigantescos, los mamuts y los coleópteros gigantes de Asia y América. La más importante pieza es un mamut disecado, único en el mundo.

Giovanni Luchini es también el autor del proyecto del palacio situado un poco más al norte, en el número 4 de la calle junto al río Makarov, anteriormente sede de la antigua Aduana (Tamožnja; Таможня), que data de 1820-1830, ocupada en la actualidad por el **Instituto de Literatura Rusa de la Academia de Ciencias de Rusia** (Institut russkoj literatury Akademii; Институт русской литературы Академии Наук СССР), más conocido generalmente como casa de Pushkin (Puškinskij dom; Пушкинский дом), que tiene como anexo el **Museo Literario** (I, C2-3; Literaturnyj Muzej; Литературный музей; *visita: de 11 h a 17 h, excepto lunes, martes y último viernes de mes).* Este instituto, inaugurado en 1899 con una pequeña exposición dedicada a Pushkin, a la que siguió la adquisición de la biblioteca personal del poeta y de sus manuscritos, se dotó con los años de una gran cantidad de materiales, como manuscritos, dibujos, etc., relacionados con la historia de la literatura rusa. El Museo Literario expone piezas relacionadas con la obra de Lermontov, Gogol', Turguenev, Tolstoi, Dostoievski, Mayakovski y otros escritores.

Detrás de la casa de Pushkin, en el número 1 de la Birževaja linija *("linija"* indica calle orientada de norte a sur), se encuentra la **Biblioteca de la Academia de Ciencias** (Biblioteka Akademii; Библиотека Академии Наук), un edificio de 1912-1925 proyectado por el arquitecto R.R. Marfel'd. A su lado en el número 1 de la Tiflisskaja, se alza una casa de dos pisos, único edificio que se conserva de un enorme Gostinyj dvor (mercado central), bella obra de Trezzini.

Volviendo al Bol'šaja Neva por la Mendeleevskaja linija se puede observar el gran edificio de la **Universidad Estatal de San Petersburgo** (I, C2-3; Sankt Peterburgskij Gosudarstvennyj Universitet; Санкт-Петербуский Государственный Университе). Este imponente edificio de más de 300 m de longitud, formado por doce pabellones idénticos, levantados en 1722-1742 por Domenico Trezzini en estilo barroco, estaba destinado a recibir, de acuerdo con la intención de Pedro el Grande, "doce colegios"(dvenadcat' kollegij) o ministerios, que pasaron después a la Universidad, fundada en 1819 por Alejandro I. Desde 1866 a 1890 vivió y trabajó aquí el químico Dmitri Mendeleev (1834-1907), autor de la Tabla de Elementos que lleva su nombre. En el interior del edificio, en el apartamento-archivo del gran científico se ha organizado el **Museo de Mendeleev** (Muzej D.I. Mendeleeva; Музей Д. И. Менделеева; *visita: de 10 h a 17 h; lunes cerrado; para concertar visita guiada llamar al telf. 3289744;* entrada por el número 2 de Mendeleevskaja linija, puerta a la izquierda; hay que llamar al timbre), con instrumentos de la época y el estudio con mobiliario original. Por el piso superior, detrás de las escaleras, discurre el larguísimo y sugerente pasillo de la Universidad, sede de oficinas e institutos.

Universitetskaja nabereŽnaja★ (Университетская набережная). Desde este tramo de la orilla derecha del Gran Neva (I, C-D2-3), situado frente al Ermitage, el Almirantazgo y los palacios que lo rodean, se domina uno de los panoramas más hermosos de la ciudad. En el número 3 está la famosísima **Kunstkamera**★ (Кунсткамера), o "gabinete de curiosidades", construida para Pedro I en 1718-1734 por los arquitectos G. Mattarnovi, G. Chiaveri y M. Zemcov, con el fin de establecer en él el primer museo ruso de ciencias naturales. El edificio es una obra maestra del barroco, con tres pisos pintados de verde y blanco, fachada curvilínea y torre convergente. Es, en la actualidad, la sede del **Instituto de Etnografía de la Academia de Ciencias** y del **Museo de Antropología y Etnografía**★ (I, C3; Muzej antropologii i etnografii; Музей антропологии и Этнографии; *visita: de 11 h a 18 h; lunes y último miércoles de mes cerrado),* que incluye secciones de arqueología, etnografía y antropología, en conjunto una colección de 100.000 objetos de valor. En la planta baja se puede ver una muestra de documentos de Extremo Oriente (sorprende la magnífica colección de trajes de ceremonias de China), de la India y otros países asiáticos; en el primer piso están las colecciones de anatomía, entre las que destaca la de Pedro el Grande, 800 "monstruos" a los que el zar gustaba de meter en formol y coleccionar. En la torre utilizada como observatorio astronómico hay una esfera terrestre del siglo XVIII realizada por el científico Lomonosov, cuya vida y obra ilustra el museo instalado en 1949 en el mismo edificio que la Kunstkamera. En este museo se conserva la maqueta del primer laboratorio de Rusia.

Akademija Nauk★. Al lado de la Kunstkamera, en el número 5, puede verse el edificio con forma de templo clásico, con pronaos y frontón, de la **Academia de Ciencias** (Akademija Nauk; Академия наук), obra maestra de Quarenghi, de 1784-1787. La Academia tiene en la actualidad su sede en Moscú, pero aquí han quedado muchos institutos de cultura, un archivo y una biblioteca. En el Aula Magna, decorada con frisos y estucos, se ha instalado un gran mosaico de Lomonosov, que ilustra la batalla de Poltava.

La **Universidad** ocupa numerosos edificios a lo largo del río. En el número 9 se halla el **Rectorado,** construido en 1794 y reconstruido por el arquitecto A.F. Ščedrin en 1840-1842. Aquí nació en 1880 y vivió los años de su infancia el poeta Aleksandr Blok, cuyo padre, A.N. Beketov, era precisamente rector. En el número 11, la **Facultad de Filología** ocupa el palacio de Pedro II, de 1726-1730; en el número 13 estaban los edificios de la **Escuela Militar,** de mediados del siglo XVIII.

En el número 15 se halla el famoso **palacio Menšikov★** (Menšikovskij dvorec; Меншиковский дровец; *visita: previo pago, de 10.30 h a 16.30 h, lunes cerrado)*, primer edificio de piedra de la isla. El palacio del gobernador de Petersburgo Menšikov fue construido en 1710-1714 por D.M. Fontana y G.I. Šedel' como edificio de representación del Imperio, que rápidamente, en 1720-1727, fue reformado por los más famosos arquitectos de la época. En este suntuoso edificio, decorado con estucos, frisos y estatuas, se celebraban las victorias del ejército y la marina y se recibía a los embajadores extranjeros.

El edificio se destinó en 1731 a ser la sede del Cuerpo de cadetes que entonces se constituía, hecho que dio ocasión a una serie de ulteriores reestructuraciones. En 1981 el palacio Menšikov fue adquirido por el Museo del Ermitage para ocuparlo con una sección dedicada a la historia rusa del siglo XVIII. Los interiores se han decorado con piezas de gran valor, aprovechando donde ha sido posible los restos de la decoración original. Particularmente tienen gran interés los baldosines blancos con dibujo azul, de tipo holandés, que cubren enteramente, incluso el techo, las que eran habitaciones personales de Menšikov. Estufas, tapices y muebles, retratos y grabados, cerámicas, relojes, rusos o de importación, atestiguan el refinado gusto de los fundadores de Petersburgo.

Más adelante, en el centro de la placita Rumjancev (Rumjancevskij skver; Румянцевский сквер), se levanta un **obelisco** de granito gris, coronado por una esfera de bronce rematada por un águila. Se trata del monumento erigido en honor de las victorias sobre los turcos del general Rumjancev, según un proyecto del arquitecto V.F. Brenna, de 1799. Emplazado inicial-

Esfinge en el muelle del Neva.

mente en el Campo de Marte, se trasladó aquí en 1818 a sugerencia de C. Rossi.

El palacio neoclásico que hay en el número 17, construido por Vallin de la Mothe y Kokorinov, es la antigua **Academia de Bellas Artes★**, fundada en 1757 y trasladada a Moscú después de la Revolución. En el edificio se encuentran todavía el **Instituto de Pintura, Escultura y Arquitectura** y el **Naučnoissledovatel'skij Muzej Akademii Hudožestv** (Museo de Investigación Científica de la Academia de las Artes; *visita: de 11 h a 18.30 h, lunes y martes cerrado*), que expone copias de yeso y material artístico, con algún original. De frente está el famoso **embarcadero de las Esfinges★**, construido por K. Thon en 1834: las dos esfinges, halladas en las excavaciones de Tebas, compradas por un diplomático ruso y trasladadas a San Petersburgo en 1833, se remontan al reinado de Amenofis II (1450-1425 a.C.). Su transporte fue una empresa complicada, debido a su peso y volumen.

Más adelante se encuentra el puente del lugarteniente Šmidt. La casa situada en la esquina de la nabereŽnaja Lejtenanta Šmidta con la Linija 7 es conocida en San Petersburgo con el nombre de **dom Akademikov** (Дом Академиков), Casa de los Académicos, porque allí habitaron, en distintas épocas, muchos científicos y, entre ellos, el neurofisiólogo I.P. Pavlov. En el muro del edificio 29, placas conmemorativas recuerdan los grandes personajes que vivieron aquí.

Un poco más adelante, en el número 17, edificio decorado con una columnata dórica es el antiguo **palacio Munnich,** reconstruido por Volkov en 1796-1798 para acoger el regimiento de marina y en la actualidad sede de la **Academia Naval** (Morskaja Akademija; Морская Академия), llamada anteriormente "Navigackaja škola".

En la esquina con la Linija 15 hay una **iglesia** de 1895-1900, construida por el arquitecto A. Koslakov en "estilo ruso", entonces de moda. Reabierta en 1991, ha sido finalmente transformada en una pista de patinaje.

Al final del malecón, en el número 45, un edificio monumental proyectado por A.N. Voronihin, en 1806-1811, unificando y alargando edificios precedentes, con pronaos de doce columnas y grupos escultóricos de V. Demut Malinovskij y S. Pimenov es la sede del **Instituto de la Minería,** uno de los más antiguos del mundo de su clase, fundado en 1773. El anejo **Museo de la Minería** (Gornyj Muzej), cuyas salas fueron previstas en la construcción originaria, posee una de las

---

La otra cara de San Petersburgo: la isla Vasil'evskij

A espaldas de los fastuosos edificios que se asoman al Neva, el barrio Vasil'evskij revela lo más profundo de su alma. San Petersburgo, ciudad en que los locales de producción industrial se han edificado dentro del perímetro urbano. Junto a las residencias de los mismos obreros, se muestra más que nunca en este lugar como una metrópoli de "almas vivas", en abierto contraste con las reminiscencias literarias que pueblan los monumentales barrios del otro lado del río. Un recorrido por el interior de la isla, de este a oeste, puede brindarnos la oportunidad de descubrir el día a día de la vida petersburguesa: desde el animado mercado de la esquina entre la avenida Bol'šoj y la 6ª línea, en la cual generalmente se puede encontrar de todo menos lo que se necesita en ese momento, hasta la humanidad efervescente entre los quioscos que se agolpan entorno a la parada de metro Vasilostrovskaja o al enorme palacio de Cultura junto a la línea 23, transformado en centro comercial, y los rascacielos que rodean la estación de metro Primorskaja, algunos de ellos entre las mejores construcciones populares del urbanismo soviético.

Genuino e intenso es el San Petersburgo que se apiña junto a las paradas del tranvía de la isla Vasil'evskij en los días de invierno, cuando la ciudad se convierte en un monstruo de casi cinco millones de almas que se ponen en marcha en medio de la oscuridad total de una noche del norte, que no dará paso a las primeras brumas matutinas hasta después de las 9. Los chirriantes tranvías recogen a los trabajadores en las gélidas y atestadas paradas, regalando en ocasiones a este hombre o aquella mujer, ateridos de frío y llenos de preocupaciones materiales, el espectáculo sublime de un amanecer improvisado sobre uno de los puentes que atraviesan el río.

Iglesia luterana de Santa Catalina, hoy convertida en estudio de grabaciones musicales.

colecciones más valiosas del mundo, (*sólo se permite la visita a especialistas provistos de un permiso oficial*).

Toda la orilla occidental de la isla Vasil'evskij está ocupada por el puerto, donde se encuentran la gran **Estación Marítima** (II, E1; Morskoj vokzal; Морской вокзал) y los **astilleros navales.**

En el interior de la isla, algunos lugares característicos son la **iglesia** luterana **de Santa Catalina,** en el mismo lado derecho de la avenida, la primera transversal es la ulica Prina, la calle más estrecha de la ciudad. Continuando hasta el cruce con la 6ª línea, se llega al **Andreevskij sobor** (Basílica de San Andrés), construida en 1764-1786 por A. Wüst para la primera orden de caballería rusa. Junto a ésta, a lo largo de la 6ª línea, se encuentra la **iglesia de los Tres Beatos,** obra de Trezzini.

En el otro lado de la Bol'šoj prospekt y del Andreevskij rynok, se halla el **mercado de San Andrés**, que consta de una parte nueva (1959) y de una antigua (1789-90). Frente a éste, en el número 16-18 de la 7ª línea, una vez pasada la estación del metro Vasileostrovskaja, casi al final de la calle, se encuentra la **Blagoveščenskaja cerkov** (iglesia de la Anunciación), de 1738, que sigue el estilo de la arquitectura moscovita del momento.

Junto a la parada del metro Vasileostrovskaja, en el cruce entre la Srednyj prospekt y la 9ª línea se alzan los edificios industriales de la fábrica Laferm (1908-1913, arquitecto R. I. Kriger), singular ejemplo de estilo *Liberty's* aplicado a la arquitectura industrial.

Notable, aunque a distancia considerable, es también el **palacio de la Cultura** (Bol'šoj prospekt, tras la línea 23ª) hoy centro comercial, interesante ejemplo de arquitectura constructivista, obra de los arquitectos N. A, Trockij y S. N. Kozak (1931-1937), capaz de dar cabida a 11.000 visitantes. Aún más lejos, en el cruce entre la Gavanskaja ulica (número 47) y la Malyj prospekt, surge el **Gavanskij rabočij gorodok** (villa obrera de Gavan'), una serie de edificios en ladrillo, todos iguales entre sí, construidos entre 1904 y 1906 (arquitectos N. V, Dmitriev y V. A. Fedorov), según iniciativa de D. A. Dril', presidente de una asociación dedicada a la creación de viviendas confortables para los obreros. La villa, dotada de tiendas, un club, y una escuela, se convirtió en el prototipo de experiencias posteriores de "mikrorajon" (barrios periféricos dotados de todos los servicios).

No lejos de aquí, en la Malyk prospekt, se encuentra el vasto perímetro del **Smolenskoe kladbišče**, un cementerio semiabandonado en la actualidad: las lápidas más ilustres, sobre todo, las de las personalidades de la cultura, se transfirieron al cementerio del monasterio de Aleksandr Nevskij. Una placa recuerda que aquí está sepultada la nodriza (njanja) de Pushkin, Arina Rodionovna.

El canal Smolenka separa la isla Vasil'evskij de la **ostrov Decabristov** (II, C-D1-2; isla de los Decembristas), limitada al norte por la Pequeña Neva, y al oeste por el mar y casi enteramente ocupada por astilleros navales del Báltico y por las residencias de los obreros.

Al final de la isla Vasil'evskij se abre un vasto panorama sobre el mar. El descenso del agua está marcado por una imponente escalinata tras el **Hotel Pribaltijskaja** (1976-1978), construido con materiales y oficiales suecos, según proyecto de arquitectos rusos (N. N. Baranov, S. I. Evdokimov, V. I. Kovoleva).

PETROGRADO Y LAS ISLAS MENORES

Petrogrado (Petrogradskij ostrov; Петроградский остров) es la isla situada al norte del casco histórico, comprendida entre el Neva, por tres lados, y las islitas del delta, al oeste. Aquí vinieron a vivir los primeros artesanos, sobre todo fundidores, y los comerciantes. Durante la segunda mitad del siglo XIX surgieron varias fábricas. A comienzos del siglo XX, sobre todo entre los años 1900 y 1910, la isla cambió su fisonomía porque la construcción de casas de más pisos y de algunos edificios públicos se encargó a los arquitectos más vanguardistas de la época, relacionados con el Modernismo. Durante el periodo soviético se han añadido algunos edificios monumentales. No obstante, la atmósfera *fin-de-siècle* de las calles de la Petrogradskaja storona se conserva más que en otras zonas de la ciudad y la isla constituye una especie de museo al aire libre que muestra la renovación de la arquitectura que se ha operado entre el final del siglo XIX y el inicio del XX.

En Petrodskaja storona (así llaman a este barrio petersburgués), habitado a principios del siglo XIX por muchos artistas y estudiantes, conviven armónicamente los elegantes palacios de la Kamennoostrvoskij prospekt y del paseo junto al río con apartamentos caros y prestigiosos, con sus callejuelas, donde el elemento popular es muy fuerte. Aquí, San Petersburgo, ciudad de grandes avenidas, regala perspectivas inusitadas: pequeñas plazas, estrechas calles y rincones escondidos. Por esto, aparte de admirar los edificios principales destacados en el itinerario, vale la pena dar una vuelta por las calles de alrededor de la Bol'šoj prospekt, donde entre tiendas y actividades varias hierve la vida del barrio. El carácter de la zona propuesta como apéndice del itinerario es bastante diferente. Con el término "ostrová" (islas) se identifica, por una vieja convención petersburguesa el pequeño archipiélago al noroeste de la Petrogradskaja storona, comprendido entre la Bol'šaja Nevka y la Malaja Nevka, compuesto, de este a oeste, por las islas Kammenyj, Krestovskij y Elaguin.

Recubiertas de frondosos jardines y atravesadas por avenidas de tilos, en las que la aristocracia tenía antiguamente villas y palacios, hoy sedes de asociaciones y representaciones diplomáticas o de residencias de nuevos ricos, las primeras dos islas resultan especialmente fascinantes por el silencio que reina en ellas y por el ambiente que se respira, sobre todo durante las noches blancas o en invierno, cuando el paisaje está cubierto de nieve. Transformada en un gran parque, con lagos, barcas a pedal, atracciones y cafés, la isla Elagin es sin embargo uno de los lugares más festivos y agradables del verano de San Petersburgo.

Se puede llegar a la Petrogradskaja storona por dos estaciones del metro: Gor'kovskaja, junto a la fortaleza de Pedro y Pablo, y Petrogradskaja. Recientemente se ha inaugurado la estación de Sportivnaja, en las inmediaciones del estadio Petrovski, y la de Chkalovskaja.

Petrogrado y las islas menores

Se aconseja iniciar la visita a las islas andando hasta la estación de metro Cernaja Recka, situada en la isla de Kamennyj. El itinerario termina en la isla de Krestovskij, en las inmediaciones del puente que la comunica con la isla Elagin, donde se encuentra la estación de metro Krestovskij Ostrov.

Troickaja ploščad' (I, A5; Троицкая площадь). La estación de metro Gor'kovskaja tiene la salida a Kamennoostrovskij prospekt que lleva hasta Troickaja ploščad' o plaza de la Trinidad, nombre de la iglesia que Pedro el Grande mandó construir en 1710, destruida tras la Revolución, y es la plaza más antigua de San Petersburgo. Aquí estaba el primer puerto de la ciudad, trasladado muy pronto a la isla Vasil'evskij.

En el lado norte de la plaza, la **gran Mezquita** (Mečet'; Мечеть), con dos minaretes y cúpula revestida de baldosines de cerámica, construida en 1910-1914 por N.V. Vasil'ev, con la ayuda de S.S. Kričinskij y A.J. Gogen, imita la mezquita del emir Gur de Samarcanda, donde se custodia la tumba de Tamerlán.

En la esquina con la ulica Kujbyševa se encuentra la llamada **casa de la Bailarina**, antigua villa de la célebre bailarina Kšesinskaja (amante del último zar), un edificio modernista, construido en 1904-1906 por A. I. Gogen. La composición, extravagantemente asimétrica, presenta fachadas con variadas decoraciones de azulejos, metal y granito. En la actualidad el edificio alberga un pequeño museo dedicado a la bailarina y el **Muzej**

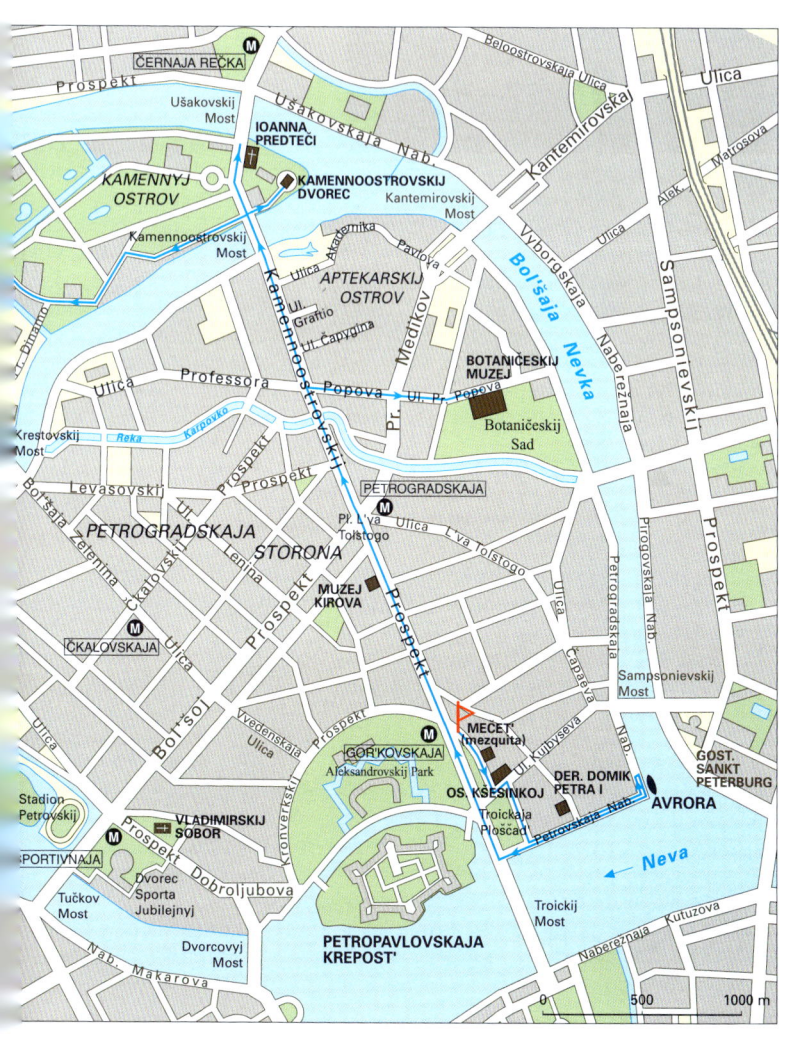

Mezquita de San Petersburgo.

El edificio que hace esquina entre la Troickaja ploščad y la Petrovskaja naberežnaja, interesante ejemplo de arquitectura constructivista, es una casa colectiva, obra de G. A. Saimono, P. V. Abrosimov y A. F. Hrjakov (1933), caracterizada por un gran número de balcones, una amplia terraza y el cruce de volúmenes.

Petrovskaja naberežnaja★ (Петровская набережная). El malecón de Petrovskij (I, A5) es una de las más fascinantes orillas de la ciudad por sus espléndidas vistas del Gran Neva, los puentes, el Palacio de Invierno y el Jardín de Verano. En el número 6 se alza el edificio más antiguo de la ciudad, la **Derevjannyj Domik Petra I** (I, A5; Деревянный домик Петра; *visita: de 10 h a 18 h, martes cerrado*) o casita de Pedro I, construida entre el 24 y el 26 de mayo de 1703 en estilo holandés como residencia provisional del zar. El edificio originario de madera estaba revocado en el exterior como si fuese una casa de ladrillo. En 1723 Catalina lo hizo cubrir de piedra; delante se conserva un busto de bronce del emperador. La casa, que mide 12 por 5 por 2,25 m, está formada por cuatro habitaciones: la entrada, el despacho, el comedor y el dormitorio. Las piezas son originales e incluyen algunos objetos personales de Pedro I. La casita de Pedro I está rodeada por un agradable espacio verde, recuerdo del jardín pri-

političeskoj istorii Rosii (Museo de la Historia Política de Rusia; *visita: de 10 h a 17.30 h; jueves cerrado*), anteriormente Museo de la Gran Revolución Socialista de Octubre. Aquí se conservan reliquias y documentos que ilustran la historia rusa del último siglo y, en particular, el desarrollo de la revolución, de la que este palacio fue centro de operaciones durante algún tiempo.

Amor y zapatillas rojas

La primera bailarina del Teatro Mariinskij, Matilde Kšesinskaja protagonizó a finales del siglo XIX una gran historia de amor con el futuro zar Nicolás II, gran amante del teatro y actor aficionado.

Puesto que los zares tenían que esposarse con una mujer de su categoría social, la bailarina se unió sentimentalmente al gran príncipe Andrei Vladimirovich, con el que tuvo un hijo en 1902.

Gracias a los ingresos que obtuvo con la danza, en 1904, la bailarina encargó construir una villa a Aleksandr Gogen, uno de los arquitectos más originales del momento, exponente del estilo Liberty. Destaca la imponente vidriera de la sala de música, cuyo motivo circular en guirnalda se repite en la parte superior de la celosía.

Durante varios años la villa fue punto de encuentro de los miembros de la aristocracia y del mundo del espectáculo. Símbolo de la dolce vita *del antiguo régimen, tras la revolución de 1917, la residencia de la bailarina fue confiscada. Ella buscó refugio primero en Crimea y posteriormente en París. Aquí contrajo matrimonio tras la muerte de la madre de Andrei Vladimirovich, quien siempre se opuso a la unión de su hijo con la bailarina. Matilde Kšesinskaja murió en la capital francesa en 1963 a los 99 años de edad.*

vado que la familia imperial tenía aquí a principios del siglo XX.

Frente a la casa, la bajada al río de granito, añadida en 1901-1903, está decorada con dos preciosos *sci-tsi,* leones-rana, seres mitológicos transportados de Manchuria en 1907, durante la guerra ruso-japonesa.

Una vez pasada la punta que divide los dos brazos del Gran Neva, se llega al gran edificio azul y blanco de la **Academia Naval Nachimov,** frente a la cual, en la otra orilla, destaca la impresionante mole del hotel San Petersburgo.

Atracado frente a la Academia se halla el celebérrimo **crucero *Aurora*** ★ (Krejser Avrora; *visita: de 10 h a 16 h, lunes y viernes cerrado)* que, tras haber tomado parte en 1905 en la batalla de Tsushma, fue uno de los primeros efectivos de socorro que llegaron a Mesina tras el terremoto de 1908.

La fama de este barco está relacionada con el comienzo de la Revolución. En la noche del 7 de noviembre (25 de octubre) el *Aurora* remontó el Neva y, en el momento en que desde el bastión Naryš kin de la fortaleza se dio la señal, disparó el histórico cañonazo que abrió el camino al asalto al Palacio de Invierno. Este crucero, atracado en el muelle desde 1948, acoge desde 1956 un **museo** donde están recogidos recuerdos de la Revolución y de la marina rusa.

Kamennoostrovskij propekt★. Volviendo a la plaza de la Trinidad, a la derecha se abre la avenida de la isla de Piedra (II, B-C3-4). En los números 1-3, se encuentra la casa construida entre 1899 y 1904 por el conocido arquitecto Lidval: nótese la distribución irregular de las ventanas y la decoración escultórica con pájaros, animales y motivos vegetales. En el número 5, el **palacio del conde Witte,** primer presidente del gobierno constitucional de 1905. En el número 10, un pequeño jardín, el gran edificio amarillo con columnas blancas del **Lenfilm,** el Centro de Estudios Cinematográficos de la ciudad, cuya sede se localiza aquí desde 1924. Entre otros, en este lugar trabajó durante mucho tiempo el compositor Shostakovich. En el número 21, se encuentra el edificio construido en 1831-1834 por Charlemagne para albergar el Liceo Alejandro, trasladado aquí por Carskoe Selo. Resulta difícil de creer que el ruinoso palacio que hoy acoge un instituto profesional,

Fuerza y belleza del Liberty's ruso

El Liberty's, definido "estilo moderno" en ruso, es el estilo arquitectónico que caracteriza de forma inconfundible las zonas más destacadas de la Petrogradskaja storona. La peculiaridad de la zona son los singulares complejos arquitectónicos que, con gran variedad de materiales y exuberancia decorativa, reflejan la aptitud estética de los distintos autores.

La negación de cualquier vínculo con el pasado y la aplicación de nuevas técnicas y materiales basándose en la asimetría, constituyen las características de una búsqueda de la relación entre superficie, color y ornamentación, entre unidad de materiales de la fachada, decoración y estructura. El resultado es un estilo homogéneo, caracterizado por el uso de materiales distintos como los baldosines de cerámica, con vidrieras lúcidas y opacas, las rejas forjadas y las ventanas curvilíneas, que decoran permanentemente el edificio.

fuese a inicios del siglo XIX una de las más prestigiosas escuelas del mundo.

Muzej Kirova. De frente, en el número 24, con fachada en ladrillo y decorada con cerámica verde, se alza una casa cuyo proyecto se debe al arquitecto L. N. Benois. En los números 26 y 28, se encuentra un interesante **palacio** de dos alas, con un amplio patio interno, construido a inicios del siglo XX por tres arquitectos de la familia Benois. Aquí vivió el jefe del partido comunista de Leningrado, Sergei Kirov, muerto en 1934 tras un atentado organizado, probablemente, por Stalin, celoso de su gran popularidad. El apartamento en el que habitaba el dirigente revolucionario es hoy sede del Museo Kirov *(visita: de 11 h a 18 h, miércoles y último martes de mes cerrado).*

Ploščcad Tolstogo. Continuando a lo largo de la avenida, se encuentra la plaza Tolstoi, en la que destaca el **palacio** a la derecha, con fachada característica de dos torres y la representación de los signos del zodiaco. Construido entre 1913 y 1915, es obra de A. E. Belogrud. El diámetro de la plaza está constituido por la Bol'šoj prospekt que corta transversalmente casi toda la isla.

Apotekarski ostrov★ (II, B3). Superada la parada de metro Petrogradskaja y atravesado

Teatro de madera en Kamennyj ostrov.

el río Karpovka, se llega a la isla de los Boticarios. Destinada desde la fundación de la ciudad a la botánica, con especial atención a las hierbas medicinales, se encuentra al norte de la isla de Petrogrado, separada de la misma por el río Karpovka y atravesada de norte a sur por la avenida Kamennoostrovskij, y de oeste a este por la ulica Professora Popova.

Dacha típica de isla Kamennyj.

Botaničeskij sad★. En el extremo oriental de esta última calle, el amplio Jardín Botánico *(visita: de mayo a octubre, de 11 h a 16 h; viernes cerrado);* fundado en 1714, se extiende sobre una superficie de dos hectáreas y es uno de los más ricos del mundo por el número de plantas exóticas y por las instalaciones científicas. El huerto botánico es responsabilidad directa del **Botaničeskij Institut** (Instituto de Botánica), situado en Aptekarskij prospekt, número 1, que posee un valiosísimo herbolario con unos 5 millones de hojas. También forma parte del jardín el **Museo Botánico** (II, B4), dividido en secciones de dendrografía, biología y paleontología.

No muy lejos, en el número 6 de la ulica Čapygina, surge el **Centro de la Televisión**, de 1960-1963, con una torre de emisión de 316 m de altura. Continuando por el lado derecho de la avenida, en el número 2b de la ulica Graftio, se encuentra la casa en la que vivió F. I. Shaljapin. El edificio alberga el **Kvartira-Muzej Saljapina**, con reliquias del gran bajo barítono *(visita: de 12 h a 18 h, lunes, jueves y último viernes de mes cerrado)*. Continuando aún por el mismo lado de la avenida, en la siguiente transversal a la derecha (ulica Akademika Pavlova número 12), se sitúa el **laboratorio de I. P. Pavlov**, hoy museo *(para reservar visitas, tel. 2349937)*, donde se ha reconstruido el museo de la ciencia. Pavlov trabajó aquí, en el Institut Eksperimentalnoj Mediciny desde el momento de su fundación (1890) hasta su muerte en 1936; en su honor, en 1935 se erigió en el patio un **monumento** en forma de perro.

Kamennoostrovskij dvorec (II, B2-3). Atravesado por el siguiente puente, se llega a la **Kamennyj ostrov** (isla de Piedra). Desde aquí, bordeando la orilla oriental de la isla, se llega al palacio Kamennoostrovskij, construido por P. A. Trezzini en madera sobre cimientos de piedra en 1747-1753 para el canciller A. P. Bestužev-Rjumin; poco después, asumió el aspecto actual por obra de los arquitectos Ju. M. Velten y G. Quarenghi, y fue reelaborado por Thomas de Thomon en 1810. A la muerte del zar Pablo I, se convirtió en residencia estival de su hijo Alejandro I, que le sucedió en el trono. El edificio, con dos pisos, en puro estilo neoclásico está adornado por un pórtico dórico con ocho columnas que mira hacia el Neva. Al sur del parque del palacio, surge el interesante **kuhonnyj korpus** (edificio de las cocinas), obra de G. Quarenghi (1782-1785), junto al picadero. Más allá de una majestuosa verja, se encuentran las **Bol'šie oranžerei** (Grandes invernaderos) de L. Rusca, de 1809-1811. El interesante complejo arquitectónico alberga un centro de curas y reposo para aviadores de Aeronáutica militar (*visita: previa reserva en el tel. 5535121*).

Continuando más allá del palacio, a la derecha, se encuentra la **cerkov' Ioanna Predteči** (iglesia de S. Juan Bautista,), obra de Ju. M. Velten (1776-1778), en estilo neogótico, con planta de cruz.

La parte occidental del Krestovskij ostrov resulta muy rica de edificios de notable interés arquitectónico. Entre éstos, de norte a sur, se señalan el antiguo **palacio Polovcov**, construido por Fomin en 1911-1916 en estilo clasicista, en la actualidad centro de vacaciones (malecón Srednaja Nevka, número 6) y el **teatro Kamennostrovskij**, en madera, construido en 40 días por Shustov en 1827, en estilo neoclásico, destruido por un incendio y reconstruido por Cavos en 1844 (malecón Krestovskij número 10). Aún en la parte occidental de la isla, en la orilla del Krestovskij kanal (Polevaja alleja, número 8), se encuentra la casa privada del arquitecto R. F. Mel'cer, construida en estilo modernista (1901-1904) y conocida por el nombre de "dom skazka" (casa de cuentos). Un poco más al oeste, se encuentra un puentecillo, llamado **primer puente Elaguin**, que lleva a la siguiente isla.

Ostrov Elaguin★★ (II, B1-2). A la derecha del puente, al finalizar una breve avenida, se encuentra el palacio que toma su nombre de la homónima isla Elagin, la más pequeña y fascinante del archipiélago, un único y magnífico jardín de estilo inglés, con plantas exóticas, varios lagos y una terraza panorámica hacia el Golfo de Finlandia. La isla fue saneada y protegida con diques por voluntad del mariscal de corte de Catalina II, I. P. Elagin, la convirtió en parque privado; en 1817, el zar Alejandro I adquirió la isla e hizo construir el neoclásico **dvorec Elagin**★ (palacio Elaguin; *visita: de 10 h a 17 h; lunes y viernes cerrado*) que serviría de residencia de su madre, la emperatriz Maria Federovna, que a la edad de 53 años había decidido trasladarse a este

Vista del elegante palacio Elaguin, de líneas neoclásicas.

Parque nevado en la isla Elaguin.

maravilloso lugar apartado. El parque está salpicado de diversos pabellones, invernaderos, estatuas y un embarcadero; en él se encuentra también el **Teatro de Música**, de 1932, y el **Gran Teatro de Verano**, de 1936. El palacio, de gran belleza, es en la actualidad un pequeño, pero excelente, **Museo de Artes Aplicadas,** con decoración original de la época *(visita: de 10 h a 17 h; lunes y martes cerrado; para reservar la visita, por el momento sólo ruso, o para organizar recibimientos privados en las salas del palacio, tel. 2391130).*

Ostrov Krestovskij (II, B1-2). La isla Krestovskij a la que se accede por la ostrov Elagin desde el norte, a través del llamado segundo puente Elagin, es la más grande de las tres y está situada entre el Neva Medio al norte, el Pequeño Neva al sur, y al este el mar. A comienzos de siglo se inició ya la construcción de villas, pero casi toda la isla está cubierta por un gran parque destruido durante la última guerra y reconstruido a partir de 1945. Aquí se encuentran los más importantes centros deportivos de la isla.

Stadion imeni S. M. Kirova★ (II, B1). La Morskoj prospekt (avenida Marítima) atraviesa toda la isla y llega hasta su extremo occidental, donde se extiende el **Primorskij park Pobedy** (parque marítimo de la Victoria); precisamente en el extremo, se halla el estadio Kirov, iniciado en 1932 con un original y grandioso proyecto del arquitecto A. S. Nikol'skij, que tenía previsto colocar las tribunas en la ladera de una colina construida a propósito. Las obras, interrumpidas por la guerra y reanudadas en 1945, finalizaron en 1950. El estadio, con una capacidad de 100.000 espectadores, se modernizó en 1980 para las Olimpiadas. Los reflectores están sostenidos por atrevidas estructuras de cemento armado.

Tučkov most (II, C2-3). En las inmediaciones de este puente, que une la Petrogradskaja storona a la isla Vasil'ev, se encuentran el estadio de fútbol Petrovskij (1957-1961), donde jugaban los blanquiazules del Zenit, el equipo de la ciudad, y el estadio de hielo Jubilejnyj, inaugurado en 1967, para el cincuentenario de la Revolución y sede de los Mundiales de Hockey de 2000. Casi enfrente, en la acera opuesta de la avenida Dobroljubova, se eleva la **iglesia del príncipe Vladimir,** construida entre 1740 y 1788 por los arquitectos Zemcov y Rinaldi.

LOS BARRIOS MERIDIONALES Y SUROCCIDENTALES

A continuación, se propone la visita a los amplios y populosos barrios que han surgido a lo largo de las grandes arterias que llevan de San Petersburgo a las ilustres residencias de la periferia. Áreas caracterizadas por un fuerte elemento residencial (la primera) e industrial (la segunda), presentan aspectos que no se deben pasar por alto desde el punto de vista histórico y arquitectónico.

El itinerario abarca desde la estación de metro Sennaja plosccad hasta la Moskovskaja. Se aconseja recorrer a pie la extensísima avenida, concentrado especialmente la atención en diferentes áreas, a las que se puede llegar en metro o tranvía. La Moskovskij prospekt (la avenida de Moscú) totalmente rectilínea y paralela al meridiano de Pulkovo, es la calle más larga de San Petersburgo, con 10,5 km, casi toda moderna, aunque no por ello carente de interés. Llamada anteriormente Carskosel'skij prospekt, se abrió esta calle para comunicar San Petersburgo y las ciudades meridionales, Novgorod, Tver' y Moscú, e incrementó su importancia con la construcción de la residencia imperial de Carskoe Selo, a pocas *verstas* (antigua unidad de medida equivalente a 1.067 m) de la ciudad.

Los barrios meridionales y suroccidentales

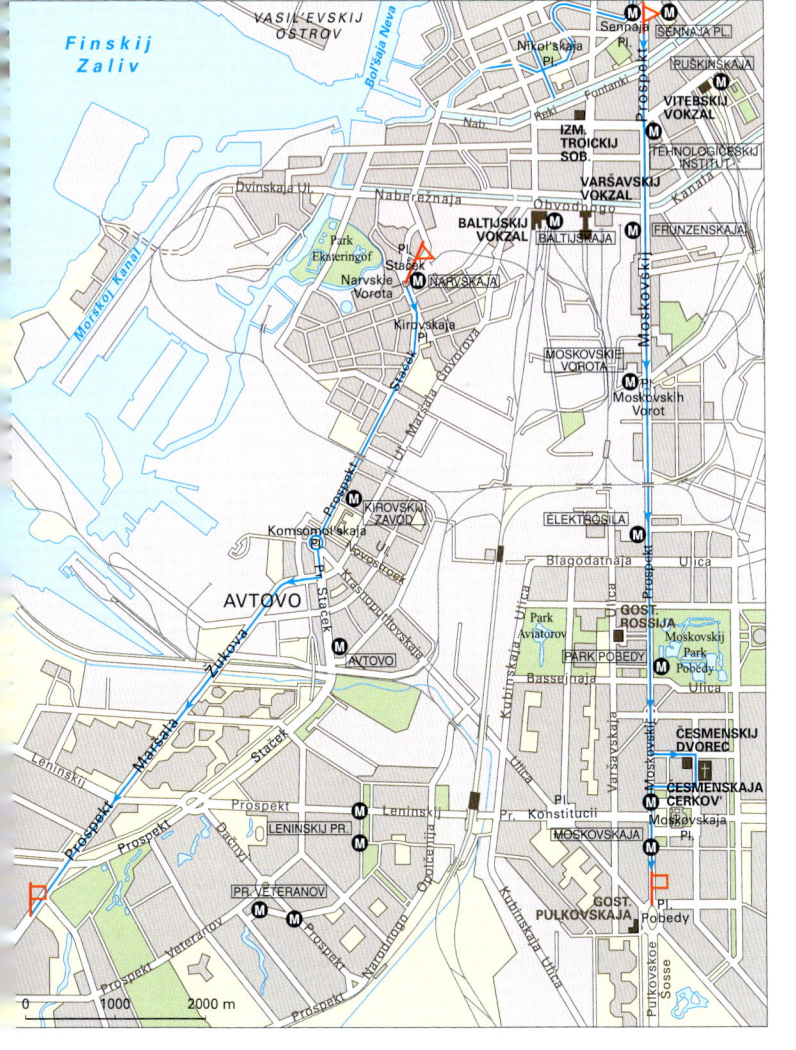

El crecimiento natural de la avenida, que se presenta en la actualidad como un heterogéneo conjunto arquitectónico en que se funden varias épocas y estilos, se aceleró rápidamente durante los años 1935-1939 cuando, sobre la base del plano regulador, se decidió hacer de la Moskovskij prospekt el moderno centro monumental. No resulta difícil reconocer los grandes y solemnes edificios construidos de acuerdo con el gusto arquitectónico de la época, dentro de un proyecto interrumpido por la guerra y nunca continuado posteriormente.

El itinerario se inicia en la **ploščad' Sennaja** (II, E3; Сенная площадь), plaza del Heno. Poco más adelante, en el número 19, está el **Instituto Mendeleev**, dedicado al gran científico que fue su director en 1893. En el número 26 se encuentra el **Instituto de Tecnología** (II, F3; Tehnologičeskij Institut; Технологический Институт), fundado en 1828, que fue durante todo el siglo XIX la única escuela de ingeniería existente en el país, fundada por Betancourt. El primer edificio, de 1829-1831, obra de los arquitectos A.I. Postnikov y E.Ch. Anert, fue reconstruido y ampliado varias veces. La última intervención es de 1930.

A la altura del cruce con la 1-ja Krasnoarmejskaja ulica, un desvío a la derecha hasta encontrar la Izmajlovskij prospekt, conduce a la **catedral de la Trinidad del Regimiento Izmajlovskij** (II, F3; Izmajlovskij Troickij sobor; Измайловский Троицкий собор), en la actualidad cerrada, construida por Stasov, en 1828-1835, y caracterizada por cinco cúpulas azules salpicadas de estrellas.

Una vez pasado el canal de derivación (Obvodnyj kanal), excavado en 1836 para evitar la larga curva del Neva, se hallan, poco distantes y a la derecha, las estaciones de metro del Baltijskaja y Frunzenskaja. La casa de ocho pisos del número 73, junto a la Frunzenskaja, se construyó en 1981-1984, con la finalidad de aislar del fuerte ruido de la calle la zona de las viviendas, por los arquitectos V.N. Ščerbin, Ju.F. Kožin y otros. En el número 96 se halla la **casa de la Peletería,** construida por Friedman en 1938; en ella se celebra una gran subasta de pieles. En la zona situada detrás se han conservado algunos edificios del **Voskresenskij Novodevičij monastyr** (Воскресенскиы Новодевичий монастырь), monasterio de la Resurrección, de 1848-1861, obra de los arquitectos N.E. Efimov y N.A. Syček, entre los que destaca la **iglesia de la Virgen de Kazán** (Kazanskaja cerkov; Казанская церковь), cuyo interior fue decorado con mayólicas y esmaltes, en 1908-1915, por el arquitecto V.A. Kosjakov. En el **cementerio del monasterio** (Novodevič'e kladbišče; Новодевичье кладбище) reposan famosos artistas y escritores, como N.A. Nekrasov, F.I. Tjutčev, A.N. Majkov y M.A. Vrubel'.

En el cruce con la avenida Ligovskij y en el centro de la plaza se halla el **Arco de Triunfo de la Puerta de Moscú★**, grandioso conjunto de doce columnas de hierro fundido, de 25 m de altura, levantadas por Stasov en 1836-1838 para conmemorar las victorias rusas en Persia, Turquía y Polonia. Más adelante se extiende, a la izquierda, en el corazón de un prestigioso barrio estalinista, poco característico de San Petersburgo y más similar al urbanismo moscovita, el **Moskovskij Park Pobedy** (Московский Парк Победы) o parque de la Victoria, iniciado en 1945, atravesado en su centro por la avenida de los Héroes, con bustos de bronce de los defensores de Leningrado durante el asedio de la II Guerra Mundial, y la mayor fuente de la ciudad. Detrás del número 206 (cine Zenit) se encuentra el antiguo **palacio de Česme,** donde el zar podía detenerse en el trayecto entre Carskoe y San Petersburgo, construido por Velten en estilo neogótico en 1774-1777. Alberga en la actualidad el Instituto de Construcciones Aeronáuticas. Después del palacio, Velten construyó en 1777-1780, en el mismo estilo, la aneja **iglesia de Česme** (Česmenskaja cerkov'; Чесменская церковь), con planta en forma tetralobulada y una fachada en blanco y naranja. Pasado el número 210 se abre la **Moskovskaja Ploščad'** (Московская площадь), gran plaza de 10 hectáreas que es la máxima expresión de la arquitectura monumental de los años 30. El palacio situado en el lado este, obra del arquitecto Trockjij, fue en la época socialista sede del comité del partido comunista. El monumento a Lenin que preside la plaza fue realizado por Anikusin en 1970 para conmemorar el centenario de su nacimiento.

Ploščad' Pobedy★ (площадь Победы). En esta plaza, llamada de la Victoria, se combatió duramente durante el cerco de Leningrado. El 9 de mayo de 1975, para celebrar el 30° aniversario de la victoria, se inauguró el grandioso **monumento de la Victoria★**, obra del escultor M. Anikušin y de los arquitectos S. Speranskij y V. Kamenskij. En el centro se eleva un obelisco de granito rojo de Carelia, de 48 m de altura, con las fechas de la última guerra. Al pie del obelisco

> ### Los quioscos de San Petersburgo
>
> *El panorama de la ciudad se caracteriza por la presencia de innumerables quioscos situados en las cercanías de las paradas de metro y en los cruces más concurridos. Surgen a finales de los años 80 en respuesta al colapso que sufrió el sistema de reparto soviético. Los "lar'ki" (quioscos en ruso) han supuesto para algunas personas el único recurso para conseguir refrescos, caramelos o cigarros occidentales. Los puestos, delante de los que los niños se detenían a mirar extasiados, han cambiado de función y clientela tras la normalización de los repartos. Hoy en día los quioscos más repletos de gente son los que venden bocadillos de carne de origen árabe. La propagación de este tipo de comida, con tan poca tradición en los países bálticos, se debe a un grupo de estudiantes sirios que tuvieron la idea de abrir un chiringuito en el que vendían el plato típico de su país. El éxito fue inmediato y hoy la "shaverma" es uno de los platos más apetecibles para los ciudadanos de San Petersburgo. Cuando la ciudad duerme, acuden a los quioscos noctámbulos en busca de una cerveza o de un paquete de cigarrillos.*

está instalado el grupo escultórico *Los vencedores*. Un gigantesco anillo de granito, que no se cierra (para simbolizar la rotura del cerco), rodea el monumento, con grupos escultóricos de bronce en los cuatro puntos cardinales.

En el sector suroccidental se hallan, entre otros, los barrios de Kirov y Avtovo, escenario de importantes momentos históricos.

Kirov (Kirovskij rajon; Кировский район). La prospekt Staček (проспект Стачек), avenida de las Huelgas, atraviesa todo el barrio industrial de Kirov, centro de los movimientos revolucionarios de 1905. Viniendo del centro la avenida se inicia en la ploščad' Stacek (площадь Стачек) o plaza de las Huelgas, en cuyo centro se halla el **Arco de Triunfo de la Puerta de Narva**★, construido por Quarenghi, en 1814, en forma de arco triunfal romano para conmemorar la victoria sobre Napoleón; fue reconstruido con granito por Stasov en 1834. La puerta está formada por un arco con doce columnas corintias a los lados, entre las que destacan las estatuas de guerreros con armadura antigua, obra de Pimenov y Demut-Malinovskij. Sobre el arco está el grupo escultórico de seis caballos con el carro de la Victoria, obra de Pimenov; los caballos son de P. Klodt. Es preciso destacar la cercana **estación de metro Narvskaja,** recubierta de valiosos mármoles blancos de los Urales. A la derecha se extiende el antiguo **Ekateringovskij park,** construido por deseo de Pedro el Grande en honor de su segunda esposa.

Más al sur se halla la Kirovskaja ploščad (plaza Kirov), con la **estatua** del revolucionario **Kirov** (obra de Tomski, 1938) en el centro; detrás de ésta, se abre el **parque 9 de Enero,** realizado en 1920 para recordar a los trabajadores caídos en el famoso domingo sangriento. Justo en el lugar desde el que partieron a la residencia zarista, se encuentra hoy la verja que entonces se hallaba delante del palacio de Invierno, en cuyas inmediaciones cientos de obreros fueron asesinados en 1905.

Kirovskij zavod. Continuando por la avenida, junto a la estación de metro Kirovsjkij zavod, revestida en mármol gris del Cáucaso, se encuentran las oficinas Kirov, enorme complejo industrial que en época soviética producía armas, máquinas y vagones, y que en la actualidad, se encuentra en medio de una dificilísima reconversión. Construidas a principios del siglo XX, con el nombre de Oficinas Putilov, fueron el corazón del movimiento revolucionario obrero. Durante el asedio, salieron las míticas brigadas de obreros, protagonistas de heroicas páginas de valor civil y militar.

Avtovo (Автово). Antiguamente fue una aldea independiente, hoy es un barrio moderno, renovado por completo tras la guerra. En la Komsomol'skaja ploščad' ha quedado un carro de combate que durante todo el asedio no cambió de posición, hasta la liberación de la ciudad.

LAS CASAS-MUSEO

La cantidad de placas conmemorativas que se colocaron en los edificios del centro durante la época soviética es innumerable. La estancia de hombres ilustres, a veces no tanto, que transcurrieron años, meses o incluso unos pocos días, queda reflejada en las crónicas, en ocasiones no muy verídicas. Motivos más o menos nobles impulsaron a los inquilinos de un edificio a pasar por batallas burocráticas que les dieran derecho a exponer una placa conmemorativa. Desde ser el orgullo de la comunidad, pasando por garantizarse atenciones de la junta directiva municipal, siempre interesada en conservar exclusivamente este tipo de edificios.

A pesar de todo, hay que admitir que tanto en la época soviética como posteriormente, siempre ha existido una preocupación por la conservación de las casas de personajes ilustres. Se han dedicado muchos recursos para mantener intacta la decoración, lo que convierte a las casas museo de San Petersburgo en parte del atractivo artístico de la ciudad. Es aquí más que en ningún otro sitio, donde el valor no sólo reside en los edificios, sino en los personajes ilustres que los habitaron; otro motivo que invita al visitante a seguir este recorrido. Los ciudadanos sintieron la necesidad de identificarse con un mito que diera sentido a sus vidas, en medio del aplastante poder dictatorial. No pudiendo aferrarse a ningún hecho de la historia que no fuera la victoria del príncipe Alejandro Nevski en 1240, 463 años de la fundación de la capital, los petersburgueses tuvieron que construir la leyenda de la ciudad entorno a los artistas. El nacimiento del mito de San Petersburgo está firmemente ligado al resurgimiento de la literatura rusa. Una visita a las casas museo permite seguir la evolución artística del siglo XIX hasta nuestros días.

Dom-Muzej Puškina★ (I, C4). La casa museo de Pushkin *(visita: de 11 h a 17 h, martes y último viernes de mes cerrado)* se sitúa en uno de los rincones más sugerentes de la ciudad; en el número 12 del paseo del río Motja; aquí vivió el poeta sus últimos meses de vida, desde el 12 de septiembre de 1836. La casa tiene 11 habitaciones entre las que se encuentra el estudio, grande y luminoso, con una biblioteca de 4.000 volúmenes en 14 idiomas, una butaca estilo Voltaire y un amplio escritorio. En 1837, tras la muerte del poeta, su mujer Natal'ja Nikolaevna, dejó para siempre San Petersburgo. Nunca más quiso pasar por la casa en la que Pushkin, herido fatalmente en un duelo con Georges d'Anthès, murió el 29 de enero de 1837.

Aleksandr Sergeevič Pushkin, padre de la literatura moderna rusa, crea en el famoso poema *El caballero de bronce,* la dicotomía entre el zar Pedro el Grande, fundador de la ciudad, y sus súbditos a los que, en su obstinación, obligaba a pagar impuestos por las heladas estepas y a vivir en un terreno afectado por terribles inundaciones. Con este poema, el monumento de Falconet se convierte en símbolo de la ciudad.

Escritor venerado por la Rusia de nuestros días, Pushkin no era querido entre la aristocracia de la época debido a su carácter inconformista y liberal; convencido de ser víctima de una conspiración, se retó en un duelo de fatales consecuencias, sin que nadie hiciera nada por impedirlo.

La casa no se convirtió en museo hasta 1925, año en el que se hizo una recopilación de sus objetos y mobiliario de la época para que el visitante pudiera hacerse una idea de cómo podría haber sido la casa de Pushkin. El edificio se restauró en 1987, año del 150 aniversario de su muerte. Entre los numerosos documentos que se exponen, se encuentra el que provocó el duelo (donde se decía que su mujer le había sido infiel), además de las memorias, dibujos de personajes de la época y el plano de la casa, esbozado por el poeta V.A. Žukovskij; este plano ha sido de vital importancia para la reconstrucción del museo.

Kvartira-muzej Nekrasova. El mandato de Nicolás I (1825-1855) fue uno de los más duros de la historia rusa para artistas y pensadores, sometidos a la voluntad de la "Tercera sección", la censura de la época. Sin embargo, es en este periodo donde surgen genios de la literatura y de la música tales como Nikolai Alekséievich Nekrasov, poeta y literato, considerado uno de los más destacados de la historia rusa. El artista vivió en un edificio en la esquina entre la Litejnyj prospekt, número 16, y la calle que ahora lleva su nombre. La casa, ahora museo *(se puede visitar de 11 h a 18 h; martes y último viernes del mes cerrado)*, consta de tres plantas donde vivían otros literatos además de Nekrasov; allí se encontraban las sedes de las redacciones de revistas como *Sovremennik* (El contemporáneo) y *Otečestvennye Zapiski* (Anales de la patria). Merece la pena visitar el museo aunque sólo sea por la dedicación con la que se ha reconstruido la refinada decoración de la época.

Dom-muzej Dostoevskogo (II, E4). Como muchos museos literarios, el museo de Dostoievski (*visita: de 11 h a 17.30 h, lunes y último miércoles de mes cerrado*) presenta la casa del escritor fielmente reconstruida. En el estudio, sobre el escritorio, se pueden ver una nota de su hija Ljuba, la pluma, la última receta del médico y el *Evgenij Onegin* de Pushkin abierto por el capítulo octavo. En el salón se han conservado sus cigarrillos y las velas (el escritor las prefería a las lámparas); en las paredes cuelgan fotografías y algunos cuadros.

La historia del arte ruso tiene infinitas referencias a San Petersburgo; sin embargo, si hay un escritor que se identifica con ésta plenamente en la memoria colectiva de lectores de todo el mundo, ese es Fedor Mijailovich Dostoievski. Moscovita de nacimiento, tuvo una relación visceral con la ciudad. Aunque vivió en distintas casas, todas ellas compartían las mismas características: edificios en la esquina, con ventanas a la calle y a ser posible cercanas a una iglesia.

Tumba de Dostoievski.

La casa museo de Dostoievski, hoy en día abierta al público, es además un centro de estudios y actividades culturales. Está situada en el número 5/2 del Kuznežnyj pereulok; allí se trasladó el escritor tras la muerte de su hijo más pequeño, Lëša, de sólo tres años. Para huir de los recuerdos, los Dostoievski se mudaron a esta casa de seis habitaciones, en el segundo piso. Allí vivió el escritor con su mujer, hasta su muerte el 9 de febrero de 1881.

Kvartira-muzej Rimskogo-Korsakova. Nikolai Andréievich Rimski-Korsakov perteneció al denominado "Grupo de los Cinco" grandes compositores rusos, los cuales, siguiendo la obra de Glinka, organizaron la gran tradición musical del país, mezclando el lenguaje derivado de la escuela europea con el folclore eslavo. Los otros cuatro eran Borodin, Musorgski, Cui y Balakirev. La casa museo de Rimski Korsakov (*visita: de 10 h a 18 h; lunes, martes y último viernes del mes cerrado. Para reservar visitas con guía gratuitas en ruso y en inglés, llamar al telf. 1133208. La temporada de conciertos va de octubre a mayo; tradicionalmente, los amantes de la música se dan cita en los conciertos que tienen lugar el primer y tercer miércoles del mes. Reservando con antelación se pueden organizar pequeñas fiestas privadas*). La casa se encuentra en el patio interno del número 28 de la Zagorodnyj prospekt, no lejos de la parada de metro Vladimirskaja-Dostoevskaja.

Descendiente de una noble familia, el compositor, muerto en 1908 convirtió su casa, elegantemente decorada, en punto de encuentro de la vida musical de la época. Al piano tocaron, además del dueño de la casa, Rachmaninov, Skriabin, Stravinski (último discípulo de Rimski-Korsakov); célebre fue la velada en la que el gran barítono Fedor Chaliapin, acompañado por el maestro, interpretó ante los pocos amigos presentes la ópera *Mozart y Salieri*, mientras el famoso pintor Vrubel' inmortalizaba el momento con tres bocetos, que todavía cuelgan en las paredes del salón. Durante la II Guerra Mundial, tras la Revolución de octubre, la casa cambió de propietario y en la misma se instalaron 24 personas de otras familias. Sin embargo, los cinco hijos del compositor, supieron conservar durante décadas el mobiliario y los objetos de valor paternos. Así, en 1971, cuando la casa se convirtió en museo, no hubo dificultad en ambientarla tal y como era en 1908.

Kvartira-muzej Aleksandra Bloka. La obra de Blok tiene un enorme significado para la literatura rusa de principios del siglo XIX. La casa museo, de gran interés, se encuentra en el número 57 de la ulica Dekabristov (*visita: de 11 h a 17 h, martes de 11 h a 16 h; miércoles y último martes de mes cerrado*). El poeta y su mujer Ljubov (hija del ilustre químico Mendeleev) fijaron aquí su residencia desde el verano de 1912 hasta la muerte del poeta, en 1921. Se instalaron en el último piso: allí se han reconstruido el sobrio estudio, el salón que utilizaba su mujer y el elegante comedor. Los muebles originales son todos del siglo XIX por expreso deseo del artista, que deseaba sentir también físicamente el contacto con el siglo de oro de la literatura rusa.

Para Blok era de enorme importancia tener en su estudio el sofá que utilizaron durante un encuentro Dostoievski y Saltykov Ščedrin. En la casa reinaba un orden absoluto, casi metafísico. Cuando no trabajaba, no se encontraba un papel sobre su escritorio. Para Blok, el orden era una respuesta al caos que reinaba en San Petersburgo y Moscú.

En el primer piso, al que se trasladó el escritor en 1921, se encuentra la casa en la que falleció. La habitación en la que murió tiene un gran significado simbólico para la historia de la cultura rusa; la muerte de Blok no sólo supone el fin de un hombre, sino de toda una época. En las habitaciones contiguas hay fotografías y documentos que ilustran la actividad literaria y artística de la época en San Petersburgo. En la planta baja hay una exposición fotográfica de la zona de Kolomna, en la que se encuentra el edificio; éste fue elegido por los artistas de principios del siglo XIX como lugar predilecto de la ciudad, hasta el punto de llamarlo el "Parnaso ruso"; la zona es protagonista de numerosas fotografías de los pintores del Mir Iskusstva (Mundo del arte).

Dom Nabokova. En el número 47 de la ulica Bol'šaja Morskaja, no lejos de la Isaakievskaja ploščad' se encuentra la casa en la que vivió hasta 1917 el escritor Vladimir Nabokov en su juventud (*visita: abierta todos los días, de 11 h a 18 h, excepto sábados y domingos; entrada gratis los jueves*).

Hijo de una de las familias más ilustres del país (su padre era miembro destacado del partido liberal democrático constitucional) se vio obligado al exilio tras la Revolución. La casa fue saqueada y convertida en sede de misteriosos institutos soviéticos.

El edificio, terminado de restaurar en 2001, alberga un museo de concepción moderna, todavía en fase de acondicionamiento. Está financiado por los derechos de autor de los libros de Nabokov que se publican en Rusia. La exposición se divide en dos salas, llamadas Sala del Destino, en la que hay datos relevantes de la biografía del escritor, y Sala de la Pasión, dedicada a las aficiones de Nabokov, profundo conocedor de la entomología y experto jugador de ajedrez. En agosto el museo organiza importantes seminarios sobre la obra de Nabokov, en la que participan numerosos expertos en la materia.

Los pisos superiores sede de una editorial, no se pueden visitar; no obstante, allí se conserva la cama en la que la madre fue asesinada el domingo sangriento de 1905. Dicho episodio fue presenciado por el hijo, tal y como se refleja en la autobiografía.

Kvartira-muzej Anny Ahmatovoj. Los primeros años de la poetisa Anna Ajmátova en San Petersburgo fueron emocionantes, por las intensas relaciones vividas con los intelectuales de la ciudad, siempre en busca de nuevas formas de expresión poética; con el tiempo, sin embargo, se tornaron en experiencias trágicas, tras la pérdida de familiares y amigos, que primero condenó y más tarde vivió en silencio.

La casa museo, situada en el número 34 de la orilla del río Fontaka (*visita: de 10.30 h a 14.30 h; lunes y el último miércoles del mes cerrado*; la entrada está al fondo del jardín interior, en el edificio Šeremetev, en la parte derecha). Es a su vez uno de los centros culturales más activos de la ciudad y lugar de interés para entender el significado de la cultura y el arte rusos del siglo XX.

Las habitaciones del lúgubre apartamento del tercer piso, en el que vivió Anna Ajmátova de 1924 a 1952, son testigo de la historia de una mujer de gran magnetismo y de extraordinario talento artístico, protagonista del periodo de la cultura rusa conocido como el "siglo de plata"; mujer de un insigne poeta, Nikolaj Gumilëv, fusilado en 1921, primera víctima entre los intelectuales del terror rojo; el resto de su vida está marcado por continuos arrestos de su hijo, Lev Gumilëv y de su segundo marido, el crítico de arte Punin. De las paredes cuelgan fotografías de los amigos más queridos, silenciados por torturas y deportaciones. La casa de Anna Ajmátova fue siempre punto de referencia para intelectuales que no quisieron someterse al régimen; un lugar de enorme valor simbólico. En este contexto se sitúa el trabajo de difusión, promovido por el centro Anna Ajmátova, de la obra de Josif Brodski, gran poeta y ensayista de San Petersburgo, premio Nobel de literatura, condenado al exilio. El primer piso alberga una extensa biblioteca y un cine forum; el segundo una sala de exposiciones y el tercero la casa-museo.

Placa del Museo Navokov.

LAS ESTACIONES DE FERROCARRIL

Tras el decreto que liberó a la servidumbre de la gleba, en los años sesenta del siglo XIX, comienza el proceso de industrialización del país. La población rusa, en su mayoría campesina, se ve obligada a adaptarse a una ciudad industrial y moderna; sin embargo, las zonas rurales, reacias a los cambios del siglo XX, han mantenido una imagen cada vez más distante respecto a la ciudad.

En Rusia, el contraste entre el mundo urbano y rural está mucho más marcado que en Europa occidental. Los campesinos que llegan a San Petersburgo tienen un aspecto completamente distinto al de los habitantes de la ciudad, aunque suelen pasar inadvertidos a los ojos de éstos, excepto en las estaciones de tren. Llegan cargados de alimentos, cajas de cartón atadas con cuerdas, vestidos de forma peculiar y, para tomar un tren, se presentan horas antes de la salida. La imagen de las estaciones de San Petersburgo recuerda la distancia entre esta ciudad y la Rusia profunda.

Moskovskij vokzal. La estación de Moscú es la más importante de la ciudad. Situada en ploscad' Vosstanja (II, E5), fue construida en 1845-1851 por K.A. Thon. Ha sufrido diversas remodelaciones para la instalación de la primera línea ferroviaria de largo recorrido; Moscú-San Petersburgo. El salón central es idéntico al de la estación de Leningrado en Moscú. La fachada del edificio es neorrenacentista, con elementos que recuerdan a la arquitectura moscovita de finales del siglo XVII. Del mismo estilo son las columnas de la fachada y los ángulos de la torre central.

Desde la Moskovskij vokzal sale todos los días a las 23.55 h, acompañado del himno de la ciudad (antes era el soviético), el tren más prestigioso de toda la red ferroviaria del país, la "Krasnaja Strela" (flecha roja).

Finljandskij vokzal. Desde la estación de Finlandia salen los trenes con destinos situados al norte de la ciudad. Construida en la ribera derecha del Neva, está al lado de la ploščad' Lenina (estación de metro ploščad' Lenina). Reconstruida en 1960, la torre del reloj está coronada por una aguja, detalle arquitectónico característico de San Petersburgo.

El 4 de abril de 1917 llegó a la estación el vagón precintado que transportaba a Lenin desde Suiza, pasando por Alemania. Con el consentimiento de los alemanes, en guerra con Rusia, el jefe del movimiento bolchevique pudo regresar a su país. Lenin dio un giro radical a los acontecimientos de aquel año. En los meses siguientes, Lenin fue retenido por el Gobierno Provisional, aunque logró tomar un tren desde esta misma estación y buscar refugio en Finlandia. En el espacio anterior a los andenes está la locomotora en la que se puso a salvo, hoy punto de encuentro de distintos grupos. Durante la II Guerra Mundial la estación de Finlandia fue la estación terminal de la denominada "vía de la vida" por la que llegaban aprovisionamientos para la ciudad asediada.

Vitebskyj vokzal. En la Zagorodnyj prospekt, no lejos del cruce con la Moskovskyj prospekt y de la estación de metro Tehnologičeskij Institut se halla la estación más elegante de la ciudad. Construida en estilo *Liberty's* entre 1902 y 1904 por los arquitectos Bržozovskij y Minas, es interesante por la estructura asimétrica. La sala de espera de la segunda planta, situada a la derecha del vestíbulo, merece una visita. Desde la estación Vitebskyj salió en octubre de 1837 el primer tren de la historia del ferrocarril ruso, con destino a Carskoe Selo, hoy en día Pushkin.

Cerca, en la orilla izquierda del canal Obvodnyj están la Varšavskij vokzal (estación de Varsovia) y la Baltijskij vokzal (estación del Báltico). Construidas a mediados del siglo XIX (aunque la fachada de la estación de Varsovia es de 1949), están conectadas a la red de trenes de Europa central y a las localidades del suroeste de la ciudad.

La estación de Moscú, con el obelisco en el centro de la plaza.

LOS GRANDES MUSEOS

El papel de capital imperial que la ciudad desempeñó durante más de dos siglos se materializa en los dos grandes museos del centro histórico: el Ermitage y el Russkij Muzej, ubicados en espléndidos palacios que dominan atractivos espacios urbanos, como la amplia zona del Palacio y la recluida plaza de las Artes. Las colecciones que presentan se encuentran entre las más sobresalientes a escala mundial, ofreciendo al visitante un cuadro completo del desarrollo de las artes figurativas nacionales e internacionales.

El Ermitage★★

(I, C4; Ermitaz; Эрмитаж; *visita: previo pago de 10.30 h a 18 h; domingos de 10.30 h a 17 h; lunes cerrado*. El despacho de billetes se cierra una hora antes). El teléfono de la oficina de información es el 3113465, extensión 1275; para informaciones telefónicas llamar al telf. 1109625 y para concertar visitas guiadas al 2194751. La página web del museo es: http://www.hermitagemuseum.org. El museo tiene la entrada por el malecón del Palacio (Dvorcovaja nabereznaja, número 36). La entrada para grupos está situada en la plaza del Palacio. La planta baja cuenta entre sus instalaciones con cafetería-autoservicio y una tienda de artesanía. Hay quioscos para la venta de catálogos y postales en la entrada principal, la galería principal, la entrada al Kom'endantskij, el vestíbulo del primer piso de la escalera principal y el vestíbulo del primer piso de la escalera del Nuevo Ermitage. También en el primer piso se alquilan magnetófonos y cintas con la explicación de la visita.

Los fondos del Ermitage, uno de los mayores museos del mundo, se exponen en el palacio de Invierno y en otros magníficos edificios que hasta la Revolución fueron propiedad de la corte imperial. El conjunto se encuentra enclavado entre la Dvorcovaja ploščad' (plaza del Palacio), la ulica Milionnaja y el Dvorcovaja nabereznaja (malecón del Palacio).

"Uno de los más grandes museos del mundo" anuncian a los visitantes los guías que muestran las maravillas del Ermitage. Sin embargo, si pudieran expresar todo lo que piensan, añadirían que es uno de los más caóticos; salas que se cierran de la noche a la mañana sin previo aviso; repleto de gente unas pocas semanas y casi medio desierto el resto del año. Al trabajo agotador de los guías, se suma la falta de sistemas de seguridad, lo que les hace estar siempre pendientes de los movimientos de los visitantes. Éstos, cuando van en grupo se ven obligados a seguir determinados itinerarios no siempre orientados al interés de las obras, sino a evitar aglomeraciones. El visitante que va por su cuenta, se pierde en un laberinto de salas que no siguen una numeración lógica. Además, la cantidad de obras expuestas es tal, que a veces aparecen amontonadas y muchas de ellas carecen de texto explicativo.

A pesar de tantos inconvenientes, el museo no pierde el atractivo que envuelven sus salas, que aún reflejan el esplendor del poder zarista y la gran belleza de las obras. Se pueden mencionar también muchas leyendas: déspotas sanguinarios, emperatrices disolutas, crueles torturadores del pueblo, hijos dementes, todos ellos capaces de conmoverse ante la magia del arte. Bajo la serena sonrisa de la *Madonna* de Rafael han pasado sucios soldados ebrios dispuestos a vengar años de lucha y siglos de hambre, en los mismos tiempos en que heroicos Sebastianes se veían obligados a asistir a la vergüenza de ministros que, mientras se preparaban a huir al extranjero mandaban jóvenes a la muerte en una guerra absurda. Ni un gesto de horror alteró el rostro de la infanta Isabel cuando en 1905 masacraron a los obreros indefensos en la plaza del Palacio, de la misma manera que su padre no derramó una sola lágrima cuando acogió al hijo pródigo, asistiendo al apocalipsis del Asedio de Leningrado.

San Petersburgo, la ciudad que más ha sufrido en su breve existencia la crueldad de la naturaleza y de la historia, crece no obstante en el Ermitage, uno de sus símbolos más positivos. En efecto, este museo recuerda a toda la humanidad; el gran mensaje de civismo intrínseco a las grandes obras de arte, que saben enriquecer el espíritu incluso cuando parece que se haya extinguido todo atisbo de esperanza.

Historia del museo. La historia de la formación del museo es paralela a la de la construcción de los edificios que forman el Ermitage. Entre el Palacio de Invierno [pág. 176] y el canal de Invierno, Catalina II mandó construir, en 1764-1767, según un proyecto de Juri Velten y Vallin de la Mothe, un pequeño edificio neoclásico de dos pisos, con fachada a la plaza del Palacio, llamado **Pequeño Ermitage.** En él dio comienzo la colección de arte, comprando 225 cuadros al anticuario Gotzkovsky. A esta primera adquisición se añadieron enseguida otras muchas; en 1768 la colección Coblenza, del Palatinado; en 1769 la colección Brühl, de Sajonia; en el año 1772 la colección Crozat, de Francia; en 1779 la colección Walpole, de Inglaterra; en 1781 la colección Baudouin, de Francia, y otras muchas más. Los interiores del Pequeño Ermitage se modificaron parcialmente (sala de los Pabellones) en 1856 por obra de Stakenschneider.

El Pequeño Ermitage fue duplicado, en el mismo estilo y con fachada hacia el Neva, por Stasov, siguiendo un proyecto de Leo von Klenze.

La entrada de honor, en la calle Halturina, está formada por la **portada de los Atlantes** y es obra de Tereben'ov con diseño de Leo von Klenze. En 1852 las colecciones del Ermitage se abrieron al público con la denominación de "Museo Imperial". Entre tanto, durante todo el siglo XIX y hasta la I Guerra Mundial, los tesoros siguieron acumulándose en las salas y los almacenes del Ermitage con adquisiciones que hicieron época. En 1814, con Alejandro I, se adquirió casi todo el contenido de la Malmaison de Versalles, que había pertenecido a Josefina de Beauharnais, primera esposa de Napoleón, y en 1815, la colección del banquero Coesvelt, de Amsterdam. Con Nicolás I entró, en 1836, la colección del

Escalinata de los Embajadores, en el palacio de Invierno.

por Velten en 1787: este edificio, que recibe el nombre de **Antiguo Ermitage,** servía para recibir las colecciones en constante aumento. Los interiores del Antiguo Ermitage fueron reorganizados durante el siglo XIX por Von Klenze. A la muerte de Catalina II, en 1796, la colección del Ermitage estaba integrada por 3.996 cuadros.

Lass adquisiciones de cuadros y la acumulación de sucesivos descubrimientos arqueológicos provenientes de la Rusia meridional (pueblos escitas) obligaron al emperador Nicolás I a emprender la construcción de un nuevo gran palacio, el **Nuevo Ermitage,** terminado en 1851 por N. Efimov y ministro español Godoy; en 1850, la colección de los Barbarigo, de Venecia; en el año 1861, la soberbia colección arqueológica romana del marqués Campana, de Roma; en el año 1866, la *Madonna Litta,* de Leonardo, adquirida a los Litta de Milán y, en 1870, se compró, en Perusa, la *Madonna del Condestable,* de Rafael. Todavía, en 1884, se consiguió en París la colección Vasilevskij, de arte medieval; en 1914, en San Petersburgo, se obtuvo de Madame Benois la *Madonna Benois,* de Leonardo; finalmente, en 1915, la última adquisición, la enorme colección de pinturas flamencas y holandesas del explorador ruso Semënov-Tjasanskij.

Después de la Revolución, los palacios del Ermitage, las colecciones contenidas en ellos y las colecciones privadas fueron declaradas bienes nacionales. Algunas obras se vendieron a colecciones americanas y europeas. Al mismo tiempo entró, poco a poco, en el museo lo más valioso de los palacios imperiales (Peterhof-Petrodvorec, Gatčina, Pavlovsk, Carskoe Selo-Pushkin), además de las colecciones de las grandes familias principescas (Yusupov, Stroganov, Šuvalov, Šeremetev) y las colecciones de las poderosas familias burguesas moscovitas (Ščukin, Morozov). De esta forma se cuadruplicó el número de obras existentes en los fondos.

Entre las dos guerras se dio un especial incremento a los fondos arqueológicos con el envío de misiones a Asia. Durante el último conflicto las obras de arte, 1.118.000 piezas, se enviaron a los Urales. Los muebles y los objetos de artes aplicadas se recogieron en los sótanos del propio palacio. Los daños sufridos por los inmuebles fueron graves, tanto por las bombas como por el frío. Hoy día, recuperado totalmente su esplendor, el Ermitage expone 2.700.000 obras, de las que 15.000 son cuadros, 12.000 esculturas, 600.000 obras gráficas, 600.000 hallazgos arqueológicos, 1.000.000 de monedas y medallas y 280.000 objetos de artes aplicadas. Los materiales del museo se encuentran repartidos en 400 salas; el recorrido total de la visita es de 24 km.

Advertencias y modalidades de visita.

La amplitud del museo, la riqueza de las colecciones y los complejos problemas de gestión y manutención de toda la estructura hacen que resulte casi imposible encontrar todas las salas abiertas. La misma disposición de las salas está sujeta a cambios debidos a las más variopintas razones. Todo ello, implica la dificultad de escribir una guía totalmente actualizada que incluya todas las transformaciones del museo y, por tanto, puede que algunas salas o secciones cambien con respecto a nuestra descripción o que estén cerradas temporalmente.

La visita detenida de todas las secciones del Ermitage requeriría disponer de varios días libres, pero en las siguientes páginas se presentan al lector diversas posibilidades para que pueda diseñarse un itinerario "a medida".

• Para quien piense dedicar al Ermitage, medio día, en las págs. 258-259 se aconseja un itinerario rápido (3-4 horas) que se centra en las secciones principales y más conocidas.

• Para quien esté interesado en una visita más detenida, en la sección correspondiente, la lista completa de departamentos y colecciones permite elegir el periodo al que dedicar la visita.

• Para quien tenga la intención de admirar las grandes obras de arte expuestas en todas las colecciones del museo, la descripción ofrecida a partir de la pág. 248, selecciona las obras que, a nuestro juicio, revisten excepcional interés histórico y artístico, señaladas con dos estrellas.

• Quien desee un elenco más completo de las obras, lo puede encontrar en las publicaciones oficiales que se venden en el museo.

Departamentos del museo.
Las colecciones están divididas en ocho departamentos, que, por orden de salas, son:

Culturas primitivas, desde el Paleolítico a los eslavos: salas 11-33 de la planta baja.

Arte del Oriente: salas 34-66 de la planta baja.

Arte del Próximo y Medio Oriente: salas 80-94 de la planta baja.

Antigüedades clásicas: salas 100-131 de la planta baja.

Cultura y arte rusos: salas 143-198 del primer piso.

Arte de la Europa Occidental: salas 200-303 del primer piso.

Arte de la Europa Occidental: salas 314-350 del segundo piso.

Arte Oriental: salas 351-397 del segundo piso.

Numismática: salas 398-400 del segundo piso.

VISITA AL MUSEO

En la ***planta baja,*** las **salas 11-33**, exponen lo relativo a las **culturas primitivas.**

La **sala 11** se ocupa del Paleolítico y Mesolítico, desde 500.000 a 7.000 años a.C., con descubrimientos efectuados en Satani-dar, colina de Satana, en Armenia, como utensilios atribuidos a una población del Paleolítico inferior que vivió, con dos fases distintas, entre los 300.000 y los 100.000 años a.C. A la primera fase pertenecen hachas toscas de obsidiana; a la segunda le corresponden hachas más trabajadas e instrumentos de basalto.

Las **salas 12-16** conservan sin cambios la decoración originaria de las paredes de la época zarista. La **sala 12** está dedicada a la civilización del Neolítico con petroglifos, piedras grabadas, procedentes de Carelia y el lago Onega, del III-II milenios a.C. Estos petroglifos, todavía no descifrados en su totalidad, parece que se referían al culto de los astros, las aves y los animales. La **sala 13** nos informa sobre la agricultura del Neolítico, con cerámicas halladas cerca de Kiev, como vasijas, idolillos esteatopigios y maquetas de viviendas (II milenio a.C.). También hay descubrimientos de la primera Edad del Bronce, provenientes de la tumba de un artesano fundidor de la actual aldea de Rachinka, junto a Volgogrado, de los siglos XVI-XII a.C. En la **sala 14** se pueden seguir las civilizaciones del Neolítico, de la Edad del Bronce y la Edad del Hierro en el Cáucaso. Se exponen restos de la cultura de Koban (cultura cobano-colquidiana), sobre todo sepulturas en forma de cajas hechas de losas de piedra y bellísimos trabajos de bronce (hachas adornadas con dibujos geométricos y temas zoomórficos), espadas, puntas de flechas y un gran *"rithon"* (cuerno para libaciones rituales) de hierro. A la civilización de Koban pertenecen también idolillos votivos, antropomórficos y zoomórficos, de elegancia extrema. En las **salas 15-21** se custodia el tesoro de los escitas, organizado actualmente en las salas 117-155 de la planta baja. En las **salas 15-21** quedan otros descubrimientos que no son de oro. Los objetos más importantes son los célebres *kurgan*★★ escitas (**sala 16**)*,* grandes túmulos en los que se enterraba a los jefes con adornos y objetos de uso común. De los "kurgan" de Pazyryk, Solocha y Čertomlyk provienen un bellísimo carro y diversos tapices con frisos de caballeros de los siglos V-IV a.C. Armas, vestiduras y vasos rituales escitas se encuentran en la **sala 17**. Descubrimientos de marfil y bronce y hallazgos de cerámicas locales y griegas que provienen de las ciudades fortificadas escitas de los ríos Dniéper y Dniéster, de los siglos VII-II a.C., se encuentran en las **salas 18 y 19**. La economía de los escitas está documentada en la **sala 20**. En la **sala 21** se atestiguan las relaciones de los escitas con Grecia.

Las salas siguientes documentan la civilización de los "kurgan" del Altai, que presenta profundas semejanzas con la civilización de los escitas de las regiones pónticas y de la Cólquida. En las **salas 22 y 23** están recogidos los utensilios de los "kurgan" descubiertos en Tuekta. En las **salas 25, 26 y 28-32** se halla el enorme material proveniente de los cinco "kurgan" de Pazyryk, de los siglos V y IV a.C. (hay que destacar los soberbios tapices★★), y del "kurgan" de Bašadar. Las **salas 24, 27 y 33** están dedicadas, respectivamente, a la cultura de las poblaciones de las estepas meridionales, desde el siglo III a.C. al siglo X d.C.; a la cultura de las poblaciones ugro-finesas, bálticas y eslavas, desde el siglo VII a.C. al XII d.C., y a la cultura de los nómadas del sur, de los siglos IX-XII d.C.

El **arte del Oriente ruso** ocupa las **salas 34-36**. La **sala 34** se ocupa del Asia central desde el IV milenio a.C. al siglo IV d.C. Además de la enorme cantidad de joyas, adornos, *"rithon"* (cuernos rituales) finamente trabajados, la pieza más famosa es el *friso de Airtam*★★**,** hallado en 1932 por guardias fronterizos en el río Amu-Daria, junto a la ciudad de Termes, en Uzbekistán. Se trata de un soberbio relieve de piedra del siglo I d.C. que representa bustos de músicos y constituye uno de los ejemplos más perfectos de fusión de las tradiciones locales con la civilización budista, en el momento del máximo esplendor del Estado de Kushana, que formaba parte de la Bactriana septentrional. En las **salas 36 y 37** se exponen los objetos hallados en la ciudad de Pendžikent, antigua capital del principado del Sogdiana, a 60 km de Samarcanda, de los siglos VII-VIII d.C. Se trata de fragmentos de estupendos frisos al fresco que representan muchachos y muchachas que tocan instrumentos y juegan. La **sala 36** se llama también "sala de los Elefantes", por los bellísimos frescos★★ de cazadores montados sobre elefantes que luchan contra tigres, panteras y grifos. Estos frescos provienen de la localidad de Varachsa, en el antiguo reino de Bujara, y corresponden a los siglos VII-VIII d.C. La **sala 37** recibe el nombre de "sala Azul", precisamente por los frescos en que domina este color. En la **sala 38** se exponen cerámicas de Corte provenientes de Afrassiab, antiguo nombre de Samarcanda. Esta ciudad, con parte del Asia central, fue conquistada por los árabes en el siglo VIII y, por tanto, la producción de cerámica se halla claramente influida por el arte musulmán. La **sala 39** exhibe bronces, objetos de plata y vasijas de arte musulmán de los siglos IX-XII d.C. La **sala 40** ofrece la contemplación de revestimientos de edificios de Samarcanda y Uzguen a base de baldosines de cerámica con inscripciones árabes, de los siglos X-XII d.C.

Las **salas 46 y 47** evocan la invasión tártara de la Horda de Oro de Gengis-kan y muestran objetos provenientes de Sarai-Berké, antigua capital de la Horda de Oro, junto a Volgogrado. La **sala 48** se ocupa del Asia cen-

ERMITAGE

Planta baja

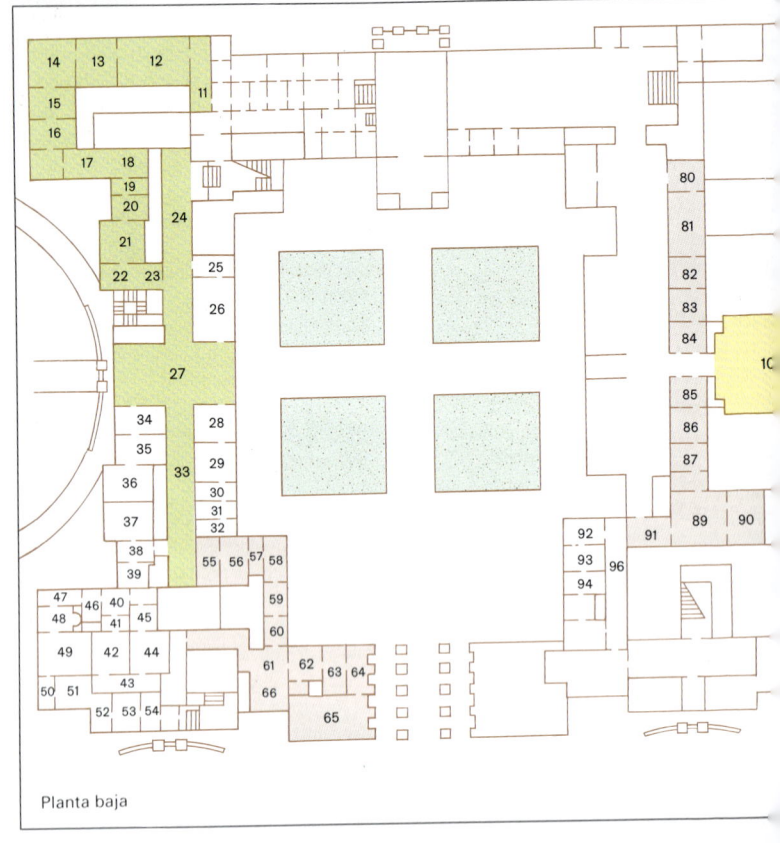

tral de los siglos XIV y XV d.C., con una piedra conmemorativa de Timur, conocido también como Tamerlán, que en 1391 condujo una guerra contra el kan de la Horda de Oro Tochtamyš en un intento de reforzar la posición de Samarcanda. La obra más espectacular es el gigantesco jarrón de bronce★ encargado por Tamerlán y colocado en la mezquita-mausoleo de Jassy, en Kazajstán. El jarrón mide 2,45 m de diámetro y está decorado con un magnífico friso con inscripciones en caracteres cúficos y la fecha: 29 de junio de 1399. En la **sala 49** se conserva la puerta del mausoleo de Gur-Emir en Samarcanda, donde estaban sepultados Tamerlán y su familia. Las **salas 51-54** se centran en el Asia central desde el siglo XVIII hasta comienzos del XIX, y muestran tapices, cerámicas, armas blancas, orfebrería, bordados y pieles trabajadas, de Bujara y Samarcanda.

Arte caucásico. La **sala 55** está dedicada a las tribus primitivas de Transcaucasia, durante los siglos XI-VII a.C. En la **sala 56** se muestra la civilización de Urartu, o reino de Van, de los siglos VIII-VI a.C., civilización que se desarrolló en torno al lago de Van, en Turquía, y en el monte Ararat, el monte bíblico en que se habría posado el Arca de Noé tras el diluvio. Las investigaciones arqueológicas en esta zona las llevó a cabo en 1938 el profesor Boris Petrovskij, junto a la ciudad de Eriván, capital actual de Armenia. Los hallazgos permitieron conocer la refinada cultura de Urartu, destruida en el 585 a.C. por la conquista escita. La **sala 58** se centra en la Transcaucasia desde el siglo III a.C. al siglo III d.C. Es notabilísima la colección de jarrones de bronce de los siglos I-II d.C., provenientes de Roma, hallados en Azerbaiyán. La **sala 59** continúa con la Trascaucasia de los siglos IV-VIII d.C. y muestra objetos de bronce de uso común. La **sala 60** está dedicada al Cáucaso septentrional durante el I milenio d.C., en el que son notables las aportaciones romanas, provenientes del mar Negro, y árabes, provenientes de Asia Menor. La **sala 62** se ocupa de Georgia durante el Medievo y muestra cuadros de iconos de plata. La **sala 63** nos lleva

LOS GRANDES MUSEOS

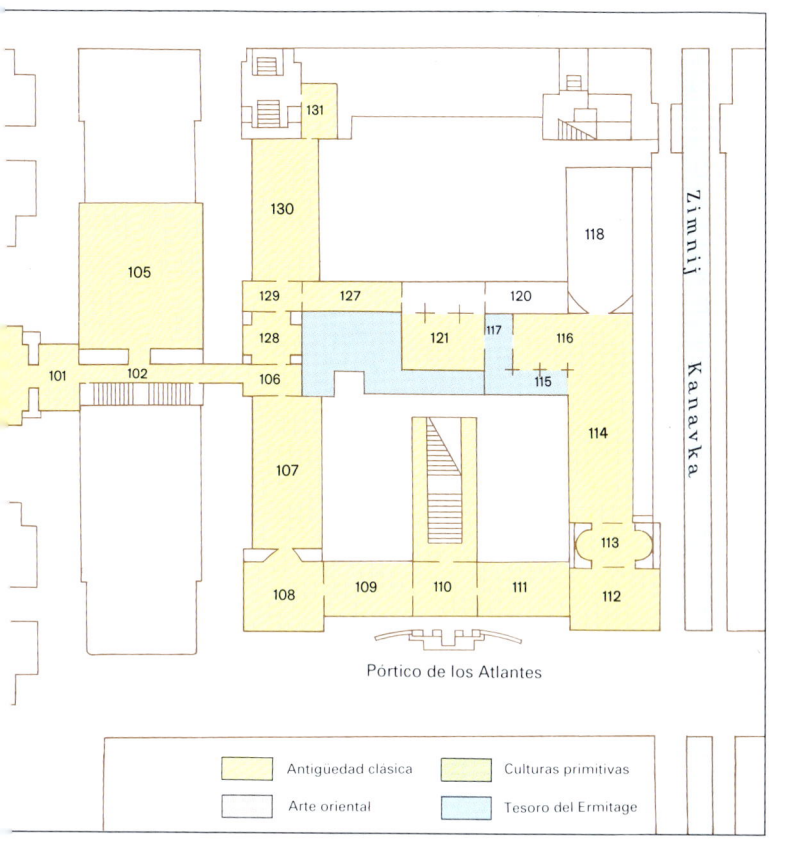

Plano con salas numeradas. Leyenda:
- Antigüedad clásica
- Arte oriental
- Culturas primitivas
- Tesoro del Ermitage

Pórtico de los Atlantes. Zimnij Kanavka.

a Armenia durante los siglos IX-XIII d.C., con cerámicas, objetos de uso común y objetos de arte sacro extraordinariamente refinados, trabajos de plata, manuscritos y miniaturas provenientes de un monasterio armenio de Cilicia, del siglo XIV. La **sala 64** expone cerámicas locales de Azerbaiyán, de los siglos XII-XIII d.C., y cerámicas de importación irania. El Dagestan durante el Medievo se estudia en la **sala 65,** con relieves de piedra y grandes vasijas con relieves de bronce, de los siglos XII-XIII d.C. En la **sala 66** se expone artesanía caucásica de los siglos XVII-XIX.

En la ***planta baja,*** el **arte del Próximo y Medio Oriente** ocupa las **salas 80-94.**

Egipto Antiguo. La **sala 82** se refiere al Imperio Medio, años 2100-1788 a.C., periodo del máximo esplendor de la cultura egipcia. Muestra una estatua monumental de granito negro del faraón Amenemhat III, del siglo XIX a.C., estatuillas de madera policromada de personajes de la vida cotidiana que se colocaban en las tumbas y la cubierta de un sarcófago de madera de la egipcia Ita, que tiene inscrito el capítulo 17 del famoso *Libro de los Muertos*. Las **salas 83 y 84** nos llevan al Imperio Nuevo, 1580-1050 a.C., con fragmentos de inscripciones con caracteres cuneiformes, instrumentos musicales, objetos de uso cotidiano, joyas y adornos, una estatua de la diosa Sejmet con cabeza de león, del siglo XV a.C. y otra del escriba Amenemheb, del siglo XIV. La **sala 85** se refiere al último periodo del Imperio, 1050-332 a.C., con estatuaria pequeña de bronce. Las **salas 86 y 87** tienen como tema el culto de los muertos. Contiene diversas momias, arte del periodo grecorromano y del periodo copto, del siglo II d.C. y tejidos funerarios coptos de los siglos IV-VI d.C.

Culturas babilónica y asiria. Se hallan en las **salas 92-96,** que están cerradas temporalmente. En el territorio del actual Irak, la antigua Mesopotamia, se han sucedido grandes civilizaciones. Entre los milenios IV y III se desarrolló la civilización de los sumerios. Se conservan documentos de escritura ideográfica que se remontan 5.000 años atrás y son los más antiguos del mundo. A los sumerios les sucedió la civilización Akkad, y después la babilónica y la asiria. Se conservan aquí relieves formados por piezas de cerámica que representan los guardianes del palacio real de Assurnasirpal II, de Nimrud, del siglo IX a.C., los sacerdotes del palacio real de Sargón II de Jorsabad, del siglo VII a.C. y figuras de guerreros del palacio real de Teglatfalasar III, en Nimrud. También pueden contemplarse piedras duras trabajadas, sellos y cerámicas de Elam, bronces de Luristán y vasos de Fenicia. Tiene gran interés el "tarif"★★, mármol tallado, proveniente de Palmira, con el texto de una ley del 18 de abril del 137 d.C., escrita en arameo y griego, referente a la tasa sobre las importaciones. También hay losas sepulcrales con la imagen del difunto, de los siglos II y III d.C.

La <u>antigüedad clásica</u> ocupa las **salas 100-131**. Esta sección es la primera que se abrió al público, en 1852. Está formada en la actualidad por más de 113.000 obras, que provienen de adquisiciones efectuadas en Italia en la época de los zares y de las excavaciones llevadas a cabo durante los dos últimos siglos en el mar Negro, donde se hallaban las antiguas colonias griegas, después romanizadas, de Panticapea, Nymphaeum, Theodosis, Chersonesos, Olbia y Phanagoreia. La **sala 100** se ocupa del Egipto prehistórico, V y IV milenios a.C., con los hallazgos de la expedición de la Academia de Ciencias de la URSS a Nubia, a 120 km al sur de Assuán, en 1961-1962. Del Imperio Antiguo (3000-2400 a.C.), época de las grandes pirámides, hay que destacar los relieves de la tumba de Nimaatra, del siglo XXV a.C., y la estatua del noble Udzaanchdzes y de su esposa. Las **salas 101 y 102** contienen relieves romanos y sarcófagos. En la **sala 104** hay una muestra de cerámica griega del periodo clásico. La **sala 105** exhibe jarrones y bustos romanos y la gigantesca vasija de Kolyvan, de jaspe, de 1.200 quintales de peso (1829-1843).

La **sala 106** muestra bustos romanos. En la **sala 107** se pueden contemplar bustos, vasijas, estatuas y sarcófagos romanos. Es preciso destacar el busto del emperador Felipe el Árabe, del siglo III d.C., la estatua colosal de Júpiter, del siglo I d.C., el sarcófago con la historia de Fedra e Hipólito★★, del siglo II d.C. y el sarcófago con una escena de sacrificio a los dioses★★, del siglo III d.C. La **sala 108** recoge escultura decorativa romana. En el centro de la sala se encuentra la estatua de Aura, diosa del aire.

En la **sala 109** se nos muestra estatuaria romana y helenística. La obra más interesante es la famosísima *Venus de Táuride*★★, del siglo III a.C., obra maestra helenística hallada en Roma en 1718 e inmediatamente adquirida por Pedro el Grande, que envió como pago al papa las reliquias de Santa Brígida. En la **sala 111** hay una muestra de cerámica griega clásica a partir de los periodos geométrico y corintio. Entre la cerámica griega con figuras rojas se destaca la famosa *peliké*★★, llamada "jarrón de las Golondrinas", del siglo VI a.C. El jarrón representa a tres personajes varones cuyo diálogo aparece en caracteres griegos. Son frases cortas que saludan la aparición de la primera golondrina que trae la primavera. En la misma sala hay búcaros etruscos de los siglos VI y V a.C. La **sala 112** documenta el apogeo de Grecia, siglo V a.C., con la estatua de la Atenea Campana, copia romana de mármol de un original griego, proveniente de la colección del marqués Campana de Roma, y una cabeza de doríforo, de la escuela de Policleto. En la **sala 114** hay muestras del arte griego del siglo IV a.C., como *Hércules luchando con el león de Nemea*, pequeña copia romana de un bronce de Lisipo, y un sátiro descansando, copia romana de una obra de Praxíteles. La **sala 116** brinda una extensa colección de vasos antropomorfos hallados en 1869 en la región de Tamán, en Crimea, en el lugar de la antigua Phanagoreia. Las obras se remontan al siglo V a.C. Es preciso destacar en especial los que representan a la Esfinge y a Afrodita. También hay muestras de la cultura del Bósforo, sarcófagos pintados, vasijas, estatuaria menor, vasos griegos con figuras rojas y blancas, del siglo IV a.C., y de la cultura de los escitas.

La **sala 121** expone estatuaria menor romana, un triclinio y objetos decorativos. Es magnífica la colección de estatuillas de Tanagra★, deliciosas obras menudas de arcilla de época helenística, de los siglos IV-III a.C. La pieza más famosa es el *camafeo Gonzaga*★★, obra de un desconocido maestro de Alejandría del siglo III a.C. Este estupendo camafeo representa de perfil al faraón Tolomeo II Filadelfo y a su esposa Arsínoe y está considerado como una de las obras maestras más importantes del arte helenístico. No se conoce la historia de esta maravillosa joya; únicamente se sabe que hasta el siglo XVI era propiedad de los Gonzaga de Mantua; lo adquirió el Ermitage en 1814. La **sala 127** está dedicada al arte romano imperial. Puede con-

LOS GRANDES MUSEOS

templarse una magnífica serie de retratos romanos y una estatua de Augusto★★ con los símbolos del Imperio, del siglo I d.C., además de cerámica romana. En la **sala 129** hay mosaicos romanos.

La **sala 130**, llamada "sala de las Veinte Columnas", fue proyectada por Leo von Klenze y realizada por Stasov y Efimov en 1851. Contiene una enorme colección de vasijas griegas y etruscas. La **sala 131** se asoma a la civilización etrusca, con urnas funerarias de Creta y bustos romanos.

Tesoro del Ermitage. Se puede acceder a estas salas tan sólo con un permiso especial, tras solicitud por escrito a la Dirección del Ermitage y con la compañía de un guía. En la **sala primera** se custodia el Tesoro de los escitas y de los sármatas★★. La **vitrina 1**, sobre la Edad del Bronce, contiene descubrimientos provenientes del túmulo de Maikop del Cáucaso, con ropas bordadas en oro con figuras de pantera, ánforas de plata y armas de bronce. La **vitrina 2** nos muestra el arte escita, con hallazgos provenientes de dos túmulos del Dniéper, espadas que han llegado de Asia Menor, vainas de espadas con láminas de oro decoradas con figuras de animales fantásticos y un espejo de oro. En la **vitrina 3** se recoge arte de los escitas dentro del estilo llamado "animal". Sobre todo, son dos las obras maestras de estas estupendas representaciones en oro: la celebérrima "pantera"★★ y el "ciervo"★★, ambas de comienzos del siglo VI a.C. La pantera proviene del "kurgan" (túmulo) de Kelermes y se halló en 1903; el ciervo proviene del "kurgan" de Kostromskaja y se encontró en 1903. Los dos túmulos están en Kuban. La **vitrina 4** permite contemplar objetos que provienen del "kurgan" de Solocha, descubiertos en 1912-1913. El "kurgan" de Solocha, en la región de Nikopol, es el más importante de los túmulos reales de los escitas, y su importancia no es inferior a la de las célebres tumbas reales de Micenas. Los objetos de oro recogidos aquí acusan una clara influencia griega y se remontan a los siglos V-IV a.C. La pieza más famosa es el *peine de Solocha*★★, absolutamente intacto. La empuñadura representa un combate entre escitas. La **vitrina 5** expone objetos encontrados en el "kurgan" de Čertomlik, cerca de Nikopol, que se remontan al siglo IV a.C., descubiertos en 1862-1863. Hay placas de oro con figuras de influencia griega y utensilios cotidianos de oro y plata. En la **vitrina 6** se custodia la colección siberiana, formada por objetos de oro escitas de estilo animal y objetos de oro siberianos, con animales luchando, y objetos de oro con piedras preciosas y pasta vítrea. La **vitrina 7** guarda el tesoro de Stavropol, con objetos de oro de los siglos IV-III a.C. de arte no bien definido.

En la **sala segunda** se recoge el **arte griego y escita tardío.** La vitrina 1 expone adornos femeninos de oro provenientes de Feudossia, del siglo IV a.C. En la **vitrina 2** se pueden admirar pendientes★★ de oro de finísima filigrana, que representan la caza de un ciervo en un bosque. Ningún joyero del mundo ha sido capaz hasta el momento de reproducir esta joya del siglo IV a.C. La **vitrina 3** permite admirar los hallazgos provenientes del "kurgan" de Bol'šaja Bliznica: los objetos de la reina★★, conocidos también con el nombre de Tesoro de Novocerkask, descubierto en 1864. El tesoro está formado por una corona, una diadema con reproducciones de plantas y animales, gemas y camafeos, pendientes, un collar y 700 plaquitas que formaban el manto. La totalidad es de oro.

En la **vitrina 4** se halla el tesoro del rey sármata Restauparid III, de arte griego, del siglo IV a.C. La **vitrina 5** reúne objetos del denominado estilo polícromo, de los siglos III-II a.C.

Ciervo de oro, pieza del siglo VI a.C.

La **vitrina 6** custodia los descubrimientos que provienen del "kurgan" de Artjukovskij, de estilo polícromo, de los siglos II-III d.C. Son placas de oro y una corona de laurel de oro.

En la **sala tercera** se exponen joyas romanas y griegas de las ciudades griegas del mar Negro, que van desde el siglo I a.C. al III d.C.

La **sala cuarta** ofrece la contemplación de joyas rusas y europeas. En la **vitrina 1** se expone una bella tabaquera. La **vitrina 2** brinda conjuntamente joyas españolas del siglo XVII, joyas italianas de los siglos XVI-XVII y una gran cruz holandesa con brillantes, de comienzos del siglo XVIII. En la **vitrina 3** se puede admirar un equipo de oro, con joyas del siglo XV, para la boda de la hija de Segismundo III de Polonia con el duque de Brandenburgo en 1533. Hay también un aguamanil del zar Alejo, obra alemana de piedras preciosas y oro. La **vitrina 4** guarda joyas de la primera mitad del siglo XVIII y una tabaquera de Pedro I en forma de barco. La **vitrina 5** contiene un juego de tocador de 45 piezas de oro, para la emperatriz Ana Ivanovna, realizado en Augsburgo, en el siglo XVIII. En la **vitrina 6** se recogen insignias de la orden danesa del Elefante Blanco. La **vitrina 7** muestra joyas de Dresde del círculo de Dietterlin. Se custodia una colección de relojes en la **vitrina 8**. Es preciso llamar la atención sobre los relojes del siglo XVI en forma de cruz y sobre el reloj de Isabel Petrovna, en forma de huevo. La **vitrina 9** ofrece la vista de un gran ramo de flores formado por joyas, obra de Posier. La **vitrina 10** custodia relojes miniados con esmaltes de escuela suiza. En la **vitrina 11** se recogen tabaqueras inglesas de oro y piedras preciosas que pertenecieron a la familia de los zares. En la **vitrina 12** están los tesoros de las iglesias imperiales. La **vitrina 13** guarda joyas de María Feodorovna, esposa de Pablo I. En la **vitrina 14** se exponen regalos de los embajadores a los zares, como la espada de Eugenio de Beauharnais. La **vitrina 15** ofrece arte del siglo XIX. La **vitrina 16** contiene copias en oro, escala 1:10, de las coronas de los zares. En la **vitrina 17** se exponen insignias de las Órdenes mayores de Rusia. En la **vitrina 18** pueden verse tabaqueras de la época de Pablo I. La **vitrina 19** guarda tabaqueras ejecutadas por maestros de San Petersburgo.

Para seguir el orden cronológico de las civilizaciones conviene dirigirse al ***segundo piso***, donde se puede visitar lo relativo al **Imperio Bizantino,** desde el siglo V al XV. La **sala 381a** contiene los más antiguos restos del arte bizantino, de los siglos V-VI. Hay que destacar el gran lampadario de bronce con forma de basílica bizantina, del siglo V, y las dos estatuas del *Buen Pastor.* En la **sala 381** se muestran relieves de plata de arte romano-bizantino, con motivos mitológicos, de los siglos VI-VII; estupendos trabajos de marfil, como un díptico con escenas de caza★, del siglo VI, y un mosaico llamado *del Ángel.* La **sala 382** custodia placas de marfil con figuras de los siglos X-XII, iconos de los siglos XII-XIV, destacando los pintados de *San Gregorio Taumaturgo* y de *La Transfiguración,* el icono con esmaltes de *San Teodoro*, el icono de mosaico de *Los Cuatro Santos* y el icono de *San Jorge milagroso.*

La **cultura del Próximo y Medio Oriente** desde la época clásica a la época moderna ocupa las **salas 383-397**. La **sala 383** recoge arte sasánida: piedras talladas con la representación de Senmurv, dios de la fecundidad, un magnífico plato de plata★★, que representa al rey sasánida Sapor II (309-379) cazando, y un plato de plata★★ que representa al rey Bachram Gur (421-438) con su amante Azadè cazando gacelas. Este episodio lo tomará de nuevo en el siglo X Firdusi, el mayor poeta clásico del Irán, en su célebre obra maestra *Chah-Nameh.* En la **sala 384** se pueden contemplar bronces de Gerat, en el actual Afganistán: un magnífico caldero★★ incrustado y fechado en 1163, con figuras de caballeros, músicos y jugadores, un jarrón en forma de águila, del 797, y un aguamanil★ con forma de cebú hembra, de 1206. En las **salas 385-387** se muestran cerámicas iraníes de los siglos XII-XV, entre las que hay tablillas de cerámica con relieve, un *"mihrab"* proveniente de la mezquita de Kascian, de 1305, y un gran jarrón, considerado el mayor del mundo, con relieves que representan animales, aves, plantas y jugadores de polo, del siglo XII. Las **salas 391-394** recogen objetos de arte iraní de los siglos XVI-XVIII. Es preciso llamar la atención sobre las miniaturas de las escuelas de Tabriz, Sciraz e Ispahán, las cerámicas adornadas con versos de poemas y las obras del mayor pintor iraní Reza-i-Abbasi, del siglo XVII. La **sala 388** se ocupa de Siria e Irak durante los siglos XIII-XV y exhibe objetos de vidrio decorados con esmaltes de colores y utensilios de bronce adamasquinados. Las **salas 389 y 390** se centran en Egipto durante los siglos VII-XV, el Egipto musulmán, y exponen lámparas de vidrio esmaltado, del siglo XIV, del reino de los Mamelucos y adornos arquitectónicos de madera y marfil. Turquía durante los siglos XVI-XVII es objeto de atención en las **salas 395-397,** con estupendas cerámicas de los siglos XVI-XVII, provenientes de Iznik y de Damasco, terciopelos y brocados provenientes de Bursa, Damasco y Üsküdar y tapices y armaduras de las fábricas de Estambúl, Trebisonda y Erzurum.

En el ***segundo piso,*** la **sala 359** está destinada al **arte oriental** y presenta el arte Bezeklik de los siglos VI-VII con esculturas y

LOS GRANDES MUSEOS

frescos que provienen del monasterio del mismo nombre de Asia central.

Muestras del **arte indio** de los siglos XVII-XX se recogen en las **salas 368-371**. La sala 368 exhibe estatuillas de mármol y bronce que representan héroes de la literatura hindú (poemas del *Mahabharata* y del *Ramayana*. Las **salas 369 y 370** muestran miniaturas de la época mogol, de los siglos XVII-XVIII; una estupenda y valiosa serie de armas blancas y de armaduras cinceladas e incrustadas con oro y plata; sedas, terciopelos, cerámicas, bronces, ébanos, marfiles y tapices. En la sala 371 se expone pintura india moderna y un busto de Gandhi, del escultor Cintamani Kar.

Al **arte chino,** desde el II mileno a.C. al siglo XX, se destinan las **salas 351-364**. La sala 351 custodia fragmentos arquitectónicos y pictóricos de los siglos VI-IX provenientes del célebre monasterio de los Mil Budas. Se conservan, en la sala 352, hallazgos que provienen de la antigua ciudad de Khara-Khoto, destruida en el siglo XIII por Gengis-kan y sepultada por las arenas del desierto de Gobi. Las **salas 354-362** exponen porcelanas, lacas, esmaltes, marfiles, pinturas y esculturas de los siglos XIV-XIX. La sala 363 está destinada a obras de los pintores chinos modernos Tsipaichi (1872-1957) y Suipeihung (1894-1953). La sala 364 contiene obras de artes aplicadas modernas.

Las **salas 365-367** se centran en el **arte mongol,** desde los siglos I al XX. La sala 367 ofrece la contemplación de los objetos descubiertos en los "kurgan" (túmulos), de la Mongolia del norte, en Noile-Ula, que se remontan al siglo III d.C. Estos "kurgan" eran las sepulturas de los jefes hunos. En la **sala 366** hay un reflejo del Imperio de Gengis-kan; la pieza más importante es la denominada *Piedra de Gengis,* estela de granito que lleva una inscripción de 1225, considerada el ejemplo más antiguo de escritura mongola. La sala 365 está destinada a las artes aplicadas, la pintura y la escultura.

Las **salas 375 y 376** están dedicadas al **arte japonés** de los siglos XVII-XX, con obras de los más famosos pintores japoneses de los siglos XVIII y XIX, como las delicadas acuarelas de Utamaro (1753-1806), Hokusai (1760-1849) e Hirochiga (1794-1858). También se puede ver el *Bodhisattva* de Kokudzo, la más antigua pintura japonesa, de finales del siglo XIII; un álbum con pinturas sobre seda★★ del gran pintor Kano, de la primera mitad del siglo XV; estatuillas, miniaturas, utensilios de madera y marfil, armas de hierro, plata y bronce, y lacas, como dos bellísimas cajitas firmadas por el grabador Ogata Korin (1658-1716).

Está representado también el **arte indonesio** de los siglos IX al XX. La sala 358 expone estatuillas de divinidades, objetos de culto y productos de artesanía provenientes de Java central, de los siglos XIV-XVI, y de la isla de Bali.

En el ***primer piso,*** el departamento de **cultura y arte rusos,** creado en 1941 y distribuido en las **salas 143-198**, contiene cerca de 280.000 objetos, a partir de los primeros documentos de la civilización eslava, hasta el periodo en que el Ermitage fue residencia de los zares. Por tanto, el departamento incluye también las más importantes salas de Estado del Palacio de Invierno.

La **cultura rusa primitiva,** desde el siglo VI al XV, se puede seguir en las **salas 143-150**, aunque están cerradas temporalmente. La sala 143 muestra los hallazgos paleoeslavos, de los siglos VIII-X, provenientes de Novotroickoe, Borševskoe y Monastyrišče. Hay un horno para la fusión de metales, de los siglos IX-X, hallado en Grigorovka, y objetos de uso común de madera hallados en Staraja Ladoga. La sala 144 brinda un conocimiento de la vida rural en la antigua Rusia. En la sala 145 están reunidos los descubrimientos de Belaja Veža, de los siglos X-XII, encontrados con ocasión de las excavaciones del canal Volga-Don de 1949-1951. La sala 146 exhibe armas y armaduras halladas en la fortaleza de Rajkoveckoe, destruida por el kan tártaro Batyj. Las **salas 147-149** están destinadas a la arquitectura, arte y documentos escritos de los siglos X-XIII. Hay frescos del siglo XII procedentes de la catedral de Michajlovsko-Zlatoverchij de Kiev; la famosa *Piedra de Tmutarakan*★, gran lápida de mármol que lleva una inscripción del príncipe Gleb, de 1086; documentos provenientes de Pskov, orfebrería y esmaltes. En la **sala 150** se custodian iconos y objetos de culto procedentes de Pskov y Novgorod.

La **cultura de la Rusia moscovita,** siglos XV-XVI, está representada en la **sala 151,** con iconos de los siglos XV-XVI, incunables de la primera imprenta moscovita, manuscritos miniados y mapas geográficos del siglo XVII.

Cultura rusa del primer cuarto del siglo XVIII. La sala 152 exhibe obras maestras de las artes aplicadas rusas del siglo XVII, como esmaltes, piezas de plata y oro, iconos, objetos litúrgicos y bordados. En la **sala 153** se conservan armas, documentos, retratos e iconos. En la **sala 155,** o galería de los tapices★★, se expone una espléndida serie de tapices flamencos del siglo XVI con la *Historia del rey de los cisnes* y el *Romance de la rosa*; de tapices flamencos del siglo XVII tejidos sobre cartones de Rubens; tapices franceses de los Gobelinos, del siglo XVIII, con la *Historia de Ester* y la *Historia del Toisón de Oro*, y un busto de Pedro I★★, en bronce, obra maestra de Bartolomeo Carlo Rastrelli de 1723. La **sala 156,** o Redonda, muestra el retrato de cera de Pedro I★, realizado por G.B. Rastrelli (1719), y una maqueta de bronce de una columna triunfal★, obra de B.C. Rastrelli, que debía erigirse en San Petersburgo, hecho que nunca se realizó. La **sala 157** recoge grabados con vistas de San Petersburgo. Las **salas 158 y 159** tienen muebles y retratos de la época de Pedro el Grande.

Cultura rusa del siglo XVIII. La **sala 162** conserva retratos de mosaico. La **sala 163** contiene muebles y retratos, entre ellos el célebre retrato de mosaico de Pedro I★, realizado en 1757 por Mijail Lomonosov. En la **sala 164** se pueden contemplar vistas de San Petersburgo en el siglo XVIII, en gran parte obra de Semen Ščedrin. La **sala 165** exhibe objetos de plata y trajes de ceremonia. La **sala 166** muestra objetos de vidrio, marfiles y cerámicas. La **sala 167** custodia tapices tejidos por la fábrica de San Petersburgo a finales del siglo XVIII. Las **salas 168-174** recogen objetos de artes aplicadas que datan del siglo XVIII, entre los que destacan un jarrón del año 1749 decorado con un gran racimo de uvas y una tabaquera de porcelana, de 1752, ambas realizadas por la Fábrica Imperial de San Petersburgo con diseño de Dimitri Vinogradov, iniciador de la porcelana rusa, y un jarrón de Vereščagin.

La **cultura rusa del siglo XIX** se exhibe en las **salas 175-198**. Están temporalmente cerradas las salas 175-187. Las **salas 175-178** se refieren a los primeros 25 años del siglo XIX y a la actividad de los Decembristas. En las **salas 179-182** se conservan retratos de

ERMITAGE

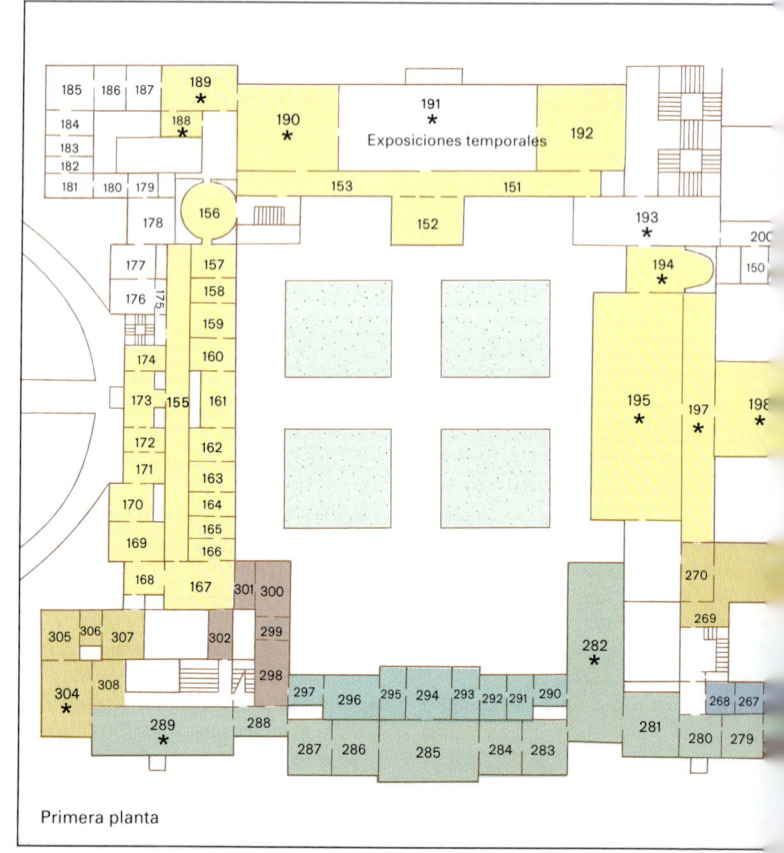

Primera planta

LOS GRANDES MUSEOS

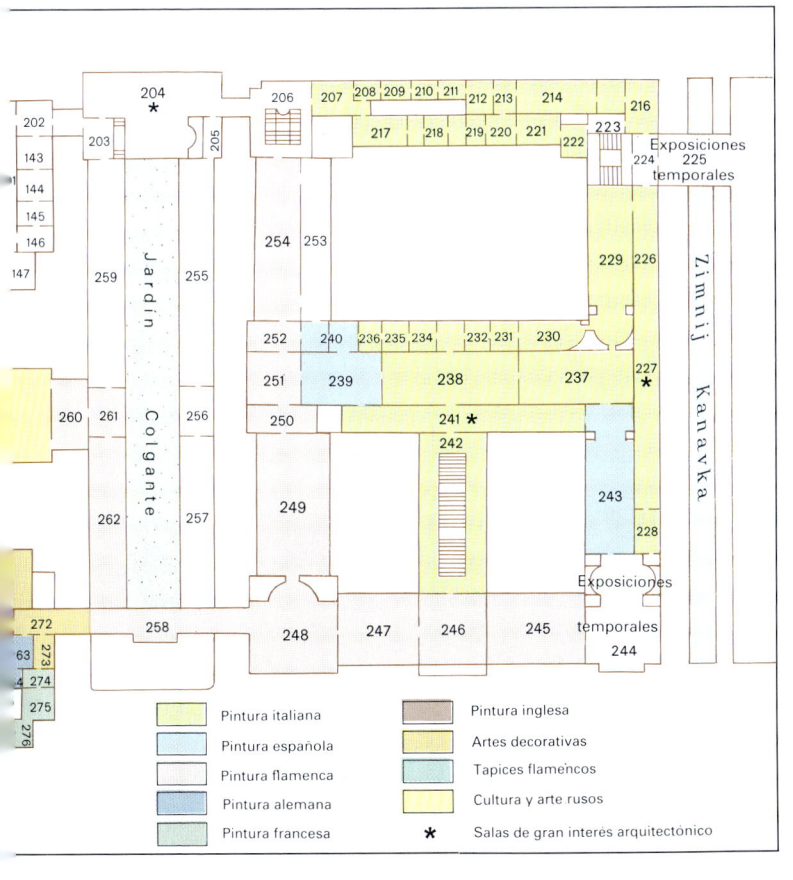

artistas y literatos del siglo XIX, entre ellos, uno magnífico de Pushkin★ de bronce, realizado por Vitali en 1842. Las **salas 183-185** muestran objetos de artes aplicadas. La **sala 186** exhibe retratos del siglo XIX realizados por Briullov, Orlov, Tropinin, Argunov y Venecianov. En la **sala 187** se exponen acuarelas, litografías y retratos del siglo XIX. La **sala 189,** llamada sala de malaquita★★, realizada en 1839 por Briullov, tiene sus ocho columnas, sus ocho pilares, sus dos chimeneas y sus muebles completamente cubiertos de malaquita verde y de oro, con la técnica del mosaico ruso. En esta sala se reunía el Consejo de Ministros del Gobierno Provisional tras la caída del zar. La **sala 188** es un pequeño comedor montado en 1894 por R. Meltzer. En esta sala fueron detenidos los componentes del Gobierno Provisional en el momento de la Revolución. La **sala 190** es la antigua sala de conciertos★★, decorada a finales de los años 30 del siglo XIX por Stasov y recubierta de estucos blancos. En esta sala está instalada una colección de vajillas y cubiertos rusos desde el siglo XVII al XIX. Una obra maestra de enorme valor es la tumba de Aleksandr Nevski★★, proveniente de la catedral de la "lavra" homónima de San Petersburgo. Esta magnífica obra maestra de la platería rusa se realizó durante 1747-1752 en la ceca de la fortaleza de Pedro y Pablo, y tiene tonelada y media de plata. Catalina II ordenó la realización de esta riquísima tumba en honor de un santo ruso, muy venerado por la iglesia ortodoxa, tras su propia coronación. La **sala 191,** o gran sala de baile★★, fue diseñada por Stasov. En esta inmensa sala, con una superficie de más de 7.000 m^2, se celebran exposiciones temporales. La **sala 192,** o antesala, tiene en el centro su famoso baldaquino de bronce y malaquita mandado construir por el hacendado Demidov en honor de Catalina II. La **sala 194,** o sala de Pedro I★★, realizada por Rastrelli, fue decorada en 1833 por Montferrand y reconstruida por Stasov y Briullov tras el incendio de 1837. Sus paredes están recubiertas de terciopelos carmesíes de Lyon, bordados con plata con el águila bicéfala. En la hornacina, sobre el trono, puede verse el cuadro *Minerva y Pedro I*★★, obra maestra de Jacopo Amiconi. Las mesitas, candelabros y lampadarios, de plata fundida, son de escuela francesa del siglo XVIII.

La **sala 195**, o sala de los escudos★★, constituye otra magnífica obra maestra de Stasov. Es un salón enorme con columnas corintias pareadas recubiertas de estuco blanco e iluminado por grandes lámparas de bronce, decoradas con los escudos de todas las provincias rusas.

La **sala 197** recibe también el nombre de galería militar★★. Fue terminada en 1826 según un proyecto de Carlo Rossi. Contiene 332 retratos de personajes de toda Europa del periodo napoleónico, realizados por George Dowe. El lugar de honor lo ocupa el retrato del mariscal Kutuzov, comandante en jefe de las fuerzas rusas contra Napoleón.

La **sala 198** se conoce también como sala de San Jorge★★ y es la antigua sala del Trono, construida en 1842 por Quarenghi y reformada por Stasov y Efimov. Mide más de 800 m^2 de superficie, está sostenida por 48 columnas de mármol de Carrara y adornada por unas 8.000 piezas de bronce dorado. Recibe su nombre de un gran bajorrelieve colocado sobre el antiguo trono, que representa a San Jorge matando al dragón, símbolo del poder ruso, obra del italiano Francesco Del Nero.

PINACOTECA

La visita de la **Pinacoteca,** en el ***primer piso,*** se inicia en la sala del Pabellón★★ o sala 204, realizada por Stakenschneider 1847-1851; está sostenida por columnas corintias de mármol, iluminadas por 28 gigantescas lámparas y adornada a los lados con cuatro fuentes. En el centro de la sala está colocado un mosaico romano descubierto en 1780 en las termas de Tito de Roma. Hay una colección de trabajos italianos de ágata y ónice. En una gran vitrina está colocado el famosísimo reloj del pavo real★★, obra maestra de orfebrería del inglés James Cox, adquirido en 1780 por el príncipe Potemkin y regalado a Catalina II. El reloj propiamente dicho está formado por un círculo con pequeñas setas que indican las horas. En el momento en que suenan las horas el pavo real abre las alas, extiende la cola y sacude la cabeza, una lechuza sacude la cabeza y mueve los párpados y un gallo lanza un cacareo. Desde las ventanas de la sala es posible admirar el jardín colgante★★, construido durante el siglo XVIII sobre el tejado del Pequeño Ermitage, en torno al cual anteriormente estaban las caballerizas del palacio.

Desde la sala del Pabellón se pasa a la **sala 259**, dedicada a las artes aplicadas europeas durante el Medievo. Contiene marfiles franceses de los siglos XII-XIV, como una valiosa cruz procesional★★ del siglo XIII; esmaltes★★ románicos de Limoges, del siglo XIII; bronces italianos, alemanes y franceses de los siglos XII y XIII, y un crucifijo de plata del siglo XIII recubierto de piedras preciosas★★. Asimismo pueden admirarse muebles y tapices de los siglos XIV y XV; dípticos y figuras de marfil de los siglos XIII y XIV, de escuela francesa, alemana e italiana; cerámica española del siglo XV, como el famoso "jarrón de la Fortuna", proveniente de Málaga, y un relicario de plata del siglo XVII con forma de santo, con incrustaciones de piedras preciosas★★.

La **pintura italiana,** de los siglos XIII al XVIII, ocupa las **salas 207-238 y 241**.

La **sala 207** abarca los siglos XIII al XV, con obras de Naddo Ceccarelli *(La Virgen con el Niño),* Spinello Aretino *(San Benito* y *San Ponciano),* Lorenzo di Nicolo Gerini (dos lienzos de la Virgen con el Niño) y Ugolino Lorenzetti *(Crucifixión*★*)*. Están representados también: Ugolino di Tedice *(Crucifixión*★*),* Simone Martini *(La Virgen de la Anunciación*★★*),* Antonio da Firenze *(La Virgen en el trono)* y Vincenzo Foppa *(El Arcángel San Miguel).* En la **sala 208** figuran: Pietro Lorenzetti *(Crucifixión)* y Bartolomeo Caporali (dos Santos). En la **sala 209** pueden admirarse obras de: Sperandio Savelli *(Busto masculino),* Fra Angélico *(Sagrario, La Virgen con el Niño y los Santos Domingo y Tomás*★★*, La Virgen con el Niño*★*),* Filippo Lippi (fresco de *San Agustín),* Lorenzo di Credi *(La Virgen con el Niño),* y de la escuela del Verrocchio *(La Virgen con el Niño*★*).*

En la **sala 210** se custodian esculturas florentinas del Renacimiento: Andrea Della Robbia (tres Vírgenes con el Niño★★), Giovanni Della Robbia *(Natividad)* y Benedetto da Maiano *(Retrato de un florentino*★★*).* La **sala 211** exhibe esculturas de: Tommaso Fiamberti (dos Vírgenes con el Niño★) y de Antonio Rossellino *(La Virgen con el Niño).* En la **sala 212** se exponen obras de: Mino da Fiesole (dos Vírgenes con el Niño), Lorenzo Costa *(Retrato femenino),* Francesco Francia *(La Virgen con el Niño y los Santos Anto-*

LOS GRANDES MUSEOS

La Virgen Benois

La Virgen llamada "Benois" llegó a Rusia a principios del siglo XIX. Según una leyenda, al parecer verídica aunque no confirmada, el cuadro formaba parte de la puesta en escena de un circo italiano al que se había contratado en Rusia. Lo cierto es que en los años veinte del siglo XIX, la obra se encontraba entre las más valiosas de la colección de la familia de comerciantes Sapožnikov. Casi un siglo después, el cuadro fue cedido a la familia de arquitectos Benois, con motivo de la boda de Marija Sapožnikov con L. N. Benois. Esta familia, comprendiendo el valor de la obra, se puso en contacto con el crítico de arte Lipgart, encargado de la sección italiana del Ermitage, para esclarecer quién podría ser el autor del cuadro. Lipgart afirmó que sin duda alguna se trataba de una obra de Leonardo, preparando en 1908 una exposición en la que se comunicó al mundo la excepcional noticia. La autenticidad de la obra quedó confirmada posteriormente por el crítico de arte renacentista más prestigioso de la época, A. Venturi. La familia Benois recibió ofertas de coleccionistas de todo el mundo; sin embargo, partidarios de que la obra permaneciera en Rusia, los Benois vendieron el cuadro al Ermitage por una suma muy inferior a los 500.000 francos ofrecidos por Francia.

nio de Padua y Domingo★, *La Virgen en el trono con ángeles músicos y Los Santos Jerónimo y Lorenzo*★★), Giovan Battista Utili *(La Virgen con el Niño)* y Dosso Dossi *(Sibila*★*)*. La **sala 213** posee obras de: Perugino *(San Sebastián*★ y *Retrato de un joven*★★*)*, Iacopo del Sellaio *(Piedad y San Juan Apóstol),* Botticelli *(Santo Domingo y San Jerónimo)* y Filippino Lippi *(Anunciación y Natividad*★★*)*. La

La Madonna Litta, *de Leonardo da Vinci.*

sala 214 es quizá la más prestigiosa del Ermitage, con dos cuadros de Leonardo: *Madonna Benois*★★, también llamada Virgen de la flor, adquirida por el Ermitage en 1914, y *Madonna Litta*★★, una de las obras maestras más importantes del pintor, pintada hacia 1490 y comprada en Milán a los príncipes Litta. Se expone también una *María Magdalena*, de Giampietrino. En la **sala 215** se exhiben lienzos de: Cesare da Sesto *(La Sagrada Familia*★*)*, Andrea del Sarto *(La Sagrada Familia*★*)*, Luini *(La Virgen con el Niño y San Juan niño*★*)*, Correggio *(Retrato femenino*★★*)*, Melzi *(La palomita*★*)*, Bronzino *(Apolo y Marsias*★*)* y Sodoma *(Amorcillo)*. La **sala 216** expone obras de: Sebastián del Piombo *(Cristo con la cruz a cuestas),* Sofonisba Anguissola *(Retrato femenino),* R. Fiorentino *(La Virgen con el Niño),* Pontormo *(La Virgen con el Niño*★★*)*, Primaticcio *(La Sagrada Familia*★, G. Romano *(Los amantes*★★*)* y Allori *(Retrato de un hombre y Alegoría de la fe)*.

Las **salas 224 y 225** están destinadas a exposiciones temporales.

En la **sala 226** se muestran cerámicas y mayólicas italianas del siglo XVI. La **sala**

249

227 es un largo corredor llamado "Las logias de Rafael", exacta a las famosas Logias vaticanas, construida hacia 1780 por Giacomo Quarenghi y pintada, reproduciendo exactamente el original de Rafael, por Karl Unterberger. En las vitrinas de la galería hay una valiosa colección de medallas italianas de los siglos XV y XVI, provenientes de Roma, Florencia, Rimini, Mantua y Milán, muchas de ellas de Pisanello. La **sala 228** presenta una pequeña colección de mayólicas. En la **sala 217** pueden contemplarse obras de: Bartolomeo Vivarini *(La Virgen con el Niño)*, Giorgione *(Judit*★★, de 1508, estupenda obra maestra que proviene de la colección Crozat), Cima da Conegliano *(Anunciación)* y Palma el Viejo *(La Virgen con el Niño)*. La **sala 218** expone lienzos de: Romanino *(La Virgen con el Niño)*, Palma el Viejo *(Retrato de un joven*★*)*, Giorgione *(La Virgen con el Niño en un paisaje*★★*)*, Paris Bordon *(La Sagrada Familia con Santa Catalina)* y Capriola *(Retrato de un joven)*. Pueden verse, en la **sala 219,** obras de Tiziano *(La huida a Egipto,* obra de juventud) y Lotto *(Retrato de un viejo* y *Retrato de una pareja*★★*)*.

La **sala 220** muestra esculturas de renacentistas italianas de mármol de Antonio Lombardo, provenientes del estudio de Isabella d'Este. La **sala 221** está dedicada enteramente a Tiziano: *Cristo en majestad (*aprox. 1560), *Cristo con la cruz a cuestas*★ (1560) y *La Virgen con el Niño y la Magdalena*★ *(*aprox. 1560), *Dánae*★★ (aprox. 1550), otra versión de la misma obra existente en Nápoles, Viena y Madrid. En la misma sala se hallan: *Mujer joven con abrigo de piel*★ *(*aprox. 1535), versión de una obra idéntica existente en Viena y modelo de la *Venus* de Urbino, de la *Venus* de los Uffizi y de la *Bella* del Palacio Pitti; *Magdalena penitente*★★ *(*aprox. 1565) y *San Sebastián*★★ (1570). La **sala 222** está por completo dedicada a Veronés: *Adoración de los Magos, Retrato de un joven*★★, *Diana*★★, pequeña obra maestra de pintura veneciana; *Llanto de Cristo*★★, una de las obras maestras de Veronés, que había pertenecido al rey Carlos I de Inglaterra y proveniente de la colección Crozat. En la **sala 223** se exponen objetos de vidrio, tejidos y bronces venecianos de los siglos XV y XVI.

La **sala 229** se halla decorada completamente con tapices y muebles renacentistas italianos. La sala custodia dos de las obras maestras más importantes de Rafael: *La Madonna del Condestable*★★, pintada a los 18 años y proveniente de la colección Condestable, y *La Sagrada Familia*★★, pintada en 1505 y proveniente de la colección Crozat. También se exponen un gigantesco dibujo sobre pergamino★★ de Giulio Romano: *Triunfo romano;* obras de L. Lorenzetti *(Niño sobre un delfín,* escultura según un dibujo de Rafael) y cerámicas italianas★★, provenientes de Faenza (siglo XVI), Venecia (siglo XVI), Angerano (siglos XVII-XVIII), Laterza (siglo XVII), Padua (siglo XVII), Sicilia (siglo XVI), Urbino (siglo XVI) y Montelupo (siglo XVII). En la **sala 230** se exhiben bronces del siglo XVI y frescos★ de la escuela de Rafael. En el centro de la sala se expone *El joven*

Judith y la cabeza de Holofernes, *de Giorgione.*

agachado★★, mármol tallado por Miguel Ángel hacia 1530.

En la **sala 231** se recogen obras de los siglos XVI y XVII: Annibale Carracci *(La huida a Egipto* y *Autorretrato*★★*)*, Domenichino *(El descanso de Venus* y *San Juan Evangelista)*, Ludovico Carracci *(La Virgen con el Niño y Santos)*, Guercino *(Una Sibila* y *Martirio de Santa Catalina)* y Guido Reni *(El rapto de Europa)*. En la **sala 232** se custodian numerosas obras de Domenico Fetti, Orazio Borgianni, P.F. Mola y B. Manfredi y, en el centro, *Autorretrato*★★, espléndido mármol de Gian Lorenzo Bernini. La **sala 234** está destinada a la escuela napolitana del siglo XVII. La **sala 235** muestra pintura del siglo XVIII: G.M. Crespi *(Autorretrato*★★*)* y también obras de Pannini, Torelli y Rotari. En la **sala 236** pueden verse obras de los venecianos del XVIII, como Guardi (dos vistas de Venecia★, G.B. Tiépolo *(Mecenas presenta las Artes a Augusto*★*)* y también obras de Rosalba Carriera, Pittoni, Ghislandi y Zuccarelli. En la **sala 237** exponen obras Annibale Caracci *(Las piadosas mujeres en el sepulcro*★*)*, Caravaggio *(Tocador de laúd*★★, aprox. 1595, proveniente de la colección Giustiniani y adquirido por el zar Alejandro II), Guercino *(Asunción*★ y *Martirio de Santa Catalina)* y Albani *(Rapto de Europa)*. Completan la sala obras de Gentileschi *(Amor y Psique*★*)*, Tintoretto *(Nacimiento de Juan Bautista*★*)*, Bassano *(Paraíso)*, Palma el Joven (Santos) y lienzos de Furini, Romanelli, L. Spada, Agostino Carracci, Pietro da Cortona, Pagani y otros. En la **sala 238** se exponen obras de los siglos XVII y XVIII italianos: Luca Giordano *(La fragua de Vulcano* y *Combate de Centauros y Lapitas)*, G.B.

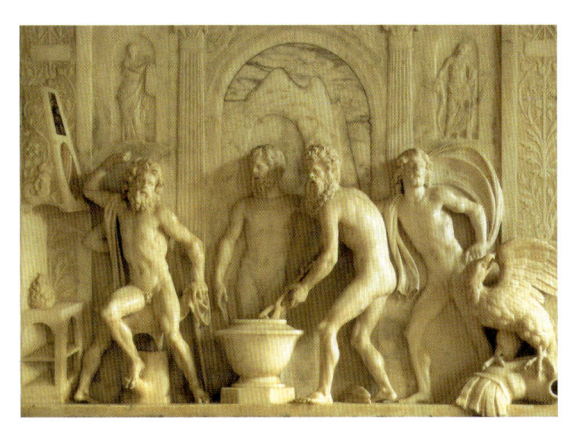

El nacimiento de Minerva, *relieve en mármol de Antonio Lombardo.*

Tiépolo *(Episodios de la historia romana*★, provenientes del palacio Dolfin de Venecia) y Canaletto *(Vistas de Venecia* y *Recibimiento del embajador de Francia en Venecia)*. En misma sala se exhiben también obras de: Batoni *(Aquiles y Quirón* y *La Sagrada Familia)*, G.B. Crespi *(Muerte de José)*, Salvator Rosa *(Demócrito y Protágoras*★, *Nausica y Ulises* y *El pastor)*, Piero da Cortona *(Martirio de San Esteban)*, Rotari *(Alejandro y Rosana)*, Sebastiano Ricci y B. Strozzi.

La **sala 241**, conocida como "Galería de la historia de la pintura antigua", es obra de Leo von Klenze. Los 86 paneles que la decoran fueron pintados por Hiltensperger. La galería contiene obras de Antonio Canova *(Las tres gracias*★★*)* y de Bertel Thorvaldsen.

La **sala 242** está destinada a esculturas italianas del siglo XIX, de los autores Lorenzo Bartolini *(La oración*★★*)* y Dupré, Bienaimé, Adamo Tadolini, Rinaldo Rinaldi, Tenerani, Cincinnato Barozzi, Benzoni y Gennaro Cali. Es magnífica la escalinata de Leo von Klenze.

Pintura española de los siglos XVI-XVII. La **sala 240** custodia cuadros de: Luis de Morales *(Mater Dolorosa*★ y *La Virgen con el Niño)*, Pantoja de la Cruz *(Retratos de Diego de Villamayor* y *La Infanta Catalina)*, Francisco Collantes, Pedro Orrente y Rafael Vargas. Completan el conjunto lienzos de: Francisco de Ribalta *(Crucifixión)*, El Greco *(Retrato del poeta Ercilla y Zúñiga*★ y *Los Santos Pedro y Pablo*★★, aprox. 1590, esta última es una de las obras maestras del pintor español). La **sala 239** exhibe lienzos de: Del Mazo *(Retrato de Felipe IV*★*)*, Velázquez *(Los borrachos*★★, obra maestra adquirida por Catalina II; *Retrato del conde duque de Olivares*★★, aprox. 1636), Juan Pareja *(Retrato de un monje* y *Retrato del jefe de la Orden de Santiago de Compostela)*. En la misma sala están representados: Antonio Puga *(El afilador ambulante)*, Carducho *(Visión de San Félix)*, Murillo *(Santiago, Isaac bendice a Jacob, Muchacho con un perro*★, *Descanso durante la huida a Egipto*★★, *La Adoración de los pastores*★, *Anunciación*★★, *San Pedro encadenado*★ y *La*

Asunción), J.B. Maino y Ribera *(San Jerónimo, Clío, San Sebastián y Santa Irene*★★, obra maestra del pintor). Completan el conjunto: Zurbarán *(San Lorenzo*★, *Retrato de Fernando III, Crucifixión*★★ y *La infancia de la Virgen*★★, una de las obras maestras más conocidas del pintor), Goya (estupendo *Retrato de la actriz Antonia Zárate*★★, aproximadamente de 1807).

Retrato de don Gaspar de Guzmán, Conde Duque de Olivares, *de Diego Velázquez.*

En la **sala 243** se recogen armas y armaduras de la Europa occidental de los siglos XV-XVII, armas blancas y de fuego, armas rústicas y maniquíes de caballeros a caballo con armaduras★★, del siglo XVI.

La **sala 244** se destina a exposiciones temporales.

El museo posee **pintura flamenca de los siglos XV y XVI**. La **sala 261** expone obras de: Tot Sint Jans *(San Bavón)*, Roger van der Weyden *(San Lucas pinta a la Virgen*★★: es una de las obras más antiguas de la pintura flamenca. La tabla estaba dividida en dos; una parte se hallaba en Munich y la otra en poder de la familia real de Holanda. El Ermitage adquirió las dos partes en 1850 y 1884, respectivamente). Figuran también: Robert Campin *(Díptico de la Virgen con el Niño*★★*)*, Albert Bouts *(Ecce Homo*★*)*, Adriaen Isenbrandt *(San Jerónimo)*, Gerard David *(Piedad*★*)*, Hugo van der Goes *(Natividad, La Adoración de los Magos*★★ y *Descendimiento*★★*)*. La **sala 260** presenta obras de: Jan Provost *(Coronación de la Virgen*★*)*, un retablo★ tallado de la escuela de Amberes, del siglo XVI, y dos tapices de Bruselas, también del siglo XVI. En la **sala 262** es posible admirar trabajos de: Van Roymerswaele *(El banquero*★*)*, Jan Mandyn, Met de Bles *(Descanso durante la huida a Egipto)*, Jan de Cock, Jean Bellegambe *(Tríptico de la Anunciación*★★*)*, Josse van Cleve *(La Virgen con el Niño)* y Mabuse *(Descendimiento*★★*)*. En la misma sala también figuran: Patinir *(Descanso durante la huida a Egipto)*, Frans Pourbus I (retratos), Lambert Lombard *(Danza de los amorcillos*★*)*, Frans Floris *(Juicio de Paris*★*)*, Lucas van Leiden *(Curación del ciego*★★*)*, Pieter Aertsen, Pieter Brueghel II *(Kermés)*, Dirk Jakobsz *(Las Corporaciones de Amsterdam)* y Van Coxcie *(Anunciación*★*)*. Completan el conjunto: Beuckelaer *(Fiesta en la aldea)*, Cornelis van Cleve *(Retrato masculino)*, W. Key *(Autorretrato*★*)*, Pieter Coeck van Aelst *(Cristo en el monte de los olivos)*, Van Hemessen, Van Utrecht y Van Heemskerk *(Crucifixión*★*)*. La **sala 258** expone cuadros de: P. Brueghel II *(Paisajes)*, D. Winckenboons, K. de Coninck, A. Keenrinckx, R. Savery, Van Coninxloo *(Paisaje con figuras)*, G. Leytens *(Juegos sobre hielo*★*)* y G. d'Hondecoeter *(El pastoreo)*.

La **pintura flamenca del siglo XVII** se inicia en la **sala 245**, donde se pueden ver obras de: Jordaens *(Retrato de un viejo, El rey bebe*★★, *La Virgen con el Niño, La Sagrada Familia*★★ y *Rostros de niños)*, A. Brouwer (escenas de género), Jan Fyt (tres naturalezas muertas); Teniers el Joven, con más de 30 obras, entre las que destacan: *Los jugadores de cartas, Los magistrados de Amberes, Los simios que juegan, La aldea de fiesta* y *El baile de la aldea;* Pieter Janssens y Paul de Vos *(Escenas de caza)*. Completa la sala Frans Snyders, con numerosas naturalezas muertas, cinco grandiosas escenas de mercado★★, alegorías de los cinco sentidos, que formaban parte de la decoración del comedor de un arzobispo, y *Las aves.*

La **sala 246** está enteramente dedicada a 26 obras de Van Dyck: *Cabeza de viejo*★★, *Retrato de un noble*★, *San Pedro, Grupo de familia*★, *Retrato de M.A. Lumagne, Autorretrato*★★, *Retrato masculino*★, *Retrato de Thomas Tschaloner, Retrato del arzobispo de Canterbury, Retrato de Roland Wendesford, Retrato de Anna Dalkit y Anna Kerk*★★, *Retrato de las hermanitas Whorton*★★, *Descanso durante la huida a Egipto*★★, *Retrato de un noble, Retrato de Enrico Denvers Danby*★, *Retrato femenino, Retrato de Inigo Jones*★, *Retrato de Thomas Whorton, Retrato de la reina Enriqueta María, Retrato de una dama con niño, Retrato del rey Carlos I*★★, *Cabeza de apóstol y Santo Tomás.* Se encuentra también la obra *Grupos de familia,* de Cornelis de Vos.

La **sala 247** se halla enteramente dedicada a las 42 obras de Rubens. Entre ellas hay numerosos bocetos y *Ecce Homo*★, *Cabeza de viejo, La estatua de Ceres, Perseo y Andrómeda*★, *Retrato de una camarera de la Infanta Isabel*★★, *Cabeza de Monje, Retrato de Felipe IV e Isabel II, El carro*★, *Músicos y pastores, Neso y Ariadna*★★, *Baco*★★, *Alianza de la Tierra y el Agua*★, *Venus y Amor, Agar deja la casa de Abraham, El festín de la casa de Simón, Mercurio abandona Amberes, La Coronación de la Virgen, Susana, El Descendimiento*★★, de 1615, una de las cimas del arte de Rubens, pintado para los Capuchinos de Liere.

La **pintura flamenca y holandesa,** de finales del siglo XVI-XVII se inicia en la **sala 248** con obras de: H. Goltzius *(Bautismo de Cristo y Adán y Eva),* Cornelis van Haarlem, G. Seghers, Paul Brill, T. Rombouts, J. Wildens, C. van Uden, R. Savery, Jan Brueghel I (paisajes, escenas de aldea, *La Adoración de los Magos)* y H. van Steenwijkii. A éstos hay que añadir: Josse de Momper, Winckenboons, Van Valckenborch, H. Jordaens III (escenas de batalla), Marten de Vos, Frans II Francken *(Entrada de Cristo en Jerusalén y Las bodas de Caná),* Simon de Vos y Karel van Mander.

La **sala 249** expone cuadros de: H. van Streck, Adriaen van de Velde *(Parada del caballero),* W. Kalff, Jan Both, Van Everdingen *(Cascada*★*),* Hobbema, Jakob van Ruisdael *(La cascada*★, *La playa, El río en el bosque*★, *Bosque con pastores*★★ *y La cabaña),* G. du Bois, C. Decker y Paulus Potter *(Vacas*★, *La granja y La victoria de los animales*★*).* Están también representados: F. Post, G. Camphuysen, L. de Jongh, Van del Poel, A. van Calrat, H. Terbrugghen *(Concierto*★*),* Gerrit Honthorst *(Dos instrumentistas),* Dirck van Baburen *(Concierto),* H. van Vliet *(Retrato de mujer*★*),*

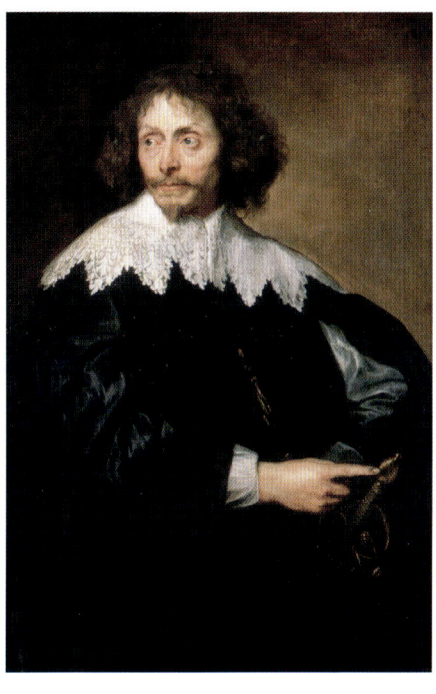

Retrato de un hombre desconocido, *por Van Dyck.*

A. Cuyp *(Nocturno en el mar*★*),* Frans van Mieris *(Recibimiento*★ e *Interior con perro*★★*)* y Gabriel Metsu *(Tentación*★ y *La enferma).* La relación continúa con: H. Saftleven III ter Borch *(El violinista*★, *El jarro de limonada*★★ *y La carta),* Pieter de Hoogh *(Concierto, El patio*★★, *Retrato de muchacha* y *La oferta),* W. van Aelst, Jan Steen *(Esther y Asuero, Interior de hostería, El compromiso de boda*★, *Interior con campesinos*★★, *El juego del tric-trac* y *La enferma y el médico*★*),* W.C. Heda *(Naturaleza muerta*★*)* y Barent Fabritius *(Descanso durante la huida a Egipto).* Siguen con cuadros en la sala: E. de Witte *(Interior de iglesia),* Salomón van Ruisdael *(Marina*★*),* Pieter Claesz, Adriaen van der Neer (dos *Nocturnos*★★, *Juegos sobre el hielo* y *Molinos de viento*★*),* Joan van Goyen

La Dánae, una obra de arte desacreditada

Se trata de una de las obras más polémicas del museo. El 14 de octubre de 1997 la Dánae *de Rembrandt vuelve al Ermitage. Anteriormente, el 15 de junio de 1985, aniversario de la entrada en Lituania del ejército soviético (1940), un fanático roció el cuadro de ácido sulfúrico. La obra resultó dañada de forma irreparable. En 1985 se envió el cuadro a Japón desde donde, según se dice, volvió una copia del original, que fue vendido por los servicios secretos en confabulación con altos cargos del museo. Al parecer, el acto de vandalismo se provocó para encubrir la operación. Aunque esta versión fuera falsa, hoy el cuadro difícilmente se puede considerar un Rembrandt.*

(Vista de Scheveningen, Juegos sobre el hielo e *Invierno sobre el hielo)*, Moreelse, Isaac van Ostade *(Patines sobre el hielo)*, H. van Vliet *(Retrato femenino)* y Adriaen van Ostade (varios *Interiores, Juegos sobre el hielo, La riña, El concierto* y *La parada durante el viaje*★*)*. Todavía hemos de añadir: Verspronck (retratos), Jakob Duck, Pieter Codde, Molenaer *(La riña)*, J. van Velsen, A. Palamedesz, Abraham Bloemaert *(Tobías y el Ángel*★*)*, Dirck Hals, Dirck van Delen, W. Duyster, Jan van Ravenstein *(Retrato masculino)*, Pieter Quast y Frans Hals (dos retratos masculinos★). Completan la relación: Lievens *(Retrato de una vieja*★★*)*, T. de Keyzer *(Retrato de un noble*★*)*, Molijn, Van Mierevelt (retratos), Jan Porcellis, J. van de Velde, E. van de Velde y B. van der Ast.

La **sala 250** exhibe lienzos de M. de Hondecoeter, muebles holandeses y porcelanas de Delft. En la **sala 251** se pueden contemplar cuadros de: Berchem *(El rapto de Europa)*, D'Hondecoeter, Van der Helst *(Retrato femenino, Grupo familiar*★*, Retrato masculino, Grupo familiar*★ y *Mercado de Amsterdam*★★*)*, Van Mieris, Th. Wijck, P. van Slingelandt e Isaac van Ostade *(El abrevadero)*. Completan la sala lienzos de: P. van der Bos, Gerard Dou *(Interior con perro*★*, El médico*★★*, El tocador de violín*★ y *El astrónomo*★*)*, Van den Eeckhout, A. van den Tempe: *(Retrato de la mujer de van Balen)*, N. Maes *(Retrato de una desconocida)*. La **sala 252** alberga obras de: J. Pynas, L. Bramer *(La riña)*, P. Lastman *(Anunciación)*, S. Koninck, Arte de Gelder y P. Lastman.

La **sala 254** está casi por completo dedicada a las 26 obras maestras de Rembrandt: *El hijo pródigo*★★ (1668-1669), verdadero poema del amor paterno; *Retrato masculino, David y Urías*★★ (1641-1642), *Retrato de Jeremías Decker* (1666), adquirido por Catalina II con la colección Baudouin de París; *Retrato de un viejo guerrero*★, *Retrato de una vieja* *en una butaca*★★ (1654). La serie de obras del pintor sigue con: *Retrato de una vieja, Dos viejos en una butaca, Retrato de un viejo de rojo*★★, proveniente de la colección Brühl; *Cristo y la samaritana, Natividad*★★ (1645), uno de los cuadros más bellos de este tipo de Rembrandt, repetido en otros análogos; *Retrato de un joven gentilhombre, Retrato de un viejo, La toilette, David y Jonás*★, adquirido en Amsterdam por Pedro I en 1701, que entró en el Ermitage en 1882. Continúa la serie con: *La muchacha con la perla, La adoración de los Magos, Retrato de una muchacha*★★, *Descendimiento*★★ (1634), uno de los cuadros más dramáticos de Rembrandt; *Retrato de Baartje Martens Doomer*★★ *(*aprox. 1640). Completan el conjunto: *Retrato de una desconocida, Saskia vestida de Flora*★ (1634), *El sacrificio de Abraham*★★ (1635), otra conocidísima obra maestra del pintor, proveniente de la colección Walpole. En la misma sala hay retratos de C. van Renesse, Arent de Gelder y Ferdinand Bol *(El viejo y la joven*★*)*, Jan Lievens y Gavert Flinck. En esta sala se hallaba *Dánae*★★, de 1636, una de las obras maestras más conocidas de Rembrandt, destruida en 1988 por un visitante exaltado.

La serie de **pintores alemanes,** de los siglos XV-XVIII, se inicia en la **sala 263** con los pintores del siglo XV: Maestro M.S.R. (esculturas de madera), H. Wertinger *(Crucifixión)*, Hans von Kulmbach *(Paraíso)* y Ambrosius Holbein *(Retrato de un joven*★*)*. La **sala 264** exhibe lienzos de Bartel Bruyn *(Retrato de familia*★*)*, Cranach el Viejo *(Muchacha con el cabello rojo*★, *Venus y Amor*★★ *y La Virgen con el Niño y Santos)*, Hans Vertinger *(Fiesta en la aldea* y *Retrato de Albrecht von Brandenburg)*. En la **sala 265** se presentan obras de Amberger (retratos★) y Nicolás Neufchâtel (retratos). La **sala 266** muestra lienzos de: Elsheimer, J.C. Loth *(Rebeca)*, Hans von Aachen *(Alegoría de la Paz*★*)* y J.H. Schönfeld *(Las bodas de Caná)*. La **sala 267** permite contemplar obras de: Hend, Van der Borckt, K.A. Ruthart *(Tobías y el Ángel)*, Ch. Paudiss *(Naturaleza muerta*★ y *Retrato de una joven)*, D.G. Schultz y Jürgen Owens *(Autorretrato)*. La **sala 268** expone cuadros de: Tischbein, A. Graff, A. Kern, R. Mengs *(Autorretrato)*, A. Pesne y Angélica Kauffmann.

Conserva el museo **porcelanas de Europa occidental,** de los siglos XVIII-XX. En la **sala 269** hay un gran servicio de mesa de la fábrica de Berlín, regalado en 1772 por el rey Federico II de Prusia a la emperatriz Catalina II. La **sala 270** conserva un gran servicio de mesa de la fábrica de Viena, del siglo XVIII, y el famoso servicio de los camafeos★★, formado por 700 piezas y realizado en Sèvres por orden de Catalina II.

La **sala 271** (cerrada temporalmente), es la antigua capilla del Palacio de Invierno, restaurada por Stasov siguiendo el estilo Rastrelli. Contiene porcelanas de Sajonia, de Johann Böttger (1682-1719), porcelanas de Meissen (de comienzos del siglo XVIII), entre las que figura el gran servicio de mesa para la Orden de San Andrés, el servicio de mesa llamado "La caza" y el grupo "El Parnaso"★★, de J.J. Kändler. Hay también cerámicas de Höchst, Frankenthal, Nymphenburg, Fürstenberg. La **sala 272** exhibe esmaltes de Limoges★★ de los siglos XV y XVI. En la **sala 273** es posible admirar una preciosa serie de cerámicas de Bernard Palissy★★, uno de los ceramistas más famosos del Renacimiento y fundador de la gran cerámica francesa.

La **pintura francesa de los siglos XV-XVIII** se inicia en la **sala 274,** con obras de: el Maestro del altar del Thoizon *(La entrada de Cristo en Jerusalén)*, el Maestro de San Sebastián *(San Sebastián ante los emperadores Diocleciano y Maximino)*, Jean Bellange *(Piedad*★★*)*, Corneille de Lyon *(Retrato femenino)* y G. Lallemand *(La Adoración de los Magos)*. La **sala 275** expone lienzos de: Simón Vouet *(La Virgen con el Niño, Retrato alegórico de Ana de Austria*★ y *Crucifixión)*, Le Sueur *(Natividad* y *Presentación de María)*, De la Hyre y Ph. de Champaigne *(Las tablas de la Ley)*. En la **sala 276** se exponen cuadros de: Mathieu Le Nain *(En la Hostería*★*)*, Louis Le Nain *(La familia de la lechera*★★*)* y P. Montallier. En la **sala 277** están representados: J. Blanchard, B. Valentin *(Cristo expulsa a los mercaderes del templo)*, J. Daret y R. Lefèvre *(Esther ante Asuero)*. La **sala 278** está dedicada a las obras de Sebastien Bourdon *(El hijo pródigo, La matanza de los Inocentes, Jacob destruye los ídolos, La muerte de Dido*★ y *Retrato de un mariscal de Francia*★*)*. La **sala 279** está destinada a las obras de Nicolás Poussin: *Esther ante de Asuero, La Sagrada Familia*★, *Moisés hace brotar el agua, Amorcillos, La muerte de Zenobia, Tancredo socorrido por Herminia*★★, *Combate entre Hebreos y Amalecitas, Piedad*★★, *Descanso durante la huida a Egipto* y *Paisaje con Polifemo.* La **sala 280** recoge las obras de Claude Lorrain: *Mañana en el puerto*★, *Paisaje con bailarines, La mañana*★, *Mediodía*★, *La tarde*★, *La* *noche*★, *Paisaje italiano* y *Una bahía con ruinas*. En la **sala 281** se pueden contemplar cuadros de: J. Stella, P. Mignard (*Cleopatra, La generosidad de Alejandro*★ y *Casamiento místico de Santa Catalina*), H. Mauperchè, A.F. van der Meulen, N. de Largillière, J. Jouvenet (*Descendimiento*), Ch. Lebrun, J. Courtois le Bourguignon y F. Lemoyne. Además se exponen esculturas de Girardon, Puget y Coysevox.

La **sala 282** recibe el nombre de sala Alejandro★★. Fue construida por Briullov en 1839 y adornada con bajorrelieves de F. Tolstoi que celebran la victoria contra Napoleón en 1812. En la pared central hay un retrato de Alejandro I con la vestimenta del legendario héroe eslavo Rodomysl. La sala acoge en la actualidad una amplia colección de objetos de plata de la Europa occidental, sobre todo franceses, de los siglos XVII-XVIII. En la misma sala se pueden ver espléndidos tapices con la *Caza de Calidón*★★, tejido en Bruselas sobre cartones de Charles Lebrun, de mediados del siglo XVII.

La **sala 283** nos muestra retratos de: S. Vouet, J.-B. Santerre, P. Mignard (*Hortensia Mancini*★), J. Vivien, F. de Troy, H. Rigaud y J. Jouvenet. La **sala 284** se halla en gran parte dedicada a las obras de Antoine Watteau: *Actores franceses*★★, *Pequeño saboyano con una marmota, Nocturno, Propuesta embarazosa*★★, *La caprichosa*★★ y *La Sagrada Familia*. Además pueden verse obras de F. de Troy (*El rapto de Proserpina, Loth*★ y *Susana y los viejos*), N. Vleughels y Ch. de la Fosse (*La multiplicación de los panes*). Tienen cuadros en la **sala 285**: J.-B. Pater (*El baño*), Natoire, F. Lemoyne (*Júpiter e Ío*★★, *Virgen y Concierto de amorcillos*), Lancret (*La merienda*★, *El baño, Una bailarina*, escenas de género y *Concierto en el bosque*). Está muy bien representado Boucher: *El laguito, La aldea, El brindis*★, *A caballo, Retrato de muchacha, La toilette de Venus*★, *El triunfo de Venus, El arroyo, Pigmalión enamorado de la estatua, La Sagrada Familia*★★ y *Los amores pastorales*★★. Completan la sala: N. Hallé, Ch. van Loo, J.-B. le Prince, Subleyras (*El emperador Valente recibe los Sacramentos*). Hay también esculturas de Caffieri (*Cabeza de bebé*), Pajou, Falconet (*Amor amenazador*★), Lebrun y Gillet. En la **sala 286** hay retratos de Nattier (*Pedro I, Catalina I, Dama de gris*★) y cuadros de F.-H. Drouais, L. Tocqué y L.-M. van Loo. También se exponen bustos de Saly y Marie-Anne Collot (*Retrato de Falconet*). La **sala 287** exhibe lienzos de: Vernet (*Embarque en Sorrento* y *Tempestad*★), Lepicie (*El afilador*), Oudry, F. Desportes (*Naturaleza muerta*), Mercier (*Retrato de muchacha*★) y Chardin (*La lavandera*, 1737; *La bendición de la mesa*★★, 1744; *Naturaleza muerta con los atributos de las artes*★, 1766). Además se encuentran tres espléndidas esculturas de Houdon (*Retrato de Voltaire*★, *Retrato de Catalina II* y el famosísimo *Retrato de Voltaire sentado*★★). La **sala 288** se halla casi por completo dedicada a las obras de Greuze, con numerosos retratos de niños: *El niño mimado, La niña con la muñeca,* y otros personaje: *Autorretrato*★, *El paralítico ayudado por sus hijos, La viuda y el cura, La vieja moribunda*★, *La familia del campesino, El beso robado, El beso ganado*. Se pueden ver también obras de Fragonard (*Retrato de un niño* y dos *Interiores*).

La **sala 304**, también llamada sala Dorada, es otro suntuoso trabajo de estilo neoclásico. La sala encierra una espléndida colección de piedras talladas★★.

Las **salas 305 y 306** tienen como tema las artes decorativas de la Europa occidental, principalmente francesas.

En las **salas 290-297** se muestran tapices franceses y flamencos, desde el siglo XVI al XVIII.

Se puede admirar **pintura inglesa, de los siglos XVII al XIX**. La **sala 298** presenta una serie de obras de los siglos XVII y XVIII: *Retrato de Eduardo I*, de un autor desconocido del siglo XVI; *Retrato de Oliver Cromwell*, de Robert Walker, y otros retratos de Peter Lely y Godfrey Kneller. También se muestra una espléndida colección de platería inglesa no menos valiosa que la del Victoria and Albert Museum de Londres. La **sala 299** se halla dedicada sobre todo a las obras de Joshua Reynolds: *Hércules estrangulando las serpientes*★ (1788), *Amor suelta la cintura de Venus*★. Además hay retratos de George Romney y un retrato de Opie. La **sala 300** expone obras de Thomas Gainsborough, con numerosos retratos, como el estupendo de la *Dama de azul*★★, de 1770. También tienen obras: Henry Raeburn (*Retrato de Eleonora Bethune*), John Hoppner (*Retrato de Sheridan*), George Morland (*El huracán se acerca,* 1791) y numerosas escenas de este tipo, entre las que destacan *El aldeano en la ventana* y *La vendedora de pescado*. En esta sala comienza también la serie de cerámicas inglesas: hay un famoso servicio de mesa llamado "La rana verde"★★,

LOS GRANDES MUSEOS

ERMITAGE

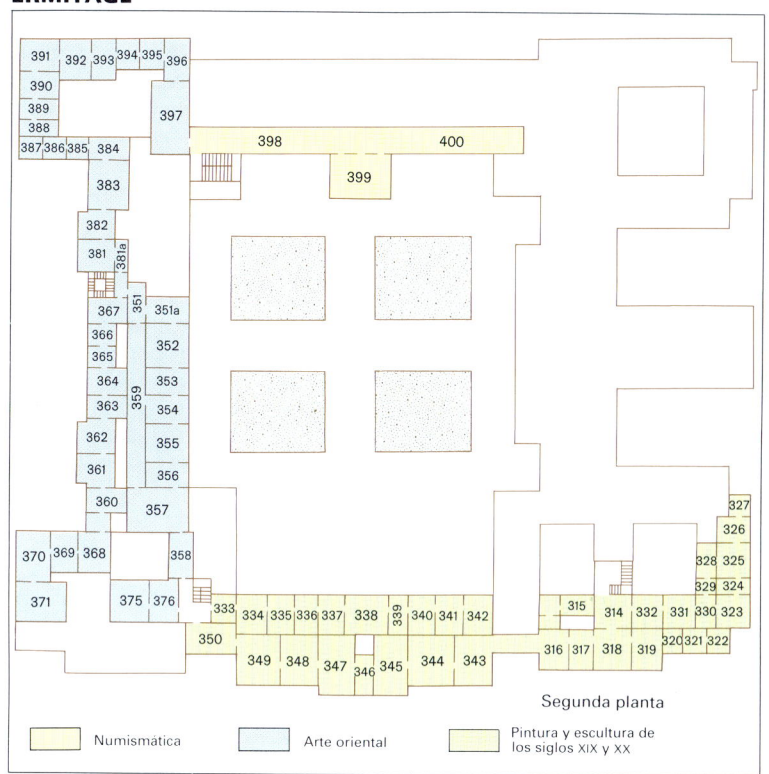

Segunda planta

- Numismática
- Arte oriental
- Pintura y escultura de los siglos XIX y XX

compuesto por 952 piezas, cada una de las cuales está adornada con un paisaje inglés realizado en 1774 en Wedgwood por orden de Catalina II. También figura Joseph Wright of Derby: *Iluminación del castillo de Sant'Angelo de Roma, Fragua*★. La **sala 301** se ocupa del siglo XIX, con retratos de Thomas de Lawrence y George Dow y, además, un magnífico *Paisaje*★, de R.P. Bonington.

En la **sala 302** se conservan muebles de la segunda mitad del siglo XIX y un tapiz de la *Natividad* sobre cartón de Burne Jones.

En el ***segundo piso*** se pueden visitar las salas destinadas a la **pintura francesa de los siglos XIX y XX.**

La **sala 314** muestra cuadros de J.-B. Regnault *(Venus y Vulcano)*, J.-A. Gros *(Napoleón en Arcole*★★, una de las representaciones más famosas del caudillo francés), A.-Ch. Caraffe, J.-J. Lagrenée, F. Gerard *(Retrato de Josephine Beauharnais*★*)*, R. Lefèvre (retrato) y G.-G. Lethière *(Suicidio de Catón)*. En la **sala 315** están reunidos pequeños bronces y mármoles de Rodin. La **sala 316** muestra 15 obras★★ del periodo tahitiano de Gauguin. La **sala 317** presenta obras de: Van Gogh *(Les Arènes de Arles*★, *Las mujeres de Arles*★★, *El zarzal*★ y *Las cabañas*★★*)*, Signac *(Vista de Marsella)*, H.-E. Cross, J.-L. Forain y Henri Rousseau *(El bosque tropical*★ y *El jardín de Luxemburgo*★★*)*. La **sala 318** está casi enteramente dedicada a once obras★★ de Cézanne: *El Marne, La montaña Saint-Victoire, El fumador de pipa, La dama de gris* y *Naturaleza muerta con limones*. Hay, además, dos obras de Pissarro *El boulevard Montmartre*★ y *La place du Theâtre Français*★★. En la **sala 319** se exponen obras de: Monet *(La dama en el jardín*★★, aprox. 1860, proveniente de la colección Sčukin; *Campo de amapolas*★, 1887; *Estanque de Montgéron* y *Jardín de Montgéron*, 1877; *Alrededores de Giverny*, 1888; *El puente de Waterloo de Londres*★★*)*, Sisley *(Vista de Saint-Mammès* y *Jardín de Vimeux*★, 1882), Boudin *(La playa)* y Guillaumin *(El Sena)*. La **sala 320** se dedica casi por completo a diez obras de Renoir: *Dama de negro*★, *Muchacha con abanico*★★, 1882, proveniente de la colección Morozov; *Cabeza de mujer*, *Retrato de la actriz Jeanne Samary*★★, 1878, proveniente de la colección Morozov y considerada la obra más impresionista y al mismo tiempo más realista y más profundamente psicológica del maestro, y *Muchacho con la fusta*★★. En la misma sala hay pinturas al pastel de Degas: *Cabezas de bailarinas, Después del baño* y *Muchacha aseándose*★★. En la **sala 321** pueden contemplarse obras de: Courbet *(El caballo muerto)*, P.-D. Trouillebert, J.-F. Millet, Fantin-Latour (dos *Jarrones con flores)* y Corot (siete bellísimos paisajes★★ y, entre ellos, el magnífico *Estanque de Lechois)*. Se exponen, en la **sala 322**, lienzos de Ch.-F. Daubigny (cuatro paisajes, entre ellos *Mar de Villerville*★*)*, Rosa Bonheur, H. Harpignies y Doré (paisajes). La **sala 323** exhibe paisajes de L. Bonnat, Alf. de Neuville, Meissonier, Dagnan-Bauveret, Ziem (tres paisajes de Venecia), retratos de B. Constant, H.-C. Duran y F.-X. Winterhalter. También figura Thomas Couture: *Desnudo de niña*. En la **sala 324** se presentan cuadros de Ch.-J. de la Rochenoire, Ch.-E. Jacques (animales), C. Troyon (cuatro paisajes y *Ovejas en el bosque*★★*)*. En la **sala 325** se exhiben dieciocho lienzos de Díaz de la Peña, nueve paisajes de Isabel, tres *Grupos de caballos* de Fromentin y obras de A. G. Decamps.

La **sala 328** ofrece la contemplación de pinturas de Dupré (seis paisajes), Th. Rousseau (cinco paisajes, entre los cuales destaca *Los alrededores de Granville*★*)*. En la **sala 329** hay obras de Vernet (tres retratos), A. Dehodencq, Ary Scheffer y G. Michel. La **sala 331** contiene cuadros de Delacroix *(Árabe ensillando un caballo,* 1855; *Caza del león en Marruecos,* 1854, y otros dos bocetos), retra-

---

Todo (o casi todo) el Ermitage en media jornada

Aunque pueda parecer limitado reducir el patrimonio del Ermitage a unas pocas líneas, se ha considerado oportuno hacerlo para quien pueda dedicar solamente unas horas a visitar el museo. A continuación se detalla una selección muy simplificada, aunque representativa, de las obras de arte distribuidas por secciones y organizada para evitar excesivos desplazamientos por las distintas alas del edificio.

Este "vertiginoso" itinerario ayuda a captar la esencia del museo, sin pasar por alto ningún aspecto; desde sus monumentales salas, pasando por las de gran valor histórico, hasta las obras, cuya visita es imprescindible para entender una colección única en el mundo.

*Nada más entrar en la planta baja, se puede admirar el Tesoro de los escitas y de los sármatas (**salas 115** y **117**, sólo con un permiso especial), que contiene fantásticas obras de orfebrería, entre las que se encuentra la famosa insignia del ciervo, símbolo del museo y la sección de antigüedades clásicas (**salas 106** a **131**), con la Venus de Tauride (**sala 109**), una de las primeras piezas que consiguió Pedro el Grande para el Ermitage.*

*Subiendo por la escalinata de los Embajadores se podrá admirar los relieves dorados sobre fondo blanco, las falsas ventanas y los espejos, que permiten admirar la sala del mariscal de campo (**sala 193**) en la que se encuentra la carroza del primer cuarto del siglo XVIII, adquirida en París por Pedro I y utilizada durante el trayecto hacia el Kremlin el día de la coronación de los Romanov. Desde aquí se pasa a las **salas 194** a **198** entre las que se encuentran la sala de Pedro I, con las paredes forradas de terciopelo de Lyon y muebles de la escuela francesa, la sala de armas, con grandes lámparas en bronce, la galería militar de 1812, dedicada a la victoria rusa sobre Bonaparte y la sala de S. Jorge, antes sala del trono. Desde la **sala 261**, a la derecha, se llega a la **sala 262** donde se conserva una de las obras más importantes de la pintura flamenca, "San Lucas pintando a la Virgen", de Rogier Van der Weyden. Más adelante, la visita a la Pinacoteca comienza en la sala del Pabellón (**sala 204**) y continúa con la extensa colección de pintura italiana de los siglos XIII a XVIII, considerada una de las más importantes del mundo (**salas 207** a **224** y **229** a **238**). En ella están presentes artistas de la talla de Beato Angélico, Perugino, Giorgione, Tiépolo y Canova y obras tan importantes como la "Virgen Benois" y la "Virgen de Litta" de Leonardo (**sala 214**, quizá la más prestigiosa del Ermitage), la "Virgen con el Niño" de Pontormo (**sala 216**), las obras de Tiziano (**sala 221**), la "Virgen del Condestable" y la "Sagrada Familia" de Rafael, dos de las obras más destacadas del Maestro, (**sala 229**). La única obra de Miguel Ángel que se encuentra en el Ermitage, el "Niño en Cuclillas", se encuentra en la **sala 230**. "El Tañedor de Laúd" de Caravaggio está en la **sala 232**. Las **salas 239** a **240** están dedi-*

LOS GRANDES MUSEOS

tos de A.-L. Girodet-Trioson, Ingres y Vigée-Lebrun.

La **sala 332** presenta telas de P.-J. Prud'hon, P.-A. Chauvin, Guerin *(Safo★ y Morfeo e Iris★★)*, David *(Safo y Faón★★)*, escenas de género de Louis Léopold Bailly y Marguerite Gerard. La **sala 343** exhibe lienzos de Maurice Denis, E. Vuillard, F. Vallotton y Bonnard *(La primavera★, Alborada en París★ y Tarde en París)*.

Las **salas 344-345** se dedican a 30 obras de Picasso, casi todas provenientes de la colección Šcukin, que incluye tres obras del periodo Azul *(Retrato de Soler★★, Encuentro★★*

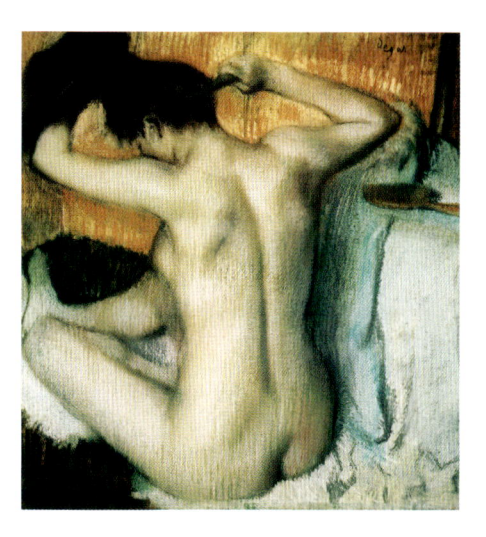

Mujer peinándose *por Degas.*

---

cadas a la pintura española de los siglos XVI a XVII: el "Almuerzo", una excelente obra de Velázquez adquirida por Caterina II y uno de los cuadros más importantes del Greco, "San Pedro y San Pablo", de 1590 aproximadamente. Continuando el recorrido, en la **sala 254** se encuentran los 26 tapices de Rembrandt y el "Retrato del anciano en rojo". La pintura holandesa se encuentra en la **sala 249**, mientras que en las **salas 245 a 247** se expone la colección flamenca con 42 cuadros de Rubens y 26 de van Dyck.

Para llegar al ala del Palacio de Invierno donde se expone la colección de arte francés, hay que pasar por unas galerías que ofrecen magníficas vistas a la plaza del Palacio. Una vez visitadas las **salas 272 a 273**, que contienen esmaltes de Limoges y porcelanas de Bernard Palissy, uno de los ceramistas más destacados del Renacimiento y creador de la cerámica francesa, se llega a la colección de pintura de la **sala 279**. Más adelante se pueden contemplar las obras de Claude Lorrain, **sala 280**, la refinada arquitectura de Brjullov, en la **sala 282**, conocida como Sala de Alejandro y los cuadros de Watteau, en la **sala 284**, entre los que destaca "Una situación embarazosa".

La **sala 318**, ya en la segunda planta, está casi dedicada por completo a la obra de Cézanne, una de las más completas del autor. La obra de Monet se encuentra en la **sala 319** y la de Renoir, en la **sala 320**: destaca el "Retrato de la actriz Jeanne Samary", pintado en 1878; proveniente de la colección Morozov que forma parte de la época impresionista y a la vez más realista y de mayor psicología del autor.

Para poder contemplar las "Mujeres de Arlés" de Van Gogh (**sala 317**), se debe pasar por las **salas 321 y 322**, que contienen paisajes de Corot; la ambientación tahitiana de Gauguin decora la **sala 316**. La **sala 315** está dedicada a la escultura, con pequeñas figuras en bronce y mármol de Rodin. Volviendo a la pintura, las **salas 344 a 345** están dedicadas por completo a 30 obras de Picasso; destaca "La bebedora de ajenjo", de la etapa rosa. Más adelante, en las **salas 346 a 348**, encontramos 37 pinturas de Matisse que por su riqueza, podrían formar por separado una auténtica pinacoteca. Destacan los paneles murales de la "Danza y de la Música". La **sala 350** y el rellano contiguo están dedicados a Derain y Kandinski.

Bajando de nuevo a la primera planta se llega a la Galería de los Tapices (**sala 303**), que alberga una completísima colección flamenca. Desde allí, pasando por las **salas 189 a 192**, se puede dar por concluida la visita, atravesando algunas de las salas más bellas del Ermitage que contienen materiales preciosos como la Sala de las Malaquitas, o bien pasando por lugares históricos como el Comedor (**sala 188**), donde fueron arrestados los miembros del Gobierno Provisional cuando estalló la Revolución. Aquí se ha detenido el tiempo; las agujas del reloj marcan todavía la hora en la que se produjeron los hechos.

y *Cabeza de mujer*★★, 1901-1904), una obra del periodo Rosa *(La bebedora de absenta*★★*)* y todas las restantes pertenecen al periodo Cubista, 1907-1914: *Mujer con abanico,* 1908; *Tres mujeres, Desnudo en un paño*★*, Mujer sentada*★*, La Dríada, Frutero con peras, La mujer con la mandolina*★★ y *Naturalezas muertas cubistas.*

Las **salas 346-348** están dedicadas en exclusiva a las 37 obras de Matisse. Se trata de la colección mas importante del mundo de este maestro, reunida por Sergei Ivanovič Ščukin. Matisse permaneció en Moscú dos semanas en noviembre de 1911, huésped de Ščukin y en aquella fecha pintó dos de las 37 obras que se recogen aquí. Dos de sus cuadros de los años 30 han sido donados, en cambio, al museo por la modelo Delechtorskaja, que posó para él durante los últimos años de actividad del artista.

La **sala 346** presenta las primeras obras impresionistas de Matisse. La **sala 347** exhibe: dos famosos paneles *(La danza* y *La música*★★*), Retrato de familia*★*, Naturaleza muerta en azul*★ y *Armonía roja*★. La **sala 348** expone: *Retratos de marroquíes, La conversación*★★*, El café árabe* y *Retratos de Lidija Delechtorskaja.* En la **sala 349** se albergan trabajos de K. van Dongen, De Vlaminck, paisajes★ de Marquet, y *Mujeres desnudas,* de Rouault, y una pintura de Manguin. La **sala 350** se dedica casi enteramente a doce obras de Derain, todas provenientes de la colección Ščukin: *Retrato de mujer, Hombre leyendo el periódico*★*,* naturalezas muertas y paisajes★★, entre las cuales destacan las espléndidas *Puerto de Provenza, Los árboles, Las rocas* y *El lago.* También se pueden contemplar obras de Le Fauconnier, Lhote y Léger.

En la **sala 342** se muestran **pintores alemanes del siglo XIX:** paisajes románticos de Caspar David Friedrich *(Los cisnes, La nave, La puesta del sol* y *Luna sobre el mar)* y obras de Lessing, J. Koch y F. Overbeck.

La **sala 341** ofrece pintura **italiana, alemana y austriaca del siglo XIX,** con obras de H. Makart, Segantini y H. von Marées.

En la **sala 340** se exponen cuadros de **pintores finlandeses, noruegos y suecos contemporáneos,** como Albert Edelfelt *(El Kalevala*★*),* Frits Thaulow, pintor noruego, y Kerstin Krause, pintor sueco. En las **salas 333-339** se exponen 63 obras de Francesco Messina, de las que 36 son esculturas, 17 acuarelas y 10 dibujos. Hay también obras de Guttuso *(Roque y su hijo*★*,* 1960, y *Patatas sobre*

MUSEO RUSO

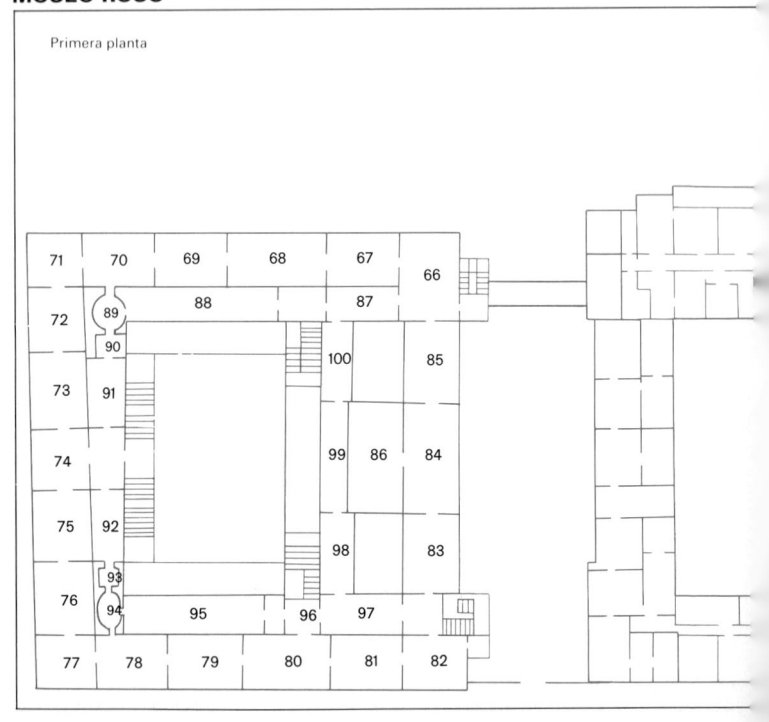

Primera planta

papel amarillo), Campigli *(Las costureras)* y Morandi *(Naturaleza muerta).* Se muestran asimismo esculturas de Manzu, obras de pintores contemporáneos húngaros, polacos, checos, rumanos y americanos.

En el *segundo piso* se halla la sección de **numismática,** una de las mayores colecciones del mundo de monedas y medallas. La **sala 399** exhibe las insignias de las Ordenes de Caballería de todo el mundo. Las **salas 398 y 400** muestran medallas y monedas de todo el mundo.

El Gosudarstvennyj Russkij muzej★★

(Государственный Русский Музей; *visita: previo pago de 10 h a 17 h, lunes, de 10 h a 16 h; martes cerrado).*

Historia del museo. El Museo Ruso Estatal fue fundado en 1895 por el zar Nicolás II para exponer al público las colecciones del zar Alejandro III, a fin de tener en la capilla imperial un museo como la célebre Galería Tretiakov de Moscú. No pocas de las obras más recientes aquí expuestas duplican los temas de los artistas de cuadros de la Tretiakov. Instalado en el palacio Mijailovski, edificio neoclásico construido por Rossi a principios del siglo XIX [pág. 203], el museo fue inaugurado en 1898. Para ello, se restauró el interior: de Rossi quedaron sólo la escalinata central y la Sala Blanca. En el anexo del palacio, construido en 1912-1916 por L. Benois, se estableció el arte del siglo XX.

Advertencias y modalidades de visita. El itinerario aconsejado parte del primer piso. Al final de la primera rampa de escaleras, se encuentra una gran placa de mármol que recuerda el año de inauguración de la colección. La original de la Revolución se perdió, por lo que la que se expone aquí es una copia donada al museo por una empresa italiana. Al final de las escaleras, gire a la izquierda para acceder a la sección dedicada al arte antiguo.

En la **sala 1** se exponen *La Virgen de la Ternura*★ (siglo XII, procedente de Belozersk), un icono con la vida de San Jorge★ (siglo XIV), *San Juan Bautista,* de tradición bizantina (siglo XIV), los *Santos Pedro y Pablo* (siglo XIII) y *Déesis* (escuela de Pskov, siglo XIV). Completan la sala los *Santos Nicolás y Jorge* (Moscú, siglo XIV), el *Profeta Samuel* (fresco, Kiev, siglo XII) y un *Arcángel con cabellos de oro*★★ (escuela bizantina, siglo XII). La **sala 2** exhibe *Las piadosas mujeres en el sepulcro de Cristo* (Vologda, siglo XII), *San Nicolás con*

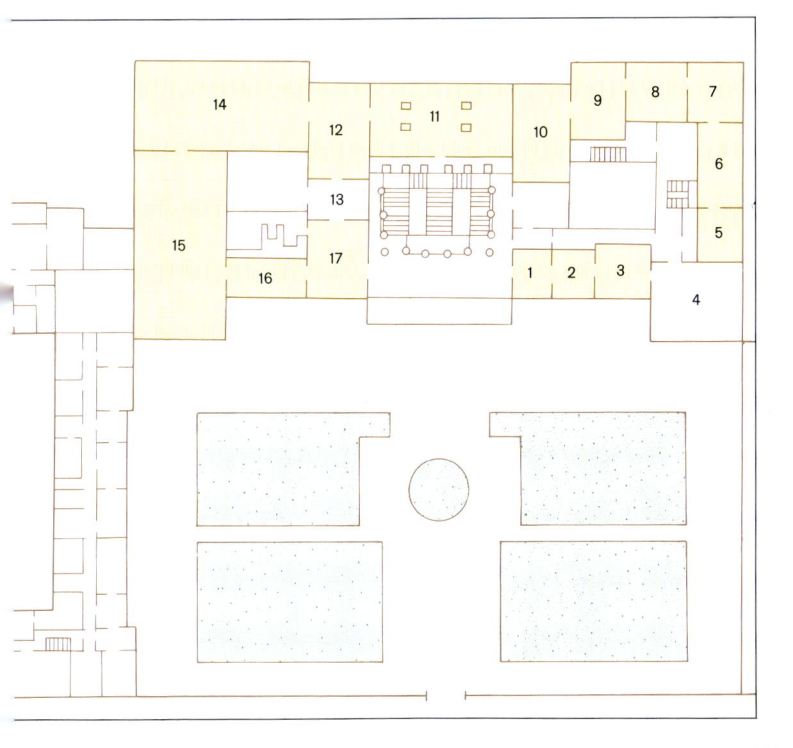

escenas de su vida (siglo XIV), *Intercesión* (siglo XVI), *Descenso a los Infiernos*★ (Novgorod, siglo XIV), *Descenso a los Infiernos*★ (Pskov, siglo XVI), *El asedio de Novgorod* (siglos XV-XVI). También pueden verse: *El Apóstol Pedro* (Murom, siglo XV), *El Arcángel San Gabriel*★ (Novgorod, siglo XV), *El Arcángel San Gabriel* (Pskov, siglo XIV), *La resurrección de Lázaro*★ (siglo XV), *La purificación, Los Santos Juan y Procoro*. En la **sala 3** se pueden contemplar *La Trinidad* (Novgorod, siglo XVII), *El Arcángel San Miguel* (Tver', siglo XV), *El Arcángel San Gabriel* (Tver', siglo XV), *El descenso a los Infiernos* (taller de Dionisij), *El milagro de Fedor Tiron* (siglo XVII) y *Virgen Odigitria* (siglo XVI). En la misma sala se hallan *El lavatorio de pies* (Moscú, siglo XV), *El Apóstol Pedro*★ y *El Apóstol Pablo*★ (Andrei Rublev, siglo XIV, provenientes de la catedral de la Dormición de Vladimir), *La purificación*★ y *El bautismo de Cristo*★★ (Andrei Rublev y Daniil Černyj, 1408), diversos iconos con el tema de la Trinidad, como la magnífica *Trinidad*★★, de 1671, de Simon Ušakov, el pintor que lleva el arte de Novgorod hacia el realismo. La **sala 4** está cerrada.

El **arte de los siglos XVIII y XIX** se inicia en la **sala 5**, primera sala de los retratos, en la que figuran Nikitin, con numerosos retratos de Pedro el Grande y otros, y A. Matveev, con un *Autorretrato con su mujer*. También se encuentra un busto de Pedro el Grande, de escultor desconocido, una máscara de yeso de Pedro I, de Bartolomeo Carlo Rastrelli, un *Retrato de Pedro I* y un *Retrato del zarevic Aleksej*, de Tannauer y un *Retrato de Turgenev*, anónimo.

En la **sala 6** hay obras de Višnjakov: *Retrato de Wilhelm Fermore, Retrato de Sarah Eleonore Fermore*★; Antropov: varios retratos, entre ellos uno de Pedro III; Argunov: retratos en mosaico de Pedro I, Catalina II e Isabel.

La **sala 7** presenta la famosa escultura de bronce de B. C. Rastrelli, *Ana Ioannovna con un mocito*, de 1741, y tapices rusos del siglo XVIII, entre los cuales destaca *La batalla de Poltava*. La **sala 8** expone retratos de F.S. Rokotov *(V. Surovzeva*★*)*, M. Šivanov, Čemesov *(Autorretrato*★*)* y estatuas de F.F. Ščedrin. En la **sala 9** se pueden contemplar cuadros de tema bélico e histórico de A.P. Losenko (también retratos) y E.A. Sokolov.

MUSEO RUSO

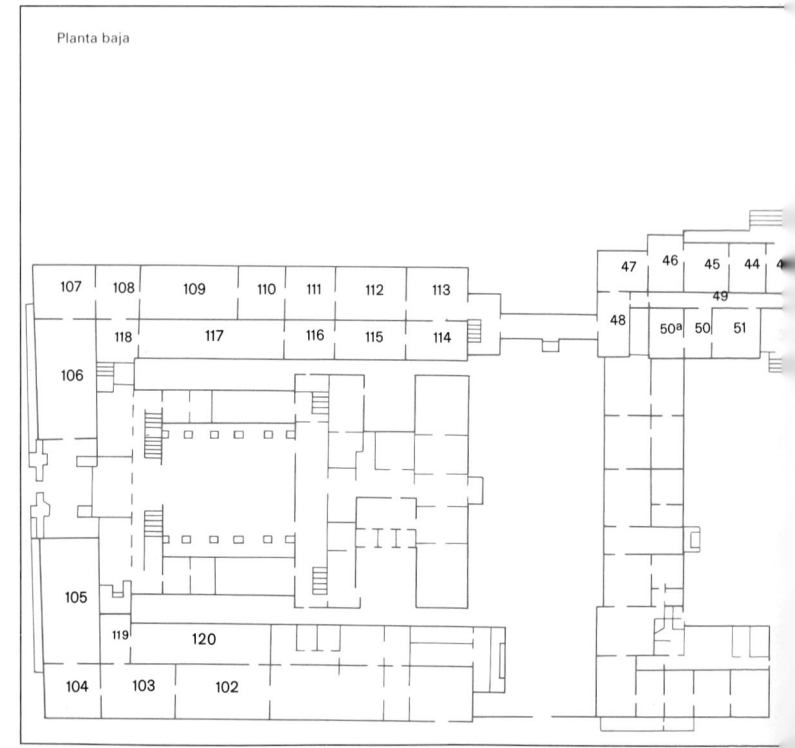

La **sala 10** muestra retratos, cuadros y esculturas de Subin y una serie famosa de retratos femeninos de Levickij, siendo de destacar el de *E. Nelidova*★.

La **sala 11** se llama de las Columnas Blancas★, es de 1820, y constituye un espléndido interior neoclásico con muebles diseñados por Carlo Rossi. En la **sala 12** es posible contemplar bustos de I.P. Martos, retratos de V.L. Borovikovskj, uno de *Pablo I*, y un *Autorretrato*★, de Ščedrin. La **sala 13** se encuentra cerrada. En la **sala 14**, estudio de los sellos y trabajos de Martos, un busto de Gogol', representaciones de hechos históricos de Ugrjumov, Maškov, Sazonov y F.A. Bruni, paisajes de Fedor Matveev, Ščedrin (en especial paisajes de Italia), Martinov, Esakov, Alekseev y estatuas de Demut-Malinovskij.

La **sala 15** está dedicada al siglo XIX y ofrece trabajos de Ajvazovskij *(Marinas)*, K.P. Briullov (escenas de vida italiana, *Muerte de Inés de Castro, Últimos días de Pompeya*★★ y retratos★). En la **sala 16** tienen representación Vorob'ev y Ščedrin: paisajes italianos. La **sala 17** expone una estatua de I.P. Vitali *(Venus*★*)*, y obras de Orest Kiprenskij, llamado el Van Dyck ruso, *(Retrato de su padre*★ y *Autorretrato*★*)*.

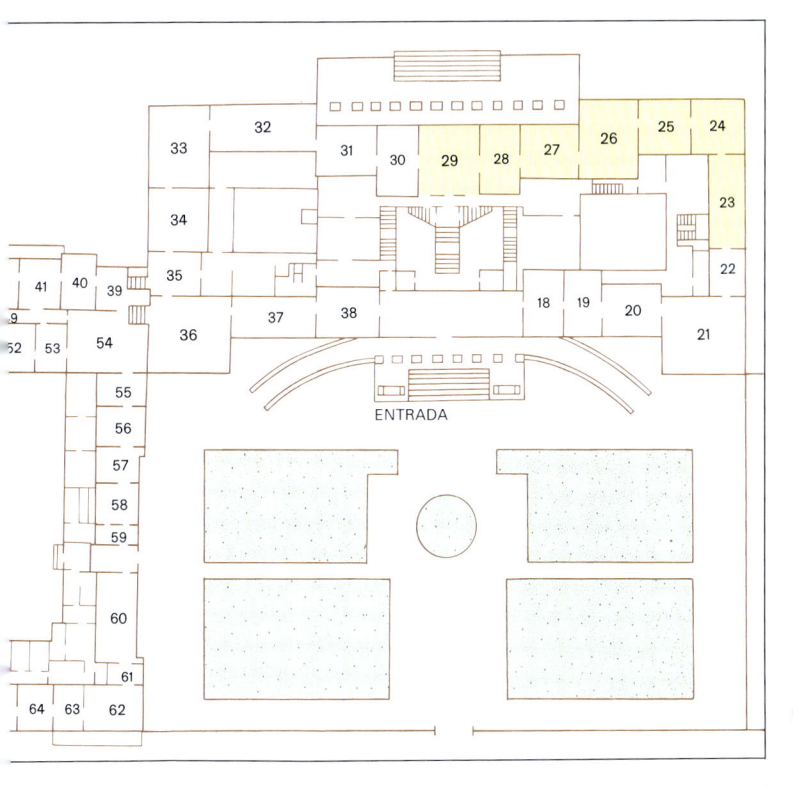

En la ***planta baja,*** la **sala 18** muestra escenas de género de Venecianov (*Pastorcillo que duerme*★, *Muchacha con un chal*★, *Muchacha con un cesto*★ y *La era de la granja)*, paisajes, retratos e interiores de G. Soroka *(Estudio de la villa Ostrovskij*★ y *Pescadores*★*)*, una escultura de S. Ivanov *(Muchacho en el baño)* y estatuas de Klodt y Terebeniev. La **sala 19** presenta escenas de género de Planchov, A. Alekseev, V. Denisov, A. Černisšov, P.A. Fedotov *(Noviazgo del mayor*★, *La viudita* y *Retrato de N.P. Zdanovič en el piano).* En la **sala 20** se muestran retratos de Tropinin *(El guitarrista Vasiliev*★ y *Retrato de su hijo)*, estatuas de Pimenov y una naturaleza muerta de Chruckij. Las **salas 21 y 22** contienen obras de Aleksandr Andreevič Ivanov, antecesor del movimiento de los "Itinerantes" y el primero en considerar a Cristo como figura humana, sin los atributos de la divinidad. Ofrece grandes escenas sagradas, como *La Aparición de Cristo al pueblo*★★, que es la copia más fiel del original que se conserva en la Galería Tretiakov de Moscú, paisajes italianos, retratos y bocetos para *La Aparición*.

Las **salas 23-29** se hallan cerradas temporalmente y es posible que haya modificaciones en su organización definitiva. Entre las obras más importantes hay que señalar las siguientes: retratos de Zarjanko y Pavlov, obras de V.G. Perov, fundador del movimiento de los "Itinerantes": *La procesión pascual, Almuerzo en el monasterio,* escenas de género, retratos, como el de Turguenev. También se encuentran obras de N.N. Gey, pintor "ambulante", sobre todo de asuntos religiosos: *La Última Cena*★, históricos: *El zar Pedro y su hijo Alejo*★ y retratos. Se recogen también obras de I.N. Kramskoj, animador y teórico del movimiento de los "Itinerantes", pintor de bellísimos retratos★: *Campesinos*. Finalmente, se exhiben paisajes, escenas históricas y de otros tipos de Čistjakov y Schwartz y esculturas de Subin.

En la **sala 30** se albergan obras de Korzuchin, Žuravlev y Makovskij. En la **sala 31** tienen cuadros Prjanišnikov, Šavickij, Mjasoedov y Jarošenko. La **sala 32** recoge paisajes del siglo XIX de Isaak Levitan: *El lago, El otoño dorado* y *Un día oscuro,* y paisajes monocromos o con colores violentamente contrastados de A.I. Kuindži: *Noche de luna en el Dniéper, Manchas de luz lunar en la nieve;* paisajes★ de F.A. Vasiliev, pintor impresionista, y de Šiškin *(El bosque*★*)*, y paisajes de Morozov, Kamenev, A. Popov y Savrasov *(Puesta de sol, El arco iris*★ y *La estepa*★*)*. En las **salas 33 y 34** se exponen obras de Ilia Repin, el más famoso de los "Itinerantes" y gran retratista: *Autorretrato, Retrato de su padre, Retrato de su madre*★, *Retrato de Tolstoi, Retrato del compositor Glasunov,* grandes escenas históricas: *Los Zaporogos escriben una carta al sultán*★ y *Los remeros del Volga*★. La **sala 35** presenta retratos de Valentin Serov, uno de los pintores eclécticos más fértiles: *Retrato de O.K. Orlova* y *Retrato de la bailarina Ida Rubinstein*★★, retratos de miembros de la familia Yusupov. En la **sala 36** se nos muestran obras de Vasnekov, con escenas de género e históricas *(El caballero en la encrucijada),* obras de Surikov, con escenas históricas *(La conquista del castillo de nieve*★ y *La conquista de Siberia),* y obras de Rjabuškin e Ivanov, con escenas de la vida moscovita del siglo XIX. La **sala 37** contiene obras de Borisov-Musatov, pintor cuyas obras se han definido como "poemas musicales", I.E. Grabar' (naturalezas muertas), K. Korovin *(Retrato de Saljapin*★*)* y Vinogradov, con algunos cuadros de finales del siglo XIX y comienzos del XX. La **sala 38** ofrece trabajos de Mijail Aleksandrovič Vrubel', artista de extrema fanta-

Una de las salas de exposición del Museo Ruso.

sía surrealista, próximo al expresionismo nórdico y al simbolismo, con una impronta gráfica de estilo *Liberty's*.

En la **sala 39** destaca el exotismo de la obra de Versehaguin. La **sala 41** alberga pinturas de Vasnetsov, de tema histórico *(El caballero en la encrucijada)*. En la **sala 42** se exponen obras de Makovskij *(Patio del Cairo, Juegos ante el Almirantazgo)*. La **sala 44** alberga paisajes de Levitan y la **sala 45** escenas de la vida en Moscú, de Rjabuskin. La **sala 47** muestra retratos de Maljavin. La **sala 48** da paso a la sección dedicada a las artes aplicadas: son 10 salas en las que se exponen cerámicas del siglo XVIII, porcelanas, terracotas, encajes, cajas y cubiertos tradicionales, objetos realizados en corteza de abedul y esmaltes.

La escalera situada a la izquierda de la **sala 48** conduce a la sección dedicada a la pintura del siglo XX, sede también de exposiciones temporales. Resulta casi imposible hacer un recorrido analítico por la muestra ya que con frecuencia el museo cede parte de la colección a museos de todo el mundo. No obstante, a continuación se señalan las obras más representativas. Integrados en el movimiento pictórico Mir Iskusstva: A. Benois *(Comedia del arte)*, L. Bakst *(Retrato de Djagilev, Retrato de Benois* y *La cena)*, K. Somov *(Retrato de Rahmaninov)*, E. Lansere *(San Petersburgo a comienzos del siglo XVIII)* y Dobuzinskij *(San Petersburgo)*. Obras de M.A. Vrubel'. Retratos de V. Serov *(Retrato de O.K. Orlova, Retrato de la bailarina Ida Rubinstein*★★, *retratos de la familia Jusupov)*. Paisajes de Roerich; obras cubistas de Altman *(Retrato de Ajmátova)*; telas de Goncharova; la vanguardia rusa (Filonov, Kandinsky y Málevich).

ALREDEDORES DE SAN PETERSBURGO

Pedro I sabía que una capital ilustre, que rivalizase en esplendor con las grandes metrópolis europeas debía tener una deslumbrante periferia. Sus sucesores se enzarzaron en una especie de competencia según la cual cada nuevo emperador de la familia Romanov construía palacios y parques en los alrededores de la ciudad. En poco menos de un siglo, el territorio entorno a San Petersburgo se vio dotado de un complejo de espléndidos palacios rodeados de fabulosos parques, restaurados tras las guerras, cuya visita resulta en la actualidad muy interesante.

PETRODVOREC★★

El complejo de Petrodvorec es un ejemplo admirable de arquitectura de jardines y un modelo de varios estilos arquitectónicos. Abierto todo el año, la máxima afluencia se registra entre mayo y octubre.

Situada a 29 km al oeste de San Petersburgo, en el golfo de Finlandia *(Finskij zaliv)*, se puede llegar a la localidad de Petrodvorec en tren, que sale de la estación del Báltico *(Baltijskij vokzal)*, bajándose en la estación de Novyj Petergof. Desde allí se llega al palacio con los autobuses 350, 351, 352, 355 y 356. No obstante, se recomienda hacer el viaje en coche o en *overcraft (Meteor* o *Raketa).* Salidas desde el embarcadero del Ermitage en San Petersburgo no lejos del Palacio de Invierno *(Zimnij dvorec),* y del canal marítimo de Petrodvorec). Este servicio funciona desde mayo a octubre.

Petrodvorec★★ (III, C1; Петродворец; *visita: de 10.30 h a 17 h, excepto lunes y último martes de mes; entrada previo pago en el parque y el palacio. Las fuentes se abren, de mayo a octubre, a las 11 h).* Es la más importante y bella residencia imperial, construida en los alrededores de San Petersburgo.

Pedro el Grande había intuido que a la nueva capital y a la corte imperial les faltaba el esplendor de un palacio. Desde hacía algún tiempo, el zar seguía desde una casita, que se había hecho construir en aquella orilla, los trabajos de construcción de la ciudadela de Kronštadt. En 1714 la casita fue sustituida por un palacio nuevo, llamado Peterhof (Petergof), al mismo tiempo que se terminó de preparar el edificio de Monplaisir. En 1720, se inició la edificación del palacio Marly y, en 1721, la del Ermitage y la del ingenioso sistema de fuentes. Gran atractivo de este lugar, las fuentes fueron proyectadas por Vasili Tuvolkov, que había estudiado hidráulica en Holanda y Francia. Aplicando el principio de los vasos comunicantes, Tuvolkov canalizó el agua que bajaba de las colinas que hay a 22 km de Petrodvorec, llevándola, por medio de 40 km de canales. El perfeccionamiento de la estructura hidráulica subterránea, que se había demorado hasta mediados del siglo XIX, se abordó de nuevo con mayor intensidad en 1945.

El palacio real de Peterhof, inaugurado solemnemente el 15 de agosto de 1723, fue abandonado a la muerte de Pedro el Grande, en 1725, y de su esposa Catalina I, en 1727. Las tareas de embellecimiento del palacio, iniciadas de nuevo en 1730 por Ana, nieta de Pedro I, prosiguieron durante el reinado de Isabel Petrovna (1741-1761), que invitó a Bartolomeo Rastrelli a completar el gran palacio con la construcción del edificio Ekaterininskij, el de Monplaisir y de nuevas fuentes. También Catalina II contribuyó a embellecer Peterhof, llamando, en 1779, a Giacomo Quarenghi, que proyectó, en estilo neoclásico, la ordenación del gran parque. Durante la segunda mitad del siglo XIX, la familia imperial vivía en las villas propiedad de Aleksandra y el palacio mayor se reservaba para las ceremonias oficiales. Tras la II Guerra Mundial, durante la cual quedaron a salvo las obras de arte y las estatuas, el palacio fue ocupado tres años por los alemanes. Una labor de restauración, que se ha prolongado algunos decenios, ha recuperado el antiguo esplendor de los parques y los palacios de la residencia de Peterhof, rebautizada con el nombre de Petrodvorec.

Se accede a la residencia por el **Parque Superior** (Verhnij sad; Верхний сад; **1**) o colgante, sostenido por enormes contrafuertes desde donde se disfruta de una vista grandiosa del gran palacio, del que el jardín debía constituir una especie de *cour d'honneur.* Inicialmente se había creado como huerto del palacio: allí se cultivaban hortalizas, lechugas y plantas medicinales. Los estanques del jardín, proyectados por el arquitecto Jean Baptiste Alexandre Leblond, debían ser-

Fuente del Tritón, una de las más antiguas, en el palacio de Petrodvorec.

vir como depósitos para el sistema de las fuentes y también como vivero y reserva de agua para el riego. Desde el segundo cuarto del siglo XVIII el huerto se convirtió en un elegante jardín de estilo francés, con arriates simétricos separados por paseos, quioscos y pérgolas con caudalosas fuentes entre ellos.

La primera que se encuentra es la **fuente Mežeumnyj** (Фонтан Межеумный) o Neopredelënnyj, que significa indefinida, incierta, llamada así por su decoración escultórica, que se cambió varias veces. El motivo que se reproduce en el centro representa un monstruo rodeado de cuatro delfines, obra del escultor Aleksei Guržij (1958).

La segunda fuente, la de **Neptuno** (Neptun; Нептун; 2), es la mayor y más interesante desde el punto de vista artístico. Su decoración escultórica, obra de un artista de Nuremberg, de 1652-1660, fue adquirida en esta ciudad por el zar Pedro I durante uno de sus numerosos viajes por Europa. La escultura, instalada en 1798, representa al rey de los mares, con una corona y el tridente en la mano derecha. Hay ninfas a sus pies, simbolizando los ríos Pegnitz y Rednitz, que atraviesan la región de Nuremberg; dos caballeros sobre caballitos de mar y cuatro niños montados sobre delfines y dragones marinos.

Detrás de la fuente de Neptuno hay una copia del famoso *Apolo de Belvedere,* obra del escultor griego Leocares, del siglo IV a.C.

La tercera, **fuente de la Encina** (Dubovyj; Дубовый), llamada así porque su primera decoración escultórica, de 1734, representaba precisamente una encina, muestra en la actualidad dos delfines y, en el centro, un niño en el momento de ponerse una careta, escultura del italiano De Rossi (1809).

Para concluir, a los lados del palacio se hallan las **fuentes de los Estanques Cuadrados** (Fontany kvadratnyh prudov; Фонтаны Квадратных Прудов).

Gran Palacio★★ (Bol'šoy dvorec; Большой дворец; 3; *visita: de 10.30 h a 17 h, excepto lunes y último martes del mes*).

Su construcción fue comenzada en 1714 por I. Braunstein, a cuya muerte, en 1719, lo reemplazó J.B. Leblond, a quien se debe el proyecto general de distribución de los jardines. N. Michetti tomó, en 1721, la dirección de los trabajos y en 1745 Rastrelli organizó la construcción completa, dándole el aspecto actual. Añadió las alas y las galerías y puso en comunicación el cuerpo central, al este, con la capilla y, al oeste, con el pabellón del Águila Imperial. Únicamente tres salas (Česmenskij, Tronnyj y Belaja Stolovaja) fueron proyectadas por Juri Velten en torno a 1870. Guirnaldas doradas adornan los tejados de los dos pabellones laterales, cuyas cúpulas en forma de cebolla, también doradas, están rematadas con la cruz o el águila bicéfala rusa. Antecuerpos y pilastras adosadas sustentadas sobre altos zócalos articulan la fachada prin-

SAN PETERSBURGO/III

1 : 200.000 (1cm = 2km)

RAZLIV km 31 REPINO km 47
LAHTA

Finskij Zaliv

LOMONOSOV km 40

PETRODVOREC

Sanino
Marjino
Strel'na
Nizino
Cornaja
Kikenka
SOSNOVAJA POLJANA
VOLODARSKIJ
LIGOVO
Singarka
Bol'šoj Uzigont
Razbegaevo
Rajkuzi
Innolovo
Karginskij
R'umki
Toriki
Gorelovo
Dudergo
Strelka
Novaja Ropša
Annino
Konstantino
Kaporskoje
Krasnoe Selo
Ropša
Jal'gelevo
N 11
Russko-Vysockoe
Telizi
Možajskaja
Bol'šije Gorki

TALLIN km 359

269

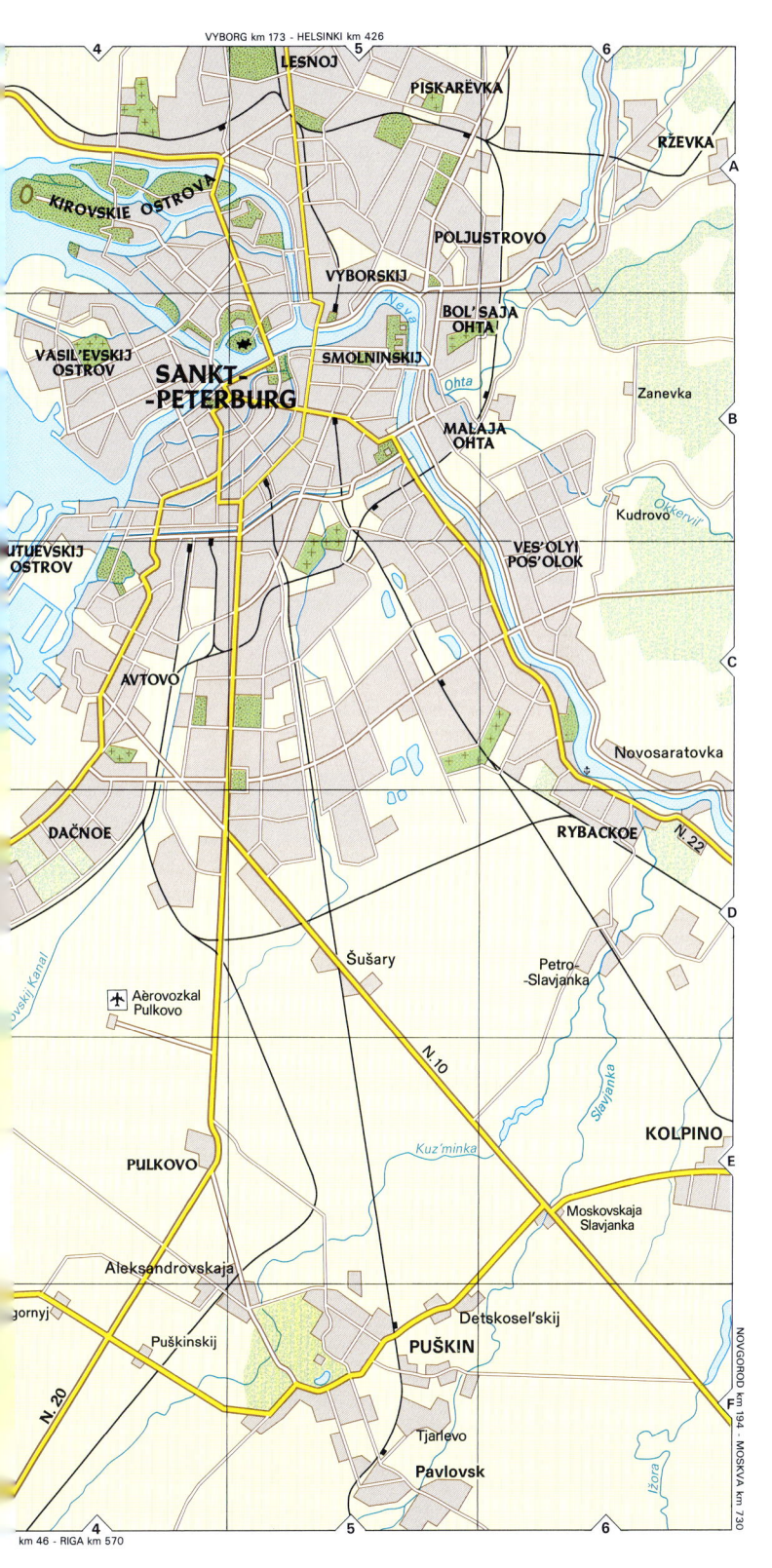

cipal, de 275 m de longitud, que mira hacia el mar. El antecuerpo central presenta un frontón, mientras que el tejado de cuatro vertientes culmina en un gran jarrón dorado. La restauración llevada a cabo tras la II Guerra Mundial, además de devolver a la fachada el aspecto que le había conferido Rastrelli, ha logrado que las distintas salas, que han conservado variedad de estilos y espacios, tengan el "mejor" aspecto, de acuerdo con el gusto dominante de la época.

Extraordinariamente suntuosos son los interiores, donde lo único original de Rastrelli es el gabinete de trabajo o estudio de encina de Pedro el Grande. Las salas restantes son de estilo clásico, obra de Velten y Vallin de la Mothe, del tiempo de Catalina II. Las habitaciones fueron reformadas en el siglo XIX por A. Stakenschnaider.

En el *interior,* la **sala de gala,** frente a las escaleras, es una muestra del barroco ruso, con grandes estucos de oro coronario, fino y de muchos quilates.

Volviendo al rellano, a la derecha: sala con fotografías de las destrucciones sufridas por el palacio y de los trabajos de reconstrucción. La **sala azul de las Audiencias,** llamada así por el color de la seda de las paredes, está realizada en el estilo característico de todas las salas oficiales del palacio. La **sala de Česme,** proyectada por Velten, está dedicada a las victorias navales rusas.

En las paredes se conservan doce grandes cuadros del alemán Philipp Jacob Hackert, de 1771-1772, inspirados en combates navales acontecidos durante la guerra ruso-turca de 1768-1774.

La **sala del Trono**★★ fue decorada por Velten en 1777 y 1778. Ocupa la anchura total del palacio y alberga retratos de los zares y de sus familias. En ella tenían lugar los grandes banquetes oficiales y los bailes, con cuyo motivo se instalaba el trono. Destaca un magnífico retrato de *Catalina II a caballo,* realizado por el pintor danés Vigilius Erichsen en 1762. A ambos lados del retrato, dos bajorrelieves redondos del escultor Iván Prokof'ev representan los principios del "monarca ilustrado". La **sala de las Audiencias** o de las Damas de honor es de estilo barroco, con estucos dorados y espejos. El **Comedor blanco** está decorado en estilo neoclásico por Juri Velten, en 1774 y 1775, con elegantes relieves de estuco. En él se organizaban fastuosos banquetes. La vajilla expuesta se realizó en 1770 con cerámica de Faenza color crema, en la fábrica inglesa de Josiah Wedgwood. La cristalería, también del siglo XVIII, es en parte rusa y en parte de Bohemia. Los **Estudios chinos** (oriental y occidental) fueron proyectados por Vallin de la Mothe y decorados inicialmente con paneles originales chinos. Uno de ellos contiene una interesante colección de porcelanas chinas de la fábrica imperial de Dsindeczen y porcelanas japonesas de la ciudad de Arita. La **sala de los Cuadros** o de Rotari★, situada entre las dos anteriores, fue proyectada por Rastrelli. Tiene una luminosidad especial por las ventanas que dan al Parque superior y al Parque inferior. En 1764 se colocaron en ella 368 retratos de las esposas e hijos, con vestiduras distintas, de todos los gobernadores del imperio ruso. Los adquirió, por orden de Catalina II, la viuda del pintor italiano Pietro Rotari, muerto en San Petersburgo. Sobre las pequeñas chimeneas de la sala pueden verse bellos relojes franceses en bronce de la segunda mitad del siglo XVIII. La **Estancia de las perdices,** que hacía las veces de saloncito, se llama así por la decoración de su tapicería de seda. Antiguamente estaban colocados en las paredes los retratos de las alumnas diplomadas en el Instituto Smol'nyj, obra de Dmitri Levickij, en la actualidad en el Museo Ruso. Entre los retratos que se exponen en la actualidad, destaca el de Catalina II realizado por Rotari, muy apreciado por la emperatriz.

La **sala de la Otomana** o Alcoba imperial es obra de Velten. Está dominada por un suntuoso diván turco cubierto de cojines de seda bordada, con tapices chinos y porcelanas rusas. El **tocador de la Emperatriz** es de porcelana de Sèvres, regalo de Luis XIV de Francia. El marco del espejo es una obra, especialmente refinada, de François Thomas Germain, uno de los más famosos joyeros franceses de mediados del siglo XVIII. Diversos retratos de la familia imperial decoran el **estudio** de la emperatriz Isabel. Las butacas doradas y el diván fueron construidos en el taller de Georges Jacob, conocido fabricante de muebles francés de la segunda mitad del siglo XVIII.

Se conservan, en la **sala de los Estandartes,** los de los regimientos de las guardias que durante el verano se acuartelaban en Peterhof. Hoy día se exponen retratos, mobiliario francés y una mesa de juego plegable con incrustaciones utilizando la técnica de marquetería.

En la **sala de los Caballeros** montaban guardia los oficiales de caballería para defen-

PETRODVOREC

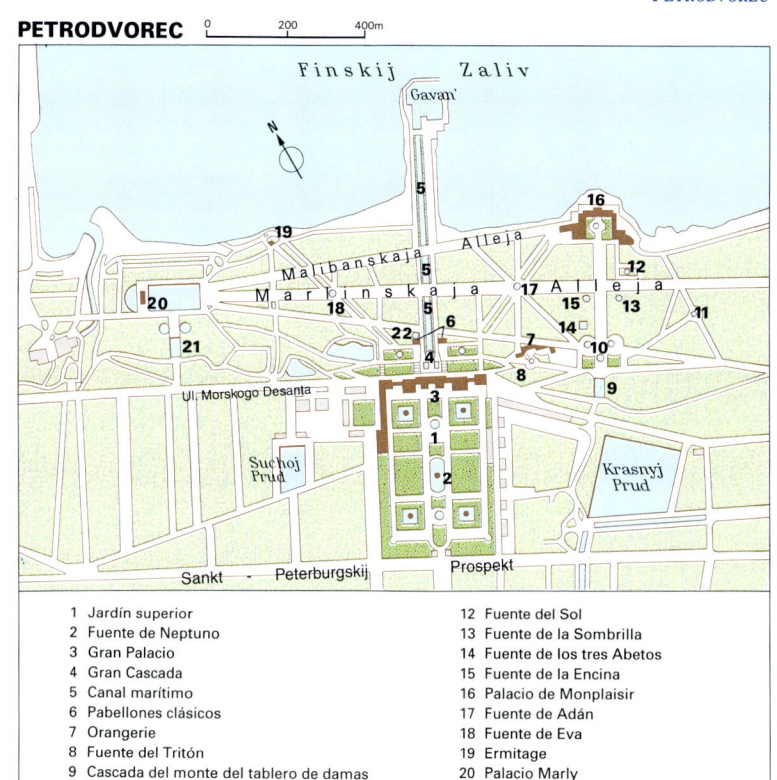

1. Jardín superior
2. Fuente de Neptuno
3. Gran Palacio
4. Gran Cascada
5. Canal marítimo
6. Pabellones clásicos
7. Orangerie
8. Fuente del Tritón
9. Cascada del monte del tablero de damas
10. Fuentes romanas
11. Fuente de la Pirámide
12. Fuente del Sol
13. Fuente de la Sombrilla
14. Fuente de los tres Abetos
15. Fuente de la Encina
16. Palacio de Monplaisir
17. Fuente de Adán
18. Fuente de Eva
19. Ermitage
20. Palacio Marly
21. Cascada de la montaña de Oro
22. Fuente Favorita

der las habitaciones privadas de la emperatriz. En ella se exponen muebles del siglo XVIII inglés y, entre los cuadros, *Los horrores de la guerra,* del taller de Pedro Pablo Rubens, y *Episodio de guerra de Luis XIV,* del pintor de cuadros de guerra de la corte de Luis XVI Adam François van der Meulen.

A continuación, hay una pequeña sala de paso: las paredes están tapizadas en seda original de mediados del siglo XIX, fabricada expresamente para este palacio en los telares de G. Sapožnikov de Moscú. Se conservaron grandes reservas de este material que, más tarde, se ha utilizado para restauraciones.

Posteriormente, se accede al **Gran Salón Azul.** La espléndida vajilla de las recepciones oficiales proviene de la fábrica imperial de porcelana (1849-1853); aquí se expone solamente una parte del servicio completo, para 250 invitados. En la pared derecha se encuentra el retrato de María Federovna, (mujer de Pablo I), copia de la obra de la pintora E. Vigée-Le Brun. Desde aquí se accede a la **sala del Secretario** (*cerrada temporalmente*), recibe también el nombre de "anterior al coro", porque una parte de la misma tenía acceso a la terraza de la galería desde la que se podía pasar a la iglesia del palacio. En un rincón puede verse una estufa revestida de azulejos pintados con paisajes y dibujos color cobalto. La lámpara de 48 velas fue construida en la fábrica imperial de porcelana de San Petersburgo (1850).

Para continuar la visita, gire a la derecha para acceder a la primera sala de paso, seguida de otras tres, todas ellas con decoración de la época de Pedro el Grande; albergan una exposición de muebles y porcelanas rusas, decoración de inicios del siglo XVIII y muebles de la época de Isabel Petrovna. De ahí se llega a la **sala de la Corona** (Koronaja), donde podemos ver un trípode que conserva la corona imperial, obra de V. Brenna, utilizada por el emperador Pablo I durante sus estancias en Petrodvorec. Las paredes están revestidas con seda china de comienzos del XVIII. El gabinete de encina de Pedro el Grande dispone de una espléndida *boiserie* tallada por Nicolás Pineau, de 1718-1720, estilo regencia. En él se conserva un bellísimo globo, instrumentos de precisión, libros y otros objetos que pertenecieron al emperador. En el vestíbulo y la escalera de encina, la madera de la balaustrada está decorada con tallas de Nicolás Pineau. Encima de la escalera puede admirarse el fresco del techo llamado *Aurora en su carruaje*, obra de Iván Visnjakov, restaurado por Jakov Kazakov. En la pared occidental, puede verse el retrato de Pedro el Grande, pintado en 1766 por el danés Benoit Koffre.

Desde la amplia terraza del Gran Palacio se disfruta de una espléndida vista★★ del **Parque inferior** (Nižnij park; Нижний парк), la Gran Cascada y, a lo lejos, el golfo de Finlandia. En la parte oriental del parque se encuentran el palacio Monplaisir, la cascada del monte del Tablero de Damas, las fuentes de la Pirámide, el Sol, de las Bromas y otras, mientras que en la parte occidental se hallan el Ermitage y el palacio Marly, las cascadas de la montaña de Oro y de los Leones y las fuentes Menažernye.

Gran Cascada★★. (Bol'šoj kaskad; Большой каскад; 4). Característico y grandioso monumento del arte barroco, fue construida entre 1715 y 1724 por los arquitectos Leblond, Braunstein, Michetti y Zemcov, y adornada con 225 esculturas de bronce dorado y 64 fuentes. Las estatuas que, situadas a lo largo de la cascada representan divinidades marinas, los ríos rusos, el mito de Perseo y Andrómeda, y simbolizan la conquista del Báltico y la vocación marinera de Rusia, son obras de Feodosij Ščedrin, Fiodor Šubin, Iván Prokof'ev e Iván Martos. Todo el conjunto, incluida la gruta en taba con cinco arcos, fue concebido y proyectado por Pedro el Grande en persona.

Frente a la Gran Cascada, hacia el mar, se halla la **fuente de Sansón,** con un surtidor de más de 20 m de altura. Este imponente grupo escultórico, en el que un gigantesco Sansón abre las fauces de un león, obra de Bartolomeo Carlo Rastrelli, simboliza la victoria de Poltava conseguida sobre los turcos el 27 de junio de 1709, día de San Sansón. La obra es una copia de V. Simonov del original de M. Kozlovski, de 1801 que se perdió durante la última guerra. El mismo Kozlovski había restaurado el original de Rastrelli de 1735, realizado en plomo y deteriorado.

Desde el estanque central de la Gran Cascada arranca el **Canal marítimo** (5), de unos 400 m, rectilíneo, que con tres niveles de gradas y fuentes desemboca en el golfo de Finlandia. En el comienzo del canal se hallan los **pabellones clásicos** (6), obra de Voronichin, de 1803, flanqueados por columnas de mármol y cubiertos con cúpulas doradas. En el tejado de ambos edificios están distribuidos diversos recipientes, cuyos chorros al caer producen una original cortina de agua.

El canal, en otra época adornado con grupos escultóricos relativos a las fábulas de Esopo, fue excavado para permitir el acceso a la residencia real por el agua, evitando los senderos cubiertos de fango durante la primavera y el otoño.

Siguiendo hacia la derecha por la parte oriental del parque, se llega a la **Orangerie** (Oranžereja; Оранжерея; 7), tras la cual se halla la **fuente del Tritón** (Fontan Triton; Фонтан Тритон; 8), una de las más antiguas del parque, de 1776. Un poco más adelante se halla la **cascada del monte del Tablero de Damas★** (Kaskad Sachmatnaja gora; каскад Шажматная гора; 9), asombrosa fuente construida en 1739 por Mijail Zemcov y situada sobre tres gradas pavimentadas con mármol blanco y negro. En la base y en la parte superior de la cascada hay grutas horadadas, y la de la parte superior está protegida por tres dragones que liberan un fuerte chorro de agua.

A sus pies está situadas las dos grandes **fuentes romanas★** (Rimskie Fontany; Римские Фонтаны; 10), construidas por los arquitectos Iván Blank e Iván Davydov, en 1738-1739, y reconstruidas, en 1797-1800, a imitación de las más famosas fuentes barrocas de Roma. Desde la fuente romana de la derecha sale una avenida en la misma dirección, que conduce a la **fuente de la Pirámide★** (Fontan Piramida; Фонтан Пирамида; 11), proyectada por Michetti en 1721, con 505 surtidores de distinta altura que forman una pirámide escalonada, de donde recibe el nombre.

Se vuelve hacia el palacio recorriendo la Marlinskaja alleja. Casi en la intersección con la avenida que viene de las fuentes romanas se encuentra a la derecha la **fuente del Sol** (Fontan Solnce; Фонтан Солнце; 12). En el centro de la pila hay un grupo de doce delfines dorados que rodean un disco solar que gira y desde el que caen chorros de agua en forma de rayos.

Al lado izquierdo de la calle se encuentran las denominadas **fuentes de las Bromas★** (Šutichy). Se trata de la **fuente del Paraguas** (13), la **fuente de los Tres Abetos**

(14), a la izquierda, y la **fuente de la Encina** (15), que mojan inesperadamente a quien se acerca.

La salida panorámica al mar del Parque inferior oriental se remata con el **palacio Monplaisir**★★ (dvorec Monplezir; дворец Монплезир; 16; *visita: de 10.30 h a 17 h; miércoles y de octubre a mayo cerrado*).

Ordenado y proyectado por Pedro el Grande, este palacete fue realizado en estilo holandés por Braunstein y Leblond en 1714-1723. Desde el cuerpo central, rematado por un alto tejado con cenefas y varias terrazas, salen dos galerías, que terminan también en cenefas. La fachada septentrional mira al mar, la meridional al jardín, adornado con estatuas y cinco fuentes. En el interior del palacio, abandonado por la corte desde mediados del siglo XVIII a causa de la humedad, Pedro el Grande había instalado su colección de cuadros adquiridos en Holanda y Francia, que en la actualidad forman parte del Ermitage. La restauración efectuada con posterioridad a la guerra ha devuelto la decoración y el equipamiento a su esplendor original. A la sencillez del exterior se contrapone el lujo de las siete salas interiores, decoradas todas con pinturas flamencas y holandesas de los siglos XVII y XVIII.

En la **sala 1**, sala central, pueden verse frescos que representan personajes de la *Commedia dell'Arte* y alegorías de las estaciones y los elementos naturales. La **sala 2**, sala de laca★, está decorada en estilo chino con figuras realizadas en oro sobre fondo negro, perfilado con bordes rojos. Los revestimientos originarios de laca, destruidos por la guerra, han sido reconstruidos por artesanos de Palech. La **sala 3**, la cocina, está recubierta de bellísimos azulejos pintados de Delf y conserva utensilios de cobre del siglo XVIII, de fabricación inglesa.

De aquí se pasa a la habitación de servicio, donde se colocaban los platos y las sábanas; el aparador es original de la época y las teteras son un regalo del emperador de China a Pedro I el Grande. En el lado opuesto de la sala central, se encuentra el estudio marino del zar, con tres ventanas que dan al mar; detrás del escritorio, podemos ver baldosas con trece tipos de veleros de la flota rusa del siglo XVIII. Al lado se encuentra el dormitorio con objetos personales del zar (camisón y gorro de dormir). En la oficina, vidrieras rusas de comienzos del siglo XVIII. La habitación contigua, con 24 cuadros, servía de estudio al secretario personal del zar.

El palacio Monplaisir disponía de baños, especialmente ingeniosos, con bañera de cristal en arcones de cobre. Hacia 1769 Catalina II hizo construir también una piscina, destruida por los alemanes en 1941, cuyo fondo se elevaba para dejar pasar el agua marina. El nivel del agua se regulaba mediante un mecanismo de contrapesos.

En la parte occidental de Monplaisir, Rastrelli edificó en 1748 una dependencia, el edificio **Ekaterininskij** (Екатерининский корпус; *visita: de 10.30 h a 17 h; jueves cerrado*), que superaba en número de habitaciones al propio Monplaisir. En él se celebraban los bailes y las recepciones. Desde este palacio, el 26 de junio de 1762, partió Catalina II, ayudada por regimientos leales, para destronar a su esposo Pedro III.

Esa dependencia era la favorita de Alejandro I, nieto de Catalina II. En el interior, de notable elegancia, es especialmente valiosa la vajilla que se encuentra en la **Sala amarilla**; en los platos (de la fábrica imperial de cerámica, 1809-1817) están representadas las diversas poblaciones gobernadas por el imperio ruso.

Volviendo por la avenida principal hacia la parte occidental del parque, se encuentran la **estatua** de Pedro el Grande, obra de Antokol'skij, de 1883, y la **fuente de Adán** (Fontan Adam; Фонтан Адам; 17), a la que corresponde simétricamente, del otro lado del Canal marítimo, la **fuente de Eva** (Fontan Eva; Фонтан Ева; 18). Construidas en Italia por el escultor Giovanni Bonazza, en 1717, a imitación de las esculturas de Antonio Rizzi para el palacio de los Dogos de Venecia, están precedidas por arcos triunfales del siglo XVIII.

En la parte occidental del parque, caminando desde la fuente de Eva hacia el mar, se llega al palacio de dos pisos del **Ermitage**★ (Pavil'on Ermitaž; павильон Эрмитаж; 19; *visita: de 10.30 h a 17 h, excepto lunes y último miércoles del mes; de octubre a mayo, sólo sábados y domingos de 10.30 h a 16 h*).

Rodeado de fosos con puente levadizo, fue construido por Braunstein en 1722-1724, y debía de servir para las reuniones familiares más íntimas. Ingeniosos aparatos mecánicos interiores permitían reducir al mínimo el personal de servicio. Por ejemplo, la mesa con catorce cubiertos tan sólo, subía y bajaba, ya preparada, desde las cocinas, que estaban en la planta baja.

También mediante dispositivos elevadores, se construyó en el siglo XVIII en el palacio un diván ascensor de dos plazas, que permitía llegar al piso superior. El ingenio fue destruido por orden del emperador Pablo I, en 1797, cuando por primera vez, se estropeó a medio camino. En su lugar se construyó una escalera, que existe todavía.

El *piso superior* estaba ocupado por el gran **Comedor,** especialmente luminoso. En el centro de la famosa mesa ovalada del ingenio móvil, cada comensal escribía su encargo en una tarjetita. En la actualidad la mesa está preparada con una hermosa vajilla de Delf pintada con cobalto. La cristalería, del siglo XVIII, proviene de las fábricas imperiales rusas. En el comedor se exponen cuadros de los siglos XVII y XVIII procedentes de la Europa occidental, entre los que destacan: *Batalla de Poltava,* pintada en Francia por Pierre Martin, en 1726; naturalezas muertas, del francés Jean Louis Prévost; *Patinaje sobre hielo,* del flamenco Chalon y dos representaciones de apóstoles del holandés Georg Gsell. Asimismo pueden verse *Antonio y Cleopatra,* del flamenco Gerard de Lairesse; *La Tentación de San Antonio,* del flamenco Abraham Teniers, y *Ramo de flores,* del flamenco Caspar Pieter Verbruggen.

Desde el cruce entre la avenida del Ermitage y la Marinskaja, a la derecha se llega al palacio Marly★ (dvorec Marli; дворец Марли; 20; *visita: de 10.30 h a 17 h; lunes y último martes de mes cerrado; de octubre a mayo, sólo sábados y domingos de 10.30 a 17 h*), en el límite occidental del parque. Fue construido en 1720-1723 por el arquitecto J. Braunstein, según un proyecto de Leblond, en estilo Luis XIV. Este palacio, que en la actualidad acoge un museo dedicado a la cultura artística rusa de la primera mitad del siglo XVIII, recibe su nombre de la residencia de los reyes franceses de Marly-le-Roi, junto a París. Alberga piezas de equipamiento y cuadros que atestiguan el gusto internacional de la corte rusa: cuadros de pintores italianos y holandeses, esmaltes de Cantón, tapices flamencos, muebles e incrustaciones alemanas, jarrones de Faenza y un reloj inglés, obra del maestro real John Rowley. La cocina, de estilo holandés, respondía perfectamente al deseo de Pedro el Grande: el pavimento de mármol, las paredes cubiertas totalmente de cerámica y en un rincón una enorme estufa. La vajilla de la cocina incluye platos ingleses de estaño, pucheros provenientes de los Urales y cerámica holandesa y alemana.

Casi frente al palacio Marly se hallan las **fuentes Menažernye** (Fontany Menažernye; Фонтаны Менажерные) y la **cascada de la montaña de Oro**★ (Kaskad Zolotaja gora; каскад Золотая Гора; 21), que desciende sobre escalones de mármol blanco y cobre dorado. Es la correspondiente simétrica de la cascada del monte del Tablero de Damas. La proyectó inicialmente Niccolo Michetti con posteriores intervenciones de Mijail Zemcov y Nikolai Benois, en 1869-1870, que hizo instalar las actuales figuras áticas, desde las que brota el agua.

Volviendo de nuevo hacia el Gran Palacio, se encuentra, no lejos del Canal marítimo, la **Fuente Favorita** (Fontan Favoritka; Фонтан Фаворитка; 22), ejemplo típico de fuente de gusto del XVIII, realizada en 1725 por Paul Soual por encargo de Catalina I. En la taza un perro persigue a cuatro patos que tratan de escapar de él; el espectador puede escuchar el ladrido del perro y el alboroto de los ánades. En realidad, el sonido lo produce en la actualidad una grabación, pero originariamente nacía del paso del aire a través de boquillas con chapitas metálicas, bajo la presión de tres fuelles y una rueda especial impulsada por agua.

Si se dispone de más tiempo, se puede completar la visita con un paseo hasta el **parque de Aleksandra** (Aleksandrija park; парк Александрия), que linda con el parque de Peterhof en dirección este y al que se puede llegar recorriendo toda la Marlinskaja alleja o, volviendo al exterior, directamente por la calle de acceso a Petrodvorec.

Nicolás I regaló esta propiedad, rodeada de muros, a su esposa Aleksandra Fedorovna, que hizo construir un parque panorámico, que desciende en terrazas hacia el mar, al estilo de los jardines ingleses. La atmósfera de este parque, un siglo posterior, es muy distinta de la de Petrodvorec y también los edificios que en él se encuentran, que debían imitar el estilo gótico inglés, de acuerdo con la moda del momento. Fue construido, en 1826-1829, por el arquitecto Adam Menelaws y el Cottage fue restaurado en 1842 por Stakenschneider, al que se añadieron en 1829-1831 el palacete gótico llamado la **Granja** (Fermerskij dvorec; Фермерский дворец), construido para Alejandro II por el arquitecto Menelaws, y en 1831-1833, una **iglesia gótica** (Gotičeskaja kapella; Готическая капелла) con campanario, obra de Adam Menelaws y Ludwig Charlemagne.

En el **Cottage** (Kottedž; Коттедж; *visita: de 10.30 h a 17 h, lunes y último mar-*

tes del mes cerrado; de octubre a mayo visita sólo sábados y domingos de 10.30 h a 16 h), la caprichosa imitación del estilo Tudor, a base de tejados de dos vertientes y las almenas de las cornisas exteriores, continúa en el interior con paredes revestidas de encina tallada, vidrieras de colores, chimeneas y muebles de estilo inglés. También los libros de la biblioteca de Aleksandra Fedorovna, como las obras de Walter Scott y otras novelas en diversas lenguas europeas, eran de gusto gótico.

Los interiores más interesantes son la sala de estar, la biblioteca, el estudio de Nicolás I, amueblado con sencillez (junto a la ventana se conserva todavía el catre plegable de campo que el emperador llevaba consigo a todas partes), la habitación de María Nikolaevna, con muebles de marquetería realizados en el taller de Andrej Tur, y finalmente, el estudio de María Fedorovna, restaurado en 1894 en estilo *Liberty's*, según un proyecto de Robert Meltzer.

Continuando hacia el sur se llega al pequeño **palacio del Belvedere**★ (Malyj dvorec Belvedere; Малый дворец Бельведере), en forma de templo griego, construido sobre un promontorio en 1853.

Es preciso destacar todavía en Petrodvorec el **Museo de la Familia Benois** (Muzej Sem'i Benua; Музей семьи Бенуа), inaugurado en septiembre de 1988 y dedicado a la familia Benois, una gran dinastía que ha dado a Rusia arquitectos y artistas de gran categoría. La iniciativa de la creación del mismo, cuyo edificio es obra de N.L. Benois, de 1853-1854, fue de otro descendiente de la familia, N.A. Benois, escenógrafo de la Scala de Milán y, antes, del Teatro Mariinsky de San Petersburgo.

PUSHKIN★★

Es uno de los complejos arquitectónico-paisajísticos más bellos de los alrededores de San Petersburgo. Empleado como residencia de campo por la familia imperial. Conocido con el nombre de "Carskoe Selo" (el pueblo de los zares), de 1918 a 1936 se denominó Detskoe Selo, es decir, pueblo de los niños, por la presencia de colonias de verano y, a partir de 1937, pasó a denominarse Pushkin en honor al poeta que cursó los estudios de bachiller en esta ciudad.

Situada a 27 km hacia el sur de San Petersburgo, se llega a **Pushkin**★★ (III, C5; Пушкин) por carretera saliendo de la avenida de Moscú (Moskovskij prospekt; Московский) y siguiendo luego la número 10. Para llegar por ferrocarril se parte de la Vitebskij vokzal.

En tiempos de Pedro el Grande este lugar, regalado por el zar al príncipe Menšikov, amigo suyo, se llamaba Saari, palabra finlandesa que significa "isla" o "lugar elevado", y la propiedad de Menšikov era conocida como Saarskaja myza, la granja de Saari. Cuando Menšikov cayó en desgracia, un decreto imperial concedía en 1710 la propiedad a Catalina, esposa de Pedro I y futura emperatriz. Ésta encargó al arquitecto Braunstein un palacete, en torno al cual se desarrolló un parque, cuyo proyecto fue confiado a Jan Roosen, que ya había realizado los trabajos del jardín de verano de Petersburgo. Se hicieron llegar decenas de miles de arces, tilos, olmos, abedules, árboles frutales y arbustos decorativos, incluidas algunas plantas exóticas. Al noreste del palacio se estableció un coto de caza, donde crecían libres alces, jabalíes y liebres. El nombre original del lugar se cambió oficialmente por el de Carskoe Selo en 1725. A la emperatriz Isabel se debe todavía la grandiosa transformación del palacio, que se convirtió en residencia habitual de verano de la corte. La emperatriz encomendó la reestructuración del conjunto, en primer lugar, en 1742, a Mijail Zemcov y después, en 1752-1756, a Rastrelli, que, ayudado por Čevakinskij, convirtió el palacio en una corte no menos lujosa que el Palacio de Invierno. Desde finales de 1756 Carskoe Selo se convirtió en la sede de las recepciones diplomáticas de la corte de Isabel. Añadidos y modificaciones neoclásicos, ordenados por Catalina II, fueron realizados por el arquitecto escocés Charles Cameron hacia 1760, cuando se difundió en Rusia el gusto neoclásico. En aquella época la preocupación reformista de los arquitectos se orientó sobre todo hacia los jardines. Surgieron de esta forma en los parques de la residencia innumerables quioscos, puentecitos, templos clásicos, galerías y ruinas por obra de los arquitectos Neelov (Vasili, el padre, y sus dos hijos Ilia y Petr), Cameron, Giacomo Quarenghi, Antonio Rinaldi y, a comienzos del siglo XIX, Vasili Stasov.

Dada su privilegiada condición de residencia veraniega del zar, Carskoe Selo obtuvo atenciones especiales de los administradores de San Petersburgo. En 1837 quedó unida a la ciudad por ferrocarril y, en 1887, fue la primera población del mundo iluminada con luz eléctrica.

Se entra en la aldea pasando bajo una **puerta** decorada con motivos egipcios en 1828. A la derecha, se divisan los edificios del vasto complejo de la "ciudadela de Feodor". Construida para el regimiento de cosacos a principios del siglo XX en conmemoración del 300 aniversario de la dinastía Romanov, en estilo ruso antiguo. Gran parte de los edificios alberga la facultad de ingeniería agronoma. El templo, de 1909 (proyecto del arquitecto Pokrovski), es una réplica de la iglesia de la Anunciación del Kremlin de Moscú.

Al final de la calle principal, llamada de Pushkin, en la confluencia con la calle Vasenko, se halla la **casita de la viuda Kitaeva** (1), donde vivió Pushkin en 1831. El poeta, que buscaba en Carskoe Selo "tranquilidad e inspiración", alquiló ocho habitaciones de esta casa, en la que durante su permanencia compuso la *Fábula del zar Saltan*, la *Fábula del pope y de su siervo Balda*, la novela *Roslavlev* y numerosos poemas. La casa, que pertenece en la actualidad al **Museo Pushkin** (Dom Puškina; Дом Пушкина; *visita: de 10.30 h a 17 h; lunes y último martes de mes cerrado; de octubre a mayo, de 10.30 h a 17 h*), es interesante por las exposiciones dedicadas al poeta y a la literatura rusa de la época y también porque es un ejemplo de los interiores de las casas burguesas del siglo XIX.

Pocos metros después de la casa, en el mismo lado de la calle, se encuentra la **iglesia** católica neoclásica **de San Juan** (Adamini, 1824-1827).

Al fondo de la calle Vasenko está el antiguo **Instituto**★ (Licej; Лицей; 2), edificado en estilo clásico, según un proyecto de Quarenghi, en 1794-1811. El joven Pushkin, que estudió en él entre 1811 y 1817, fue uno de los 30 alumnos que formaron la primera promoción de la escuela. Su interior presenta un aspecto austero y elegante: muebles tallados y dorados, sillas de cuero rellenas de paja y espejos. En la actualidad está instalado en el edificio un **museo** (*visita: de 10.30 h a 16.30 h; martes cerrado*) también dedicado a Pushkin. Pueden visitarse el Aula Magna, la sala de los periódicos, la biblioteca, el aula donde se daban las clases, el laboratorio de física, el aula de dibujo y canto y, finalmente, el dormitorio. Pushkin ocupaba la habitación número 14, amueblada, como las demás, de forma sencilla: una cama de hierro, un orinal, un pupitre con un tintero, un candelabro, una mesa, el lavabo y el espejo.

En el jardín del instituto está la **iglesia de Nuestra Señora** (3), llamada así en honor al antiguo icono que custodiaba, hoy en San Petersburgo, en el seminario de "lavra". Construida en 1746, según un proyecto de Zemcov. Más allá de la iglesia, en el jardín, se halla también la famosa **estatua** de Pushkin estudiante★ (Pamjatnik Puškinu; памятник Пушкину; 4), sentado en el banco del instituto. Es una obra de R.R. Bach, realizada en 1900 para conmemorar el centenario del nacimiento del poeta; en el pedestal, unos versos de su *Eugenio Oneguin* evocan el despertar de la vocación poética de Pushkin en Carskoe Selo.

Palacio de Catalina★★ (Ekaterininskij dvorec; Екатерининский дворец; 5; *visita: para los visitantes individuales, de 10 h a 17 h, martes y último lunes del mes cerrado; durante el verano la entrada al parque se realiza previo pago*).

Obra maestra de Rastrelli, es, sin duda, uno de los ejemplos arquitectónicos más valiosos del rococó ruso. La **fachada,** animada por la rítmica alternancia de salientes y entrantes, tiene 306 m de larga. El hemiciclo que cierra el patio de honor es de color turquesa, con columnas blancas y tejados plateados; los capiteles, los frisos y los adornos más diversos son dorados (inicialmente se emplearon 120 kg de oro); a la izquierda de la fachada contrastan las cúpulas de la iglesia, también de Rastrelli, de estilo barroco ruso. La portada principal, de hierro forjado, muestra el águila bicéfala y la corona, y la lateral presenta la "E" inicial del nombre de la zarina Isabel.

La grandiosidad y el lujo de los exteriores coincide con lo suntuoso de su interior. (El itinerario de la visita sigue el recorrido habitual establecido para los visitantes; trabajos temporales de redistribución pueden modificar el recorrido o determinar el cierre de algunas salas).

Desde la **escalinata de honor** (1), obra de Hipólito Monighetti, de 1861, decorada con jarrones chinos y japoneses originales, regalados a los zares, y con un hermoso reloj y barómetro de finales del siglo XIX, se accede a las dos salas destinadas a exposiciones (2), con maquetas, dibujos y planos de la evolución del palacio. Se pasa luego a la **gran sala** (3), la más espaciosa del palacio, de 360 m^2, obra de Rastrelli. Durante las recepciones y los bailes se iluminaba con 696 velas. Numerosos espejos con marcos tallados y dorados proporcionaban todavía mayor amplitud al recinto; en el techo hay un original sobre tela que representa *El Triunfo de Rusia*. Se llega después a la **sala Blanca** o de los Caballeros (4), donde predomina el color blanco, decorada con una elegante composición de madera con motivos y atributos de caza; en ella destacan una monumental estufa de cerámica de Delf y dos jarrones de Meissen.

El **comedor de gala** (5) se utilizaba para los convites especialmente solemnes. La mesa tiene la forma de las iniciales cruzadas de Isabel Petrovna, hija de Pedro el Grande. La vajilla★ de porcelana, llamada "de caza", de 1760, es uno de los primeros productos de la fábrica imperial de San Petersburgo. En el techo se halla una copia del siglo XIX de *El Triunfo de Apolo,* de Guido Reni; en las paredes hay cuadros de Johann Groot con temas de caza, provenientes del Ermitage. La **sala de las pilastras carmesíes** (6) tiene una estufa decorada con pinturas que representan personajes de distintas clases de la sociedad del siglo XVIII, con ropajes de estilo holandés. La **sala de las pilastras verdes** (7) expone un tablero de damas de coral, marfil y nácar, un grupo escultórico de bronce que representa la familia imperial y porcelanas japonesas. En la **sala de los Retratos** (8) están los de *Catalina I,* a la derecha, e *Isabel,* a la izquierda, y enfrente, los de *Catalina II* y *Natalia,* hermanas de Pedro, obras de Iván Adol'skij y Heinrich Buchholz.

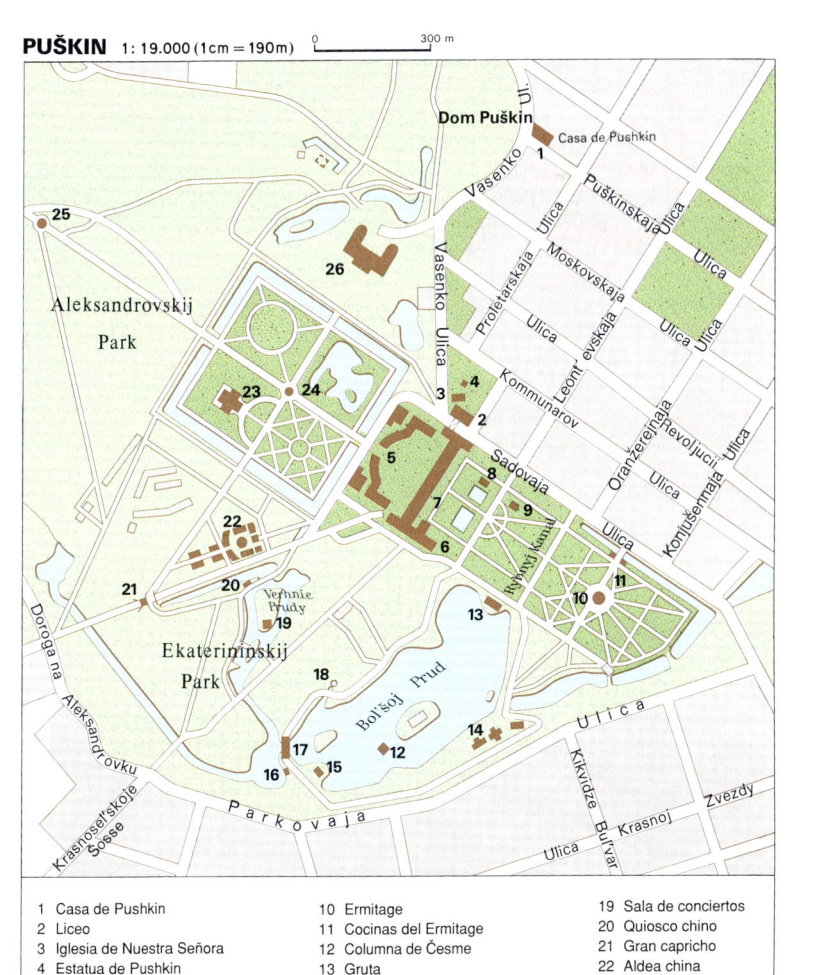

PUŠKIN 1: 19.000 (1cm = 190m)

1 Casa de Pushkin
2 Liceo
3 Iglesia de Nuestra Señora
4 Estatua de Pushkin
5 Palacio de Catalina
6 Galería jónica (Cameron)
7 Pabellón de ágata
8 Baños superiores
9 Baños inferiores
10 Ermitage
11 Cocinas del Ermitage
12 Columna de Česme
13 Gruta
14 Almirantazgo
15 Baño turco
16 Pirámide
17 Puente de mármol
18 Fuente de la muchacha con jarra
19 Sala de conciertos
20 Quiosco chino
21 Gran capricho
22 Aldea china
23 Teatro chino
24 Obelisco
25 Arsenal
26 Palacio de Alejandro

El **gabinete de ámbar** (9) estuvo enteramente revestido con 52 m^2 de ámbar. El trabajo fue realizado en 1709 por artesanos daneses para el gabinete de trabajo del rey de Prusia Federico Guillermo, quien se lo regaló al zar Pedro I el Grande. A cambio éste envió al rey de Prusia un cuerpo de guardia formado por soldados rusos de estatura gigantesca. Tras haber estado en el Palacio de Invierno, el gabinete de ámbar fue trasladado a Carskoe Selo, en 1755, por orden de Isabel Petrovna. Fue robado en 1942 y, a pesar de las investigaciones, no se ha encontrado nada de él. La reconstrucción de algunos fragmentos pone de manifiesto la técnica empleada en su decoración.

En la **galería de pintura** (10) se recogen 130 obras de pintores europeos de los siglos XVII y XVIII. Pueden verse paisajes de Jan Both, Esaías van de Velde, Van der Neer, Savery, K. de Moor, Van Fuchtenberg, Pietersz, Janssen, Berchem, Wouwermans, P. van Noort y A. Visentini. También se exponen interiores arquitectónicos de E. de Witte, escenas de guerra de Adriaen van Ostade y Teniers el Joven, escenas mitológicas y bíblicas de Jacques Blanchard y Luca Giordano y alegorías de la escultura y la música de Jean-Marc Nattier. Dos grandes telas, que recuerdan la guerra de 1709 contra Suecia, fueron realizadas por Jacques Courtois *(La batalla de Poltava)* y Martin le Jeune *(La batalla de Lesnaja)*. Dos grandes estufas de cerámica de Delf embellecen la galería; el techo, obra de Kazakov, es copia del techo de la escalera de honor del Ermitage.

La parte que sigue está en vía de redistribución.

Las **salas de la hilera menor** (11, 12, 13) están dedicadas a exposiciones de objetos orientales procedentes del palacio. El **comedor verde** (15), creado por Cameron, de quien son también los muebles, está decorado con estuco blanco y copias de bajorrelieves de Pompeya. El **estudio de gala** (14) de Alejandro I, elegante y severo, es obra de Stasov. Los muros son de falso mármol de color rosa pálido; el techo está decorado con armaduras y laureles. Los muebles son reproducciones de los originales. En el escritorio puede verse un conjunto de escribanía de malaquita proveniente de los Urales. La **habitación de los Camareros** (16) tiene el pavimento de madera de palisandro, encina, ébano y caoba. El **salón Azul** o **de gala** (17) es obra de Cameron. En el techo pueden verse temas inspirados en los frescos de Pompeya; es muy notable el pavimento polícromo de madera; las paredes muestran retratos de los Romanov, como el de *Pedro I,* de Iván Nikitin, y el de *Catalina I,* de autor desconocido. Se exponen también porcelanas rusas. El **salón chino azul** (18), dispuesto por Cameron, está decorado con tapices reconstruidos de

PUŠKIN: PALACIO DE CATALINA

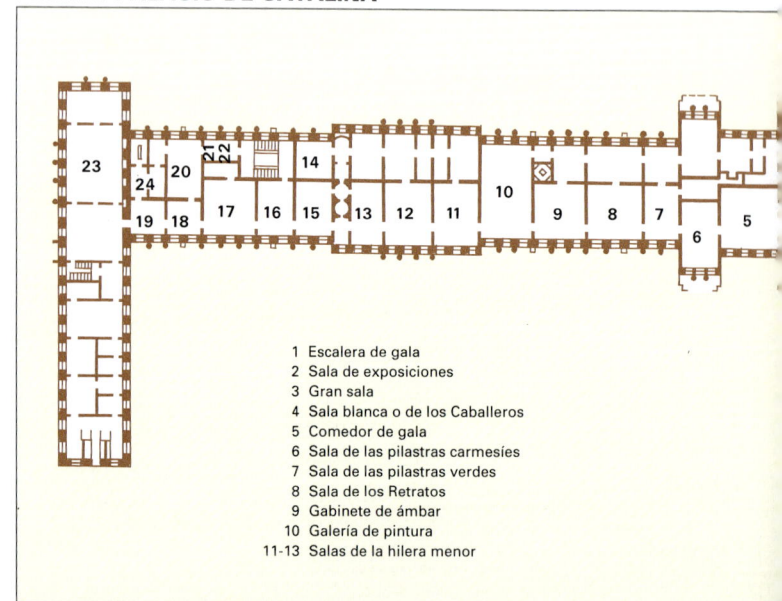

1 Escalera de gala
2 Sala de exposiciones
3 Gran sala
4 Sala blanca o de los Caballeros
5 Comedor de gala
6 Sala de las pilastras carmesíes
7 Sala de las pilastras verdes
8 Sala de los Retratos
9 Gabinete de ámbar
10 Galería de pintura
11-13 Salas de la hilera menor

acuerdo con los originales y jarrones chinos originales. La **antecapilla** (19), proyectada por Stasov, se destina en la actualidad a la celebración de conciertos y posee mobiliario original ruso procedente del Ermitage. Las paredes están tapizadas con seda rusa, del siglo XVIII, de color dorado con adornos de pavos reales, faisanes y otras aves. El **cubículo** (20), junto con las dos habitaciones siguientes, era la habitación privada de María Fedorovna, esposa de Pablo I. Proyectado por Cameron y reconstruido por Stasov tras el incendio de 1820, está decorado con porcelanas, bronces y estucos ornamentales. En los medallones pueden verse esculturas alegóricas de Iván Martos, y los muebles, de espléndida factura, son obra de ebanistas rusos del siglo XVIII. El **estudio de pintura** (21) alberga cuadros flamencos y *La Sagrada Familia*, de escuela flamenca. **Estudio de escultura** (22). El **dormitorio** tiene una chimenea procedente de Tula. En el **gabinete pintoresco** se exponen lámparas de nácar. De la **Capilla Imperial** (23), obra de Rastrelli; no se ha conservado casi nada. Estaba pintada de azul con adornos dorados y poseía un iconostasio con columnas y pilastras. Los trabajos de talla fueron realizados por un equipo de 35 artesanos dirigidos por Iván Suchoj. El **vestíbulo de la iglesia** (24) es obra de Stasov.

En la parte que da al jardín Catalina II mandó construir a Cameron, en 1780-1787, un ala clásica, llamada **galería jónica**★ (6), cuyo primer piso contiene bustos romanos. De este ala forma parte la vivienda de Catalina II o pabellón de Ágata, cuyas habitaciones están suntuosamente revestidas de jaspe y ágata procedente de los Urales.

El arquitecto Charles Cameron recibió el encargo de recrear en este edificio el estilo de las termas de la Roma antigua, muy en boga tras el clamor suscitado por el descubrimiento de los restos de Pompeya y Herculano. Cameron había estado en Italia, había participado en algunas excavaciones y estaba, por tanto, en disposición de aceptar la petición de Catalina II de construir en el parque unas "termas romanas". Su exterior es el de un edificio neoclásico que imita lo antiguo con todo detalle; hasta las piedras se tallaron de forma parecida a como se hacía en la antigüedad. Una columnata de 44 columnas crea un espacio cubierto donde pasear.

La galería conduce al **jardín colgante** y el **pabellón de Ágata** (7), que constituía la entrada al *frigidarium* de las termas, ricamente decorado con las piedras más valiosas: ágata, jaspe, pórfido, malaquita y alabastro.

Los alrededores de todo el conjunto de Carskoe Selo están ocupados por un bellísimo **parque**★★, dividido en dos partes que se unen al este del palacio. De frente y hacia la derecha del edificio se extiende el **par-**

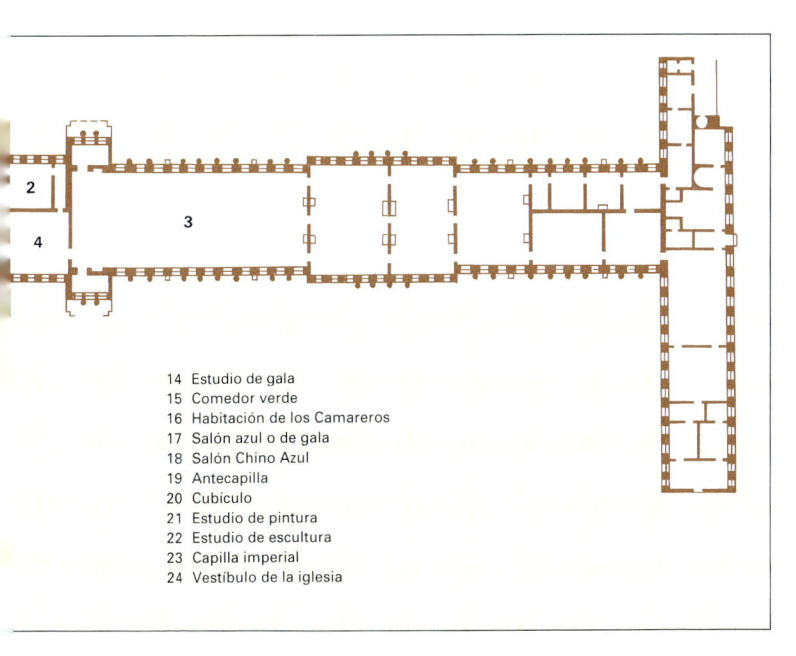

14 Estudio de gala
15 Comedor verde
16 Habitación de los Camareros
17 Salón azul o de gala
18 Salón Chino Azul
19 Antecapilla
20 Cubículo
21 Estudio de pintura
22 Estudio de escultura
23 Capilla imperial
24 Vestíbulo de la iglesia

que de Catalina (Ekaterininskij park; Екатерининский парк), en una superficie de 600 hectáreas con dos lagos artificiales. Todo este sector, organizado a la manera francesa, con una encrucijada de sendas y avenidas perfectamente simétricas con relación a un eje central, que enlaza con el palacio del Ermitage, desciende gradualmente desde el palacio hacia los lagos. Al igual que en la mayor parte de la gran extensión de la finca, están instaladas diversas estatuas que representan figuras de la antigüedad clásica, muchas de ellas encargadas por Pedro el Grande a escultores venecianos, como Pietro Bonazza, Antonio Tarsia y Giovanni Zorzoni.

Las estatuas se consideraban en el siglo XVIII elementos necesarios de un parque, al que proporcionaban una nota de solemnidad incitando a las "virtudes antiguas", según una expresión de Pedro el Grande.

Saliendo del palacio, hacia la izquierda, se hallan los **Baños superiores** (8), construidos en 1777-1780 por el arquitecto Ilia Neelov con austeras líneas clásicas, características del primer neoclasicismo. Los interiores, muy lujosos, están inspirados en temas de la *Domus Aurea* de Nerón, que había sido descubierta por los arqueólogos en Roma, en 1776, y había atraído la atención de Catalina II.

Lindantes con ellos se hallan los **Baños inferiores** (9), del mismo arquitecto, de 1778-1779. El interior disponía de una pila central y seis habitaciones circulares con chimeneas de mármol; sin embargo, de este edificio sólo se conserva el exterior.

Se atraviesa el **canal de los Peces** (Rybnyj kanal; Рыбный канал), que debía servir de vivero de los pescados destinados a la mesa imperial, pero el proyecto no se realizó por no haber suficiente caudal de agua, y se llega al **Ermitage**★ (Ermitaž; Эрмитаж; 10). Se halla situado en una isla artificial, formada por un profundo foso y construida en 1746-1756, al mismo tiempo que el palacio de Catalina y por los mismos arquitectos: M.G. Zemcov, A.V. Kvasov, S.I. Čevakinskij y B.F. Rastrelli. También visualmente está relacionado con el palacio por el intenso color azul de los exteriores, acentuado por las blancas columnas corintias. El interior, destruido durante la guerra, poseía una extraordinaria riqueza, tanto desde el punto de vista artístico como del técnico, con ingeniosos mecanismos que permitían subir y bajar mesas servidas y divanes. La cúpula se hallaba decorada por el grupo escultórico *El rapto de Proserpina*.

Dedicada a la victoria del ejército ruso, que en 1770 derrotó a los otomanos en la península de Morea (ahora Peloponeso), se halla en la orilla de un estanque la **columna de Morea**. A la derecha se divisa el edificio rojizo de las **cocinas del Ermitage** (Ermitažnaja kuhja; Эрмитажная кухня; 11), construido por Neelov en 1770, que parece una pequeña fortaleza gótica, con su torrecilla redonda y el tejado rematado por almenas.

Interior fastuoso del palacio de Catalina.

Se llega a la zona del parque de estilo inglés. En la isla del lago más extenso se halla la **columna rostral de Česme** (Česmenskaja kolonna; Чесменская колонна; 12), dedicada a las victorias del ejército ruso en la guerra contra el Imperio otomano, en 1768-1774, y construida entre 1774 y 1778 por Antonio Rinaldi con mármol rojizo y granito. En la parte superior se yergue el águila rusa rompiendo la media luna turca.

La orilla septentrional del lago grande está dominada por la **gruta**★ (Grot; Гро; 13), construida por Rastrelli en 1749-1761 como lugar de descanso en el parque. Es un característico edificio barroco de color blanco y azul, con motivos marinos en las fachadas. Hay que llamar la atención sobre la artística filigrana de las rejas de hierro forjado de las puertas y ventanas. Otra obra de Rinaldi es el **obelisco de Kagul,** que conmemora un episodio de la guerra ruso-turca, cuando los rusos, junto al río Kagul, derrotaron al enemigo.

En la orilla occidental del lago se hallan los tres pabellones de ladrillo rojo del **Almirantazgo** (Admiraltejstvo; Адмиралтейство; 14), construido por Vasili Neelov, entre 1773 y 1777, en estilo gótico; servía para albergar la flotilla de barcos del palacio.

El **Baño turco** (Tureckaja banja; Турецкая баня; 15) fue construido por Monighetti, en 1852, para conmemorar la victoria de los rusos contra los turcos. Tiene el aspecto de una mezquita y es el último pabellón construido en el parque por Catalina. Las paredes interiores estaban decoradas con mosaicos. (Junto al baño los visitantes pueden alquilar barcas de remos para dar pequeños paseos por las aguas del lago).

En este sector del parque se hallan también el quiosco llamado la **Pirámide** (Besedka Piramida; беседка Пирамида; 16), edificio concebido por Cameron en 1781 para sepultar los perros de Catalina II, y el bellísimo **puente de Mármol**★ (Mramornyj most; Мраморный мос; 17), obra de Neelov, de 1770-1776, que enlaza el lago grande (Bol'šoj prudy) con los lagos superiores (Verhnie prudy).

Detrás del puente se divisa, a la derecha, la famosa **fuente de la Muchacha con el Cántaro** (Fontan "devuška s kuvšinom"; Фонтан Девушка с кувшином; 18). Esta graciosa escultura, fundida por Sokolov en 1816 e inspirada en la fábula de La Fon-

Cúpulas de la capilla del palacio de Catalina.

taine, está situada en una terraza panorámica, proyectada por Luigi Rusca.

En una isla de los lagos superiores se encuentra una **sala de conciertos** (Koncertnyj zal; Концертный зал; 19), elegante edificio clásico, perfectamente integrado en la naturaleza, construido por Quarenghi en 1782-1786. Un pórtico de cuatro columnas jónicas decora la sala de noche, construida por P.V. Neelov entre 1796 y 1809, en estilo neoclásico, para los bailes nocturnos de escogidos invitados. Al lado de la sala de conciertos se pueden ver las únicas ruinas clásicas verdaderas, trasladadas desde Italia en el siglo XVIII.

Cerca de los lagos superiores se encuentran situado también el **quiosco crepitante** o **quiosco chino** (Kitajskaja besedka; Китайская беседка; 20), construido por Ju. Velten, entre 1778 y 1786, que imita motivos de la arquitectura china, y el denominado **Gran Capricho** (Bol'soj Kapriz;

Большой Каприз; 21), elegante quiosco chino emplazado sobre un sólido puente de piedra.

En la otra parte de la avenida se extiende el **parque de Alejandro** (Aleksandrovskij park; Александровский парк), realizado después de 1820, en el que se encuentra la curiosa **aldea china** (Kitajskaja derevnja; Китайская деревня; 22), formada por varios pequeños edificios dispuestos en círculo.

Ante el patio de honor del palacio, el parque se dividió en el siglo XVIII en cuatro cuadrantes, con lagos y puentes. Allí I.V. Neelov erigió también un **teatro chino** (Kitajskij teatr; Китайский театр; 23). En el cruce de avenidas se halla un **obelisco** (Obelisk; Обелиск; 24) que recuerda a los caídos de la Revolución y, en línea, se puede ver el edificio llamado **Arsenal** (Arsenal; Арсенал; 25), uno de los numerosos caprichos arquitectónicos neogóticos que A. Menelaws distribuyó por el parque de Alejandro.

El parque se ve dominado por la mole del **palacio de Alejandro**★★ (Aleksandrovskij dvorec; Александровский дворец; 26), espléndido edificio neoclásico construido para Catalina II por Quarenghi, en 1792-1796, perfectamente integrado en el paisaje que lo rodea. Está formado por un cuerpo central con columnata corintia y dos alas laterales. Después de la Revolución de 1905, la familia imperial residió en este palacio.

PAVLOVSK★★

La de Pavlovsk, construida en 1777, fue la última de las residencias imperiales surgidas en los alrededores de Petersburgo. Menos lujosa, es un ejemplo de refinamiento cromático que, al estilo barroco de los demás palacios de campo, opone la gracia contenida de sus formas neoclásicas. Pero a pesar de ello, también dentro de su relativa sencillez, la finca de Pavlovsk, bastante extensa, es riquísima en recursos paisajísticos y cuenta con importantes objetos de arte en las salas del palacio.

La localidad de **Pavlovsk**★★ (III, F5; Павловск) está comunicada con San Petersburgo por un tren, que sale de la Vitebskij vokzal. Desde la estación de Pavlovsk se llega al palacio cruzando el parque en 15 minutos a pie o con los autobuses 283 y 283a.

Catalina II donó esta propiedad, en 1777, a su hijo Pablo y a la esposa de éste María Feodorovna, con ocasión del nacimiento de su hijo, el futuro Alejandro I. Primeramente los dos príncipes mandaron construir dos villas rústicas de madera, dándoles los nombres alemanes de Mariental (valle de María) y Paullust (la diversión de Pablo), pero ya en 1780 Pablo encargaba al arquitecto Charles Cameron un verdadero palacio de campo con un parque anejo. El edificio, que recordaba el modelo de la villa neoclásica italiana, pero también las casas de campo rusas, fue construido entre 1782 y 1786.

Ampliado tras la subida al trono de Pablo por Vincenzo Brenna, que decoró los interiores, quedó parcialmente destruido por un incendio en 1803, y fue reconstruido por los mejores arquitectos del momento, Quarenghi, Rossi y Voronichin. La residencia imperial se hizo célebre por los conciertos que tenían lugar en un edificio llamado Vauxhall, situado junto a la estación del ferrocarril. Por este motivo todas las estaciones rusas se llaman *"vokzal"*.

El palacio★ (Pavlovskij dvorec; Павловский дворец; 1; *visita: de 10 h a 17 h, viernes y primer lunes del mes, cerrado*; en verano la entrada al parque se realiza previo pago) se halla situado en la orilla del Slavjanka. Se trata de una excelente muestra de elegancia y armonía, con refinadas tonalidades de rosa, gris, amarillo y azul; las ventanas son todas distintas en su ornamentación. Después de la restauración, posterior a la destrucción ocasionada por la guerra, se pueden visitar 45 salas situadas en tres pisos, algunas de las cuales están ocupadas con exposiciones permanentes de las artes aplicadas rusas de los siglos XVIII y XIX. El patio de honor, con la estatua de Pablo I en el centro, obra de Klodt (1872), está formado por las alas elípticas del palacio, con columnata y una rotonda con cúpula en el centro. Se entra precisamente por la rotonda italiana, donde destaca la blancura de los mármoles y la proliferación de madera blanca de abedul, que hace más ligero el lujo de la mansión.

Desde el **vestíbulo egipcio,** en la planta baja, decorado con estatuas que representan los doce meses realizadas según bocetos de Voronichin y bajorrelieves del luganés Lamoni con los signos del zodiaco, arranca la **escalinata de honor,** de Brenna, que conduce al primer piso. (El orden de visita de las salas puede sufrir modificaciones temporales).

La **sala de honor** o vestíbulo superior (1) expone un gran fresco de Scotti llamado

La Bajada al jardín. Aquí permanecía la guardia del emperador. La decoración es solemne y de tema militar. La **sala italiana** (2), redonda y de dos pisos, constituye el centro de la composición arquitectónica del palacio. Toda ella de falso mármol, está decorada con medallones y estatuas de procedencia romana de la colección de Lord Hamilton, cónsul inglés ante el Reino de Nápoles, adquirida por Catalina II. En el **pequeño estudio de Pablo** (3) se halla la biblioteca personal de Pablo I; de las paredes cuelgan tapices franceses con temas de las fábulas de La Fontaine. El **gabinete de los tapices** (4) está decorado por tapices con temas de *El Quijote* de Cervantes, regalo de Luis XV. Los relojes que se exponen forman parte de la más importante colección de toda Rusia; también hay jarrones japoneses y muebles de Jacob. La **sala de la guerra** (5) es obra de Voronichin y está realizada en blanco y oro. Era el salón del trono cuando Pablo I fue coronado emperador. En el lugar donde estaba el trono hay en la actualidad un precioso jarrón de Sèvres, de comienzos del siglo XIX, regalo de Napoleón II a la corte rusa. La **sala griega** (6) se apoya sobre columnas de falso mármol verde y está adornada con una pequeña chimenea★ de lapislázuli. Los frescos del techo intentan imitar una cúpula. La decoración de esta sala está inspirada en el llamado "Laurentino", la villa de Plinio el Joven. Los muebles, de delicada factura, fueron transportados desde Petersburgo en los brazos de 36 soldados. Hay también una colección de bronces franceses.

La **sala de la paz** (7) tiene un espléndido pavimento★★ de marquetería, diseñado por Rossi, sobre temas pastorales, pavos reales (símbolo de la fidelidad conyugal), arcos y flechas (símbolo del amor). Pueden verse también un bello trípode de cristal de color ámbar y un gran jarrón de Sèvres.

Desde el vestíbulo superior se llega a las **habitaciones de Pablo I** (hilera N), por lo general cerradas al público. Los cuadros que se exponen en estas salas fueron adquiridos por Pablo durante el viaje que éste y su esposa hicieron por Europa en 1782, bajo el seudónimo de condes Severnye (Condes del Norte). Es preciso destacar, de modo especial, la **gran biblioteca** (8), obra de Carlo Rossi, que contaba más de 20.000 volúmenes y una colección de dibujos y grabados.

Las **habitaciones de María Feodorovna** (hilera S) incluyen la **biblioteca** (9), con tapices★ franceses en las paredes; una butaca bordada por la propia emperatriz; un

PAVLOVSK

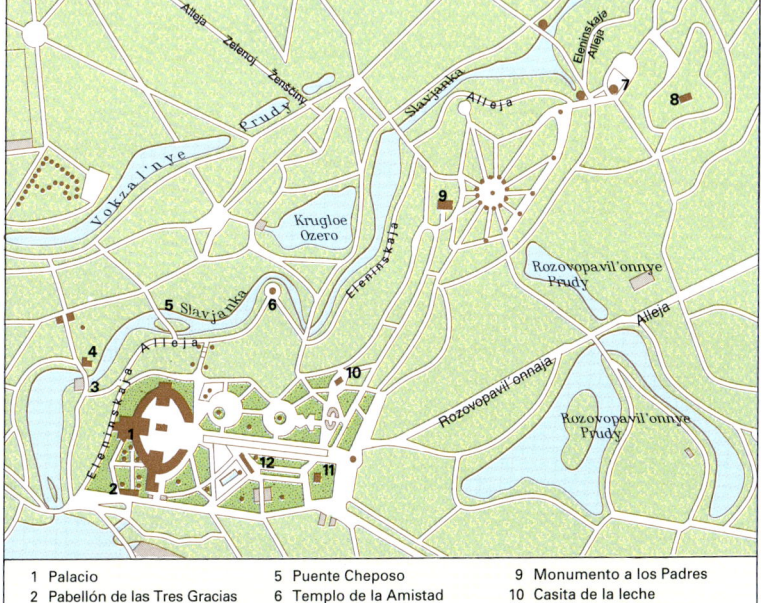

1 Palacio
2 Pabellón de las Tres Gracias
3 Puente de los Centauros
4 Baños fríos
5 Puente Cheposo
6 Templo de la Amistad
7 Apolo guía de las Musas
8 Mausoleo
9 Monumento a los Padres
10 Casita de la leche
11 Pabellón Rossi
12 Jaula

hermoso pavimento, copia de mosaicos romanos, y el **boudoir** (10), adornado ricamente con pilares salientes de la pared que imitan temas de las salas del Vaticano de Rafael. El **dormitorio** (11) es una de las salas más lujosas del palacio. Tiene una enorme cama con baldaquino, regalo de Catalina II; un juego de tocador, de más de 70 piezas, regalo de María Antonieta de Francia en 1782 y procedente de la fábrica de Sèvres, y una bella chimenea. El **tocador de María Feodorovna** (12) es un curioso mueble de acero, que consta de algunos millares de piezas trabajadas imitando diamantes.

La **galería de arte** (13) fue organizada por Brenna y posee más de 100 cuadros. Hay que destacar las obras de: Van Poellenberg, Brouwer, Hubert Robert, Jan de Bray, A.R. Mengs *(La Sagrada Familia)*, Carlo Dolci, Francesco Albani y Ch. Lebrun. También hay pinturas de: P. Mignarg, Jan Brueghel I, Jan Both, Van Hendriks, Cuyp, Huysmans, Francesco del Cairo *(Éxtasis de San Francisco)*, B. Flemal, L. Bramer y Jan van Goyen. Completan el conjunto telas de Adriaen van Ostade *(La hostería)*, Adriaen van de Velde, Gerard Dou *(Retrato de una vieja)*, R. Savery, Van Heemskerch, Angélica Kauffmann, Rubens (boceto de *El Descendimiento*) y Paolo de Matteis *(El carro del Sol)*. Hay también dos jarrones llamados las "Cotorras".

La **sala del trono** o **comedor** (14) es la más extensa del palacio, con 420 m^2 y 8 m de altura. Muestra dos estupendas vajillas★ de las fábricas imperiales de San Petersburgo, de comienzos del siglo XIX. En la **sala de la orquesta** (15) se conserva un valioso reloj decorado con serpientes. En la **sala de los Caballeros** (16) eran recibidos los caballeros de la Orden de Malta, de la que Pablo era *"Grossmeister"* desde 1798. La sala acoge una **galería** de esculturas★★, con bajorrelieves y estatuas originales romanas de los siglos I y II d.C., regalo de Catalina a su hijo Pablo. La **iglesia** (17), más que un edificio destinado al culto, parece el interior de un palacio. Posee un iconostasio y copias de cuadros de Murillo, Correggio, Guido Reni, Domenichino y

PAVLOVSK: EL PALACIO

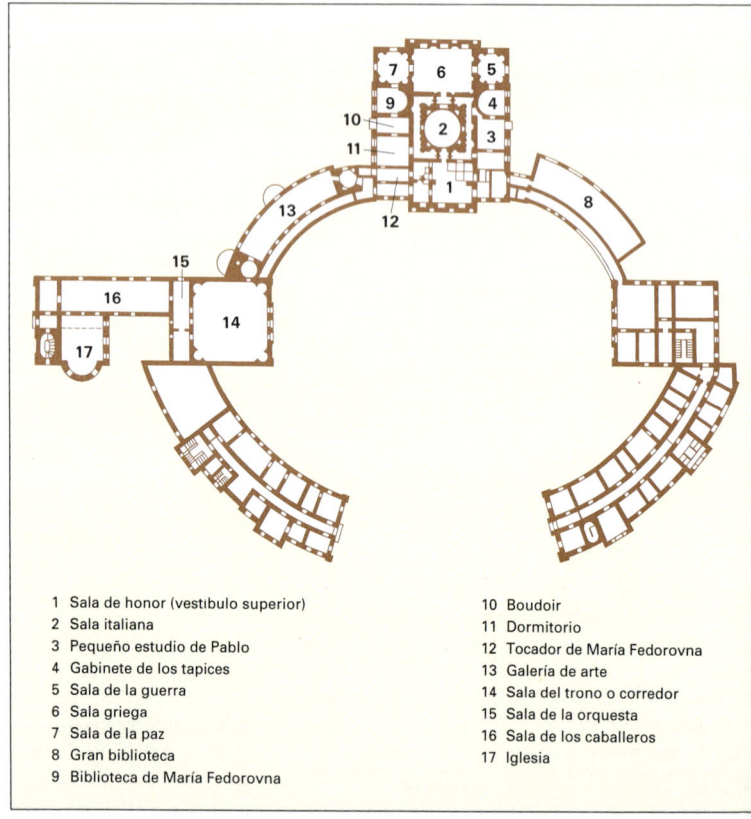

1 Sala de honor (vestíbulo superior)
2 Sala italiana
3 Pequeño estudio de Pablo
4 Gabinete de los tapices
5 Sala de la guerra
6 Sala griega
7 Sala de la paz
8 Gran biblioteca
9 Biblioteca de María Fedorovna
10 Boudoir
11 Dormitorio
12 Tocador de María Fedorovna
13 Galería de arte
14 Sala del trono o corredor
15 Sala de la orquesta
16 Sala de los caballeros
17 Iglesia

otros. Al fondo de la Sala de los Caballeros se encuentran dos dependencias con retratos, miniaturas militares e instrumentos de medida.

La visita continúa en la planta inferior, a la que se desciende volviendo a la habitación contigua al tocador de María Federovna: al final de las escaleras, gire a la izquierda.

Las salas de la planta baja eran de mayor sencillez que las del primer piso; en ellas los soberanos vivían y descansaban alejados del protocolo oficial. Se pueden visitar, por este orden: un despacho color frambuesa, con retratos de Pablo I y su familia; el despacho común, el despacho nuevo, la sala de la esquina, el comedor, la sala de billar, el estudio antiguo con objetos de nácar y la sala de baile.

Las salas de comienzos del siglo XIX, de Quarenghi y Voronichin, no se pueden visitar. La **antecámara** está decorada con cuadros de paisajes holandeses en las paredes. Sigue la **habitación de los Camareros**. El **estudio "de los pilares"** estaba destinado a la celebración de recepciones íntimas. Los muebles proceden del taller de Heinrich Gambs, famoso fabricante de San Petersburgo. El **estudio "con claraboya"** se llama así por la claraboya que asoma al parque. Tiene cuadros italianos en las paredes. El **tocador** posee un finísimo juego de tocador de porcelana de las fábricas rusas. Después se llega al dormitorio.

El parque★★, de tipo inglés, situado en el sinuoso valle del Slavjanka, es un testimonio indiscutible del gusto prerromántico. El proyecto es obra de Cameron; en 1800 Vincenzo Brenna y el decorador italiano P. Gonzaga añadieron algunos detalles.

Detrás del palacio (1), en el recinto del jardín privado (Sobstvennyj sadik), se encuentra el elegante **pabellón de las Tres Gracias** (Pavil'on treh Gracij; павильон трех Граций; 2), templete blanco de estilo clásico, realizado por Cameron. Desde aquí se sigue el **valle del Slavjanka** (Dolina reki Slavjanki; долина реки Славянки) encontrando varios puentes. Al otro lado del **puente de los Centauros** (most Kentavrov; мост Кентавров; 3), están la rotonda clásica de los **baños fríos** (Holodnaja banja; Холодная баня; 4) y una puerta triunfal de hierro fundido decorada con jarrones. Inmediatamente después del pequeño **puente Jorobado** (Gorbatyj mostik; Горбатый мостик; 5) se halla el **templo de la Amistad**★ (Hram Družby; храм Друж-бы; 6), rotonda dórica construida por Cameron, en 1872, para instalar en ella la estatua de Catalina II con vestimenta de Ceres.

Una vez pasado el Slavjanka por el puentecillo de hierro fundido, se llega a la **Gran Cascada** (Bol'šoj kaskad; Большой каскад) y se continúa por el valle, dejando a la derecha el **puente Visconti** (Viscontiev most; Висконтиев мост), que toma su nombre del arquitecto que lo construyó.

Más adelante, a la derecha, está la **torre de Pil'** (Pil'bašnja; Пильбашня), que tiene enfrente, en la orilla opuesta del río, la **cabaña de lúpulo** (Hmelevaja besedka; Хмелевая беседка). Se atraviesa el puente entre los dos edificios y se entra en la **Nueva Selva** (Novaja Sil'vija; Новая Сильвия), donde pueden verse otros famosos y pintorescos edificios, como la rotonda con columnata que alberga la estatua de mármol de **Apolo guía de las Musas** (Apollon Musaget; Аполлон Музагет; 7) y más adelante, a la izquierda, el famoso **mausoleo**★ (Mavzolej; Мавзолей; 8), erigido para Pablo I por su esposa. Fue construido por Thomas de Thomon en forma de templo griego, con pesadas columnas de granito y lleva en el frontón la dedicatoria: "A mi esposo bienhechor". Alberga el monumento fúnebre del zar, obra de Martos. Una vez superado el puentecillo próximo a la rotonda de Apolo, se llega a la **cascada de las Ruinas** (Ruinnyj kaskad; Руинный каскад) en el sector de la **Vieja selva** (Staraja Sil'vija; Старая Сильвия). Más adelante puede verse la **glorieta de los doce Senderos** (Dvenadcat' Dorožec; Двенадцать Дорожек), a cuya derecha se halla el **monumento a los Padres**★ (Pamjatnik roditeljam; Памятник родителям, 9), obra de Cameron y Martos, de 1786, y dedicado por María Feodorovna a sus padres.

Se vuelve a las cercanías del palacio, en el recinto de los **Grandes Círculos** (Bol'sie Krugi; Большие Круги), donde hay otros edificios importantes. A la derecha se encuentra la **casita de la Leche** (Moločnja; Молочня; 10), granja de tipo letón, que presentaba en su interior un elegantísimo salón para los huéspedes del parque. A su lado se hallaba el **teatro al aire libre** (Amfiteatr; Амфитеатр), y a la izquierda, una elegante **rotonda clásica** (Besedka Rossi; беседка Росси), obra de Carlo Rossi.

Detrás de esta última edificación, en el recinto de la **gran jaula** (Vol'ernyj učastok; Вольерный участок), se encuentran sucesivamente, a la izquierda, el **pabellón Rossi** (Pavil'on Rossi; Павильон Росси; 11), obra del arquitecto del mismo nombre, y finalmente, la gran jaula (Vol'er; Вольер; 12).

El parque es mucho más extenso de lo que aquí se describe. Disponiendo de tiempo se puede salir del palacio de nuevo y llegar a los lagos mayores, llamados en conjunto estanques del **pabellón de las Rosas** (Rozovopavil'onnye prudy; Розопавильонные пруды). El **puente del Ciervo** (Olenij most; Олений мост) está situado en la larga avenida rectilínea que atraviesa el sector del **Abedul Blanco** (Belaja Berëza; Белая Берëза) y desemboca en la encantadora **glorieta de los Abedules Blancos** (Krug Belych Berëz; Круг Белых Берëз), donde convergen ocho avenidas rectilíneas. Siguiendo por la primera de la izquierda, se vuelve al valle del Slavjanka, que hay que atravesar para llegar al sector del **valle Rojo** (Krasnaja Dolina; Красная Долина), con otros pequeños edificios a lo largo del río. Más a la izquierda se extiende el vasto sector del **valle de los Estanques** (Dolina Prudov; долина Прудов), que termina con el de la **Gran Estrella** (Bol'šaja Zvezda; Большая Звезда), cuyo nombre procede de la rotonda, con un templete clásico en el centro, y la **sala redonda** (Kruglyj Zal; Круглый зал), donde convergen diez avenidas rectilíneas.

Bello dentro de su clásica elegancia, el palacete **Rozovyj Pavil'ol** (pabellón de las Rosas). Construido por Rossi en 1814 para celebrar la vuelta de París de Alejandro I, tras haber derrotado a Napoleón. El nombre del edificio se debe a la refinada decoración floral de la gran sala de baile (casi 400 m^2). En el palacete se han instalado valiosísimos muebles de inicios del siglo XIX.

LOMONOSOV

La antigua Oranienbaum, que significa "orangerie", llamada **Lomonosov** (III, f.p; Ломоносов) a partir de 1948, se asoma al mar frente a la isla de Kotlin, en la actualidad Kronštadt. Fue regalada por Pedro el Grande al poderoso canciller A.I. Menšikov, gran amigo suyo, quien hizo construir en 1710-1725 por los arquitectos M. Fontana y G. Schädel un suntuoso palacio que podía compararse con la propia residencia veraniega del zar y donde tenían lugar importantes recepciones diplomáticas. En 1728, sin embargo, Menšikov cayó en desgracia, y en el palacio, que permaneció vacío largos periodos, se sucedieron varios propietarios.

La emperatriz Isabel donó, en 1754, Oranienbaum al futuro zar Pedro III, que encargó las tareas de reacondicionamiento a Antonio Rinaldi. Además de construir diversos edificios en el parque, Rinaldi transformó el palacio en una fortaleza, de la que quedan los bastiones.

Situada a 40 km al oeste de San Petersburgo, en el golfo de Finlandia, Lomonosov dista sólo 10 km de Petrodvorec. Desde San Petersburgo se puede llegar en el tren que sale de la Baltijskij vokzal. Frente a la estación se encuentra la **iglesia Blanca**, dedicada al arcángel San Miguel. Detrás se extiende un gran parque con varios palacios.

El Gran Palacio (Bol'šoj Dvorec; Большой Дворец; *visita: de 11 h a 17 h; lunes de 11 h a 16 h, martes y último lunes del mes cerrado*), que recuerda el de Petrodvorec, domina desde una pequeña colina y está orientado al mar. Se llega a él por una larga escalinata interrumpida por terrazas. Dos larguísimas alas de forma octogonal, una ocupada por la iglesia y la otra por la sala japonesa, encierran el patio abierto hacia el parque, de planta geométrica, con una sucesión regular de árboles y avenidas. Están mejor conservados los restantes edificios del conjunto.

El palacio de Pedro III★★ (dvorec Petra III; дворец Петра III) es una sencilla y elegante obra de Antonio Rinaldi, de 1758-1762. En la planta baja hay una maqueta del complejo, un retrato y la divisa de Pedro III. En el segundo piso, la galería de pintura da acogida a una valiosa colección de artistas italianos, alemanes y flamencos de los siglos XVII y XVIII.

En el siguiente estudio encontramos muebles de fabricación rusa y adornos en cerámica realizados por la fábrica de la vecina aldea de Ust'-Rudica, fundada por el célebre científico y literato Lomonosov, en el siglo XVIII. En el dormitorio hay muebles de estilo chino y un bello escritorio ruso de 1759. La última estancia es un pequeño *budoir* con paneles tallados, realizados por restauradores de los años cincuenta del siglo XX. Entorno al palacio de Pedro III, Rinaldi había construido una fortaleza en miniatura, Peterštadt, un pequeño jardín en estilo italiano, un lugar de retiro y cuadras, pero a finales del siglo

XIX, se demolieron estos edificios que ya se encontraban en muy mal estado. En la parte sur del parque se encuentran otros edificios de gran interés: el **Kavalerskij Korpus** (cuerpo de los caballeros), llamado así dado que era aquí donde se alojaba la corte; que alberga en la planta baja dos salas con obras de artistas europeos, entre ellos un cuadro de Reni y dos de Giordano y cuyo piso superior ha sido transformado en hotel y el **Kitajskij dvorec**★ (palacio chino), construido por Catalina II, que hizo de él su residencia privada. Llamado así por la valiosa colección de obras de artes aplicadas chinas que conserva, este palacio fue edificado por Rinaldi en 1762-1768. En 1840 Stakenschneider le añadió un segundo piso. Las 17 salas, salvadas de la guerra y mantenidas con toda su elegancia, poseen un particular refinamiento que se pone de manifiesto en los pavimentos con incrustaciones de madera diseñados por Rinaldi; los frescos en las paredes, de los hermanos Barozzi, y los techos, del veneciano Stefano Torelli.

Las dos alas del edificio (en la de la derecha se encuentran las estancias de Pedro III y en la de la izquierda las estatuas de Catalina II) están unidas mediante una larga serie de recibidores. Entre éstos destacan la **sala de las musas**, con frescos y estucos de Torelli; el **salón bordado**, revestido de doce paneles de tapicería bordada en seda y perlas, de fabricación francesa; la **Sala Grande**, suntuosa sala central del palacio, con los bustos de Pedro I e Isabel Petrovna, obra de M.A. Collot. En el resto de los locales, telas de la escuela veneciana (Pittoni, Diziani, Uarana, Zugno, Maggiotto, Zuccarelli) y muebles en gran parte diseñados por Rinaldi. Cabe destacar la gran **colección de objetos** de arte oriental (lacas y esmaltes) y de **porcelanas** rusas y sajonas.

En el ala de Catalina se encuentra la colección de retratos de Rotari, muy querido por la emperatriz.

Ante el Palacio Chino se extiende el **jardín francés**, con avenidas rectilíneas y espacios geométricos adornados con estatuas, copias de célebres obras maestras de la antigüedad.

En la esquina noroccidental del jardín se halla el **pabellón de la Montaña Rusa** o pabellón del tobogán★★ (Pavil'on Katal'noj Gorki; Павильон Катальной Горки), delicioso palacete de dos pisos, blanco y azul, construido por Rinaldi en 1762-1764. Su nombre deriva del hecho de que antiguamente se podía descender 532 m en pequeños vehículos (montaña rusa). Su interés se centra en las cuatro salas del primer piso, consideradas como una obra maestra.

La **sala 1** es el vestíbulo. La **sala 2**, o sala redonda, contiene un delicado conjunto de frescos, estucos, dorados y falsos mármoles y, superpuestas, diversas escenas mitológicas, de 1768, realizadas por Stefano Torelli; estucos del italiano Spinelli y una copia de un gran cuadro de Anfitrite. La **sala 3**, el **gabi-**

Palacio de Lomonosov.

nete de las porcelanas★, contiene pequeños grupos escultóricos de porcelana de Meissen, obra maestra de los escultores J. Kandler y V. Acier, que exaltan las victorias marítimas de Rusia. La **sala 4**, el gabinete blanco, en tonos pastel, está decorado con motivos vegetales de estuco, trofeos de guerra e instrumentos musicales.

GATČINA★

La excursión a Gatčina, recientemente abierta al público, reviste un interés particular sobre todo por la belleza del lugar y la distribución del parque, el más variado y cuidado de los grandes espacios verdes que rodean la ciudad de San Petersburgo.

Se llega a Gatčina, que está a 46 km de San Petersburgo, saliendo de la ciudad en dirección sur, a lo largo del canal Ligovo. Se puede ir en tren desde la estación Baltijskij vokzal.

Antes de llegar a Gatčina se hallan, en el km 14, **Ligovo** (Лигово), antiguamente localidad de veraneo, y en el km 25, **Krasnoe Selo** (Красное Село), localidad situada en un bellísimo emplazamiento de lagos y bosques dominado por una colina cubierta por una flora y habitada por una fauna de gran interés naturalista. En 1828 se construyó en este lugar un palacio para la emperatriz María Feodorovna. En el km 33 está **Tajcy** (Тайцы), aldea que perteneció a un antepasado de Pushkin y fue adquirida en 1770 por el industrial Demidov, que mandó construir allí un conjunto arquitectónico, obra de Starov. Se conservan la severa villa neoclásica y una curiosa portada gótica. En el kilómetro 46 está Gatčina.

Gatčina★ (III, F3; f.p; Гатчина). Está situada en las orillas del río Ižora, entre bosques de pinos, lagos y estanques. Precede al palacio la **plaza de Armas**, defendida por fosos, bastiones y murallas. En el centro se alza una **estatua** de Pablo I, obra de Vitali, y a los lados se extienden los cuarteles. La fachada se halla entre dos torres: la **Časovaja** (Часовая), torre del reloj, y la **Signalhaja** (Сигнальная), para enviar señales.

Este lugar fue cedido en 1708 por Pedro el Grande a su hermana Natalia Alekseevna, que mandó construir en él una casa y un plantío de frutales; tras varios cambios de propietarios, entre 1727 y 1762, fue donado por Catalina II a su favorito el conde Orlov, que en 1770 mandó construir a Rinaldi un elegante **palacio** neoclásico rodeado de un gran parque inglés. Cuando Orlov cayó en desgracia, Catalina regaló la propiedad a su hijo, el futuro zar Pablo I, que, temiendo ser asesinado, hecho que luego sucedió, convirtió el palacio en una fortaleza, dotado de sólidas murallas de piedra, cañones, un pequeño ejército de 2.000 hombres para defenderlo y una flotilla.

Los trabajos se confiaron al florentino Vincenzo Brenna, que realizó también la suntuosa decoración de gusto militar de los interiores. Abandonado tras la muerte de Pablo I en 1801, la residencia de Gatčina, restaurada por el arquitecto P.I. Kuzmin, fue utilizada por Nicolás I a partir de 1840 como cuartel general, para supervisar las maniobras del ejército durante el verano. Gatčina se convirtió, desde 1881, en refugio del zar Alejandro III, que, igual que su padre, temía morir víctima de un atentado terrorista. Por eso mandó construir una galería secreta que le permitiera huir en caso de asedio.

Desde 1918 el palacio de Gatčina fue convertido en **museo** y recientemente ha sido abierto de nuevo al público, tras una cuidadosa restauración (*visita: de 11 h a 18 h, excepto lunes y primer martes del mes*). De las cinco salas del museo destaca la sala de recepciones, en la que se hallan las colecciones de retratos de los Romanov, armas y porcelanas japonesas y chinas.

Desde el punto de vista de la arquitectura de jardines, el **parque★★**, en el que se trabajó intensamente durante toda la segunda mitad del siglo XVIII, une los dos estilos tradicionales de jardín romántico inglés y jardín italiano. Todavía en la actualidad se conserva la disposición rígidamente simétrica de las avenidas. En la época de Pablo I, la zona del parque que lindaba con la fachada posterior del palacio estaba rodeada de senderos cubiertos *(berceau)*, a fin de formar un "jardín privado" para los paseos de la familia real y la corte.

Este parque, que ocupa una amplísima superficie de 143 hectáreas, de las que 36 están cubiertas por estanques y arroyos, se presta a largos paseos. Sus atractivos, además de la belleza de las plantas y la amplitud de los lagos y las corrientes de agua (ninguna otra posesión de los zares tiene tantos estanques y ríos), vienen dados por los distintos pabellones, puentes, arcos y estatuas instalados con el correr de los siglos. La visita comienza desde un **obelisco** de 32 m, levantado en 1793. Se llega al lago Negro, en cuya orilla se halla el antiguo **palacio del Priorato de la Orden de Malta** (1), construido

GATČINA

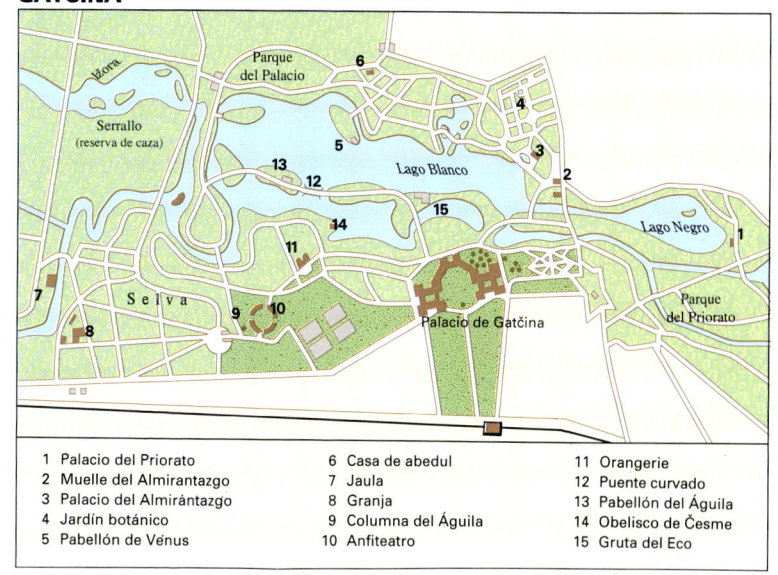

Mapa — leyenda:
1 Palacio del Priorato
2 Muelle del Almirantazgo
3 Palacio del Almirántazgo
4 Jardín botánico
5 Pabellón de Vénus
6 Casa de abedul
7 Jaula
8 Granja
9 Columna del Águila
10 Anfiteatro
11 Orangerie
12 Puente curvado
13 Pabellón del Águila
14 Obelisco de Česme
15 Gruta del Eco

por L'vov en 1798, en estilo pseudo-medieval, para celebrar el ingreso de Pablo I en la Orden de los Caballeros de Malta. Dando la vuelta al lago se llega al **muelle del Almirantazgo** (2), de 1796, entrada al verdadero parque, en cuyo centro está el extenso lago Blanco. En las cercanías se encuentran también el **palacio del Almirantazgo** (3), de finales del siglo XVIII; el **jardín botánico** (4), con 4 hectáreas de flores y plantas exóticas, que en algunos puntos forman intrincados laberintos; el **pabellón de Venus** en la isla del Amor (5) y la **portada Máscara** (Maska), tras la cual existe una curiosa casa de abedul (6). Más adelante se llega al sector del **Coto** o **reserva de caza** (Zverinec; Зверинец), donde vivían en libertad animales exóticos importados para ser observados y estudiados, y en algunas ocasiones, cazados. Entre otros había alces, ciervos, faisanes y conejos. Cruzando el arroyuelo llamado Kolpanka, se entra en la denominada selva, donde están la **gran jaula** (7) y la **granja** (8), en realidad un lujoso palacio construido por Zacharov en 1800. En la avenida que se dirige al castillo se encuentran la **columna del Águila** (9), levantada en honor de Orlov (nombre que significa precisamente "águila"); el **anfiteatro** (10), obra de L'vov, de 1790, y la **Orangerie** o invernadero (11). En el último tramo se hallan el **puente curvado** (12), el único que se conserva de los siete de piedra del parque; el **pabellón del Águila** (13), elegante trabajo de Brenna, del siglo XVIII; el **obelisco de Česme** (14), realizado por Rinaldi para conmemorar la victoria contra los turcos de 1771, y la **gruta del Eco** (15), construida por Rinaldi en 1770.

NOVGOROD★★

A 186 km de San Petersburgo, en la carretera de Moscú encontramos **Novgorod**★★ (Новгород; 232.000 hab.). Es una ciudad de antiguas tradiciones que presenta aún en la actualidad arquitectura de la vieja Rusia, ya que fue uno de los principales centros de la misma. Representa a la provincia rusa en sus aspectos más agradables: suave ritmo de vida, simplicidad de costumbres y precios moderados. La ciudad fue declarada en 1992 Patrimonio de la Humanidad por la Unesco.

Todos los días salen dos trenes que hacen el recorrido entre Novgorod y San Petersburgo; el servicio con Moscú también es diario. Para excursiones con guía hay que dirigirse a la oficina de turismo de la plaza Sofijskaja, telf. 73770. Los aficionados a la obra de Dostoievski tienen la oportunidad de visitar **Staraja Russa**, población situada 100 km al sur de la ciudad donde transcurre la novela de *Los hermanos Karamazov*.

Su historia figura entre las más antiguas de las tierras rusas; aparece citada ya por autores árabes y escandinavos en los siglos IX y X. Su acertado emplazamiento en las grandes vías comerciales que unían Europa septentrional con el Imperio bizantino y el mundo árabe mediante los ríos, desde el mar Báltico al Negro y Caspio, y la protección natural derivada de los pantanos y bosques que la rodeaban, libraron a Novgorod de incursiones, de forma que la ciudad pudo alcanzar en breve un elevado nivel de desarrollo económico, social y cultural. Desde el siglo X, Novgorod perteneció políticamente a la Rus' de Kiev, cuyo príncipe gobernaba mediante un descendiente suyo, Vladimir, hijo de Yaroslav el Sabio, que ordenó construir la catedral de Santa Sofía, o un representante suyo *("posadnik")*. Sin embargo, Novgorod poseía una organización política propia, constituida por la *"veče"* (вече; asamblea popular) y por el consejo de nobles, y no aceptaba fácilmente imposiciones por parte de Kiev. En 1136 se sublevó contra el dominio de Kiev y se convirtió en república autónoma. Durante los siglos en que el resto de Rusia se hallaba bajo el dominio tártaro, Novgorod prosperaba gracias al comercio con la isla de Gotland y las ciudades hanseáticas y a los intercambios culturales con los países occidentales y orientales. Durante el siglo XIV, siglo de oro de la ciudad de Novgorod, logró su máximo desarrollo la escuela artística llamada precisamente de Novgorod, sobre cuya base se formó posteriormente el arte de la moscovita. Los ricos boyardos encargaban iglesias, iconos, frescos, muchos de ellos considerados como obras maestras del arte medieval ruso.

Durante el siglo XV, superado el peligro tártaro, la independencia de Novgorod se vio amenazada por las pretensiones expansionistas de Lituania, por una parte, y por las de los grandes príncipes moscovitas por otra. En 1471 la república de Novgorod fue conquistada definitivamente por Moscú y muchos miembros de la oligarquía local fueron enviados al destierro. La *"veče"*, símbolo e instrumento del régimen democrático de Novgorod, fue disuelta y la campana empleada para convocarla fue llevada a Moscú. Se inició desde este momento la decadencia de la ciudad, que culminó con la feroz represión de Iván el Terrible, y se agravó con la derrota sufrida en una batalla contra los suecos en 1616. A mediados del siglo XVII la población, que durante el siglo de Oro había llegado a los 400.000 habitantes, se había reducido a casi 2.000. También la cultura de Novgorod, que había mantenido su hegemonía durante los siglos XV y XVI, se hallaba ya completamente sometida a la de Moscú. A partir del siglo XVII Novgorod fue tan sólo una pequeña ciudad de provincias con un pasado glorioso.

El río Volhov divide Novgorod en dos partes: en la orilla occidental se encuentran el Kremlin y la ribera de Santa Sofía; en la orilla oriental está situada la antigua ribera de los Comerciantes.

Kremlin★★ (Kreml'; Кремль; *visita: todos los días de 6 h a 24 h*). Estas murallas fueron construidas en el año 1044 y reconstruidas en varias ocasiones. Las actuales, de piedra y ladrillo, se remontan a 1484-1490 y han sido restauradas durante los siglos XIX y XX. Tienen una anchura entre 3 y 4 m y una altura de 8 a 10 m; su perímetro supera el kilómetro. En el lugar del **arco** (1), que constituye la entrada principal, se alzaba hasta 1820 la **iglesia-puerta de la Resurrección** (nadvratnaja Voskresenskaja cerkov'; надвратная Воскресенская церковь). A lo largo de los muros se han conservado nueve torres. Las del norte son: **Vladimirskaja** (Владимирская; de San Vladimiro; 2), **Fedorovskaja** (Федоровская; de San Teodoro; 3), **Mitropolič'ja** (Митрополичья; del Metropolita; 4), **Zlatoustovskaja** (Златоустовская; de San Juan Crisóstomo; 5), **Pokrovskaja** (Покровская; de la Intercesión, 6), **Kukuj**★ (Кукуй; torre de vigilancia; 7), de varios pisos, la más alta, con 32 m, y más bella del Kremlin; **Knjažaja** (Княжая; del Príncipe; 8), **Spasskaja** (Спасская; del Salvador; 9) y **Dvorcovaja** (Дворцовая; del Palacio; 10).

Rodeando por la izquierda la **casa del Metropolita** (Metropolič'j dom; Митрополичьй дом), se llega al edificio más antiguo del Kremlin, la **catedral de Santa Sofía**★★ (Sofijskij sobor; Софийский собор, 11; *visita: de 8 h a 13 h y de 14 h a 20 h; se celebra culto a las 10 h y a las 18 h*), principal monumento arquitectónico de la ciudad. Fue construida entre 1045 y 1050 por el príncipe de Kiev Vladimir, hijo de Yaroslav el Sabio, y dedicada, como era tradicional, a la Sabiduría Divina. En ella, en tiempos de la república de Novgorod, se recibía a los grandes príncipes y a sus embajadores, se custodiaba el tesoro de la ciudad, se nombraban los arzobispos y se recogían las crónicas. Los notables de Novgorod eran enterrados en esta catedral.

Es digna de destacar la puerta occidental, llamada **Korsun** (Korsunskie vorota; Корсунские ворота; del Quersoneso) o Sigtuna, obra alemana del siglo XII, ejecutada

KREMLIN

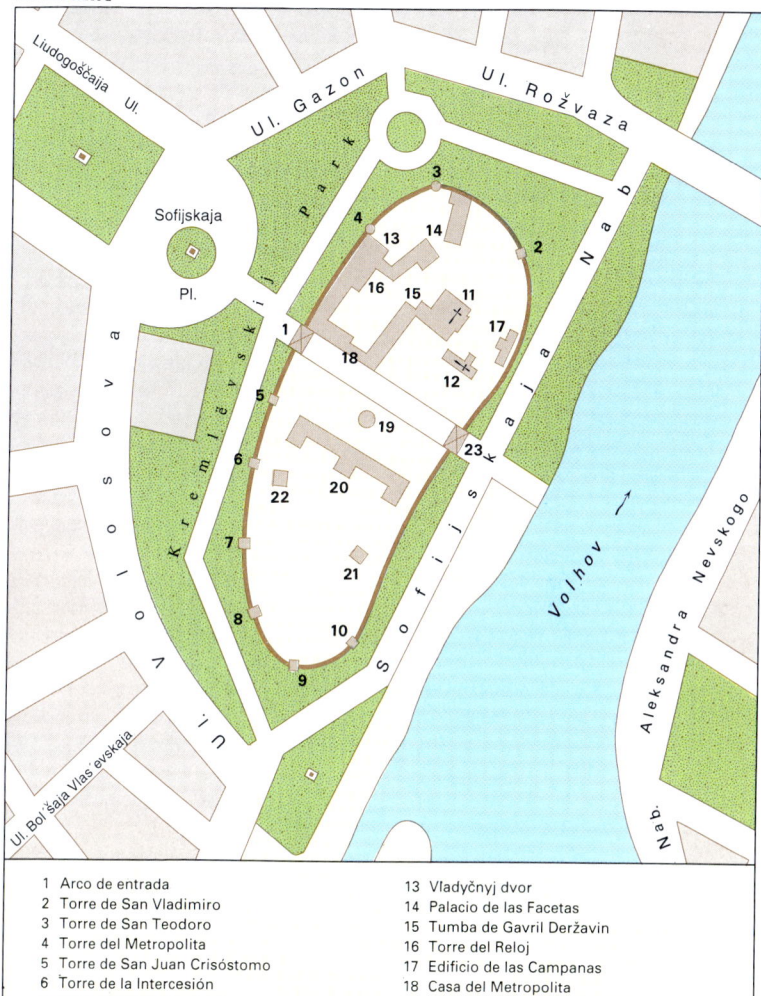

1 Arco de entrada
2 Torre de San Vladimiro
3 Torre de San Teodoro
4 Torre del Metropolita
5 Torre de San Juan Crisóstomo
6 Torre de la Intercesión
7 Torre Kukuj (torre vigía)
8 Torre del Príncipe
9 Torre del Salvador
10 Torre del Palacio
11 Catedral de Santa Sofía
12 Iglesia de la entrada en Jerusalem
13 Vladyčnyj dvor
14 Palacio de las Facetas
15 Tumba de Gavril Deržavin
16 Torre del Reloj
17 Edificio de las Campanas
18 Casa del Metropolita
19 Monumento al Milenario de Rusia
20 Museo de Historia y Arte
21 Iglesia de San Andrés
22 Iglesia de la Intercesión de María
23 Pórtico de Volhov

en Magdeburgo. Es de madera de encina revestida por 48 placas de bronce que representan escenas del Antiguo y Nuevo Testamento. Se trasladó aquí en 1187 como botín del asedio de la ciudad sueca de Sigtuna. En su interior destaca la luminosidad existente bajo la cúpula en el cruce de la nave central con los brazos laterales. El iconostasio★, con cinco hileras de iconos, fue acabado en 1528, aunque algunos iconos fueron añadidos en siglos posteriores. La hilera más baja del iconostasio representa a *Santa Sofía*, el icono más valioso de la catedral.

Delante del iconostasio se encuentra el veneradísimo icono de la *Virgen del Signo*, de los siglos XI-XII, símbolo de la victoria obtenida en aquel periodo sobre Suzdal. Según la leyenda, delante de la imagen las flechas de los soldados de Suzdal retrocedían, hiriendo a quien las había disparado. A la izquierda del iconostasio, se encuentra una gran cruz en piedra, procedente de la escuela de Novgorod. De los tres candelabros que iluminan el iconostasio, el del centro proviene de Nuremberg (siglo XVII). En la parte superior, se eleva la cúpula, donde se conservan restos de un

> ## *La leyenda de Sadko*
>
> *Cuentos en verso de carácter épico, las "bilinas", son una de las primeras manifestaciones de la literatura rusa. Entre ellas se encuentra la historia de Sadko de Novgorod. Este personaje, tocando la cítara, entona ante los mercaderes una canción que les irrita. Repudiado, se encamina hacia el lago Il'men', donde aparecen las hijas del rey del mar. Entre éstas se encuentra Volhova, que habiéndose enamorado del joven, le promete una pesca milagrosa. A la mañana siguiente Sadko apuesta la cabeza a cambio de grandes riquezas, afirmando que pescará pececillos de oro; gana la apuesta y emplea el dinero en construir naves para poder irse. Tras algunos años, durante un naufragio, bajo el agua se encuentra de nuevo con Volhova. Canta para ella y las criaturas del mar empiezan a bailar, provocando una tempestad en la superficie. Un gigante divino detiene el baile y ordena a Sadko que vuelva a Novgorod; Volhova, convertida en río, podrá estar cerca de él.*

fresco de 1109 que representaba a Jesucristo con ocho profetas. En la galería meridional puede verse un fresco con Constantino y Elena, de los siglos XI y XII. El resto de las pinturas fueron realizadas a finales del siglo XIX por artistas de Vladimir. Gracias a su perfecta acústica la catedral se utiliza para conciertos. En la biblioteca se conservan manuscritos y libros antiguos.

Detrás de la puerta de Sigtuna se divisa el **Vladyčnyj Dvor** (Владычный Двор; 13), es decir, el conjunto de construcciones del arzobispado. Entre ellas destaca la **Granovitaja palata** o palacio de las Facetas (Грановитая палата; 14), que mandó construir en 1433 el arzobispo Eutimio, valeroso defensor de la independencia de Novgorod. En el segundo piso hay una gran sala abovedada con un solo pilar central; por sus formas próximas al gótico no hay que excluir la mano de un arquitecto occidental. En esta sala se reunían el consejo de los nobles y el tribunal eclesiástico. En el jardín del palacio se encuentra la **tumba** (15; *visita: de 10 h a 17 h, miércoles y primer viernes de mes cerrado*) del poeta G.R. Deržavin (1743-1816).

Al suroeste de la placita puede verse la **torre del Reloj** (Časovnja; Часовня; 16), iniciada en 1443 por el arzobispo Eutimio y elevada más en 1673. Lindante se encuentra la **iglesia sobre la Puerta de San Sergio de Radonež** (nadvratnaja cerkov' Sv. Sergija Radonežskogo; надвратная церковь св. Сергия Радонежского), construida en 1459-1463 por el arzobispo Giona, partidario de la anexión de Novgorod a Moscovia. Este hecho es la causa de la dedicatoria a un santo típicamente moscovita.

Al este de la Catedral se halla el elevado y estrecho **edificio de las Campanas** (Kolokolnja; Колокольня; 17); fue construido en 1439, mientras que el tejado y la cúpula se remontan al siglo XVIII. Las campanas, unidas entre sí, alcanzan el número de 18.

En el centro del Kremlin se eleva el **monumento al Milenio de Rusia** (pamjatnik Tysjačeletiju Rossii; памятник Тысячелетию России; 19), imponente obra de bronce que conmemora la llegada de Riúrik a Novgorod. Sobre un pedestal circular adornado por un friso se muestran en altorrelieve 109 personajes de la historia de Rusia. En la parte alta, al pie de la cruz, puede verse la representación alegórica de la propia Rusia. Este monumento se inauguró el 8 de septiembre de 1862 con la presencia del zar Alejandro II.

En el palacio del siglo XIX situado detrás del monumento, antigua sede del gobernador, se halla el **Museo de Historia y Arte**★★ (Novgorodskij istoriko-arhitekturnyj i hudožestvennyj muzej-zapovednik; Новгородский историко архитектурный и художественный музей-заповедник; 20). Fundado en 1865 como Museo de Arte Antiguo, se amplió en 1911 con ocasión del XV Congreso Arqueológico, y en 1917, con valiosos iconos procedentes de iglesias y monasterios suprimidos. En el siglo XX el museo se ha enriquecido con una colección de arte moderno.

Colección de iconos: El más antiguo es el de *Los Santos Pedro y Pablo,* procedente del iconostasio de la catedral de Santa Sofía, de principios del siglo XII, que revela una clara influencia bizantina. *La Virgen del Signo-Apóstol Pedro y Santa Natalia mártir* es un icono bifronte destinado a las procesiones, muy venerado y restaurado en varias ocasiones. Se remonta al siglo XII, cuando surgió la escuela de Novgorod. Los iconos del siglo XIII se caracterizan por la abundancia de decoración; entre ellas destaca el de: *San Nicolás,* de 1294, procedente de la iglesia de San Nicolás de Lipna. Los iconos del siglo XIV corresponden a la época de máximo esplendor del arte de Novgorod. El de los *Santos Boris y Gleb* se hallaba en la iglesia homónima de Plotniki y el de *La Intercesión de la Virgen,* de 1390, procedente del monasterio Zverin. En los iconos del siglo XV se atenúan, en relación con el siglo precedente, la tensión emotiva y el contraste cromático de los colores, poniendo más de relieve imágenes dulces y elegantes; como fondo se dibujan con frecuencia complejas arquitecturas. Hay iconos que representan fiestas eclesiásticas, que proceden de la iglesia de la Dormición de Volotovo; *La Virgen del Signo, La batalla entre ciudadanos de Novgorod y Suzdal',* de la iglesia de San Nicolás Kočanov, y pequeños dípticos *("tabletki"),* originarios de Santa Sofía, pintados sobre tela tratada especialmente. En los iconos del siglo XVI el estilo de Novgorod se ha sustituido por el estilo común ruso. Los iconos del ciclo de fiestas de la iglesia del Salvador del Neredica son arcaizantes; *San Teodoro Stratilate* procede de la iglesia homónima de Ručej.

En los iconos del siglo XVII, además de los artistas locales, trabajaban en Novgorod, otros maestros como Leontij Černyj, que pintó *La visión del sacristán Tarasij,* procedente de la catedral de la Transfiguración del monasterio de Chutyn.

En el arte del siglo XVIII también la inspiración religiosa siguió teniendo un desarrollo independiente, pero se fue afirmando un arte de tema profano. El museo presenta obras de D. Levickij *(Retrato de Catalina II),* F. Rokotov y V. Borovikovskij *(Retrato de E. Nekljudova).* Del arte del siglo XIX pueden contemplarse obras de: F. Matveev, S. Ščedrin, K. Briullov, V. Tropinin, A. Venecianov y A. Argunov. Se exponen también miniaturas y entre los pintores de la segunda mitad del siglo están recogidos los Itinerantes *("peredvižniki"),* I. Kramskoj, E. Makovskij, I. Repin, V. Serov y otros. En el arte del siglo XX están representados varios movimientos pictóricos de dicha época: Sojuz Russkich Chudožnikov *(Unión de pintores rusos),* Mir Iskusstva *(El mundo del arte),* Golubaja Roza *(La rosa azul),* Bubnovyj Valet *(El criado del cuadro).*

Detrás del museo se encuentra la pequeña **cerkov' Pokrova** (iglesia de la Intercesión; **22**). Cerrada al culto desde hace mucho tiempo, alberga el célebre restaurante de Tinec, nombre que en eslavo antiguo significa "Kremlin". En él se puede degustar, a precios módicos y en un sugerente ambiente, una enorme variedad de platos y bebidas de la antigua cocina rusa, desde las famosas sopas a la "medovuha", al vodka con miel. Al este de la iglesia de la Intercesión se encontraba la **iglesia** dedicada a **los santos Boris y Gleb (**церковь Бориса и Глеба**)**, construida en 1167 por un tal Sotko Sytinyč, identificado con el mercader Sadko, protagonista de una célebre leyenda, y destruida en el siglo XVII.

Se puede salir del Kremlin a través del **Volhovskie Vorota** (portal con arco Volhov; **23**), accediendo así a la más querida de las playas de Novgorod, situada justo bajo las murallas; durante el verano está lleno de bañistas en las horas de sol, y es destino tradicional de los paseos al atardecer.

Ribera de los Comerciantes (Torgovaja storona; Торговая сторона). La orilla oriental del río corresponde a la zona en que vivían los artesanos y comerciantes de Novgorod, donde llegaban todos los mercaderes del norte para la compraventa de pieles, cera, cáñamo, lino y pimienta. Son muchos los edificios antiguos que se han conservado, además del **palacio real de Yaroslav** (Jaroslavov dvor; Ярославов двор), centro del barrio de los comerciantes, desde donde se divisa una bella vista del Kremlin y el río. Citado por primera vez en el año 1030, estaba situado en el *"torg",* la plaza del mercado con sus filas de tiendas, y rodeado de iglesias. La principal iglesia del palacio de Yaroslav es la **catedral de San Nicolás** (Nikolo-Dvoričenskij sobor; Николо-Двориченский собор), fundada en 1113 con planta cruciforme de tres naves con cinco ábsides. De los frescos originales se conserva *La mujer de Job,* en la pared occidental de la cripta. El iconostasio se remonta a finales del siglo XVIII.

Tiene un interés especial, porque es única en su género en Novgorod, la **iglesia del Viernes Santo** (cerkov' Paraskevy Pjatnicy; церковь Папаскевы Пятницы), de 1207, construida por una corporación de comerciantes tomando como modelo de la catedral de Smolensk. Son bastante insólitos los tres pronaos de dos pisos, los ábsides laterales cuadrados, las columnas de descarga y la decoración de la fachada. Todavía más antigua es la **iglesia de la Dormición** (Uspenskij sobor; Успенский собор), de 1135, varias veces restaurada: queda muy poco de su aspecto original. Durante el siglo XV se construyó en ella un desván de planchas de madera, utilizado como almacén. También la **iglesia de San Jorge del Mercado** (cerkov' Georgija na Torgu; церковь Георгия на Торгу) fue reconstruida a comienzos del siglo XVIII. La **iglesia de San Juan** (cerkov' Ioanna na Opokah; церковь Иоанна на Опоках) fue construida en 1127 por la corporación comercial de San Juan, que se dedicaba en especial al mercado de la cera. Destruida en 1453, se reconstruyó exactamente igual y en el mismo lugar. Otra iglesia-almacén, la primera edificada en 1570 tras las devastaciones de Iván el Terrible, es la **iglesia de las Mujeres Portadoras de Miron** (cerkov' Mirronossic; церковь Мирроносиц). El "miron", en las liturgias orientales, es el óleo santo empleado en la confirmación. Los dos pisos inferiores servían de depósito de mercancías, el piso superior se reservaba en cambio para el culto religioso. La vecina **iglesia de San Procopio** (cerkov' Prokopija; церковь Прокопия) fue construida en 1529, también con dos pisos destinados a almacén.

En la parte occidental del barrio se encuentra uno de los edificios más interesantes de Novgorod, la **iglesia de la Transfiguración**★★ (cerkov' Spasa na Ilinie; церковь Спаса на Илиние), edificada en 1374 con frescos de 1378. Tiene forma sencilla, con un solo ábside, una cúpula y frontones en cuatro lados. Sobre las ventanas pueden verse detalles decorativos llamados *"brovki"* (cejas). De los frescos, realizados por Teófanes el Griego, se conservan algunos fragmentos.

Muzej narodnogo derevjannogo zodčestva★. El museo al aire libre de arquitectura popular en madera se encuentra en la periferia sur de la ciudad, y es uno de los museos más importantes de su género. A partir de 1964 se han transportado aquí las casas e iglesias más representativas de la antigua arquitectura de la región de Novgorod. Las casas de los campesinos más pobres, a menudo habitadas por grandes núcleos familiares, se distinguen por el hecho de no tener chimenea, para evitar la dispersión del preciado calor. El 7 de enero, en el recinto del museo, tienen lugar juegos tradicionales. En la misma área el primer domingo de junio se celebra una gran fiesta de folclore, arte y oficios, con danzas tradicionales y espectáculos de teatro de **Petruška,** antigua forma de representación similar a la *Comedia dell'Arte*.

Juriev monastyr★. A poca distancia del museo se encuentra el monasterio de S. Jorge uno de los más importantes de Novgorod, fundado en 1030 bajo el reinado de Jaroslav el Sabio. El edificio principal del complejo es la **Georgievski Sobor**★★ (catedral de San Jorge), la segunda en importancia de Novgorod. Construida por el maestro Pedro, creador de un estilo muy imitado posteriormente, el edificio se distingue por la sencillez y armonía de las formas. Destacan tres cúpulas en "yelmo" color plata; las altas y estrechas ventanas de los tambores de las cúpulas y de las fachadas inundan de luz las tres naves internas. Los frescos de la catedral fueron casi destruidos durante los trabajos de restauración del siglo XIX. La torre del campanario sobre la puerta principal del Monasterio fue construida entre 1838 y 1841, según proyecto de C. Rossi. También la **Krestovozdviženskaja cerkov'** (iglesia de la Exaltación de la Cruz), con sus cinco cúpulas bulbiformes llenas de estrellas, data del siglo XIX. Detrás del monasterio se encuentra la bella playa del lago.

El abedul milagroso

Los artesanos de Novgorod son famosos por la construcción de campanas y campanillas, símbolo de la ciudad, y por la artesanía en corteza de abedul, en ruso "beriosa". Haciendo uso de este material impermeable, resistente y flexible, junto a la fabricación de recuerdos, éstos han seguido la antiquísima tradición de fabricar calzado para campesinos llamado "lapti". Por sus cualidades terapéuticas, aún en la actualidad, los campesinos de Novgorod llaman al elegante abedul "el amigo que Dios quiso regalar a los pueblos del norte".

MOSCÚ Y SAN PETERSBURGO
A VISTA DE PÁJARO

Ilustración de un cuento ruso clásico.

EVOLUCIÓN HISTÓRICA

Desde la Prehistoria hasta la aparición de los eslavos

La presencia humana en el territorio de la Europa oriental que hasta hace poco tiempo formaba parte de la Unión Soviética, se halla atestiguada desde el Paleolítico. Las investigaciones arqueológicas han sacado a la luz huellas de diversas culturas, que se han desarrollado en épocas y lugares diversos, pero preferentemente en las regiones centro-meridionales. Ésta fue una tradicional zona de tránsito para las emigraciones de pueblos procedentes de Asia, que de forma periódica acosaban a las poblaciones preexistentes, arrastrando consigo un acervo común de gentes aliadas o sometidas. Por ello resulta difícil dilucidar la pertenencia étnica de los invasores y asociar con seguridad los datos arqueológicos con los nombres de los pueblos registrados por las fuentes históricas.

La etiqueta de "escitas", presentes en esta zona ya en el siglo VII a.C., se aplica probablemente a una realidad compleja, y lo mismo sucede con la de "sármatas". Unos y otros son recordados por los historiadores porque amenazaron durante mucho tiempo los asentamientos griegos de la zona. Finalmente, durante el siglo III d.C., al norte del mar Negro se establecieron los godos, expulsados más tarde hacia el oeste por los hunos. Es posible que, mezcladas con los invasores, hubiese tribus eslavas. Su presencia resulta sin embargo segura tan sólo hacia el siglo VII, cuando asimilaron o empujaron hacia el noroeste a los baltos y a las tribus finesas establecidas en la parte central de la Rusia actual. Esta nueva población se caracterizaba tanto por el uso de dialectos eslavos orientales –en la actualidad el ruso, el ucraniano y el bielorruso–, pertenecientes a la familia indoeuropea, como de dialectos eslavos occidentales: búlgaro, macedonio, esloveno, serbio, croata. Los recién llegados se establecieron a lo largo del curso de los grandes ríos y lagos, Dvina, Ilmen, Oka, Dniéper, que permitían el tráfico comercial entre el Báltico y Bizancio, para llegar desde aquí al Mediterráneo. Además de a la caza y la pesca, se dedicaron enseguida a la agricultura y a un floreciente comercio de pieles, miel, cera de abeja y ámbar. Una parte de los eslavos cayó bajo el dominio de los kázaros, cuyo kanato, formado a finales del siglo V entre el curso inferior del Volga y el Don, controlaba el comercio con los más apartados países asiáticos. A finales del siglo VII, aparecieron en el área centro-septentrional comerciantes y guerreros vikingos, provenientes de Escandinavia, atraídos por la presencia de una gran cantidad de centros comerciales.

La Rus' de Kiev

El Estado que inicialmente recibió el nombre de Rus' no coincide geográficamente con la actual Rusia, sino que se conformó en un punto más occidental, en un territorio que actualmente pertenece a la República de Ucrania. Sin embargo, entre la Rus' de Kiev (entidad estatal de todos los eslavos orientales) y el posterior Estado moscovita existe un estrecho vínculo de continuidad religiosa, cultural y dinástica, del que da testimonio la adopción misma del nombre de Rus'.

Las crónicas rusas antiguas atribuyen la llegada de los vikingos o varegos, llamados así por los eslavos, a un llamamiento de los habitantes de Novgorod. Su jefe, Riúrik, estableció aquí su propio dominio a mediados del siglo IX. Sus sucesores conquistaron después la floreciente Kiev y un territorio cada vez más extenso en el sur. Desde hace casi dos siglos se discute el papel de los varegos en la crea-

Pantocrátor del siglo XII (Museo de Cultura y Arte Antiguos de Moscú).

ción de este Estado, la Rus' de Kiev, que en su periodo de mayor expansión ocupó un territorio más o menos coincidente con las actuales Bielorrusia y Ucrania y sólo una parte de Rusia. Los historiadores rusos no son propicios a atribuir un acontecimiento tan importante a elementos foráneos. Por lo general, se hace notar que los nombres de los soberanos de la dinastía riurikida, inicialmente de origen germánico (Igor', Oleg), atestiguan una rápida eslavización de los dominadores extranjeros.

La Rus' aumentó rápidamente su prestigio y poder, llegando a amenazar varias veces a Bizancio y venciendo al kanato kázaro. Esta circunstancia dejó al Estado ruso sin defensa en Oriente y expuesto a las incursiones de los pueblos de la estepa: pechenegos, polovcy, más tarde tártaros, que en la memoria colectiva rusa se identifican con una oscura amenaza. La inclusión de la Rus' entre los principales Estados europeos se aceleró por su conversión al cristianismo, llevada a cabo en el año 988 por el gran príncipe de Kiev, Vladimir, venerado como santo por la Iglesia ortodoxa. La aproximación a Bizancio, confirmada por el bautismo de la Rus' y por el matrimonio de Vladimir con una princesa bizantina, determinó el nacimiento y desarrollo de la cultura rusa. Gracias a su conversión, los rusos heredaron el patrimonio literario elaborado en las tierras eslavas, sobre todo en Bulgaria, tras la primera misión evangelizadora de Constantino-Cirilo y de su hermano Metodio en Moravia, en el año 863. Heredaron también el alfabeto cirílico que, con alguna modificación, conservan todavía, y la lengua eslavo-eclesiástica, de origen eslavo-meridional, a la que se habían traducido los textos litúrgicos, que sirvió de lengua literaria hasta el siglo XVII. De Bizancio llegaron los modelos arquitectónicos, como la iglesia de Santa Sofía; los literarios y pictóricos, y los iconos, tradición que fue transmitida durante muchos siglos. La cultura rusa, en cambio, permaneció durante mucho tiempo ajena a los contactos e influencias

Principados, dinastías y soberanos rusos

Dinastía Riurikida

Grandes príncipes de Novgorod y Kiev

Riúrik, gran príncipe de Novgorod	862-879
Oleg, regente	879-913
Igor I	913-945
Sviatoslav	945-973
Yaropolk	973-980
Vladimir I el Grande	980-1015
Sviatopolk (depuesto)	1015-1019
Yaroslav I	1019-1054
Iz'aslav I Demetrio (depuesto)	1054-1068
Vseslav Vrasislavič (depuesto)	1068-1069
Iz'aslav I (depuesto)	1069-1073
Sviatoslav II	1073-1076
Vsevolod I Yaroslavič (depuesto)	1076-1077
Iz'aslav I, de nuevo	1077-1078
Vsevolod I, de nuevo	1078-1093
Mijail Sv'atopolk II	1093-1113
Vladimir II Monomaco	1113-1125
Mstislav I	1125-1132
Yaropolk II	1132-1139
V'ačeslav (depuesto)	1139
Vsevolod II	1139-1146
Igor II (depuesto)	1146
Iz'aslav II (depuesto)	1146-1149
Yuri I, gran príncipe de Vladimir (depuesto)	1149-1150
Iz'aslav II, de nuevo (depuesto)	1150
Yuri I, de nuevo (depuesto)	1150-1151
Iz'aslav II, de nuevo	1151-1154
Rotislav (depuesto)	1154-1155
Iz'aslav III (depuesto)	1155
Yuri I, de nuevo	1155-1157
Iz'aslav III, de nuevo	1157-1158
Rotislav, de nuevo	1158-1167
Mstislav II	1167-1169

Grandes príncipes de Suzdal' y Vladimir

Andrea I Bogol'ubski	1157-1174
Yaropolk y Mstislav	1174-1175
Miguel I	1175-1176
Vsevolod III (depuesto)	1176-1212
Yuri II	1212-1216
Constantino	1216-1218
Yuri II, de nuevo	1218-1238
Yaroslav II Feodor	1238-1246
Sviatoslav III (depuesto)	1246-1248
Sviatoslav III, de nuevo	1248-1249
Andrés II (depuesto)	1249-1252
Alejandro I Nevski	1252-1263
Yaroslav III, gran príncipe de Tver'	1264-1272
Vasili I, gran príncipe de Moscú	1272-1277

occidentales, sobre todo después del año 1054, cuando se consumó el cisma entre la Iglesia romana y la bizantina.

Yaroslav el Sabio (1019-1054) fue quien promovió fundamentalmente una estrecha relación entre la Iglesia y el Estado. Gozando de gran prestigio, ennoblecida por la proclamación de los primeros santos nacionales –los príncipes mártires Boris y Gleb–, la Iglesia rusa comenzó a distanciarse de las ligaduras de Bizancio, vinculando su propia suerte con la del país y haciéndose depositaria de la unidad nacional cuando el poder secular atravesó periodos de decadencia. El monasterio de las Grutas en Kiev (Pečerskaja Lavra) se convirtió en el principal centro cultural de la Rus'.

Kiev, sin embargo, no conservó durante mucho tiempo su poder. Tras la muerte de Yaroslav, se intensificaron las luchas intestinas, ocasionadas por las reglas de sucesión que hacían referencia al título supremo de gran príncipe. Aquéllas concedían el título y el dominio de la capital al hijo mayor, pero para salvaguardar los derechos de todos los hijos varones asignaba a cada uno un territorio *(udel)*, provocando de esta forma una creciente fragmentación del Estado. Durante las luchas, el principado de Novgorod logró independizarse cada vez más del poder central; el príncipe local fue gradualmente desautorizado por la asamblea de los ciudadanos libres *(veče)*, y la historia de esta ciudad comenzó a poseer características peculiares con relación al resto de la Rus'. Se inició también la gradual decadencia de Kiev, a la vez que se consolidaban como nuevos centros comerciales las ciudades de los confines occidentales y se afirmaban los núcleos agrícolas del noreste: Suzdal', Vladimir y Rostov. A mediados del siglo XII el centro de la Rus' se situó de hecho en Vladimir, cuyo príncipe Yuri Dolgoruki, considerado el fundador de Moscú, intentó la reunificación de las tierras rusas. La fecha de fundación, el año 1156, es convencional, ya que la ciudad existía ya en el año 1147.

Demetrio I	1277-1294
Andrés III	1294-1304
Miguel II, gran príncipe de Tver'	1304-1319
Yuri III Danilovič, gran príncipe de Moscú	1319-1325

Grandes príncipes de Moscú

Danilo	1294-1303
Yuri III Danilovič	1303-1325
Alejandro II, príncipe de Vladimir y Novgorod (depuesto)	1326-1328
Iván I Danilovič, Kalita	1325-1340
Semen el Orgulloso	1340-1353
Iván II	1353-1359
Demetrio II (depuesto)	1359-1362
Demetrio III Donskoi	1362-1389
Vasili II	1389-1425
Vasili III el Oscuro	1425-1462
Iván III el Grande	1462-1505
Vasili IV	1505-1533

Zares de Rusia

Iván IV el Terrible, zar desde 1547 con el nombre de Iván I	1533-1584
Fiodor I, último de los Riurikidas	1584-1598

Dinastía de los Romanov

Boris Godunov	1598-1605
Fiodor II	1605
Falso Dimitri I	1605-1606
Vasili Ivanovič Šujski	1606-1610
Falso Dimitri II	1608-1610
Ladislao Wasa, rey de Polonia	1610-1612
Miguel Fiodorovič, primo de los Romanov	1613-1645
Alejo	1645-1676
Fiodor III	1676-1682
Iván II	1682-1689
Pedro I el Grande, emperador desde 1721	1689-1725
Catalina I	1725-1727
Pedro II	1727-1730
Ana Ivanovna	1730-1740
Iván III Antonovič (depuesto)	1740-1741
Isabel Petrovna	1741-1762
Pedro III (depuesto)	1762
Catalina II la Grande	1762-1796
Pablo I Petrovič	1796-1801
Alejandro I, rey de Polonia	1801-1825
Nicolás I, rey de Polonia	1825-1855
Alejandro II, rey de Polonia	1855-1881
Alejandro III, rey de Polonia	1881-1894
Nicolás II, último de los Romanov	1894-1917

La invasión tártara y el ascenso de Moscú

Ni siquiera la llegada de los mongoles, que a comienzos del siglo XIII invadieron toda la Europa oriental, llegando a Polonia y Hungría, puso fin a las luchas entre los príncipes rusos. Dirigidos por Batu, nieto de Gengis-Kan, impusieron su dominio en todo el territorio de la Rus' y establecieron el centro de su Estado, llamado "Horda de Oro", en Sarai, en el curso inferior del Volga, desde donde enviaban a las cortes rusas sus emisarios, que exigían elevados tributos. Los mongoles, que más tarde se mezclaron con tribus de lengua turca sometidas a ellos, tomando la denominación de tártaros, se reservaron la prerrogativa de ratificar en diversas ocasiones los títulos de príncipe, de este modo se aseguraban la colaboración o la neutralidad de los príncipes más ambiciosos, como Alexandr de Novgorod, llamado Nevski por la victoria conseguida en 1240 en el Neva contra los suecos, y dos años más tarde junto al lago Peipus contra los caballeros teutónicos. Estas victorias, por las que Alejandro fue exaltado por la Iglesia y por la literatura como héroe de la fe cristiana, no le impidieron negociar con los tártaros infieles el título de príncipe de Vladimir y Suzdal'. En el transcurso del siglo XIV se estableció una relación fiduciaria entre los tártaros y los príncipes moscovitas, cuyo representante, Iván Kalita (o bien "bolsa", así llamado por las riquezas acumuladas; reinó entre 1325 y 1340), se convirtió en recaudador del tributo por cuenta de los ocupantes, asegurándose el título de gran príncipe. El apoyo tártaro aceleró el ascenso de Moscú, confirmado con el traslado a esta ciudad del arzobispado, que se hallaba desde el inicio del siglo en Vladimir.

La desviación hacia el oriente del centro de gravedad del Estado no estuvo determinada únicamente por la dominación tártara. Desde hacía más de un siglo la importancia de Kiev como centro comercial había decaído, mientras que Moscú se encontraba situada en las activas vías de comercio con Asia. Las migraciones interiores provocadas por las incursiones tártaras habían despoblado numerosas ciudades y sentado las bases para la colonización de nuevos territorios hacia el noreste y los límites de las estepas meridionales. El impulso a la colonización y a una intensa actividad económica surgió también de la fundación de nuevos monasterios, inspirados en el modelo de vida comunitaria difundido por San Sergio de Radonets. Éste creó el célebre monasterio de la Trinidad y San Sergio (Troice-Sergieva Lavra), actualmente en la localidad de Sergiev Posad, a 60 km de Moscú, que desempeñó una función trascendental en la vida espiritual de Rusia.

Entre tanto, los territorios occidentales de la antigua Rus' estaban, cada vez con mayor frecuencia, expuestos a los ataques del creciente poderío lituano. Durante la segunda mitad del siglo XIV, muchos de ellos, incluido Kiev, fueron conquistados por el principado de Lituania. De esta forma, cuando en 1385 se ultimó la unión de las coronas de Polonia y Lituania, que se convirtió al cristianismo, buena parte de los territorios ocupados actualmente por Ucrania y Bielorrusia quedó absorbida por el nuevo Estado. La prolongada separación de los restantes pueblos eslavos orientales favoreció la diferenciación de dichos pueblos en el plano lingüístico, así como el desarrollo de su conciencia nacional con relación a la denominada "Gran Rusia".

Kremlin de Moscú bajo el mandato de Iván III por A. Vasetsov.

Las ambiciones expansionistas moscovitas tuvieron ocasión de desarrollarse a finales del siglo XV, gracias al ocaso cada vez más evidente de la Horda de Oro. En 1380 una coalición dirigida por el gran príncipe moscovita Dmitri Ivanovich derrotó por primera vez a los tártaros en la batalla de Kulikovo, junto al Don, de donde deriva el sobrenombre de *Donskoi* atribuido al príncipe. Aunque el peligro tártaro perduró todavía durante mucho tiempo, la fuerza moral derivada de la victoria y el prestigio que este hecho confirieron al soberano moscovita fueron grandísimos. La propia Iglesia, cuya influencia había sido escasamente debilitada por los tolerantes dominadores, contribuyó a difundir en torno a la lucha contra los tártaros, convertidos al Islam, la aureola de guerra santa contra los infieles. A pesar de numerosas vicisitudes, durante el siglo XV, Moscú logró sofocar las aspiraciones hegemónicas de otros principados, como el de Tver'. En 1478, con la anexión de Novgorod, la unificación de las tierras rusas podía considerarse consumada, y en 1480 Iván III (1462-1505) dejó de pagar el tributo al kan.

En Occidente la reconquista de los territorios ocupados por Lituania se detuvo en Smolensk y en la cuenca superior del Dniéper. La liberación de los hermanos ortodoxos del yugo católico fue la bandera de la política expansionista hacia Occidente que se abordaría posteriormente.

El Estado centralizado moscovita

La consolidación de Moscú y la culminación de su política de conquista se vieron acompañadas de profundas modificaciones en la estructura social del país. Exigencias fiscales y necesidades de reclutamiento determinaron una creciente presión sobre los campesinos, para los que se acentuó su sumisión a los dueños de la tierra. Una legislación cada vez más restrictiva imposibilitó gradualmente el cambio de dueño, convirtiendo de hecho a los campesinos en siervos de la gleba. Por otra parte, para aumentar la cantidad numérica de los propietarios de tierras, a los que se pedía el pago del impuesto militar, se decidió asignar a hombres nuevos, dispuestos a combatir, un *pomest'e,* es decir la propiedad privada, en un principio no transmisible por herencia, de tierras estatales. Esta innovación, que ligaba el beneficio de la propiedad de la tierra con la fidelidad y el servicio directo a la persona del soberano, estaba destinada a producir un violento antagonismo entre la antigua y la nueva aristocracia.

Durante el reinado de Iván III se perfilaron ya claramente los rasgos del poder autocrático del gran príncipe moscovita. Autarquía que se manifestó, entre otros hechos, con la asunción, definitiva en el siglo XVI, del título de zar *(caesar, káyser),* utilizado tradicionalmente para designar al emperador bizantino y a los kanes de los pueblos nómadas, incluidos los tártaros.

La caída de Constantinopla bajo el dominio otomano, en 1453, y el matrimonio de Iván con Zoe Paleólogo, perteneciente a la última dinastía bizantina, sentaron las bases sobre las que se desarrolló, sobre todo durante el siglo siguiente, el mito ideológico-cultural de Moscú como "tercera Roma", capítulo final en la historia providencial de la humanidad. Moscú quedaba como único baluarte de la fe ortodoxa y continuaba, en la persona del zar, la herencia secular y religiosa de los emperadores romanos y bizantinos. La Iglesia rusa, que en 1459 se había proclamado autocéfala, fue dirigida, a partir de 1589, por un patriarca.

El poder absoluto del zar fue indiscutiblemente personalizado por Iván IV (1533-1584), llamado *Groznyj* (el Amenazador o, como quiere la tradición occidental, el Terrible). Su reinado estuvo marcado por continuas guerras, que permitieron en primer lugar la conquista de Kazan', capital de un kanato tártaro nacido de la desmembración de la Horda de Oro, y posteriormente de Astracán, en el Volga, abriendo de este modo el camino a la penetración al otro lado de los Urales. Sin embargo, la ofensiva contra Livonia, mediante la cual se pretendía una salida al mar Báltico, supuso un grave fracaso cuando en esta guerra se involucraron también Suecia y Polonia-Lituania.

La sanguinaria fama que se atribuye a Iván IV se debe sobre todo a la lucha despiadada que llevó a cabo contra la antigua aristocracia de los boyardos, cuyas tierras expropió en favor de la nueva clase de nobles de servicio. Las rivalidades en el seno de la nobleza fueron durante siglos un factor de constante inestabilidad para el Estado ruso, en especial en las ocasiones de sucesión en el trono. Tras la muerte del zar, Rusia se hallaba agotada desde el punto de vista económico y moral.

La incorporación de nuevos territorios y la consolidación de Moscú como capital de la Rus' estimularon la construcción y el embellecimiento de palacios, iglesias y fortificaciones. El ejemplo más relevante es el del Kremlin moscovita, en cuya reedificación, acometida durante el reinado de Iván III, trabajaron numerosos arquitectos de origen italiano. También la literatura, hasta ese momento monopolio casi exclusivo de la Iglesia, contribuyó a la exaltación de los grandes príncipes moscovitas y de la hegemonía de Moscú. En este sentido se reelaboraron las antiguas crónicas locales. El arte iconográfico asumió en Moscú características específicas, más solemnes y monumentales.

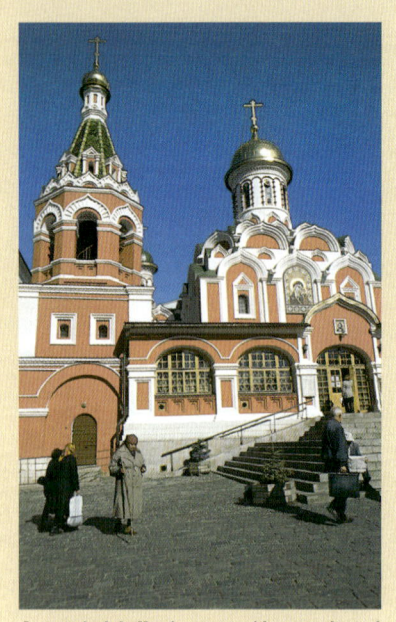

La catedral de Kazán, construida por voluntad del primer zar de la dinastía Romanov, Mijaíl Fëderovich, y consagrada en 1636.

Las continuas guerras en las que se vio envuelta la Rus' moscovita, y en particular las que emprendió contra una potencia europea como Polonia, atrajeron la atención de otros Estados del continente sobre este aliado potencial, que, además, suponía un nuevo mercado. La fundación de la *Muscovy Company* en Londres, en 1555, y la actividad de los comerciantes ingleses durante el mandato de Iván el Terrible confirman una incipiente apertura hacia Occidente, obstaculizada, por otra parte, por la Iglesia y los boyardos. Resultaba contradictoria la actitud hacia los productos de la cultura y la técnica occidentales: indispensables para las necesidades militares y para el desarrollo de la economía, sin embargo se miraban con desconfianza en cuanto que procedían del "reino de la herejía". Por este motivo, Iván Fiodorov, que había instalado en Moscú una imprenta en la que se imprimió el primer libro ruso, fechado en 1564, tuvo que librarse de las persecuciones huyendo a Polonia.

La "época de las revueltas"

Tras la muerte de Iván IV le sucedió su hijo Fiodor, aunque el poder pasó de hecho a las manos del cuñado de este último, el ambicioso Boris Godunov. En 1598 se terminó con Fiodor la dinastía riurikida; Boris logró hacerse coronar, despertando la firme oposición de la siempre levantisca aristocracia. Inesperadamente, en 1601 apareció en Polonia un joven que aseguraba ser Dmitri, el último hijo de Iván IV, de cuya muerte, acaecida en 1591, se había acusado al propio Godunov. Apoyado por los polacos, el "falso Dmitri" marchó hacia Moscú, aclamado por el camino como el verdadero zar. La súbita muerte de Boris, ocurrida en 1605, hizo todavía más confusa la situación.

Se inició un agitado periodo, denominado "época de las revueltas", que conoció la aparición de varios impostores, la coronación del falso Dmitri, después del príncipe Vasili Šujski, y finalmente la intervención de los polacos y la elevación al trono de Wladyslaw, hijo menor del rey de Polonia Segismundo III. La pretensión polaca de imponer su dominio sirvió de estímulo para la reacción rusa, cuyos resultados fueron muy tardíos a consecuencia de los antagonismos sociales existentes.

Ante las invasiones de polacos, suecos y cosacos —campesinos fugitivos que habían creado repúblicas autónomas en las regiones meridionales del Don y Dniéper–, Rusia, enardecida por la propaganda patriótica realizada desde el monasterio de la Trinidad y San Sergio, encontró finalmente sus líderes en el comerciante Kuz'ma Minin y el príncipe Dmitri Požarski, que consiguieron liberar Moscú.

A comienzos de 1613, una asamblea del reino *(zemskij sobor)* proclamó zar a Mijaíl Romanov, emparentado con la primera esposa de Iván IV. Esta nueva dinastía gobernó Rusia hasta 1917.

El nacimiento de la Rusia moderna

La economía rusa, debilitada por las "revueltas", sólo alcanzaría su nivel anterior tras grandes dificultades, debido sobre todo a que los nuevos zares, marionetas de la aristocracia que los había elegido, podían ocuparse sólo en la restauración de los antiguos privilegios. El nuevo código de 1649, publicado por Aleksei Mijailovich (1645-1676), agravó considerablemente la situación de los campesinos (en el siglo XVII se comenzó a llamarles "almas"), que se podían vender y dejar en herencia como esclavos. Las reiteradas reformas monetarias provocaron frecuentes levantamientos en todo el país: el más espantoso y cruento (1667-1671) fue el del legendario cosaco Stepan (llamado Sten'ka) Razin, primero en el Don y después en el Volga.

El siglo XVII trajo las guerras con los polacos, los suecos y los cosacos, así como la consolidación de la conquista de Siberia. A petición de los cosacos, sublevados contra la explotación polaca bajo el mando de Bogdan Jmelnitski, en 1654 fue anexionada parte de Ucrania (al este del Dniéper). Algún año más tarde también Kiev se unió a los territorios rusos. Con ello se abría un nuevo frente de expansión hacia el sur, que llevó en primer lugar al enfrentamiento con el kanato tártaro que había sobrevivido en Crimea, y después con el imperio otomano.

Una vez más un conflicto, esta vez de carácter religioso, convulsionó el país en el siglo XVII: el cisma de los llamados "Antiguos Creyentes", que rechazaron en 1656 la reforma de los libros sagrados y de la liturgia llevada a cabo por el patriarca Nikon. A pesar de las

La Zarina de las Campanas, grandiosa fundición del siglo XVIII.

persecuciones, los Antiguos Creyentes, divididos en varias sectas, han sobrevivido hasta hoy, conservando sus ritos, libros e iconos.

En los territorios que habían pertenecido a los polacos, la rivalidad de la Iglesia católica, que se había orientado en 1596 hacia la Unión de Iglesias de Brest, de donde nació una Iglesia "uniata" (proclamaba la obediencia al papa, aunque conservando el rito ortodoxo), estimuló la reacción cultural ortodoxa. Entre las consecuencias que se derivaron de ella se cuenta la fundación por parte del futuro metropolita Petro Mohyla de la famosa Academia Teológica de Kiev, inspirada en el modelo jesuítico. Además de sacerdotes de mejor formación, Ucrania transmitió a Rusia numerosas experiencias culturales occidentales: el arte y la literatura barrocas, las novelas de aventuras y los espectáculos teatrales que, perseguidos hasta entonces por la Iglesia, comenzaron a representarse en la corte

en 1672. La tímida apertura cultural hacia Occidente no logró eliminar por completo la tradicional xenofobia. Los artesanos y comerciantes extranjeros, cada vez más numerosos y solicitados, permanecían confinados fuera de Moscú, en la Nemeckaia Sloboda (el Suburbio Alemán), meta frecuente del futuro Pedro I el Grande, decidido partidario de la occidentalización de Rusia.

Una vez que ocupó el trono en 1689, Pedro ordenó la construcción de la primera flota rusa, gracias a la cual conquistó temporalmente el puerto de Azov en 1696. De regreso de un largo viaje por Europa, se dispuso a afrontar la refundación del Estado. Reorganizó la administración del poder, confiándola a organismos con competencias específicas; estableció la obligación del servicio militar o civil al Estado, mediante el cual se podía acceder a la nobleza, y trató, con escasos resultados en el momento, de crear una red de escuelas en todo el territorio nacional. Los cambios, que afectaban también a la vida cotidiana, como la obligación de afeitarse la barba o de utilizar ropas de corte occidental, fueron intentados por el soberano con métodos autoritarios y con frecuencia despiadados.

En 1698 se reprimió brutalmente la revuelta de los *streltsí* o arcabuceros, que constituían una casta poderosa y reacia a los cambios. En 1718 fue condenado a muerte el propio hijo del zar, Aleksei, que no compartía la política de su padre. A la hostilidad del clero hacia las reformas, Pedro respondió expropiando una gran parte de los bienes de la Iglesia, en ese momento el mayor propietario de fincas de Rusia, y a la muerte del Patriarca, dejó sin ocupar el cargo, sustituyéndolo más tarde por un Santo Sínodo que se hallaba bajo su control. El patriarcado fue restaurado en 1918.

Durante la larga guerra contra Suecia (1700-1721), concluida con la anexión de Livonia, Estonia y Carelia, se fundó en el golfo de Finlandia, en 1703, la futura capital. Esta ciudad, cuya planificación se encomendó a arquitectos en su mayoría extranjeros, tuvo desde el principio una fisonomía ajena a la tradición rusa, y el zar la bautizó con un nombre alemán, Sankt Petersburg ("ciudad de

San Pedro"). Análoga consideración, como preludio de un cambio de época, puede hacerse de la introducción de un alfabeto nuevo para uso civil, la adopción de la fecha a partir del nacimiento de Cristo, no de la creación del mundo como proponía la tradición de origen bizantino, y el cálculo del año nuevo desde el 1º de enero y no desde el 1º de septiembre.

Este proceso de occidentalización, impuesto desde el poder, entró en crisis con la súbita muerte de Pedro en 1725. Durante los reinados de las zarinas que le sucedieron durante el siglo XVIII, y a pesar de los obstáculos y de las regresiones hacia el pasado, Rusia se convirtió en una gran potencia europea. La expansión territorial alcanzó su punto álgido con Catalina II (1762-1796), que, al favorecer los repartos de Polonia y dos guerras contra Turquía, llevó las fronteras al mar Negro y, en el oeste, se anexionó Lituania y Curlandia.

La hija de Pedro, Isabel (1741-1762), y Catalina II se ocuparon intensamente de incrementar el patrimonio cultural de Rusia, fundando instituciones educativas (en 1755 se creaba la Universidad de Moscú), museos y academias. De modo especial Catalina hizo suya la denominación de soberana ilustrada y con su labor de mecenazgo favoreció el desarrollo de las artes y las ciencias. A pesar de que muchos la acusaron de haber promovido falsas iniciativas, puede afirmarse que, en conjunto, aquéllas dieron sus frutos, ya que por primera vez a finales del siglo XVIII surgió, en su mayor parte en el seno de la aristocracia, una élite intelectual de cultura europea. Influida por las ideas de la Ilustración, esta élite tuvo quizás sus mayores enfrentamientos con la soberana no por su propio interés de clase, sino por poseer una visión más general del bien común.

La masa de campesinos continuó pagando el precio del favoritismo de las soberanas, los abusos de la aristocracia y la política expansionista: a finales del siglo XVIII la servidumbre de la gleba estaba ya extendida por casi todo el país. Una voz de alarma en cuanto a lo insostenible de la situación fueron las adhesiones masivas de campesinos a la terrible revuelta de los cosacos del Volga, guiados por Emel'jan Pugačëv, durante 1773-1775.

El siglo XIX y la crisis del zarismo

El nuevo siglo se inició con la subida al trono, en 1801, del polémico Alejandro I, que tuvo que afrontar en primer lugar la amenaza napoleónica y posteriormente la invasión francesa de 1812, que, tras haber llegado a Moscú, fue rechazada gracias a las inclemencias del duro invierno y a una extraordinaria movilización patriótica. La derrota de Napoleón abrió totalmente al ejército ruso el camino de Occidente y París. En esta ocasión el contraste con la Europa civilizada y con las ideas liberales concienció a muchos acerca del retraso social y político que afectaba a su patria. No es una casualidad que fuera un grupo de oficiales el que intentase una sublevación, el 14 de diciembre de 1825, al conocerse la noticia de la muerte de Alejandro I. Dispuestos los soldados en orden de batalla en la plaza del Senado, los conjurados, inseguros y confusos en sus objetivos, fueron derrotados rápidamente. Nicolás I (1825-1855) se empeñó firmemente en impedir que se repitiesen episodios como el de los "decembristas". Una vez más, Rusia se cerró al contacto occidental, y toda la vida intelectual se desarrolló durante algunos decenios bajo un asfixiante control policial que consagró la consigna "ortodoxia, autocracia, nacionalidad".

También por lo que respecta a la política exterior Nicolás I interpretó con rigor su papel de "gendarme de Europa", solicitando la intervención de la Santa Alianza en cualquier lugar donde la Restauración estuviese en peligro. No obstante, sus energías se orientaron sobre todo hacia la expansión del imperio, que se extendió hasta el Cáucaso y diversas regiones del Asia Central. El final de su mandato coincidió con la desafortunada guerra de Crimea (1853-1856), enésimo episodio de la lucha contra Turquía por el dominio de los estrechos. Esta vez se coaligaron contra Rusia todas las potencias europeas, incluido el Reino de Cerdeña.

Retrato de Alejandro I.

La leyenda de Anastasia y el final del zarismo

Anastasia es, en ruso, un nombre común, pero su dueña es, en este caso una mujer excepcional. Una mujer que recorre las calles de una Rusia conmocionada por la revolución, sola, perdida y a la que nadie cree cuando dice su apellido: Romanov. Es la última hija de Nicolás II, que ha escapado milagrosamente a la masacre de su familia perpetrada por los bolcheviques en Ekaterimburgo, en el año 1917. Tal vez sea verdad.

Los hechos, aún hoy día están envueltos en un halo de misterio, puesto que hubo innumerables Anastasias que llenaron las páginas de los periódicos de la época con la narración de sus aventuras. Entre todas ellas, probablemente, se encontraba la auténtica, pero la verdad no se supo nunca. De este triste episodio sólo quedan los ecos de la leyenda, unos pocos recortes de periódico y varias películas, como la protagonizada por Yul Brynner e Ingrid Bergman en el papel de princesa. Pero la novelesca epopeya de los Romanov se gesta en un terreno fértil de traiciones y homicidios, a partir del 1613, tras la muerte de Iván el Terrible y las sucesivas luchas por el trono desencadenadas por una serie de presuntos vástagos del fallecido zar, cada uno de los cuales afirmaba, claro está, ser el genuino "Dmitri". Dentro de esta sanguinaria dinastía, desde Pedro el Grande, que secuestró y asesinó a su propio hijo, Aleksei, hasta Catalina II, que ordenó la ejecución de su marido, la cadena de crímenes se sucede entre el estrangulamiento del emperador Pablo y una larga serie de actos violentos.

El contraste entre las intrigas mortales de la corte y el fasto de la vida pública contribuye a crear una imagen legendaria de la familia Romanov. Los palacios, como mínimo suntuosos, con fabulosos muebles (como la célebre cámara de ámbar de Carskoe Selo), los brillantes, las carrozas, las tierras y los miles de campesinos que los reyes regalaban a sus favoritos (sólo los amantes de Catalina II fueron decenas) sirven para disfrazar los actos más turbios.

Sin embargo, como símbolo de amor, aún quedan los increíbles huevos de Pascua creados por los hermanos Fabergé, encargados por Nicolás II para su madre y para todos y cada uno de los cumpleaños de su mujer, Alexandra. Son auténticas obras de arte de orfebrería, con incrustaciones de piedras preciosas, perlas y esmaltes, de fabricación tan exquisita que aún hoy continúan imitándose. Un sueño para los coleccionistas de todo el mundo.

A pesar de las persecuciones y censuras, la vida intelectual rusa se distinguió por una gran vitalidad durante todo el siglo XIX. Superada la sumisión a la cultura occidental, escritores y pensadores rusos descubrían nuevamente sus propias raíces nacionales y producían síntesis originales en la poesía de Pushkin y las grandes novelas de Tolstoi y Dostoievski. Los intelectuales progresistas *(intelligentsia)* se preguntaban sobre las peculiaridades de su país y, sobre todo, acerca de la servidumbre de la gleba, que no sólo era rechazada desde un punto de vista moral, sino que había sido siempre un obstáculo para el desarrollo de la economía. Si por una parte proporcionaba mano de obra barata, por otra también impedía el crecimiento de un mercado interior y de una producción especializada destinada a la exportación. Por todo ello, entre las numerosas reformas (administrativa, judicial, académica) acometidas por Alejandro II (1855-1881), la abolición de la servidumbre, el 19 de febrero de 1861, fue la más esperada y aplaudida. Para muchos campesinos la emancipación se resolvió con un empeoramiento de sus condiciones económicas: liberados sin la propiedad de la tierra que cultivaban y obligados a pagar un canon de arrendamiento, sufrieron un rápido proceso de proletarización. La reforma había privado a la aristocracia del monopolio de la economía, pero el desarrollo industrial de Rusia durante la segunda mitad del siglo XIX fue en gran parte posible gracias a la afluencia de capital extranjero, ya que el desarrollo de una burguesía emprendedora hallaba todavía muchas dificultades.

Después de tantas esperanzas, comenzó a crecer y radicalizarse un movimiento de protesta y oposición, que desde el ámbito minoritario de la *intelligentsia* se dirigía a las masas campesinas, con las que trataba de unirse a través de la "marcha hacia el pueblo" de los denominados "populistas". Estos hombres ponían de nuevo sus esperanzas de futuras convulsiones en una paciente actividad de proselitismo en el campo, pero se convirtieron enseguida en sospechosos para las autoridades. La respuesta de numerosos populistas fue sumarse al terrorismo: una impresionante serie de atentados culminó en 1881 con el asesinato del zar.

Sus sucesores, Alejandro III (1881-1894) y Nicolás II (1894-1917), no hallaron un procedimiento mejor que intensificar la represión policial e imponer la rusificación de las inquietas minorías étnicas. A las tensiones sociales provocadas por el incremento de la industrialización y el desarrollo capitalista, se sumaron, a modo de válvula de escape, los frecuentes y sangrientos *pogroms* antisemitas. Las huelgas y rebeliones se multiplicaron, dirigidas por distintos grupos de oposición, entre los que iban extendiéndose también las ideas marxistas. Plena de consecuencias para el futuro resultó la fundación, en 1898, de un partido socialdemócrata, que en 1903 se dividió en dos corrientes: bolchevique y menchevique. La tensión se agudizó durante la desafortunada guerra con el Japón (1904-1905). La represión en San Petersburgo de una manifestación pacífica de trabajadores, el "domingo sangriento", provocó en todo el país una gigantesca oleada de protestas. La presión popular impulsó a Nicolás II a firmar, en octubre de 1905, un manifiesto que garantizaba los derechos civiles fundamentales y prometía la ampliación del derecho de voto en las inminentes elecciones para la Duma (parlamento) del Estado. Mientras la oposición se dividía y los reaccionarios "Cien negros" sembraban el terror, estallaron sublevaciones de campesinos y obreros. A comienzos de 1906, sin embargo, la revolución fue acallada.

Las revoluciones de 1917 y el nacimiento de la URSS

Mientras quedaban sin solución los problemas interiores y las Dumas surgidas de las elecciones se disolvían una tras otra, al estallar la I Guerra Mundial, Rusia se encontró alineada con la Entente. Tras algunos inesperados primeros éxitos, las gravísimas pérdidas y la crisis de subsistencias hicieron estallar nuevamente la tensión.

Estatua de Lenin en el Kremlin de Moscú.

En febrero de 1917 Petrogrado, de esta forma se había eslavizado patrióticamente el nombre de la capital, fue escenario de una gran huelga general, que se extendió por todo el país. En marzo el zar se vio obligado a abdicar y se constituyó un gobierno provisional, cuyo poder se hallaba fuertemente limitado por la existencia de los *soviets*, consejos populares, surgidos de forma espontánea durante la revolución de febrero. La situación política se hizo cada vez más precaria, incluso para el nuevo gobierno, presidido por A. Kerenski. En abril, el líder de la fracción bolchevique del partido socialdemócrata, Vladimir Ilich Ulianov (Lenin), que había regresado a San Petersburgo desde Suiza, exigió la cesión del poder a los *soviets* y el comienzo de la revolución socialista. El peso político de los bolcheviques era todavía modesto, pero se acrecentó después del fracaso en la conclusión de la paz por parte del gobierno provisional.

El 25 de octubre, según el calendario juliano todavía en vigor en Rusia, el 7 de noviembre de acuerdo con el calendario gregoriano, los bolcheviques iniciaron la insurrección armada, que en la capital se realizó de forma casi incruenta. La misma tarde el congreso panruso de los *soviets*, reunido en el Instituto Smolni aprobó el decreto de la paz "sin anexiones y sin indemnizaciones" y el del reparto de la tierra al pueblo. En marzo de 1918 se concluyó la paz de Brest-Litovsk con Alemania. El Estado soviético renunciaba a Letonia, Lituania, Estonia, Polonia, Ucrania, Georgia y Finlandia, pero podía comenzar a afrontar sus enormes problemas. Su consolidación fue problemática por el "cordón sanitario" creado por los antiguos aliados occidentales, que apoyaban a los ejércitos "blancos", contrarrevolucionarios activos en varias zonas del país. La espantosa guerra civil, que se prolongó hasta 1920 y en el curso de la cual fue asesinada la familia del zar, agravó el colapso de la economía, hecho más dramático todavía por el "comunismo de guerra". En 1921, para impulsar de nuevo la agricultura y el comercio, Lenin proclamó la Nueva Política Económica (N.E.P.), que permitía un moderado retorno a la economía de mercado. Simultáneamente se reforzaba la hegemonía de los bolcheviques con la disolución de las facciones interiores y la eliminación de los partidos opositores. Se preparaba de este modo la identificación entre Estado y partido, que llevaría a considerar como un delito contra el Estado toda forma de discrepancia política.

Con el nacimiento de la URSS (Unión de Repúblicas Socialistas Soviéticas) en enero de 1924, tras la fusión de la República Federal Rusa, Ucrania, Bielorrusia y la República Transcaucásica, se definía la estructuración del Estado soviético, con Moscú como capital desde 1918, que gradualmente volvería a establecer contactos económicos y políticos con el resto del mundo.

El estalinismo

Lenin murió en febrero de 1924, y de la lucha por el poder, que se prolongó durante varios años, surgió la figura de Iosif V. Dzhugasvili (Stalin). Gracias al control del aparato

Presidentes y Jefes de Estado soviéticos

URSS (Unión de Repúblicas Socialistas Soviéticas)

Presidentes de los Comisarios del pueblo

Vladimir Ilich Ulianov, llamado Lenin	1917-1924
Aleksei Ivanov Rykov	1924-1930
V'ačeslav Mijailovich Skr'abin, llamado Molotov	1930-1941
Iosip Vissarionovich Dzhugasvili, llamado Stalin	1941-1946

Presidentes del Consejo de Ministros

Iosip Vissarionovich Dzhugasvili	1946-1953
Georgi Maximilianovich Malenkov	1953-1955
Nikolai Aleksandrovich Bulganin	1955-1958
Nikita Sergueievich Jruchov	1958-1964
Alexei Nikolaievich Kossiguin	1964-1980
Nikolai Alexandrovich Tijonov	1980-1985
Nikolai Ivanovich Ryzkov	1985-1991
Valentín Sergueievich Pavlov	1991
Iván Silaev	1991
Boris Nikolaievich Yeltsin (Rusia)	1992

Primeros Secretarios del Comité Central del PCUS

Vladimir Ilich Ulianov	1917-1922
Iosip Vissarionovich Dzhugasvili	1922-1953
Georgi Maximilianovich Malenkov	1953
Nikita Sergueievich Jruchov	1953-1964
Leónidas Ilich Breznev	1964-1982
Yuri Vladimirovich Andropov	1982-1984
Konstantin Ustinovich Chernenko	1984-1985
Mijail Sergueievich Gorbachov	1985-1991

Presidentes del Presidium del Soviet Supremo de la URSS (Jefes de Estado)

Mijail Ivanovich Kalinin	1938-1946
Nikolai Mijalovich Švernik	1946-1953
Kliment Yefremovich Vorošilov	1953-1960
Leónidas Ilich Breznev	1960-1964
Anastás Ivanovich Míkoian	1964-1965
Nikolai Viktorovich Podgorni	1965-1978
Leónidas Ilich Breznev	1978-1982
Yuri Vladimirovich Andropov	1982-1984
Konstantin Ustinovich Chernenko	1984-1985
Andrei Andreievich Gromiko	1985-1988
Mijail Sergueievich Gorbachov	1988-1989
Anatoli Ivanovich Lukianov	1989-1991

Rusia

Jefes de Estado

Boris Nikoláievich Yeltsin	1991-1999
Vladimir V. Putin	2000

del partido, logró derrotar y "eliminar físicamente" durante los años 30 a sus antagonistas, desde Trotski, exiliado de la URSS y posteriormente asesinado en México, hasta Zinóviev, Kámenev y Bujarin.

La consolidación de Stalin coincidió con el impulso de la industrialización, eje del primer plan quinquenal (1928-1933), que concedía una clara prioridad a la industria pesada. Siguió la colectivización de los campesinos, obligados a organizarse en *koljoses,* granjas colectivas, y *sovjoses,* granjas soviéticas.

El programa establecido para eliminar a los *kulaks,* campesinos ricos, se resolvió con una guerra del Estado soviético contra aquéllos, con un saldo de millones de muertos ocasionados por el hambre y las represiones, y una carestía durante 1932 y 1933 todavía más grave que la sufrida después de la guerra civil.

Cartel de propaganda estalinista de los años cuarenta.

El centralismo autoritario impuesto por Stalin se manifestó también en la actividad cultural. Si, a comienzos de siglo, los artistas rusos habían conocido un periodo de extraordinaria fecundidad, y nombres como los de Diagilev, Kandinski o Stanislavski eran familiares también en Occidente, tras la revolución muchos intelectuales habían preferido o se habían visto obligados a emigrar.

La época estalinista conllevó un ulterior empobrecimiento, cuando se pretendió imponer el control sobre las organizaciones profesionales y eliminar cualquier manifestación de independencia, proclamando un único canon estético, el del "realismo socialista".

El asesinato de S. Kirov, secretario del partido en Leningrado, acaecido en 1934, fue el pretexto para llevar a cabo una "purga" posterior y para la realización de dramáticos procesos en masa, que culminaron con la condena a muerte o la deportación de millares de personas, entre las cuales se hallaban la vieja guardia bolchevique y todo el estado mayor del Ejército Rojo. Las consecuencias de estas condenas se hicieron evidentes el 22 de junio de 1941, cuando se puso en práctica el "plan Barbarroja" y el ejército alemán invadió la URSS, a pesar del pacto de no agresión Molotov-Ribbentrop, firmado en 1939, que había permitido a Rusia la anexión de los Estados bálticos. De nuevo, como ocurrió en el siglo XIX, fue un gran impulso patriótico, que supuso millones de muertos, el que salvó al país de la invasión, que amenazaba ya Moscú y sometió a Leningrado a un trágico asedio de casi tres años de duración. Tras la batalla de Stalingrado, en el invierno de 1942-1943, la serie de victorias alemanas se interrumpió, y la Unión Soviética pudo hacer valer con los aliados su decisiva contribución a la guerra. La conferencia de Yalta, celebrada en febrero de 1945, conllevó la división de Europa en zonas de influencia y el reconocimiento de Rusia como superpotencia. Al final de la guerra, Rusia tuvo la oportunidad de instaurar regímenes comunistas en los países de la Europa oriental, así como de exportar el modelo político-económico soviético. Los años posteriores a la guerra se caracterizaron por la "guerra fría" con el mundo occidental y, en el interior, por la reconstrucción de todo aquello que había sido destruido durante el conflicto, pero también estuvieron ligados a una serie de procesos y represiones, a las que puso fin la súbita muerte de Stalin, ocurrida en marzo de 1953.

El "deshielo" y el "periodo de la distensión"

De la lucha por la sucesión surgió en 1955 la figura de Nikita Jruchov, que en el XX Congreso del Partido, celebrado en febrero de 1956, denunció los excesos del "culto de la personalidad", como más tarde se definieron de forma eufemística los crímenes de Stalin. Se dio paso a una política de apertura hacia Occidente, aunque la sublevación húngara de 1956 puso fin a las esperanzas de los países satélites. En el XX Congreso Jruchov prometió un mayor bienestar para el pueblo soviético, pero la reserva de los recursos existentes para el desarrollo de la industria militar y la investigación espacial dejó escaso margen para cambios de este tipo. El fracaso de los planes agrícolas, eterna cruz de la historia de la URSS, provocó la destitución del secretario del partido y su sustitución por una dirección colegiada, de la que sobresalió paulatinamente la gris figura de burócrata de Leonid I. Breznev (1964-1982).

HISTORIA

La larga permanencia en el poder de Brezhnev, denominada actualmente como "periodo de la distensión", puso en evidencia gradualmente todas las contradicciones de la URSS. Al esfuerzo por conservar el *statu quo* en Europa oriental, con la represión de la "primavera de Praga" en 1968 y la democratización polaca de 1981 y en los restantes países satélites (guerra de Afganistán, 1983-1988), no se corresponde ningún intento serio de afrontar los problemas derivados de los gastos militares, acentuados por el inmovilismo de la gestión estatal de la economía.

La perestroika

La llegada a la jefatura del partido comunista, y más tarde a la presidencia de la URSS, de Mijail S. Gorbachov en 1985 ha abierto una fase nueva, cuyas consecuencias no han llegado todavía a su fin. Consciente de la necesidad de una reforma radical del sistema, Gorbachov dirigió valientemente su actividad hacia la *glasnost'* (transparencia), que ha reportado grandes beneficios sobre todo a la vida cultural. Al mismo tiempo sacó a la luz todos los problemas acumulados, desde la paradoja que presenta a la URSS como una "superpotencia subdesarrollada", hasta las inquietudes de las distintas nacionalidades del Estado soviético. Esta nueva política, llamada *perestroika* (reestructuración), cuenta entre sus éxitos el haber puesto término a la guerra fría y haber devuelto la libertad a los países del Este europeo, aunque interiormente se ha manifestado con frecuencia insegura y contradictoria. El paso a una economía de mercado, considerada como la solución para la escasez de alimentos y bienes de consumo, se aplazó durante mucho tiempo tanto por las dificultades derivadas de un proceso gradual, como por las resistencias psicológicas de la población.

La difícil obra de Gorbachov se tambaleó irreversiblemente en agosto de 1991, cuando los sectores más reaccionarios del partido y del ejército llevaron a cabo un arriesgado intento de restaurar el antiguo régimen. En los breves y dramáticos días que siguieron al fallido movimiento golpista, Gorbachov fue retenido como prisionero en la residencia veraniega de Foros (Crimea) y el que se llevó el reconocimiento público tanto a nivel nacional como internacional, fue Boris Nikolaevich Yeltsin, presidente de la República Federal Rusa y líder del movimiento reformador. Durante los días posteriores al completo fracaso del golpe de Estado, Yeltsin demostró una capacidad de determinación igual al coraje con el que había plantado cara al golpe: debilitó irremediablemente la imagen de Gorbachov, que nunca había sido muy querido en el país, resaltando, en una histriónica intervención pública, la poco acertada confianza que había depositado en los hombres que posteriormente dirigieron la iniciativa militar. Poco tiempo después, apoyado por los presidentes de Ucrania y Bielorrusia, el 21 de diciembre de 1991, proclamó la Comunidad de Estados Independientes (CEI). El nacimiento de este nuevo organismo político, que nunca se vio avalado por un referéndum popular y que pronto se percibió como algo ficticio, marcaba formalmente el fin de la Unión Soviética y condenaba al retiro a su presidente, Mijail Sergeiévic Gorbachov, cuyo último adiós se materializó en un noble discurso a la nación pronunciado el 25 de diciembre.

En agosto de 1991, tras el fracaso de un golpe de Estado organizado por los burócratas de la vieja guardia, la situación del principal antagonista de Gorbachov, el presidente de la República Rusa Boris N. Yeltsin, se vio muy fortalecida. Una vez disuelto el partido comunista y restituida la independencia a las repúblicas bálticas, se intentó establecer nuevas bases para las relaciones entre las repúbli-

La llamada "Casa Blanca", el Parlamento de Moscú.

cas. En el lugar de la Unión Soviética, declarada desaparecida (el propio Gorvachov tuvo que dimitir de su cargo de presidente el 15 de diciembre de 1991), se creó la denominada Comunidad de Estados Independientes (CEI), formada por once repúblicas de la antigua Unión Soviética (en 1993 se sumó Georgia).

Los años noventa del siglo XX están marcados por el doble mandato presidencial que el pueblo otorgó a Yeltsin en 1992 y 1996, a pesar de su precaria salud. Fueron años de cambios radicales en lo que se refiere a economía de mercado y la consiguiente transformación del panorama sociológico de un país en el que se iban acentuando cada vez más las diferencias en el modo de vida del campo y la ciudad, entre los mayores y los jóvenes. El crecimiento económico sufrió algunos reveses, lo que se debió principalmente a las crisis financieras derivadas de los numerosos préstamos que Rusia hubo de pedir al Fondo Monetario Internacional. Un dinero que fue a parar a manos de unos pocos especuladores internacionales, sin que las clases productivas del país, es decir, quienes habrían de pagar los intereses de la deuda, llegaran a disfrutar de las ayudas.

El 31 de diciembre de 1999, Yeltsin, salpicado por los casos de corrupción de personas muy próximas a su entorno, decidió abandonar la presidencia antes de cumplirse el mandato a favor de Vladimir Vladimirovič Putin. La política rusa a comienzos del nuevo milenio gira en torno a este dinámico hombre ya en la cincuentena, vencedor en las elecciones presidenciales del 2000. Tuvo habilidad para desmarcarse de la sofocante tutela del clan de Yeltsin (lo que convenció a los rusos de su honestidad personal) y en poco tiempo supo granjearse el respeto internacional, devolviendo a Rusia un prestigio del que carecía desde hace tiempo.

Tradición e imaginación de los nombres rusos

Para el oído occidental, muchos nombres rusos, empleados a menudo en nuestro país, suenan especialmente fascinantes: Nadia, Olga, Yuri, Iván. Pero entre todos ellos, sólo dos se remontan a la antigua tradición eslava: Nadia, diminutivo de Nadežda (Esperanza) y Yuri, cuya variante griega es Georgij (Jorge). Iván tiene evidentes raíces hebreas, al igual que Anna, Marija, Elizaveta y Mijail. Olga es uno de los no pocos nombres que derivan de la colonización vikinga, es decir, escandinava, del siglo IX; en realidad, se trata de una deformación del antiguo Helga, del mismo modo que Vladimir proviene de Waldemar. Otros nombres que son con seguridad eslavos son: Vsevolod (el que todo lo posee), Vladislav (el que posee la gloria), Ljudmila (la amada por la gente). Matrën (Marta), de origen griego, es un nombre que ha caído en desuso, pero su forma popular es conocida en todo el mundo, ya que define el más típico producto ruso de artesanía: la "matrioshka". También son de origen griego Dimitri (Demetrio), Elena y Ekaterina.

Una particularidad de los rusos es la de incluir el patronímico, es decir, un segundo nombre antes del apellido que hace referencia al padre; así, Aleksandr Sergéievich significa "Aleksandr, hijo de Sergei", nombre de origen latino. El uso del nombre más el patronímico es muy formal, y se puede comparar a la forma española "señor" seguida del apellido. En las relaciones entre conocidos o personas de la misma edad, se utiliza en general el diminutivo, dado que todos los nombres tienen al menos uno universalmente aceptado: de Natalija, de origen latino, se deriva Natacha, de Aleksandr o Alexandra, de tradición griega, tenemos Sacha, y del latino Pavel, Pacha.

La revolución socialista trajo consigo un deseo de renovación que se manifestó también en la elección de los nombres, con resultados que mueven a menudo a risa y, en ocasiones, resultan inquietantes. Así, tenemos nombres como Oktjabrina (en honor al mes de octubre), Vilen (Vladimir Il'ič Lenin), el vagamente flamenco Méls (Marx, Engels, Lenin, Stalin), Kim (que no tiene nada que ver con Corea, sino con la Internacional de Jóvenes Comunistas o Kommunističeskaja Internacionala Molodëži) y el cacofónico Dazdraperma (viva el primero de mayo). Los años treinta, los de la movilización general en pos de la mecanización, aportaron no sólo Stalina, sino también el grotesco nombre de Traktor (imagínese la combinación con el patronímico: Traktor Ivanovich) y el espeluznante Krasterrija (de "krasnij terror", terror rojo).

GLOSARIO

Abramtsevo. Escuela artística que toma su nombre de un poblado que se encuentra al noreste de Moscú, en el cual, a comienzos del siglo XX el industrial y mecenas Mamontov reunió a los mejores escultores y pintores de la época, entre ellos, Repin, Surikov, Polenov y Vasnecov. Su experiencia artística común se concentró en temas folclóricos y en la fábula, buscando una síntesis entre el arte y la artesanía.

Arabesco, estilo. Se desarrolla en Moscú a lo largo del siglo XVII, caracterizándose por la abundancia de detalles de estilo decorativo. Entre las mejores construcciones de este estilo en la capital está la iglesia de la Trinidad en Nikitniki *(Troicy nva Nikitnikah)*.

Balcón vidriado. En ruso, "érker". Ventana que sobresale y prolonga una dependencia hacia el exterior, compuesta por lo general por una retícula a modo de "canasta abombada". Es propio de los edificios modernistas (véase la entrada correspondiente).

Bania. Los baños, "complejos termales" a caballo entre la sauna y el baño turco, son en Rusia una institución, un lugar de encuentro, descanso y hasta de negocios, además de cumplir funciones relacionadas con la salud y el relax. Se pueden encontrar en cualquier sitio, para cualquier tipo de público y para cualquier bolsillo. Véase el cuadro de la pág. 81.

Casino. Pequeño pabellón aislado en el interior de un jardín, utilizado como lugar de recreo. Pueden encontrarse en gran número y ricamente decorados en las residencias imperiales de los alrededores de San Petersburgo, así como en las mansiones nobiliarias de las inmediaciones de Moscú.

Constructivismo. Nace en la Unión Soviética, auspiciado por el ideario de la Revolución de 1917, este gran movimiento arquitectónico, que intenta transformar el arte, inicialmente concebido como representación, en construcción (de ahí el nombre "konstruktivizm") y que se propone anular la distinción entre forma y estructura. Influyó de manera considerable en la arquitectura europea de entreguerras, y gracias a Alberts triunfa también en Estados Unidos, influyendo sobre las nuevas corrientes geométricas de ese país. Uno de los emblemas del constructivismo es el proyecto del Monumento a la Tercera Internacional (1919-1920) de Vladimir Tatlin.

Cruz griega. Cruz cuyos tramos horizontal y vertical tiene la misma longitud, típica de las plantas de las iglesias bizantinas y rusas.

Cúpula bulbiforme o de cebolla. Debido a su original forma se llama así, también en ruso (lukovica = cebolla), la cubierta

Esquina de la torre del Arsenal y muralla del Kremlin de Moscú desde el jardín de Alejandro.

característica de gran parte de los edificios religiosos tradicionales.

Dacha. Casa rural, generalmente de una sola planta y casi siempre de madera (son muy poco frecuentes las dachas de ladrillo). No tienen agua corriente ni calefacción central, sino un pozo en el patio y grandes estufas de leña, por lo que se habitan sólo durante las vacaciones de verano. Se encuentran sobre todo en los bosques, a orillas de los ríos y en las márgenes de los lagos, en un radio de 100 km alrededor de las grandes ciudades.

Dzhel. Fábrica de objetos de cerámica de la región de Moscú que alcanzó la cima de la producción artística durante la segunda mitad del siglo XVIII. Incorporó a la tradición rusa el uso de decoraciones cerámicas multicolores aplicadas a platos y vajillas, así como a figuras humanas o animales, en ocasiones inspiradas en la tradición popular.

Fabergé. Familia de orfebres que trabajó en San Petersburgo a mediados del siglo XIX. A Carl (1846-1920) se debe la creación de los célebres huevos de plata cincelados y esmaltados. El último zar, Nicolás II, solía regalárselos en Pascua a su madre y a su mujer.

Fedoskino. La más antigua de las escuelas de pintura en miniatura sobre objetos. Se remonta al siglo XVII. Véase el recuadro de la pág. 141.

Cúpulas de cebolla en el monasterio Petrovski de Moscú.

Friazin. Véase el recuadro de la pág. 51.

Futurismo. Corriente artística que, arraigada en Rusia, dio inicio en el país, junto con el rayismo *(véase la entrada correspondiente)* al auge de las vanguardias. Llegó de Italia durante la primera mitad de los años diez del siglo XX (Marinetti pronunció una conferencia en San Petersburgo en 1914; en 1915, también en la capital, se llevó a cabo la primera exposición futurista). Con respecto al movimiento internacional, el futurismo ruso asumió características propias, principalmente gracias a la obra de Vladimir Mayakovski, que dirigió la corriente hacia una adhesión a los ideales revolucionarios, condenando en primer lugar la guerra capitalista y, posteriormente, convirtiendo el arte en un instrumento de agitación y propaganda

Icono. Imagen sacra, propia del arte ruso y bizantino, generalmente realizado al temple sobre madera recubierta de una capa de "levkas", compuesto de yeso y cola. Los iconos aparecen a menudo revestidos de una lámina, llamada "oklad", por lo general de plata, aunque también pueden ser de oro o de otro metal, decorada frecuentemente con piedras preciosas y esmaltes, que deja al descubierto sólo las manos y el rostro de los personajes representados. Los temas más representados son los santos, Cristo y, sobre todo, la Virgen con el Niño. En función de la posición de la Virgen, el icono se denomina "umilenie" (de la ternura) o Eleusa, cuando acaricia al Niño que aproxima su rostro al suyo; "znamenie" (la que muestra la señal), cuando se la representa con los brazos elevados y el Niño en el regazo en posición frontal; "odigitria" (la que muestra el camino) cuando sostiene al Niño con el brazo izquierdo. En el arte ruso, se distinguen distintas escuelas, vinculadas a las ciudades en las que nacen:

Escuela de Novgorod. Se forma durante el siglo XII y su periodo arcaico (hasta el siglo XVI) se caracteriza por la representación de santos a tamaño natural; en la siguiente fase se enfatizan los rostros de los santos y de la Virgen. Para el fondo, predomina el rojo frío y gustan del contraste cromático blanco-rojo. Una característica curiosa de esta escuela es la representación de animales y de santos protectores de animales.

Escuela de Tver'. Se remonta al siglo XIII y se encuentra, por tanto, entre las más antiguas. Una de sus características es la predilección por el rojo y el marrón en la representación de los ropajes y el uso de sutiles trazos blancos para la definición del rostro de los santos. Los personajes se muestran sonrientes.

Escuela de Pskov. Asume características propias en la segunda mitad del siglo XIV. Emplea una gama cromática confeccionada con colores cálidos y pone especial cuidado en la representación de las vestimentas, a menudo embellecidas con dibujos dorados y acabado de nácar. Los rostros, de gran solemnidad, emanan una aristocrática belleza.

Escuela de Rostov. Se forma en la segunda mitad del siglo XV y se distingue por la predilección de colores claros y transparencias, a menudo obtenidas mediante el rebajamiento de colores para la definición de los rasgos del rostro. En los iconos de esta escuela se encuentran con frecuencia presentes elementos arquitectónicos y fragmentos de paisaje en el fondo.

Escuela de Moscú. Es la más tardía y sintetiza las características de las anteriores, por lo que no presenta elementos distintivos destacables. En su ámbito se forma Andrei Rublëv.

Iconostasio. Término proveniente del griego que significa "lugar de las imágenes"; indica un entablamento que alberga imágenes sagradas, abierto con columnas o cerrado con puertas. En las iglesias rusas funciona como pared divisoria entre la nave central y el presbiterio. A menudo, una fila del iconostasio se compone según el esquema de la déesis, formada por las imágenes del Cristo en el centro y, a ambos lados, la Virgen y San Juan Bautista orante; en los demás, apóstoles, arcángeles y santos.

Itinerantes. En ruso "peredvižniki". Corriente pictórica que caracterizó el panorama artístico ruso de los años ochenta del siglo XIX. Se distinguió por una marcada atención a los temas sociales, representados con grandes dosis de realismo. El término que define el movimiento se debe a la incansable actividad desarrollada por sus miembros en la organización de exposiciones itinerantes, de manera que todo el pueblo del vasto imperio pudiera entrar en contacto con el arte.

Izba. Es la casa rural tradicional que podía ser de diversos tipos, según los medios de quien la habitaba. En el centro del único local o de la estancia más grande, si la izba pertenecía a campesinos más ricos, estaba la gran estufa (en ruso "peč"), similar a un horno de leña, que servía de calefacción, para cocer los alimentos y como camastro para niños, ancianos y enfermos. En ruso la palabra está apocopada ("izbà").

Reja modernista en un balcón de Kropotkinskaya, en Moscú.

Kokochniki. Véase el recuadro de la pág. 51.

Kremlin. Complejo fortificado propio de las antiguas ciudades rusas. En el interior de sus muros, se concentraban las principales iglesias, la torre del campanario y los edificios de residencia y recepción del príncipe, o bien, en las ciudades dominadas por la aristocracia mercantil, la sede de la asamblea. Era el foco de la vida política y religiosa, pero también un refugio en tiempos de guerra.

Lavra. Monasterio de excepcional importancia, que detenta privilegios especiales y que está parcial o totalmente desvinculado de la autoridad del metropolita.

Lomonosov. Fábrica de porcelana abierta en 1744, la primera de Rusia y una de las más antiguas de Europa. Debe su nombre a la localidad en la cual se sitúa, a poca distancia de San Petersburgo. Su producción característica son los servicios de té decorados con un elegante diseño reticular de color cobalto, en ocasiones con pequeñas incrustaciones de oro.

Matrioshkas. El más clásico de los souvenires rusos, nacido en la región de Moscú, tiene una antigua tradición popular unida con toda seguridad a un voto de fertilidad. El término es un diminutivo de Matrëna, hoy en desuso, pero muy común antiguamente en el campo.

Mausoleo. Deriva del nombre del monumento sepulcral erigido en Halicarnaso, en Asia Menor, en honor del rey Mausolo (siglo IV a. C.). Por extensión, indica todo monumento funerario de particular importancia.

Mir Iskusstva. Movimiento pictórico de San Petersburgo, cuyo nombre significa "el mundo del arte", que se formó a principios del siglo XX y continuó vigente hasta los años veinte. Tuvo un papel de fundamental importancia en la delicada fase de evolución del arte ruso del realismo ideológico decimonónico (el de los itinerantes, *véase la entrada correspondiente*) a la vanguardia. Sus principales protagonistas fueron Benois, Bakst, Serov, Petrov-Vodkin y Maljavin. También una parte de la obra de Chagall acusa influencias de Mir Iskusstva. Editaba una revista del mismo nombre.

Modernismo. El movimiento conocido en España como Modernismo toma su nombre del término "modern". Se trata de una corriente que se formó a partir de los años ochenta del siglo XIX. Fue un movimiento muy articulado que influyó tanto en el teatro como en el ballet y la pintura con el movimiento Mir Iskusstva *(véase la entrada corres-*

pondiente) y la Rosa Azul *(véase la entrada correspondiente)* y, evidentemente, en la arquitectura, donde las características propias del *Art Noveau* internacional se conjugaron con temas propios de la tradición popular rusa. Un aspecto muy importante de este movimiento desde el punto de vista comercial fue la labor del taller Fabergé *(véase la entrada correspondiente)*.

Palata. Edificio de la Rusia antigua, que generalmente se utilizaba como residencia, con diversas dependencias y, a menudo, con varios pisos. Su característica distintiva era la de estar construido en piedra a diferencia de las casas e incluso los edificios de la época que eran de madera.

Podvor'e. Complejo residencial de propiedad eclesiástica, ubicado en la ciudad, que servía como residencia extraconventual de los monjes.

Rayonismo. Movimiento pictórico de gran importancia en la génesis de la vanguardia rusa, ya que parte de una formulación teórica claramente definida. El manifiesto rayista de 1913 se debe a Mijaíl Larionov que, junto a su mujer Natalja Gončarova, fue el máximo representante del movimiento. La pintura de los rayistas se caracteriza por una recomposición de la forma, que tiene su origen en la inserción de rayos provenientes de diferentes objetos.

Realismo socialista. Nace en los años treinta del siglo XX como estilo pictórico y arquitectónico, para convertirse poco después en la única expresión artística estimulada en los países socialistas, China incluida. Se forma como reacción a las tendencias extremistas de la vanguardia soviética, acusada de no saber implicar al pueblo en el disfrute de la producción artística, y pronto se hace notar por su espíritu abiertamente apologista con respecto a los logros del socialismo real. Aunque se considera un "arte menor" y, en ocasiones, ni siquiera arte, ha producido algunas obras dignas de mencionar. Obra emblemática del realismo socialista es el colosal grupo escultórico del *Obrero y la koljosiana*, realizado por Vera Muhina en 1937.

La Rosa Azul. En ruso, "Golubaja roza". Movimiento pictórico moscovita formado entre 1906 y 1907 por los discípulos de Borisov-Musatov, el primer gran simbolista ruso. El grupo tuvo gran importancia en el desarrollo del arte posterior porque reinterpretó en el lenguaje propio del simbolismo la tradición del arte popular ruso. Entre los artistas de la Rosa Azul, es notable sobre todo la obra de Pavel Kuznecov.

Samovar. Hervidor de agua. Siempre dispuesto para diluir el concentrado de té que reposa en la tetera, hasta hace poco no faltaba en ninguna casa, cafetería u oficina. Actualmente, ha sido sustituido en gran medida por hervidores de estilo occidental o bien se emplea como adorno. Antes de que se fabricara el modelo eléctrico, el samovar tenía un hornillo sobre el que se colocaban brasas de carbón para mantener el agua caliente.

Samovar.

Satior. Véase el recuadro de la pág. 51.

Usad'ba. Término ruso con el cual se definen las grandes haciendas con casas de campo. Complejo que, en torno al vasto edificio principal, generalmente de madera, pero con muchas habitaciones y amplios balcones, dispone de estancias habitables para la servidumbre, almacenes, pérgolas y pequeños embarcaderos.

Versta. Antigua unidad de medida de longitud equivalente a 1,0668 km que aparece ya citada en el siglo XI. Se dividía en 500 sažen'.

Zacomara. Véase el recuadro de la pág. 51.

INFORMACIONES PRÁCTICAS

PARA VIAJAR POR RUSIA

La información contenida en las siguientes páginas se ha contrastado detenidamente antes de imprimirse. Sin embargo, teniendo en cuenta que los datos indicados están sujetos a variaciones, aconsejamos a los lectores que se cercioren antes de emprender el viaje. Cualquier sugerencia u observación será bienvenida.

Organización del viaje

No existen especiales dificultades a la hora de organizar un viaje a Rusia.

Pasaportes y visados. Se permite la entrada sólo a las personas que cuenten con un pasaporte y un visado válidos. Normalmente, las agencias turísticas se encargan de solicitarlos, pero cualquier persona puede hacerlo. Los representantes diplomáticos expiden el visado al presentar una invitación o la confirmación de una reserva hotelera. En el primer caso, es necesario conocer un ciudadano ruso, o bien una empresa que tenga relaciones con el país de origen, mientras que para la reserva hotelera, nos deberemos dirigir a una agencia de viajes, o bien contactar directamente con el hotel en el que pretendamos alojarnos.

Los visados se expiden sin problemas; no obstante, hay que tener en cuenta que su concesión es facultad exclusiva de los funcionarios del Ministerio de Exteriores que, en caso de denegación, no tendrán obligación de ofrecer explicaciones de clase alguna.

Al llegar a Rusia, el hotel se ocupará de refrendarlo. En el caso de invitación personal, deberemos dirigirnos con nuestro anfitrión a la comisaría de policía (OVIR).

Conviene leer detenidamente la página web de los consulados rusos en Madrid y Barcelona (www.visados.narod.ru).

Disposiciones aduaneras y controles de fronteras. No existe límite alguno con respecto a la introducción de divisas, cheques, objetos de valor (piedras, oro, perlas, etc.), que quedarán registrados en la correspondiente declaración que se debe rellenar al entrar en el país y antes del control. Al llegar, se pasa por el control de pasaportes, donde se retira una de las tres partes del visado y se recogen los equipajes (en caso de llegar al aeropuerto). A continuación se pasa el control de aduanas, en el que se debe presentar una declaración firmada (el módulo se distribuye en el avión o se encuentra sobre los mostradores del aeropuerto o en los puestos fronterizos de carretera): en esta declaración se especifica que no se importan armas, droga, objetos de anticuario ni moneda rusa; se declara la cantidad y el tipo de divisa (no es necesario mencionar las tarjetas de crédito) y el número de bultos (incluido el equipaje de mano). El documento aduanero refrendado, que se debe conservar, es esencial para la repatriación de la divisa no gastada, los cheques y los objetos de valor. A la salida, se debe rellenar una segunda declaración restando la divisa gastada; la policía retira las dos declaraciones e inspecciona el equipaje. Cuando se compran objetos antiguos o de valor se debe solicitar un recibo para la aduana (normalmente, lo entregan sin necesidad de solicitarlo): los oficiales de aduana pueden pedirlo. Las exportaciones de caviar están permitidas sólo en pequeñas cantidades (300 gramos). En ocasiones, se solicita el recibo de compra; no olviden, por tanto, conservarlo.

Vacunas y asistencia médica. No se pide ningún tipo de vacunación. Quien desee un visado múltiple por motivos de trabajo, tendrá que someterse a las pruebas de VIH.

El servicio médico de urgencias es gratuito. También existen en Moscú y San Petersburgo centros médicos para extranjeros. En **Moscú:** American medical center, Grohol'skij pereulok 10, tel. 9337701; en **San Petersburgo,** American medical center, ulica Serpuhovskaja 10, tel. 3261730.

Animales. Los hoteles de mayor categoría aceptan animales domésticos, pero es necesario estar en posesión de un certificado veterinario de buena salud redactado en el país de origen menos de 10 días antes de la partida.

Embajadas y consulados

Embajada de la Federación de Rusia: Velázquez, 155. Madrid 28002. Telf. 91 562 22 64.
Consulado General de la Federación de Rusia: Avda. Pearson, 34, Barcelona 08034. Telf. 93 280 10 51 y Fax: 93 204 02 46. Joaquín Costa, 33, Madrid 28002. Telf. 91 411 29 57 y Fax: 91 562 78 30.
Rusia carece de una oficina de turismo en España aunque numerosos operadores turísticos trabajan con el país.
Embajada y Consulado General de España en Moscú: Úlitsa Bolsháya Nikítskaya (antigua Calle Gértsena) 50/8, 121069 Moscú. Telf. 7-095-202 26 57 y 202 21 61. Fax: 200 12 30 y 291 91 71. Para urgencias, telf. 290 41 52. En la actualidad, la entrada general, en la dirección indicada, está físicamente situada en Pereúlok Skariatinski.
Consulado General de España en Moscú: Málaya Nikítskaya 21. Telf. 234-22 84/ 958-24 19/ 07; 958- 23 89. Para visados, telf. 234-22 92/ 234 22 93/ 234 22 94. Fax: 234 22 86. E-mail: consespmos@mail.mae.es.
Consulado General de España en San Petersburgo: de inminente apertura.

Clima y época del viaje

Moscú tiene clima continental, mientras que el de San Petersburgo es boreal húmedo. Los inviernos son muy crudos. Sin embargo, el frío es soportable si se tiene ropa adecuada: lana y nuevos tejidos de alta montaña, calzado térmico, etc. Los que no se dejen intimidar por el frío, deben saber que los momentos más sugerentes de Rusia tienen lugar en invierno, con los ríos helados; sin embargo, los días son breves y se corre el riesgo de pasar dos semanas ininterrumpidas de nieve. El deshielo empieza en marzo y, con él, empieza también un periodo muy lluvioso que precede a la primavera. Éste es el momento del año menos aconsejable, ya que las carreteras están recubiertas de una capa de barro. La innegable incomodidad del agua se ve parcialmente compensada por el insólito espectáculo de los hielos a la deriva sobre las aguas de los grandes ríos.

El verano se concentra en los meses de junio y julio. La temperatura ronda normalmente los 20 °C y predomina el sol; sin embargo, es conveniente llevar un paraguas y botas de agua. No son poco frecuentes los veranos fríos, en los que es necesario llevar ropa de lana. El verano regala a San Petersburgo la magia de las noches blancas [pág. 185] y a todo el país la alegría propia de un pueblo que espera la bella estación como sólo puede hacerlo quien vive en las latitudes septentrionales. El otoño es breve (septiembre y mitad de octubre), y normalmente lluvioso; sin embargo, los años de pocas precipitaciones, los colores de la naturaleza son espectaculares.

Accesos

En avión. El medio más habitual, rápido y seguro para viajar a cualquiera de estas dos ciudades es el avión. Muchas compañías europeas vuelan desde Madrid y Barcelona todos los días, aunque siempre con una escala en el país de bandera. La duración del vuelo con escala oscila entre 5 y 7 horas. Hay también vuelos chárter desde otras ciudades españolas, como Málaga o Alicante. Moscú tiene cinco aeropuertos para el tráfico civil. La mayor parte de las líneas internacionales utilizan la Terminal 2 del **aeropuerto de Sheremétievo** (de Sheremétievo 1 salen los vuelos a San Petersburgo). Para vuelos con Europa también funciona el **aeropuerto de Domodédovo**, en el sureste de

Moscú (al que llegan compañías como Swiss). Otro aeropuerto importante es el de **Vnúkovo** I y II, situado al suroeste de la ciudad, que cubre vuelos nacionales e internacionales.

El aeropuerto de San Petersburgo se llama **Púlkovo** y posee dos terminales: Púlkovo I, para vuelos domésticos y algunos internacionales, y Púlkovo II, para vuelos internacionales.

En automóvil. Es necesario contar con todos los visados de tránsito para circular por los países que se atravesarán, así como la documentación del vehículo, para lo cual es imprescindible informarse previamente en los consulados respectivos. Se requiere un carné de conducir internacional.

El transporte privado por carretera como turista es especialmente desaconsejable por razones relacionadas con la seguridad, el clima, el estado de las carreteras y el cruce de fronteras.

En barco. Una atractiva opción es llegar en barco a San Petersburgo dentro del itinerario de un crucero por el Báltico porque, en este caso, no es necesario formalizar un visado para visitar la ciudad.

Tampoco hay que olvidar la posibilidad de realizar cruceros fluviales para viajar a ambas ciudades e ir del mar Báltico al mar Negro o al mar Caspio, o viceversa, pasando por Moscú y visitando ciudades del Anillo de Oro, además de Nízni Nóvgorod, Samára, Sarátov, Volgográdo y Rostov del Don (un canal une el río Don, que cruza Ucrania, con el Volga). Para quienes deseen ir con su propia embarcación es aconsejable consultar las páginas web www.sail.sp.ru y www.tourism.spb.ru.

También puede ser de interés la dirección del Sindicato de Navegación a Vela de San Petersburgo: altair@ruspol.spb.ru.

Lengua

El ruso pertenece al grupo de las lenguas eslavas orientales. Aunque sea de origen indoeuropeo, resulta incomprensible para un español. Sin embargo, no es imposible hacerse entender, ya que los rusos y los españoles están dotados en general de buenas habilidades comunicativas. Por otro lado, muchos jóvenes hablan inglés, al igual que el personal de los principales hoteles y restaurantes de Moscú y San Petersburgo. El alfabeto es cirílico, de derivación griega.

Circulación por carretera

Al entrar en territorio ruso, una vez que se ha presentado el carné internacional y la cartilla de circulación del vehículo (que debe pertenecer al conductor), se expide una hoja de circulación a nombre del propietario del automóvil, válida hasta la fecha de expiración del visado. Hay que tener ciudado de no prolongar más la estancia, ya que podrían confiscar el vehículo.

Las redes de carreteras rusas son un tanto deficitarias: las autopistas son escasas y el firme está a menudo deteriorado, con enormes baches sin visibilidad en la carretera. Las condiciones de las carreteras periféricas son especialmente malas. El gran aumento de compra de automóviles de los últimos años provoca en los grandes centros problemas de tráfico; sin embargo, es relativamente fácil encontrar aparcamiento, aunque en ocasiones haya que pagar.

Aparte del Anillo de Oro, donde se debe prestar atención al consumo de carburante y repostar en las pocas estaciones de servicio que se encuentran, no es complicado encontrar gasolina, con o sin plomo. Sin embargo, se recuerda que el octanaje es inferior al de España.

El mayor problema que angustia a los conductores en Rusia es la policía de tráfico (GAI), un cuerpo que se ocupa poco de regular el tráfico y se interesa mucho por poner multas, que ascienden a cifras inauditas. Aficionados a las "propinas", suelen parar a

Alfabeto ruso

Caracteres cirílicos	Transcripción	Pronunciación
А а	a	a
Б б	b	
В в	v	en final de palabra, f
Г г	g	gutural, en desinencias –ogo, –ego = v
Д д	d	
Е е	e	ye si es inicial o ante vocal o ь cirílica, es decir el ' de la transcripción
Ё ё	ë	io, siempre acentuada
Ж ж	ž	j francesa
З з	z	
И и	i	
Й й	j	i semivocal, tras vocal
К к	k	k
Л л	l	
М м	m	
Н н	n	
О о	o	a, en la sílaba anterior a la tónica
П п	p	
Р р	r	
С с	s	siempre fuerte
Т т	t	
У у	u	
Ф ф	f	
Х х	ch	j gutural y aspirada
Ц ц	c	tz, como el sonido vasco
Ч ч	č	ch, siempre suave
Ш ш	š	sh, suave
Щ щ	šč	sh + ch suave
Ы ы	y	i
Ь ь	'	debilita la consonante anterior
Э э	è	
Ю ю	ju	yu
Я я	ja	ya

los automovilistas para realizar largos y minuciosos controles. El único sistema para evitar aventuras desagradables es seguir el código de la circulación al pie de la letra. Se debe tener en cuenta los límites de velocidad, incluso cuando parezcan absurdos.

Zonas de riesgo y orden público

El fenómeno de la criminalidad común existe, está en continuo aumento, pero no se puede considerar una lacra social. Existen carteristas y personas que roban pisos, pero no se da el fenómeno del tirón. No existen zonas especialmente peligrosas; en cualquier caso, eviten los puertos y las estaciones de tren por la noche. Un peligro puede ser el de los grupos de borrachos por la noche, pero de todos modos las agresiones no son frecuentes. Yendo a restaurantes y locales de moda, puede encontrarse con personas de aspecto poco recomendable. No olvide llevar un documento de identificación, ya que la policía efectúa controles con frecuencia.

Huso horario

La diferencia entre España y Moscú es de dos horas más; Rusia también sigue las normas internacionales de horarios, así que la diferencia es siempre la misma.

Moneda

La unidad monetaria es el rublo, dividido en 100 kópecs. Hay billetes de 10, 50, 100, 500 y 1000 rublos, y monedas de 1, 2, 5 rublos, y 1, 5, 10 y 50 copecas. Aunque muchos precios se expresan en dólares estadounidenses, por ley los pagos sólo se pueden hacer en rublos.

El rublo no es convertible, por tanto no se puede comprar ni vender fuera del país. Los puntos de cambio son muy numerosos: algunos permanecen abiertos hasta avanzada la tarde; para efectuar las operaciones de cambio es indispensable presentar un documento válido. En Moscú y San Petersburgo se pueden comprar rublos y dólares pagando con tarjeta de crédito. La comisión ronda el 2 por 100.

Correo y teléfonos

Las cartas y postales se echan a los buzones correspondientes, que a menudo se encuentran también en los hoteles. Los sellos se compran sólo en los hoteles o en las oficinas de correos. Desde las sedes centrales de correos, se pueden enviar fax y telegramas a España. Las conversaciones telefónicas con España son directas; las tarifas, si se llama desde el hotel, son normalmente mucho mayores. Las tarjetas telefónicas se compran en las taquillas del metro. Para llamar a España, hay que marcar el 8, esperar la señal, luego el 1034 y el número deseado.

Electricidad

El voltaje es de 220 voltios en corriente alterna. Enchufes, transformadores y conexiones son en general de tipo europeo, aunque pueden necesitarse adaptadores en los hoteles de menor categoría.

Transportes

Medios públicos. El metro resulta muy cómodo, con muchas líneas y paradas en todas las zonas de Moscú y de San Petersburgo. Las monedas con las que pagar (que se introducen en una máquina automática) se compran en las mismas estaciones. No existen limitaciones de kilómetros ni de tiempo. La primera vez que se baja por las escaleras mecánicas a los trenes, hay que prestar atención por la velocidad a la que llegan. El último metro de Moscú sale a la 1 h y en San Petersburgo, a las 24 h. Se desaconsejan los tranvías, autobuses y trolebuses, obsoletos y demasiado llenos; en cualquier caso, vale la pena recordar que los billetes se compran de diez en diez, y los vende el conductor.

Taxis. Los taxis oficiales son automóviles de fabricación rusa, normalmente amarillos y con la inscripción "taxi". Los conductores están obligados a accionar el taxímetro: si se olvidaran de hacerlo, recuérdenselo con señales claras. Hay pocos aparcamientos autorizados y, por lo tanto, hay que parar a los taxis por la calle, haciendo señales con la mano. En los aparcamientos de los grandes hoteles, hay otros tipos de taxis, automóviles extranjeros de grandes cilindradas con tarifas mucho más altas. Hay muchos taxistas abusivos, simples conductores que acompañan al pasajero por una compensación económica que, por lo general, se acuerda de antemano.

Alquiler de vehículos. Tanto en la capital como en San Petersburgo se encuentran las principales agencias internacionales.

Compras

Existen varios lugares donde adquirir productos artesanales rusos de óptima calidad y a precios razonables. Las tiendas en general abren todos los días hasta las 20 horas; algunas tienen horario continuado. También hay supermercados abiertos las 24 horas.

Para viajar por Rusia

Hoteles y campings

En Rusia, faltan hoteles de precio medio, de servicio corriente pero satisfactorio. Existen hoteles lujosos, generalmente ubicados en palacios antiguos, con decoración de época y servicio impecable, pero muy caros; por otro lado, hay hoteles de tipo soviético, en los que para poder acceder existe la obligación de presentar una contraseña asignada al entregar los documentos; el servicio es incompleto, los baños poco atractivos. Los hoteles de San Petersburgo, pero sobre todo los de Moscú son caros para viajar solo.

En verano es posible alojarse en un camping económico: en Moscú se encuentra en el suburbio de Mitišči, localidad Pirogovo, a unos 30 km al norte del centro; en San Petersburgo, en la localidad Ol'gino, 20 km al noroeste. Entre las ciudades del Anillo de Oro, se aconseja escoger Suzdal y Kostroma (o Yaroslav, más caro). De cualquier forma, todos los centros disponen de hoteles más o menos aceptables.

Antes de aceptar la habitación, hay que cerciorarse del funcionamiento de la calefacción y de la existencia de agua caliente. Para elegir habitación, hay que tener en cuenta que por el término "lux" (lujo) se entiende un apartamento caro y decorado con mal gusto: son mejores las habitaciones renovadas recientemente, simples pero limpias, llamadas "modernizirovannye kommaty". Todos los hoteles que aparecen en esta guía se han seleccionado detenidamente y se han catalogado según el número de estrellas que se les reconoce; esto no quita que con el tiempo la calidad pueda cambiar.

Servicios higiénicos públicos

Indicados por la letra Ж para las mujeres y M para los hombres son de pago. La tarifa se indica y debe ser introducida en la ranura. En las cafeterías, no siempre hay baño. Se aconseja por tanto, tomar el café en el bar del hotel, provistos siempre de lujosos baños.

Fotografías y vídeos

No existen limitaciones, a excepción de los lugares que se indican claramente con carteles. Quien entra en el museo con la cámara fotográfica o de vídeo, debe pagar por lo general un suplemento; está prohibido el uso de *flash*. En las ciudades más grandes, se pueden comprar carretes y material fotográfico de todos los tipos.

Para los niños

Los bellos parques de Moscú o las islas de San Petersburgo constituyen un atractivo para los niños, que en verano encuentran con atracciones y carruseles o, a menudo, barcas para excursiones por los lagos, mientras que en invierno pueden divertirse tirándose bolas de nieve o deslizándose por los montones de hielo.

Entre los lugares cerrados, se recomienda llevar a los niños al circo, popularísimo en Rusia. En Moscú, el más famoso se encuentra en Cvetnoj bul'var número 13. En San Petersburgo está el antiguo circo Ciniselli, en Nabereňnaja reki Fontanki, número 3. Los espectáculos tienen lugar a las 18 h; en verano, los mejores circos están cerrados. También son muy divertidas las representaciones de marionetas: en Moscú en ulica Spartakovskaja número 26; en San Petersburgo, en ulica Nekrasova, número 10.

321

Vocabulario gastronómico

Cirílico	Transcripción	Castellano
Ресторан	Restoran	Restaurante
Кондитерская	Kondíterskaja	Pastelería
Молочная	Molóčnaja	Lechería
Завтрак	Závtrak	Desayuno
Обед	Obéd	Comida
Ужин	Èžin	Cena
Официант	Oficiánt	Camarero
Горничная	Górničnaja	Camarera
Бутылка	Butýlka	Botella
Тарелка	Tarélka	Plato
Стакан	Stakán	Vaso
Рюмка	Rjúmka	Vaso (de vino)
Вилка	Vílka	Tenedor
Ложка	Lóžka	Cuchara
Нож	Nož	Cuchillo
Салфетка	Salfétka	Servilleta
Солъ	Sol'	Sal
Перец	Pérec	Pimienta
Горчица	Gorčica	Mostaza
Меню	Menju	Menú

Завтрак	*Závtrak*	*Desayuno*
Хлеб	Chleb	Pan
Здобный хлеб	Zdóbnyj chleb	Brioche
Белый хлеб	Bélyj chleb	Pan blanco
Черный хлеб	Čornyj chleb	Pan negro (de centeno)
Чай	Čáj	Té
Кофе	Kófe	Café
Молоко	Molokó	Leche
Масло	Máslo	Mantequilla

Cirílico	Transcripción	Castellano
Варенъе	Varén'e	Mermelada
Сахар	Sáchar	Azúcar
Яйца	Jájca	Huevos
Омлет	Omlét	Tortilla
Закуски	*Zakúski*	*Entremeses*
Икра	Ikrá	Caviar
Колбаса	Kolbasá	Salchichón
Ветчина	Vétčiná	Jamón
Анчоус	Ančóus	Anchoa
Селедка	Selëdka	Arenque
Маслины	Maslíny	Aceitunas
Грибы	Gríbý	Setas
Грибы соленъие	Gríbý sólënye	Setas marinadas
Блины	Blíný	Crêpes
Пирог	Piróg	Hojaldre relleno
Салаты	*Saláty*	*Ensaladas*
Огурец	Oguréc	Pepino
Помидоры	Pomidóry	Tomates
Капуста	Kapústa	Col
Голубцы	Golubcý	Col rellena
Красная капуста	Krasnajá kapústa	Lombarda
Редиска	Rédiska	Rábano
Перец	Peréc	Pimiento
Свекла	Svëkla	Remolacha
Супы	*Súpý*	*Sopas*
Борщ	Boršč	sopa de legumbres, remolacha y nata ácida
Солянка	Soljánka	sopa de verduras con tocino y picante
Рыбная Солянка	Rybnaja soljánka	Soljánka con trocitos de pescado
Уха	Uchá	sopa de pescado
Окрощка	Okróška	sopa fría a base de *kvas*
Свеколъник	Svekól'nik	sopa fría vegetariana a base de remolacha
Щи	Ščí	sopa de col y carne
Рассолъник	Rassól'nik	sopa con pollo, pepinos y nata ácida
Булъон	Bul'ón	Consomé
Мясо	*Mjáso*	*Carne*
Антрекот	Antrekót	Entrecot
Зскалоп	Eskalop	Escalope
Щницел	Šnicel	Chuleta empanada
Филе	Filé	Filete
Бифштекс	Bifštéks	Bistec
Котлет	Kotlét	Chuleta
Ростбиф	Róstbif	Rosbif
Лангет	Langét	Bistec pequeño

Cirílico	Transcripción	Castellano
Биф-строганов	Bifstróganov	Bistec a la Stroganov rehogado en mantequilla, cebolla y nata
Поджарка	Podžárka	Carne asada
Колбаса	Kolbasá	Carne fría
Говядина	Govjádina	Novillo
Вареная говядина	Varënaja gov'ádina	Novillo hervido
Телятина	Teljátina	Ternera
Бараина	Baránina	Cordero
Свинина	Svínína	Cerdo
Курица	Kúrica	Pollo
Гусъ	Gus'	Oca
Гусъ с яблоками	Gus's jáblokami	Oca con manzanas
Индюк	Indjúk	Pavo
Рябчик	Rjábčik	Gallo salvaje o urogallo
Утка	Útka	Pato
Кролик	Królik	Conejo
Фазан	Fazán	Faisán
Медведъ	Medvéd'	Oso
Язык	Jázýk	Lengua
Битки	Bítki	Albóndigas de carne picada
Котлеты по Киевски	Kotléty po Kíevski	Pechuga al estilo Kiev
Табака	Tabaká	Pollo picante (plato del Cáucaso)
Щащлык	Šašlýk	pinchos morunos de cordero, plato del Cáucaso
Рибы	*Ríby*	**Pescado**
Осетр	Osetr	Esturión
Семга	Sëmga	Salmón ahumado
Судак	Sudák	Perca
Форелъ	Forél'	Trucha
Щука	Ščuka	Lucio
Сом	Som	Siluro
Карп	Karp	Carpa
Треска	Treská	Merluza
Крабы	Kráby	Cangrejos
Сардины	Sardíny	Sardinas
Селъдъ	Sel'd'	Arenques
Камбапа	Kámbala	Lenguado
Палтус	Páltus	Rodaballo
Гарниры	*Garníry*	**Guarniciones**
Горох	Goróch	Guisantes
Баклажаны	Baklažány	Berenjenas
Кабачки	Kabáčkí	Calabacines
Картофель	Kartófél'	Patatas
Морковь	Morkóv'	Zanahorias
Овощи	Ovošči	Legumbres
Фасоль	Fasól'	Judías verdes

Cirílico	Transcripción	Castellano
Цветная капуста	Cvetnája kapústa	Coliflor
Рис	Ris	Arroz

Десерт — *Desért* — *Postres*

Cirílico	Transcripción	Castellano
Сыр	Syr	Queso
Голландскый сыр	Gollándskij syr	Queso holandés
Зеленый сыр	Zelënyj syr	Queso verde, muy picante
Творог	Tvoróg	Queso blanco
Мороженое	Morózenoe	Helado
Пнрожное	Pirožnoe	Pastas de té
Блины	Bliný	Crêpes
Блинчики	Blínčiki	Crêpes pequeñas
Торт	Tort	Tarta
Щоколадный бискуит	Šokoládnyj biskuít	Tarta de chocolate
Яблочный пирог	Jábločnyj piróg	Tarta de manzana

Фрукты — *Frúkty* — *Fruta*

Cirílico	Transcripción	Castellano
Кисель	Kisél'	Gelatina de fruta
Компот	Kompót	Compota de fruta
Абрикос	Abrikós	Albaricoque
Ананас	Ananás	Piña
Апельсин	Apel'sín	Naranja
Арбуз	Arbúz	Sandía
Банан	Banán	Plátano
Виноград	Vinográd	Uva
Лимон	Limón	Limón
Малина	Malína	Frambuesa
Мандарин	Mandarín	Mandarina
Персик	Pérsik	Melocotón
Слива	Slíva	Ciruela

Напитки — *Napítki* — *Bebidas*

Cirílico	Transcripción	Castellano
Водка	Vódka	Vodka
Квас	Kvas	Kvas
Вино	Vinó	Vino
Красиое вино	Krásnoe vinó	Vino tinto
Белое вино	Beloe vinó	Vino blanco
Сухое вино	Súchoe vinó	Vino seco
Щампанское вино	Šampaskoe vinó	Vino espumoso
Коньяк	Kon'jak	Coñác
Пиво	Pívo	Cerveza

Expresiones habituales

Cirílico	Transcripción	Castellano
Счет	Sčot	La cuenta
Пожалуйста	Požálujsta	Por favor
Спасибо	Spasíbo	Gracias
Хорошо	Chorošó	Bien
До свиданья	Do svidánja	Hasta la vista

Restaurantes

En el campo de la restauración, la oferta de Moscú y San Petersburgo es mucho más variada; sólo hay que tener en cuenta que los restaurantes baratos cierran pronto por la tarde. Los precios de Moscú son significativamente superiores a los de San Petersburgo. Los locales aconsejados en la guía han sido comprobados uno por uno: el criterio de evaluación tiene en cuenta no solo la calidad de los platos y del servicio, sino también el precio. Para quien desee embarcarse en aventuras gastronómicas, se aconseja echar una ojeada al menú, a fin de evitar la desagradable sorpresa de una cuenta muy elevada.

Cocina tradicional. El desayuno a la rusa es bastante más fuerte que el nuestro. En la mesa, encontrará de todo: pescado, carne, huevos, queso, té, café y leche; además, existen algunas especialidades típicas, como la "kaša" (densa pasta de sémola, grano sarraceno o arroz) y los lácteos, es decir, el kefir (leche fermentada densa), la "prostokvaša" y la rjaženka (otra especie de yogur).

La comida principal es, por lo general, la cena. Se sirven panes, blanco y negro, mantequilla, vodka y zumos de frutas. Posteriormente, aparecen en la mesa ensaladas con mahonesas y pescado ahumado. A continuación, las sopas, bastante consistentes.

El plato fuerte es carne o pescado. En Rusia predomina el consumo de buey, ternera y pollo: el modo de cocinar las carnes no es muy diferente del nuestro. Entre los pescados, el esturión y el salmón son los más difundidos, pero no falta todo tipo de pescados de agua dulce de Europa, así como pescados de mar asiáticos y europeos. La preparación del pescado es aún más esmerada que la de la carne: típicos rusos son los pescados rellenos, de larga preparación, los pescados en cucurucho, las albóndigas de pescado cocidas o al vapor y el pescado (sobre todo el esturión) en gelatina.

Los embutidos son poco comunes (en todo caso, se sirven como primer plato) y los quesos: entre éstos se debe mencionar el "tvorog", parecido al requesón y el "zelënyi syr", queso verde parecido al roquefort. Bastante populares son los dulces, a menudo muy cremosos. El helado, acompañado de gelatina o mermelada de frutas del bosque, es exquisito.

Las bebidas. La reina de las bebidas es el vodka, que se puede servir a temperatura ambiente o fría. Se bebe en pequeños vasos de zumo, todo de un trago, seguido de un trozo de pan o un trozo de pepino macerado. También muy difundido, aunque no en todos los lugares, es el "kvas", antigua bebida tradicional a base de azúcar, centeno y cebada. Sin embargo, las limonadas dulces, la naranjada y la coca-cola la han suplantado cada vez más en los quioscos. La cerveza local también es de buena calidad y fuerte, poco espumosa y amarga. El vino ruso no existe, salvo el espumoso, por lo general, pésimo. Se consumen mucho los vinos de Crimea (Ucrania), Georgia y Moldavia. El consumo de té es muy alto.

Locales nocturnos

La nueva orientación política ha traído consigo una increíble relajación de las costumbres: en atestados locales se concentra una vida nocturna de *strip-tease*, juegos de azar y prostitución. No faltan extravagancias (mujeres desnudas que lavan los automóviles de adinerados clientes) y excesos (en un local, pagando 500 dólares, se puede exigir que echen a una camarera poco complaciente). Tanto en San Petersburgo como en Moscú, ciudad que en el campo del ocio ofrece mucho más, las propuestas de vida nocturna son numerosas. Los locales que se aconsejan son los que están de moda en el momento de impresión de la guía; sin embargo, teniendo en cuenta la volubilidad de los gustos que caracteriza a su clientela, no sería de extrañar que la situación cambiase.

Propinas

En los restaurantes el servicio está incluido, pero resulta aconsejable dejar un 5-10 por ciento de más. Los empleados del guardarropas esperan también algún rublo de más, y los taxistas un 5-10 por ciento del precio de la carrera. En la recepción de los hoteles, normalmente se deja un mínimo de 100 rublos.

Periódicos

Quien tenga la costumbre de leer el periódico por la mañana, deberá abandonarla durante la duración del viaje por la Federación de Rusia o Ucrania. No es fácil encontrar periódicos españoles y cuando se hallan, en algún kiosco o librería del centro o en algún hotel, a menudo son periódicos editados algunos días antes.

HOTELES, RESTAURANTES Y OTROS SERVICIOS TURÍSTICOS

Recomendaciones para la lectura de este apartado

En esta sección se presentan las ciudades descritas en el apartado denominado Lugares de interés y que cuentan con una infraestructura turística importante. Junto con los nombres de las localidades se ha incluido el prefijo telefónico (detrás del signo ✆). Además, con el símbolo ⚓ se indica la existencia de servicios de navegación, con el símbolo ✈ los aeropuertos, con 🚆 las estaciones de ferrocarril y con 🚌 las estaciones de autobús y líneas más importantes. En las principales ciudades se incluyen también las direcciones de Correos, sucursales de las compañías aéreas, oficinas de información turística, etc.

La calidad y nivel de los servicios de los **hoteles** se indica mediante los siguientes signos:

- 🏨 los hoteles de lujo, equivalente a los de cinco estrellas;
- 🏨 1ª categoría, equivalente a los de cuatro estrellas;
- 🏨 2ª categoría, equivalente a los de tres estrellas;
- 🏨 3ª categoría, equivalente a los de dos estrellas;
- 🏨 4ª categoría, equivalente a los de una estrella.

Además de los hoteles, en este apartado se indican también los moteles (M), con su dirección, número de teléfono y la capacidad expresada en número de camas.

En cuanto a los **restaurantes,** son todos ellos recomendados por esta guía y van precedidos de un círculo con un número en su interior que significa lo siguiente:

- ❹ Muy buena cocina y buen servicio.
- ❸ Buena cocina.
- ❷ Interesante.
- ❶ Económico.

Los establecimientos ubicados en ciudades que cuentan con plano en esta guía van seguidos de una referencia de situación en el mismo, formado por una letra y un número. Así, por ejemplo, la referencia (I, B1) colocada al lado del nombre del hotel o restaurante, significa que dicho establecimiento se encuentra en la cuadrícula B1 del plano I de la ciudad. La abreviatura *(f.p.)* significa que el establecimiento se encuentra fuera del plano.

MOSCÚ ✆ 095

Bomberos: servicio de emergencia, telf. 01.
Policía: servicio de emergencia, telf. 02.
Ambulancia: servicio de emergencia, telf. 03.
Oficina Postal internacional: 2aja Brestskaja ulica 43, pal. 1 (metro Belorusskaja; *lun-vie 9-20, sab 10-17, dom 12-17*; II, *B3*).

- *Belorusskij vokzal*, ploščad' Tverskaja Zastava 7 (metro Belorusskaja; II, *B3*); *Kazanskij vokzal*, Komsomol'skaja ploščad' 2 (metro Komsomol'skaja; II, *B5*); *Kievskij vokzal*, ploščad' Kievskogo Vokzala (metro Kievskaja; II, *D2*); *Kurskij vokzal*, ulica Zemljanoj Val 29 (metro Kurskaja; II, *C5*); *Leningradskij vokzal*, Komsomol'skaja ploščad' 3 (metro Komsomol'skaja; II, *B5*); *Paveleckij vokzal*, Paveleckaja ploščad' 1 (metro Paveleckaja; II, *E5*); *Rižskij vokzal*, ploščad' Rižskogo Vokzala 64 (metro Rižskaja; II, *A4-5*); *Savelovskij vokzal*, ploščad' Savelovskogo Vokzala (metro Savelovskaja; II, *A3*); *Jaroslavskij vokzal*, Komsomol'skaja ploščad' 5 (metro Komsomol'skaja; II, *B5*).

Oficinas de información y taquillas del ferrocarril: además de en la propia estación, se pueden adquirir los billetes en Malyj Čerkasskij pereulok 1/3 telf. 1516371 (metro Lubjanka; I, *C4*; *lun-sab 8-20, dom 8-19*) y en Malyj Hariton'evskij pereulok 6/11 (metro Krasnyje Vorota, Čistye Prudy; I, *A6*-I, *B5*; *lun.-sab. 8-19*).

- Ščelkovskoe šosse 75/2 (metro Ščelkovskaja; III, *B6*; *todos los días 7-23*), enlaza con las ciudades del Anillo de Oro; Prospekt Mira, cerca del Centro ferial (metro VDNH; III, *B4*; *todos los días 7-21*), enlaza con Sergiev Posad.
- Leningradskoe šosse 51 (metro Rečnoj Vokzal; III, *A2*), de abril a mayo.
  Taquillas: Leningradskij prospekt 1 (metro Belorusskaja; II, *B3*; *lun.-vie. 9-12.30 y 13.30-19, sab. 9-12.30 y 13-18*).

Radiotaxi: telf. 9270000;
Pearl shell, telf. 9585928;
Taxi blues, telf. 1289477.

Circuito turístico: en *autobús* (sólo en ruso), parten de la entrada norte de los almacenes GUM; en *barco* (sólo en ruso), parten del Novospasskij most (metro Proletarskaja) y desde Kolomenskoe.

- *Vnukovo*, telf. 4362813 (IV, *E2*); *Domodedovo*, telf. 1550922 (IV, *F4*); *Šeremetevo 1* (nacional), telf. 5759001 (IV, *C3*); *Šeremetevo 2* (internacional), telf. 5789101 (IV, *C3*). Las conexiones se hacen con autobús pendular desde la terminal aérea-Aérovokzal, metro Aéroport. Los autobuses N. 851 (salen de la estación del metro Rečnoj Vokzal) y N. 817 (de la estación del metro Planernaja) llevan a los dos aeropuertos de Šeremetevo.

Aeroflot: Leningradskij prospekt 37/9 (metro Dinamo; II, *A2*), telf. 7538030 (*lun.-vie. 9-18*).

Austrian Airlines: Smolenskaja ploščad' 5 (metro Smolenskaja; II, *D3*), en el hotel Zolotoe Kol'co, telf. 9950995 (*lun.-vie. 9-13 y 14-17.30, sab 9-13*).

KLM: ulica Usačeva 35 (metro Sportivnaja; II, *E2*), telf. 2583600 (*lun.-vie. 9-17*).

Lufthansa: Olimpijskij prospekt 18/1 (en el Hotel Renaissance Moscow; metro Prospekt Mira; II, *B4*), telf. 7376400 (*lun.-vie. 9.30-18, sab. 9-14*).

Hoteles y restaurantes

- **Baltschug,** ulica Balčug 1 (metro Novokuzneckaja, Tret'jakovskaja), telf. 2306500, fax 2306502, www.kempinsky.moscow.com; 234 habitaciones. Amplias habitaciones, centro de fitness y una gran piscina. Mobiliario sencillo y elegante (I, *E4*).

- **Metropol',** Teatral'nyj proezd 1/4 (metro Teatral'naja), telf. 9276000, fax 9276010, www.interconti.com; 366 habitaciones. Histórico y céntrico, frecuentado por famosos. La restauración de 1990 ha conservado su esplendor original y su lujosa decoración modernista. Grandes habitaciones, mobiliario de época (I, *C3*).

- **National,** ulica Mohovaja 15/1 (metro Ohotnyj Rjad), telf. 2587000, fax 2587100, www.national.ru; 231 habitaciones. De 1903, en estilo modernista, es considerado el hotel de los hombres de negocios. Las habitaciones, dotadas de baños modernos, conservan su decoración original; las más sencillas son de gran elegancia. Alojó a Lenin inmediatamente después de transferir la capital a Moscú (I, *C3*).

- **Sheraton Palace Hotel,** laja Tverskaja-Jamskaja 19 (metro Belarusskaja, Majakovskaja), telf. 9319700, fax 9319704, palacehotel.admin@ns.co.ru; 221 habitaciones. Grandes habitaciones modernas, exquisita elegancia. Servicio impecable (II, *B3*).

- **Kosmos hotel complex,** prospekt Mira 150 (metro VDNH), telf. 2170785, fax 2157991, www.hotelcosmos.ru; 1.777 habi-

HOTELES Y RESTAURANTES

taciones. Obra de hoteleros franceses, se levantó para las olimpiadas de 1980. Con sauna y sala de billar (III, *B4*).

⭐ **Marco Polo Presnja,** Spiridon'evskij pereulok 9 (metro Majakovskaja, Puskinškaja), telf. 2443631, fax 9265404, marco-polo-presnja-hotel@co.ru; 68 habitaciones. Cerca de los estanques del Patriarca, tiene un servicio impecable. Alterna viejas y sugestivas habitaciones con otras reformadas; centro de fitness. Interesantes precios de fin de semana (I, *A1*).

⭐ **Savoy Hotel,** ulica Rož destvenka 3 (metro Lubjanka, Kuzneckij Most), telf. 9298500, fax 2302186, www.savoy.ru; 86 habitaciones. De 1912, en estilo victoriano, reformado en 1986, conserva la atmósfera de vieja Inglaterra sobre todo en sus bonitos pasillos; muebles modernos en las habitaciones. Caro. Detrás del Bol'šoj (I, *B4*).

⭐ **Alfa tourist complex,** Izmajlovskoe šosse 71 (metro Semënovskaja, Izmajlovskij park), telf. 1660163, fax 1660363; 7.500 habitaciones. Enorme complejo de los años 70 del siglo XX, constituido por cuatro rascacielos. Frecuentado sobre todo por rusos, tiene en los precios contenidos su mejor cualidad. Aunque está en las afueras su situación es muy cómoda (III, *C6*).

⭐ **Rossija,** ulica Varvarka 6 (metro Kitaj Gorod), telf. 2326001, fax 2326262, h-russia@col.ru; 3.150 habitaciones. Interesante edificio en pleno centro de la ciudad. Cortesía y magníficas vistas al Kremlin, es como una pequeña ciudad (I, *D4*).

⭐ **Traveller's Guest House,** Bol'šaja Perejaslavskaja ulica 50 (metro Prospekt Mira), en la 10ª planta, telf. 9714059, fax 2807686, tgh@glasnet.ru; 50 camas. Hotel económico tipo albergue, a diez minutos de la estación del metro. Tiene también habitaciones individuales y dobles (II, *A-B5*).

❹ **Cdl** (Casa de los literatos), ulica Povarskaja 50 (metro Barrikadnaja), telf. 2911515 *(todos los días 12-24)*. En dos elegantísimas salas: la sala del roble y la sala de la chimenea; exquisita cocina rusa, con platos exclusivos, como el *conejo a la Stroganov* o las *codornices a la Golycin* (II, *C3*).

❹ **Le Gastronome,** Kudrinskaja ploščad' 1 (metro Barrikadnaja), telf. 2554433 *(todos los días 12-24)*. Interiores años treinta de gran encanto, excelente cocina europea, servicio esmerado (II, *C3*).

❹ **Metropol',** Teatral'nyj proezd 1/4 (metro Teatral'naja-Ohotnyj rjad), hotel Metropol', telf. 9276061 *(todos los días 7-24)*. Cocina rusa (pero también europea) de calidad; bella cornisa modernista en la sala (I, *C3*).

❹ **Nostalgie Art Café,** Čistoprudnyj bul'var 12a (metro Čistyje Prudy), telf. 9169090 *(todos los días 12-24)*. Conciertos de jazz o espectáculos de tiptap desde las 20 h a las 22 h, buena cocina francesa. Frecuentado por actores (I, *B6*).

❸ **Brasserie du Soleil,** ulica Taganskaja 23 (metro Taganskaja), telf. 2585900 *(todos los días 12-16 y 18-23)*. Platos de cocina francesa, entre los que son muy apreciados los de ánades. Buen bar (II, *D5*).

❸ **Cdl** (Casa de los Literatos), ulica Nikitskaja 53 (metro Barrikadnaja), telf. 2912169 *(todos los días 12-24)*. Tercer restaurante del complejo, la Sala Pintada o "Café" propone una buena cocina europea entre frescos de artistas que han estado en el local (II, *C3*).

❸ **Samovar,** ulica Mjasnickaja 13 (metro Turgenevskaja), telf. 9244688 *(todos los días 12-23)*. Buena cocina rusa no demasiado elaborada, con 10 tipos de bliny y 20 de pel'meny (I, *B5*).

❸ **Skandinavia,** ulica Tverskaja 19 (metro Tverskaja-Čehovskaja), en el fondo del patio, telf. 2004986 *(todos los días 12-23)*. Muy querido por los occidentales residentes en Moscú. Cocina sueca y europea. Se recomienda sobre todo el pescado (I, *A2*).

❸ **U Djadi Giljaja** (Uncle Guily's), Stoleš nikov pereulok 6 (metro Ohotnyj Rjad), telf. 2292050 *(todos los días 12-24)*. Restaurante famoso por sus excelentes platos de carne (sobre todo de aves), pero el recibimiento no siempre es cordial (I, *B2*).

❷ **Edrëna Matrëna,** Klimentovskij pereulok 10/2 (metro Tret'jakovskaja), telf. 5939080 *(todos los días 11-23).* Con un local para el verano (decoración como una casa de campo ucrania) y otro para el invierno (tipo isba rusa). Autoservicio con alrededor de treinta tipos diferentes de entremeses. Cerca de la galería Tret'jakov (I, *F4*).

❷ **Elki Palki.** Cadena de restaurantes con cocina rusa casera de excelente calidad y moderados precios. Peculiar decoración de todos los locales, que recuerdan a las antiguas casas de campo. En el centro: Novyj Arbat 11 (metro Arbatskaja; I, *D1*), telf. 2916888. Bol'šaja Dmitrovka 23 (metro Čehovskaja; I, *B2*,). Bol'šaja Gruzinskaja 50 (metro Belorusskaja; II, *B3*,). *Abierto todos los días de 12-23.*

❷ **Mama Zoya,** Sečenovskij pereulok 8 (metro Kropotkinskaja), telf. 2017743 *(todos los días 12-23).* Repletísimo restaurante georgiano con precios muy contenidos. Las plantas de plástico forman una auténtica jungla (I, *F1*).

❷ **Moi druzja,** ulica 1aja Tverskaja Jamskaja 22 (metro Majakovskaja), telf. 2511116 *(todos los días 12-24).* Pizzería de ambiente informal y animado, como ya presagia el nombre del local, traducción en ruso de "Amigos míos" (II, *B3*).

❷ **Patio Pizza,** Volhonka 13a (metro Kropotkinskaja), telf. 2982530; Tverskaja 3 (metro Ohotnyj Rjad), telf. 2920577 *(todos los días 12-24).* Los dos mejores restaurantes-pizzería de la cadena. Horno de leña y manteles a cuadros, según manda la tradición (I, *E2*; I, *C3*).

❷ **Praga,** ulica Arbat 2 (metro Arbatskaja), telf. 2906171 *(todos los días 12-24).* En la última planta del gran complejo de restaurantes está la sala checa, un bistrot luminoso y con buenos precios. En las plantas inferiores carísimos locales kitsch (sala de los embajadores, sala de las columnas y sala de los zares), con porteros con auriculares y camareros vestidos con trajes del siglo XVII (I, *D1*).

❷ **Sed'moe Nebo,** ulica Akademika Korolëva 15 (metro VDNH), telf. 2822038 *(todos los días 11-20.45).* En la torre de la televisión, cocina rusa y europea con vistas a la ciudad. Temporalmente cerrado, reabrirá apenas se pueda acceder de nuevo a la torre (III, *B4*).

❷ **T.R.A.M.** (Restaurante de los Actores Teatrales Moscovita), ulica Malaja Dmitrovka 6 (metro Čehovskaja-Tverskaja), telf. 2990770 *(todos los días 12-24).* Bonito restaurante con pianola mecánica y atmósfera no convencional. Cocina rusa y europea (I, *A2*).

❶ **Russkoe Bistro.** Simpática idea de *fast-food,* con cocina y bebidas tradicionales rusas. Está por todos los sitios.

Pubs, música en vivo y cafeterías

Alabama, Stolešnikov pereulok 6, pal. 2 (metro Teatral'naja, Ohotnyj Rjad), telf. 2292412 *(todos los días 12-24).* El más famoso local de música de jazz (I, *B2*).

B.B. King, Sadovaja Samotečnaja 4/2 (metro Cvetnoj Bul'var), telf. 2998206 *(dom.-jue. 12-2, vie. y sab. 12-5).* Conciertos de jazz y blues de buen nivel. Público juvenil (II, *B4*).

Coffee Bean. Cadena de cafeterías, algunas tienen torrefacto, con licencia de bebidas alcohólicas y buena pastelería. En el centro: ulica Pokrovka 18/3 (metro Čistie Prudy, Kitaj gorod, *todos los días 8-22*; I, *C5*); Pušečnaja ulica 9/6 (metro Kuzneckij Most, *todos los días 9-20*; I, *B3*); Tverskaja ulica 10 (metro Puškinskaja, *todos los días 8-23*; I, *A2*).

Dom, Bol'šoj Ovčinnikovskij pereulok 24/4 (metro Tret'jakovskaja), telf. 9537236 *(jue-dom 19.30-23).* Centro de arte, donde también se puede saborear una buena cerveza, que organiza unos 200 conciertos de jazz al año, cinco festivales de varios géneros musicales y exposiciones teatrales (I, *E4*).

Il'ja Il'ič, ulica 1905 goda 2 (metro ulica 1905 goda), telf. 2559290 *(todos los días 12-24).* La cafetería, con un amplio surtido de infusiones y dulces, está en el interior de un restaurante *(abierto desde las 19)* decorado como la casa del héroe literario Il'ja Il'ič Oblomov. En verano tiene terraza al aire libre (II, *C2*).

John Bull Pub, Kutuzovskij prospekt 4 (metro Kievskaja), telf. 2435688 *(todos los días 12-1).* Local popular tanto entre los extranjeros como entre los nuevos rusos. Viernes y sábado hasta las 3 h (II, *C2*).

Puškin, Tverskoj Bul'var 26a (metro Puškinskaja, Tverskaja, Čehovskaja), telf. 2295590 *(siempre abierto).* En el corazón de la zona del ambiente nocturno, este local que no cierra nunca es el clásico lugar de encuentro de los moscovitas. En la primera planta tiene una cafetería a precios razonables, en la planta baja un restaurante muy caro (I, *A2*).

Rjumka, Trëhprudnyj pereulok 10/2 (metro Majakovskaja, Puškinskaja), telf. 2095444 *(todos los días 12-24)*. Un verdadero vodka-bar en estilo ruso, con 14 tipos de vodka y una infinidad de canapés de acompañamiento a la bebida, para todos los gustos y todos los bolsillos (I, *A1*).

Rosie O' Grady's, ulica Znamenka 9/12 (metro Arbatskaja), telf. 2039087 *(todos los días 12-1)*. Pub irlandés con fenomenales barmen (I, *D2*).

R.V.S., ulica Malaja Pirogovskaja 1 (metro Kropotkinskaja), telf. 2470446 *(todos los días 19-6)*. Buena cerveza de grifo y mesas de billar (II, *D3*).

Sally O'Brien, ulica Poljanka 1/5 (metro Poljanka), telf. 2300059 *(todos los días desde las 12 al último cliente)*. Tranquilo y relajante, es ideal para charlar (II, *D-E4*).

Štolnja, Zacepskij Val 6/13 (metro Paveleckaja), telf. 9534268 *(dom-mie 12-2, jue-sab 12-5)*. Cervecería de autoservicio en este simpático local camuflado de mina de carbón (II, *E5*).

Locales nocturnos, discotecas y casino

Embassy Club, Brjusov pereulok 8/10 (metro Ohotnyj Rjad), telf. 2297185 *(todos los días desde las 17 al último cliente)*. Bar, sala de cocktail y un restaurante se pueden encontrar en el palacio de los compositores. Conciertos de jazz de jueves a sábado a las 21 h (I, *C2*).

Metelica, ulica Novyj Arbat 21 (metro Arbatskaja; *todos los días 20-5)*. El casino permanece abierto desde las 12 h a las 20 h (I, *D1*).

Night Flight, ulica Tverskaja 17 (metro Tverskaja; *todos los días 21-5; restaurante 12-4)*. El lema del local es "hazlo esta noche". Para el que busca encuentros (I, *B2*).

Propaganda, Bol'šoj Zlatoustinskij pereulok 7 (metro Kitaj gorod; *todos los días 15-6)*. El más en boga entre los 350 locales nocturnos de Moscú (I, *C4*).

Studio, Tverskaja ulica 10 (metro Ohotnyj Rjad; *todos los días 20-8)*. Lugar de encuentro de las estrellas del pop ruso (I, *C3*).

XIII, ulica Mjasnickaja 13 (metro Čistyje Prudy; *gio-dom 21-6)*. El local ocupa tres salones del palacio del siglo XVII Rjabušinskij. Se requiere ir vestido de manera formal (I, *B5*).

ANILLO DE ORO

JAROSLAVL' ✆ 0852

Oficina de Turismo: en el monasterio del Salvador, telf. 303869.

Hoteles y restaurantes

⭐ **Jubilejnaja,** Kotorosl'skaja naberežnaja 11/A, telf. 309259; 240 habitaciones. Situación céntrica. Las habitaciones más confortables están en la cuarta planta. Precios altos para la provincia rusa.

❸ **Volga,** Volžskaja naberežnaja 2, telf. 229136. Excelente cocina rusa.

❸ **Spasskie Palaty,** Bogojavlenskaja ploščad' 25, telf. 729408. Restaurante de cocina rusa, junto al monasterio de la Transfiguración.

KOSTROMA ✆ 0942

Oficina de Turismo: ulica Sovetskaja 56, telf. 578735.

Hoteles y restaurantes

⭐ **Volga,** ulica Junošeskaja 1, telf. 594298; 150 habitaciones. Estancias luminosas y limpias a precios razonables. Céntrico.

❸ **Berendeevka,** Park kul'tury Berendeevka, telf. 554711. Cocina rusa de buena calidad. Camareros con traje regional.

❷ **Rus',** ulica Junošeskaja 1, telf. 594298. Amplio restaurante en el interior del hotel Volga. Elaborados platos tradicionales rusos y cocina internacional.

❷ **Slavjanskij,** Kvasnyie Rjady 1, telf. 317769. Discreta cocina en un ambiente familiar.

PERESLAVL'-ZALESSKIJ ✆ 08535

Oficina de Turismo: en el hotel Pereslavl' (habitación 174), telf. 21353.

Hoteles y restaurantes

⭐ **Lesnaja skazka,** en la carretera a Moscú, a 4 km del centro, telf. 20863; 18 habitaciones. Con bar, sauna, restau-

rante y casino. Edificio de madera a la orilla de un lago.
☆ **Pereslavl',** ulica Rostovskaja 27, telf. 21788. Es preferible escoger las habitaciones renovadas, en cualquier caso está muy céntrico.
❷ **Lesnaja skazka,** en el complejo hotelero, telf. 20863.

ROSTOV ✆ 08536

Oficina de Turismo: en el Kremlin, telf. 31761.

Hoteles y restaurantes

☆ **Dom na pogrebah,** en el Kremlin, telf. 31244; 20 habitaciones. Sugestivo hotel con baños indecentes (si está cerrado el Kremlin repicar la campanilla al lado de la puerta de entrada).
❷ **Teremok,** ulica Belinskgogo, telf. 31648. Espacioso y con cocina de buen nivel. En los fines de semana se reencuentra la "dorada juventud".
❶ **Slavjanskij,** Sovetskaja ploščad' 8, telf. 32228. Abierto hasta medianoche, pero conviene irse pronto, sobre todo durante la semana.

SERGUEI POSAD ✆ 254

Oficina de Turismo: en el monasterio, telf. 45356.

Hoteles y restaurantes

☆ **Zagorsk,** prospekt Krasnoj armii 171, telf. 24445; 170 habitaciones. Sólo si no se ha podido llegar a Moscú.
❷ **Sever,** prospekt Krasnoj Armii 140/1, telf. 45226. Pequeño y confortable restaurante decorado totalmente en madera.

❷ **Trapeza na Makovice,** prospekt Krasnoj armii 134, telf. 60074. Elegante local delante de la entrada al Kremlin.

SUZDAL' ✆ 09231

Oficina de Turismo: ulica Lenina 1, telf. 20937.

Hoteles y restaurantes

☆ **Pokrovskaja,** Pokrovskij monastyr', telf. 20889; 60 camas. Agradables isbas de madera con dos camas. Precios altos para provincias.
☆ **GTK,** al noreste de la ciudad, telf. 20908; 300 habitaciones. Están bien las habitaciones recientemente reformadas, aunque son pequeñas. Gran piscina. Precios razonables.
❸ **Trapeznaja,** Pokrovskij monastyr', telf. 21639. Excelente cocina rusa y servicio sobrio pero amable en un ambiente austero, como si se tratara de un refectorio de un antiguo monasterio. Cerrado a las 20 h.
❷ **Gostinyj Dvor,** Torgovaja Ploscad', telf. 21190. Decoración un poco pretenciosa en este céntrico restaurante de cocina rusa.
❷ **Traktir,** ulica Vasil'evskaja, telf. 21191. Cocina rusa tradicional.

VLADIMIR ✆ 0922

Oficina de Turismo: ulica Bol'šaja Moskovskaja 43, telf. 24263.

Hoteles y restaurantes

☆ **Vladimir,** ulica Bol'šaja Moskovskaja 74, telf. 343042. Sólo son aceptables las habitaciones recientemente restauradas.
❷ **Russkaja Derevnja,** Moskovskoe šosse, telf. 241624. Situado a las afueras, en la carretera hacia Moscú, restaurante de cocina local instalado en el interior de una gran isba.
❷ **Staryj gorod,** ulica Bol'šaja Moskovskaja 41, telf. 22954. Siguiendo las tradiciones de la provincia rusa, ofrece espectáculos musicales durante la cena.
❷ **U Zolotyh Vorot,** ulica Bol'šaja Moskovskaja 5, telf. 223435. Junto a la Puerta de Oro, cocina de buen nivel a precios bajos.

SAN PETERSBURGO ✆ 812

Correos: ulica Počtamtskaja 9 *(todos los días 9-20*; I, *E3)*.
Policía: servicio de emergencia, telf. 02.
Policía turística: telf. 1649787; los operadores hablan inglés.
Bomberos: servicio de emergencia, telf. 01.
Ambulancia: servicio de emergencia, telf. 03.

🚌 *Baltijskij vokzal*, naberežnaja Obvodnogo Kanala 120 (metro Baltijskaja; II, *F3)*; *Varšavskij vokzal*, naberežnaja Obvodnogo Kanala 118 (metro Baltijskaja; II, *F3)*; *Vitebskij vokzal*, Zagorodnyj prospekt 52 (metro Puškinskaja; II, *E4)*; *Moskovskij vokzal*, Nevskij prospekt 85 (metro Ploščad' Vosstanija; II, *E5)*; *Finljandskij vokzal*, ploščad' Lenina 6 (metro Finljandskij Vokzal; II, *C4)*.
Oficina de información y taquillas: Naberežnaja Kanala Griboedova 24 (metro Nevskij Prospekt; I, *D5*; *lun.-sab. 8-20, dom. 8-16)*.

🚌 Naberežnaja Obvodnogo Kanala 36 (metro Ligovskij Prospekt; II, *F4*; *todos los días 7-13 y 14-22)*.

⚓ *Puerto marítimo*: embarque de pasajeros, ploščad' Morskoj Slavy 1, telf. 3151310 (II, E1; *todos los días 9-21)*.

⚓ *Puerto fluvial*: embarque de pasajeros, prospekt Obyhovskoj Oborony 195 (metro Proletarskaja; II, *F6*, *f.p.)*, telf. 2620239 *(todos los días 9-21)*.

Taxi: *Radiotaxi* (reservas sólo en ruso), telf. 3120022, 3123297, 3145268.
Circuito turístico: en *autobús* (sólo en ruso, diurnos y nocturnos), salen del cruce entre Naberežnaja Kanala Gribojedova y Nevskij Prospekt (delante de la Catedral de Kazan'); *en barco*, salen de los puentes Aničkov, Kazanskij y Narodnyj (avenida Nevskij); *en helicóptero*, salen de la pradera que hay detrás de la Fortaleza.

✈ *Pulkovo 1* (nacional), telf. 1043822 (III, *D4)*; *Pulkovo 2* (internacional, 17 km al sur), telf. 1043444 (III, *D4)*.
Aéroflot: oficina de información y taquillas para vuelos internos, Nevskij prospekt 7/9 (metro Nevskij Prospekt; I, *D4)*, telf. 3146963 *(lun.-vie. 8-13 y 14-20, sab. y dom. 8-13 y 14-18)*; oficina de información y taquillas para vuelos internacionales, Kazanskaja ulica 5 (metro Nevskij Prospekt; I, *E4)*, telf. 3273873 *(lun.-vie. 8-13 y 14-20, sab. y dom. 8-13 y 14-18)*.

Austrian Airlines: Nevskij prospekt 57 (metro Majakovskaja; II, *E4)*, en el Nevskijj Palace Hotel, telf. 3253260 *(lun.-vie. 9-17)*.
KLM: Zagorodnyj prospekt 5 (metro Dostojevskaja; I, *F6)*, telf. 3258989 *(lun.-vie. 9-17)*.
Lufthansa: Nevskij prospekt 32 (metro Nevskij Prospekt; I, *D4-5)*, telf. 3201000 *(lun.-vie. 9-17)*.

Hoteles y restaurantes

⭐ **Gran Hotel Europa,** ulica Mihailovskaja 1/7 (metro Nevskij Prospekt), telf. 3296000, fax 3296001, www.grand-hotel-europe.com; 301 habitaciones. Prestigioso hotel en un antiguo palacio del centro. Arquitectura neoclásica y decoración modernista, servicio impecable. En las habitaciones más lujosas hay muebles de época (I, *D5)*.

⭐ **Astoria Angleterre,** ulica Bol'šaja Morskaja 39 (metro Nevskij Prospekt), telf. 2105757, fax 2105133, front@astoria.spb.ru; 436 habitaciones. Escenario de muchos episodios de la historia de la ciudad, renombrado hotel con servicio decididamente mejorado en los últimos tiempos. En la plaza de la catedral de San Isaac (I, *E3)*.

⭐ **Sheraton Nevskij Palace Hotel,** Nevskij prospekt 57 (metro Majakovskaja), telf. 2752001, fax 3107323, www.sheraton.-hotels.spb.ru; 286 habitaciones. Elegante hotel ubicado en un cómodo emplazamiento. Servicio de categoría, numerosos restaurantes y gran confort (I, *E6)*.

⭐ **Pribaltijskaja,** ulica Korablestroitelej 14 (metro Pribaltijskaja), telf. 3560001, fax 3564496, www.pribaltyskaya.ru; 1.200 habitaciones. No está céntrico pero tiene una bella vista del mar. Habitaciones no muy grandes pero confortables, buen servicio (II, *D1*, *f.p.)*.

⭐ **Matisov Domik,** naberežnaja reki Prjažki 3/1, telf. 2195445, fax 2197419; 18 habitaciones. Pequeño y simpático hotel, situado en una sugerente zona, llamada en los inicios del siglo XX "el Parnaso ruso"; a las afueras (I, *F1)*.

⭐ **Pulkovskaja,** ploščad' Pobedy 1 (metro Moskovskaja), telf. 1235122, fax 2646396; 840 habitaciones. Enorme complejo dividido en dos zonas A y B. Mejor la primera (II, *F3*, *f.p.)*.

⭐ **Sovetskaja,** Lermontovskij prospekt 43/1 (metro Tehnologičeskij Institut), telf. 3290186, fax 3290188, www.sovetskaya.com; 1.000 habitaciones. Gran edificio de época soviética, con habitaciones a precios asequibles y con un nivel decente (II, *F3*).

Ⓜ **Hostel Holiday,** ulica Mihailova 1 (metro Ploščad' Lenina), telf. 5427364, fax 3258559, www.hostel.ru; 100 camas. Edificio de época junto a la estación de Finlandia; económico y limpio (II, *C5*).

Ⓜ **Youth Hostel,** ulica 3-ja Sovetskaja 28 (metro Ploščad' Vosstanja), telf. 2770569, fax 3298019; 60 camas. Cerca de la estación de Moscú, repite tanto en el precio como en el servicio el sistema internacional de los hostales (II, *E5*).

❹ **Dvorjanskoje gnezdo,** ulica Dekabristov 21, telf. 3123205 *(todos los días 12-24)*. "Nouvelle cousine" a la rusa en un espacio del palacio Jusupov (I, *F2*).

❹ **Europa,** en el Grand Hotel Europa (ver antes), telf. 3296000 *(todos los días 7-10 y 18-23)*. Platos de la cocina rusa tradicional en una fastuoso marco modernista. Maravillosa la vidriera en el fondo de la sala (I, *D5*).

❹ **Flora,** Kamennoostrovskij prospekt 5 (metro Gor'kovskaja), telf. 2323400 *(todos los días 13-2)*. De moda entre los nuevos ricos, propone platos exóticos, como la carne de avestruz y de caimán. En las cercanías de la fortaleza (I, *A4*).

❹ **Landskrona,** en el Sheraton Nevskij Palace Hotel, telf. 2752001 *(todos los días 19-1)*. En la última planta; cocina europea sobria y sabrosa, servicio de clase (I, *E6*).

❸ **Afrodita,** Nevskij prospekt 86 (metro Majakovskaja), telf. 2757620 *(todos los días 12-24)*. Para los amantes del pescado (I, *E6*).

❸ **Kalinka,** S'ezdovskaja Linija 9 (metro Vasileostrovskaja), telf. 2133718 *(todos los días 12-24)*. Platos de la vieja Rusia (I, *C2*).

❸ **Sankt Petersburg,** naberežnaja Kanala Griboedova 5 (metro Nevskij Prospekt), telf. 3144947 *(todos los días 12-1.30)*. Cocina rusa de calidad y en cantidad; espectáculos de folclore y variedades de buen nivel. (I, *C5*).

❸ **Senat bar,** Galernaya 1, telf. 3149253 *(todos los días 11-5)*. Cocina europea y buenos vinos. Decorado como una bodega (I, *D3*).

❸ **Zimnij Sad,** en el Hotel Astoria (ver antes), telf. 2105906 *(todos los días 18-24)*. En un elegante salón de principios de siglo XX, sabrosos platos de la cocina europea; acompañamiento musical (I, *E3*).

❷ **Austerija,** en la Fortaleza (metro Gor'kovskaja), telf. 2384262 *(todos los días 12-24)*. Cocina rusa de buena calidad, siguiendo las recetas de la época de Pedro el Grande (I, *B4*).

❷ **Dem'janova uha,** Kronverkskij 53 (metro Gor'kovskaja), telf. 2321890 *(todos los días 11-22)*. Platos de pescado, entre los que está la tradicional sopa que da nombre al local (I, *B3*).

❷ **Idiot,** naberežnaja reki Mojki 82, telf. 3151675 *(todos los días 12-24)*. Platos vegetarianos que siguen la tradición rusa, en una ambientación dostoievskiana. En el complejo, local bueno y económico (I, *E3*).

❷ **Patio pizza,** Nevskij prospekt 182 (metro Ploščad'Aleksandra Nevskogo), telf. 2743719 *(todos los días 12-24)*. Manteles a cuadros, horno de leña y buenas pizzas (II, *E5*).

❷ **Stroganovskij Dvor,** Nevskij prospekt 17 (metro Nevskij prospekt), telf. 3152315 *(todos los días 12-24)*. Cafè-restaurante en el patio del palacio Stroganov, con buena cocina internacional y mucha alegría (I, *D4*).

❷ **Tbilisi,** Sytninskaja 10 (metro Gor'kovskaja), telf. 2329391 *(todos los días 12-23)*. Nella Petrogradskaja Storona, tradicional cocina georgiana con poco gasto y buenos platos (II, *C3*).

❷ **Tin'koff,** Kazanskaja ulica 7 (metro Nevskij prospekt), telf. 3148485 *(todos los días 12-5)*. Simpático restaurante lleno de buena cerveza, fabricada ante los ojos de sus sedientos parroquianos. En pleno centro (I, *E4*).

❶ **Antwerpen-pavilion,** Kronverkskij prospekt 13/2 (metro Gor'kovskaja; **todos los días 11-22**). Vista de la Troickaja ploščad', local amplio y luminoso (I, *A4*).

❶ **Blinnaja,** Gagarinskaja 13 (metro Černyševskaja; *todos los días 12-18*). Reino del «blini», tradicional "crêpe" ruso, para tomar con salsas saladas o mermeladas (I, *B6*).

❶ **Troickij Most,** Malaja Posadskaja 2 (metro Gor'kovskaja; *todos los días abierto 24 horas*). Una mezcla de cocina rusa e india, en un local limpio y muy económico, dirigido por los seguidores del Sai Baba (II, *C3*).

❶ **Sankt Petersburg,** naberežnaja Kanala Griboedova 5 (metro Nevskij Prospekt), al lado del restaurante homónimo *(todos los días 12-22)*. Frecuentado self-service bajo la catedral de la Resurrección (I, *C5*).

En Pavlovsk

❸ Podvorje, Filtrovskoe šosse 16, telf. 4651399. Excelente restaurante de cocina rusa instalado en el interior de una gran casa de madera. Putin es un cliente asiduo, tanto que con frecuencia ha celebrado aquí su cumpleaños. No es casualidad que en el menú haya un Menú del Presidente.

Pubs, música en vivo y cafeterías

Chaika, naberežnaja kanala Griboedova 14 (metro Nevskij prospekt), telf. 3124631 *(todos los días 11-3).* Restaurante de ambiente tranquilo, buena cerveza y platos alemanes (I, *D5*).

Ideal'naja Caska. Cadena de cafeterías, abiertas todo el día y casi toda la noche y decoradas con sencillez, y de buenos dulces donde se pueden degustar mezclas clásicas y más fantasiosas. Especialidad de café a la turca hervido sobre la arena incandescente. En el centro: Nevskij prospekt 15 (metro Nevskij prospekt), Nevskij prospekt 112 (metro Ploščad' Vosstanja), Vladimirskij prospekt 1 (metro Vladimirskaja, Majakovskaja).

Kavkaz-bar, ulica Karavannaja 18 (metro Gostinyj Dvor), telf. 3121665 *(todos los días 10-1).* Bar georgiano con una buena selección de vinos junto a un restaurante de cocina caucasiana (I, *D6*).

Mollie's, ulica Rubinštejna 36 (metro Dostoevskaja), telf. 3199768 *(todos los días 11-3).* Clásico local irlandés (I, *E6*).

Money-honey, Apraksin dvor korpus 14 (metro Sennala Ploščad'), telf. 310147 *(todos los días 12-23).* Económica cervecería frecuentada por los más jóvenes. Conciertos de rock a las 19.30 h (I, *E5*).

Nevskij 40, Dr Oekter, Nevskij prospekt 40 (metro Nevskij prospekt), telf. 3122457 *(todos los días 12-24).* Histórico negocio de panadería transformado en elegante cafetería con buenos dulces (I, *D5*).

Señor Pepe's Cantina, ulica Lomonosova 3 (metro Gostinyj Dvor), telf. 3107007 *(todos los días 12-24).* Alegre local con música en vivo donde beber cócteles y degustar platos sudamericanos (I, *E5*).

Tribunal, Senatskaja ploščad' 1, telf. 3111690 *(todos los días 11-3).* Ofrece comida rápida de día y local de moda de noche, con música de baile, ideal para conocer gente (I, *D3*).

Locales nocturnos, discotecas, casino

Hollywood Nites, Nevskij prospekt 46 *(todos los días 22-6).* Discoteca de moda donde a menudo se celebran conciertos de artistas internacionales.

Luna, Voznesenskij 46 *(todos los días 12-6).* Strip show a las 24 h; ideal para conocer jóvenes y guapas chicas.

Saigon, Nevskij prospekt 7 *(todos los días abierto 24 horas).* Discoteca, pero también local de conciertos. Lleva el nombre del bar que fue en epoca soviética símbolo de la contracultura juvenil.

Casino Conti, Kondrat'evskij prospekt 44 *(todos los días abierto las 24 h).* Con restaurante y sala de billar.

Jazz filarmonik hall, Zagorodnyj prospekt 27 *(todos los días; conciertos a las 19 h).* Sala de conciertos con obligación de guardar silencio. Abierto en los años del régimen soviético.

Club del billar, Galernaja 1 *(todos los días abierto 14-6).* La más moderna y equipada sala de billar.

Bowling club Akvatorija, Vyborgskaja naberežnaja 61 *(todos los días 12-6).* Se trata del mejor local dedicado a la nueva pasión de los jóvenes petersburgueses: los bolos.

NOVGOROD   81622

Hoteles y restaurantes

Beresta Palace Hotel, Rajon 3 Studenčeskaja ulica, telf. 33315 y 34747, fax 31707; 226 habitaciones. En una buena situación en la orilla derecha del río, con un esmerado servicio, piscina, sauna y centro de fitness (3 km al norte).

Hotel Inturist, ulica Velikaja 16, telf. 75089, nov@intourist.natm.ru; 135 habitaciones. Ligeramente alejado del centro, hotel con impronta soviética.

Hotel Sadko, ulica Fëdorovskij Ručej 16, telf. 661807; 180 habitaciones. Junto a la orilla de los comerciantes, económico y limpio.

❷ Detinec, en el Kremlin, telf. 74624. Cocina tradicional de la vieja Rusia.

ÍNDICE DE LUGARES

MOSCÚ

Academia de Bellas Artes, 73
Academia de Estudios Eslavos,
  Griegos y Latinos, 65
Anglijskoe podvor'e
  (Antiguo Almacén de los Ingleses), 63
Arco del Triunfo, 100
Arhangel'skij sobor
  (Catedral del Arcángel San Miguel), 57

Beli-Gorod (Ciudad Blanca), 72
Blagovescenskij sobor
  (Catedral de la Anunciación), 56
Bol'soj Kremlëvskij dvorec
  (Gran Palacio del Kremlin), 56
Bolshoi Teatr (Teatro Bolshoi), 67

Campana Uspenskij (Campana
  de la Asunción), 53
Car'-Kolokol (Zarina de las Campanas), 52
Car'-Puska (Zar de los Cañones), 52
Casa de Denis Davydov, 73
Casa de los Científicos, 73
Casa del Actor, 80
Catedral de Kazán, 46
Catedral de la Intercesión, 47
Catedral de la Transfiguración, 89
Catedral de San Basilio, 46
Catedral del Salvador, 88
Centro de Prensa, 80
Cerkov Semi Vselenskish Soborov (Iglesia
  de los Siete Concilios Ecuménicos), 89
Cerkov' Pokrova Filjah , 88
Cerkov' Rizpolozenija (Iglesia del
  Despojamiento de las Vestiduras
  de la Virgen), 55
Cerkov' Smolenskoj Bogomateri (Iglesia
  de Nuestra Señora de Smolensk), 91
Cerkov' sv. Klementija
  (Iglesia de San Clemente), 86
Cerkov' Troicy v Nikitnikah
  (Iglesia de la Trinidad de Nikitniki), 64
Cerkov' Voskresenija v Kadasah
  (Iglesia de la Resurreción de Kadasi), 85
Club Inglés, 79
Conservatorio, 77
Cugunnyj most, 86

Danilovskij monastyr', 88
Detskij mir (Mundo de los Niños), 66
Detskij Teatr (Teatro de los Niños), 68

Dom bojar Romanovyh
  (Casa de los Boyardos Romanov), 63
Dom Mel'nikova (Casa Mel'nikov), 75
Dom Sojuzov (Casa de los Sindicatos), 68
Dom Volkova (Palacio del boyardo Volkov), 84
Dom-muzej Cehova (Museo Chejov), 76
Dom-muzej Maksima Gor'kogo, 77
Donskoj monastyr' (Monasterios del Don), 89
Dvorec Razumovskogo, 78

Embajada Armenia, 83
Estadio Luzniki, 99
Estatua del príncipe Jurij Dolgorukij, 80

Galería de los Diamantes, 61
Galería Tretiakov, 101
Gobierno Militar, 73
Gostinyj dvor (Tribunal Mercantil), 65
Gosudarev pecatnyj dvor
  (Imprenta Real del Sínodo), 65
Gosudarstvennaja Biblioteka
  (Biblioteca Estatal), 71
Gosudarstvennaja Oruzejnaja palata
  (Palacio de la Armería de Estado), 58
Gran Teatrok, véase Teatro Bolshoi
Granovitaja palata (Palacio de las Facetas), 55
GTG na Krymskom Valu, 105
GUM, 45

Hotel Inturist, 69
Hotel Metropol, 67
Hotel Nacional, 69
Hotel Pekín, 78
Hotel Rossija, 63
Hotel Varsava, 83
Hram Hrista Spasitelja (Iglesia del Salvador), 72

Iglesia de la Concepción de Santa Ana, 64
Iglesia de la Dormición, 89
Iglesia de la Trinidad, 100
Iglesia de los Santos Pedro y Pablo, 83
Iglesia de Marta y María, 86
Iglesia de Nuestra Señora de Georgia, 64
Iglesia de Nuestra Señora de Tihvin, 90
Iglesia de San Cosme y San Damián, 83
Iglesia de San Jorge sobre el monte Pskov, 63
Iglesia de San Juan Bautista, 86
Iglesia de San Luis de los Franceses, 66
Iglesia de San Máximo, 63
Iglesia de San Miguel y San Teodoro
  Taumaturgo, 86
Iglesia de San Miguel, 90

ÍNDICE DE LUGARES

Iglesia de San Nicolás de los Bliny, 83
Iglesia de San Nicolás de los Pyzi, 86
Iglesia de San Simeón el Estilita, 75
Iglesia de San Vladimiro, 83
Iglesia de Santa Bárbara, 63
Iglesia de todos los Consuelos, 85
Iglesia de Todos los Santos, 64
Iglesia del arcángel San Miguel, 88
Iglesia del Signo, 89
Ivanovskij monastyr'
   (Monasterio de San Juan Bautista), 83
Izmajlovskij park (Parque de Izmaljovo), 96

Jardín Aleksandrovskij, 50

Kitai-Gorod, 62
Kitajgorodskij proezd, 64
Kolokol'nja Ivana Velikogo
   (Campanario de Iván el Grande), 53
Kremlëvskij dvorec s'ezdov
   (Palacio de Congresos), 52
Kremlin, 48
Krutickij teremok, 89
Kruticvkoe podvor'e, 89
Kutuzovkaja izba, 100
Kutuzovskij prospekt, 100

Lubjanskaja ploscad' (Plaza Lubjanskaja), 66

Malyj teatr (Pequeño Teatro), 67
Manez, 71
Mausoleo de Lenin, 42
Men'sikovskaja basnja, 83
Monasterio Znamenskij, 63
Monumento a Engels, 73
Monumento a los Conquistadores del espacio, 98
Monumento a Minin y Pozarski, 46
Monumento a Pedro el Grande, 73
Monumento a Vladimir Mayakovski, 78
Moskovskij Gosudarstvennyj Universitet
   imeni Lomonosova
   (Universidad Estatal de Moscú), 100
Moskovskij Hudozestvennyj teatr (MXAT), 80
Moskovskij Universitet
   (Universidad de Moscú), 70
Musej Puskina (Museo de Pushkin), 73
Musej Tolstogo, 73
Musej-usad'ba Tolstogo, 73
Museo Arqueológico, 69
Museo Central de Artes Decorativas, 58
Museo de Artes Aplicadas del siglo XVII, 54
Museo de la Gran Guerra Patriótica, 100
Museo Histórico del Estado, 43
Muzej drevnerusskogo iskusstva imeni
   Andreja Rublëva (Museo de Arte Antiguo
   Andrei Rublëv), 88

Muzej Istorii Goroda Moskvy
   (Iglesia de San Juan Evangelista), 64
Muzej Izobrazitel'nyh Iskusstv imeni A.S.
   Puskina
   (Museo de Bellas Artes A.S. Pushkin), 106
Muzej Keamiki (Museo de la Cerámica), 99
Muzej Kosmonavtiki
   (Museo de Cosmonáutica), 98
Muzej Majakovskogo (Museo Majakovskij), 82
Muzej sovremennoj Istorii Rossii, 78
Muzej-kvartira A. S. Puskina, 75
Muzej-Panorama "Borodinskaja Bitva", 100

Novaja ploscad' (Plaza Nueva), 64
Novodevic'e kladbisce, 92
Novodevicij monastyr', 90
Novospasskij monastyr', 89

Obelisco, 50
Ostankino, 96
Ostankinskaja Televizionnaja basnja
   (Torre de la Televisión), 96
Ostankinskij dvorec-muzej
   (Palacio-museo de Ostankino), 96

Palacio de Kuskovo, 98
Palacio de los Patriarcas, 53
Palacio de María, 92
Palacio de Ostankino, 96
Palacio del Abad, 88
Palacio del Conde Rostopcin, 66
Palacio Lopuchin, 92
Palacio Paskov, 71
Palacio Presidencial, 52
Palacio Seremetev, 76
Palacio Termnoj dvorec (Palacio Terem), 55
Park Pobedy (Parque de la Victoria), 100
Parque Aleksandrovski, 69
Parque Zoológico, 76
Patriarsije prudy
   (Estanque del Patriarca), 77
Petrovskij monastyr', 81
Plaza Roja, 42
Ploscad' Maneznaja, 69
Ploscad' Revoljucii, 67
Ploscad' Triumfal´naja, 78
Poklonnaja gora (Colina del Adiós), 100
Pokrovskaja cerckov'
   (Iglesia de la Intercesión), 92
Pokrovskij sobor
   (Catedral de la Intercesión), 89, 96
Politehniceskij Muzej (Museo Politécnico), 64
Preobrazenskaja cerkov'
   (Iglesia de la Transfiguración), 92
Puente de la Trinidad, 51
Puskinskaja ploscad', 79

337

Sala Chaikovski, 78
Sala de las Carrozas, 60
Sala de las Columnas, 68
Sala de las Cruces, 54
Sala de las joyas de la Corona y de los tronos, 59
Sala de las Vestiduras, 58
Senat (Senado), 52
Sinagoga, 83
Sobor Dvenadcati Apostolov
    (Catedral de los Doce Apóstoles), 53
Sobor Zainospasskogo monastyrja
    (Monasterio del Salvador), 65
Sobornaja ploscad' (Plaza de las Catedrales), 53
Spasso-Andronikov monastyr'
    (Monasterio del Salvador y de Andronik), 87
Srednjana Arsenal´naja basnja
    (Media Torre del Arsenal), 50
Staraja ploscad' (Plaza Vieja), 64
Starosadskij pereulok
    (Paseo de los Viejos Jardines), 83
Stolesnikov pereulok, 80

Teatrak'naja ploscad' (Plaza del Teatro), 67
Teatral'nyj proeza (Pasaje del Teatro), 66
Teatro de la Opereta, 80
Teatro de la Sátira, 78
Teatro Mossoveta, 78
Teatro Musical Stanislavskij, 78
Torre Beklemisvskaja, 51
Torre Blagovescenskaja
    (Torre de la Anunciación), 51
Torre Borovickaja, 51
Torre Carskaja (Torre del Zar), 51
Torre Komendantskaja
    (Torre del Comandante), 51
Torre Konstantino-Eleninskaja
    (Torre de Constantino y Elena), 51
Torre Kutaf´ja, 50
Torre Nabatnaja (Torre de las Alarmas), 51
Torre Nikol´skaiav, 50
Torre Oruzejnaia (Torre de las Armaduras), 51
Torre Pervaia Bezymjannaja, 51
Torre Petrovskaja (Torre de Pedro), 51
Torre Senatskaia (Torre del Senado), 50
Torre Spasskaia (Torre del Salvador), 50
Torre Tajnickaja (Torre de los Secretos), 51
Torre Troickaja (Torre de la Trinidad), 51
Torre Uglovaia Arsenal´naia
    (Torre angular del Arsenal), 50
Torre Vodovzvodnaja (Torre del Agua), 51
Torre Vtoraia Bezymjannaja, 51
Trapeznaja (Iglesia-refectorio), 92
Troickaja cerkov' (Iglesia de la Trinidad), 97
Troickij sobor, 89
Tumba del Soldado Desconocido, 50

Ulica Arbat, 74
Ulica Bol'saja Ordynka, 84
Ulica Il´inca, 64
Ulica Marosejka, 83
Ulica Nikol´skaja, 65
Ulica Precistenka, 73
Ulica Rozdestvenka, 82
Ulica Soljanka, 83
Ulica Tverskaja, 78
Ulica Varvarka, 63
Uspenskie perehody, 89
Uspenskij sobor (Catedral de la Asunción
    o de la Dormición), 54, 92

Vorob'ëvy gory (Colina de los Gorriones), 99
Vserossijskij vystavocnyj centr, 98

Zolotaja Caricyna palata
    (Palacio de Oro de la Zarina), 55

ALREDEDORES DE MOSCÚ

Arhangel´skoe, 112
Kolomenskoe, 110
Kostroma, 132
Peredelkino, 111
Pereslavl´Zalesskij, 123
Rostov, 127
Sergiev Posad, 117
Suzdal´, 135
Vladimir, 139
Yaroslavl, 130

ÍNDICE DE LUGARES

SAN PETERSBURGO

Academia de Bellas Artes, 220
Academia Naval Nachimov, 225
Academia Naval, 220
Akademija Nauk (Academia de Ciencias), 219
Aleksandro Nevskaja lavra, 194
Aleksandrovskij park
  (Parque de Alejandro), 174
Almiraltesjvo (Almirantazgo), 178
Andreevskij sobor
  (Basílica de San Andrés), 221
Anglijskaja nabereznaja
  (Paseo de los Ingleses), 180
Anickov dvorec (Palacio Anickov), 193
Anickov most, 193
Antiguo Ermitage, 177, 237
Aptekarskij ostrov
  (Isla de los Farmacéuticos), 225
Arco de triunfo de la Puerta de Moscú, 230
Arco de Triunfo de la Puerta de Narva, 231
Arco de Triunfo, 175
Avtovo, 231

Bastión del Zar, 169
Bastión Men´sikov, 169
Bastión Naryskin, 174
Biblioteca de la Academia de Ciencias, 218
Biblioteca Nacional, 190
Birzevaja ploscad' (Plaza de la Bolsa), 216
Blagovescenskaja cerkov
  (Iglesia de la Anunciación), 196, 221
Bol'soj Dramaticeskij Teatr
  (Teatro de Prosa BDT), 193
Botaniceskij Institut
  (Instituto de Botánica), 226
Botaniceskij sad (Jardín Botánico), 226
Botnyj domik, 171

Caballerizas Imperiales, 197
Cajnyj domik (Casita del Té), 185
Canal Fontanka, 206
Canal Griboedov, 201
Canal Mojka, 197
Capilla M.I. Glinka, 197
Casa Adamini, 197
Casa de la Bailarina, 223
Casa de la Peletería, 230
Casa de las Artes, 188
Casa de los Docentes, 198
Casa Pushkin, 197
Catedral de la Resurrección, 213
Catedral de la Trinidad del Regimiento
  Izmajlovskij, 230
Catedral de San Isaac, 182
Catedrales de los Santos Pedro y Pablo, 170

Cementerio de Tihvin, 195
Centro de la Televisión, 226
Cerkov' Ioanna Predteci
  (Iglesia de San Juan Bautista), 227
Cirk (Circo), 208
Colegio de los Jesuitas, 204
Columna de Alejandro, 176
Conservatorio, 205
Cortina de Catalina, 174
Crucero Aurora, 225

Derevjannyj Domik Petra I (Casita de Pedro I), 224
Dom Akademikov
  (Casa de los Académicos), 220
Dom Knigi (Casa del Libro), 188
Dom Nabokova, 234
Dom-muzej Dostoevskogo
  (Museo de Dostoievski), 233
Dom-Muzej Puskina
  (Casa museo de Pushkin), 232
Duma municipal (Consejo Municipal
  de San Petersburgo), 191
Dvorcovaja ploscad' (Plaza del Palacio), 175
Dvorec Elagin (Palacio Elagin), 227

Ekateringovskij park, 231
Embarcadero de las Esfinges, 220
Ermitage, 177, 236
Escuela de danza Vaganovskiaja, 193
Escuela de Diseño V.I. Muchina, 207
Escuela Militar, 219
Estación de metro Narvskaja, 231
Estación Marítima, 221
Estado Mayor General, 176
Estatua a Fedor Mijailovich Dostoievski, 210
Estatua de Pushkin, 203
Estatua Ecuestre de Nicolás I, 182
Estatua ecuestre
  de Pedro el Grande, 179, 206
Estatuas de Glinka y Rimski-Korsakov, 205
Estatuas de los generales Kutuzov y Barclay, 189

Facultad de Filología, 219
Filarmónica de la ciudad, 191
Finljandskij vokzal, 235
Fuente neoclásica de Thomas de Thomon, 189

Gavanskij rabocij gorodok, 221
Gostinyj dvor, 190
Gosudarstvennaja Publicnaja biblioteka
  (Biblioteca Pública del Estado), 192
Gosudarstvennyj Russkij muzej
  (Museo Ruso Estatal), 261
Gran Hotel Europa, 191
Gran Mezquita, 223
Gran Teatro de Verano, 228

Hotel Astoria, 182
Hotel Inglaterra, 182
Hotel Mosca, 194
Hotel Pribaltijskaja, 221
Hram Voskresenija Hristova (Iglesia del
    Salvador de la Sangre Derramada), 202

Iglesia Armenia, 191
Iglesia de Cesme, 230
Iglesia de la Virgen de Kazán, 230
Iglesia de los Santos Simeón y Ana, 208
Iglesia de los Tres Beatos, 221
Iglesia de Pantalemón, 206
Iglesia de Santa Catalina, 221
Iglesia del príncipe Vladimir, 228
Iglesia Holandesa, 188
Iglesia jesuítica de Santa Catalina, 191
Instituto de Catalina, 210
Instituto de Etnografía de la Academia
    de Ciencias, 218
Instituto de Fianzas y Economía, 191
Instituto de Filología, 182
Instituto de la Minería, 220
Instituto de Literatura Rusa
    de la Academia de Ciencias de Rusia, 218
Instituto de Pedagogía A.J. Herzen, 198
Instituto de Pintura, Escultura
    y Arquitectura, 220
Instituto de Tecnología, 230
Instituto Femenino de Estudios, 213
Instituto Mendeleev, 230
Instituto para la Defensa de las Plantas, 182
Inzenernyj zamok (Castillo de
    los Ingenieros), 206
Isaakievskaja ploscad' (Plaza de San Isaac), 180
Isla Vasil'evskij, 215

Jardín de Táuride, 212
Jardín Gor'kij, 179
Jusupovskij dvorec (Palacio Jusupov), 198
Juzneznyj rynok, 210

Kamennoostrovskij dvorec
    (Palacio Kamennoostrovskij), 227
Kamennoostrovskij propekt, 225
Kamennyj ostrov (Isla de Piedra), 227
Kazanskaja ploscad', 189
Kazanskij sobor (Catedral de Nuestra
    Señora de Kazán), 189
Kirov, 231
Kirovskij zavod, 231
Kofejnyj domik (Casita del Café), 185
Kunstkamera, 218
Kvartira-muzej Aleksandra Bloka, 233
Kvartira-muzej Anny Ahmatovoj, 234
Kvartira-muzej Nekrasova, 232

Kvartira-muzej Rimskogo-Korsakova, 233
Kvartira-Muzej Saljapina, 226

Laboratorio de I. P. Pavlov, 226
Lazarevskoe (Cementerio de San Lázaro), 195
Lebjazij kanal (Canal de los Cisnes), 184
Letnij dvorec (Palacio de Verano), 184, 185
Letnij sad (Jardín de Verano), 184
Litejnyj prospekt, 208
Literaturnoe kafe (Café de los Literatos), 188

Malyj Dramaticeskij Teatr
    (Pequeño Teatro de Arte Dramático), 210
Marsovo Pole (Campo de Marte), 184
Mercado de San Andrés, 221
Mihajlovskij sad (Jardín Mihajlovskij), 202
Ministerio de Asuntos Exteriores, 176
Mitropolicij o Archierejskij dom
    (Palacio del Metropolita), 196
Monasterio de Aleksandr Nevski, 186
Monasterio-palacio de Smol'nyj, 213
Monetnyj dvor, 171
Monumento a Lenin, 214
Monumento a los combatientes
    de la Revolución, 184
Monumento a M. Lomonosov, 193
Monumento a Suvurov, 184
Monumento de la Victoria, 230
Monumento del cuentista I. A. Krylov, 184
Moskovskaja Ploscad', 230
Moskovskij Park Pobedy
    (Parque de la Victoria), 230
Moskovskij vokzal, 235
Most Lejtenanta Smidta (Puente
    del Lugarteniente Schmidt), 199
Mramornyj dvorec (Palacio de Mármol), 184
Museo Botánico, 226
Museo Central de la Marina de Guerra, 217
Museo de Antropología y Etnografía, 218
Museo de Artes Aplicadas, 207, 228
Museo de Fedor Dostoievski, 210
Museo de Historia del Teatro, 193, 209
Museo de la Arquitectura
    de Interiores, 185
Museo de la Escultura Urbana, 196
Museo de la Historia de la Religión, 191
Museo de la Minería, 220
Museo de Mendeleev, 218
Museo de Zoología de la Academia
    de Ciencias, 218
Museo del Circo, 208
Museo Histórico de San Petersburgo, 200
Museo Literario, 218
Museo Nekrasov, 208
Museo Postal Popov, 181
Museo Ruso, 184, 204

ÍNDICE DE LUGARES

Muzej Arktiki i Antarktiki (Museo del Ártico y del Antártico), 210
Muzej Kirova, 225
Muzej politiceskoj istorii Rosii (Museo de la Historia Política de Rusia), 224
Muzej Suvorova (Museo Suvorov), 212
Muzej Svjazi Popova, 180
Muzej-Kvartira A.A. Bloka, 200

Nadvratnaja cerkov' (Iglesia Tras la Puerta), 195
Naucnoissledovatel'skij Muzej Akademii Hudozestv (Museo de Investigación Científica de la Academia de las Artes), 220
Nevskie vorota, 174
Nevskij Palace, 194
Nevskij prospekt, 186
Nikol'skij sobor (Catedral de San Nicolás), 205
Nikol'skoe, 196
Novaja Gollandija (Nueva Holanda), 199
Nuevo Ermitage, 178, 237

Obelisco, 219
Ostrov Decabristov (Isla de los Decembristas), 221
Ostrov Elagin (Isla Elagin), 227
Ostrov Krestovskij (Isla Krestovskij), 228

Palacio Apraskin, 183
Palacio Beckoj, 184
Palacio Belosel'skij-Belozerskij, 194
Palacio de Cesme, 230
Palacio de Invierno, 176
Palacio de la Cultura, 221
Palacio de los Dux, 187
Palacio del conde White, 225
Palacio del gran duque Mijail Nikolaevich, 184
Palacio Kikin, 212
Palacio Laval´, 180
Palacio Lobanov-Rostovskij, 182
Palacio Mariinskij, 183
Palacio Mensikov, 219
Palacio Mihajlovskij, 203
Palacio Munnich, 220
Palacio Naryskin, 181
Palacio Polovcov, 227
Palacio Razumovskij, 197
Palacio Saltykov, 184
Palacio Seremetev, 208
Palacio Smol'nyj, 213
Palacio Suvalov, 193, 210
Palacio Voroncov-Dachov, 204
Palacio Voroncov-Daskov, 180
Parque 9 de enero, 231
Pequeño Ermitage, 177, 237
Pequeño Teatro Estatal de Ópera y Danza, 203
Petrogrado, 222

Petropavlovskaja krepost' (Fortaleza de Pedro y Pablo), 168
Petrovskaja nabereznaja (Malecón de Petrovskij), 224
Picadero del Regimiento de la Guardia a Caballo, 180
Piskarevskoe memorial'noe kladbisce, 200
Planetario, 174
Ploscad Lomonosova (Plaza Lomonosov), 211
Ploscad' Dekabristov (Plaza de los Decembristas), 179
Ploscad' Iskusstv (Plaza de las Artes), 203
Ploscad' Ostrovskogo (Plaza Ostrovskogo), 192
Ploscad' Pobedy (Plaza de la Victoria), 230
Ploscad' Sennaja (Plaza del Heno), 230
Ploscad Tolstogo (Plaza Tolstoi), 225
Preobrazenskij sobor (Catedral de la Transfiguración), 207
Primorskij park Pobedy (Parque marítimo de la Victoria), 228
Puente de los Cantantes, 197
Puente de los Leones, 204
Puente de Piedra, 204
Puente de San Juan, 169
Puente Demidov, 204
Puente Elagin, 227
Puerta de San Juan, 169
Puerta de San Pedro, 169
Rectorado, 219

Residencia del gran duque Vladimir Aleksandrovich, 183
Residencia del señor de Moldavia Kantemir, 184
Rossijskijj Ètnograficeskij Muzej (Museo de Etnografía), 204

Senado, 180
Sennaja ploscad' (Plaza del Heno), 204
Sinij most (Puente Azul), 183, 198
Sínodo, 180
Smol'nyj, 213
Smolenskoe kladbisce, 221
Soljanoj godorov (Ciudadela de la Sal), 208
Stadion imeni S. M. Kirova, 228
Straganovskij dvorec (Palacio Stroganov), 188
Suvorovskaja ploscad' (Plaza Suvorov), 184

Tavriceskij dvorec (Palacio de Táuride), 212
Teato Komissarzevskaja, 190
Teatral'naja ploscad' (Plaza del Teatro), 205
Teatro Aleksandrinskij, 192
Teatro de la Comedia, 193
Teatro de Marionetas, 193
Teatro de Música, 228

Teatro de ópera y danza Rimskij-Korsakov, 205
Teatro del Ermitage, 177
Teatro Kamennostrovskij, 227
Teatro Mariinskij, 205
Templo luterano de los Santos Pedro
  y Pablo, 188
Troickaja ploscad' (Plaza de la Trinidad), 223
Troickij sobor (Catedral de la Trinidad), 196
Trojckij most (Puente de la Trinidad), 184
Trubeckoj bastion (Bastión Trubeckoj), 174
Tuckov most, 228
Tumbas de los Romanov, 171

Ulica Millonnaja, 183
Ulica Rossi, 193
Universidad Estatal de San Petersburgo, 218
Universidad, 219
Universitetskaja nabereznaja, 218

Vasil'evskie vorota (Puerta Vasil'evskij), 174
Vitebskyj vokzal, 235
Vladimirskaja cerkov, 210
Voenno-istoriceskij muzej arillerij
  (Museo Histórico-Militar
  de Comunicaciones Militares), 174
Voskresenskij Novodevicij monastyr
  (Monasterio de la Resurrección), 230

**ALREDEDORES
DE SAN PETERSBURGO**

Gatcina, 288
Lomonosov, 286
Novgorod, 289
Pavlovsk, 282
Petrodvorec, 266
Pushkin, 275

ÍNDICE DE MAPAS, PLANOS Y PLANTAS DE MONUMENTOS

El territorio de Rusia entre Moscú y San Petersburgo, en la guarda trasera
Planos de metro de Moscú y San Petersburgo, en la guarda trasera

Moscú I, 34-35
Moscú II, 36-37
Moscú III, 38-39
Moscú IV, 112-113
  El Kremlin, 49
  Monasterio de Novodevicij, 90
  Museo de Bellas Artes A.S. Pushkin, 107
Arhangel´skoe, 115
Mapa del Anillo de Oro, 116
  Serguei Posad (Zagorsk): el monasterio, 119
San Petersburgo I, 162-163
San Petersburgo II, 164-165
San Petersburgo III, 268-269
  Ermitage (Planta baja), 240-241
  Ermitage (Primera planta), 246-247
  Ermitage (Segunda planta), 256-257
  Museo Ruso (Primera planta), 260-261
  Museo Ruso (Planta baja), 262-263
Petrodvorec, 271
Pushkin, 277
  El Palacio de Catalina, 278-279
Pavlovsk, 283
  El Palacio, 284
Gatcina, 289
Novgorod
  Kremlin, 291

ANAYA TOURING CLUB

A FRANQUEAR EN DESTINO

GRUPO ANAYA

Apartado de Correos 409 FD
Ref. **ANAYA TOURING CLUB**
28080 Madrid

RESPUESTA COMERCIAL
AUTORIZACIÓN Nº 11.049
B.O.C. 77 DE 20-9-91

ANAYA TOURING CLUB desea que sus lectores dispongan de un servicio de información sobre novedades.

Para ello sólo tiene que rellenar y firmar la ficha que le adjuntamos, y enviarla a nuestra dirección.

No necesita franqueo.

Nombre: ....
Apellidos: ....
Edad: .... Profesión: ....
Dirección: ....
C. P.: .... Ciudad: ....
Provincia: .... Teléfono: ....

Deseo información sobre guías turísticas para:

- ☐ Viajar por España
- ☐ Viajar por el extranjero

Firma:

"Datos a cumplimentar facultativamente por el interesado, que consiente expresamente que su contenido será incluido dentro de un fichero de Datos personales protegidos conforme a la Ley Orgánica 15/1999, de 13 de diciembre, a los únicos efectos de informar de nuestra actividad editorial, acciones promocionales y publicitarias de la empresa Grupo Anaya, S.A., con domicilio en c/ Juan Ignacio Luca de Tena, 15 – Madrid – 28027, dirección a la que pueden dirigirse si desean acceder, rectificar, cancelar u oponerse a la existencia de sus datos en dicho fichero. Los datos que nos facilita podrán ser comunicados a otras empresas del grupo con la finalidad indicada, salvo que nos haga saber su intención en contrario en un plazo de 10 días"

TERRITORIO ENTRE MOSCÚ Y SAN PETERSBURGO

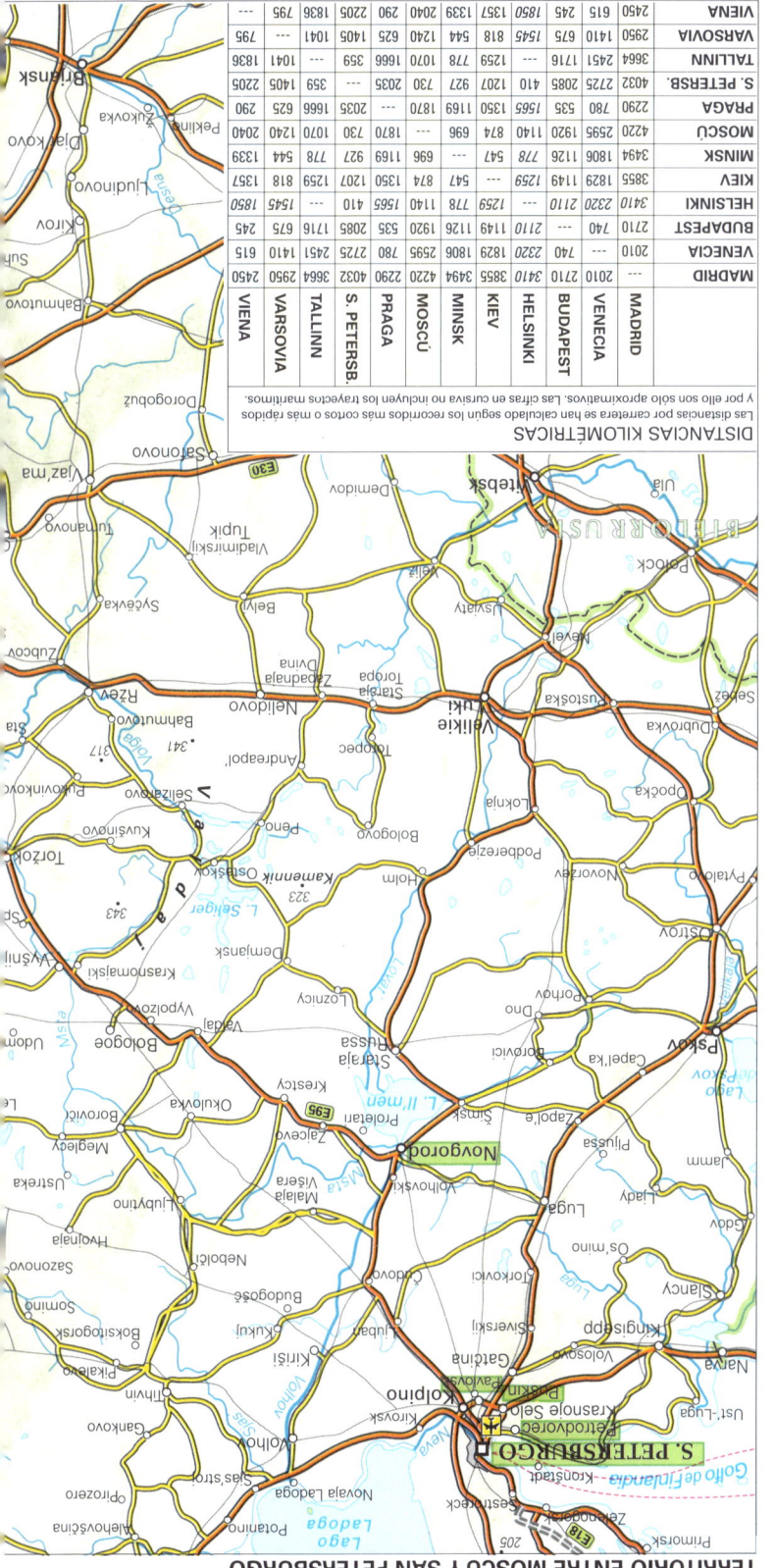

DISTANCIAS KILOMÉTRICAS

Las distancias por carretera se han calculado según los recorridos más cortos o más rápidos y por ello son solo aproximativos. Las cifras en cursiva no incluyen los trayectos marítimos.

	MADRID	VENECIA	BUDAPEST	HELSINKI	KIEV	MINSK	MOSCÚ	PRAGA	S. PETERSB.	TALLINN	VARSOVIA	VIENA
MADRID	---	2010	2710	3410	3855	3494	4220	2290	4032	3664	2950	2450
VENECIA	2010	---	740	2320	1829	1806	1920	780	2725	2451	1410	615
BUDAPEST	2710	740	---	2110	1149	1126	1920	535	2085	1716	675	245
HELSINKI	3410	2320	2110	---	1259	778	1140	1565	410	---	1545	1850
KIEV	3855	1829	1149	1259	---	547	874	1350	1207	1259	818	1357
MINSK	3494	1806	1126	778	547	---	696	1169	969	927	544	1339
MOSCÚ	4220	1920	1149	1140	874	696	---	1870	730	1070	1240	2040
PRAGA	2290	780	535	1565	1350	1169	1870	---	2035	1666	625	290
S. PETERSB.	4032	2725	2085	410	1207	927	730	2035	---	359	1405	2205
TALLINN	3664	2451	1716	1259	---	778	1070	1666	359	---	1041	1836
VARSOVIA	2950	1410	675	1545	818	544	1240	625	1405	1041	---	795
VIENA	2450	615	245	1850	1357	1339	2040	290	2205	1836	795	---

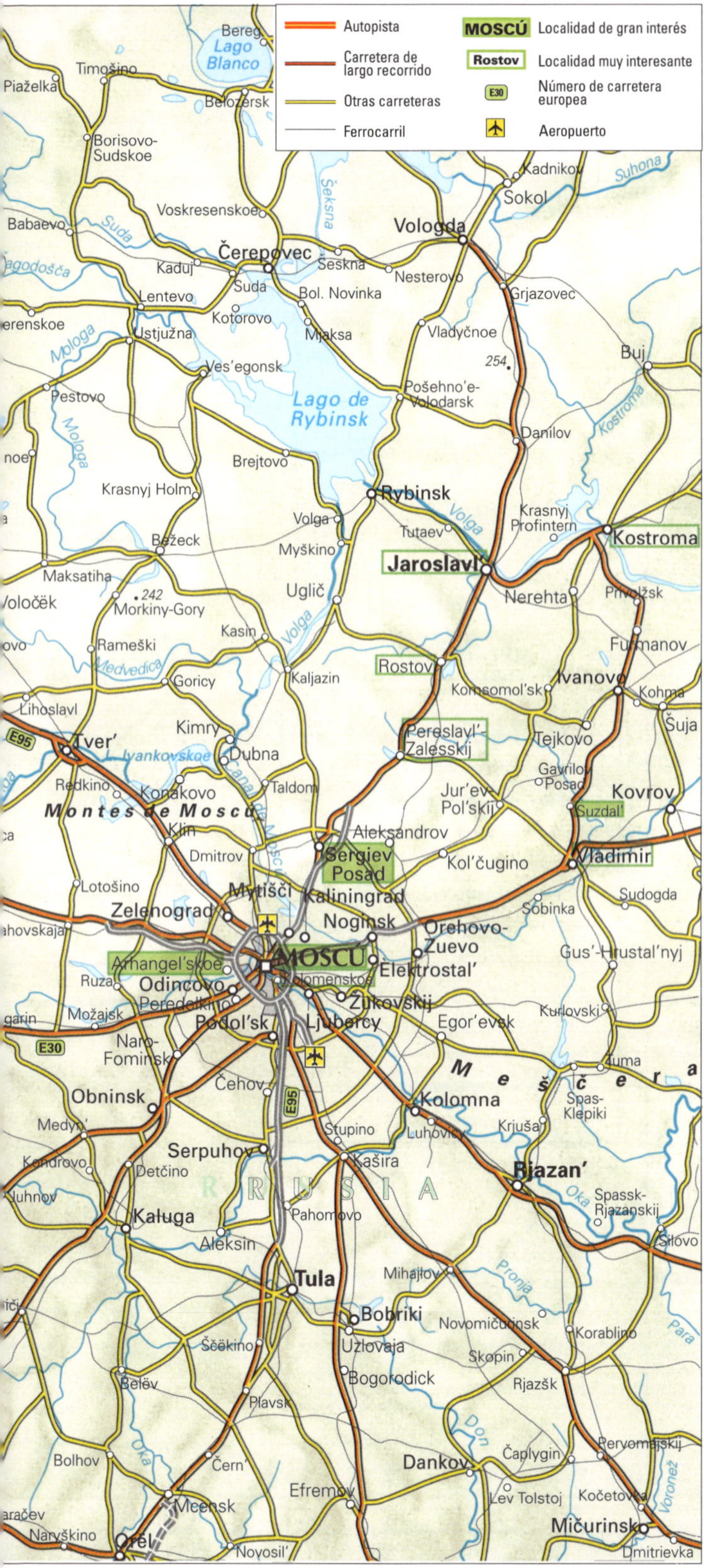
Autopista
Carretera de largo recorrido
Otras carreteras
Ferrocarril
MOSCÚ Localidad de gran interés
Rostov Localidad muy interesante
E30 Número de carretera europea
Aeropuerto
Lago Blanco
Bereg
Timošino
Piaželka
Belozersk
Borisovo-Sudskoe
Šeksna
Kadnikov
Suhona
Sokol
Voskresenskoe
Babaevo
Suda
Vologda
Čerepovec
Kaduj
Šeskna
Nesterovo
Suda
Bol. Novinka
Grjazovec
Lentevo
Kotorovo
Mjaksa
Vladyčnoe
Ustjužna
Mologa
Ves'egonsk
254
Buj
Pestovo
Lago de Rybinsk
Pošehno'e-Volodarsk
Kostroma
Danilov
Brejtovo
Krasnyj Holm
Rybinsk
Volga
Krasnyj Profintern
Kostroma
Tutaev
Bežeck
Myškino
Jaroslavl'
Maksatiha
Uglič
Nerehta
Privolžsk
242
Morkiny-Gory
Kasin
Furmanov
Rameški
Medvedica
Rostov
Goricy
Kaljazin
Komsomol'sk
Ivanovo
Kohma
Lihoslavl
Šuja
Kimry
Pereslavl'-Zalesskij
Tejkovo
E95
Tver'
Ivankovskoe
Dubna
Gavrilov Posad
Redkino
Konakovo
Taldom
Jur'ev-Pol'skij
Kovrov
Montes de Moscú
Suzdal'
Klin
Aleksandrov
Dmitrov
Sergiev Posad
Kol'čugino
Vladimir
Lotošino
Mytišči
Kaliningrad
Sudogda
Zelenograd
Noginsk
Sobinka
Orehovo-Zuevo
MOSCÚ
Arhangel'skoe
Elektrostal'
Gus'-Hrustal'nyj
Ruza
Odincovo
Kolomenskoe
Peredelkino
Žukovskij
Kurlovski
Možajsk
Podol'sk
Ljubercy
Egor'evsk
E30
Naro-Fominsk
Tuma
Mešč̌era
Čehov
Spas-Klepiki
Obninsk
Kolomna
E95
Kriuša
Medyn'
Stupino
Luhovicy
Serpuhov
Kondrovo
Kašira
Rjazan'
Detčino
RUSIA
Oka
Spassk-Rjazanskij
Juhnov
Pahomovo
Kaluga
Silovo
Aleksin
Tula
Mihajlov
Pronja
Bobriki
Novomičurinsk
Korablino
Para
Ščëkino
Uzlovaja
Skopin
Belëv
Bogorodick
Rjazšk
Plavsk
Don
Pervomajskij
Bolhov
Oka
Černʼ
Čaplygin
Dankov
Efremov
Lev Tolstoj
Voronež
Kočetovka
Mcensk
Mičurinsk
Naryškino
Orel
Novosil'
Dmitrievka